Couvertures supérieure et inférieure
manquantes

ÉTHIOPIE MÉRIDIONALE

JULES BORELLI

ÉTHIOPIE MÉRIDIONALE

JOURNAL DE MON VOYAGE

AUX PAYS AMHARA, OROMO ET SIDAMA

SEPTEMBRE 1885 A NOVEMBRE 1888

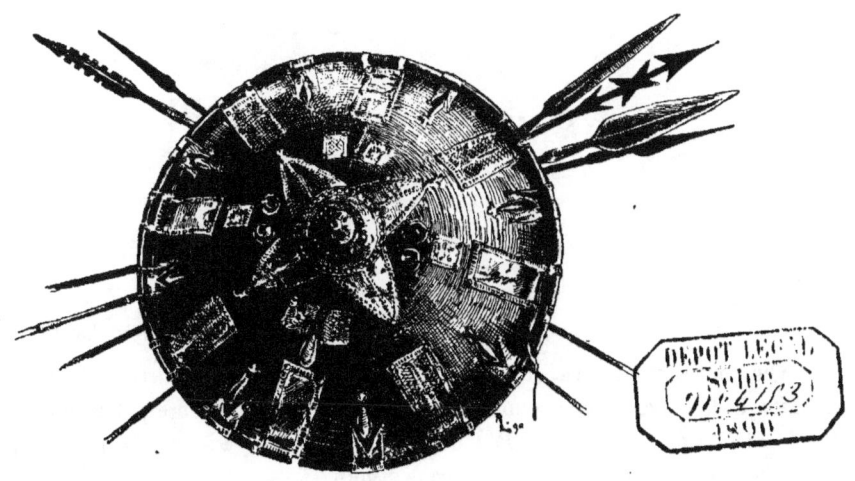

PARIS

ANCIENNE MAISON QUANTIN

LIBRAIRIES-IMPRIMERIES RÉUNIES

MAY & MOTTEROZ, DIRECTEURS

7, rue Saint-Benoît

1890

ÉTHIOPIE MÉRIDIONALE

PREMIÈRE PARTIE

DU CAIRE A ANKOBŒR PAR LES DÉSERTS DES AFAR

16 SEPTEMBRE 1885 — 15 JUIN 1886

Suez.

Mercredi, 16 septembre 1885.

Qui peut dire où il va, en s'acheminant vers une région soustraite à toute communication avec notre monde connu? Comment répondre aux interpellations des importuns : « Où allez-vous ? » — « Par où reviendrez-vous ? » — « Quand serez-vous de retour ? » — « Dans quel but allez-vous si loin ? » — « Qu'allez-vous faire là-bas ? » Que sais-je ? — Je verrai ; j'apprendrai. Mais les questionneurs sont gens malins ; ils ne me croient pas. Quoi que je dise, je suis, pour eux, l'apôtre de quelqu'un ou de quelque chose, — à moins que je ne sois un marchand aventureux, — ou, même, un colporteur en affaires politiques !

Après tout, qu'importe l'opinion des uns ou des autres ? Je veux continuer l'œuvre de d'Abbadie et parcourir les pays au sud de l'Abyssinie, tenter quelques relèvements géographiques et reconnaître, au moins partiellement, le cours mystérieux de l'Omo ; je veux pénétrer, aussi avant que possible, dans ce continent noir qui m'attire avec une force invincible, après tant d'autres illustres ou obscurs ; je veux parcourir à mon tour quelque parcelle du monde inexploré ; je veux voir les bou-

1

leversements chaotiques, sans pareils, de la terre africaine; sentir ses chaleurs lourdes
et fécondes, connaître les horreurs ou les tristesses de la vie de ses malheureux
habitants, esclaves éternels de leurs frères, civilisés ou incivilisés! Je veux...; mais
qu'est-ce que ma volonté, en face de l'inconnu quotidien que j'affronte? — Je n'ose même
pas arrêter un itinéraire...

Je pars, emportant avec moi des idées et une espérance, si vagues qu'elles soient.
J'ai fait provision de courage et de patience. L'échec ou le succès, la vie ou la mort :
Dieu fera le reste !...

J'ai essayé, pendant mon séjour au Caire, de recueillir des renseignements sur les
contrées où je dois pénétrer; je les ai réunis et classés; ils ne forment pas un bagage
encombrant. Pour me familiariser avec la langue amharigna, j'ai pris deux domestiques
abyssins, qui m'ont été recommandés par des amis. Tout est prêt. Onze heures : je
quitte le Caire. J'emmène Joussouf et Faradj, mes deux Abyssins.

A Suez, je suis reçu par MM. Dumont, capitaine du port, Maubert, chef ingénieur, et Ripert, sous-chef du transit de la Compagnie du canal maritime. M. Maubert
m'offre une gracieuse hospitalité.

Après-demain, arrive le vapeur qui doit me conduire à Aden.

Nous passons le temps à pêcher en rade et à faire l'excursion obligée aux Sources
de Moïse.

Suez.
Jeudi, 17 septembre.

A six heures du soir, nous allons dans le canal, à la rencontre du *Cachemyre;*
c'est un vapeur de la Compagnie nationale; il se rend à Haïphong, pour compte du
gouvernement français.

J'embrasse, avec une sorte d'angoisse, celui qui m'a accompagné jusqu'ici et je le
charge de me rappeler au souvenir de ceux que je laisse. C'est l'adieu !...

Je suis gracieusement reçu à bord par le commandant Escarras; le second,
M. Duchesne, et le lieutenant, M. Haubeau. Un long coup de sifflet perce l'air; le
vapeur est paré; lentement il quitte la rade.

Aden.
Mardi, 29 septembre.

Pendant les deux premiers jours, la chaleur a été accablante; puis s'est élevée
une petite brise du Nord. Ce matin, à l'aube, nous ont apparu les énormes rochers qui
entourent la plage d'Aden. Quelques heures après, nous débarquions.

Je me rends chez M. Tian, négociant français, établi ici depuis vingt ans. Il offre
de me recevoir chez lui; j'accepte avec empressement. C'est une bonne fortune; j'uti-
liserai sa longue expérience.

Aden.
Mercredi, 30 septembre.

Huit heures du matin. Je prends congé des officiers du *Cachemyre* et quitte le
bord avec mes bagages. Le vapeur continue sa route...

ADEN.

Jeudi, 1er octobre.

D'après les renseignements qui me sont fournis, un voyage à Aoussa serait sans utilité. Non seulement le sultan Amphari, chef des Assaïmara [1], me demanderait deux mille thalaris [2], mais il exigerait aussi que je n'introduise, sur son territoire, ni armes ni instruments. Je ne puis subir de pareilles conditions : sans instruments, que serait mon voyage? sans armes, comment pourvoir à ma sûreté? comment acquérir, dans l'intérieur, les amitiés ou les alliances qui me sont nécessaires?

On me dit que, même envers le comte Antonelli, qui le comble de présents, Mohammed Amphari tient mal ses promesses. On m'assure aussi qu'à la suite d'un récent accord entre le neveu du grand cardinal et le sultan barbare, la route ne serait plus ouverte qu'aux Italiens.

ADEN.

Vendredi, 2 octobre.

La caravane de M. Labattut, récemment arrivé du Schoa, a été attaquée, pendant la nuit, par les Issah-Somali. En frappant leurs boucliers de leurs lances, ils ont effrayé les chameaux qui se sont échappés. Les hommes ont tiré sur les assaillants et les ont mis en fuite; mais le mal était fait. Faute de chameaux, il a fallu abandonner une grande partie des marchandises.

M. Labattut aurait tué un Issah; il ne peut plus maintenant voyager sur le territoire de cette tribu; il y a entre elle et lui du sang versé.

J'apprends que M. Barral est à Toudjourrah, où il forme une caravane, pour le Schoa; on prétend qu'il lui sera difficile d'y pénétrer. Les Issah-Somali et les Danakil sont en guerre; or, la route ordinaire des caravanes passe sur la limite des deux pays; il s'ensuit naturellement que les voyageurs en pays dankali, conduits par des Issah, sont attaqués par les Danakil, et réciproquement, par les Issah, sur leur territoire, quand ils sont conduits par des Danakil.

Les Issah-Somali sont d'ailleurs irrités de voir des caravanes passer ailleurs qu'à travers leurs pays; autrefois, ils avaient, pour ainsi dire, un monopole. La route, pratiquée avant l'affermissement des Français à Obock, allait de Zeylah à Herrer et de Herrer à Farré; seule, cette partie du trajet se faisait en pays dankali. Aujourd'hui, les caravanes suivent ordinairement une route qui traverse le pays dankali, sans toucher au territoire issah-somali. C'est une des causes de la mésintelligence actuelle des tribus.

D'ailleurs, je ne pourrai pas former ma caravane avec le concours des Danakil.

---

1. Dans cet ouvrage, les noms propres de tribus, de peuplades et de pays ont été écrits sans S au pluriel. La règle générale de notre grammaire ne choque pas trop, lorsqu'elle s'applique à des noms d'un usage courant; mais elle est insupportable, pour les autres. Ainsi, Dankali, avec ou sans S, ne sera jamais un pluriel; et Danakil, avec ou sans S, ne sera jamais un singulier. Nous prions les lecteurs de ne pas s'offenser de cette infraction aux usages généralement admis. Nous avons, pour la grammaire, la déférence qu'elle mérite; mais le bon sens a aussi quelques droits. *Amicus Plato, sed..*

2. Le thalaris Marie-Thérèse vaut quatre francs cinquante centimes environ.

Leurs chameaux sont tous au Schoa, ou en chemin. Leurs ressources sont moins grandes, en tous genres, que celles des Issah. Je renonce à visiter Aoussa et ses lacs.

Il y a trois mois environ, le chef d'une tribu voisine d'Assab était venu avec une troupe armée réclamer au résident d'Obock une partie du territoire français; il revendiquait des droits imaginaires. Sa prétention reçut l'accueil qu'elle méritait. Un détachement de troupes se trouvait sur un transport en relâche. Le résident fit appel à son aide; on courut sus aux envahisseurs et on les dispersa. Pour compléter la leçon, on imposa à leur chef une forte rançon et deux prisonniers furent retenus en otage. L'un d'eux s'est évadé; l'autre est à bord du *Pingouin,* en station à Obock. Quant à la rançon, elle n'arrivera jamais.

ADEN.

Samedi, 3 octobre.

J'ai causé longuement avec M. Tian, au sujet de mon prochain départ. Il a l'intention d'envoyer des fusils au Schoa. Je joindrai, comme il me le propose, ma caravane à la sienne. J'ai calculé qu'il me faudrait une trentaine de chameaux, pour mes bagages, mes provisions, etc., etc.

Nous sommes incertains sur la voie à prendre; peut-être ouvrirons-nous une route nouvelle, partant d'Ambado et rejoignant celle qui traverse le territoire des Issah, à mi-chemin entre Zeylah et Herrer. Tout dépendra des renseignements que nous recueillerons à la côte et de la facilité, plus ou moins grande, avec laquelle nous pourrons nous procurer des chameaux.

Je vais voir M. de Gaspari, consul de France. J'obtiens de lui l'autorisation de me rendre à Obock, sur le stationnaire le *Météore.*

ADEN.

Lundi, 5 octobre.

M. Latour, commandant du *Météore,* m'a fait un excellent accueil. Ce brave officier a perdu un œil dans l'explosion d'un navire chinois qu'il a fait sauter, à Fou-Tchéou. Il doit stationner trois ans ici.

Je renvoie Joussouf et Faradj; impossible d'en tirer aucun service : ils sont dans un état continuel d'ébriété.

ADEN.

Mercredi, 7 octobre.

J'ai salué, au passage, M. Soumagne, notre consul à Massaouah. Il revient de France, chargé d'une mission pour Johannès, Négouss Négeust, d'Éthiopie. Il a voulu me déterminer à le suivre; je suis trop engagé pour accepter ses propositions; puis, j'ai d'autres projets. Mes préparatifs seraient inutiles et mes bagages perdus.

Qui sait, d'ailleurs, si je pourrais pénétrer dans le Schoa, en traversant les États du Négouss Négeust? Johannès est jaloux; il n'aime guère qu'on visite Ménélik. Le vassal est moins fort, mais plus riche que le maître.

ADEN.

Dimanche, 11 octobre.

Trois heures. — Le *Météore* part pour Obock. Nous faisons jour sur Table-Cliff.

OBOCK.

OBOCK.

Lundi, 12 octobre.

Sept heures du matin. — Nous entrons en rade d'Obock, où se trouve la *Gironde*, nouveau transport, retour du Tonkin. Trois heures après, je débarque.

Je vais chez M. Mokaer, agent de la maison Poingdestre et Meynier. Il me reçoit aimablement. Dans l'après-midi, je fais ma visite au commandant d'Obock, M. Lagarde. Je lui expose mon projet; il ne m'encourage guère et m'annonce de grandes difficultés à vaincre, avant le départ.

Mohammed Loëta, chef des Adoïmara, n'a pas de chameaux. Les Danakil ne veulent plus prendre d'autre route que celle d'Aoussa, tant ils redoutent les Issah-Somali; or, passer par Aoussa, c'est dix mille francs à donner à Amphari. Je soupçonne ces gens-là de s'entendre, comme larrons en foire.

La route par Ambado présente des obstacles d'un autre genre. Le commandant me dit que l'occupation de ce point est incomplète, et que les Anglais pourraient bien me créer des embarras. Par deux fois déjà, le drapeau français a été placé, arraché et replacé. Les principaux chefs issah ont été amicalement traités par M. Lagarde. Mais, comme il ne reste personne là-bas pour affirmer notre possession, il faut s'attendre à une série de désagréments.

Le soir, je projette avec M. Le Roy d'Étiole, capitaine du vapeur de MM. Poingdestre et Meynier, une partie de chasse à dix kilomètres dans l'intérieur.

La tribu des Takaïli domine à Obock; à quelques kilomètres sont les Bodoïta-Méla. La tribu des Adaïli occupe Raheïtd; celle des Assoba, Ambado. Toudjourrah est habité par une population mélangée; la tribu Adaali-Scheika y est prépondérante.

Les tribus Danakil sont d'ailleurs innombrables; j'en ai noté plus de cent. Je cite seulement, dans le groupe Assaïmara, la tribu des Modaïto, que commande le sultan Mohammed Amphari; et, dans le groupe Adoïmara, les tribus Débenet Arkamela et Débenet Wohema, qui relèvent de Mohammed Loëta.

OBOCK.

Mercredi, 14 octobre.

Partis à cinq heures du matin, nous sommes descendus de cheval vers huit heures. Sol rocailleux et crevassé; des madrépores, des coquillages et du sable. Une herbe drue et longue couvre la terre, dans des trous où végètent des gommiers, des euphorbes et des plants de séné.

Les gommiers ne dépassent pas trois mètres et demi; ils atteignent généralement deux mètres. Taillés au sommet, ils présentent l'aspect d'un bouquet plat.

Près de nous, passent une dizaine de gazelles effarées; elles sont de petite taille. Les gens du pays désignent cette espèce sous le gentil nom de « dick-dick ».

OBOCK.

Jeudi, 15 octobre.

Obock est situé au nord de la rade, sur un cap peu élevé au-dessus de la mer. La résidence du gouverneur est entourée des habitations des fonctionnaires, des employés et des soldats. C'est le seul point où les embarcations puissent accoster.

Au fond de la rade, à un kilomètre et demi de la mer, ont été élevées les premières constructions. Là, commence une plaine basse, dépourvue de végétation, sauf dans sa partie occidentale, où croissent des gommiers, et où sont soigneusement entretenues quelques pauvres cultures maraîchères, qui fournissent, à grands frais, des légumes à la colonie. L'eau potable se trouve partout ; elle suffirait à une population nombreuse et à l'entretien de vastes jardins.

La factorerie Meynier est une belle et grande construction. Tout à côté, voici l'habitation de M. Soleillet, close de murs. Elle est abandonnée et tombe en ruine.

A l'est de la baie, s'ouvre l'anse Buret ; elle n'est pas fréquentée. Le fond en est bas, uniforme et parsemé de rochers ; les embarcations accostent difficilement à marée haute. A deux cents mètres du rivage, la mer se creuse rapidement ; à trois cents mètres, sa profondeur atteint trente ou quarante pieds.

Obock ne sera jamais qu'un entrepôt de charbon et de vivres. Son éloignement des routes ne permet pas d'espérer qu'il devienne le port des caravanes du Schoa.

OBOCK.

Vendredi, 16 octobre.

J'ai parcouru la plaine ; partout j'ai trouvé la même aridité, rompue misérablement par des gommiers, de rares euphorbes et des touffes d'herbes desséchées ; partout le même sol rocailleux, couvert de coraux et de coquillages.

Près du cap, deux sources chaudes, d'un débit insignifiant, ont une température de soixante-dix-huit degrés centigrades. L'eau est sulfureuse et saumâtre.

OBOCK.

Lundi, 19 octobre.

Nous partons, ce soir, pour Zeylah, à bord du *Dankali* de la Compagnie Meynier. Nous y chercherons les chameaux de notre future caravane.

ZEYLAH.

Mardi, 20 octobre.

A sept heures du matin, nous arrivons à Zeylah. Nous apercevons les maisons, une heure avant de stopper.

Zeylah était autrefois entouré d'une enceinte qui formait un carré régulier ; mais on a pris les pierres des murs, pour construire une jetée d'environ cinq cents mètres, où les boutres accostent à marée haute ; encore, s'ils calent plus d'un mètre cinquante, doivent-ils mouiller à une grande distance. A marée basse, il faut parcourir environ sept cents mètres, dans des flaques d'eau.

Les missionnaires nous ont cordialement reçus et offert l'hospitalité. Nous avons rencontré chez eux M. Henry, agent consulaire de France.

Visite à l'illustre Abou-Bakr. C'est un homme de soixante-dix ans ; il est vêtu de blanc et coiffé d'un turban de même couleur ; ses traits sont extrêmement mobiles. Près de lui, deux de ses onze fils ; l'un a trois ans et l'autre trente-cinq.

L'autorité qu'Abou-Bakr exerce sur les Issah-Somali est réelle ; elle se comprend mal, quand on sait que cet homme est Dankali, c'est-à-dire, de tribu ennemie. Il n'est pas moins singulier qu'Abou-Bakr ait su conserver sur les Danakil un véritable ascendant. Cependant, il achemine plus volontiers ses caravanes par les pays issah; chez les Danakil, son crédit est contre-balancé par des influences rivales. Ses fils, répandus dans toute la région, emploient leur intelligence à affermir le prestige de leur père; ils sont les véritables instruments de sa prépondérance.

Nous avons eu un premier spécimen de « kalam » (conseil et délibération) des cinq chefs les plus importants. Quelques Issah-Somali sont venus avec Abou-Bakr, pour discuter la formation et l'itinéraire de notre caravane. Ce sont de beaux hommes, plus grands et plus forts que les Danakil. Ils portent les cheveux longs, frisés, par mèches très fines, et rasés à la hauteur des oreilles; ils les séparent généralement par une raie ou les rejettent en arrière. Les teindre en blond ardent est une coquetterie. Pour obtenir ce brillant effet, les élégants se rasent entièrement la tête et la recouvrent d'une couche de chaux. Après quelques semaines, la chaux disparaît et les cheveux repoussent avec la coloration voulue. Dans leur coiffure, ils ont presque toujours une sorte d'épingle en bois travaillé, avec laquelle ils se grattent à tout instant. Parfois, leurs bras sont ornés de bracelets. Ils portent un grand couteau placé presque horizontalement sur le ventre, la poignée tournée vers la main gauche.

Un des chefs présents est neveu de Robli, l'ougaze de Herrer.

Après trois heures de pourparlers, ces personnages nous font savoir qu'ils sont prêts à nous conduire à Herrer, moyennant vingt thalaris par chameau, plus la nourriture pour les hommes, et sans parler des bakchiches d'usage. Nous nous séparons, en convenant que le départ s'effectuera d'Ambado. C'est la première fois qu'une caravane sera formée sur ce point.

Ce soir, je suis allé visiter un îlot, à six milles environ de Zeylah. Il est plat, sablonneux, dans la partie qui fait face à la ville, et couvert de gros palétuviers. J'y ai vu des vestiges de constructions et une grande citerne.

TOUDJOURRAH.

Mercredi, 21 octobre.

A minuit, départ de Zeylah. Nous passons à dix heures devant les îles « Mouscha », cédées en 1830 aux Anglais, par le sultan de Toudjourrah. Elles sont basses, pleines de broussailles et entourées de coraux. A peine y trouve-t-on un peu d'eau saumâtre.

A une heure, nous mouillons à Toudjourrah, près de la plage.

C'est la ville principale des Danakil, le point où aboutissent leurs caravanes et où ils embarquent leurs produits. Le commerce des esclaves, jusqu'au jour de l'occupation française, a été le trafic le plus important de la localité. Maintenant, la traite est devenue difficile, sinon impossible ; aussi, les indigènes parlent-ils de renoncer à tout commerce avec le Schoa.

La ville est bâtie dans une petite plaine, au pied de hautes montagnes volcaniques; aux alentours, s'élèvent quelques bouquets de palmiers, les premiers que j'aie aperçus sur cette côte.

Toudjourrah possède deux mosquées en pierres.

Conduits par un sergent d'infanterie de marine (un des cinq hommes qui composent la garnison), nous nous rendons chez le sultan. Nous le trouvons assis sur un divan, dans une hutte en forme de couloir, longue de huit mètres et large de deux. Il est de moyenne taille, ni gras, ni maigre, coiffé d'un turban blanc ; ses cheveux sont complètement rasés ; il a l'air doux et rêveur. Nous avons causé quelques instants avec lui.

Nous voyons ensuite apparaître Mohammed Loëta, également Dankali, plus grand

TOUDJOURRAH. — ABORDS DE LA MOSQUÉE.

et plus vigoureux que la plupart des gens de sa tribu. Son maintien est grave, son geste a de l'ampleur. A quelque distance, ses traits paraissent assez beaux ; en l'observant, on devine qu'il est fourbe et cruel. C'est lui qui a coupé la tête à Munzinger pacha, avec le sabre dont l'infortuné général égyptien avait fait présent à Amphari. Par moments, pour que sa physionomie ne trahisse pas sa pensée, il baisse la tête ; quand il la relève, toute expression a disparu de son visage.

Nous rencontrons deux fils d'Abou-Bakr ; ces hommes sont certainement supérieurs à leurs compatriotes. C'est la véritable explication de l'influence de leur famille. Les Anglais détestent le vieil Abou-Bakr ; ils ont voulu l'emprisonner ; il a fallu l'intervention directe du gouvernement français, pour qu'on lui rendît sa liberté.

Campée sous des palmiers, la caravane de MM. Barral et Savouré attend ici, depuis le mois de mai, qu'il plaise aux Danakil de lui fournir les chameaux promis :

mais toujours quelque nouvel obstacle surgit, et pour l'aplanir il faut toujours de l'argent.

OBOCK.

Jeudi, 22 octobre.

Nous quittons Toudjourrah à trois heures du matin et nous rentrons à Obock à huit heures.

Je partirai demain pour Aden. .

ADEN.

Mercredi, 28 octobre.

Je croyais être au bout de mes peines. Naïve illusion !

Le consul de France, M. de Gaspari, m'a fait savoir que M. King, consul d'Angleterre à Zeylah, se considérant comme le maître de la côte somali et d'Ambado, avait décidé de nous faire payer un droit de cinq pour cent[1].

Ambado, ainsi que la partie méridionale de la baie de Toudjourrah, est en litige entre la France et l'Angleterre ; nos droits sont les plus anciens. L'affaire se traite entre Paris et Londres. En attendant, les Anglais retiennent prisonnier à Zeylah un chef Gadaboursi à qui ils veulent imposer l'obligation de signer un acte de cession de territoire. Si ce malheureux signe, le tour sera joué ; les agents de Sa Majesté britannique prendront le tout pour la partie et invoqueront des titres pour justifier l'occupation du pays entier des Gadaboursi. Cependant depuis bien des mois cette tribu est placée sous la protection de la France ; des traités sincères existent. Il serait étrange que dans de semblables conditions on considérât ce pays comme une possession anglaise. Mais en se souvenant que les Anglais, longtemps après l'occupation de Toudjourrah, percevaient encore un droit sur les navires allant à Aden, on n'est pas trop surpris de leurs prétentions tenaces sur le territoire d'Ambado.

ADEN.

Jeudi, 29 octobre.

J'ai revu M. de Gaspari. Il a eu avec M. Hunter, premier « assistant » anglais, de qui relève M. King, un long entretien, au sujet de ma prochaine expédition. Tout est arrangé ; M. King a ordre de ne me susciter aucun embarras. M. Hunter m'a remis une lettre pour lui ; il l'invite à me prêter son appui en cas de besoin. Cet excès de complaisance m'étonne.

ADEN.

Dimanche, 1er novembre 1885.

Les Somali, comme toutes les tribus de la côte, pratiquent la *vendetta*. A défaut de représailles, ils exigent le prix du sang. Cette coutume pourrait nous créer de graves ennuis. La dernière caravane revenue du Schoa a été attaquée par les Somali et l'un d'eux a été tué par des Abyssins. Conformément aux traditions et aux mœurs, un Abyssin doit maintenant être tué par les Somali. Ils nous promettent cependant de

---

1. Ce droit d'entrée de 5 0/0 (à la sortie, le droit est d'un pour cent) est réclamé sur tous les points de la côte somali, occupés par les Anglais. Est-ce une taxe perçue au profit de l'Égypte ?

ne pas inquiéter notre caravane, car ils prétendent connaître le meurtrier et négocier le rachat du sang. Entre Somali, ce marché ne se fait guère ; la haine se transmet héréditairement, et durant des années les homicides se succèdent de famille à famille. Et encore le meurtre dans ces tribus est-il moins en honneur que chez les Danakil !

Celui qui a tué un homme a seul le droit de porter un bracelet d'ivoire. Quelquefois on ajoute à cette distinction un petit morceau de bois fixé aux oreilles, de la forme d'un baril minuscule. Si la victime est de race blanche, le meurtrier a autant de gloire et d'honneur que s'il avait tué dix hommes ! C'est flatteur, mais peu encourageant.

Somali et Danakil (ces derniers surtout) commettent leurs attentats en se glissant, la nuit, dans le camp de leurs ennemis. Ils poignardent celui qu'ils trouvent sans défense et disparaissent.

ADEN.

Jeudi, 5 novembre.

J'ai embarqué sur un boutre le reste de mes bagages et de mes provisions. Nous partons demain pour Obock. Orage épouvantable, de trois à huit heures du matin. Les citernes sont combles, les rues inondées.

ADEN.

Vendredi, 6 novembre.

M. Hunter a de nouveau promis à M. de Gaspari qu'il m'affranchirait de tout tracas, de la part du capitaine King, à Zeylah et à Ambado. Il a fait appeler l'Européen qui doit porter au Schoa les fusils expédiés par M. Tian et lui a dit que, pour plus de sûreté, il lui donnerait un homme de la police anglaise d'Aden et un chef issah, chargés de nous protéger et de nous recommander à Ambado. M. de Gaspari n'y voit pas d'inconvénients ; nos auxiliaires seront porteurs d'une lettre pour M. King.

ADEN.

Samedi, 7 novembre.

Nous sommes partis à huit heures du soir.

Le major Hunter nous a définitivement donné trois hommes : le cheikh issah, un agent de police et un autre individu d'allure équivoque. J'évite tout rapport avec eux.

OBOCK.

Dimanche, 8 novembre.

Arrivé à Obock à une heure de l'après-midi. Pendant que je causais avec M. Lagarde, les trois hommes de M. Hunter se sont présentés. Le commandant leur a fait quitter leurs armes et leur costume de policeman. A huit heures du soir, ils sont venus se plaindre à moi. J'ai été assez heureux pour m'en débarrasser. Ils veulent partir pour Ambado ; je ne les retiens pas.

OBOCK.

Lundi, 9 novembre.

Nous recevons la lettre suivante :

« Messieurs,

« J'apprends que des agents anglais que vous avez avec vous, pour protéger votre caravane sur un territoire où flotte le pavillon national, l'un est un soldat de police et un autre, le nommé Chordone, faux ougaze (chef) des Issah, est l'ennemi mortel de l'ougaze Robli, dont les bonnes dispositions pour nous sont notoires. Dans ces conditions je crois devoir décliner toute responsabilité au sujet de votre caravane; je fais en outre les plus expresses réserves au sujet des soldats ou agents britanniques qui vous accompagnent ou qui vous rejoindront, et dont la présence à Ambado pourrait soulever un très grave incident.

« Croyez, messieurs...

« *Signé :* LAGARDE,

« Commandant de la colonie d'Obock et dépendances.

« Le 9 novembre 1885. »

OBOCK.

Mardi, 10 novembre.

Cette nuit, « kalam » avec les deux fils d'Abou-Bakr. Ils nous apprennent que le boutre affrété par nous à Aden est le même qui, à l'instigation des Anglais, avait porté les Issah chargés d'enlever le drapeau français à Ambado. Décidément M. Hunter s'est moqué de nous.

OBOCK.

Mercredi, 11 novembre.

Ce matin, nouveau kalam. Les fils d'Abou-Bakr ne veulent pas se montrer avec nous, si nous emmenons le scheik Chordone et les deux agents de M. Hunter. Nous avons été trompés et nous renverrons ces trois hommes.

A deux heures, visite à M. Lagarde.

Tout est convenu; je ramènerai à Aden le scheik et ses compagnons. Nous quitterons le port à cinq heures du soir, à bord du *Dankali*.

ADEN.

Jeudi, 12 novembre.

Onze heures du matin. J'arrive et je me rends chez notre consul. Il paraît désagréablement surpris des procédés de M. Hunter; il lui présentera des observations et reprendra sa liberté d'action.

Ibrahim Abou-Bakr m'assure que le sultan Amphari, après avoir fait payer trois mille thalaris à la dernière caravane italienne, lui aurait pris toutes ses marchandises et aurait renvoyé les gens dépouillés de leurs vêtements. Je note ces renseignements, sauf à vérifier leur exactitude. J'ai grand besoin de me tenir en garde contre des indications erronées; je suis entouré de menteurs, de gens avides et peut-être d'espions, enchantés de m'entraîner dans quelque mésaventure.

Un riche négociant italien, dit-on, s'est récemment adressé à Amphari, pour obtenir de lui qu'il protégeât et favorisât ses caravanes; il lui a fait une déclaration écrite l'instituant son légataire universel. Cette imprudence lui a porté malheur. A son retour, il a été assassiné. Amphari s'est empressé d'envoyer le testament au résident italien à Massaouah ou à Assab, pour réclamer l'héritage. Sa demande a été mal accueillie; maintenant il se venge.

Et bien des gens supposent que pour se rendre au Schoa il suffit de partir de

Londres ou de Paris, de s'embarquer à Brindisi ou à Marseille, de débarquer quelque part, sur la côte, et de se jucher tranquillement sur une mule !

MM. Barral et Savouré se sont résignés à payer leurs chameaux trente-cinq thalaris ; et Mohammed Loëta a promis le départ... pour le courant du mois prochain ! En attendant, il est retourné auprès d'Amphari.

OBOCK.

Vendredi, 13 novembre.

Nous avons quitté Aden hier à huit heures du soir ; nous arrivons à Obock à deux heures de l'après-midi.

LA FACTORERIE MEYNIER, A OBOCK.

Avant de monter à bord, j'ai revu M. de Gaspari ; il a eu l'entretien convenu avec M. Hunter. Le major a affirmé qu'il était très fâché de l'incident ; il n'a songé, dit-il, qu'à nous rendre service. C'est à son insu que Chordone nous a accompagnés ; s'il en eût été informé, il l'en aurait empêché, etc., etc. Avec de nouvelles protestations de bienveillance, il nous a fait remettre une seconde lettre pour M. King. Mes nouvelles de Zeylah ne m'engagent pas le moins du monde à compter sur cet individu. En effet, les Issah de Chordone, à son instigation évidente, ont déjà volé trente chameaux réunis pour notre caravane. L'intervention de M. Hunter a été sollicitée, pour nous obtenir justice. M. Henry ajoute à cette agréable nouvelle que si, par malheur, nous arrivons avec Chordone, notre caravane sera sûrement attaquée et pillée.

Ce Chordone est un ennemi acharné des Issah, alliés de la France. Je ne veux pas croire, comme on le prétend autour de moi, que M. Hunter, en ayant l'air de nous recommander ostensiblement à son subordonné, ait pu lui envoyer en secret des instructions contraires. Je dois donc supposer que M. King a agi contre les ordres de son chef. Quant à Chordone, M. Hunter nous l'avait bien donné, parce qu'il veut l'imposer aux Issah comme ougaze et qu'en nous plaçant sous sa protection il montrait aux Issah qu'une caravane, même française, ne peut passer par Ambado, ou par tout autre point de la côte somali, sans l'assistance des Anglais et du chef issah qui leur est agréable.

Obock.

Samedi, 14 novembre.

Notre départ est fixé à demain matin.

Nous avons transporté nos bagages du boutre que nous avions affrété sur celui du fils aîné d'Abou-Bakr, Ibrahim, qui nous accompagnera à Ambado. Son frère, Houmet, nous rejoindra par terre.

Nous avons vainement attendu les Abyssins que nous avions engagés. Ils se concertent pour nous faire surpayer leur concours.

Si le gouvernement français n'occupe pas un point sur la côte somali, les caravanes à destination du Schoa seront toutes à la discrétion des Anglais, car la route des Danakil est actuellement impraticable.

Obock.

Dimanche, 15 novembre.

Très fort grain de vent. La pluie et les embarras suscités par les Abyssins ont empêché notre départ.

Obock.

Lundi, 16 novembre.

Ce matin, nous avons engagé dix-huit hommes, Arabes et Galla-Harrari.

Les Abyssins se sont mutinés. Gabri-Mariam leur avait promis que, si chacun d'eux lui donnait un thalaris, il leur en ferait obtenir cinq de plus. Comme nous n'avons pas consenti à payer ce supplément, il a été traqué par les Abyssins et a pris la fuite; il s'est dirigé vers Assab, par Raheïta[1].

Nous avons quitté Obock à deux heures. Le boutre qui porte nos bagages est parti à six heures du matin.

Nous avons mouillé près d'Ambado et nous passons la nuit, hommes et mules, sur le vapeur *Dankali*.

Ambado.

Mardi, 17 novembre.

Nous sommes à l'ancre devant l'entrée de la rivière d'Ambado. L'estuaire forme une baie peu profonde, entourée de montagnes abruptes. La plage est sablonneuse et la rivière, d'une largeur moyenne de quarante mètres, peut recevoir, à marée haute, les navires dont le tirant d'eau n'excède pas quatre mètres. C'est un petit bras de mer.

---

1. J'ai su plus tard que Gabri-Mariam avait été employé comme interprète par les chefs du corps expéditionnaire italien, à Massaouah, et tué par les Abyssins, au combat de Dogali.

De petites sources prennent naissance au fond des gorges et s'écoulent entre deux haies de palétuviers. La vallée a une largeur moyenne de cinq cents mètres; elle est bordée de falaises et de roches noires et volcaniques. Le terrain est argileux. Des gommiers, des mimosas et quelques tamariniers constituent toute la végétation. A un kilomètre de la plage, l'eau est douce.

Le mandataire de M. Tian se rend à Zeylah, pour savoir ce que deviennent nos chameaux que nous attendons toujours.

Je campe avec Ibrahim et les hommes armés. Nous avons avec nous le strict nécessaire; les approvisionnements sont restés sur le boutre.

Une quarantaine d'Issah viennent tenir un kalam. Nous leur donnons du tabac et des dattes; ils nous offrent du lait et nous promettent de la viande pour demain. Ces Issah sont assez riches en bétail. Leur langue ne ressemble pas à celle des Danakil, leurs éternels ennemis.

Les rochers et les palétuviers, sur les bords de la rivière, sont couverts d'huîtres. On peut pêcher en quantité, dans ces parages, des poissons de mer excellents. Les oiseaux aquatiques sont nombreux.

Notre boutre emmène à Toudjourrah un Modaïto, envoyé par Amphari à Abou-Bakr. Il se dit malade; en réalité, il a grand'peur d'être massacré par les Issah.

AMBADO.
Mercredi, 18 novembre.

Hier soir, dix Issah sont restés auprès de nous et ont pris part à notre repas. Ils ont ensuite voulu dormir; par précaution, nous leur avons enlevé leurs lances et leurs couteaux. Une heure après, ils ont redemandé leurs armes et sont partis.

Tout est réglé pour cette nuit. On veillera six par six.

Abou-Bakr avait, à l'époque du massacre de Munzinger pacha et de ses hommes, pris parti pour les Égyptiens. Il s'était brouillé avec Mohammed Amphari. Aujourd'hui, se sentant menacé par les Anglais dans sa route de Zeylah, il voudrait, si les voies d'Ambado et de Toudjourrah lui sont fermées, s'assurer celle d'Aoussa. Il a fait des ouvertures à son ancien ennemi, qui lui a envoyé comme négociateur le courageux individu que nous venons d'expédier à Toudjourrah.

J'ai pris le canot et pénétré dans le bras de mer. Au fond, sous un amas de roches, coule un ruisseau. Plus loin, est un petit étang d'une profondeur de deux mètres, entouré d'iris que j'avais d'abord pris pour une plantation de dourah. Vers le sud-ouest, la vallée se resserre et s'infléchit après un angle vers le nord-est. Un peu plus loin, le sol s'exhausse et rejoint les plateaux. La source du ruisseau est cachée dans un éboulis rocheux; de place en place, j'ai trouvé de petits bassins où l'eau est abondante et bonne à boire. Les indigènes disent que c'est le moment de l'année où elle est en moindre quantité.

Notre boutre est de retour.

Les Issah sont venus nous demander du tabac, des dattes et de l'argent. Nous leur avons donné des dattes et un peu de tabac, mais pas la moindre monnaie.

Les mœurs de ces indigènes sont singulières; elles se rattachent aux idées les plus simples et, sans doute, les plus anciennes de l'histoire de l'esprit humain. Quand un Issah en tue un autre, le prix du sang ne peut être payé qu'après un kalam auquel prennent part tous les parents et les membres influents de la tribu, à l'exception du meurtrier. Le plus souvent le rachat n'a pas lieu; mais en cas de mort il devient impossible. Le frère ou le cousin de la victime doit d'abord tuer un membre influent de la famille du premier meurtrier; alors seulement l'affaire devient susceptible de transaction.

Les coups et les blessures se payent ordinairement en bœufs, chèvres ou moutons. Le vol s'acquitte de la même manière. Pour une chèvre dérobée, le coupable doit en rendre deux, trois ou même davantage.

Bien que le voleur ou le meurtrier soit absent, le kalam est ouvert; la justice est rendue.

Les chefs de tribu n'ont pas une autorité effective. Ils peuvent réclamer un service, mais souvent il leur est refusé. Ils appartiennent généralement aux familles les plus anciennes ou les plus considérées; leur intelligence paraît un peu plus développée que celle des autres. Ils servent d'intermédiaire auprès des étrangers et leur vendent les produits locaux, en s'attribuant une large part de bénéfice; ils exploitent à la fois leurs administrés et leurs hôtes.

Chez les Issah, comme chez les Danakil, le guerrier qui a tué un homme met une plume d'autruche dans ses cheveux; puis, il supprime cet ornement et porte un bracelet.

Les Issah tuent rarement le blanc qu'ils voient prêt à se défendre; ils prennent toutes les précautions pour s'assurer l'impunité.

Une bague, un anneau d'argent, de bois ou de cuivre, telles sont les marques distinctives du guerrier. Celui qui les porte doit toujours être prêt au combat.

AMBADO.

Jeudi, 19 novembre.

Une fausse alerte, vers trois heures du matin; le reste de la nuit est tranquille.

Nous avions près de nous une dizaine d'Issah, venus d'une localité voisine, à sept kilomètres environ dans l'intérieur. Nous leur avons donné du riz; après avoir mangé, ils ont voulu dormir. Nous nous sommes fait remettre leurs armes. — Ils se sont reposés, et viennent de nous quitter.

Midi. — A cent mètres du campement, une trentaine de guerriers gesticulent en chantant; ils exécutent une danse belliqueuse. Ils forment le cercle; l'un d'eux se place au centre, saute et brandit sa lance avec un mouvement cadencé. Tandis qu'il s'incline en tous sens, ses compagnons, un bouclier rond à la main gauche et la lance dans la droite, dansent à leur tour en mesure, tantôt sur un pied, tantôt sur l'autre. Tout à coup, ils se courbent ensemble vers la terre, d'un seul et même mouvement, et frappent le sol de leur lance et de leur pied droit. Leur chant est grave, monotone, entrecoupé de cris.

Nous donnons à ces héros du riz et du tabac. Quelques-uns restent autour de nous et veulent bien passer la nuit désarmés, nous faisant remarquer que c'est à eux et non à nous d'avoir peur.

Peut-être, à l'origine, l'homme a-t-il vécu dans un état voisin de la bestialité, auquel a succédé une sorte de démence ou de manque d'équilibre dans les facultés mentales. L'état de raison n'est apparu que plus tard, chez des individus isolés et sous l'empire de certaines influences. Les efforts de l'entendement ont pu être comparables à l'agitation du nouveau-né dans ses langes. L'intelligence s'est développée, sans doute, sous l'action lente des associations et du progrès, nés des besoins de la vie. Les peuples que je dois visiter ont un caractère non équivoque de puérilité. Ils ne sont pas sauvages et barbares, si ces mots correspondent exclusivement à l'idée d'une brutalité absolue; ils sont « enfants » et un peu « fous »; mais ils sont aussi cruels, à la manière des fous et des enfants.

AMBADO.

Vendredi, 20 novembre.

Le mandataire de M. Tian est de retour; un chef issah l'accompagne; il doit se joindre à nous. Les Issah déclarent qu'ils ne nous laisseront pas passer s'il est vrai, comme on le leur a dit, que nous ayons acheté leur territoire! Ils ont l'air de ne pas ajouter foi à nos dénégations. Nous avons exigé qu'on amenât devant nous le propagateur de cette fausse nouvelle. Ce n'est, je crois, qu'une supercherie pour engager de nouveaux pourparlers et obtenir des cadeaux. Après une danse générale, ils sont partis.

Détails de mœurs caractéristiques : le meurtre d'une femme n'exige pas le sang, comme le meurtre de l'homme. Il se rachète ordinairement par des étoffes, ou mieux par des bestiaux. Mais si le prix du sang n'est pas payé, celui qui doit venger la famille est tenu de tuer une femme. Par un raffinement de cruauté, il attend que la victime désignée soit sur le point de devenir mère.

AMBADO.

Samedi, 21 novembre.

Nous sommes allés en reconnaissance avec le fils d'Abou-Bakr sur la route que doivent suivre les chameaux, pour sortir de la vallée et atteindre les plateaux. Elle suit un ravin, sur notre gauche, au fond d'une gorge couverte de gommiers, avec des sinuosités sans nombre.

Pendant la nuit nous entendons, à plusieurs reprises, le cri des léopards; les fauves sont près de nous; une bête vient d'être enlevée à un troupeau voisin.

AMBADO.

Dimanche, 22 novembre.

Les Issah nous apportent quelques chèvres; nous leur donnons de la toile et des dattes. Nous maintenons avec soin nos gens éloignés d'eux, pour éviter les occasions de rixes. Nous ne laissons approcher que les délégués; le gros de la bande reste à cent mètres du camp.

Grande marée de syzygie, deux mètres et demi.

3

Chaque jour, nous prenons du poisson; ce matin, nous avons eu pour déjeuner des homards, des crabes et des coquillages d'énormes dimensions.

AMBADO.

Mardi, 24 novembre.

Hier, dans l'après-midi, j'ai voulu retirer du boutre des objets qui m'étaient nécessaires, notamment des cartouches et du plomb. La caisse était tombée à l'eau lorsqu'on la débarquait du *Schamrock*. Mes cartouches sont perdues, ainsi que des poignards, cinquante mètres de soie et le papier que m'avait donné le Muséum de Paris.

A midi, un guerrier issah est venu nous présenter le bâton d'un des chefs qui doivent nous accompagner, et réclamer, de sa part, deux taubs et un paquet de feuilles de tabac. Ibrahim a donné du tabac et refusé les taubs.

Vers une heure, quatre cents Issah environ se réunissent à peu de distance de nous. L'un d'eux se détache et s'avance; nous envoyons au-devant de lui un parlementaire qui revient et nous dit : « Ces gens discutent s'il convient ou non de piller le campement. » Il n'est que temps d'aviser et de déloger ces incommodes voisins. Nous sortons armés de fusils et marchons vers eux; ils se sauvent en escaladant les falaises.

Naturellement, il a fallu ouvrir des négociations. On nous a annoncé une députation des anciens et des guerriers de la tribu, qui tenaient en ce moment, aux puits, un grand kalam à notre sujet. Or, nous n'avons plus d'eau. Après bien des paroles inutiles, nous nous sommes rendus nous-mêmes aux puits. Deux cents Issah y étaient rassemblés. Nous avons agi avec la plus extrême prudence, pour éviter une attaque. A quatre heures et demie, les négociateurs sont revenus. Ils regrettent tout ce qui s'est passé et nous promettent un dédommagement. Tout provient d'un malentendu! Des gens de Zeylah, malintentionnés, leur ont fait accroire que nous voulions les chasser de leur pays. A ces beaux discours, nous répondons que nous refuserons de parlementer, aussi longtemps que le nombre des guerriers, autour de nous, ne sera pas considérablement diminué. Sur ce, guerriers et anciens nous demandent à manger et déguerpissent, après un repas sommaire. Nous tirons quelques coups de fusil, pour faire réfléchir les plus audacieux. L'incident est clos.

La nuit s'est passée tranquillement; au matin, douze délégués sont entrés dans le camp et, après un interminable kalam, tout a été définitivement arrangé : la paix est faite; la route est libre, moyennant un sac de dattes, deux grandes pièces de cotonnade blanche, deux petites pièces de cotonnade bleue et une pièce de cotonnade rouge. Désormais, nous sommes alliés.

Assurément Danakil, et Issah Somali ont beaucoup de chefs; mais ceux-ci, voire l'ougaze de Herrer, n'ont qu'un pouvoir bien incertain. L'autorité du sultan Amphari, seule, fait exception à cet état anarchique. Si les guerriers et la tribu entière suivent leurs chefs à la guerre, c'est dans l'espoir du pillage et non par obéissance ou par sentiment patriotique. Ces malheureux n'ont d'autres biens que leurs troupeaux; le laitage est leur nourriture quotidienne; souvent, ils sont affamés. Ils se ruent sur les étrangers, pour avoir des aliments. Il faut être constamment armé, au milieu de ces populations qui considèrent le voyageur comme une proie.

L'hérédité du pouvoir existe plutôt à l'état de tradition que par principe. Elle souffre de fréquentes dérogations.

A sept heures et demie, le propriétaire d'une barque, qui se rend à Toudjourrah, est venu me voir. Ce « nacouda » est un homme d'Abou-Bakr. Il était, hier, entre Ambado et Zeylah ; il m'affirme que Houmet part, à cette heure, de Zeylah, avec les chameaux, pour nous rejoindre.

AMBADO.

Mercredi, 25 novembre.

Nous pensions en avoir fini avec les misères du départ. Tout est à recommencer. Nous avions fait débarquer, ce matin, une partie de nos marchandises, dans l'espoir

BOURHAM, FILS D'ABOU-BAKR.

de l'arrivée des chameaux ; nous comptions sans la mauvaise foi de ceux qui nous entourent. A onze heures, pendant notre repas, quelques-uns des guerriers engagés par nous, pour la route, sont survenus. Après les salutations d'usage, leur chef a pris la parole et nous a fait le récit suivant : « Nous sommes arrivés à Tokoscha, point de concentration des chameaux, dans la soirée du deuxième jour, après notre départ de Zeylah. Hier, quand nous quittions cette localité, et après dix heures de marche, un goum de trois cents hommes environ s'est avancé vers nous ; il nous a cernés, déclarant qu'envoyé par les Anglais, il venait, non pas faire du mal aux guerriers, mais seulement tuer les Issah qui favorisaient le départ des Français, et s'emparer des chameaux. Nous en avions une centaine ; cinquante-cinq ont pu échapper aux

ravisseurs ; quarante-six nous ont été volés. Trois d'entre nos compagnons ont disparu ;
ils sont retournés à Tokoscha, du moins nous l'espérons. Les chameaux dérobés appartiennent à Abdallah Chagane et à ses deux fils, Nessib Abou-Bakr et Saleh Nasr,
protégés français. Nous avons été cruellement battus. Hadgi-Idris, Abidi, Ouaber-
Adam, Abouïl-Hamed, Fadan-Ahmet, Ghirri-Ekal, Mohammed-Béréghel et Idris-
Homéche, de la tribu des Issah blancs, avaient annoncé, la veille, leur projet de guet-
apens devant les autorités anglaises ; la chose est publique à Zeylah. Pendant l'attaque,
on a vu, du côté des assaillants, les chevaux de Hadgi-Idris, d'Ouaber-Adam et de
Faradj-Dabachid, tous trois chefs de tribus et amis personnels de M. King. Notre
argent, nos effets, nos provisions, tout a été pillé. Nous avons continué notre route,
et nous voici. » . . . .

   Nous étions sous la pénible impression de ce déplorable incident, quand Bourham,
autre fils d'Abou-Bakr, qui habite avec lui à Zeylah, a débarqué. Il ne sait rien et
vient pour nous aider au départ.
   Nous avons envoyé un message à M. Henry, à Zeylah, pour lui exposer les faits
et réclamer la punition des coupables. Le boutre de Bourham portera à Obock une
lettre semblable pour M. Lagarde. Nous aviserons quand nous saurons si les représen-
tants de notre pays peuvent appuyer nos revendications. Pour que cette échauffourée
et ce vol se soient produits, il faut que M. Hunter n'ait pas transmis à M. King les
ordres qu'il avait promis de lui donner.
   L'ougaze des Gadaboursi, que M. King retenait à Zeylah, avec pavillon anglais
sur sa maison, a voulu partir ; on lui a proposé une garde d'honneur ; il l'a sagement
refusée, prévoyant, sans doute, un asservissement prochain.
   Voici les subdivisions des Issah blancs qui ont volé nos chameaux : Bet-Iron,
Bet-Galan, Fourlaba et Masmassa. Les Anglais recrutent leurs partisans dans les
tribus qui avoisinent Zeylah. En dépit de tous les obstacles, nous passerons, si nos
chameliers ne sont pas séduits par l'appât de grosses sommes d'argent.

                            AMBADO.
                                        Jeudi, 26 novembre.

   Dans la matinée, un délégué des anciens des tribus auxquelles appartient le territoire d'Ambado est venu à nous et nous a tenu ce langage : « Est-il vrai qu'on vous
ait volé des chameaux? Je regrette ce vol, mais nous n'y avons pris aucune part ;
j'espère donc que ce malheur ne nous rendra pas ennemis et que nous pourrons continuer à venir dans votre camp. » Nous lui avons répondu que nous ne tenions pas ses
compatriotes responsables de notre mésaventure et que nous restions « frères », comme
par le passé. Il assure que les guerriers des tribus environnantes sont à notre disposition, pour la recherche de nos bêtes perdues.
   Dans la soirée, surviennent des envoyés de Mohammed Loëta et d'Amphari.
Ils ont pour mission de traiter de la paix avec les Issah. Demain, grand kalam.

AMBADO.

Vendredi, 27 novembre.

Ibrahim, fils d'Abou-Bakr, nous a quittés. Il retourne à Toudjourrah; son frère Bourham nous reste.

Grand kalam annoncé entre les Issah et les envoyés Débenet et Modaïto. La paix va être conclue.

Ibrahim a été malade cette nuit. Un Débenet est venu et, médecin à sa façon, lui a mis, pour le guérir, un peu de sable sur le front, dans le creux de la main et sur l'estomac, en prononçant cette invocation thaumaturgique : « Sors, démon qui es ici, à côté de nous. Va-t'en ! sors, ou je te frappe avec ce couteau ! » Et ce disant, pour terrifier le démon caché, cause du mal, il frappait les reins d'Ibrahim avec le plat de sa grande lame dankali.

La croyance à des esprits, bons ou mauvais, Élohims ou Eons, anges ou démons, punis ou récompensés par l'homme qui les adore ou les injurie, n'est-elle pas une sorte de fond commun à toutes les religions et particulièrement aux religions d'origine sémitique ?

Notre boutre, envoyé à Obock pour demander l'assistance du commandant, est de retour avec une missive dont voici le résumé : « Les faits dont vous vous plaignez se sont passés à Tokoscha, dans le voisinage de Zeylah ; M. Henry, agent consulaire à Zeylah, a seul qualité pour s'en occuper. » M. Lagarde ajoute que des affaires importantes le retiennent à Obock et qu'il ne croit pas à l'efficacité de sa présence à Ambado.

Avant que les compétitions politiques ne soient venues troubler ce pays, au nom du progrès et de la civilisation, tout y était plus facile et plus économique. Abou-Bakr avait le monopole des caravanes, ou du moins de leur expédition ; il organisait tout et, une fois certaine somme payée par chameau, le voyageur n'avait plus à s'occuper des conditions du voyage. Le passage était assuré. Redevance et cadeaux, tout était réglé d'avance. Aujourd'hui, les chameaux sont plus chers et il faut continuellement ouvrir la bourse et la main, pour donner à des chefs de toute espèce, affamés et insatiables.

Ce soir, nous avons le désagrément du voisinage de quarante Issah-Somali, venus pour assister au kalam. Nous leur avons offert de vieux biscuits, abandonnés par le gouvernement égyptien, dans ses magasins militaires de Zeylah ; c'est un présent d'Abou-Bakr, qui n'a jamais été aussi généreux. Son avarice égale celle de ses congénères ; ce n'est pas peu dire. Son digne fils Ibrahim, que sa maladie oblige à nous laisser, m'a réclamé, avant son départ, une paire de sandales. Il prétendait que je la lui avais promise. Pur mensonge. Un jour, sous ma tente, il les avait vues et les avait mises aux pieds sans ma permission. Comme elles le chaussaient bien, il s'est figuré, avec un léger effort d'imagination, que je lui en avais fait cadeau ; et, pour être logique, il me les a réclamées comme son bien propre.

Je me suis assuré que, pendant les hautes mers de syzygie, la partie plate de la vallée d'Ambado est entièrement inondée ; la profondeur de l'eau varie d'un à deux pieds.

AMBADO.

Ce matin, notre camp est envahi par les Issah. Ils ont procédé à leur kalam, avec les trois chefs de la tribu des Débenet, venus à Toudjourrah pour conclure la paix. Au début, la réunion a été orageuse. Un Issah a dit aux Débenet :

« Vous venez traiter de la paix, c'est bien; mais où sont les trois hommes que vous avez tués ? — Quels sont ceux que vous nous donnez en compensation? » Les Débenet se sont levés et ont répondu : « Vous voulez trois hommes, prenez-nous. Notre tribu est prête à la guerre; nos femmes et nos enfants sont à l'abri. » Fort heureusement, un vieil Issah a pris la parole : « Nous savons, a-t-il dit, que vous êtes plus courageux que nous; mais vous êtes moins nombreux. L'équilibre de nos forces s'établit donc suffisamment. Vous ne faites pas la guerre par intérêt, puisque vous avez des femmes, des pâturages et des troupeaux. Un accident nous a rendus ennemis depuis trois mois. L'occasion de nous réconcilier se présente; c'est vous qui nous offrez la paix, nous ne devons pas la refuser, car trop de malheurs sont déjà survenus. Moi, qui vous parle, je suis le frère des Débenet; je ne veux plus la guerre. Entendons-nous sur le prix du sang! » Le kalam s'est prolongé longtemps; puis on s'est séparé; la suite à demain.

Chez les Débenet et les Modaïto, comme, en général, chez toutes les tribus danakil, quand un homme est tué ou seulement blessé, s'il meurt des suites de sa blessure, le meurtrier doit être mis à mort sur la tombe de sa victime. C'est, paraît-il, le point difficile à régler.

A quatre heures, est revenu le courrier que nous avions expédié à M. Henry. Notre agent consulaire connaît le vol de nos chameaux. Il ne doute pas que M. King ne soit l'instigateur de l'attaque de nos hommes avec le concours dévoué de la tribu des Masmassa. Plusieurs personnes ont affirmé à M. Henry que l'agent anglais, ne voulant pas que la caravane partît d'Ambado, avait promis une forte somme d'argent à qui empêcherait, par un moyen quelconque, les chameaux d'arriver jusqu'à nous.

Un chef issah offre de nous accompagner avec ses guerriers, si nous voulons marcher contre les Masmassa. Est-il sincère ?

Entretien avec l'oncle de Mohammed Loëta; je résume la conversation :

« Je ne suis pas exigeant et je n'ai d'ailleurs rien fait pour vous ; donnez-moi donc un taub et deux thalaris. » L'oncle de Mohammed Loëta est bien modeste. C'est le tour de son neveu. Même antienne. Toutefois, celui-ci réclame deux thalaris de plus, sous l'étonnant prétexte qu'il a, dans Toudjourrah, un frère que nous connaissons! Le troisième Débenet n'est pas venu; mais il nous a fait demander six thalaris et une pièce de toile, de trente-cinq mètres au moins !

Voici maintenant les Issah qui ont accompagné les chameaux et les ont perdus en chemin. Ils réclament, pour prix de leur vigilance et de leur bravoure, je suppose, dix thalaris, au lieu de huit. Je leur fais observer que, chargés de nous amener les chameaux, ils auraient pu s'acquitter de leur mission avec plus de succès et faire preuve d'un peu plus de courage. Ils protestent, en étalant leurs blessures et en se plaignant d'être mal armés. Ils ont reçu quelques coups de pierres ou de bâton.

Il est une heure du matin. Le boutre met à la voile, emmenant l'Européen chargé des marchandises de M. Tian et les Issah qui ont été attaqués à Tokoscha ; ils vont porter à M. Henry, à Zeylah, une plainte régulière. Je reste avec peu de monde à Ambado.

Mes relations avec les tribus voisines sont bonnes ; mais une rixe peut survenir. La présence des envoyés Débenet me gêne ; je crains, à tout instant, l'échange de coups de couteau. C'est vingt hommes de plus à nourrir chaque jour ; soit avec les miens, cinquante bouches... et quelles bouches !

Ce soir, visite d'un chef issah. Il me dit : « J'ai eu honte de vous voir nourrir des guerriers de ma tribu ; sur mes remontrances, quelques-uns d'entre eux se sont fâchés ; ils veulent partir et sont déjà au pied de la montagne avec leurs armes. » Conclusion : quarante biscuits et un demi-sac de dattes à donner. J'avais d'abord accordé trente biscuits et vingt kilos de dattes ; mais j'ai cédé devant des lamentations et des récriminations sans fin.

Un kalam est toujours bon ; tout s'y discute, tout s'y juge. L'arrêt est sans appel, mais l'exécution peut être ajournée. Chacun a le droit d'assister à l'assemblée. Elle se tient en plein air.

Exemple d'un kalam d'ordre judiciaire, auquel j'ai assisté :

Un homme a perdu une chèvre et a découvert la trace du ravisseur ; les chefs et les anciens de la tribu ont été convoqués. Le volé a raconté longuement dans quelles circonstances il avait laissé sa chèvre près d'un puits. L'animal a disparu. Sur le sol, il a découvert des empreintes de sandales qui n'appartiennent pas à un homme du pays : la couture en est plus longue que d'ordinaire ; le voleur appartient donc à telle ou telle autre tribu. Descente sur les lieux, comme disent les gens de loi, et nouveau kalam. Bref, le coupable a été condamné à une forte indemnité ; mais il a refusé de payer la compensation prononcée ; il a préféré rendre la chèvre. Le volé a déclaré qu'il n'entendait pas rentrer en possession de son bien ; l'animal a été séparé du troupeau, il a connu d'autres maîtres qui l'ont traité d'une manière différente, etc., etc. — Enfin l'affaire a été arrangée moyennant une augmentation d'indemnité.

Particularité à signaler : si l'accusé assiste au kalam, c'est le plus ancien des membres de la tribu qui lui adresse la parole, sans le regarder.

Autre exemple de kalam : l'orateur-juge prend la parole : « On affirme que tu as pris telle femme, et que tu l'as séduite ; or, elle appartient à un tel... C'est grave ! » L'accusé, en se défendant, s'adresse à l'assemblée : « Ce n'est pas vrai, dit-il, je n'ai pas séduit cette femme ; la preuve en est que je l'ai déjà eue pour épouse ; tout le monde le sait, etc. » Fin d'une histoire de ce genre dont j'ai été témoin. Reconnu coupable, le séducteur a été condamné : à un thalaris, pour avoir mis la main sur la bouche de la femme ; à quatre thalaris, pour l'avoir renversée ; à un autre thalaris, pour lui avoir relevé la jambe... Je m'arrête ; pour le reste, le chiffre du dommage n'a pas sensiblement varié. Au total, quelques thalaris, avidement reçus par l'époux triomphant et consolé de sa disgrâce.

Quelquefois, les indemnités ne sont pas réglées intégralement ; les parties s'accommodent pour le payement.

Quand le kalam est terminé, les adversaires se reprennent d'amitié ; aussitôt après le jugement, personne ne songe plus au procès. Mais une année s'écoule souvent, sans que des querelles soient vidées, parce qu'on n'a pas trouvé de gens au goût des deux parties, pour la constitution du kalam. Entre adversaires, il n'est fait, pendant tout ce délai, aucune allusion au différend ; tous attendent l'occasion favorable pour obtenir justice.

L'abus des kalam est d'ailleurs le moindre défaut de ces hommes du désert. Tous sont grands parleurs et grands paresseux. Sur bien des points, les terres seraient cultivables ; mais pas un grain n'est semé. Issah et Danakil ne sont pourtant nomades que dans les limites de leur territoire ; certains d'entre eux ont une résidence à peu près fixe.

Leur religion — si leurs croyances méritent ce nom — consiste en une série de superstitions grossières. Ils ne sont musulmans que de nom. Leur seule loi, fidèlement observée, n'a pas besoin d'être écrite : c'est le talion de tous les sémites et, peut-être, de tous les peuples anciens : œil pour œil, dent pour dent.

Les jugements sont généralement exécutés. Le condamné récalcitrant est expulsé de la tribu.

AMBADO.
Dimanche, 29 novembre.

Journée tranquille.

J'ai opéré quelques changements dans mon camp, pour prévenir les surprises. Les Issah sont nombreux autour de moi ; mais ils se montrent pacifiques.

J'apprends, du frère de Mohammed Loëta, qu'il est venu à Ambado avec ses compagnons, parce qu'il savait nous y rencontrer et pouvoir ainsi traiter de la paix à l'abri de nos fusils ; si nous n'étions pas là, ils auraient pris d'autres précautions.

Les forgerons et les fabricants de sandales, tous ceux qui touchent au cuir et au fer, forment une caste dédaignée. Ils sont regardés comme des êtres inférieurs ; ils se marient entre eux et on les tient à l'écart. La raison de ce mépris n'est pas dans la nature de leur industrie, mais dans le travail même, qui est tenu pour dégradant par ces peuples de guerriers et de fainéants. J'ai lu quelque part qu'il existe, dans une partie des Indes, des préventions analogues.

AMBADO.
Lundi, 30 novembre.

Les Issah continuent à venir en grand nombre, sous le prétexte de visiter les envoyés Débenet. J'espère que ces hôtes désagréables partiront bientôt. Ils sont un souci permanent et une charge...

La paix est définitivement conclue entre les Issah et les Débenet. Ceux-ci payeront en bestiaux le prix du sang des trois hommes tués. Les Issah iront recevoir la rançon à Gobat, résidence ordinaire de Mohammed Loëta.

A cinq heures du soir, sont arrivés les hommes que nous avions engagés à Zeylah et qui n'avaient pu atteindre Ambado, au moment du vol de nos chameaux. Ils assurent que M. Henry m'a envoyé une lettre par un messager monté sur une mule et parti avant eux.

Je viens d'avoir l'explication du cri sauvage que poussaient les Issah, le jour où leur attitude nous a forcés à prendre les armes. C'est un « ki! ki! » guttural, sec et répété, qu'ils font entendre pour demander du secours; c'est un appel commun à toutes les peuplades africaines de cette région.

Les Débenet avaient tué les trois Issah pour la gloire qui résulte du meurtre;

TOUDJOURRAH.

mais aujourd'hui que le différend est aplani et que le sang a été racheté, les meurtriers n'ont plus le droit de porter la décoration habituelle, plume d'autruche ou bracelet.

AMBADO.

Mardi, 1er décembre.

Ce matin, les envoyés des Débenet sont partis.

On prétend que chaque tribu, quel que soit le nombre de ses membres, descend d'un ancêtre unique qui lui aurait donné son nom. Tous les Débenet seraient donc fils ou descendants d'un Débenet primitif. Les adoptions et surtout les adoptions d'esclaves augmentent l'importance numérique des tribus.

Journée paisible et ennuyeuse. Le ciel est couvert de nuages et la pluie ne discontinue pas. Depuis une semaine, les vents du nord sont violents et les grains très fréquents.

4

Le courrier de M. Henry (qui m'avait été annoncé hier) vient d'arriver sur un chameau. Il a perdu, dit-il, sa mule en route, et a mis deux jours de plus que ses compagnons, pour faire le trajet de Zeylah à Ambado !

AMBADO.

Mercredi, 2 décembre.

Je reçois, par bateau, d'autres nouvelles de Zeylah. M. Henry a prévenu le commandant d'Obock de notre situation et l'a prié d'envoyer le *Pingouin* à Aden, pour aviser M. de Gaspari et le major Hunter. On télégraphiera au Caire, s'il le faut. M. King a promis de faire rechercher nos chameaux. Les chefs de la caravane voudraient profiter de l'occasion pour nous abandonner, en emportant les avances d'argent qui leur ont été faites. Je cherche à les réunir, pour leur faire entendre raison.

A trois heures, arrive un boutre du gouvernement français, expédié par M. Lagarde.

Que de contretemps et de misères ! J'essaye de me distraire, en apprenant les divertissements des Danakil et surtout le « cosso », jeu indigène de la balle. Deux camps de cinquante joueurs environ sont formés ; l'un s'intitule « le diable » ou l' « invincible » ; l'autre, le « fort » ou le « puissant ». Les rivaux préludent en jetant une pierre noire d'un côté, blanche de l'autre, pour savoir qui commencera. Quand le joueur lance la balle, un homme du camp opposé le retient de la main gauche à la ceinture et cherche à l'arrêter. La balle n'est pas jetée en l'air, mais, au contraire, vigoureusement de haut en bas ; chacun s'applique à la diriger du côté où il voit ses partenaires plus nombreux. Celui-qui réussit à s'en emparer court de toutes ses forces et la rejette de la même façon. Si quelqu'un peut la recevoir sur le dos de la main et la renvoyer, avant qu'elle ne tombe, c'est un bon point pour le camp.

Dans certaines tribus danakil, les mariages sont accompagnés de cérémonies bizarres. Pour la forme, la femme s'y achète comme chez les musulmans ; mais quand un mariage est décidé, on convoque les anciens (eux seuls ont la science nécessaire) pour découvrir au ciel l'étoile de la tribu ; sans cette formalité préliminaire, pas d'hyménée. Commencent ensuite les préparatifs. On choisit le bétail qui doit servir aux festins de noce. Le fiancé offre le prix de l'épouse, en chameaux, bœufs, moutons ou chèvres. On construit, en quelques heures, la hutte des nouveaux mariés. La fiancée y précède l'époux. Devant la porte, un homme, armé d'un grand couteau, tient en laisse un mouton noir. Le fiancé arrive, accompagné d'un affreux vacarme ; parents et invités chantent et célèbrent ses louanges. Tous félicitent l'épousée de s'unir à un homme aussi fort, aussi courageux et déjà vainqueur de tant d'ennemis ! Lui, fièrement monté sur une mule, vêtu d'un taub blanc, tient à la main une forte courbache. Quand le cortège est sur le seuil de la demeure nuptiale, l'homme qui se tient à la porte égorge le mouton noir, plonge sa main dans la blessure et l'applique sanglante sur la face de l'époux. Le mouton sacrifié est jeté à deux reprises, de façon à former la croix, par-dessus le toit de la hutte. Puis tout le monde se retire, sauf deux vieilles femmes. Elles prêtent l'oreille... Le mari revendique ses droits, brandit sa courbache et frappe sa femme. Les vieilles comptent les coups ; plus grand est leur nombre, mieux cela vaut ; c'est de l'honneur d'une fille de ne céder qu'après en avoir supporté le plus possible. C'est un certificat de vertu. Si une femme est insultée, si quelqu'un l'outrage en lui jetant au visage l'épithète qui désigne la femme de mauvaise vie, elle ne manque pas de s'écrier : « Comment peut-on me traiter ainsi, moi qui n'ai cédé à mon mari qu'après sept, douze ou quinze coups de courbache! » Les nouveaux mariés restent trois jours enfermés; on vient ensuite les visiter. Les femmes offrent des aliments à la mariée et font sa toilette ; les hommes ont les mêmes soins pour le mari. Ce dernier usage est assez répandu ; mais il n'est pas général.

AMBADO.

Jeudi, 3 décembre.

Une quarantaine d'Issah nous ont apporté du lait. Comme ils devenaient hardis et importuns, j'ai fait interdire le camp dès quatre heures de l'après-midi.

Nous sommes privés de viande depuis assez longtemps; un mouton serait le bienvenu. Pour nous aider à prendre patience, les Issah nous expliquent qu'ils ne peuvent se nourrir de chair que deux fois par semaine ; les autres jours, ils doivent, selon leurs croyances, n'absorber que du laitage.

Les indigènes voudraient me conduire à la chasse aux ânes sauvages ; j'irais volontiers ; mais c'est une absence de neuf heures ; je ne puis abandonner le camp pendant un si long temps. La chair de l'âne sauvage constitue, paraît-il, une excellente nourriture; mais on recherche surtout cet animal à cause de sa peau, avec laquelle on fabrique des sandales.

AMBADO.

Vendredi, 4 décembre.

Les grains continuent. La pluie tombe pendant plusieurs heures consécutives.

Pour cinquante-cinq francs, un pêcheur, propriétaire d'un petit bateau de commerce à Toudjourrah, me cède son filet. Voilà du poisson assuré; c'est fort heureux, car nos provisions sont peu variées — et s'épuisent.

J'exerce mes hommes au tir à la cible et donne des taubs aux plus adroits. Presque tous tirent fort mal.

Les Issah deviennent de plus en plus nombreux autour de nous.

Encore une journée perdue !

AMBADO.

Samedi, 5 décembre.

A sept heures, une barque arrive de Zeylah ; Houmet est à bord ; il vient me saluer et m'annonce qu'il se rend à Toudjourrah. Une lettre m'apprend que le capitaine Mein remplace momentanément M. King. Cette nouvelle me cause quelque satisfaction.

Il me faut trouver un accommodement entre les chefs de la caravane et ceux qui les ont attaqués; l'agréable besogne! Hadgi-Idris, qui s'était rallié aux Anglais, déclare qu'il les abandonne et réclame la protection française. C'est lui qui a fait attaquer nos chameliers ; je me méfie de ses protestations et de sa conversion. Il a, dit-il, contre

M. King, des preuves accablantes (?) et il pourrait les produire... Quand finira cette vilaine affaire? Quand partirons-nous?

AMBADO.

Dimanche, 6 décembre.

Ce matin, Houmet s'est embarqué, à destination de Toudjourrah, sur le boutre qui porte nos marchandises.

Les chefs du pays répètent qu'ils sont disposés à escorter nos chameaux avec deux ou trois cents hommes, lorsqu'on les conduira de Zeylah à Ambado. Ce zèle est excessif.

AMBADO.

Lundi, 7 décembre.

J'obtiens d'un indigène qu'il me cède quatre moutons.

J'ai voulu tracer un tour d'horizon ; j'ai médiocrement réussi; je n'ai pu m'éloigner assez, pour trouver un point favorable.

Un boutre arrive de Toudjourrah. C'est Ibrahim qui se rend à Zeylah, pour voir son père malade. Il s'arrête, dit-il, pour me rendre visite ; en réalité, il relâche parce que la mer est mauvaise. Dans la nuit, il repartira emmenant le scheik Robli, l'un de ceux qui doivent veiller à la sûreté de notre route.

AMBADO.

Mardi, 8 décembre.

La nuit dernière, les léopards, attirés par le bêlement de mes moutons, n'ont cessé de rôder autour du camp et de pousser des cris rauques. Je n'ai pu les découvrir; les palétuviers me les cachaient entièrement.

Il résulte bien de tous mes renseignements que l'ougaze de Herrer est le plus influent des chefs issah.

AMBADO.

Mercredi, 9 décembre.

Notre boutre arrive de Toudjourrah. Abou-Bakr est mort. Mauvaise nouvelle. Cependant nos affaires sont en bonne voie ; mais nous ne sommes pas sans inquiétude. Suivant l'usage, j'ai distribué des dattes et du café aux matelots et aux soldats. Ils ont mangé et bu en l'honneur de défunt Abou-Bakr ; ils ont ensuite chanté des prières funèbres, bien avant dans la nuit. Ces mélodies lentes et monotones rappellent les airs graves de nos églises. Les sujets et les rythmes ne sont pas variés.

« Salut à toi, prophète ! Toi qui nous donnes la lumière des yeux, éclaire-nous pour que nous marchions dans le droit chemin. »

C'est à peu près le sens des premiers versets du Coran.

AMBADO.

Jeudi, 10 décembre.

Les léopards ont encore rôdé autour de nous, pendant la nuit.

Les Issah nous annoncent qu'ils refusent d'aller à Gobat, auprès de Loëta, et que la paix est impossible, à moins qu'on ne vienne chez eux acquitter le prix du sang. En attendant, ils émigrent hors de portée des Débenet qui, bien qu'inférieurs en nombre, sont plus dangereux et plus terribles dans les combats.

Le nacouda devait amener notre barque dans l'estuaire; réflexion faite, je l'en empêche. Je crains une attaque de nuit. Nos matelots ne sont pas Débenet; ils appartiennent à la tribu dankali des Abou-Bakr, les Assoba, qui vivent sur la rive septen-

GUERRIER DANKALI.

trionale du golfe de Toudjourrah; mais ils ont des attaches nombreuses avec les Débenet.

AMBADO.

Vendredi, 11 décembre.

Le scheik Robli revient d'Obock. Le commandant lui a fait quelques cadeaux; il est enchanté.

Un fait montrera le peu d'autorité des chefs de ces tribus sur leurs hommes. Le nombre des Issah augmentant tous les jours, je leur ai signifié d'avoir à quitter, non seulement leurs lances, mais encore leurs couteaux. Ils ont refusé, sous le prétexte que Robli avait son « bilao ». Ne parvenant pas à se faire obéir, le pauvre scheik a lui-même déposé son arme !

Je reçois à l'instant une lettre de Zeylah, qui m'annonce le retour du capitaine King. Les tracasseries vont recommencer. Le mal que les Anglais nous ont fait, en prévenant les Issah contre nous, est irrémédiable. Décidément, il faudra modifier notre itinéraire. Les démarches faites en notre faveur n'auront pas eu d'heureux résultats.

AMBADO.

Samedi, 12 décembre.

Un domestique d'Houmet menaçait, depuis plusieurs heures, un de nos hommes. Impatienté, mon interprète arabe lui donne une poussée et le saisit par les mains. Aussitôt lâché, il s'empare d'un fusil et le charge en courant. Il passe près de moi. Je faisais une observation et j'étais empêché de me mouvoir, par mes instruments; il n'a pas vu mon embarras; je l'ai menacé et j'ai réussi à l'intimider. On s'est emparé de lui. Je le renvoie à Toudjourrah, malgré ses supplications.

La guerre est imminente. Les envoyés danakil se sont plaints, à leur retour dans les tribus, de l'accueil des Issah. Jadis, à leur arrivée, on égorgeait, paraît-il, des moutons; on leur offrait une fête; cette fois, ils ont été reçus avec dédain. Le mécontentement est à son comble, de part et d'autre; ce sera la cause de graves ennuis et peut-être d'incidents compliqués. Pour éviter toute surprise, j'ai débarrassé les abords du camp des palétuviers qui l'encombraient; ils m'ont servi à élever une sorte de palissade.

La succession au sultanat est réglée d'une façon bizarre : alternativement, le fils du sultan est vizir et le fils du vizir, sultan. On croit qu'un ancêtre fort original d'Amphari a organisé cette transmission du pouvoir, héréditaire par intermittence, entre le maître et son premier serviteur. Impossible d'obtenir une explication sur le but ou les avantages de ce système invraisemblable.

La forme très pointue des sandales est un des signes distinctifs du pouvoir suprême à Toudjourrah.

Les scheiks ont la tête rasée, mais ils conservent une longue mèche derrière l'oreille droite.

Toudjourrah est, dans la contrée, la ville de la mode. Ses habitants s'habillent avec plus de goût et se coiffent avec plus de coquetterie que leurs voisins. La coiffure est une grande affaire; c'est un édifice à construire! Une fois peignés, les indigènes ne savent plus où reposer leur tête pour dormir. Ils ont, dans les cheveux, des peignes à deux ou trois dents, longues de vingt, trente ou même quarante centimètres, qui leur permettent de se gratter sans détruire leur artifice capillaire. Quand ils ont bien graissé leur tête, on la croirait couverte de flocons de neige. L'effet ne manque pas d'être surprenant. Peu à peu, la graisse fond et pénètre dans la chevelure qu'on dérange rarement. Je crois que cette graisse cause un bon nombre de calvities précoces. Ceux qui ne sont pas chauves ont le front dénudé.

AMBADO.

Dimanche, 13 décembre.

Un des chefs de notre caravane m'avise que dix jeunes guerriers, de la tribu des Masmassa, sont venus le trouver et lui ont tenu ce propos : « Ne vous joignez pas à la caravane, dans le cas où elle partirait d'Ambado, notre tribu est décidée à l'attaquer. » Ils ont affirmé qu'ils avaient reçu de l'argent de M. King, pour nous assaillir à Ambado même. Le chef a ajouté dans le langage imagé du pays : « Je te donne ces nouvelles bien qu'elles soient mauvaises, car je ne veux pas cracher dans le plat où j'ai mangé. » Je n'ai pas grande confiance en cet homme; mais ce renseignement confirme ceux qui m'arrivent de tous côtés. Je redouble de surveillance et je préviens les Masmassa, par l'intermédiaire du personnage « qui ne crache pas dans le plat où il a mangé », que si je les vois rôder dans les environs, je les chasserai à coups de fusil.

Les Issah ont encombré le camp de huttes en branchages qui gênent la vue; ils ne voulaient pas m'en débarrasser. Je les y ai obligés; mais ils ont obstinément refusé d'enlever la plus grande; c'est trop de peine et de fatigue pour eux.

Les guerriers somali, que nous avons avec nous, sont les plus paresseux et les plus mauvais de nos hommes; je les renverrai.

Quand Danakil ou Somali se rencontrent, ils se demandent d'abord les nouvelles locales; celui qui est interrogé répond invariablement: « Excellentes nouvelles! » Puis il ajoute, suivant les circonstances : « Ton père est mort... tes chèvres ont péri... ton frère est malade... »; mais, au début, la formule est invariable : « Excellentes nouvelles ! »

La femme, chez les Issah et les Danakil, est à peu près considérée comme une bête de somme; le mari n'a pas plus de respect pour l'épouse, que le fils pour la mère. Elle garde les troupeaux; mais quand elle les mène aux puits, un homme, son mari ou son frère, doit l'accompagner; elle peut bien donner à boire aux moutons ou aux chèvres, mais l'honneur d'abreuver les chameaux et les chevaux est réservé aux mâles...

Il faut sortir d'Ambado; il faut partir; je sens que le prestige diminue; la crainte est moins grande; les menaces, les insolences, les refus d'obéissance se multiplient. J'appréhende des dangers sérieux, si les choses ne sont pas modifiées.

AMBADO.

Lundi, 14 décembre.

Décidément les Issah sont encore plus paresseux que les Arabes. Ce matin, ils refusaient d'aller prendre de l'eau. Pour les y contraindre, je me suis arrangé de façon à en avoir personnellement. Ils se sont alors occupés d'eux-mêmes.

Le mandataire de M. Tian est toujours à Zeylah. Certain qu'on ne peut rien faire pour nous aider, il a acheté, moyennant six cents roupies, la bonne volonté des chefs que les Anglais payaient moins cher. C'est à nous, et à nous seuls, que nous devrons notre départ... si jamais nous partons ! Il est malheureusement probable qu'on payera une grosse somme, pour provoquer une trahison. Notre argent aura été donné en pure perte; à vrai dire, ce sera le moindre mal.

Presque tous les Danakil pêchent et mangent du poisson, ce que ne font pas les Issah. Est-ce l'indice d'une différence de race? Les deux populations n'ont-elles pas occupé le pays à la même époque? Strabon désigne les habitants de cette côte sous la qualification générique d'ichtyophages; mais il n'est pas toujours très bien renseigné. Les Issah auraient-ils immigré, postérieurement à l'ère chrétienne?

En général, dans ces tribus, l'hérédité existe avec le droit d'aînesse. Le fils aîné recueille le patrimoine et en distribue une partie à ses frères. Quant au sol, il est propriété commune; la jouissance appartient à l'occupant.

AMBADO.

Mardi, 15 décembre.

Journée tranquille.

Je ne laisse entrer que les indigènes qui veulent vendre du bétail.

Deux ou trois scheiks (Robli entre autres) ont leurs femmes avec eux. Elles sont laides et portent leurs enfants sur le dos. Nous partageons nos repas avec les hommes; les épouses nous regardent de loin; elles n'ont pas le droit de manger avec leurs seigneurs et maîtres. Ceux-ci, d'ailleurs, ne poussent pas la sollicitude conjugale jusqu'à s'occuper d'elles. Je leur demande souvent s'ils désirent qu'on donne quelque nourriture à ces malheureuses : « Vous êtes bien bon de prendre la peine de songer à elles! »

J'ai été surpris d'apprendre que chaque famille issah possède, en moyenne, deux ou trois cents chèvres ou moutons; dix, vingt, trente ou quarante chameaux et de dix à vingt bœufs. Il est vrai que c'est leur unique ressource.

AMBADO.

Mercredi, 16 décembre.

Dans la soirée, des Issah viennent me réclamer une indemnité, pour les palétuviers coupés depuis quatre jours! Ils sont arrogants, je les renvoie du camp. Naturellement, nous aboutissons à un kalam. Les Issah me disent : « Ce territoire nous appartient, car nous habitons dans le plus prochain voisinage; or, vous avez coupé des arbres dont le feuillage nourrissait nos troupeaux! » Je leur réponds que je traiterai la question avec leurs scheiks. Ils me déclarent qu'ils n'en reconnaissent pas d'autre qu'un certain Bogha, qui réside près de Zeylah. Pour en finir, je transige; je donne un sac de dattes et du tabac. Ils s'en vont contents.

A midi, l'un des chefs de la caravane me raconte que deux cents Issah noirs se sont rendus à Zeylah, pour délibérer; ils ont entendu dire que des étrangers doivent nous conduire, et que Dunan sera notre point de départ; or, ils veulent que nous partions d'Ambado ou d'un autre point de leur territoire. Je pressens quelque intrigue nouvelle...

Les Danakil se désignent eux-mêmes sous le nom d' « Afar ». Ils tirent leur nom « Dankali » de l'arabe: « djangali », stupide, — ou peut-être de l'amhara : « donkoro », imbécile. Les deux étymologies se valent et sont également flatteuses.

AMBADO.
Jeudi, 17 décembre.

Encore l'affaire des palétuviers! On m'avait appelé « frère », et on revient m'importuner! Je mets les réclamants à la porte.

Une lettre de Zeylah m'annonce que nous devrons réellement partir de Dunan; c'est une petite baie, à quelques kilomètres, à l'est d'Ambado.

AMBADO.
Vendredi, 18 décembre.

Calme plat.

Un de nos chameliers me présente deux hommes qu'il me dit être ses neveux. « Ils viennent, ajoute-t-il, d'un pays situé à quatre jours de marche dans l'intérieur. Ils se sont rendus ici, parce qu'ils ont entendu raconter que leur oncle était devenu riche, depuis l'arrivée des Français, et qu'il allait et venait de leur camp à sa maison, emportant des caisses d'argent! » Or, ces deux neveux sont tombés sur les bras de leur oncle, au moment même où il venait de vendre son beurre! Comment les satisfaire? Le brave homme est fort embarrassé de cette visite importune, et il s'en prend à nous. Si nous n'étions pas venus, il eût évité ce désagrément; c'est clair, — et c'est à moi de payer.

AMBADO.
Samedi, 19 décembre.

Mes gens se querellent; je ne sais pourquoi. Il est superflu de le leur demander. Je les ai réunis et prévenus froidement qu'ils avaient la faculté de se battre à leur aise; mais que si l'un d'eux se servait d'un fusil, d'un revolver ou d'un couteau, je le punirais, suivant le talion, ou le remettrais entre les mains du commandant d'Obock. Cette admonestation a produit un effet salutaire.

Deux guerriers m'ont rendu leurs armes; ils renoncent au métier militaire.

Nouveau kalam, sous un prétexte quelconque; nouveaux cadeaux; encore des taubs et des provisions donnés en pure perte!

Avec les Issah, comme avec leurs congénères, il faut parler par figures, non pas qu'ils soient amateurs de beau langage ou de métaphores; mais parce qu'ils sont simples et bornés; l'échange d'idées entre eux ne se fait pas autrement. Depuis plusieurs jours je leur donne du riz et des dattes, et ils ne m'apportent rien. Ce soir, devant eux, j'ai ramassé une poignée de sable; j'en ai versé, à diverses reprises, une partie dans ma main gauche sans en reprendre; je leur ai montré bientôt ma main droite vide et je leur ai dit : « Vous le voyez, si vous recevez toujours sans rien donner, vous épuiserez les ressources et vous n'aurez plus rien à recevoir. » Ce n'est un modèle ni d'éloquence, ni de logique; cependant, j'ai convaincu mes auditeurs qui se sont écriés : « C'est vrai! » Ils se rendent à ma démonstration; mais c'est pure théorie; la pratique ne change pas.

J'ai employé avec succès, dans une autre circonstance, un langage aussi parabolique. Des Issah se présentaient armés de couteaux et de lances, malgré ma défense; je

5

leur ai dit : « Les uns sont grands, les autres sont petits ; ceux-ci sont bons, ceux-là sont méchants. Prenez une pierre, mettez-la dans ma main... Vous la voyez... C'est bien. Maintenant que j'ai fermé les deux mains, pouvez-vous me dire dans laquelle est la pierre ? Il en est de même du cœur de l'homme ; on ne peut le voir et, à moins de preuves positives, on ne peut dire qu'un homme soit bon. Si vous aviez vu ma pierre, quand j'ai fermé les mains, vous auriez dit : « Elle est là ! » parce que vous aviez des preuves ! Comment puis-je discerner les intentions cachées dans votre cœur ? » — J'ai immédiatement ajouté : « Je n'ai aucune peur de vous ; je suis votre frère, vous me l'avez dit ; mais, parmi mes hommes, se trouvent des Danakil ; je sais qu'il y a du sang entre vous, et je ne veux pas la guerre dans le campement. » Un vieillard m'a répondu sur un ton solennel : « Tu as parfaitement raison ; tes paroles sont de l'or ; mais ce qui est dans le cœur et n'en sort pas, c'est souvent... autre chose. » Et le vieillard parlait, comme un général de la vieille garde.

Les indigènes sont surpris d'entendre un Européen leur tenir de longs discours. Ils écoutent volontiers. Je me suis amusé quelquefois à essayer de les lasser, en leur parlant de mille choses ; j'étais fatigué avant eux. Le pire est qu'après avoir discouru pour leur plaire je devais les écouter à mon tour, — et leur faconde est intarissable !

Les Issah sont lâches et redoutables comme tous les lâches. Ils sont vindicatifs, et fourbes. Ils emploieront leur temps à épier un ennemi ; rien ne les distraira. S'ils veulent le tuer, ils le suivront pendant des journées entières, et, au moment propice, lui donneront un coup de lance ou de couteau. Ils profiteront de l'obscurité ou se cacheront derrière les broussailles. Celui dont ils ont juré la perte succombe à peu près sûrement. Pour se mettre à l'abri de pareils assassins, il n'est pas d'autre moyen que de quitter le pays. Qui peut être continuellement sur ses gardes ? Chacun a ses heures de lassitude ou d'oubli ; ils le savent et attendent. Avant de se venger, ils ne profèrent aucune menace qui puisse servir d'indice ou d'avertissement : ils affectent même l'amitié la plus sincère pour la victime qu'ils poursuivent.

AMBADO.

Dimanche, 20 décembre.

Ce matin, à un démenti donné par un Arabe qui jurait par Allah et Mahomet, un Issah a opposé le « serment sur la pierre ». Le premier caillou venu est bon pour cette cérémonie et la formule est des plus simples : « Je jure sur la pierre. » D'où vient cet usage ? Je n'ai pu recueillir aucune explication. Faut-il le rattacher, vestige subsistant à travers les âges, au culte des cippes antiques ?

Parfois, j'ai vu les Issah jurer, en plongeant la main dans un trou creusé séance tenante.

AMBADO.

Lundi, 21 décembre.

Bourham, fils d'Abou-Bakr, et le mandataire de M. Tian arrivent de Zeylah. Tout est convenu pour notre départ.

Les chameaux sont arrivés à Djiboutil, où la caravane sera enfin organisée. Des

Issah blancs ont voulu les disperser; les guerriers ont tiré quelques coups de fusil par-dessus leurs têtes.

Depuis le départ des Égyptiens, l'anarchie est à son comble dans cette région, et on n'ose pas prendre une autre voie à cause de l'hostilité d'Amphari et de Loëta.

Amphari tient au monopole du transit sur son territoire, et Loëta veut forcer Ménélik à lui permettre de reprendre son trafic de chair humaine.

Demain matin, à la première heure, nous nous rendrons près de Djiboutil, au point convenu pour la réunion des chameaux. Nous voyagerons par terre; les boutres transporteront les bagages.

La soirée se passe en préparatifs.

AMBADO.

Mardi, 22 décembre.

Nous ne quittons Ambado qu'à huit heures du matin. J'ai passé la nuit à déménager mon campement et à charger le boutre, qui part en même temps que nous.

DJIBOUTIL.

Mercredi, 23 décembre.

A marée haute, nous avons traversé la vallée. Elle était inondée. La route qui conduit aux falaises est détestable. Sur le plateau même, la marche est pénible, dans un chaos de roches volcaniques et de buissons (mimosas et gommiers).

Nous suivons la direction de la côte est-nord-est. Après deux heures de fatigue, nous arrivons dans un ravin qui ressemble à la vallée d'Ambado. C'est le fond de la crique de « Mankadaffa ».

Cette petite gorge, encaissée dans des murailles à pic, est couverte par les eaux dans les temps de syzygie. Elle communique avec le plateau par des torrents remplis de rocs éboulés.

Du côté opposé, les roches volcaniques sont plus rares; on trouve la terre sablonneuse, une poussière jaune ou rougeâtre et quelques grands arbres.

Midi. — Nous atteignons une plaine basse et traversons des flaques d'eau laissées par la marée. Les mules enfoncent dans la vase; nous avançons péniblement.

Enfin, voici nos chameaux!

Arrivés en vue du campement, à une heure de l'après-midi, nous attendons, sur une natte, le résultat d'un grand kalam engagé entre les « abanes » de notre caravane (guides et cautions) et nos anciens conducteurs; puis, entre nos abanes et les chefs ralliés à nous.

Sept à huit cents indigènes ont été envoyés ici, pour s'opposer à notre départ.

Le kalam est fini. On discutera demain ce qu'il faut donner aux opposants. Malheureusement, parmi eux se trouvent des individus soudoyés, du moins on nous l'assure, par M. King; ils excitent les autres contre nous; je n'augure rien de bon.

Il est trois heures et demie... Au moment où nous nous remettons en route, les dissidents nous ont entourés en hurlant et en brandissant leurs lances. Nous descendons de nos montures et chargeons les fusils, ce qui paraît les impressionner. Ils affirment qu'ils veulent seulement nous offrir le spectacle d'une « fantasia ». Ils forment deux groupes, de quatre à cinq cents hommes chacun, et exécutent des manœuvres étranges et désordonnées. Ils sautent en face les uns des autres; quelques-uns parcourent le front de la troupe en dansant. Des cavaliers passent rapidement. Nous saluons par des coups de fusil.

A cinq heures, nous sommes à Djiboutil. Deux presqu'îles, réunies en une seule à marée basse, forment tout le *territoire de ce nom*. Nous nous installons sur la presqu'île du sud. C'est sur l'autre que les assassins de l'infortuné Lambert, pour faire croire à un naufrage, ont jeté le boutre qui le portait.

A la nuit, notre boutre arrive; la mer est basse; à peine pouvons-nous débarquer quelques couvertures, un peu de riz et des dattes.

Nous sommes entourés d'un millier d'Issah, qui nous demandent des vivres. Nous leur donnons à peu près tout ce que nous avons. Ils ne sont pas satisfaits et protestent avec des cris assourdissants. *L'obscurité est complète*. Néanmoins on procède à un kalam qui se termine par une violente querelle. Un de nos domestiques accourt, en nous annonçant qu'il ne nous reste plus qu'à combattre. Il a entendu les Issah décider l'attaque. Un autre homme prétend avoir surpris des propos du même genre. Quelques minutes s'écoulent. Un bruit semblable au roulement des tambours éclate tout à coup. Ce sont les Issah qui frappent leurs boucliers avec leurs lances. Nous saisissons nos armes et nous nous mettons en ligne, pour défendre la langue de terre qui relie notre presqu'île au rivage. Je commande à mes hommes de tirer couchés.

La lune se lève et éclaire la scène. Pendant une demi-heure, nous restons sur le qui-vive, prêts à faire feu. Notre situation est critique; si le sang coule, tout est perdu; il faudra chercher une autre route !... Mais nos assaillants hésitent en nous voyant prêts au combat. A minuit, ils déguerpissent. Leur retraite s'effectue du côté de nos chameaux, qu'ils voudraient bien nous enlever; ils sont reçus à coups de fusil et se retirent vers les puits.

DJIBOUTIL.

Jeudi, 24 décembre.

La matinée se passe encore à préparer un kalam. Il a lieu vers une heure. Après bien des paroles inutiles, on est tombé d'accord sur un cadeau de vingt pièces d'étoffe et quelques sacs de dattes.

Les indigènes sont divisés : les uns voudraient nous aider à partir ; les autres cherchent à nous en empêcher. Nous avons déjà payé la moitié du prix de location des chameaux; notre argent me paraît bien compromis. Cependant les abanes ont résisté aux menaces de nos ennemis.

Avec les Issah, le danger dans le campement est moindre qu'avec les Danakil; ils viennent en grand nombre, mais ils sont bruyants; on est averti.

Quarante indigènes d'Ambado arrivent avec de prétendus scheiks et nous disent que si on leur avait demandé des chameaux, ils les auraient certainement donnés, etc., etc.; nous leur offrons des étoffes, des dattes et du tabac.

On engage nos chameliers à nous abandonner. Nos abanes ont surpris des espions et des traîtres; ils nous restent fidèles, — en apparence.

Dans la soirée, nous avons nourri trente ou quarante affamés.

On m'assure que Lambert, assassiné non loin d'ici, venait de passer un traité avec Dini, chef de la tribu qui domine à Obock [1]. Ce traité comportait une cession de territoire à la France, moyennant une somme d'argent. A Zeylah, il eut une discussion avec un chef influent et le frappa. Celui-ci se tut; mais lorsque Lambert s'embarqua, les hommes du boutre étaient payés pour l'assassiner. Il a été certainement massacré. Quand l'amiral Fleuriot de l'Angle eut pris possession du golfe de Toudjourrah, de Djiboutil et d'Obock, il se rendit à Zeylah, destitua l'émir et le remplaça par Abou-Bakr qui avait désigné les assassins. L'ancien émir, expédié en France, est mort en mer. Aux premières observations du Cabinet de Paris, la Sublime Porte avait répondu que ce pays ne l'intéressait guère. En effet, on ne peut trouver grand avantage à sa possession : des steppes, une sécheresse désolante et une herbe misérable; je n'y ai pas vu autre chose. Dans les plaines qui s'étendent au sud de la baie, coulent quelques sources. Du rivage, il faut une demi-heure pour s'y rendre. A marée basse, on marche près d'une heure dans la boue. A marée haute, l'eau atteint un demi-mètre de hauteur. Cependant si Djiboutil devenait jamais un point intéressant, on pourrait y amener des sources; la dépense serait légère; le terrain est absolument plat.

DJIBOUTIL.

Vendredi, 25 décembre.

Noël à Djiboutil ! C'est triste. Les souvenirs de la famille et du pays natal amollissent le cœur. — L'avenir inquiète mon esprit. Tant de tribulations et d'efforts stériles m'ont énervé. Ma volonté sera plus forte... mais où serai-je, à Noël prochain ?

Discussion entre les abanes, au sujet de quatorze bêtes de somme qui n'ont pas rallié et pour lesquelles nous avons payé les avances. On les recherchera. Nous donnons des taubs aux gens qui nous ont amené les chameaux d'Houmet; ils ne sont pas satisfaits et réclament des vivres. Nous transigeons : — toujours !

DJIBOUTIL.

Dimanche, 27 décembre.

Nouveaux embarras ! Les chameliers se plaignent des abanes qui ne leur auraient remis qu'une très faible partie de l'argent qu'ils ont reçu pour eux. Nous répondons que cela regarde nos abanes et qu'ils doivent s'entendre avec eux.

Douze abanes viennent nous annoncer que les scheiks qui avaient attaqué la caravane et qui sont devenus nos alliés (moyennant finances) demandent à se retirer. Nous ouvrons un kalam et mettons en demeure nos abanes de nous dire s'ils croient utile de garder avec eux ces individus. Ils déclarent qu'ils peuvent aisément se passer de leur concours.

Deux heures après, les conducteurs des chameaux d'Houmet reviennent et nous

1. Les membres de cette tribu ont été, je crois, chassés d'Obock et se sont fixés à Raheïta, point occupé par les Italiens.

disent : « Nous ne voulons pas nous mettre en route sans argent; le taub que vous
nous avez donné est insuffisant; et, si nous nous en contentions, on rirait de nous à
Zeylah! » Nouveau kalam. Nous refusons la moindre gratification ; mais s'ils
veulent nous accompagner jusqu'à Dunan, nous leur ferons, en argent et en tissus, un
cadeau d'une valeur égale aux objets qu'ils réclament. Ils se retirent en protestant;
leur ténacité n'est pas lassée. Ils reviennent une troisième fois et déclarent être prêts
à nous accompagner jusqu'à Dunan et même au delà; mais ils demandent, avant le
départ, quelque nourriture pour leurs enfants. « Tout se terminera bien ! » disent-ils.

Nous sommes constamment en éveil. A Djiboutil, comme à Ambado, il serait
périlleux d'être sans armes. Ma patience subit une rude épreuve. Sur qui compter?
Nos abanes ont assurément, gardé pour eux la plus grande partie de l'argent destiné aux chameliers, et ceux-ci ne dissimulent pas leur mécontentement.

DJIBOUTIL.
Lundi, 28 décembre.

Il est deux heures du matin. La journée a été décisive. De bonne heure, un guerrier, que nous avions envoyé pour épier la conduite des abanes, nous a rapporté que les
chameliers, excités par eux, nous avaient abandonnés. Les hommes de garde auprès des
chameaux, étant Somali comme les chameliers, n'ont opposé aucune résistance au
départ de leurs compatriotes.

Les Abyssins et Arabes restent seuls dans le camp. Les Somali feignent d'accomplir leur devoir ; ils tirent de loin, et en l'air, sur les déserteurs. Nous avons couru
dans la plaine et razzié une trentaine de chameaux et deux cents chèvres ou moutons,
qui sont maintenant parqués dans notre presqu'île. Une nouvelle sortie est demeurée
infructueuse; nous n'avons rencontré ni gens, ni bêtes. A la nuit, nous tirons quelques
coups de fusil sur tout ce qui s'agite autour du camp.

Notre situation est déplorable.

A l'heure où j'écris, on procède à l'embarquement de nos bagages. Nous irons à
Toudjourrah. Nous abandonnons toute idée de passage de ce côté, heureux encore que
ces misères nous aient été suscitées ici, et non à deux ou trois jours de marche dans
l'intérieur.

Si l'agent anglais de Zeylah n'est pas la cause immédiate de notre insuccès,
pouvons-nous ne pas croire qu'il en soit au moins l'instigateur ? L'agent français a été
impuissant à paralyser ses manœuvres.

A six heures, des Issah viennent nous dire qu'ils ont recueilli trois de nos mules
et cinq de nos chameaux. Ni abanes, ni chameliers, n'ont reparu.

DJIBOUTIL.
Mardi, 29 décembre.

Nous avons consenti à rendre à un pauvre diable le bétail que nous lui avions
pris. Il a juré que les chameaux razziés étaient à lui.

Nos préparatifs de départ continuent; nous nous embarquerons cette nuit. Dès que
les boutres arriveront de Zeylah, nous chargerons les chameaux qui nous restent et

partirons en hâte pour Toudjourrah; mais je licencierai préalablement douze guerriers issah-somali, qui m'inspirent peu de confiance. Si nous n'avions pas eu des fusils et des munitions, si nos serviteurs n'avaient pas été aussi nombreux, nous aurions été pillés et massacrés.

DJIBOUTIL.

Mercredi, 30 décembre.

Une lettre de M. Henry nous est parvenue ce matin.

Pendant que nous donnions aux chefs issah de l'argent pour obtenir le passage

LA PLAGE A TOUDJOURRAH.

sur leur territoire, M. King leur en offrait davantage, pour rendre notre voyage impossible; il soudoyait même nos abanes. Vraiment, la peur de nos armes a seule empêché les Issah de nous attaquer. Quant aux abanes, s'ils n'avaient pas été gagnés par quelque puissant personnage de la côte, ils n'auraient eu ni la pensée de nous trahir, ni l'audace de retenir à nos chameliers leurs avances entières. L'abane a une sorte de caractère sacré; il manque rarement à la foi jurée.

Dans l'après-midi accoste le boutre que nous avons demandé à Zeylah. Nous embarquons quelques-uns des chameaux capturés. Nous partirons demain. Nous nous tenons prêts à repousser une attaque des Issah. Deux de nos hommes qui ont accompagné, ce matin, les chameaux aux puits, ont aperçu des groupes suspects.

DJIBOUTIL.

Jeudi, 31 décembre 1885.

L'embarquement des bagages et des provisions est terminé. Nous avons travaillé toute la nuit.

Dans la journée, quatre autres boutres sont arrivés : trois de Toudjourrah, un de Zeylah.

TOUDJOURRAH.

Vendredi, 1er janvier 1886.

Ce matin, nous étions encore à Djiboutil. De bonne heure, il a fallu aller aux puits. Pendant ce temps, les derniers chameaux ont été embarqués. La mer était basse; les pauvres bêtes ont fait sept à huit cents mètres dans le sable boueux, ayant, par moment, de l'eau jusqu'au ventre. Enfin, à midi, nous avons fait voile vers Toudjourrah.

Bourham, sur l'un des boutres, avec les guerriers issah congédiés, se rend à Zeylah; il demandera, à Ibrahim, son frère, plus influent que lui, de nous rejoindre et de nous aider à former une nouvelle caravane.

Neuf heures du soir. — Nous arrivons. La distance de Djiboutil à Toudjourrah est de vingt à trente milles ; nous avons eu très faible brise. Houmet vient au-devant de nous; il nous annonce que les Issah ont attaqué, près de Gobat, les Danakil et qu'ils ont été battus. Leurs pertes sont évaluées à quinze ou vingt hommes et une trentaine de chevaux. Les assaillants étaient des Issah blancs, comme ceux qui nous ont harcelés. Le fait n'est pas extraordinaire; mais il marque l'hostilité présente des tribus.

M. Barral est parti de Toudjourrah, hier seulement. Il campe à Ambabo. Le sultan s'est mis à sa poursuite, pour lui arracher un dernier bakchiche.

TOUDJOURRAH.

Samedi, 2 janvier.

Nuit paisible à bord du boutre.

De bonne heure, Houmet nous attend à terre. Nous obtiendrons facilement cinquante chameaux et il nous en reste quinze.

En attendant, je me décide à partir pour Aden. Je serai à Obock demain, vers midi.

OBOCK.

Dimanche, 3 janvier.

J'affrète le petit vapeur *Dankali* qu'on va radouber à Périm; il prolongera sa route jusqu'à Aden.

ADEN.

Mardi, 5 janvier.

Huit heures du matin. — Me voici à Aden, après une mauvaise traversée de vingt heures; grosse mer et forte brise.

ADEN.

Jeudi, 7 janvier.

Je résume les renseignements qu'on me donne sur les pays danakil.

Le sol est aride, à l'exception de quelques espaces, couverts de hautes herbes, desséchées. L'eau est rare; les nomades vont où elle se trouve en plus grande abondance. L'agriculture est nulle, sauf dans la région où l'Aouache forme des marais. Encore, les cultivateurs ne sont-ils pas Danakil, mais esclaves oromo, couraghé ou autres. Les voyageurs italiens ont si complètement décrit ce pays, qu'il est superflu d'en parler longuement.

JEUNES FILLES DANAKIL.

Trois routes conduisent au Schoa:

1º Celle d'Assab, au nord. L'eau se rencontre partout, sauf au départ d'Assab. Les premiers jours de marche sont mauvais.

2º Celle de Toudjourrah à Herrer. C'est la plus pénible; ni une source, ni un puits, pendant toute la saison sèche. On chemine à travers des terrains volcaniques, sans végétation, le plus souvent dans des sentiers étroits, au milieu de blocs éboulés. Nous allons la prendre.

3º Celle de Zeylah. Elle aboutit au même point que la précédente; elle offre quelques avantages et un gros inconvénient. Elle serpente dans les pays issah-somali jusqu'à Herrer; là, elle pénètre sur un territoire dankali, et il faut changer les chameaux. C'est celle que nous voulions suivre, en partant de Djiboutil.

Le Dankali est de taille moyenne; il est bien pris, mince et nerveux. Il a des membres secs, les bras et les jambes un peu grêles, les genoux forts, les mains petites, les pieds moyens, pour des gens chaussant des sandales. Son nez est fin, ses lèvres

6

un peu épaisses, ses oreilles petites, ses dents régulières et belles; ses cheveux sont frisés; ils tombent en longues mèches rejetées en arrière.

Les femmes, rarement belles, sont assez bien faites, mais vite déformées. Les jeunes filles gardent la tête nue; leurs cheveux sont disposés en tresses flottantes. Une fois mariées, elles s'enveloppent la tête dans un léger tissu de cotonnade bleu foncé.

Les hommes n'ont pour tout costume que le taub, pièce de coton longue de trois ou quatre mètres, large de deux mètres. Le vêtement des femmes n'est pas différent; mais elles serrent le taub à la taille et portent des verroteries, des bracelets et des pendants d'oreilles.

Les Danakil sont nomades. Exceptionnellement, ils se sont fixés sur quelques points de la côte. Ils y ont construit, avec plus ou moins d'art, des huttes en branches, entourées parfois de rameaux épineux qui les protègent contre les bêtes féroces. Ils ont grand soin de leurs armes, généralement fabriquées à Toudjourrah: lances, couteaux à large lame et boucliers ornés de fils de cuivre.

Le seul commerce des Danakil est l'exportation du sel. Ils le ramassent en grande quantité, sur les bords du lac Assal. Quinze cents chameaux en portent annuellement cent cinquante tonnes au Schoa. Le Négouss perçoit une taxe spéciale sur ce produit; il affirme ainsi son droit de souveraineté sur le lac.

Le pays dankali a ses limites septentrionales au sud de Massaouah.

On dit que, pour faciliter son trafic d'armes avec la côte, Ménélik a promis de fermer les yeux sur la traite.

ADEN.

Samedi, 30 janvier.

Je repars pour Obock, à bord du *Dankali*.

OBOCK.

Dimanche, 31 janvier.

Arrivé à midi. J'attends le retour du *Dankali,* pour l'affréter de nouveau et me rendre à Toudjourrah.

Visite au père Léon, de la mission catholique. Mgr Thorins, qui réside à Harrar, lui a assuré que l'émir, décidé à se procurer par la force, les fusils qu'on refuse de lui livrer de bon gré, a l'aimable dessein d'attaquer les caravanes d'armes à destination du Schoa.

TOUDJOURRAH.

Mardi, 2 février.

Parti d'Obock, hier, à dix heures du matin, j'ai regagné Toudjourrah à trois heures de l'après-midi.

La caravane est en formation; déjà plusieurs chameaux ont été dirigés avec leurs charges sur Ambabo, notre point de ralliement, pour le départ définitif.

TOUDJOURRAH.

Mercredi-jeudi, 3-11 février.

Nous séjournons à Toudjourrah. Il pleut chaque jour, pendant quelques heures. Les visites du sultan et de son vizir ne rompent guère la monotonie de notre existence.

Trois fils d'Abou-Bakr, Ibrahim, Houmet et Khamil, recrutent nos chameaux; il en arrive quotidiennement trois ou quatre. Les chameliers regardent, tournent, retournent, pèsent et discutent la charge de leurs bêtes; ils s'en vont, reviennent et se décident à charger et rejoignent leurs collègues dans la direction d'Ambabo.

L'opinion générale est que la route n'est pas sûre: il nous faudra une cinquantaine d'hommes bien armés.

Nous payerons un thalaris par chameau à Loëta, pour qu'il veuille bien protéger notre caravane; c'est une convention établie avec le gouverneur d'Obock. Il prendra le thalaris et ne protégera rien.

TOUDJOURRAH.

Vendredi-lundi, 12-15 février.

Nous continuons à recevoir des chameaux et à les charger.

L'occupation est peu variée.

TOUDJOURRAH.

Mardi, 16 février.

Le frère de Mohammed Loëta prétend avoir droit à une redevance, parce que nous traversons la localité où il réside, près de Gobat, ou, pour mieux dire, la localité où réside un autre de ses frères, Amphari Loëta!

TOUDJOURRAH.

Mercredi, 17 février.

Les chameliers exigent d'avance la moitié du prix du transport. Nous résisterons, si c'est possible.

TOUDJOURRAH-AMBABO.

Vendredi, 19 février.

Je suis parti de très bonne heure pour Ambabo, pays des Assoba (Dankali), sur le bord de la mer.

Pour y parvenir, j'ai longé la côte; le trajet est de deux heures à pied, bonne marche. La contrée est plate, bornée au nord par les montagnes et au sud par la mer.

Ambabo, autrefois assez gros village, ne se compose plus que de quatre huttes appartenant aux Abou-Bakr, dont l'hospitalité s'est réduite à m'offrir du lait et un anghareb. Encore ai-je préféré manger et dormir hors des cabanes.

Le village, dépeuplé par les fièvres, a été abandonné. Le sol est humide, les arbres sont nombreux. Beaucoup de bétail. Les gommiers et les mimosas forment de véritables forêts. Les singes, les sangliers et les gazelles abondent.

Je suis revenu à Toudjourrah, à travers les bois.

TOUDJOURRAH.

Lundi à mercredi, 22-24 février.

Le *Pingouin* m'apporte une lettre d'Aden. M. Soleillet est attendu à Obock, avec des armes (deux mille remingtons) et des munitions. Il a eu maille à partir avec les Anglais qui, paraît-il, veulent l'empêcher de passer et le forcer à retourner en France.

TOUDJOURRAH.

Jeudi, 25 février.

Les Danakil, plus portés au meurtre que les Somali, sont néanmoins plus sociables. Moins tapageurs et moins encombrants, ils ne montrent pas la même insolence et, s'ils nous importunent par leurs demandes, du moins, ils ne nous obsèdent pas. Une réelle différence existe entre ces deux populations. Le Dankali est moins actif, plus sauvage et plus vindicatif.

TOUDJOURRAH.

Vendredi, 26 février.

Un courrier a annoncé, hier au soir, l'arrivée d'une caravane du Schoa.

TOUDJOURRAH.

Samedi, 27 février.

Je prépare mes bagages personnels. Mon théodolite me cause un grand embarras. Il est difficile de l'emballer et de le charger, de façon à le préserver des secousses et à l'utiliser à tout instant.

TOUDJOURRAH.

Dimanche, 28 février.

Nos dernières marchandises sont chargées. Restent les provisions; on nous les enverra par mer, à Ambabo.

TOUDJOURRAH.

Lundi, 1er mars 1886.

Houmet me dit que les chameliers réunis à Ambabo s'impatientent. Il ajoute que le vizir, actuellement à Obock, où il se marie pour la troisième fois, leur a recommandé par lettre de mettre beaucoup de lenteur dans les préparatifs. Je partirai après-demain.

Suivant l'opinion des érudits locaux, il y a quelques siècles, les territoires somali et danakil étaient occupés par les Oromo. On trouve encore des vestiges de leur séjour. Ces peuplades auraient été repoussées par les Sango, qui habitaient près d'Aoussa, et refoulées au delà de l'Aouache, où elles sont restées.

On trouve, au ras du sol, des traces de constructions en béton. Les indigènes assurent que ce sont des restes de bâtisses très anciennes, élevées par des gens venus de la mer.

J'ai vu quatre ou cinq vieilles meules usées ou brisées et des vestiges de fondations solides en maçonnerie.

TOUDJOURRAH.

Mardi, 2 mars.

Le départ pour Ambabo est encore retardé...

TOUDJOURRAH.

Jeudi-samedi, 4-6 mars.

Nous embarquons nos approvisionnements.

Nous étions prêts à partir; mais les mules ne sont pas arrivées. Nos tentes sont déjà expédiées.

AMBABO.

Après deux heures de marche, nous sommes à Ambabo.

Les Abou-Bakr affirment que nous serons en route après-demain.

AMBABO.

J'ai chassé dans la matinée. Je n'ai pu tirer que quelques outardes et de petites gazelles (dick-dick).

TOUDJOURRAH. — VALLÉE DES JARDINS.

Les fils d'Abou-Bakr m'apprennent que c'est à Doulloul que nous nous réunirons pour le départ. Ces gens se moquent de moi.

AMBABO.

Cinq heures de promenade à travers des fourrés de mimosas habités par des antilopes. Des singes, accrochés aux branches, se livrent, en grimaçant, à une gymnastique extravagante.

Le gros gibier est rare; mais des myriades d'oiseaux de toute espèce et de toutes couleurs peuplent ces solitudes ombreuses. Les tourterelles, à mon approche, s'envolent de rameau en rameau.

Près de la mer, s'étendent quelques prairies; partout ailleurs, la plaine est couverte de cailloux volcaniques et coupée de ravins.

AMBABO.

Jeudi, 11 mars. — Onze heures du soir.

J'arrive de Toudjourrah. La route est difficile à parcourir de nuit. Les mimosas et les gommiers encombrent les sentiers et les rendent invisibles.

AMBABO.

Vendredi, 12 mars.

Quelques chameaux partent pour Doulloul. Leurs conducteurs recommencent la comédie de Toudjourrah. Ils avaient, depuis longtemps, choisi eux-mêmes leur chargement; maintenant, de nouveau, ils pèsent et repèsent, tournent et retournent chaque colis.

Toudjourrah se prononce ou se dit aussi: Toudschoura ou Tdjoura, Tougouré ou Tgouré, et le plus souvent, Tougouri.

AMBABO.

Lundi et mardi, 15 et 16 mars.

Le complément des chameaux n'arrive pas. Ibrahim Abou-Bakr parle d'aller lui-même à leur rencontre. C'est probablement une supercherie nouvelle. Pendant ce temps, nous restons les bras croisés... Je suis exaspéré !

AMBABO.

Mercredi, 17 mars.

Nous avons chargé douze chameaux.

Une forte tribu, celle des Wohema, n'a pas encore fait son apparition, malgré ses engagements. C'est, nous assure Ibrahim, le sultan lui-même qui a conseillé ou imposé ce retard. « Mais, ajoute-t-il, rien n'est certain. Le mieux est de ne pas se plaindre, pour le moment; nous nous compromettrions. Tout se saura bien vite, car une des femmes de mon frère Khamil est Wohema. Attendez que je me sois procuré des renseignements précis. »

Et je dois me contenter de ces explications!

AMBABO.

Jeudi, 18 mars.

Dans la nuit, le temps était couvert et menaçant. Une pluie diluvienne a tout inondé ; elle a duré trois heures. Sous ma tente, j'ai vingt-cinq centimètres d'eau.

Quand la pluie a cessé, j'ai sorti mon mobilier; les fourmis blanches ont tout attaqué : sacs, effets, etc., etc.

Quand partirons-nous d'Ambabo? J'écris ; il est deux heures du matin. L'eau s'est écoulée; mais je suis dans une affreuse humidité. Je redoute les fièvres, surtout au début de mon voyage. Le sort de la dernière caravane montée au Schoa, en mai 1885, est un exemple peu rassurant. Elle a quitté Ambabo, laissant derrière elle une vingtaine de morts, dont deux Européens.

Les fourmis ont imprégné mes effets d'une odeur infecte.

AMBABO.
Vendredi, 19 mars.

Cinq nouveaux chameaux sont chargés ; huit autres sont arrivés à la nuit tombante. J'envoie, ce soir, à la recherche des retardataires.

AMBABO.
Samedi, 20 mars.

Notre situation devient plus claire. Khamil m'a dit : « Mes deux frères Houmet et Ibrahim ne sont pas encore partis de Toudjourrah, où ils ne devaient rester qu'un seul jour. Puisqu'ils refusent de former la caravane, je m'engage à vous conduire moi-même au Schoa. »

Nous aurons à compter avec la jalousie d'Ibrahim, qui sera contrarié d'apprendre que son frère, sans égard pour son titre d'aîné, nous a promis son concours en son absence.

AMBABO.
Dimanche, 21 mars.

Ibrahim nous a rejoints ; il nous apporte des racontars sans fin.

Mohamed Kanki, qui est au service du Négouss Négeust Johannès, et Machacha, neveu et général de Ménélik, auraient attaqué les Danakil. Bon nombre de ces derniers seraient restés sur le terrain et les vainqueurs marcheraient sur Aoussa.

Khamil est resté muet toute la journée. Il boude son frère.

Je demande à Ibrahim de vouloir bien me déclarer catégoriquement s'il peut nous faire partir ; s'il ne le peut pas, j'aviserai ; mais je n'attendrai pas plus longtemps. Si nous nous adressions à d'autres, pour former notre caravane, ce serait un coup droit porté au prestige des Abou-Bakr ; mais nous devrions nous résigner à une nouvelle perte de temps.

AMBABO.
Lundi, 22 mars.

Les premières nouvelles de la journée sont mauvaises. Quatre hommes envoyés en éclaireurs, avec deux guides et deux chameaux, n'ont pu dépasser Doulloul. On les a empêchés d'aller plus loin, sous prétexte qu'ils n'étaient pas conduits par des Assoba.

La caravane de MM. Barral et Savouré aurait été pillée par un goum de Badou. Massacre général. Seul, Loëta aurait été conservé vivant et prisonnier. Ceux qui nous apprennent ce désastre, assurent qu'il serait la conséquence d'une méprise de Barral et de ses compagnons. Trompés par la direction que suivait le goum, ils auraient cru avoir affaire à une bande d'Issah ; ils auraient tiré et tué douze hommes. Alors seulement le goum se serait jeté sur la caravane et l'aurait anéantie. J'attends avec anxiété de plus amples renseignements.

AMBABO.

Mardi, 23 mars.

Ce matin, je suis allé à Toudjourrah. Le sultan m'assure qu'il a fait prendre des informations à Aoussa, sur le sort de la caravane de MM. Barral et Savouré.

AMBABO.

Mercredi, 24 mars.

Khamil est revenu, accompagné d'Adam Kerkalé, chef des Wohema. Les chameaux suivent.

On a discuté tout le jour, au sujet du départ de M. Soleillet. Notre compatriote aura bien des obstacles à surmonter et de gros sacrifices d'argent à supporter, pour parvenir au Schoa.

AMBABO.

Jeudi, 25 mars.

On m'assure que demain nous aurons nos derniers chameaux.

AMBABO.

Vendredi, 26 mars.

Nous avons vu arriver, ce matin, des chefs danakil, Bédouins de la montagne ; et, ce soir, Saïd Koullody, ami d'Adam Kerkalé, avec de nombreux chameliers.

AMBABO.

Samedi, 27 mars.

Nous attendons toujours les chameaux ; mais leurs conducteurs vivent déjà à nos dépens.

Le vizir de Toudjourrah est ici ; il veut obtenir la restitution de chameaux volés ; pour éviter toute explication, Abdallah Loëta a disparu.

AMBABO.

Lundi, 29 mars.

Le vizir me dit : « Les affaires des Européens m'occasionnent trop de désagréments ; je vais prévenir M. Soleillet qu'à l'avenir je ne m'en occuperai plus. » Et la France paye une pension à ces illustres farceurs, sultan, vizir ou autres!...

Des membres influents de la tribu des Abd-el-Raçoul, dont le territoire s'étend de Sagallo au lac Assal, nous ont fait une visite. Je leur ai demandé pourquoi ils avaient créé tant de difficultés à la caravane de MM. Barral et Savouré, lors de son passage sur leur territoire ; c'est seulement sur les instances des Assoba qu'elle a pu continuer sa route. Ils m'ont répondu : « Quand les Assoba seuls faisaient monter des caravanes au Schoa, ils nous payaient un droit de passage. Aujourd'hui, tout le monde s'en mêle et on ne nous donne plus rien. Aussi sommes-nous résolus à interdire le passage à toutes les caravanes qui ne seront pas expédiées par les Assoba. »

Treize chameaux sont encore arrivés ; six appartiennent aux Wohema. On les chargera demain.

AMBABO.

Mardi, 30 mars.

A quatre heures après midi, est arrivé Maki, autre fils d'Abou-Bakr, accompagné de deux hommes. Aux environs de Gobat, il a quitté la caravane qui descend du Schoa ; il a trois ou quatre jours d'avance.

Mᵍʳ Lasserre et les autres missionnaires catholiques ou protestants reviennent à la côte. Ménélik les renvoie du Schoa, sur les instances de Johannès.

LA MOSQUÉE A TOUDJOURRAH.

AMBABO.

Vendredi, 2 avril 1886.

Huit autres chameaux ont reçu leur charge et sont partis. Nos bagages sont échelonnés sur la route, jusqu'au delà de Doulloul ; ils nous attendent au passage.

Mohamed Loëta nous a écrit. Il nous parle de l'attaque de la caravane et nous confirme sa dernière lettre :

A l'avenir, aucun Européen ne passera sur la route dont il est le maître, parce que le gouverneur refuse de lui payer sa pension, sur la simple présentation de son cachet laissé à Toudjourrah, et prétend l'obliger à se présenter lui-même. Ibrahim Abou-Bakr, le vizir et d'autres pensent que cette menace de Loëta vise les deux caravanes en formation, mais non la nôtre, qui est formée depuis longtemps et dont les marchandises sont déjà expédiées. Voilà où j'en suis, après six mois d'efforts et de sacrifices !

7

Les chameliers redoublent d'exigences ; ils demandent cinquante thalaris, au lieu de vingt-cinq ou trente, prix ordinaire.

Hier encore, Khamil répétait qu'il voulait nous accompagner. Ce soir, il nous raconte qu'il a des enfants, des bœufs, des affaires, etc., et qu'il ne peut abandonner tout cela. Il ajoute que, s'il venait avec nous, il serait obligé d'emmener divers chefs qui demanderaient une rétribution. Il n'a d'autre but que de nous extorquer encore quelque argent. Nous l'engageons à s'entendre avec ses frères, et demain nous lui communiquerons notre décision.

AMBABO.

Samedi, 3 avril.

Khamil est revenu ce matin avec Maki ; il a cherché, par des discours interminables, à savoir ce que nous étions disposés à lui donner. Invité à préciser, il a demandé une grosse somme pour les chefs influents qui doivent l'accompagner. Nous avons conclu un forfait de six cents thalaris ; il payera comme il l'entendra les personnages qu'il se croit obligé de prendre dans son escorte. La caravane du Schoa passe devant nous ; elle amène beaucoup d'esclaves.

AMBABO.

Dimanche, 4 avril.

Le défilé continue par groupes de chameaux et d'esclaves. J'en ai compté cinq cents. La traite est le seul commerce véritable de ce pays.

A onze heures, le *Pingouin* aborde à Ambabo. Le commandant a fait des remontrances à Ibrahim Abou-Bakr, au sujet des esclaves. Ibrahim a solennellement affirmé qu'il empêche tout trafic de ce genre. Au cours de ses protestations, il a oublié de dire qu'à l'arrivée du *Pingouin* il avait dirigé dare-dare le troupeau humain vers l'intérieur des terres.

AMBABO.

Lundi, 5 avril.

Voici, tel qu'il m'a été fait par des indigènes bien renseignés, le récit du massacre de la caravane Barral. M. Savouré, témoin oculaire de la dernière phase de cette tragique aventure, m'en a confirmé l'exactitude.

Depuis deux jours, la caravane manquait d'eau ; les sources d'Amoïssa étaient proches. Barral, sa femme, Mohammed Loëta et dix-sept Abyssins (quelques-uns armés de remingtons, les autres de fusils à piston) se sont détachés et ont pris les devants. Vers deux heures de l'après-midi, ils arrivaient dans le bas-fond où coulent les sources. Tout à coup, une bande d'Assaïmara, cachés par les ondulations du terrain, les entoure. Mohammed Loëta, Dankali comme les agresseurs, conjure Barral et sa suite de ne pas faire feu. Des pourparlers s'engagent. Les Assaïmara, forts de leur nombre, prennent des allures de plus en plus menaçantes. Loëta, inquiet, conseille pour les intimider, de décharger les fusils en l'air. Cette manifestation semble, au contraire, avoir excité l'audace des assaillants. A peine les armes étaient-elles rechargées, qu'ils se précipitent impétueusement et séparent, en deux tronçons, la petite troupe ; d'un côté, Barral et ses hommes, munis de fusils à piston ; de l'autre, sa femme et six Abyssins, avec des remingtons. Alors, s'engage une lutte désespérée. Barral et les siens sont massacrés les premiers. Sa femme et les Abyssins résistent en désespérés. Trois fois, ils repoussent leurs ennemis ; mais bientôt les cartouches sont épuisées et tous succombent dans une horrible boucherie. Loëta seul aurait été épargné, en considération de son origine. La femme de Barral a fait preuve d'un admirable courage ; de sa main, elle a tué trois Assaïmara, au moment où ils l'atteignaient de leurs coups de lance.

Avertis du danger, par un Dankali qui avait accompagné Loëta et avait réussi à s'échapper, les gens de la caravane, restés avec M. Savouré, se sont préparés à combattre. Coupant les cordes qui retenaient le chargement des chameaux, ils se sont retranchés derrière les bagages amoncelés et ont attendu les agresseurs. Quand ils se sont montrés, ils ont été reçus par une vive fusillade et, après une heure de combat, ils étaient en pleine déroute. M. Savouré n'a perdu qu'un homme. Les Assaïmara ont laissé bon nombre des leurs sur le terrain. Parmi les cadavres, se trouvait celui du fils de leur chef, Momy. Pour venger sa mort, ils ont impitoyablement tué Mohammed Loëta, leur prisonnier.

La nuit venue, malgré les instances de M. Savouré et de son interprète, les hommes, craignant une nouvelle attaque, auraient tout abandonné et regagné Herrer. après onze heures de marche.

Le surlendemain, M. Chefneux, qui avait appris la catastrophe, passait à peu de distance avec sa caravane. Il se rendit aux sources d'Amoïssa. Les cadavres, dévorés par les hyènes et les oiseaux de proie, étaient méconnaissables. Il a cru cependant distinguer la tête de la femme de Barral, à une dent aurifiée. Après cette lugubre découverte, il revint avec quelques hommes, pour sauver du pillage les bagages abandonnés. Il retrouva presque tous les fusils (environ deux mille cinq cents, sur trois mille) ; les Assaïmara les avaient laissés. Ils s'étaient contentés d'emporter les objets manufacturés, des vêtements, des miroirs, etc., etc., et surtout des papiers peints, qu'ils avaient pris pour des tissus.

M. Chefneux reprit sa route et, rencontrant bientôt M. Savouré, il lui restitua les fusils.

AMBABO.

Mardi, 6 avril.

Le chargement de nos chameaux sera terminé aujourd'hui ; nous partirons demain ou après-demain. Nous enrôlons tous les Abyssins qui veulent nous suivre. Les derniers arrivants disent que la route est mauvaise.

AMBABO.

Mercredi, 7 avril.

J'arrive de Toudjourrah. J'y ai entendu décrire l'émotion des indigènes, quand ils ont appris les événements d'Ambabo et les menaces du commandant du *Pingouin*, contre les marchands d'esclaves. Les habitants sont sortis de leurs cabanes en hurlant et en proférant des menaces contre les Européens et contre les caravanes en formation. Les quatre soldats se sont retirés dans le fortin et se sont préparés à la résistance. Le calme est rétabli.

AMBABO.

Jeudi, 8 avril.

Après d'interminables négociations, je réussis à constituer un gardien spécial, pour les chameaux qui portent mes objets les plus précieux et mes instruments.

Vers le soir, un certain Daoud, parent d'Abou-Bakr, nous réclame le prix de trois chameaux. Or, il ne nous en a loué que deux; nous lui demandons l'explication de ce supplément; il nous fait cette stupéfiante réponse : « Mes deux chameaux sont grands et forts, ils en valent trois ! » Notez que cet homme a choisi lui-même dans nos marchandises la charge de ses deux bêtes.

Normalement, un chameau doit porter cent cinquante ou deux cents kilos; par métaphore, cette charge même s'appelle « un chameau ».

AMBABO.

Vendredi, 9 avril.

Les ennuis commencent avec le jour.

Nos hommes déclarent que, si nous ne transportons pas les marchandises qu'ils ont achetées, pour les revendre en Abyssinie, ils ne partiront pas. Je leur accorde les trois chameaux qui leur sont nécessaires ; c'est un surcroît de dépense de cent thalaris.

Ce soir, à cinq heures, grand kalam entre les Abou-Bakr et quelques chefs des tribus environnantes. Il a été provoqué par Ibrahim, dans l'intention d'empêcher Khamil de partir à la place d'Houmet. Discussion interminable.

Khamil prétend que seul il s'est occupé de la caravane et qu'il nous a donné son temps et son argent; à tout prix, il veut nous accompagner au Schoa. Il reproche amèrement à Ibrahim de n'avoir pas mangé chez lui, comme il en a l'habitude quand il vient à Ambabo. Ibrahim a été condamné à payer une somme d'argent à son frère, pour l'avoir offensé , mais, en définitive, il a obtenu ce qu'il voulait : Khamil m'a appris, ce soir que ses affaires l'empêchaient de nous conduire.

Les chameaux auraient pu transporter nos vivres à Doulloul, comme ils les transporteront jusqu'à destination; mais c'était une dernière occasion de nous gruger quelques thalaris, en nous obligeant à louer un mauvais boutre; nos traitants ne l'ont pas laissée échapper.

AMBABO.

Samedi, 10 avril.

De bonne heure, Khamil nous invite à nous préparer au départ. Nous refusons de nous mettre en route, avant d'avoir constaté qu'il est d'accord avec son frère. Trois mortelles heures sont encore perdues en controverses stériles : querelles, interventions de chefs et de parents, kalam sans résultat, où les deux frères ont vingt fois changé d'avis. Enfin il paraît convenu que Khamil fera le voyage.

Nous voici en quête d'hommes sachant manier un fusil. Ceux qui ne sont pas Abyssins nous demandent un engagement par écrit.

DOULLOUL.

Dimanche, 11 avril.

Nous avons plié nos bagages et nos tentes ce matin. Nous voici en route !

D'Ambabo à Doulloul, nous longeons le bord de la mer; c'est une plage ininterrompue de sable et de galets. A quelques mètres, s'élèvent des dunes garnies d'arbustes épineux. Plus loin, on aperçoit des bois. Le trajet dure sept heures.

Doulloul est une plaine couverte d'herbes courtes. Elle mesure trois cents mètres de largeur.

Dans sa longueur (un kilomètre), elle est limitée : d'un côté par la mer, de l'autre par les pentes abruptes de la chaîne « Galéa », qui se présente sous un bel aspect. Eau

LES JARDINS A TOUDJOURRAH.

Campement d'une caravane.

agréable et abondante, dans un puits de trois mètres de profondeur (il serait facile d'en creuser d'autres). Non loin de là, une mare pour le bétail.

Nous ne trouvons ici qu'une partie de la caravane. Ibrahim qui nous accompagne nous assure que le reste est dans le voisinage.

DOULLOUL.

Lundi, 12 avril.

M. Lagarde arrive sur le *Pingouin,* suivi du *Capricorne,* retour de Madagascar. Il débarque, pour s'assurer que nous ne transportons pas d'armes. Le gouverneur tranquillise sa conscience et repart. Les armes sont déjà loin, dans l'intérieur.

A Toudjourrah, dit-on, l'embargo a été mis sur tous les fusils qui devaient être portés au Schoa. Cette mesure n'aura d'autres résultats que d'éloigner les commerçants européens. Les armes sont le seul objet d'échange qui leur laisse un profit suffisant et certain. Qui voudrait s'acheminer vers ces pays, au risque de sa vie, pour un gain problématique?

DOULLOUL.

Mardi, 13 avril.

Nous avons réglé nos comptes longuement et minutieusement, avec les Abou-Bakr. Khamil veut partir immédiatement.

Un grand scheik résidant près de Sagallo, à une heure et demie de Doulloul, désire que nous nous arrêtions chez lui. Est-ce un nouveau contretemps?

Ibrahim a fait une erreur dans nos anciens comptes, arrêtés à Djiboutil, avec son frère Bourham! Depuis trois mois et demi, nous sommes condamnés à le voir journellement; jamais il ne nous en a parlé. Il nous oblige à tout vérifier et à tout collationner de nouveau.

DOULLOUL.

Mercredi, 14 avril.

Tout est réglé ; — du moins, je l'espère. Pendant que j'observe le soleil, Houmet vient à moi et me fait ses adieux en ces termes : « Je n'ai rien de mauvais dans le ventre, et toi n'as-tu rien de mauvais dans le tien, parce que je ne vais pas avec toi? » En lui rendant sa métaphore, je lui réponds : « Mon ventre est parfaitement vide. »

Arrive Abdallah, oncle des Loëta. Il a un long entretien avec Ibrahim et lui déclare qu'il rend tous les Européens responsables des actes de M. Soleillet, son ennemi, et qu'en conséquence il s'opposera au passage de la « tafila » (caravane). Ibrahim s'est fâché et lui a déclaré que nous passerions malgré lui. Ils se sont querellés ; puis, tous deux accompagnés des chefs présents sont allés à Toudjourrah, porter leur conflit devant le sultan et le vizir.

Ibrahim se montre sincèrement irrité ; ce n'est pas à cause de nous, mais bien parce qu'Abdallah méconnaît son autorité, en prétendant fermer la route à une caravane expédiée sous ses auspices. Il nous assure pourtant que cet incident n'occasionnera aucun retard et nous engage à partir demain pour Sagallo, où il nous rejoindra.

Les chameaux qui se trouvaient dans les environs avec les marchandises rallient le campement.

Tout est prêt ; nous ne pouvons plus reculer. Abdallah s'y prend trop tard. Nous avons avec nous cinquante hommes armés de remingtons ; il nous livrera passage de gré ou de force.

DOULLOUL.

Jeudi, 15 avril.

Midi. — Khamil arrive d'Ambabo. Il raconte qu'Abdallah a refusé d'aller plus loin et que son frère Maki l'a menacé d'un coup de couteau. Finalement, on lui a donné douze thalaris et il a promis de se tenir tranquille ! — Ibrahim nous confirme le récit de son frère.

Le départ pour Sagallo est fixé à demain, vendredi, après midi.

J'insiste pour qu'on se mette en route le matin. Peine perdue! On ne part pas un vendredi matin. Encore devrons-nous nous arrêter à Sagallo, chez le grand scheik annoncé. Inutile d'insister. Ibrahim, qui nous voit las des continuelles demandes d'argent et des tracasseries des Bédouins, prétend que tous ces ennuis ont une cause unique: à Toudjourrah, lorsque ces gens créent des embarras, mêmes graves, aux Européens, au lieu de les punir, on se borne à les admonester paternellement.

DOULLOUL.

Vendredi, 16 avril.

Dans la matinée, visite à Amphari Loëta, qui doit nous accompagner jusqu'à Gobat, sa patrie.

Nous nous disposons toujours à partir... mais nous ne bougeons pas; le départ est encore ajourné! Trois chameaux égarés sont le prétexte du retard. Journée perdue.

Trois heures après-midi. — Ibrahim et Amphari Loëta éprouvent le besoin de procéder à un kalam sérieux. On se retire sous la tente. Ibrahim prend la parole pour le compte de Loëta :

« Mon frère Mohammed est mort en combattant les Assaïmara, à côté des Franghis. Les Assaïmara sont envoyés probablement par le sultan d'Aoussa, à l'instigation du scheik Abd-el-Rahman, dans le but de rendre impraticable notre route, qui est celle des Franghis, et d'assurer le chemin d'Aoussa, qui est celui des Italiens. Je vengerai mon frère. Je veux assouvir ma haine d'une manière éclatante. J'irai trouver Ménélik et je lui dirai : Toi aussi, tu as à punir le meurtre de plusieurs de tes sujets; donne-moi des soldats; ils s'uniront à mes guerriers et je me charge de notre commune vengeance. » — Nous avons promis à Loëta de l'aider auprès du Négouss, sans préjuger sa décision. Après cet utile entretien, le kalam a pris fin. Il est quatre heures et quart. Notre départ pour Sagallo est manqué, — comme d'habitude.

Je crois bien qu'Amphari Loëta et ses deux frères songent à se venger; mais il est probable que le kalam d'aujourd'hui n'avait d'autre but que de lui fournir un prétexte pour se dégager de sa promesse de nous accompagner; j'étais d'ailleurs convaincu qu'il ne dépasserait pas Gobat.

Nous sommes obligés de payer à Loëta un thalaris par chameau loué. Rigoureusement, d'après la convention avec le gouverneur d'Obock, ce thalaris ne lui serait dû que pour les chameaux qu'il nous a procurés lui-même; mais il ne l'entend pas ainsi. Il ne nous a rien fourni, il ne s'est pas occupé de nous; il n'en invoque pas moins « ses droits ». « Le thalaris, ou vous ne passerez pas! » — Est-il possible de refuser?

SAGALLO.

Samedi, 17 avril.

Enfin, nous avons quitté Doulloul et nous voici à Sagallo, après une heure et demie de marche. La route suit le rivage; à notre droite, une forêt de buissons épineux et de tamariniers. A quelques centaines de mètres, les contreforts du mont Godah. Çà et là, des palmiers.

Nous nous arrêtons devant une maison pompeusement appelée « Fort de Sagallo ». C'est un corps de bâtisse en maçonnerie recouverte de chaux (hauteur 4 mètres, largeur 36 mètres, et longueur 40 mètres). La construction forme un parallélogramme entouré de fossés (8 à 10 mètres de largeur, profondeur 1 mètre). Un talus de 3 mètres (y compris le fossé) contient quatre embrasures pour des canons. Le fort est occupé par des Bédouins, qui ont placé leurs gourbis sur la terrasse.

Pendant l'occupation égyptienne, quelques parcelles de terre étaient cultivées.

Nous devions repartir demain matin. Un chamelier refuse obstinément de marcher le dimanche. « Je ne sors jamais de chez moi ce jour-là », nous dit-il. Est-ce une superstition à respecter? Je n'en sais rien; mais il est certain que nous resterons sur place.

Amphari Loëta ne dépassera pas Daffaré, lieu situé à trois jours de marche de Sagallo. — A son aise!

SAGALLO.

Dimanche, 18 avril.

Ibrahim prend congé : « Toutes nos affaires sont réglées, je n'ai plus qu'à vous dire adieu. » Il s'en va avec le Somali qui nous servait d'interprète. Cet homme, après bien des hésitations, a renoncé à nous accompagner; il a craint d'être assassiné ou maltraité par les Danakil.

Dans nos premières étapes, nous ne trouverons pas d'eau; il faut remplir les guerbes pour trois jours.

SAGALLO.

Lundi, 19 avril.

Les Abou-Bakr nous ont dit : « Si vos chameaux ne portent pas une marque du pays, et qu'on ne voie pas qu'ils appartiennent aux Adaali, aux Abd-el-Raçoul, aux Débenet, aux Assoba, aux Wohema ou à d'autres tribus de la région, on vous les volera certainement. » — Nous avons pratiqué sur nos bêtes la marque des Assoba. Résultat : grande facilité pour les indigènes de changer leurs mauvais chameaux contre les nôtres, qui sont excellents.

Vol de fusils et de cartouches. Nous n'en finirons pas. Un chamelier avait pris les devants avec deux bêtes. A une heure de Sagallo, il s'est reposé un instant; à son réveil, plus de fusils (vingt fusils!), plus de cartouches (deux mille cartouches!) On cherche de tous côtés.

SAGALLO.

Mardi, 20 avril.

Aujourd'hui encore, il faut renoncer à partir. Khamil, le chef définitif de notre caravane, nous annonce qu'Amphari Loëta a mis la main, non sur les voleurs, mais sur un individu qui sait où sont cachés les fusils. Naturellement, cet homme ne voudra parler que moyennant bakchiche. Nous faisons la sourde oreille et laissons agir Khamil. Il revient; il a promis dix thalaris.

Dans l'après-midi, accourent tous ces honnêtes gens: Khamil, Amphari Loëta et les autres. On nous rapporte des cartouches et des fusils. Quatre remingtons et deux ou trois cents cartouches manquent encore. Loëta affirme qu'il s'arrangera pour les avoir avant demain matin — et ensuite nous partirons !

SAGALLO.

Mercredi, 21 avril.

C'était absolument sûr. Nous devions nous mettre en route dès le matin ; après réflexion, le départ est renvoyé à midi ! Nous entassons les colis ; je renferme mes

FEMME ET ENFANT DANAKIL.

instruments ; on sort les objets de ma tente. Tout est prêt ; — survient une discussion. Un chamelier refuse de charger deux caisses et deux ballots. C'est un fardeau léger, mais il ne veut pas de caisses ! Le départ est remis à demain. C'est une série, — mais elle dure trop !

La nuit a été troublée par les Danakil qui dansaient autour du fameux scheik, ami des Abou-Bakr. Couché sur son anghareb, se livrant à des contorsions grotesques, il a prédit que nous rencontrerions les Issah et qu'ils nous attaqueraient ; mais qu'ils seraient repoussés par nos fusils ; il a prédit aussi la pluie. Un familier est venu gravement me faire part de ces prophéties, en me recommandant de me tenir prêt pour n'être pas surpris par les événements.

J'ai réintégré mes bagages sous la tente. A demain.

DER-HELLA.

Jeudi, 22 avril.

C'est le départ! Les derniers préparatifs sont longs. Une partie de la caravane s'ébranle, puis une autre; moi-même et mes hommes nous nous mettons en route. Les derniers chameaux nous suivent. Je regarde, je vois et je n'ose en croire mes yeux!

Nous côtoyons la mer pendant une heure et demie. Le sol est aride, brûlé par le soleil. Épars, végètent de misérables gommiers. Sur notre droite, des montagnes couvertes d'herbes chétives. Vers midi, nous commençons l'ascension des plateaux et nous avançons dans l'intérieur. C'est d'abord le lit d'un torrent à sec, où croissent quelques euphorbes; puis une plaine ondulée, couverte de cailloux ronds et de roches volcaniques concassées.

Nous pénétrons dans une gorge profonde. De chaque côté, s'élèvent des murailles de rochers dont la hauteur n'est pas inférieure à cinquante mètres. Le site est sauvage. A l'est, une échappée sur la mer bleue jette une note de clarté, entre les deux masses sombres.

Nous quittons cet étroit passage; nous gravissons des pentes peu rapides, mais fort pénibles; — de petits mimosas obstruent le sentier.

A six heures, nous avons achevé notre première étape. C'est « Der-Hella » (le puits profond), petit plateau dénudé et rocailleux. Au nord, le mont Godah; dans toutes les autres directions, des hauteurs sans importance. Point d'eau.

L'hypsomètre donne 99° 27′, soit 200 mètres d'altitude.

Nous nous installons pour la nuit. La garde sera montée régulièrement. Chacun à son tour, sans interruption, répétera à haute voix son numéro d'ordre.

Nous ne sommes pas en pays ennemi et le campement paraît assez sûr; mais les précautions sont nécessaires. D'épaisses broussailles nous entourent; nous devons être en garde contre les surprises.

En quittant le bord de la mer, la route se dirige, pendant une heure, vers l'ouest; et, pendant une autre heure, au sud. J'estime la position à sept ou huit kilomètres dans l'ouest-sud-ouest du rivage.

OUAD-EL-ISSAH.

Vendredi, 23 avril.

Nous commençons le branle-bas au petit jour; mais deux heures se passent avant que nous soyons en route.

Nous atteignons une grande coupure du sol; elle sert de lit à un torrent à sec. Nous la traversons, en suivant la direction ouest. Nous longeons un autre torrent desséché et nous arrivons au milieu de la plaine sur une falaise de quarante mètres.

Le paysage ne varie pas : roches volcaniques, cailloux roulés, mimosas et euphorbes,

Par un sentier pénible, nous atteignons, à neuf heures et demie, un plateau aride. Nous devons y camper. Chaleur atroce, vent violent, sécheresse inouïe, et pas d'autre eau que celle des outres! Nous attendons une heure et demie l'arrivée de nos tentes. Nous souffrons réellement.

Enfin, nous sommes installés. Khamil nous apprend, pour nous consoler, que nous devons séjourner ici quarante-huit heures. L'eau est distante de deux ou trois heures ! Nos mules iront. — Le voyage commence par trois journées pénibles.

Six heures du soir. — Les mules ne revenaient plus et nous étions déjà inquiets. Nous avions entendu un coup de fusil. Les hommes tiraient en l'air, pour se donner du courage. Nous sommes saisis par l'air frais du soir. L'hypsomètre indique quatre cent vingt-cinq mètres d'altitude. Le thermomètre marque 25°. Nous étions habitués à plus de chaleur, depuis six mois, autour du golfe de Toudjourrah.

Nous n'avons pas campé près de l'eau, pour nous maintenir dans notre route; puis, dans cette saison, beaucoup de troupeaux vont aux puits et des querelles auraient été inévitables.

OUAD-EL-ISSAH.

Samedi, 24 avril.

J'ai interrompu mes observations. Une poussière fine couvrait mes instruments, j'ai craint de les détériorer; je lisais avec peine. Pour comble d'agrément, une trentaine de Danakil m'entouraient, en ricanant désagréablement. Les nouveaux arrivants s'adressaient aux autres en leur disant : « Que fait cet homme? » Réponse : « Gowada! » — ce qui signifie : « C'est un idiot, un maniaque! » Un grave personnage a expliqué que les hallucinations et l'ivresse pouvaient seules me pousser à commettre des actes aussi ridicules. J'ai cessé mon travail.

Visite d'un grand nombre de membres de la tribu des Abd-el-Raçoul. Nous sommes dans leur pays depuis que nous avons quitté la mer, et nous y serons jusqu'au delà du lac Assal. Nous avons payé notre tribut en taubs, foutahs, etc., etc. Leur chef est venu; il nous a offert trois moutons, nous lui avons donné des tissus : échange de bons procédés.

Demain, nous partirons de grand matin, nous ne trouverons pas d'eau dans la journée. Nous envoyons les mules aux sources, pour remplir les guerbes et les « afflitas » (peaux de chevreau).

RAS-ISSAH LE GRAND.

Dimanche, 25 avril.

Au départ, j'ai grand'peine à obtenir deux bêtes pour mes instruments. Le chamelier se dérobe. Le supplément promis de vingt-cinq thalaris ne lui suffit plus. Après mille explications, il consent à me continuer ses bons offices, à condition de n'avoir pas à s'occuper d'autre chose.

Pendant une demi-heure, nous cheminons sur le plateau aride d'Ouad-el-Issah. Au nord, se dresse le pic d'Oghob, suivi de huit autres montagnes moins élevées, de configuration identique.

A huit heures, nous arrivons au ravin de Ras-Issah le Petit. Nous le franchissons à son amorce; il descend vers le sud-sud-ouest; notre direction est ouest-nord-ouest.

Nous descendons dans la fissure de Ras-Issah le Grand; ses bords ont, en hauteur, plus de quatre-vingts mètres.

Vers dix heures, nous nous arrêtons à la jonction des deux torrents et nous campons. Les chameaux sont fatigués. La route a été affreuse, surtout à la descente dans Ras-Issah-le-Grand. Nous étions obligés de conduire nos bêtes l'une après l'autre.

J'ai fait des observations de circumméridiennes et de déclinaisons ; mais je n'ai pu sortir du ravin, pour prendre un point de vue. Les chameliers m'en ont empêché, à cause de l'attitude menaçante des Abd-el-Raçoul.

Une bande de gros singes joue et hurle sur les rochers qui nous enferment.

Khamil nous prévient qu'il faudra, demain, nous mettre en marche, à la pointe du jour, pour atteindre Daffaré. Amphari Loëta a de nouveau changé d'idée : il ira jusqu'à Gobat. Sur la route, les tribus sont agitées et il veut, dit-il, nous aider. Nous n'avons pas dressé de tentes ; nous dormons à la belle étoile, sous l'épais feuillage d'un grand mimosa ; la nuit est splendide.

DAFFARÉ.
Lundi, 26 avril.

Nous sommes partis au soleil levant et nous avons continué à cheminer au fond de Ras-Issah. Des mimosas rabongris et quelques herbes composent toute la végétation.

Après une demi-heure de marche, le ravin tourne au sud. Au loin, nous apercevons la mer : c'est « Ghubbet-Karab. » De l'autre côté du golfe, s'élèvent les montagnes de la chaîne des Issah.

La vallée s'élargit, les murs de rocher s'abaissent. Nous entrons dans un vaste cirque couvert de pierres noires et aiguës ; plus d'autre végétation que des herbes desséchées, exhalant un parfum de citronnelle. Les indigènes donnent à ce lieu désert le nom de « Boullatou ».

Nous franchissons les dernières pentes. Dans la direction ouest, après avoir passé un petit col de vingt mètres et nous nous trouvons au nord d'une énorme roche qui ferme l'entrée d'un petit bassin, à l'extrémité de Ghubbet-Karab. Autour de nous, tout est désolé.

Nous montons encore et découvrons le lac Assal. L'effet est saisissant. Cette nappe d'eau d'un bleu intense, bordée d'une large ceinture de sel d'une blancheur éblouissante, se détache crûment des montagnes ; c'est un tableau étrange. Nous descendons vers le lac et, à neuf heures et demie, nous sommes à « Daffaré ». Ce n'est qu'une station de caravane. Nous campons.

Notre premier soin est de chercher de l'eau. Près d'un bassin, au fond d'une gorge, nous rencontrons des Danakil qui veulent nous arrêter. Sur les instances de Khamil et d'Amphari, je leur donne quelques mètres de toile et ils nous laissent en paix. L'eau de pluie est abondante, dans ce réservoir naturel. On m'affirme qu'en aucune saison elle n'est complètement épuisée.

La tribu Galela, des Assaïmara, est en guerre avec les Débenet de Gobat. On nous parle de l'assassinat d'un Issah par un Dankali et on ajoute que des Issah rôdent dans le pays.

Khamil et Amphari Loëta sont malades. Hassan, parent de Khamil, nous conduira à Gobat ; il marchera en éclaireur et nous le rejoindrons en chemin.

J'exerce mes hommes au tir ; nous pourrions, je crois, repousser une attaque sérieuse et nous sommes décidés à ne pas nous laisser prendre aux mensonges qui précèdent les embuscades et les trahisons.

La journée est dure ; trente-huit degrés à l'ombre, un vent violent, une poussière aveuglante.

Les observations sont difficiles.

Ma tente est affreusement malpropre et en désordre.

Pas la moindre végétation.

MOUÏA.

Mardi, 27 avril.

La poussière nous envahit et nous sèche la gorge. Nos yeux sont fatigués.

GUERRIER DANKALI.

Le vent est torride. C'est une véritable tempête. Les outres se dessèchent et nous avons deux jours à passer sans eau !

Nous reprenons notre route dans la direction ouest-nord-ouest, en suivant les pentes couvertes de laves qui aboutissent au lac Assal. Puis nous remontons au sud.

Nous traversons plusieurs ravins et nous atteignons une descente épouvantable, dans des roches bouleversées. Les chameaux ont grand'peine à franchir ce mauvais pas.

A cette descente, en succède une autre, vers Assal, sur la côte nord d'une vallée large et accidentée. Les pierres volcaniques rendent notre marche de plus en plus difficile.

Enfin, nous arrivons à « Mouïa », lieu du campement.

Pas d'eau; c'etait annoncé. La terre sablonneuse est jonchée de coquilles.

Nous passons la nuit dans une vallée close. Au nord et au sud, des murs de rochers (plus élevés au nord); à l'est, des pentes rapides; à l'ouest, un amas de lave. Couronnant ces hauteurs, nous apercevons, de l'autre côté du lac, les cimes aiguës de deux pics.

Huit heures du soir. — Trente-cinq degrés de chaleur. Vent violent. Le sable nous brûle les yeux.

ORRENDO.

Mercredi, 28 avril.

Nous avons quitté Mouïa à six heures et demie; et, à neuf heures, par des chemins affreux, n'ayant sous les yeux que le lac Assal et des horreurs volcaniques, nous arrivons à « Orrendo ». L'endroit est triste et sauvage, au fond de torrents à sec. Partout des pierres, du sable et des coraux.

Notre provision d'eau est insuffisante. — Midi, — quarante-trois degrés à l'ombre! Pas d'air; poussière épaisse.

Vers le soir, quinze Débenet de Gobat viennent au camp. C'est un sac de dattes à donner. Quelles nouvelles apportent-ils? Les connaîtrons-nous?

Cinq chameaux éreintés sont restés en route. Au moment du départ, les conducteurs ont surchargé leurs bêtes avec des marchandises qu'ils emportent pour leur propre compte.

GOGOUNTA.

Jeudi, 29 avril.

Pendant la nuit, des zèbres sont venus mettre l'émoi dans le camp. J'ai eu le déplaisir de n'en pouvoir pas tuer un seul; j'aurais pourtant bien voulu améliorer notre ordinaire, d'une invariable pauvreté.

Vers une heure et demie, les gens d'Abou-Bakr ont tiré sur des rôdeurs.

A six heures, départ. — Nous descendons un nouveau ravin. Au milieu des pierres et des rochers, un peu de terre et de sable jaune agglomérés.

Bientôt nous foulons sous nos pieds le sel du lac Assal. Nos chameliers en ramassent autant qu'ils peuvent, pour le revendre au Schoa. La couche s'étend sur une largeur de mille mètres autour du lac. Les yeux sont éblouis par l'éclat de cette surface blanche et éclatante, qui miroite au soleil.

J'ai déterminé la dépression du lac par l'hypsomètre. Il est à cent quinze mètres au-dessous du niveau de la mer.

Nous suivons la rive et, descendant encore une quinzaine de mètres, nous nous engageons dans une vallée large et profonde. Nous laissons à droite les monts Aïanou et Sivaro. Enfin, après trois quarts d'heure de marche, nous trouvons l'eau douce. C'est de l'eau de pluie; elle est à fleur de terre.

La végétation est nulle et nous ne pouvons faire paître nos bêtes. Pauvres mules! Elles ont cruellement souffert! Quelques jours encore de ce régime, et nous serions assurés d'achever la route à pied.

A la nuit, des milliers de perdrix viennent s'abreuver.

ALLOULI.

Départ à six heures, comme hier.

Nous envoyons Amphari Loëta et un homme de Khamil à la recherche d'un chameau tombé près du lac Assal, qui n'a pas encore rejoint. Loëta se dit malade; il exige une mule. C'est une corvée excessive pour la pauvre bête épuisée.

Nos chameaux restent en arrière, harassés par les surcharges de sel. Les chameliers répliquent à nos observations : « Ils portent votre charge; qu'avez-vous à réclamer? »

La route de Gogounta à « Allouli » suit le fond d'un torrent. On y pénètre par une passe étroite, qui n'a guère plus de quatre ou cinq mètres et que surplombent des blocs de diorite et de porphyre. Dans cette tranchée, dont la hauteur varie de trente à cinquante mètres, je remarque des grottes innombrables. Ne sommes-nous pas dans la troglodytique des anciens ?

Les roches polies gênent la marche de nos bêtes de somme. Un chameau s'est cassé la jambe. On l'a abattu.

A sept heures et demie, nous nous arrêtons dans un site qui nous paraît merveilleux : des blocs de grossier porphyre, de jaspe et de diorite y forment des bassins débordants. — De l'eau en abondance! — Nous nous y plongeons avec une joie indéfinissable. Nos bêtes se précipitent sur un jonc court et serré.

Nous reprenons notre route. L'étroite vallée devient monotone ; les bords s'abaissent. A neuf heures, nous gagnons un bouquet de palmiers doums, près d'une mare de cent mètres de long sur cinquante de large et deux de profondeur. Plusieurs chameaux sont restés en route; les autres sont exténués; nous resterons ici demain, sans regrets, près de notre eau.

ALLOULI.

Cette nuit, des animaux de toute espèce n'ont cessé de rôder autour du camp. A l'aube, nous avons eu un curieux spectacle : des gazelles, des perdrix, des outardes, des hyènes, des léopards, des ânes, des zèbres, des sangliers, etc., etc., sont venus se désaltérer.

Nous avons tué des gazelles. Nos compagnons musulmans n'ont pas voulu toucher notre gibier tué au fusil; mais, jaloux de ceux qui en mangeaient, ils se sont mutinés, réclamant un supplément. Nous avons refusé. L'intervention de Khamil nous a tirés d'embarras.

ALLOULI.

J'ai parcouru le pays, accompagné de six hommes armés; il est fort déplaisant : des hauteurs abruptes, quelques mimosas, des doums, des gommiers desséchés, des herbes flétries et un sol pierrreux. Pas d'habitants. On dit que les troupeaux de quelques nomades trouvent ici, après les pluies, une nourriture suffisante.

Un homme ramène le chameau retardataire; mais la mule est bien perdue.

Khamil me paraît médiocre dans son rôle de chef de caravane. Il est toujours indécis. Cependant, nous obtenons de lui qu'il fixe notre départ, demain, à l'aube.

Dix heures du soir. — Tout est tranquille; je n'entends que la voix des sentinelles et celle du crieur qui proclame, chaque soir, les événements de la journée : objets et bêtes perdus, ordres du chef de caravane, etc., etc.

ALLOULI.

Lundi, 3 mai.

J'écrivais, hier dans la soirée, quand a retenti le cri de guerre des gens du pays. Nous prenons les armes sans trop de confusion, dans une nuit sans lune. On éteint les feux. Nous attendons anxieusement; l'appel se répète plus près de nous, poussé par plusieurs voix. Les chameliers et Khamil sont à cent cinquante mètres en avant; nous craignons de les toucher en faisant feu. Nous entendons encore les « Hou! hou! hou! » des indigènes marchant au combat. Une demi-heure s'écoule. — On nous raconte que des hommes de la caravane ont quitté le campement et chassé dans la montagne un zèbre blessé; ils ont aperçu deux ou trois individus errants et ont eux-mêmes poussé le cri de guerre, pour nous mettre en garde. Je ne crois guère à ce récit; nos gens redoutent une attaque des Issah et sont toujours sur le qui-vive. Nous avons doublé nos sentinelles.

J'ai fait une excursion sur des hauteurs, à l'ouest du ravin. Vers le centre d'un plateau assez étendu, à quinze cents mètres d'altitude, j'ai reconnu les traces d'un gisement de minerai de fer et j'ai trouvé des cristallisations ressemblant à des turquoises.

Ce soir est arrivée une caravane de Débenet; elle va chercher, au lac Assal, du sel pour Aoussa. Depuis plusieurs jours, nous n'avions pas vu d'êtres humains; — quels vilains échantillons de l'espèce !

GAGADDÉ.

Mardi, 4 mai.

J'ai oublié de remonter mes montres; j'espère pouvoir assez facilement rétablir l'heure, avec quatre observations circumméridiennes à Allouli; et, d'Allouli à « Gagaddé », la route est bien étudiée. Le changement en longitude est insignifiant.

En partant, nous traversons le torrent et, par une série de monticules, nous parvenons à une vallée spacieuse qui s'étend vers l'ouest et tourne ensuite, brusquement, vers le sud. Toujours des déserts de pierres et de sable.

Nous passons devant des tombes uniformes : un tumulus dans une enceinte et deux pierres, l'une aux pieds, l'autre à la tête du mort. Quelques-unes de ces sépultures sont récentes ou ont été visitées depuis peu de temps, car je remarque des feuilles de doum encore vertes, jetées sur le tumulus. Une tombe renferme les ossements d'un scheik ou d'un saint personnage : elle mesure quinze mètres sur dix.

Nous nous dirigeons au sud-sud-est dans la vallée de Gagaddé. Après une heure et demie de marche, nous faisons halte. Le paysage est toujours le même. En perspective, le mont « Dokoïno ».

J'écris cette note, le 5 mai, à « Douddoubous », car hier il m'a été impossible de prendre la plume. Un ouragan de sable nous a assaillis ; le thermomètre marquait quarante-cinq degrés à l'ombre.

DOUDDOUBOUS.

Mercredi, 5 mai.

A Gagaddé, nous avons une déception : sur trois puits, l'un est comblé ; l'autre, plein de boue, et le troisième contient, en petite quantité, une eau fort mauvaise.

De Gagaddé à « Douddoubous », ni puits, ni source, ni bassin.

JEUNE FEMME DANKALI.

Après la traversée de la plaine, notre direction est sud. Partout la même aridité. Au pied des montagnes, des torrents desséchés sont bordés d'une végétation misérable, hennés et gommiers. Nous nous engageons dans un chaos volcanique.

Mes gens prétendent avoir vu les traces d'un homme. Dans ces parages, c'est grave ! Nous sommes sur nos gardes. Pendant une heure, nous suivons ce chemin désolé et nous découvrons un vallon parsemé de doums. Aurons-nous de l'eau ? Le lieu que nous traversons est « Lehellé ».

Nous voici à Douddoubous ; — vilaine station. Seul, un coin de ravin avec ses palmiers (que les Danakil appellent « Houngha ») est relativement frais. Nous y trouvons un peu d'eau, à fleur de terre, à la température de trente-six degrés.

9

Une heure après-midi. — Nous établissons notre camp. Quarante-cinq degrés sous la tente; vent faible et très chaud.

A huit heures, trente-cinq degrés.

Nos chameliers ont aperçu deux ou trois indigènes, — probablement des Adal qui voyagent avec leurs troupeaux. Nous avons recueilli un chevreau égaré. Nous sommes près de sources chaudes sans intérêt. L'eau en est fade, sans goût particulier; elle ne forme aucun dépôt.

Neuf heures. Par précaution, nous tirons quelques coups de fusil.

DOUDDOUBOUS.

Jeudi, 6 mai.

Le seul ennemi entendu, cette nuit, est un léopard.

Un chamelier a refusé le chargement ordinaire. Depuis plusieurs jours, il voulait équilibrer le poids des deux caisses que porte sa bête; j'avais résisté. Hier, j'ai eu la faiblesse d'y consentir. Quand mon homme a vu qu'un des colis contenait des cartouches, il est parti en levant les bras au ciel. Khamil, après trois heures de discussion et des menaces, est parvenu à le décider ; nous devons à cet imbécile la perte d'une journée.

J'avais remarqué, dans un petit ravin, une grande tombe cachée sous des gommiers. J'y suis allé avec quelques hommes. Après avoir enlevé les pierres de la partie supérieure, j'ai démoli le tumulus, et mis à découvert une petite voûte grossièrement formée de blocs mal joints, non taillés et simplement coïncés avec des cailloux. Sous cet appareil primitif, qui recouvrait un lit de pierres et de branches, un squelette était couché sur le côté droit, un peu incliné en arrière, un bras replié sous la tête, l'autre allongé sous le flanc. Un taub l'enveloppait, une lance brisée gisait sur le sol. J'ai replacé les pierres et repris le chemin du campement.

Quarante-cinq degrés à l'ombre ! Poussière intense et aveuglante. Vent torride. Impossible d'écrire ; l'encre sèche incontinent sur ma plume.

On dit que les nomades tirent des doums une sorte de vin; je n'en ai jamais vu. Le fruit est abondant, par grappes. La pulpe qui l'enveloppe est épaisse et filandreuse; elle a un arrière-goût de pain d'épice.

SAGADDARA.

Vendredi, 7 mai.

A travers des ravins jonchés d'éboulis rocheux, deux heures de route, dans la direction sud-sud-ouest, nous conduisent à « Sagaddara ». Je précède la caravane. Sur une élévation, je la vois défiler.

On établit notre camp ; les bagages sont disposés en cercle; l'intérieur est occupé, chaque soir, par les Danakil et les bêtes.

On me parle d'un grand bassin rempli d'eau, dans le voisinage. J'y vais. En effet, au fond d'une large excavation, au pied de roches basaltiques, j'aperçois un trou d'une vingtaine de mètres. Les chameaux y ont déjà passé et pataugé. Je renonce à m'y baigner. Et, cependant, il faudra boire de cette eau; il n'y en a pas d'autre. Quand les pluies n'ont pas été abondantes, le trou est à sec pendant huit mois.

A onze heures, au moment où je venais d'installer mon théodolite, nous avons été victimes d'une alerte nouvelle. Le cri de guerre est proféré subitement. Je rentre l'instrument sur son trépied, et je prends fusils et revolvers. Chacun est à son poste. Mais pas d'ennemis à combattre, fort heureusement. Les Danakil qui ont couru vers le point d'où partaient les cris ne se donnent même pas la peine de revenir. Je reprends mes observations. Comme d'usage, beaucoup de bruit pour rien. Un Dankali avait aperçu des traces d'hommes toutes fraîches !

Ces gens deviennent insupportables. Depuis trois jours, ils dansent, gambadent et crient, à la tombée de la nuit, autour d'un des leurs qui débite à tort et à travers de niaises prédictions. C'est ce devin, le « djina », comme ils l'appellent, qui a donné l'alarme. En réalité, tous sont inquiets; ils ont peur des Issah. J'en suis certain; à Douddoubous déjà, ils voulaient retourner chez eux. Il a fallu un kalam interminable, clôturé par des serments solennels, pour les décider à continuer la route.

KOÏDDO.

Samedi, 8 mai.

Nuit paisible.

Les feux énormes que les Abyssins ont allumés pour se distraire, nous ont tenus éveillés. Ces compagnons de route nous sont plus utiles que les Arabes ou les Harrari. Habitués aux voyages, ils dressent rapidement une tente et l'installent; ils gardent bien les mules, ils veillent attentivement, ils sont chrétiens et ne peuvent s'entendre avec les Danakil musulmans. Aussi, ne nous trahiront-ils pas. L'Arabe et le Harrari sont paresseux; ils n'ont aucune aptitude pour les services qu'on attend d'eux.

Nous avons cheminé pendant quatre heures dans des vallons et des ravins, tantôt profonds et encaissés, tantôt bordés de petits monticules de pierres.

Nous avons aperçu de belles colonnes basaltiques.

Nous nous élevons lentement jusqu'au plateau connu sous le nom d' « Auly »; il est couvert d'un sable fin sur lequel le soleil fait étinceler de petits cristaux et des agates de mille couleurs.

Halte d'une demi-heure, pour faire manger les bêtes.

Après avoir escaladé un mur de pierres, nous nous trouvons dans une plaine ondulée, coupée par des lits de torrents à sec. La lave couvre de grands espaces. Des herbes brûlées forment des bandes jaunâtres, à côté des parties du sol où croissent difficilement des arbustes rabougris. L'endroit que nous traversons est appelé « Marra »; les caravanes s'y arrêtent quelquefois. Nous passons devant des tombes d'Adal : des tumulus entourés de pierres.

Nous rencontrons un troupeau de chèvres et de moutons; c'est le premier depuis Sagallo; peu après, nous apercevons deux hommes.

Avant l'arrivée à « Koïddo », nous franchissons le lit de sable et de cailloux roulés d'un torrent desséché. En toute saison, on trouve ici de l'eau. A notre passage, elle est abondante. De nombreux indigènes amènent leurs troupeaux. Ils appartiennent à la tribu des Abd-el-Raçoul, qui vit aux environs du lac Assal, et sont en bons rapports avec les Débenet qui leur *permettent de conduire leur bétail dans cette région.*

Nous campons au pied d'une colline volcanique, longue et basse, mesurant environ quarante mètres de hauteur. Elle est couverte d'herbes ; au milieu des arbustes (mimosas et gommiers), je remarque une sorte de genêt.

J'ai fait des observations complètes. Les grandes chaleurs (quarante-quatre degrés à l'ombre) faussent les boîtes et les pieds de mes instruments.

Khamil n'a plus de vivres et nous demande un sac de riz. Il a, dit-il, cédé ses provisions à Der-Hella et à Ouad-el-Issah, aux Abd-el-Raçoul. Je lui fais remettre ce qu'il demande.

Demain, nous resterons ici ; nos hommes ont acheté aux habitants du beurre et des bestiaux qui ne seront pas livrés à temps pour le départ.

Pendant que je fais une observation, à quelques centaines de mètres du camp, sur une hauteur, un de nos serviteurs accourt et me recommande de ne jamais m'aventurer seul et de ne sortir qu'en armes.

L'eau est détestable ; les chameaux y ont déjà pris leurs ébats. Par bonheur, nous en avons trouvé d'autre, à quelque distance, sous les pierres, dans le sable.

Koïddo.

Dimanche, 9 mai.

Hassan, parti pour Gobat en quête de renseignements sur la meilleure route à prendre, nous a rejoint. Le goum Assaïmara, qui a détruit la caravane Barral, n'a pas encore quitté ces parages. Le sultan d'Aoussa serait, on l'assure, l'instigateur des attaques contre les caravanes qui suivent notre route, pour les obliger à l'abandonner au profit de la sienne. A la tête des assaillants de Barral, on aurait remarqué le frère du scheik Abd-el-Rahman. C'est un bruit public. Les Danakil répètent cette accusation ; mais ils ajoutent que l'agression est due au hasard, car le goum voulait piller la caravane de M. Chefneux, revenant du Schoa et non celle de Barral.

Un Assaïmara, ami des Abou-Bakr, venu au camp pour saluer Khamil, lui conseille la plus grande méfiance. Khamil nous prévient qu'avant d'arriver à Gobat nous changerons de route et pénétrerons sur le territoire issah. Nous en sommes réduits à choisir la voie qui nous paraissait naguère la plus dangereuse.

Koïddo.

Lundi, 10 mai.

La nuit a été tranquille. Cependant des rôdeurs sont autour de nous, cachés dans les broussailles. Je fais tirer une douzaine de coups de fusil, rien ne bouge.

Nous ne quitterons pas Koïddo. Khamil prétend qu'il a reçu des nouvelles de Houmet Loëta ; ce n'est pas vrai. La véritable cause du retard est que les hommes ont consommé la plus grande partie des approvisionnements que nous leur avions donnés pour le voyage et que Khamil est dans l'impossibilité de leur en fournir de nouveaux.

Kalam sur kalam. Personne ne veut partir sans être assuré que nous aurons des vivres.

Des Adal, accompagnés de leurs femmes et de leurs filles, toutes fort laides, viennent au camp et nous vendent du bétail et du laitage. Nous leur donnons en échange des verroteries, des étoffes, du tabac, etc.

GUERRIER DANKALI.

Les voyageurs passent rarement dans cette contrée; les tissus y manquent complètement. Beaucoup de femmes n'ont, pour tout costume, qu'une jupe en peau de chèvre ou de mouton.

Grande discussion sur la route à prendre. Faut-il suivre celle des Adal qui conduit à Gobat ou celle des Issah? On suppose que le goum qui a massacré Barral et les siens, nous attend entre Gobat et Herrer, aux points connus sous les noms de Fialou et Barodadda.

Nous suivrons jusqu'à Herrer la route qui touche au territoire issah.

Près de nous passe un Adal qui a assassiné, ces jours derniers, à Ghubbet-Karab, un malheureux arabe, pêcheur de nacre. Ce meurtrier de vingt ans n'avait pas d'autre mobile que la gloire de tuer un homme. Il porte une plume d'autruche dans les cheveux, un bracelet d'ivoire au bras droit, des boutons d'ivoire aux oreilles et une queue de crins blancs au bouclier. Il se pavane et on l'admire.

BATOULA.

Mardi, 11 mai.

Hier soir, un gros serpent s'est introduit dans le campement et a causé un certain émoi. La nuit a été tranquille.

Nous avons perdu cinq chameaux, depuis notre départ.

A trois heures et demie du matin, nous commençons le chargement ; mais nous ne pouvons partir qu'à six heures. Notre route moyenne est sud-sud-ouest ; nous suivons des lits de torrents, dont nous ne sortons que pour gravir des hauteurs pierreuses.

Plus de hautes montagnes, plus de ravins profonds : nous sommes sur un grand plateau. Les accidents de terrain sont fréquents, mais sans importance. La végétation est toujours misérable ; quelques gommiers et des tamariniers, des arbres brûlés. Un sol caillouteux, jaune ou noir par espaces ; des pierres transparentes, des cristallisations roulées par les eaux. Des tombes semblables à celles déjà vues.

A neuf heures, nous sommes à « Ramondeli ». Halte pour nos bêtes. Les habitants sont rares ; il y a de l'eau pendant une partie de l'année.

Dix heures et quart. Nous arrivons à « Batoula ».

Notre camp est au milieu d'une immense plaine. Quelques herbes, pas un arbre. A l'est, quelques arbustes sur les collines qui séparent le pays des Danakil de celui des Issah.

A deux heures de distance, nous trouvons de l'eau, sous le lit d'un torrent.

Ali, frère d'Amphari Loëta, est avec nous ; il nous accompagnera jusqu'à Gobat.

Décidément les Assaïmara ont l'intention de nous attaquer ; des gens de « Badou » passant par ici ont bien voulu en avertir Khamil. Nous ne voyons aucun ennemi ; mais nous sommes sur la défensive. J'ai fait tirer quelques coups de fusil ; on ne les entend pas de bien loin.

Jusqu'à minuit, la lune nous éclaire.

Des Issah sont venus, comme ils nous l'avaient promis, et nous ont apporté des moutons.

SABALLOU.

Mercredi, 12 mai.

A six heures, nous quittons Batoula. Nous traversons de nouveaux plateaux. Dans quelques endroits, une herbe jaune et abondante monte jusqu'au poitrail des mules. La route est monotone ; nous nous arrêtons un moment à « Diksa ».

Pour la première fois, nous trouvons des traces de lions. Des gazelles fuient devant nous.

Le terrain change ; la route devient pire ; des pierres et des rochers volcaniques. Nous descendons un ravin boisé qu'habitent des troupeaux d'antilopes. Un peu plus loin, nous apercevons la vallée où nous devons camper. La partie nord-est en est boisée ; l'eau est sous le sable. A l'ouest, un ravin ; à l'est, un bois de petits mimosas et de buissons.

Pendant qu'on dresse ma tente, je vais chasser. Je rapporte, quelques minutes après, deux belles gazelles. Un de mes hommes a tué une antilope de la taille d'un bœuf.

Journée laborieuse. Après les angles horaires, les circumméridiennes, le tour d'horizon, etc., j'ai pris des hauteurs de lune et de soleil.

Avant de poursuivre notre route, nous attendons des nouvelles. Toujours la même indécision. Faut-il continuer notre route sur territoire dankali, ou traverser le pays issah? Nous nous arrêtons provisoirement à ce dernier parti. Hassan, parent des Abou-Bakr, a opté pour la route dankali; Khamil, notre chef de caravane, est resté irrésolu.

SABALLOU.

Jeudi, 13 mai.

J'ai parcouru la vallée en chassant. Elle est parsemée de buissons impénétrables. Les perdrix, les francolins, les outardes, les antilopes, les gazelles, les dick-dick, foisonnent; j'ai reconnu des traces de fauves.

Les Débenet que nous attendions sont arrivés. Les nouvelles de la route de Gobat sont inquiétantes. Khamil décide que nous ne la suivrons pas; mais il ne veut pas davantage s'engager dans celle des Issah. Nous prendrons un chemin intermédiaire qui n'a été suivi par personne, — celui qu'indiquait Hassan. Le plus grave inconvénient, c'est que nous n'aurons pas d'eau. Khamil n'a rien prévu et nous n'avons pas assez d'outres. Il faudra envoyer à Gobat, pour nous en procurer. Or, Gobat n'est pas une ville, mais bien un pays; on n'y trouvera pas facilement ce que nous voulons. Les Débenet promettent de revenir demain; encore une journée perdue!

Khamil manque toujours de vivres. Il a de nouveau recours à nous. En aurons-nous suffisamment pour atteindre Herrer? Il ne faut pas songer à nous approvisionner en route.

SABALLOU.

Vendredi, 14 mai.

Un coup de fusil, suivi de trois autres, nous a réveillés. Personne n'a rien vu; on n'a entendu qu'un bruit de feuilles et de pas.

J'ai chassé toute la matinée et tué autant de gibier que j'ai voulu.

Les Débenet ont tenu leur promesse; ils sont de retour.

Hier, j'ai photographié quelques indigènes; il a fallu leur donner des tissus et du tabac.

Khamil annonce le départ pour demain matin; mais il ne sait pas encore quel chemin nous suivrons! Les hésitations de cet homme sont inexplicables; elles absorbent notre temps.

Quand les Danakil ou les Somali veulent vendre un objet sans en discuter le prix à haute voix, ils traitent en se touchant les mains sous le chama. Parfois, quand le marchandage se prolonge trop, un tiers regarde les mains et proclame un prix. Ces marchés sont fidèlement observés.

SANKAL.

Samedi, 15 mai.

Les Débenet et nos hommes ont fait, pendant la nuit, un vacarme insupportable.

Au loin, les hyènes hurlaient. Enfin le jour a paru. A sept heures, nous sommes partis.

Abandonnant notre route, nous prenons au sud, et nous cheminons entre le territoire des Danakil et celui des Issah. Nos conducteurs ont cru plus sage de se tenir entre les deux dangers, que d'affronter les Assaïmara derrière Gobat, ou les Issah sur leur territoire.

Le pays est désolé ; notre marche est pénible. Des ravins et des plaines de pierres. Nous campons dans un vallon, au milieu de broussailles épineuses.

Nous avons creusé le sol à deux mètres de profondeur pour trouver l'eau... Peut-être demain n'en aurons-nous pas et nous serions alors obligés de revenir sur nos pas. La chaleur est accablante. Quarante-cinq degrés à l'ombre ; pas un souffle d'air. Je n'ai plus rien à verser dans mon eau pour la rendre potable. J'ai épuisé mon vinaigre.

HOULL-HALLÉ.

Dimanche, 16 mai.

Sur une crête qui domine le ravin, j'ai pris de bons relèvements. L'horizon est borné, à l'est, par des montagnes éloignées ; de tous les autres côtés, par des séries de mamelons volcaniques.

Nous partons à trois heures après-midi ; nous pressons la marche, car nous n'aurons de l'eau ni aujourd'hui, ni demain. Les outres sont pleines.

Notre route ressemble à celle des jours précédents. Les chameaux et les mules sont à bout de forces.

Par endroits, la terre apparaît jaunâtre et déchirée. Peu à peu, les crevasses deviennent plus nombreuses ; nous marchons avec les plus grandes précautions, surtout dans les espaces recouverts par les herbes.

Vers sept heures, nous avons atteint le plateau d' « Houll-Hallé » ; six cents mètres d'altitude.

La poussière nous aveugle. Nous passons la nuit sur le sol nu et desséché. Il est minuit et demi ; j'écris au clair de lune.

La peur donne à nos hommes des idées extravagantes. Ce soir, Khamil nous a annoncé que trois fois, dans la nuit, à chaque quart, on ferait une décharge générale ! C'est une dépense de cent cinquante cartouches. Et comme Khamil compte prendre cette précaution pendant six nuits consécutives, nous perdrons un millier de cartouches. Je proteste ; nous transigeons ; on procédera à des fusillades plus fréquentes, mais moins nourries.

DALOÏLEKA.

Lundi, 17 mai.

Départ à cinq heures et demie du matin.

Nous avançons sur la terre crevassée jusqu'à un nouveau champ de pierres ; puis, nous descendons dans la vallée de « Daloïleka ». Des antilopes et un zèbre se sauvent à notre approche.

Dix heures. — Un mirage éblouissant nous montre, à l'ouest, un lac merveilleux,

Vue et Relèvements pris des hauteurs dominant les gorges de "Goguntra"

Goguntra - Jeudi 29 avril 1886 -

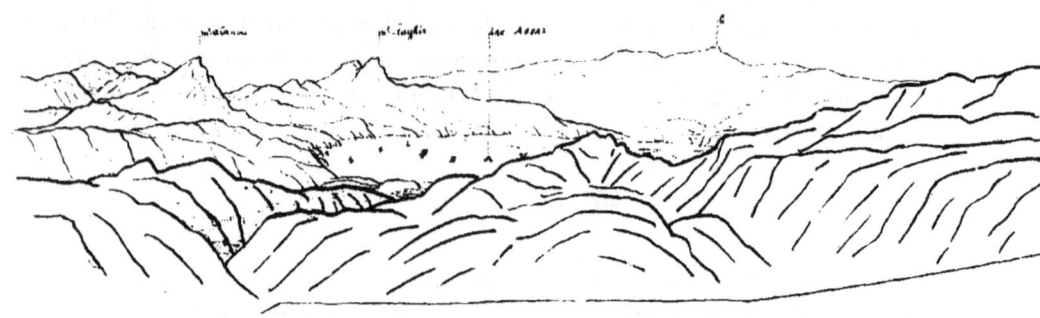

Vue et Relèvements pris de "Sagaddara".
— Vendredi 7 mai 1886 —

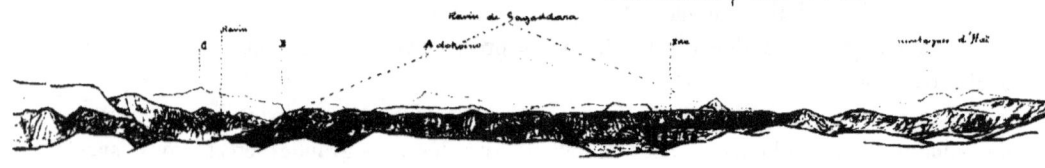

Vue et Relèvements pris des puits de "Daloïleka"

Daloïleka Lundi 17 Mai 1886

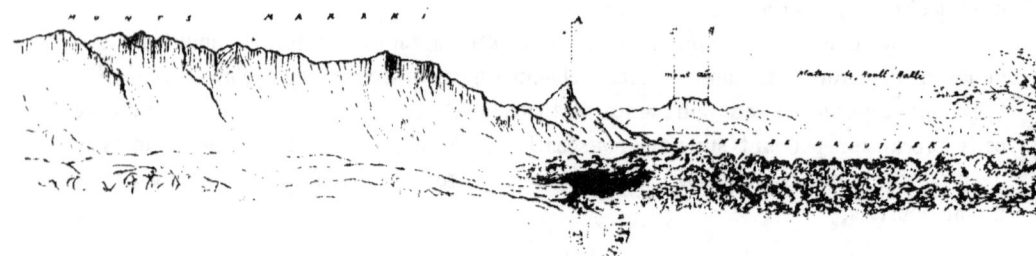

dont les eaux limpides reflètent de hautes montagnes. Le paysage apparaît à cent cinquante mètres de nous. Nos gens cèdent à l'illusion ; ils pressent le pas ; ils parlent
déjà de se baigner ! — Leur déception est amère et comique.

Nous détachons cinq hommes armés et les deux Débcnet qui nous servent de
guides ; ils ont mission de s'assurer qu'il y a de l'eau à Daloïleka. Les Danakil racontent
que les Issah, pour arrêter les incursions des tribus voisines, ont comblé le puits. S'ils
disent vrai, nous serons privés d'eau pendant deux jours encore !

— Au moment où nos hommes partaient, il a fallu les rappeler : nous avions

FEMME DANKALI.

devant nous les Issah ! On s'est groupé, on a chargé les armes et on a attendu devant les
chameaux rassemblés. Le spectacle était pittoresque. Au lieu du goum redouté, nous
n'avions devant nous que des bergers. Nous avons entamé des pourparlers et contracté
amitié ; mais, par prudence, les femmes et les vieillards ont été seuls admis à pénétrer
dans le camp.

En reprenant notre marche, nous avons foulé un sol moins aride.

Enfin, après six heures de marche, nous avons été dédommagés de nos fatigues
en trouvant de l'eau. Un homme est tombé ; il avait bu avec trop d'avidité ; un autre
a éprouvé un violent mal de tête. A l'ombre, vers une heure après-midi, le thermomètre a marqué quarante-sept degrés.

Neuf heures du soir. — La journée a été rude. Nous avons onze malades
Quand les pluies sont un peu fortes, la plaine de Daloïleka, complètement inondée,
forme un vaste marécage.

HELTITLEGONA.

Mardi, 18 mai.

Nous avons pris de l'eau pour deux jours. A six heures après midi, départ.

10

La terre est argileuse, fendillée, argentée et brillante. Pas un brin d'herbe. Le mirage nous montre un nouveau lac, sous un soleil couchant. La caravane se resserre ; nous marchons rapidement. Halte à dix heures et demie.

Nous campons à « Heltitlegona », sur les bords d'un grand ravin qui débouche dans la vallée. C'est le « Halloul », véritable route naturelle entre les pays issah et danakil.

FIALOU.

Mercredi, 19 mai.

Une heure après midi. — Nous arrivons exténués de fatigue ; nous avons marché sept heures sous un soleil ardent.

D'abord nous avons suivi la plaine ; puis, au lieu dit « Amadou », notre marche a pris la direction sud, dans une tranchée qui nous a conduits sur le plateau où nous campons. Pas d'eau.

Nous apercevons un troupeau de superbes « agazins » (espèce de bœufs sauvages).

Nous repartirons cette nuit ; on compte dix heures de marche avant « Killalou », où nous pourrons nous désaltérer et nous baigner. Nos outres perdent.

KILLALOU.

Jeudi, 20 mai.

A minuit, départ de Fialou. — La route serpente dans une plaine rocheuse. Une lune superbe nous éclaire. Nous avançons, en traversant des terres calcinées. L'atmosphère est remplie d'une poussière sèche qui fatigue les yeux et excite une soif ardente.

A sept heures du matin, nous sommes à « Barodadda ». Quelques hommes et un grand troupeau passent près de nous.

Nos Danakil sont tourmentés par la peur ; ils parlementent ; mais nous ne nous arrêtons pas. Ces nomades, qui les inquiètent, sont des Issah que l'eau attire dans les environs de « Killalou ». Des gazelles et des antilopes courent de tous côtés. Nous sommes sur un terrain plat, inondé dans la saison des pluies, aujourd'hui couvert d'herbes hautes et desséchées. Devant nous s'étendent de vastes pâturages. Le sol s'incline entre deux ondulations et redevient pierreux ; les herbes sont plus rares et les mimosas plus nombreux.

Nous descendons dans le cirque de « Gablorédala ». Dix kilomètres sur cinq.

Nous prenons la direction ouest et traversons un plateau aride, brûlé par le soleil, où tourbillonnent des trombes de poussière noire et épaisse.

Après nous être légèrement élevés, nous cheminons sur une pente rocailleuse et difficilement praticable.

A midi, nous nous engageons dans un vaste ravin. Nous avons marché douze heures et chacun de nous n'a eu qu'un seul verre d'eau à boire. A nos pieds, au fond du ravin s'étend une mare couverte d'herbes. Moutons, chèvres, chameaux, bœufs y pataugent par centaines. Il faut chercher quelques trous, oubliés des bêtes, pour avoir une eau potable. On nous parle d'une source peu distante de notre campement ; mais les Issah la gardent. Attendrons-nous qu'ils soient partis ? De gré ou de force, il nous faut de l'eau. Nous nous décidons à parlementer ; l'accord est vite conclu. Nous donnerons quelques cadeaux et nous remplirons nos guerbes.

Ce soir, kalam.

Nos Danakil sont de plus en plus effrayés du voisinage des Issah. On prendrait sous un chapeau tous ces poltrons. Décidément, l'assassinat leur convient mieux que la guerre.

Dans un rayon de quarante kilomètres, Killalou est le seul point où l'on trouve de l'eau pendant toute l'année. Ce n'est ni une ville ni un village. Les nomades y viennent à certaines époques ; ils campent dans les environs, à plusieurs heures de marche et conduisent aux sources leurs troupeaux, deux ou trois fois par semaine.

Le ravin est affreux : des roches noires, à pic ; une eau stagnante et bourbeuse ; quelques rares gommiers sans feuilles et des herbes sèches.

KILLALOU.
Vendredi, 21 mai.

Dans la nuit, nos hommes ont eu, sans raison, des épouvantes invraisemblables. — Vers onze heures, j'entends des cris étranglés. Ce sont les gémissements de nos Danakil. Ils se lamentent et veulent s'enfuir, abandonner le camp et passer la nuit de l'autre côté du ravin. Khamil lui-même a peur des Issah; il continue ses fusillades platoniques. Je ne vois de réel dans ces alarmes que la terreur de nos hommes.

Trois heures après midi. — Des Issah sont venus auprès de nous avec de grands troupeaux. A des prix modérés, ils nous ont vendu du lait, du beurre et quelques moutons. C'est une bonne fortune ; car nous sommes à court de vivres.

Depuis un mois, nous avons quitté Sagallo et nous n'arriverons pas avant une vingtaine de jours à Farré, premier village du Schoa. Nous ne partirons que demain après midi ; les chameaux sont trop fatigués, nous dit Khamil. Encore un retard !

Nous n'aurons plus d'eau avant Herrer, c'est-à-dire, avant trois jours. Dans de pareilles conditions, la traversée du désert est désespérante. Comment n'avons-nous pas plus de malades ?

La nuit tombe. Nous faisons déguerpir les Issah et leurs troupeaux. Khamil, naturellement, fait tirer des coups de fusil ; la garde est établie. Je me couche.

Mes papiers photographiques sont difficiles à manier avec cette chaleur et cette sécheresse ; ils se roulent et se décollent.

FIMADALA.
Samedi, 22 mai.

Des troupeaux ont afflué, avec le jour, aux environs du campement.

Nos armes à feu impressionnent les Issah. Nous avons pris à Daloïleka un vieillard très considéré de leur tribu, qui nous est fort utile dans nos rapports avec ses compatriotes.

Nous levons le camp à quatre heures de l'après-midi seulement, pour profiter le plus longtemps possible de l'eau dont nous allons être privés pendant soixante-douze heures. Nous passons le ravin ; il est indiqué sur les cartes comme un petit lac. Nous gravissons la pente abrupte du sud et nous parvenons sur un plateau volcanique que nous traversons en deux heures. Faibles ondulations de terrain. Nous nous arrêtons, à la nuit, à « Fimadala ». Rien à signaler. Des pintades s'enfuient à notre approche; c'est grand dommage. Les vivres deviennent rares. L'orgie de lait et de viande de Killalou ne se renouvellera pas prochainement.

DEDJANDICK ET HASSANDERA.

Dimanche, 23 mai.

Nuit désagréable.

Coups de fusil et lamentations des Danakil, qui se réveillent en sursaut. A l'aube, nous sommes en route. Une heure après, nous rencontrons déjà des hommes et des troupeaux.

A « Dedjandick », nous trouvons encore de l'eau ; nous n'y comptions pas. Nos bêtes se désaltèrent une dernière fois dans une mare infecte.

Deux heures après midi. — Nous reprenons notre marche. La route se poursuit jusqu'à « Hassandera », à travers une plaine légèrement ondulée, sur un sol pierreux couvert de hautes herbes. La nature du terrain et les pâturages desséchés, que nous apercevons de toutes parts, témoignent que cette terre serait fertile si elle était arrosée.

Hassandera le Petit (ainsi nommé pour le distinguer de Hassandera le Grand, dans le voisinage de Herrer) est pauvrement boisé.

GUELIWA.

Lundi, 24 mai.

Cette nuit, vers dix heures, nous avons été réveillés par les cris de guerre : « Ki ! ki ! ki ! » et « Hou ! hou ! hou ! » des indigènes. Les voix paraissaient sortir des hautes herbes, à une certaine distance de nous. Nous avons cru à une attaque; nous avons pris les armes... Les chameliers avaient fait tout ce tapage pour se tenir éveillés !

Nous avons quitté Hassandera de bonne heure, nous dirigeant vers le sud-sud-ouest, à travers la plaine. Le paysage ne varie pas.

Onze heures et demie. — Nous campons à « Gueliwa ». Le soleil est toujours brûlant. A midi, le thermomètre marque quarante-trois degrés sous la tente.

HERRER.

Mardi, 25 mai.

La nuit n'a pas été longue à Gueliwa. Branle-bas à une heure du matin. Départ à trois heures.

Nous avançons silencieusement dans les herbes, qui laissent voir, par espaces, un énorme gisement rocheux. Pendant deux heures, nous descendons insensiblement. L'horizon est borné par de petites élévations. Nous apercevons des troupeaux de gazelles, des sangliers et quelques autruches.

A neuf heures, nous traversons des herbes vertes. Devant nous, quelques hommes se sauvent en courant. Nous rassemblons la caravane. Les Danakil, qui sont allés en reconnaissance, nous disent qu'ils ont vu des cavaliers assaïmara, éclaireurs d'un

goum important. Peut-être n'avons-nous rien à craindre ; mais la fin tragique de
Barral est toujours présente à notre esprit ; nous nous préparons à la défense, en distri-
buant des cartouches. Nous avons cinquante hommes armés de fusils à tir rapide. Quelques chameliers restent à la garde des bêtes. Aucun goum ne survient ; mais quatre
cents hommes et quelques cavaliers s'approchent et font mine de nous attaquer. Nous
marchons en ligne, droit à eux ; ils s'arrêtent étonnés. Khamil s'avance et les invite
par signes à nous livrer passage. Deux parlementaires viennent au-devant de lui et
repartent après un moment d'entretien. Ce ne sont pas des Assaïmara, mais des Issah.
Ils nous ont pris pour des ennemis venus à seule fin de les razzier.

Assurément, si nous n'avions pas été les plus forts, nous aurions été attaqués et
dévalisés ; mais le nombre de nos fusils a tenu ces pillards en respect. Nous continuons
notre route.

Sur le front de la caravane, nos Danakil exécutent une danse de combat et
poussent des cris, en agitant leurs lances et leurs boucliers. Les Issah se sont ravisés ;
ils refusent de nous laisser passer. Avant de faire feu, nous essayons de les intimider ;
car nous sommes résolus à ne pas tirer en l'air et nous ne perdrons pas nos cartouches.
Cent mètres seulement nous séparent. Nos assaillants comprennent le danger de la
partie qu'ils engagent et se dispersent en tous sens.

Nous courons à l'eau. C'est, pour le moment, l'unique but de nos désirs.

« Herrer » est une sorte de hameau : c'est le premier que nous rencontrons
depuis Toudjourrah. Au milieu de la plaine, sont construits cinquante gourbis, hauts
d'un mètre à un mètre et demi, longs de trois ou quatre mètres : c'est tout. Les cabanes
sont divisées en deux groupes : l'un est habité par les Issah, l'autre par les Danakil.
Le premier est le plus important.

Nous passons, et bientôt nous sommes sur le bord de la rivière. C'est un modeste
ruisseau dans un lit encaissé. Des hommes nus descendent dans les trous, puisent une
eau bourbeuse et nous l'offrent. Nous avons marché onze heures ! Des milliers de
bœufs s'abreuvent le long du ruisseau.

Encore une heure de marche et nous campons. L'herbe, haute et verte, s'étend à
perte de vue ; seul, un espace de quelques kilomètres est dénué de toute végétation ;
le vent y soulève des nuages de poussière.

Herrer est sur territoire dankali ; c'est une sorte de point à peu près neutre, sur la
frontière des Danakil, des Issah et des Oromo. Tous s'y rencontrent et y opèrent leurs
transactions. En cette saison, la contrée est envahie par les Issah qui en paraissent les
maîtres ; ils y possèdent beaucoup de bétail. Les troupeaux de bœufs, que nous avons
vus hier, s'étendaient au loin. Je les évalue à vingt-cinq ou trente mille têtes.

Les routes de Zeylah et de Toudjourrah au Schoa se rejoignent ici. Une troisième
route conduit à Harrar. La rencontre de ces voies de communication et l'avantage d'une
eau permanente ont donné à Herrer une importance relative.

HERRER.

Mercredi, 26 mai.

La nuit s'est écoulée sans incident. Les hommes ont fait leur service de garde avec négligence ; mais on ne peut exiger une veille sans défaillance, après les fatigues de ces jours derniers.

Ce matin, nous avons tiré des outardes et une grande antilope. J'ai parcouru rapidement un marais voisin : le gibier y pullule ; poules d'eau, râles, échassiers, pluviers, vanneaux et d'autres oiseaux aquatiques y vivent en bandes nombreuses ; mais pas un seul canard. Sur les bords, j'ai aperçu des lièvres, des cailles et des perdrix.

Les Issah d'hier venaient bien pour nous attaquer. Ils pensaient que nous arrivions avec un goum d'Arabes, pour venger sur eux notre échec d'Ambado et de Djiboutil.

Un courrier part pour Zeylah ; je lui confie une lettre.

Aujourd'hui, les Danakil ont fait acte de domination. Comme l'eau commençait à manquer pour les bestiaux, les Issah ont voulu remonter un peu plus avant dans l'ouest. Un kalam s'en est suivi. Finalement les Issah se sont retirés.

Les Danakil sont superstitieux. Pendant la nuit où, de Daloïleka nous nous dirigions sur Heltitlegona, je sifflais machinalement un air quelconque. Un homme s'est précipité vers moi et m'a supplié de ne plus siffler. Je l'ai regardé avec surprise et j'ai continué. Il est parti ; mais quelques instants après, il est revenu avec Hassan qui m'a adressé la même prière. Je ne comprenais rien à ses instances, et je n'en voulais pas tenir compte. Il s'est alors montré si animé et si menaçant, que j'ai porté la main à mon revolver, en lui demandant des explications : « Si tu siffles, m'a-t-il répondu, comment veux-tu que le voyage soit bon ? C'est impossible ! Nous te disons la vérité : siffler porte malheur ! Un Dankali siffle-t-il jamais ?... » L'argument n'était pas décisif, mais j'ai cédé ; et, en vérité, je n'ai jamais entendu siffler un Dankali.

HERRER.

Jeudi, 27 mai.

Dans la matinée, nous partons pour nous rendre dans la partie du pays de Herrer que fréquentent principalement les Danakil des tribus Wohema, Débenet et Assoba.

La plaine offre toujours le même aspect : des herbes, tantôt vertes, tantôt desséchées, et d'immenses espaces terreux, où le vent soulève des flots de poussière. Partout, des troupeaux de bœufs et de moutons.

Trois heures après-midi. — Nous campons. Nos chameliers se trouvent bien. Nous aurions souhaité une position plus agréable ; mais pour un peu, ils nous laisseraient en route. Maintenant qu'ils ont retrouvé des frères et qu'ils ne redoutent plus les Issah, ils ont repris leur insolence accoutumée. Notre camp est envahi par une foule d'Adal accompagnés de leurs femmes. Ils nous regardent effrontément et refusent de déguerpir, sous prétexte que nos hommes sont Adal comme eux. Il a fallu recourir à la force, pour mettre fin à leurs importunités.

Un homme, qui jouit dans le pays d'une certaine notoriété, m'apprend qu'un goum d'Assaïmara campe à « Moullou », c'est-à-dire à deux journées d'ici.

HERRER.

Vendredi, 28 mai.

Nous devions partir demain matin, mais un contre-ordre est survenu ; ce sera pour après-demain. Cinq jours à Herrer, c'est long !

Nous recevons la visite du chef des Wohema. C'est un homme jeune. Comme celui de ses collègues des autres tribus, son pouvoir est restreint ; il a de l'influence, — rien de plus. Un autre chef de tribu des environs du Metta, pays limitrophe des territoires oromo, vient aussi dans notre camp. Tous deux assurent qu'un goum de « Badou » (Assaïmara) arrivera demain à Amoïssa, où sont déjà réunis, en grand nombre, des guerriers.

C'est près d'Amoïssa que Barral et ses compagnons ont été massacrés. Les Assoba de Moullou ont presque tous évacué ce territoire, pour s'établir ici ; ils ne se sentent pas de force à lutter contre les vainqueurs du moment. Il existe d'ailleurs entre eux de vieilles rancunes. C'est fâcheux pour nous, car notre caravane (bien qu'elle comprenne beaucoup de Wohema de la côte) est surtout assoba. Or, des indigènes de Badou ont tué un Assoba ; ceux-ci ont répliqué en massacrant quatre Assaïmara : c'est la guerre déclarée et continue. Le chef des Wohema ignore d'ailleurs si le goum assaïmara est parti en guerre contre les Oromo, contre les Issah ou contre nous. Peut-être aussi ce fameux goum n'existe-t-il pas ! Peut-on savoir à quoi s'en tenir, avec des gens qui mentent par coutume séculaire, et pour ainsi dire naturellement ?

Pour combien de temps sommes-nous ici ?

HERRER.

Dimanche, 30 mai.

Le chef des Wohema affirme que le goum a dépassé Amoïssa et se rend chez les Oromo. Nous nous mettrons en route demain. Pour plus de sûreté, nous nous rendrons près de l'eau ; nous remplirons nos guerbes et nous attendrons des nouvelles plus certaines.

DER-HELLA.

Mardi, 1er juin 1886.

Les scheiks d'Herrer et Khamil déclarent qu'aucun goum ne se trouve ni à Amoïssa, ni à Moullou.

A quatre heures, nous nous mettons en route. Toujours la même plaine. Le gibier abonde. Je tue un zèbre.

Sept heures. — Nous nous sommes égarés. Nous errons pendant deux heures, à travers les buissons.

A quatre heures du matin, le thermomètre marquait 16° ; à midi, 44°,5. J'espérais que nous compléterions notre provision d'eau à « Der-Hella ». Mais après avoir laissé boire nos bêtes, les bergers se sont opposés à ce que nous remplissions nos guerbes. Ce sont des Danakil comme les hommes de notre caravane. Il faut les ménager et subir ce refus, d'autant plus désagréable que nous n'aurons plus d'eau avant Moullou. Nous ferons une pointe dans le sud, aux confins du territoire oromo.

Notre camp est une infection, grâce aux amis de nos chameliers qui l'ont envahi. On a tué trois bœufs et, comme provisions de route, on a fait sécher des aiguillettes de viande ; c'est le « koïnta ». Les carcasses restent à côté de nous, avec les débris d'un bœuf sauvage tué ce matin ; aussi l'atroce concert des chacals et des hyènes commence-t-il de bonne heure.

TOLLO.

Nous avons quitté Der-Hella après une nuit d'insomnie. Les Adal ont mangé et bavardé jusqu'à deux heures du matin. A quatre heures, branle-bas ; nos hommes ne pouvaient plus se lever. A cinq heures, en route. Nous descendons dans le lit accidenté d'un torrent et nous y campons, après avoir attendu pendant une heure et demie le chameau qui porte nos tentes.

L'eau est dans un trou profond, creusé dans le roc ; elle est bonne. Nous éprouvons mille difficultés à empêcher les hommes de s'y baigner et d'y conduire les chameaux.

Les traces d'éléphants sont nombreuses ; celles des lions sont rares. Le soir, je tue des pintades et des francolins.

Nous devions partir demain, à l'aube ; mais Khamil, peu pressé, nous annonce que, n'ayant pas l'espoir de rencontrer de l'eau sur notre route, il préfère partir dans l'après-midi seulement. Nous arriverons très tard.

Je compte relever demain matin quelques montagnes ; la brume m'en a empêché dans ces derniers jours.

Des indigènes nous ont vendu des œufs d'autruche.

AMBO.

Ce matin, j'ai relevé les montagnes en vue. Nous sommes partis de Tollo à trois heures de l'après-midi.

Nous nous enfonçons dans un vallon relativement verdoyant et regagnons la plaine. Des fourmilières en forme de cône (quelques-unes atteignent une hauteur de trois mètres) dessinent sur la terre de grandes taches brunes.

En face de nous, deux collines noires émergent du sol comme deux îlots. A l'ouest et au sud-ouest se dressent les monts des Oborrah et des Itou ; au nord-ouest s'étend une chaîne de montagnes, les monts Azello probablement. Nous n'arriverons à Moullou qu'après-demain.

Nous avons fait notre provision d'eau pour trois jours ; mais deux guerbes sont déjà crevées.

Sous les dernières clartés du crépuscule, nous nous installons, pour la nuit, sans dresser de tentes, au milieu du plateau d' « Ambo ». Nous sommes par 1,075 mètres d'altitude ; de la mer à l'Aouache c'est le point le plus élevé de notre route.

KARABA.

Alerte au milieu de la nuit. C'est une petite caravane de Danakil de Moullou qui se rend à Herrer. Ces voyageurs nous annoncent que Ménélik fait la guerre chez les Itou-Galla et qu'il a l'intention de châtier ensuite les Assaïmara de Badou.

Nous nous mettons en route de bon matin. Le chemin traverse un plateau au

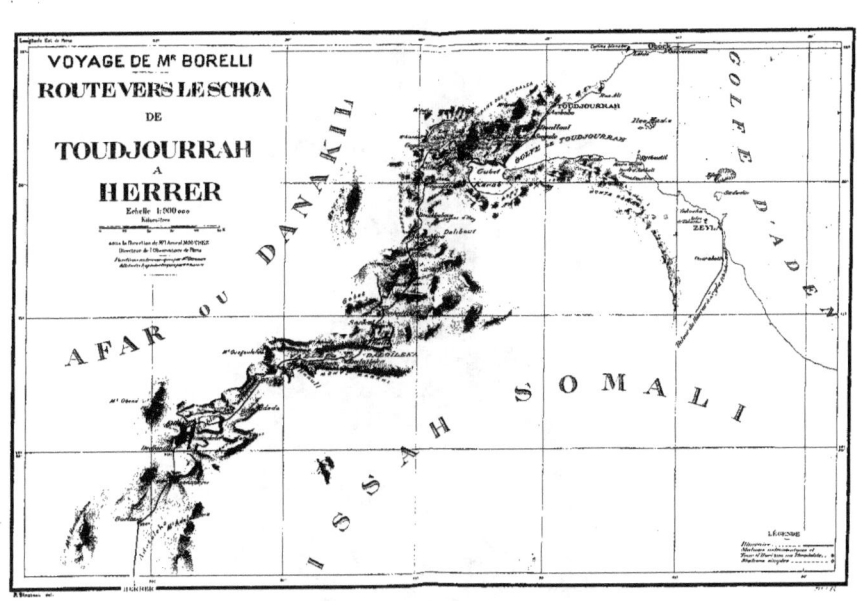

VOYAGE DE MR BORELLI

ROUTE VERS LE SCHOA

DE

TOUDJOURRAH

A

HERRER

Echelle 1:900 000
Kilomètres

milieu duquel s'élève le pic isolé de Rokdaglia ; quand l'eau ne manque pas, les éléphants sont nombreux. Nous tuons un bœuf sauvage.

Halte à Koumi, pour donner aux chameaux le temps de nous rallier. A la sortie d'un vallon, nous nous dirigeons vers l'ouest. Une plaine immense s'ouvre devant nous, sillonnée de ravins comme par des canaux naturels. L'eau manque absolument.

Nous traversons la vallée de « Hôtta ».

Quand il a plu, les eaux forment ici des étangs et des marécages. Certaines cartes,

FEMME DANKALI AUX PUITS, A TOUDJOURRAH.

par erreur, indiquent un lac. L'herbe est dense et si haute, qu'en certains passages elle cache complètement nos mules.

Nous tirons des outardes et des antilopes ; une, entre autres, d'espèce rare ; sa robe est grise, zébrée de noir.

Les gommiers et les mimosas sont grands. Non loin de nous, un bois de tamaris. Les éléphants ont tout saccagé. Les branches des arbres sont brisées ; la route est défoncée : les trous creusés par leurs pieds énormes sont cachés sous les herbes et rendent la marche difficile, presque dangereuse. Une centaine d'autruches fuient devant nous.

A une heure après midi, nous campons à « Karaba ». Nos hommes vont assez loin pour remplir les guerbes.

Je fais quelques relèvements sur un piton haut de quatre-vingts mètres, appelé

11

« Hôtta-Kôma », c'est-à-dire le mont de Hotta. Au sommet, je trouve des ossements humains et, sous des tas de pierres, un grand nombre de crânes. Un goum assaïmara a été surpris ici et détruit par des Adoïmara (Débenet, Assoba et Wohema).

Dans la soirée, nous apercevons des feux sur les monts Afdabah. Nos hommes reviennent fort tard ; nous n'étions pas sans inquiétude. Amoïssa n'est distant que de deux heures.

Moullou.

Samedi, 5 juin.

Nous partons à cinq heures et demie du matin. Ce ne sont que bourbiers et étangs desséchés, couverts d'herbes qui dépassent la tête des mules et viennent désagréablement nous fouetter le visage. Le terrain est défoncé par les éléphants. Le pays est giboyeux. Après deux heures de marche, nous sortons des hautes herbes pour retrouver un sol couvert de pierres volcaniques, de bois de gommiers, de tamaris, d'acacias, de mimosas et de buissons. Nous franchissons une colline et atteignons « Moullou » ; plus d'arbres ni de pierres ; des buissons verts séparés par des bandes de terre grisâtre qui les découpent nettement.

Khamil, pour faire une démonstration importante, place tous les gens armés de fusils sur le front de la caravane.

Après une marche rapide en pays plat, nous passons un torrent desséché, large de deux cents mètres, profond de huit mètres. Il prend, dans la saison des pluies, l'allure d'un fleuve. Les caravanes sont obligées de décharger les chameaux et de traverser sur des radeaux. Nous campons de l'autre côté. Dans le lit du torrent, on trouve toujours de l'eau en creusant des trous plus ou moins profonds ; nous l'avons eue à six mètres de profondeur. Les indigènes en remplissent des paniers presque imperméables, faits avec des herbes tressées et trempées dans du sang de bœuf ; ils se les passent de l'un à l'autre.

La plaine de Moullou est un triste séjour ; elle est balayée par des trombes de poussière qui s'élèvent à de grandes hauteurs et sont assez violentes pour briser et emporter des branches d'arbres.

Les renseignements que nous recueillons sur Amoïssa et les Assaïmara sont contradictoires. Assurément, des Assaïmara sont à Amoïssa ; mais tandis que les uns disent qu'un goum nous y attend, les autres prétendent que nous n'avons à craindre aucune attaque, parce qu'on sait que nous sommes nombreux et bien armés. J'incline à croire que le goum n'existe pas.

Nous voyons entre les mains des Adal des débris de toutes sortes provenant du pillage de la caravane Barral, ombrelles cassées, linge en lambeaux, livres déchirés, etc., etc.

Moullou est réputé dangereux, même chez les Danakil. Ses habitants ont acquis une réputation de supériorité, dans l'art d'assassiner les gens. Plus que partout ailleurs, nous devons être réservés et vigilants. Nos armes chargées seront portées en évidence ; personne ne s'aventurera seul, même à courte distance. Il est certain qu'on nous guette et qu'on attend le moment propice pour se jeter sur nous. Quelques-uns de nos Danakil sont horribles. Tous sont des guerriers qui ont tué plusieurs hommes ; en outre des ornements ordinaires, ils portent, autour du cou et sur la poitrine des lanières de graisse de bœuf ou de mouton qui exhalent une odeur nauséabonde!

MOULLOU.

Dimanche, 6 juin.

Malgré la fatigue, il nous a été impossible de dormir. Les hyènes n'ont pas cessé de hurler autour du camp.

Ce matin, j'ai observé heureusement quelques montagnes déjà relevées à Karaba; ce contrôle sera utile.

Les indigènes nous obsèdent, en nous apportant, sans interruption, des dépouilles de la caravane Barral. C'est navrant. Rien qui vaille la peine d'être racheté, pour être restitué à M. Savouré, actuellement au Schoa. Ce sont des pièces détériorées, des étoffes de couleur, des rouleaux de tapisseries, quelques objets de parfumerie, etc., etc. Un homme nous a dit : « J'ai chez moi des fusils à vendre. » Aussitôt, les autres lui ont imposé silence et l'ont obligé à partir. Les gens qui nous entourent, aussi bien que les Assaïmara, ont évidemment participé au pillage. Ils ne valent pas mieux que les autres. Si nous avions été attaqués, nos chameliers auraient certainement contribué à nous piller.

Nous n'aurons de l'eau qu'à Bilen, c'est-à-dire dans deux jours. Nos privations auront été continuelles. Journée terrible; quarante-six degrés à l'ombre et des tourbillons de poussière! Ce pays vaut les gens qui l'habitent!

DANKAKA.

Lundi, 7 juin.

Indescriptible tempête de poussière! Nous ne pouvons manger, boire ni respirer, sans en absorber! Les vents sont sud-ouest. A trois heures et demie, nous quittons cette horrible station. La poussière nous poursuit pendant deux heures encore, au milieu des plaines. Elle sort des herbes poudreuses que nous foulons sous les pieds et nous envahit, soulevée encore derrière nous par un immense troupeau de bœufs.

Nous parvenons à « Dankaka ». Ce n'est pas une étape habituelle; mais Khamil a décidé que nous y passerions la nuit.

BARETTA.

Mardi, 8 juin.

Cinq heures du matin; en route! Sur les bords des ruisseaux taris, le henné croît en abondance.

On dit que le pays est infesté par les léopards; nous n'en voyons aucun. Notre direction est toujours ouest. La plaine se prolonge couverte d'herbes desséchées. Quelques traces d'éléphants. La monotonie du paysage est décourageante.

Dix heures. — Nous nous reposons un instant sous un grand arbre, le seul de la contrée. C'est « Garsa ». Après une heure et demie de marche et nous atteignons « Baretta ». La vue s'étend au midi, sur les monts des Itou : Afdabah, Farsis et Asbot. A l'horizon, d'autres montagnes élevées.

BILEN.

Cinq heures et demie, départ de Baretta.

Nous continuons à monter sur un terrain uni. Subitement, la pente devient raide.

Nous entrons dans la vallée de « Bilen ». Elle est boisée; des buissons et des arbres épineux obstruent les sentiers.

Je prends les devants, pour visiter les sources chaudes. Leur température est de soixante-dix degrés. Elles forment un ruisseau rapide où des poissons vivent dans une température de trente-huit degrés vérifiés au thermomètre. L'eau n'a pas de saveur.

Sur plusieurs points, les bois et les hautes herbes sont impraticables. D'agréables emplacements de repos nous sollicitent, sous les acacias et les gommiers; mais nos gens craignent le voisinage des fauves; nous allons camper plus haut, dans une plaine poudreuse. Grande quantité de pintades, d'outardes, d'antilopes, etc. Nombre de traces d'éléphants.

Avant d'arriver à Bilen, nous avons passé devant le tombeau remarquable d'un chef dankali. Une muraille en pierres sèches de quatre-vingts centimètres d'épaisseur et d'un mètre quinze centimètres de hauteur forme une circonférence de deux mètres de diamètre. A l'intérieur, vers l'orient, est ménagée une ouverture large de soixante centimètres. Au centre, un amas de pierres sèches, en ovale, recouvre le corps; la tête est placée du côté opposé à l'ouverture. A un mètre de l'entrée, sont rangées, en file, à cinquante centimètres d'intervalle, quatorze pierres hautes de quatre-vingts centimètres; elles figurent le nombre d'hommes tués par le héros enterré.

Les maux d'yeux sont fréquents chez les Danakil. Je crois qu'il faut attribuer cette endémie à la poussière continuelle, à la rareté des ablutions et à l'insalubrité des eaux. Les gastralgies sont communes; elles ont leur cause naturelle dans une alimentation malsaine. Les indigènes se plaignent souvent de douleurs aux jambes, que paraissent expliquer les brusques changements de température; ils dorment généralement sans abri. Quand un Dankali me demande un médicament, il me parle invariablement de l'une ou de l'autre de ces maladies. Je refuse tout remède. Si le malade guérit, on ne m'en saura aucun gré; s'il succombe ou si le mal empire, on me méprisera, et je courrai un véritable danger.

La nuit n'a pas été bonne. Les fauves, aux abords de nos tentes, s'adressaient de rauques appels et nous causaient une sérieuse inquiétude. Les chameaux étaient pris de terreur subite; ils se levaient brusquement, soulevant des nuages de poussière. Il a été difficile de les maintenir et de les calmer.

Les Danakil ont fait le « ghénileh » jusqu'à deux heures du matin. Cette cérémonie religieuse ressemble au « zikr » des Arabes. Les hommes, réunis en cercle autour d'un chanteur, reprennent les airs en chœur et battent des mains. Ils se surexcitent, en criant en cadence, au point d'entrer dans une sorte d'ivresse. Le chanteur se transforme en prophète et lance ses prédictions en multipliant ses grimaces.

BOULOHÂMA.

Jeudi, 10 juin.

En quittant Bilen, dans les fourrés, nous avons aperçu deux lions, à cent mètres. J'ai empêché de tirer; ils ont disparu, sans se hâter.

Huit heures. — Notre direction est sud-ouest. Nous entrons dans les bois de mimosas qui bordent l'Aouache; quelques beaux arbres. Toutes les variétés de la faune de cette partie de l'Afrique sont réunies sur ce point. Les perdrix et de petits oiseaux bleus, rouges ou verts y vivent avec les grands félins et les éléphants. En vingt minutes, nous avons franchi le bois et atteint la rivière.

Dans nos rêves assoiffés, nous avions entrevu une eau profonde, limpide et fraîche. L'Aouache est une déception. Elle coule limoneuse entre deux berges de sept ou huit mètres d'élévation; sa profondeur n'excède pas quatre-vingt-dix centimètres; sa vitesse est de cinquante centimètres par seconde. A la saison des pluies, elle roule ses eaux comme un torrent. Il est alors difficile de la franchir et de traverser le pays qu'elle inonde.

Nos hommes et nos bêtes ont passé à gué ; je les ai suivis sur ma mule. Nous campons dans une clairière.

J'ai fait de bonnes observations astronomiques, des relèvements et des croquis. Huit heures. Les hyènes hurlent.

Nous sommes dans l'Argoba, province du Schoa. Les habitants sont de variété mélangée, amhara et dankali. Le pays n'est pas très peuplé ; il est plus sûr que la région que nous venons de parcourir : la crainte du Négouss rend les Adal moins dangereux. Les meurtres sont rares.

GARDAS.

Vendredi, 11 juin.

Les hurlements des fauves et les chants des hommes m'ont empêché de dormir. Il était décidé que nous partirions dans la matinée; mais nous n'aurons pas d'eau à notre prochain campement ; et, comme d'usage en pareil cas, pour abréger l'étape, nous avons attendu l'après-midi avant de nous mettre en route.

Pendant une heure, nous cheminons sur une terre dénudée. Puis, nous pénétrons dans un bois ravagé par les éléphants.

Vers sept heures du soir, nous dressons nos tentes à « Gardas », au delà de Killolé. Je m'installe hors du camp, pour éviter le ghénileh et reposer en paix.

Nous avons vu des éléphants; mais ils se sont enfuis à notre approche.

Le parent d'un Dankali de notre caravane, Moussa-Féro, avait été dépossédé par l'azage Waldé-Tzadeck, gouverneur de la province d'Ifat et d'une partie de l'Argoba, chargé, en outre, de l'administration des biens du roi et de la perception des taxes sur les caravanes à leur entrée au Schoa. Le fait se passait à Farré. Pour venger son parent, Moussa-Féro est entré, à Toudjourrah, en relations avec plusieurs Abyssins. Il s'est lié intimement avec l'un d'eux. Un jour, comme ils se rendaient ensemble à Ambado, la pluie les surprit; ils s'abritèrent sous des buissons. La nuit venue, Moussa-Féro dit à l'Abyssin : « Dors ; moi je veille ! » — Et il poignarda son compagnon dans le premier sommeil. Quand nous avons traversé l'Aouache, Moussa-Féro est devenu inquiet ; il a craint les représailles des gens de l'Argoba. Il nous a suivis jusqu'à Boulohâma ; mais quand nous avons rencontré les premiers cavaliers abyssins, il a pris peur et s'est sauvé. En passant devant moi, il a crié en français : « Bonjour ! ». Je ne l'ai plus revu.

DETTARA.

Samedi, 12 juin.

Six heures du matin, départ.

J'ai eu le temps de relever les principaux sommets en perspective. La terre est crevassée. Nous trouvons de l'eau courante au ravin d' « Awari » ; c'est une station ordinaire des caravanes. Nous continuons notre route, montant et descendant des ondulations arides.

A dix heures, nous campons à « Dettara », dans une vallée encaissée, couverte de grands mimosas, de buissons verts et d'acacias ; elle se prolonge dans l'est-sud-ouest, et forme un agréable contraste avec les hauteurs environnantes. Au fond, coule un ruisseau.

Je reçois, de Farré, des bananes, de la bière amhara et de l'hydromel. Quel indicible plaisir de savourer des fruits, après tant de privations !

FARRÉ.

Dimanche, 13 juin.

Nous devions partir ce matin pour Farré ; mais un chameau est mort. Selon l'usage, il a fallu le brûler ; c'est une longue et vilaine besogne. Nous ne nous sommes mis en route qu'à trois heures de l'après-midi. En quittant la vallée, nous avons débouché sur un plateau inculte et rocheux. Puis, nous avons traversé des bois de gommiers.

Quatre heures et demie. — Nous passons devant une habitation entourée d'un champ de « musingha » (dourah). Nous sommes sur le flanc des collines et nous apercevons Farré.

Six heures. — Nous arrivons dans le village. C'est un amas de huttes bâties sur un même modèle. Le toit de chaume a la forme d'un champignon ; les murs sont quelquefois en pierres, le plus souvent en branches entrelacées. Fenêtres et cheminées sont inconnues.

Je dresse ma tente près d'une cabane où sont logés mes hommes. J'ai une vue superbe sur les plaines qui s'étendent vers Moullou et sur les trois collines que couvrent les habitations de Farré. On s'empare de tous mes bagages. Je réclame, peine inutile ! J'obtiens à peine le strict nécessaire. Tout est à Ménélik ! Tout doit lui être directement apporté !

FARRÉ.

Lundi, 14 juin.

Mauvaise nuit.

Chiens, ânes et bœufs n'ont cessé de circuler autour de ma tente ; ils y ont même pénétré.

J'ai fait des observations au théodolite.

On m'assure que l'azage doit venir et que je rentrerai en possession de mes bagages. Ces misères sont une contrefaçon déplorable de nos douanes européennes.

ANKOBŒR.

Mardi, 15 juin.

De bonne heure, l'azage vient reconnaître la caravane. Il me rend les objets d'usage quotidien.

L'azage s'est assis sur un rocher. Autour de lui, une foule compacte se pressait ; je l'ai remercié d'avoir bien voulu écrire un mot à Ankobœr, pour qu'on me préparât une maison. C'est un homme de haute stature, à la physionomie mobile et, dit-on, très bienfaisant. Il a fait défricher une partie de la contrée qu'il gouverne.

Je lui ai offert une ombrelle en soie bleue. Les deux ras et lui ont seuls le privilège de porter cette couleur. Le rouge est réservé au roi. D'ailleurs, ombrelles et chapeaux viennent d'être interdits. Ce sont des signes de distinction ; on ne peut en user sans autorisation. Est seule autorisée l'ombrelle nationale, tressée en paille, qui rappelle les ombrelles japonaises.

En route pour Ankobœr !

La manipulation et le transport de mes bagages sont confiés à des « gabares ». La condition de ces individus a quelque analogie avec celle de nos anciens serfs. Ils sont attachés à des terres concédées en usufruit ; ils doivent acquitter annuellement des redevances en nature, grain, miel, etc. Ils sont, de plus, soumis à la corvée, pendant un nombre de jours déterminé.

Au moment du départ, une troupe de « lalibéla » nous donne une aubade. Ces chanteurs ambulants ne rappellent guère nos ménestrels. Ce sont ordinairement des lépreux qui parcourent le pays amhara, vivant de la charité publique. Ils improvisent et chantent les louanges de celui dont ils sollicitent l'aumône. Donnez-leur une obole, ils continuent sur un ton dithyrambique ; ne leur donnez rien, ils vous accablent d'injures.

Les femmes de Farré ont une grande réputation de beauté ; elles sont généralement esclaves ou filles d'esclaves. La plupart d'entre elles sont Iton-Galla, amenées par les marchands qui trafiquent dans ces parages. Elles portent un costume différent de celui des Amhara ; c'est une longue robe marron. Elles ont pour coiffure un morceau d'étoffe rouge, dont les extrémités retombent des deux côtés du visage. Harrar et Farré sont les seules localités où les femmes soient ainsi vêtues.

De Farré à Ankobœr, la route est agreste. Elle monte et descend au milieu d'arbustes et de buissons suspendus au-dessus des précipices, où grondent des torrents. Somme toute, elle s'élève de deux mille mètres environ au-dessus de Farré.

Deux heures avant l'arrivée à Ankobœr, commence une réelle ascension. Le chemin que nous gravissons n'a pas un mètre de largeur.

Nous pénétrons dans une forêt de sycomores et de genévriers (odda et gatira en oromo — chola et teyd en amhara). La forêt tapisse une gorge qui aboutit à Ankobœr. Les branches s'allongent à la hauteur de nos têtes et entravent notre marche. Rien de plus curieux que les longues mousses qui se balancent sur ces arbres aux proportions colossales. En sortant de la forêt, nous sommes au pied d'une montagne de forme conique, semblable à un gigantesque pain de sucre... Sur le sommet s'élève le « guébi » royal.

C'est Ankobœr.

GUERRIER DANKALI.

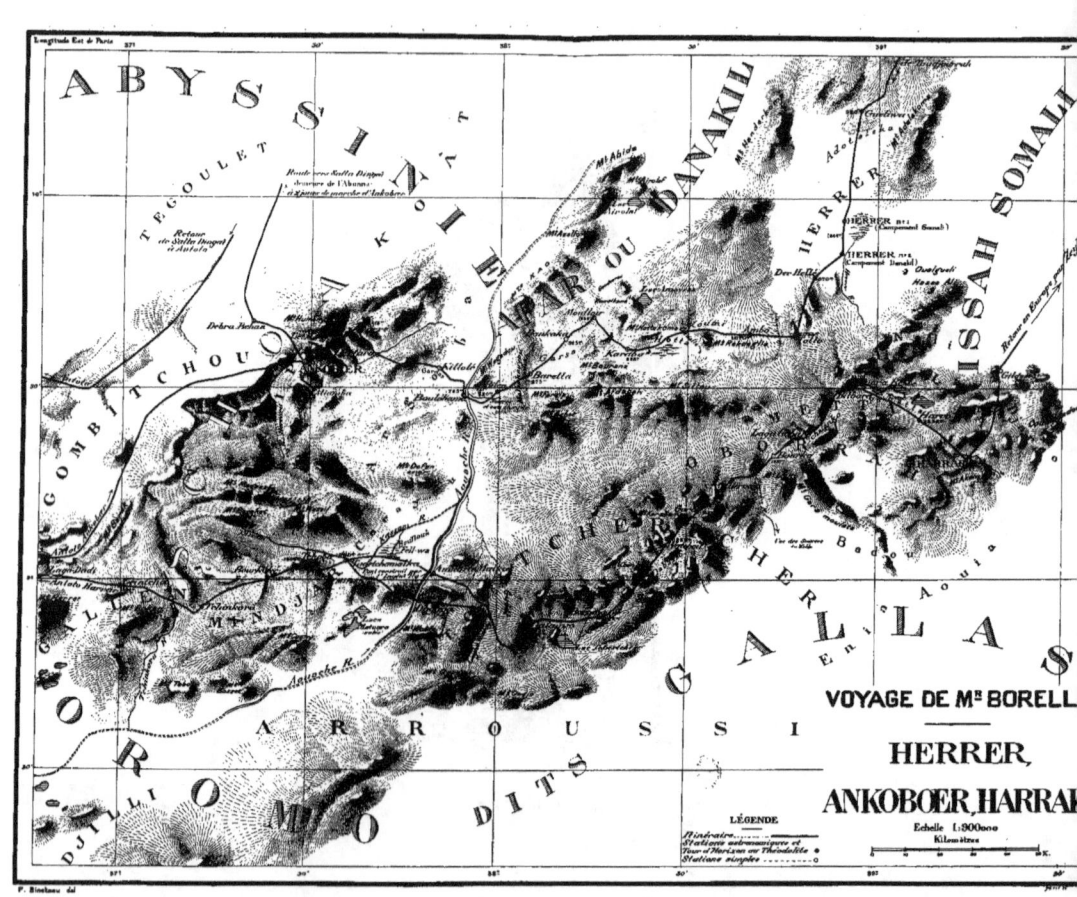

VOYAGE DE Mᴿ BORELL

HERRER,

ANKOBOER, HARRAR

Echelle 1:900000
Kilomètres

LÉGENDE

Itinéraire...........................
Stations astronomiques et
Tour d'Horizon ou Théodolite
Stations simples..............○

DEUXIÈME PARTIE

AU SCHOA

16 JUIN 1886 — 30 AVRIL 1887

ANKOBŒR.

Mercredi, 16 juin 1886.

Que de peines, pour atteindre Ankobœr ! A tout instant il faut mettre pied à terre et marcher avec précaution sur une étroite corniche, en s'appliquant contre les parois d'une roche rouge comme la sanguine. Si la mule est excellente, on peut la lancer au galop dans les mauvais pas ; mais le moindre arrêt, la plus légère hésitation, seraient funestes ; l'espace manque pour quitter la selle et il serait difficile de décider la bête à repartir.

Enfin nous parvenons au col, entre une élévation dont le plateau est occupé par la ville proprement dite, et le pic où est construit le « guébi » c'est-à-dire l'ensemble des habitations et des huttes de toute espèce qui composent la demeure royale.

Guébi est un nom générique qui s'applique à toutes les résidences seigneuriales entourées de plusieurs enceintes concentriques, dont la forme varie avec la configuration du terrain.

Au passage, je visite la célèbre église de Mariam.

Nous arrivons ; je me rends à l'habitation qui m'est destinée : elle est immonde, pleine d'ordures et de vermine.

D'emblée je suis fixé sur la valeur des promesses des Amhara. On m'avait annoncé une belle et vaste demeure.

ANKOBŒR.

Vendredi, 18 juin.

Une habitation amhara se compose généralement de deux murs concentriques, séparés par un intervalle d'un mètre et demi à deux mètres et surmontés d'un *toit*

12

conique en chaume. Ces murs, ordinairement en branches, sont revêtus, à l'intérieur, de terre argileuse mélangée à de la paille de tief.

(Le tief est une céréale qui donne un pain passable. Son grain est d'une finesse extrême.)

La toiture est composée, comme les murs, de branches réunies par des lanières de cuir et recouvertes de paille. Elle est soutenue par des poutres en colonnades dans les grandes huttes.

Le plus souvent, en face de la porte, se trouve une petite élévation de terre battue et nivelée, sur laquelle est jetée une peau de bœuf séchée au soleil. C'est la place du maître de la maison; il allume son feu devant lui et reçoit ses visiteurs.

Le corridor circulaire, entre les murs d'enceinte, sert d'entrepôt pour les objets d'un usage quotidien. Il sert aussi d'écurie pour la mule ou le cheval préféré du maître.

A l'intérieur, une grande baie tient lieu d'alcôve; on y place le lit, « algha ». Ce meuble capital est d'une extrême simplicité : un cadre de bois mal équarri, monté sur quatre pieds; de minces bandes de cuir cru bien entrelacées, constituent le sommier.

Bêtes et gens habitent pêle-mêle. Aussi la malpropreté est-elle extrême. Les Amhara nettoient rarement leur demeure. Encore ce soin n'est-il pris que par les gens riches. Les pauvres logent dans de véritables cloaques.

La race est hospitalière, apparemment. Tout Abyssin offre à ses hôtes, le « tedj » (hydromel) ou le « tala » (bière d'orge grillée) et parfois quelques mets, notamment le fameux « brondo ».

Lorsqu'un bœuf ou tout autre animal a été abattu, on en réserve les meilleurs morceaux pour les manger crus. A l'arrivée du visiteur, on lui présente un quartier de cette viande ; il en découpe une tranche et la dévore, trempée dans le « berbéri », mélange d'oignons grillés et de piments réduits en poudre.

ANKOBŒR.

Dimanche, 20 juin.

On appelle « durgho » la nourriture donnée aux étrangers par la maison du roi et en son nom. Le durgho se compose ordinairement de pain de tief, de tala, de tedj et de viande, le tout en quantité variable, suivant l'importance du personnage et la considération dont il jouit.

L'Européen reçoit du roi un durgho qui pourrait, à en juger par ma première expérience, suffire à la nourriture d'une douzaine de personnes ; mais le palais le moins délicat s'y habitue difficilement. Les viandes seules seraient mangeables, si elles ne provenaient trop souvent de bêtes de rebut.

Les domestiques sont payés en nature : vivres et habillement. Un homme a droit à un pantalon tous les quatre mois ; à une toge d'étoffe grossière, « chama belassé », tous les six mois ; à un burnous en laine noire, tous les ans.

Le pantalon vaut à peu près trois « sels » (le sel, ici, a une valeur équivalente à 35 centimes); le chama et le burnous, un thalaris. Un domestique coûte donc annuel-

VUE D'ANKOBŒR.

lement quatre thalaris. Mais les Européens, très peu nombreux d'ailleurs, se montrent, je crois, plus généreux.

Dans la soirée, l'azage, intendant de la maison du roi, est arrivé à Ankobœr. Il m'a prévenu ; je lui rendrai visite demain.

Peut-être en finirai-je avec mes bagages et pourrai-je me reposer !

L'Abouna, chef spirituel envoyé par le patriarche cophte orthodoxe du Caire, n'est pas à Ankobœr. Je lui ai écrit pour le prier de me fixer un rendez-vous. On le dit intelligent et instruit.

ANKOBŒR.

Lundi, 21 juin.

J'ai trouvé l'azage étendu sur une peau de bœuf, recouverte d'un tapis. A côté de lui était un brasier auquel on avait attaché en laisse deux chats et un jeune léopard.

Après un court entretien, nous allons ensemble au sommet de la montagne. Là, on examine de nouveau mes fusils et mes caisses ; puis on les remet aux gabares qui partent pour Antoto, résidence ordinaire du roi Ménélik, actuellement en expédition dans le pays des Arroussi-Galla. Je prends congé de l'azage.

Je visite, avant de partir, le guébi d'Ankobœr. Tout à fait à la cime du pic, deux maisons, qui ne diffèrent en rien des autres, renferment les appartements privés ; c'est l' « elfine ». Elles sont protégées par un mur de pierres et des haies de broussailles. Des huttes composent les dépendances. Au sommet du plateau, sur une estrade, le roi rend la justice.

La vue est grandiose : deux mille huit cents mètres au-dessus du niveau de la mer. L'horizon est malheureusement embrumé. Je ne puis rien observer, ni même dresser un croquis de la plaine des Afar, qui s'étend au loin, à mes pieds. Le guébi domine les montagnes qui se prolongent, en s'abaissant, jusqu'au désert, — et les gorges où coule le Herrara. Il est presque inaccessible par tout autre côté que le sud. A l'ouest, dans la vallée, des pâturages sont réservés au bétail du roi. Pendant la saison sèche, les habitants ont grand'peine à nourrir leurs troupeaux qui deviennent d'une excessive maigreur. La prairie est couverte de maisons et d'arbres verts. A l'est, les premières pentes seules sont habitées. Au-dessus, la montagne est abrupte. Le col, entre le pic et le plateau, est fort étroit.

Tout l'ancien Ankobœr est dominé par le bois et l'église de Mariam.

Au bas de la montagne, le sol se relève pour aboutir à une crête qui sépare deux vallées profondes. On la suit pour se rendre au grand marché d'Ali-Amba.

Un Français avait construit dans le guébi une jolie maison en pierres ; mais les prêtres ont vu cette nouveauté de mauvais œil ; ils ont persuadé au crédule Ménélik que la foudre frapperait inévitablement une pareille demeure. Le roi n'a jamais osé l'habiter. Peu à peu, elle a été démolie et les matériaux en ont été employés ailleurs.

Les Amhara, qui veulent se donner des airs importants, ont coutume de s'envelopper dans leur toge, de façon que leur figure soit couverte jusqu'aux yeux. Cette attitude est un signe de fierté ou d'insolence. Ils ne la prennent que devant ceux qu'ils considèrent comme leurs inférieurs. Au contraire, s'ils ont quelque chose à redouter ou à solliciter d'un homme influent, non seulement le chama ne voile plus le visage, mais tout le côté droit du corps est mis à découvert; quelquefois même, par déférence, le buste entier reste nu.

La famille qui obtient la jouissance d'une terre doit au seigneur un corvéable, c'est le « gabare ». La corvée est d'un jour sur deux; elle comporte l'obligation d'acquitter une redevance en nature qui consiste généralement en pots de miel.

Le gabare doit cultiver la terre; ses obligations se compliquent de servage. Les services du gabare appartiennent au roi et quelquefois à des seigneurs. Certaines terres sont affranchies; le gabare dépend alors exclusivement de son maître, sous la réserve de cinq journées dues au roi : la première, pour labourer la terre, la seconde pour la retourner, la troisième pour l'ensemencer, la quatrième pour moissonner, et la cinquième pour former les gerbes. On donne le nom de « goult » aux terres libres. Les biens des prêtres et autres gens d'Église sont goult.

Dans les villes royales, Antoto, Ankobœr, etc., le travail du gabare n'est pas limité, quand il s'agit de construire la demeure du seigneur. Le roi entend favoriser ainsi l'accroissement des centres de population où il a établi ses résidences.

ANKOBŒR.

Mardi, 22 juin.

Ce matin, j'ai expédié un nouveau message à l'Abonna, le priant de me dire où je pourrais lui remettre les lettres dont je suis porteur et les cadeaux que je lui destine.

Les pluies sont moins fortes à Ankobœr qu'à Antoto; je voulais y passer la saison, mais, j'y renonce. Il faudrait me séparer de tous mes bagages, qui seraient irrémédiablement perdus, ou tenter de les retirer, et le roi n'y consentirait pas facilement. J'irai donc à Antoto. C'est un trajet de trois jours et demi (cent kilomètres environ). Le voyage est désagreable en ce moment; les pluies ont commencé. Le plateau entre Ankobœr et Antoto est praticable avec peine dans cette saison.

Lorsqu'un gabare réclame justice, il s'adresse au scheika-choum, le maire de l'endroit; puis, s'il le veut, au « musselanié » qui représente le propriétaire ou seigneur; enfin, au seigneur lui-même. Celui qui est choisi pour juge par le gabare ne peut se récuser sans faire aveu d'incapacité et s'exposer à la destitution. Le gabare peut aussi recourir directement aux juges royaux; mais il s'expose, en ce cas, au ressentiment de son maître. De la décision rendue par les juges royaux le condamné peut appeler au roi personnellement. Alors, il s'écrie : « Abiet! abiet! » c'est-à-dire « Grâce, seigneur, écoutez-moi! » Et si, au lieu de le faire chasser à coups de bâton (ce qui arrive le plus souvent), le roi daigne accueillir sa requête, il le juge à son tour. Le magistrat qui a prononcé la sentence défend lui-même son jugement.

La civilisation gagne de proche en proche; elle se manifeste au Schoa, depuis quelques années, par des impôts payables en argent. Le seigneur d'une terre doit un thalaris par paire de bœufs consacrés au labour. La taxe est réduite à un thalari unique, si le contribuable n'a pas de bœufs ou s'il ne s'en sert pas pour les travaux des champs. Les moissons sont frappées d'un impôt particulier ; mais il est peu élevé. Les plus pauvres se cotisent pour l'acquitter.

Chacun peut accuser et faire arrêter son prochain, moyennant caution.

Le voleur, quelle que soit la nature ou l'importance du vol, doit avoir la main coupée. Toutefois, ce châtiment, qui ne tient aucun compte des degrés de culpabilité, tend à disparaître.

Le voleur condamné appartient à sa victime, jusqu'à restitution, payement d'une

DAME AMHARA.

indemnité suffisante ou dépôt d'une garantie. Si le volé ne peut ou ne veut s'embarrasser de son voleur, il le laisse en liberté, chargé de chaînes, obligé de mendier, jusqu'à ce qu'il ait réalisé la somme nécessaire pour l'indemniser. Cette peine est aussi appliquée aux meurtriers qui, par grâce, n'ont pas été mis à mort, — circonstance rare, qui m'a paru ne se produire qu'au cas d'homicide involontaire.

ANKOBŒR.

Jeudi, 24 juin.

Ankobœr aurait pour étymologie les mots : « Anko », nom d'une reine oromo qui aurait habité et gouverné le pays, et « bœr » qui signifie « porte » ou mieux « péage ».

Le calendrier des Amhara ne diffère pas de celui des Cophtes ; les noms des mois ont seuls été changés. Les voici, en concordance :

1. Maskerœm,	en cophte	Thout.	7. Magabit,	en cophte	Barmahat.
2. Tékémt,	d°	Babah.	8. Mazia,	d°	Barmoudah.
3. Hédar,	d°	Hatour.	9. Gumbot,	d°	Bachans.
4. Tessas,	d°	Kiahk.	10. Senié,	d°	Bahonah.
5. Terr,	d°	Toubeh.	11. Amlié,	d°	Abib.
6. Yakatit,	d°	Amchir.	12. Nacié,	d°	Misra.

Les cinq jours supplémentaires de l'année cophte, « nacié », sont appelés « pouagkoni ».

L'année grégorienne 1886, correspondant à l'année cophte 1602, est l'an 1878 des Amhara.

Pourquoi 1878? Quel est le point de départ de cette chronologie? Je n'ai pu le savoir. Voici les noms des jours de la semaine :

Saigno,	Lundi.	Arb,	Vendredi.
Maxaigno,	Mardi.	Kedami,	Samedi.
Raub,	Mercredi.	Oud,	Dimanche.
Amous,	Jeudi.		

ANKOBŒR.

Vendredi, 25 juin.

Ce matin, l'azage m'a appelé pour m'annoncer son départ ; il se rend à Antoto ; moi-même je me mettrai en route lundi matin.

En rentrant, je trouve une mule, présent de l'azage. Il m'a envoyé, de la part de Ménélik, un « kalatier », c'est-à-dire un homme chargé de parler au nom du roi pour m'obtenir en route tout ce dont j'aurai besoin.

Une vingtaine de gabares m'accompagneront et porteront mes effets ; le reste de mes bagages est déjà parti ou partira après moi.

J'emmènerai une douzaine de domestiques. Je crains d'être obligé plus tard d'en augmenter le nombre. Ces gens-là valent encore moins que le salaire qu'on leur paye.

ANKOBŒR.

Samedi, 26 juin.

Quelques Wohema partent pour Herrer. Un Somali, que je connais bien, en profite pour retourner dans son pays en traversant le territoire dankali. Moyennant trois thalaris que je lui donne et dix qu'on lui remettra à Aden, il se charge de porter mes lettres. Je n'ai pu écrire que quelques lignes : je ne suis pas sûr de mon messager, et le temps pressait.

Dans les provinces d'Ifat, de Tégoulet, de Mans, de Koat et les pays environnants, l'année comprend trois saisons :

1° La saison sèche, d'octobre à février ;

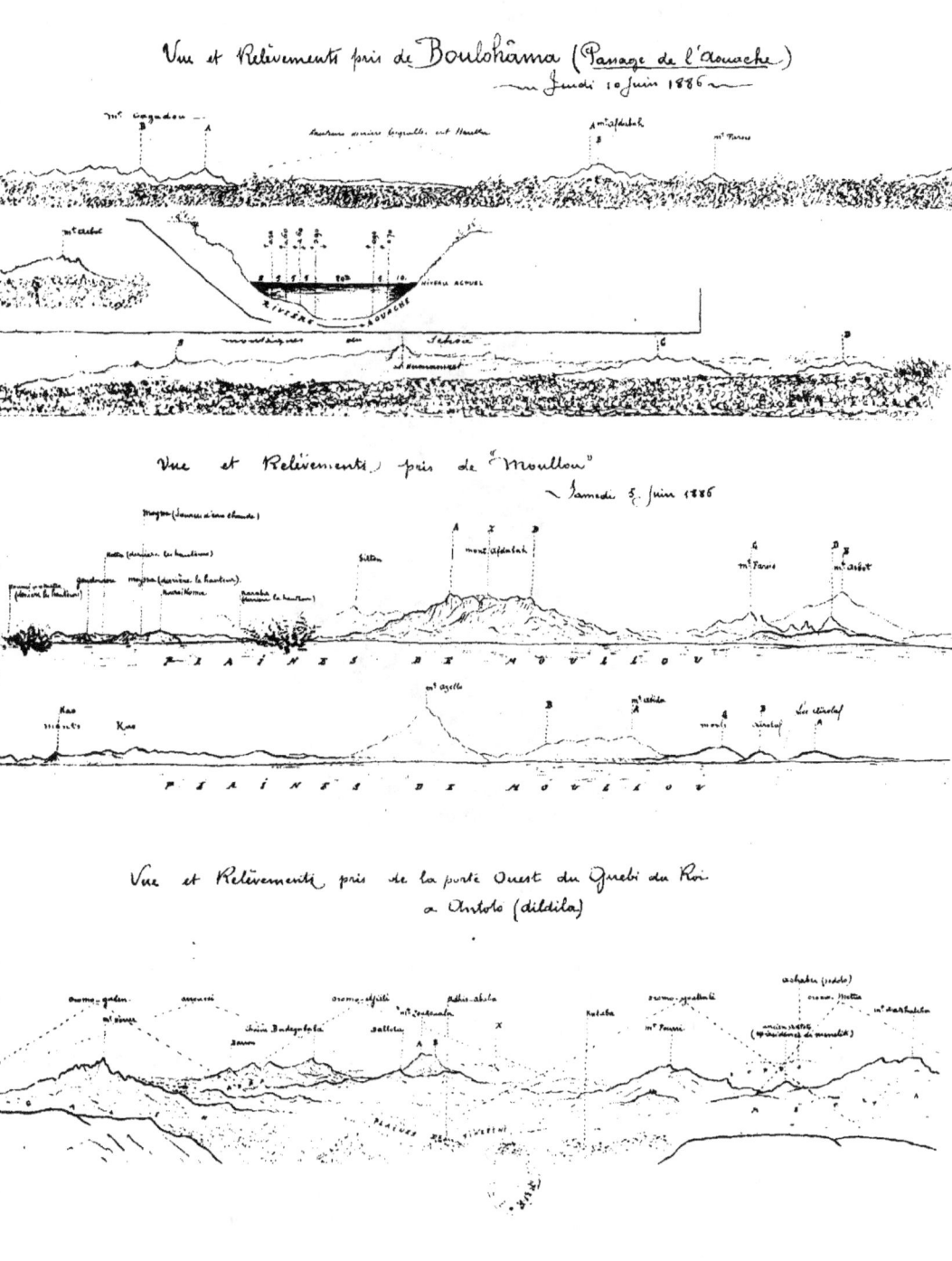

Vue et Relèvements pris de Boulohama (Passage de l'Aouache)
~ Jeudi 10 Juin 1886 ~

Vue et Relèvements pris de "Mouillou"
~ Samedi 5 Juin 1886 ~

Vue et Relèvements pris de la porte Ouest du Guebi du Roi
à Antoto (dildila)

2° La saison des pluies intermittentes (belgk) qui dure deux mois (mars et avril) et se prolonge en mai, avec des accalmies ;

3° La saison des grandes pluies (kremt), qui commence en juin et ne finit qu'en septembre. A cette époque de l'année, les routes sont impraticables ; les torrents deviennent dangereux : tous les ans, des voyageurs périssent en essayant de les franchir.

ANKOBŒR.

Dimanche, 27 juin.

Ce matin, un courrier de l'Abouna m'apporte une lettre ; je lui remets le pli qui m'a été confié par le patriarche du Caire.

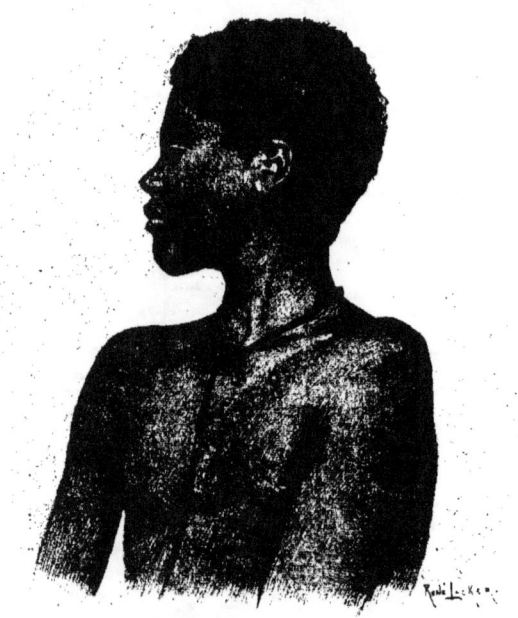

TACHY-BALLÉ, AMHARA D'ANKOBŒR.

On dit que le roi est revenu jeudi de son expédition chez les Arroussi-Galla.

Dans l'après-midi, pour le transport de quelques caisses, je recours aux bons offices d'Ayto-Yétéghen, gouverneur de la ville. Il se montre complaisant ; je dois cet accueil aux recommandations de l'azage, à qui j'ai fait présent de quatre remingtons.

ANTOTO.

Vendredi, 2 juillet.

Je n'ai pas pris de notes pendant le trajet d'Ankobœr à Antoto ; mais il m'est facile de retracer fidèlement ma route. Elle se parcourt en trois jours ; nous avons procédé plus lentement.

13

Le vingt-huit juin, à huit heures et demie du matin, nous avons quitté Ankobœr et descendu la montagne par le côté sud, celui du gnébi. Avant d'arriver à la prairie, nous avons pris un sentier dans la direction ouest. A neuf heures, nous étions dans le ravin où coule le Herrara, que nous avons traversé à gué. Sur l'autre rive, nous avons parcouru des champs cultivés. Le chemin était bordé de myrtes et de chardons énormes ; quelques-uns atteignaient quatre mètres en hauteur. Ils étaient couverts de fleurs et de fruits. A dix heures et demie, nous avons gravi une rampe escarpée. Terre brune, cultivée par endroits. Route monotone. Notre direction a varié de l'est à l'ouest-sud-ouest. A quatre heures et demie, halte à Totosch, village oromo. C'est un centre commerçant ; on y tenait jadis un important marché d'esclaves.

Totoseh est bâti sur une éminence ; les habitations, de style oromo, sont en pierres sèches, jointes avec de la boue ; le toit est bien fait. Les collines et les monticules qui l'entourent sont généralement dépourvus de végétation. J'ai logé mes hommes dans des cabanes et je me suis installé sous la tente que Mohamed Abou-Bakr a bien voulu me prêter. Nous l'avons rencontré en chemin. Le kalatier nous a procuré du pain, des moutons et de la bière d'orge.

Pendant la nuit, pluie torrentielle. Le temps est froid ; — huit degrés et demi. Au jour, j'ai ordonné le branle-bas, et à six heures et demie le départ.

Nous avons cheminé à travers des prairies et des terres en culture. Toutes les élévations ont des sommets rocheux. Sur les hauteurs, on aperçoit des huttes. A quatre heures, nous gagnons une ferme. Elle est construite sur le modèle unique du pays et se compose d'une cabane ronde et d'un enclos ; une sorte de petit couloir, réservé pour l'entrée des bestiaux, sert d'étable. L'habitation proprement dite est encombrée par les hommes et les mules. Je me suis approché du feu et j'ai demandé du pain à la femme qui est chargée de le faire ; elle m'a répondu qu'elle n'en avait pas. Ces pauvres gens avaient peur qu'au nom du roi le kalatier ne leur prît tout ce qu'ils auraient laissé voir. A peine rentré sous ma tente, j'ai entendu un bruit de coups de trique, mêlé de cris : « Bé Gorghis Guéïtaï ». Au nom de saint Georges ! O mon maître ! — « Bé Mikaël Guéïtaï ». Au nom de saint Michel ! O mon maître ! — C'est le kalatier qui inflige au scheïka-choum une correction sévère, pour n'avoir pas voulu fournir des provisions. Il invoque les deux patrons vénérés du Schoa et demande grâce.

En réalité, la nourriture et le logement que le Négouss accorde aux étrangers et prélève sur ses sujets, n'est autre chose qu'un impôt en nature dont il est tenu compte dans les redevances des contribuables. N'est-ce pas une charge bien entendue et compensée par de multiples profits ?

Nuit tranquille, malgré la pluie. Le lendemain, à sept heures, nous avons repris notre route. Le paysage ressemblait à celui de la veille : prairies et terres labourées ; pas d'arbres ; fermes nombreuses.

Nous avons traversé deux petites rivières. A dix heures, nous descendions vers un cours d'eau plus considérable, le Tchatcha, quand un grain de pluie violent nous a surpris ; il a duré jusqu'au soir. Grêle, vent, éclairs. J'ai campé dans un village composé de fermes éparses.

L'exemple du scheïka-choum que le kalatier traîne derrière lui, prisonnier, nous vaut un accueil plus libéral. Nous obtenons un bœuf, des moutons et du pain à discrétion.

Pendant la nuit, averse diluvienne. L'eau n'a pas pénétré dans ma tente, mais je n'en ai pas été beaucoup mieux loti. Mon lit à été détraqué à Ankobœr par un ouvrier qui devait le réparer. J'ai dû m'étendre et dormir sur le sol détrempé.

A six heures, réveil; à sept heures, en marche. Même paysage. A dix heures et demie, nous sommes arrivés au pied des montagnes qui couronnent le plateau et sur lesquelles s'étale Antoto. A une heure et demie, nous entrions dans le guébi, entouré d'une triple palissade.

On m'a donné pour logement une hutte située un peu au-dessous du guébi. Pour me souhaiter la bienvenue, on s'est empressé de me faire un tapis d'herbes vertes. C'est fort gracieux, mais bien humide!

Mauvais temps : pluie, orage, grêle. Impossible de laisser nos mules sans abri; elles sont harassées et, depuis plusieurs jours, elles n'ont pas eu la nourriture suffisante. Je leur donne asile dans ma maison. Leur premier soin est de me préserver de l'humidité, en mangeant mon tapis d'herbes fraîches. Il est trois heures. J'ai autour de moi une dizaine de domestiques et autant de mules. Mes autres serviteurs sont sous les tentes. J'attends que le roi m'appelle.

Je n'ai encore reçu aucune de mes caisses et je n'ai d'autres vêtements que ceux que je porte sur moi.

Deux heures. Le roi veut me voir tout de suite.

Je traverse les trois enceintes de palissades et me voici devant la demeure royale. C'est une grande habitation ronde, de quinze à vingt mètres de diamètre, dont les murs ont six mètres de hauteur. Le toit est pointu, fort bien construit et supporté par une rangée circulaire de piliers de bois. Dans une baie ouverte des deux côtés, sur un divan, entouré d'épais coussins de soie rayée, aux couleurs éclatantes, le roi Ménélik est assis. Derrière lui, une vingtaine de dignitaires se tiennent debout.

Les murs des deux côtés sont garnis d'un treillage en bois auquel sont appendues des armes de tout genre.

Le Négouss porte la coiffure ordinaire des Amhara, le « ras-masséria », étoffe légère, semblable à du tulle, nouée par derrière. Ses épaules sont couvertes d'un grand burnous en soie noire.

Il m'invite à m'asseoir sur une chaise placée à sa droite. Je lui parle de mon laborieux voyage, de mes pertes de temps et d'argent. Il répond avec à-propos, mais de l'air d'un homme à qui mes ennuis sont fort indifférents. Je prends congé après un long entretien et je réintègre mon « home » nouveau, tout juste à temps pour esquiver un orage épouvantable.

ANTOTO.

Samedi, 3 juillet.

Il a plu pendant toute la nuit. Ce matin, je devais faire une visite à Machacha-Seyffou, cousin du roi et petit fils de Saleh-Sellassé; mais ce prince porte le deuil de sa mère, et ne reçoit pas.

Le temps est affreux; après la pluie, un brouillard intense; on ne voit pas à vingt mètres et les chemins sont glissants. Je reste chez moi. Un de mes baromètres est dérangé.

Il est difficile d'avoir du feu; le bois est rare et tellement mouillé qu'il brûle à grand'peine. Il ne flambe pas et produit une fumée suffocante qui n'a pas d'issue. Ma maison n'a pas plus de fenêtres que les autres et mon feu est au milieu de l'unique pièce qui la compose.

ANTOTO.

Dimanche, 4 juillet.

Je quitte mon habitation; j'en ai trouvé une autre plus grande, à un quart d'heure de distance.

ANTOTO.

Lundi, 5 juillet.

J'ai terminé mon déménagement. Ma nouvelle demeure n'offre guère plus de commodité que celle que j'ai quittée : une enceinte de branches entrelacées, qui renferme trois huttes rondes, en fort mauvais état. Je suis installé tant bien que mal dans la plus grande de ces huttes.

ANTOTO.

Mardi, 6 juillet.

Le roi m'a fait appeler. Après deux heures d'attente, je suis introduit dans l' « adérache ». C'est une rotonde de vingt-deux mètres de diamètre sur une douzaine de hauteur. Le toit, semblable à celui de toutes les maisons amhara, est recouvert d'herbes sèches, fines et longues. Deux portes, de quatre mètres de hauteur sur deux mètres et demi de largeur, s'ouvrent vis-à-vis l'une de l'autre. Trois algha superposés constituent le trône d'où le Négouss préside aux repas et aux cérémonies; au-dessus, une peinture grossière représente Ménélik entre deux lions; c'est l'œuvre d'un artiste du Godjam ou du Tigré.

Mes caisses et mes fusils sont là. Le roi m'invite à les ouvrir devant lui. Son attention est particulièrement attirée par les soieries brodées, les jouets mécaniques, les soldats de plomb, etc., etc. Il est séduit par mes ombrelles. Je lui offre celle que je lui destinais; elle est en soie rouge, ornée des armes du Schoa, brodées en fils d'or; il me prend toutes les autres. Étoffes, draps rouges, noirs et blancs, soieries de couleur, tout a été passé en revue; le quart de mon déballage est resté entre les mains royales.

Ménélik a beaucoup insisté pour avoir une montre. Je lui ai répondu qu'à mon grand regret je ne pouvais le satisfaire et, pour me dérober à ses insistances, j'ai dû affirmer qu'il ne m'en restait qu'une, et qu'elle m'était indispensable pour avoir constamment l'heure solaire.

Il s'est emparé de mon excellente longue-vue, en me disant qu'il en avait une fort médiocre et qu'il me la donnerait en échange. Il a tenu parole. Il a voulu aussi prendre un certain nombre de mes fusées « pour effrayer les Oromo »; j'ai répliqué que je désirais les garder dans le même but. Sa Majesté ne s'est pas tenue pour battue; elle m'a donné l'assurance que je n'aurai besoin de rien de pareil, car elle ne me laisserait pas aller où je pourrais courir le moindre danger. C'est vraiment trop de sollicitude.

Mes parfumeries ont plu au roi ; il en a pris beaucoup, en m'assurant que j'en avais trop. Enfin, il a paru enchanté des bas de soie et des pantoufles brodées que je l'ai prié d'offrir, en mon nom, à Sa Majesté la reine. Malheureusement, les pieds de Taï-Tou, sans être longs, sont très larges. Ce détail intime, qui me laisse indifférent suggère des regrets à Ménélik.

Que le Négouss aime les cadeaux, c'est naturel ; la curiosité suffirait à l'excuser et personne n'attend de lui une discrétion même relative ; mais ne devrait-il pas, au moins, accorder aux donateurs aide et protection efficaces ? On dit qu'il oublie vite. Que fera-t-il pour moi ?

J'ai quitté assez tard le guébi et je suis retourné à mon logis, sous une pluie battante, par des chemins détestable.

ANTOTO.

Mercredi, 7 juillet.

L'eau traverse la toiture et pénètre dans mon habitation. Pour trouver un abri, j'ai dix fois déplacé mon lit, — sans succès.

Le roi insiste ; il a fait appeler un de mes domestiques et lui a demandé d'apporter mon chronomètre. J'ai refusé de le donner et je suis allé au guébi. J'ai attendu Ménélik dans son atelier de menuiserie. Il a examiné ma montre ; l'apparence en est modeste ; mais le roi est connaisseur. Le mouvement l'a intéressé. Il m'a proposé des bijoux en échange ; mais je n'ai que faire des choses inutiles et mon chronomètre m'est indispensable. J'ai persisté dans mon refus.

Orage sur orage, éclairs, tonnerre et brouillards intenses. N'était son toit, ma hutte serait à peu près habitable : huit mètres de diamètre à l'intérieur ; un corridor circulaire d'un mètre vingt-cinq ; quatre mètres de hauteur ; mais il faut s'habituer à l'humidité et aux courants d'air ; tous les murs sont crevassés.

J'ai vue sur le guébi ; il est en face de ma porte d'entrée.

Mon foyer est constitué par un simple bourrelet de terre, qui retient les bûches et les cendres. Pas de cheminée et du bois humide. Aussi ai-je constamment très peu de feu et beaucoup de fumée.

Ma porte est faite de pièces mal jointes ; ouverte ou fermée, elle livre passage à la même quantité d'air.

ANTOTO.

Jeudi, 8 juillet.

Toujours le même temps. Les intempéries d'Antoto ont une réputation méritée. La foudre y tombe souvent et fait souvent des victimes. On peut attribuer ces accidents à deux causes principales : la nature ferrugineuse du sol et l'altitude. Le tonnerre retentit avec un éclat lugubre et se prolonge quelquefois, sans discontinuer, pendant une ou deux heures.

ANTOTO.

Samedi et dimanche, 10 et 11 juillet.

La pluie, malgré les réparations aux toitures, continue à pénétrer. Les logements de mes domestiques et de mes bêtes sont inondés.

WOÏZERO TAÏ-TOU
Femme de Ménélik, reine du Schoa.

SA MAJESTÉ MÉNÉLIK,
Roi du Schoa.

SCEAU DE MÉNÉLIK.

Légende : Ménélik, roi du Schoa;
(En ghèze) : Le lion de la tribu de Juda a vaincu.

SCEAU
DE WOÏZERO TAÏ-TOU.

ANTOTO.

Lundi, 12 juillet.

Le temps continue à être épouvantable.

Les habitants du Schoa ont un procédé fort original pour faciliter le cours de la justice en matière de vol. Des enfants sont dressés, mystérieusement, à certaines pratiques ; on les nomme « liébacha ». — Je pense que l'étymologie du mot est « liéba » voleur, et « bacha » chef, commandant. — Quand le coupable échappe aux recherches, la victime recourt au « liébacha », dont la mission est de découvrir les voleurs inconnus ; sa décision est sans appel. Pendant deux ou trois jours, délai ordinaire des recherches, le volé nourrit le liébacha et sa suite, bêtes et gens. On fait absorber à ce jeune sorcier un breuvage qui paraît l'enivrer. Tout à coup, il parcourt la maison, bousculant ce qui tombe sous sa main ; s'il ne trouve pas le voleur dans l'assistance, il pénètre dans les habitations voisines et les fouille en tous sens. Subitement, il s'arrête et se couche sur un algha : c'est le lit du voleur! Ainsi désigné à la vindicte publique et privée, le coupable est appréhendé et livré aux juges.

Le liébacha n'est pas toujours heureux dans ses investigations ; souvent il renonce à la poursuite ; c'est fort honnête de sa part ; car ses dénonciations ne sont jamais contestées.

J'ai résolu de faire nettoyer et recrépir ma hutte. Je confie ce travail à la famille oromo qui m'apporte mon bois ; c'est l'affaire d'un jour ou deux ; mais avant que tout soit sec, il en faudra bien quatre ou cinq. Mon maçon n'a d'ailleurs aucune autre truelle que la paume de sa main ; il étend sur les murs une couche de terre argileuse et la recouvre d'un enduit de bouse de vache, pour empêcher les fentes, aux premiers jours de sécheresse.

ANTOTO.

Mercredi, 14 juillet.

Mes domestiques étaient presque tous Amhara ; je les avais embauchés à la côte et ils m'avaient accompagné. Ils ont quelque argent en poche et ne veulent plus rien faire. Je les congédie.

ANTOTO.

Jeudi, 15 juillet.

Le crépissage de ma maison est terminé.

L'altitude ne me permet pas d'utiliser mes baromètres de France ; il me faut recourir à l'hypsomètre.

Orages et brouillards. Je n'ai jamais vu tomber pareille quantité d'eau.

ANTOTO.

Vendredi, 16 juillet,

On me propose de divers côtés des domestiques parfaits, — naturellement. Pour diminuer les chances de désagrément, il ne convient pas d'engager ici de serviteurs sans l'intervention d'un « wass », c'est-à-dire d'un garant de leur conduite.

Le serviteur qui s'enfuit avec le vêtement qu'il vient de recevoir, peut être poursuivi et ramené de vive force. Il y a, du reste, en tout ceci, plus de théorie que de pratique ; si le maître a été bien volé, le garant essaye de disparaître et, quand il réussit, le plus sage est de renoncer à toute poursuite.

ANTOTO.

Samedi, 17 juillet.

Je reçois la visite de l'eunuque Balteha, chef des magasins et « balamoil » (page ou favori) du roi. Il m'apporte mes fusils et m'apprend que son maître en a retenu dix, — les meilleurs. Je ne suis pourtant venu au Schoa ni pour vendre des fusils à Ménélik, ni pour lui en faire présent. Il m'en a déjà pris vingt-cinq. Je lui expédie une lettre fort polie, et j'écris à l'alaka Joseph, son interprète, pour exprimer mon étonnement.

ANTOTO.

Dimanche, 18 juillet.

Le roi m'a renvoyé mes fusils, hier, dans la soirée ; j'étais absent.

Pour prévenir tout malentendu, j'ai prié l'alaka Joseph de solliciter de son maître une audience particulière. Je tiens à éclaircir la situation. Je ne veux pas que le roi me traite en marchand. Pour faciliter l'explication, j'ai fait dire à Ménélik que je lui offrais les dix fusils, s'ils lui plaisaient ; mais que je ne les lui vendais pas.

ANTOTO.

Lundi, 19 juillet.

Le roi m'écrit qu'il n'a jamais eu l'intention de me traiter en marchand. Il daigne accepter encore dix remingtons.

Au milieu de ces populations africaines, ceux qui se livrent au négoce jouissent généralement de peu de considération. Dans l'opinion publique, les hommes se classent ainsi : guerriers, nobles, gens d'église, cultivateurs et marchands. Les ouvriers occupent

ITINÉRAIRE DE Mᴿ BORELLI
PROFIL DU NIVELLEMENT HYPSOMETRIQUE
DE TOUDJOURRAH A ANKOBŒR

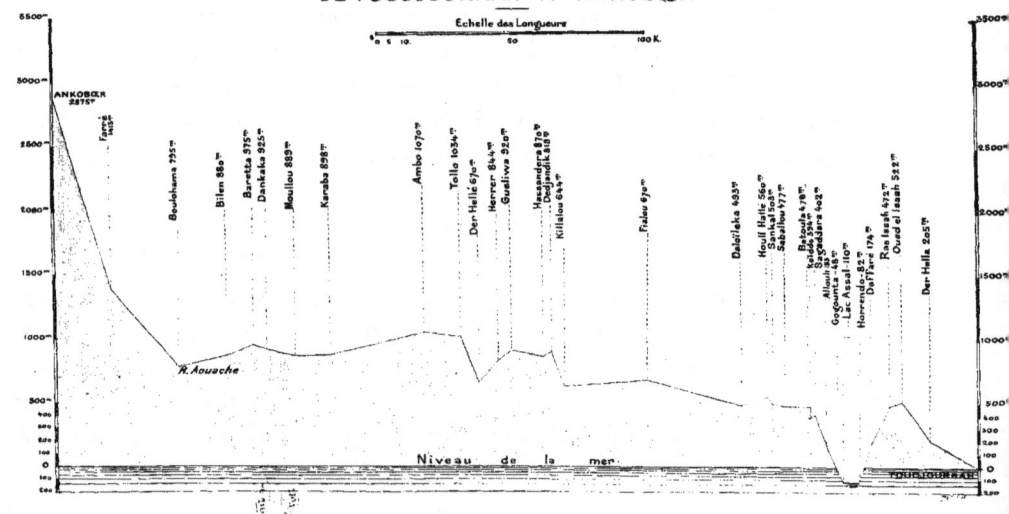

le dernier rang de l'échelle sociale ; parmi eux, les plus méprisés sont les corroyeurs, les potiers et les forgerons. Certains de ces derniers, dans la croyance populaire, se métamorphosent en hyènes pendant la nuit et rôdent dans le voisinage, cherchant à malfaire et à détruire.

L'alaka Joseph, de son vrai nom Joseph Négoussié, était autrefois catholique. Il s'est converti à l'Église cophte. C'est un homme intelligent ; mais il n'a pas droit à plus de confiance que le commun de ses compatriotes. Après avoir servi le Négouss Negeust Johannès, il est venu au Schoa auprès de Ménélik. Il remplit les fonctions d'interprète et s'intitule « secrétaire des Affaires étrangères ». Il est soutenu par la reine, originaire du Tigré comme lui, — et par un de mes bons amis de couleur moins foncée qui, pour mieux servir son lointain pays, se l'est fortement attaché par une chaîne d'or.

ANTOTO.
Mardi, 20 juillet.

J'ai ressenti, dimanche soir, hier et aujourd'hui, de violents accès de fièvre. Je vais mieux. Ma hutte est dans un désordre indescriptible et je n'ai pas un domestique capable de me servir. Tantôt levé, tantôt couché, j'étais harassé et d'une faiblesse extrême. Je n'ai pas pris de quinine. J'ai fait peu de feu ; j'en ferai davantage et je tâcherai qu'il dure pendant la nuit.

ANTOTO.
Mercredi, 21 juillet.

Je reçois des cadeaux en échange de mes fusils, donnés aux grands personnages dont la bienveillance doit faciliter mon voyage. Le fils de Dedjazmatch Boïlo m'offre un gombo de tala (pot de bière du pays) ; mais il verse la bière dans un récipient à moi et reprend son pot. Il estime probablement que, pour un fusil le cadeau qu'il me fait est trop considérable. Ayto-Baltcha me fait le même présent et y ajoute un énorme « dabô » (pain de blé parfumé) à peine cuit. [L'azage Habtaïé, intendant du guébi, m'envoie également un gombo de tala et un mouton étique, etc.

Le Dedjazmatch Boïlo est un ancien gouverneur du Mans. Il a si bien exaspéré ses administrés par ses exactions, qu'ils se sont révoltés et l'ont émasculé.

ANTOTO.
Jeudi, 22 juillet.

On croit inépuisables mes caisses de fusils. Le « Balambaras » Mekonen (balambaras signifie gouverneur effectif ou honoraire d'une ville) m'envoie un de ses hommes, porteur d'une lettre dans laquelle il me prie de lui donner un remington pour lier amitié. — « Dis à ton maître, ai-je répondu au messager, que je n'ai plus de fusils ; ce qu'il a de mieux à faire, c'est de s'adresser au roi, à qui j'en ai beaucoup donné. » L'ambassadeur insiste et, tout au moins, me demande pour lui-même un revolver. — « Je n'en ai pas. — Eh bien, donne-moi une chemise de flanelle ? — Je n'en ai pas davantage. — Un sabre ! — Non. — Tu ne me refuseras pas, je l'espère, un « senti » (petit couteau). J'ai donné le senti.

14

ANKOBŒR.

Je reçois la lettre suivante :

Vendredi, 23 juillet.

የተሳከ ፡ ከንጉሠ ፡ ወኢልክ ፡ ንጉሠ ፡ ሸዋ ፡ ዪድረክ ፡
ከሙሴ ፡ ጔል ፡ ዮረሪ ፡ እንዬት ፡ እጹረህል ፡ እኔ ፡ እግ
ዚእ ፡ በሔር ፡ ይመአገን ፡ ዪናሪ ፡ ኘ ። የሁለቱ ፡ ማስርያ
ሰይር ፡ ቱረእች ፡ እደዪልኘ ፡ ሰልልህ ። ቀርቻ ፡ ነበር ፡ እሁ
ን ም ፡ ለ ኜ ያው ፡ ኢናሪር ፡ የ ሚ በቃ ፡ ለ ክ ል ኘ ፡ በ ሐ ም
ሌ ፡ ጎ ፳ ፡ ቀን ፡ በ ፲ ፰ ፻ ፸ ፰ ፡ በ እ ን ጦ ጦ ፡ ተ ፃ ረ ።

Traduction

Lettre du Roi Minilik Roi du Choa à Monsieur monsi
Julle Borelli coment avez-vous passé la nouie moi par
grace de Dieu, je veux bien.

J'avis oublié de vous demendé les cartouches des deux
maseira Reementon apresent je vous pries de m'envoies
assé soufisant pour le 20 units Reementon.

ecrit le 20 Amlé - 1888   a Entoto

Traduction et fac-similé de l'Alaka JOSEPH NÉGOUSSIÉ, interprète du roi Ménélik.

ANTOTO
Vue prise de l'ouest.

Si le roi m'avait acheté ces armes, il n'eût pas agi autrement. Il est d'usage de donner deux cents cartouches par fusil vendu ; j'en dois donc à Ménélik sept mille — c'est clair.

J'ai reçu la visite d'Ayto-Bethsabé, chef d'une partie du Mat-Biet de la maison du roi et gouverneur du pays des Adda, au sud d'Antoto. Après les salutations d'usage et un court entretien sur les choses du pays, il est parti. Ce soir, il m'a envoyé un mouton.

Le Mat-Biet est ensemble des cuisines royales ; c'est là notamment que se préparent les pains de toutes sortes.

ANTOTO.

Samedi, 24 juillet.

Cadeau d'un nouveau genre. Ayto-Synki m'envoie une esclave aroussi ; elle s'appelle Chalma. En échange, il me demande un remington. C'est un marché de dupe ; trois esclaves de ce genre ne valent pas un remington.

Ayto-Synki est le type accompli d'un gentleman schoanais : doucereux dans les paroles, traître et vindicatif dans les actes. Ancien élève de la mission catholique, esclave recueilli par charité, il a embrassé par intérêt la religion cophte. Il demeure chez Ménélik qui l'a pris en affection. Avec l'azage Habtaïé, il dirige la maison royale d'Antoto. Sa situation le rend assez redoutable; mais il est d'une lâcheté sans égale.

ANTOTO.

Dimanche, 25 juillet.

Ayto-Bethsabé m'a envoyé des œufs pour avoir un fusil ; j'ai esquivé sa demande et je m'en suis tiré avec de menus cadeaux.

Un fils du ras Govanna, Marith, est venu me voir. Comme les autres, il m'a demandé des fusils. Je lui ai répondu que je réservais ces armes pour son père. Pour calmer son désenchantement, je lui ai remis pour Mettéyaletch, femme du ras, une boîte de parfumerie, des chaussettes et une belle ombrelle — qu'elle m'a renvoyée, deux heures après, parce qu'elle avait été légèrement déchirée ! Vraiment, on a gâté ces insatiables mendiants ; ils découragent ma bonne volonté; je ne sais plus comment répondre à leurs exigences.

ANTOTO.

Lundi, 26 juillet.

Visite de l'homme de confiance du Dedjazmatch Machacha-Seyffou. Il était autrefois catholique, comme l'alaka Joseph et Ayto-Synki ; il est remarquablement instruit pour un Amhara ; il a eu de fréquents rapports avec les Européens ; sa finesse confine à la ruse.

Sans faire de l'histoire, je ramasse des miettes négligées ou oubliées par de savants prédécesseurs. Saleh-Sellassé, aïeul du Négouss actuel, eut pour premiers-nés — sans parler de bien d'autres enfants — Seyffou d'abord, et Aïly-Mélékott ensuite. En mourant, il désigna ce dernier pour lui succéder, au mépris de l'aînesse de Seyffou. Des troubles survinrent; mais Aïly-Mélékott, avec l'assistance des prêtres, succéda effectivement à son père. Il eut pour fils Ménélik. Telle est l'origine des revendications de Machacha-Seyffou, qui descend du fils aîné de Saleh-Sellassé. Aujourd'hui, les rivalités semblent éteintes et les difficultés aplanies, grâce à l'intervention du Négouss Negeust Johannès. — Machacha est rentré au Schoa et ses terres lui ont été restituées.

Visite d'Altessama, azage du ras Govanna. Il est eunuque et doit cette infortune à des parents sévères qui, dans sa jeunesse, la lui ont infligée, en guise de châtiment, pour réprimer sa méchanceté.

Visite d'Ayto-Bethsabé. Il me demande pourquoi je ne monte jamais au guébi. Je lui réponds que je n'ai rien à y faire, mais que je m'empresserai de m'y rendre, au premier appel du Négouss. Notre conversation a été pénible. Pendant quelques instants, je suis resté avec lui sans interprète, essayant de me faire comprendre avec les quelques mots amharaqui me sontdevenus familiers. Il nem'a pas parlé de fusils et s'est informé de ma nourriture ordinaire afin de pouvoir m'envoyer des aliments. Tout est pour le mieux. Je saisis cette bonne occasion pour lui apprendre que le bœuf dont le roi m'avait fait présent s'est échappé.

ANTOTO.

Mardi, 27 juillet.

De grand matin, je me rends chez le Balambaras Mékonen.

C'est un trajet de trois quarts d'heure, par une route accidentée. Les terres sont couvertes d'eau et dépouillées d'arbres. Les Amhara déboisent tous les pays qu'ils occupent; aussi, en sont-ils réduits à se chauffer avec des racines. Le Balambaras me fait bon accueil. Après les pluies, il se rendra à Djimma, par ordre du Négouss, pour surveiller Abba Djiffar, roi de cette contrée.

Ménélik a singulièrement étendu ses États. Il a rayonné et dominé autour de lui. Les armes à feu apportées de la côte ont assuré le succès de toutes ses expéditions. Il les payait d'abord fort cher; mais, aujourd'hui, il impose d'énormes rabais aux négociants et retarde les payements.

En quittant le Balambaras, je me suis rendu au quartier européen, ainsi nommé parce qu'il est habité par quatre Européens. Trois d'entre eux sont au service du roi, depuis dix années : MM. Ilg, ingénieur, Zimmermann, mécanicien, et Appenzeller, menuisier. Ils n'ont pas l'air satisfaits. Le roi ne tient pas ses promesses. Le plus clair de leur avoir consiste en une terre qui leur a été concédée et qui devrait les nourrir.

Je trouve à ma porte Ayto-Bethsabé! Il va me demander quelque chose, car il m'a encore apporté du dabou, du tala et un mouton. Je ne bronche pas. — Pas un mot des fusils!

ANTOTO.

Mercredi, 28 juillet.

Journée tranquille. — Un guerrier notable, possesseur d'un riche domaine, est venu me voir avec son fils. Il a été raisonnable. J'avais coupé court à l'inévitable demande d'un fusil par une déclaration péremptoire : Je n'en ai plus. Il s'est contenté de quelques perles pour ses enfants et d'une chemise de flanelle pour lui-même.

Ayto-Syki m'envoie un gombo de tala; le porteur se hasarde à me parler d'un remington! — Je demeure sourd.

Dans la prairie, les Oromo se livrent à un de leurs jeux favoris. Ils lancent un cerceau d'environ quarante centimètres de diamètre et visent à l'arrêter dans sa course, en jetant leurs javelines.

Le temps ne change pas ; les terres sont devenues de véritables marécages et les alentours de ma demeure forment un lac.

Un feu continuel ne vient pas à bout de l'humidité de mon habitation.

KATABA.

Ce matin, de bonne heure, le père Gabri-Maskal est venu me prendre.

Le père Élias et lui sont les seuls prêtres indigènes qui résident à la Mission

MAMITIÉ (AMHARA).

catholique, aujourd'hui à Kataba, autrefois à Finefini, où l'on voyait jadis une chapelle en pierres et des fragments sculptés, derniers vestiges, probablement, du séjour des Portugais.

Le roi a fait sa résidence d'Antoto (Dildila pour les Oromo, et Tchagher-Tchanak pour les Amhara), parce que les anciens rois d'Éthiopie y ont habité ; il tient à la dénomination d'Antoto, parce qu'il demeurait précédemment dans un lieu de ce nom. Il veut même faire disparaître l'ancienne appellation. Le véritable Antoto est situé à deux heures au delà de Finefini, là où s'élevaient l'église et la maison que Monseigneur Thorins avait fait bâtir dans le genre des constructions oromo, occupées maintenant par les fileuses de la reine.

Les pères Gabri-Maskal et Élias s'abstiennent soigneusement de toute propagande religieuse.

En outre de ces deux prêtres, la Mission comprend, au dehors, quelques personnes : Abba Johannès, présentement interprète de ras Govanna ; — Deftera-Assali, le seul missionnaire de race amhara ; il habite à Baraket ; — Abba Luka et Abba Fessa, qui sont depuis longtemps dans le Kaffa et ne répondent plus aux lettres qu'on leur adresse ; enfin, Abba Mathéos et Abba Paolos qui, effrayés par la persécution, ont provisoirement apostasié et se disposent à rentrer dans le giron catholique.

D'Antoto à Kataba, la route se prolonge sur le plateau pendant une demi-heure ; elle descend ensuite vers la plaine. On arrive à la Mission après avoir traversé des champs d'orge et passé une petite rivière. Nous cheminons sous la pluie et la grêle. Autour de nous, quelques gros troncs de genévriers et d'oliviers sauvages («ouera» en amhara, « edjerça » en oromo). Tous les arbres ont été détruits par les Amhara.

La hutte des missionnaires, construite en style oromo, est peu spacieuse. Toit de chaume descendant sur les bords, à un mètre et demi du sol ; il ne pleut pas à l'intérieur ! Deux portes très étroites, en face l'une de l'autre, mieux établies que d'usage. Au milieu, entre quatre pièces de bois, est le foyer. A droite et à gauche, deux petits murs de terre forment les cellules où dorment les Pères. Comme partout, la viande est suspendue et la provision de bois, placée sur des étagères fixées dans les parties supérieures de l'habitation ; la mule partage le logement de ses maîtres.

J'essaye de me sécher et je vais promener. La population est paisible ; les terres sont bien cultivées : orge, tief, fèves et un peu de blé. Dans la Mission est un petit jardin potager que dévastent les porcs-épics et des oiseaux voraces, à la queue longue et mobile, qui rappellent nos pies.

ANTOTO.

Vendredi, 30 juillet.

J'avais l'intention de visiter une localité voisine de l'ancienne Mission, que les Amhara appellent Fell-Wa (chaudes, eaux), à cause de ses sources thermales. Une pluie opiniâtre m'a forcé de renoncer à ce projet.

A neuf heures, je dis adieu aux Pères et je prends la direction d'Antoto ; c'est deux heures de route.

Les grives sont nombreuses. Elles se laissent approcher à quelques mètres ; elles viennent manger sur le seuil des huttes.

Le terrain est peu accidenté, mais très glissant. A une petite distance du quartier européen, une demi-heure environ, il devient ferrugineux et rouge-sang. Les buissons croissent plus nombreux.

Ma première visite est pour un compatriote gravement atteint de la dysenterie ; son état, à cause de la saison, est alarmant. La maladie fait de grands ravages dans la population indigène.

A trois heures et demie, je me dirige vers mon habitation par un épais brouillard et une pluie torrentielle. Ma mule effrayée fait des écarts à tout instant. Le trajet m'a paru long.

Minuit. — J'ai dîné hors de chez moi et suis revenu par une nuit noire. Je m'étais muni d'une torche (mabrat), que le vent et l'eau du ciel n'ont pas tardé à éteindre. Les hyènes rôdaient autour de moi; elles attaquent l'homme quelquefois. Me voici rentré. Mes hommes m'engagent à ne plus sortir le soir, par un temps pareil. L'Amhara ne franchit pas sa porte après le coucher du soleil, à moins de motifs graves et urgents.

Les superstitions locales et certains usages sont peu intelligibles. La foudre ne doit jamais tomber sur une maison qui abrite une hyène. La chair de cet animal, taillée en aiguillettes, séchée et pulvérisée, jouit d'une vertu étonnante : elle attache inviolablement celui qui la mange à celui qui l'offre. Lorsqu'un Abyssin tue un buffle, il doit en offrir les entrailles au roi ; sinon, les jeter.

ANTOTO.

Samedi, 31 juillet.

Journée de visites. Toujours même chanson : « Voici une poule, donnez-moi un sabre. » — « Voici des œufs, donnez-moi dix mètres de drap. »

Malheureusement pour mes visiteurs, je commence à les connaître. Du guébi, j'ai reçu cinq gombo de tala et deux moutons maigres pour tous mes fusils.

Ayto-Bethsabé aborde carrément la question et réclame un remington ; puis-je le refuser à l'homme qui, après le roi, m'a fait les plus beaux présents ? Trois moutons, valant ensemble un thalaris et demi ; trois douzaines d'œufs, et du sel ! — D'ailleurs, je le soupçonne d'avoir dérobé au guébi les moutons qu'il m'a offerts. J'ai donné le fusil, en jurant que c'était le dernier. S'il me fallait en acheter ici, je les payerais de trente à trente-cinq thalaris ; — ce serait un comble !

ANTOTO.

Dimanche, 1er août.

Je fais moi-même ma cuisine ; celle des femmes est répugnante. Je borne mon art aux grillades de viande, à la préparation des œufs et des sauces pimentées. Quel assujétissement, si je ne réussis pas à former une élève ! Ce matin, j'ai retenu à déjeuner deux Européens ; voici notre menu : des grives, du mouton grillé et des œufs.

Nous avons longuement discouru. La nuit tombe ; un de mes hôtes reste. Depuis longtemps, ma solitude n'avait été aussi agréablement troublée ; mon habitation est isolée.

ANTOTO.

Lundi, 2 août.

Cette nuit, les hyènes ont envahi mon enclos. J'ai eu grand'peur pour mes moutons. J'aurais pu me lever ; mais à quoi bon ? L'obscurité était impénétrable. Orage, grêle et un coup de tonnerre épouvantable qui a ébranlé ma hutte. Ce matin, la pluie continue, la brume est intense.

— Vers cinq heures, ce soir, on m'a prévenu que le Dedjazmatch Oldié desirait me voir. Il gouverne le pays des Soddo-Galla et une partie des régions couraghé ; c'est un ami du roi. Je me suis rendu chez lui à pied avec cinq domestiques et, pour me servir d'interprète, j'ai pris un Oromo de distinction, au service du ras Govanna. J'ai été immédiatement admis dans l'adérache et présenté au Dedjazmatch.

La conversation n'a pas été facile. J'éprouvais une véritable satisfaction à me tirer d'affaire, en parlant oromo. Les grands personnages connaissent peu cette langue, et, s'ils la parlent ou la comprennent, ils ne l'avouent pas ; il faut toujours recourir à l'interprète. Cette ignorance, vraie ou fausse, est dictée par le dédain conventionnel du peuple vaincu.

Le Dedjazmatch m'a montré un express-rifle, et m'a demandé des cartouches.

UNE MAISON AMHARA.

Impossible de le satisfaire : le mien est de calibre différent (450 au lieu de 500). Je lui ai promis de lui envoyer un remington demain matin.

Je suis resté à dîner avec Oldié. J'ai goûté à un poulet assaisonné d'un terrible piment et j'ai absorbé quelques bérillets de tedj. Pendant le repas, les familiers étaient derrière le maître. Tous les regards étaient braqués sur moi. Six esclaves tenaient des torches ; j'étais assis par terre, sur une peau de bœuf ; devant nous flambait un grand feu.

Dans l'adérache, était dressée une table amhara en bambou ; autour de nous, mangeaient une soixantaine d'individus. Trente femmes n'ont pas cessé de nous saluer en chantant. On ne s'entendait plus. Les gens du guébi sont venus complimenter le Dedjazmatch de son heureuse arrivée. J'ai voulu partir ; mais mon illustre amphitryon a tenu à rassasier mes hommes ; il a ordonné de les servir à leur tour.

15

Quand nous nous sommes mis en route, la nuit était profonde et le brouillard épais. Nous avons traversé la prairie, dans l'eau et dans la boue.

ANTOTO.

Mardi, 3 août.

Le « métad », ou four amhara (que les Oromo appellent « hellé »), a la forme d'une calotte sphérique, peu profonde ; son diamètre varie de cinquante à soixante-dix centimètres ; son couvercle est surmonté d'une anse. Trois pierres lui servent de foyer.

La farine est pétrie en pâte liquide ; on la verse dans le métad. En quelques minutes, le pain est cuit. C'est l' « ingéra ». Il a cinquante centimètres de diamètre et quatre ou cinq millimètres d'épaisseur.

Il existe une autre espèce de pain, le « dabo ». On prépare une pâte solide qui doit fermenter pendant une nuit. Elle doit être cuite dans des fours spéciaux plus creux que le métad, dont le fond et les bords sont garnis de feuilles de koba (*musa inseta*) pour empêcher les adhérences et les carbonisations. Cette galette, lourde et indigeste, exige une cuisson de plusieurs heures. Elle a le diamètre de l'ingéra.

Les « boudena » des Oromo sont de petits pains d'une épaisseur de quatre ou cinq millimètres. On les enduit de beurre et on les passe au four ; on les retire pour les beurrer une seconde fois, puis on les réunit trois par trois, et on achève leur cuisson. Bien préparés, les boudena sont agréables au goût.

Les « kollo-dabô », véritables biscuits, se conservent en voyage. Ce sont de petites boules de farine pimentées, roulées dans le beurre et cuites jusqu'à siccité complète. Les domestiques ont perdu ou vendu mes huit moutons. J'en ai retrouvé cinq chez un Oromo que je retiens prisonnier ; la loi me le livre.

Le beurre manquait ; j'en ai fait demander au guébi. On m'a répondu qu'on m'en donnerait un gombo par mois seulement ; c'est insuffisant. Sa Majesté m'avait promis autre chose. Si je savais, du moins, où en acheter ! — Point de marché avant quatre jours.

A une certaine époque de l'année, les Oromo se réunissent en grand nombre dans des lieux sacrés, dont le plus renommé est le volcan éteint de Zoukouala, au sud d'Antoto. Ils partent de là pour se rendre chez l' « abba moudha », qu'ils respectent comme le père de leur race ; — moudha signifie ondoiement. Ils le considèrent comme le descendant direct d'un grand abba moudha primitif. Arrivés près de la demeure de ce saint personnage, ils attendent qu'il vienne à eux et qu'il leur donne sa bénédiction. La forme de cette cérémonie est aussi singulière que malpropre. Le bénisseur souffle sa salive en pluie sur les fidèles. Les pèlerins bénis peuvent alors pénétrer sur le territoire de l'abba moudha, qui leur enseigne la loi religieuse. Voici quelques préceptes que doit observer tout bon Oromo : ne pas cultiver ; — ne pas manger d'autre viande que celle de l'animal tué par un Oromo ; — ne tailler ni ses cheveux ni ses ongles, etc.

Dans la masse des pèlerins, l'abba moudha élit et consacre quelques prêtres ; ce sont les « guedjo ». Ils revêtent une peau de bœuf et retournent en paix. A partir de leur institution, ils jouissent d'une grande autorité sur leurs coreligionnaires.

A l'abba moudha appartient aussi le privilège de conférer le « kalétcha », bâton d'ivoire d'environ soixante-quinze centimètres de long, surmonté d'une boule. Ce pieux ustensile est très vénéré ; à sa vue, chacun se prosterne, et tout Oromo doit se soumettre aux ordres de celui qui le porte, devenu personnage sacro-saint, fût-il un cruel ennemi, car « Dieu, l'esprit par excellence », a permis que le kalétcha tombât entre ses mains. Il est difficile non seulement de se procurer, mais encore de contempler un de ces bâtons. Ceux qui les possèdent les cachent sous terre pendant leur vie et meurent sans révéler leur secret. Un jour, j'ai prononcé le mot de kalétcha devant une demi-douzaine d'Oromo ; ils ont paru étonnés et m'ont adressé une foule de questions ; j'ai affecté de répondre d'une manière évasive, pour les laisser dans le doute et les provoquer à des éclaircissements ; — peine perdue.

ANTOTO.

Jeudi, 5 août.

Un courrier du Balambaras Mékonen vient d'arriver et me réclame, au nom de son maître, un fusil que je lui ai promis, dit-il. Il demande aussi des cartouches. Je lui réponds, par écrit, que je ne suis pas marchand de fusils et que l'arme promise a été donnée. Mékonen ne l'ignore pas.

Au lendemain d'une visite au Dedjazmatch Oldié, je lui avais envoyé un remington par un serviteur du ras Govanna, mon voisin et mon professeur d'oromo. Le Dedjazmatch avait donné à cet homme un « djano », c'est-à-dire un chamas blanc à bande rouge. Bien que légèrement usé, ce vêtement était portable. Mon voisin me l'a remis ; je l'ai prié de le garder. Il est d'usage que celui qui reçoit un présent, pour honorer la personne du donateur offre un cadeau à celui qui l'apporte, ordinairement serviteur de la maison. J'avais envoyé un serviteur de Govanna, ne pouvant me fier aux miens ; le chamas lui revenait de droit. Mes domestiques ont protesté. Ils m'ont réclamé le djano comme leur bien et ont déclaré au messager qu'ils lui couperaient les oreilles, s'il se présentait de nouveau chez moi. Le messager a reparu dans la matinée ; ils ne lui ont rien coupé ; mais ils sont partis, emmenant avec eux deux de mes servantes et un enfant. Il ne me reste plus que deux femmes esclaves et un enfant malade. Le coup avait été monté pendant la nuit ; il a réussi.

Dans l'après-midi, les révoltés sont revenus en masse, j'ai cru voir des figures nouvelles ; je me suis mis sur mes gardes et j'ai placé un revolver devant moi. Tous se sont enfuis. Ils se sont rendus chez un Européen, en le priant d'intervenir et m'ont accusé de les avoir menacés du revolver ; celui-ci leur a répondu : « Si vous ne partez à l'instant, moi-même je vous chasse à coups de fusil. » — Ils ont couru chez Ayto-Bethsabé, qui a fait auprès de moi une démarche en leur nom ; j'ai répondu à Ayto que je consentirais à les reprendre, mais à la condition que chacun d'eux recevrait préalablement quarante coups d'alangha, à titre de correction. Deux heures plus tard, autre ambassade. Un homme de confiance du Dedjazmatch Oldié me parle en faveur des mutins et, outrepassant les ordres de son maître, me demande où est le djano. Je lui réponds : « Où est le remington ? Si ton maître regrette son cadeau, qu'il me restitue le mien. » — L'homme s'excuse et m'assure que le Dedjazmatch aurait grand plai-

sir à me voir. « Qu'il vienne; il connaît ma demeure. » — « Oh! mon maître ne se dérange
pas pour si peu! » — « Eh bien, moi, qui suis son égal, bien que j'aie moins de serviteurs que lui, je ne me dérangerai pas davantage. J'attendrai sa visite. » — Après ce
colloque, l'envoyé du Dedjazmatch, fixé sur mes intentions, est parti. Si je cédais
aux caprices des uns et des autres, mon séjour deviendrait impossible.

ANTOTO.

Vendredi, 6 août.

A huit heures et demie du matin, le Dedjazmatch est venu; il a reconnu que
j'avais parfaitement raison de disposer, comme il me plaisait, d'un bien qui m'ap-

DIVERSES POTERIES EN USAGE CHEZ LES AMHARA ET LES OROMO.

partenait (le djano); l'incident est vidé. Il m'a montré les fusils Gras à répétition, que
lui a donnés Johannès à Boromeïda et son express-riffle 500. Il me demande des
cartouches; je n'en ai pas pour le fusil Gras; quant à l'express-riffle, je lui ai rappelé
ma précédente réponse: le sien est du calibre 500 et le mien du calibre 450. « Don-
nez-m'en tout de même, réplique-t-il; pourvu que le coup parte, je serai satisfait. »
— J'ai cru à une plaisanterie; ma cartouche ballottait dans le canon de son arme. Il a
insisté et j'ai été obligé, pour lui plaire, de tirer en l'air. Le coup est parti. Conclusion : deux cents cartouches perdues.

Un instant après, le Dedjazmatch s'est retiré en se déclarant enchanté de sa visite.
D'ailleurs, il n'est venu, me dit-il, qu'avec l'assentiment du roi. — Il ment, sans doute.

Les Amhara prétendent que leur religion était identique à celle des Oromo, avant
la visite de la reine de Saba au roi Salomon. Tout le monde sait, par la légende, qu'un
enfant vint au monde à la suite de cette entrevue célèbre et qu'il reçut le nom de
Ménélik. Il aurait rapporté de Judée les tables de la loi, qui furent déposées à Aksoum.
Le fils de la reine de Saba est le grand ancêtre du Négouss.

Au IVe siècle, les habitants des contrées qui formaient l'ancienne Éthiopie
furent convertis, paraît-il, au christianisme, par Frumentius. Il est généralement admis

qu'à une époque lointaine, difficile à préciser, mais antérieure au VIIe siècle de notre ère, les Abyssins auraient reconstitué l'Éthiopie; ils auraient même, suivant la tradition, occupé une partie de l'Arabie Heureuse; mais ils en auraient été progressivement chassés à la suite de guerres sans répit, conduites par Dou-Izen, puis par son fils Saïf, et enfin par Mahadi-Kerb, rois de l'Yémen. On dit qu'un roi de Perse aurait puissamment aidé les Arabes à expulser les Éthiopiens des côtes orientales de la mer Rouge. Depuis la conquête islamique, ils n'y ont certainement pas reparu.

Au XVe siècle, un chef musulman du Harrar, Mohammed, surnommé Gragne (le gaucher) par les chrétiens, apparut en conquérant et dévasta le pays. L'autorité des Atsé (empereurs), jadis incontestée et absolue, avait été affaiblie par des querelles intestines. Gragne entra dans le Couraghé et vint au Schoa par le territoire des Itou et le Mindjar. Il ne rencontra aucune résistance. Il pénétra chez les Wollo-Galla et rejeta les Éthiopiens dans les hautes montagnes d'Ifat, de Tégoulet, de Mans et de Koat. La forte position de Fikrigame fut le dernier refuge des vaincus. Gragne ne put les en déloger. Les envahisseurs étaient de race oromo.

L'Éthiopie n'existait plus. Il n'en restait que le Schoa proprement dit, l'Amhara, le Godjam, le Tigré, le Beghemdir le Wollo, demeuré musulman, et quelques lambeaux de terre dans le nord. Tout le sud de l'ancien empire avait repris son indépendance. Plus tard, d'autres populations se détachèrent encore. Les hauts plateaux mêmes furent entamés par les fréquentes incursions des Oromo. L'anarchie régna partout.

Au XVIIe siècle, un jésuite espagnol, le père Pedro Paëz, parcourut la région en prêchant le catholicisme avec succès. L'autorité grandissante du jésuite porta ombrage au clergé indigène; il s'émut et entreprit une lutte dont le souvenir est encore vivace dans les traditions locales. Pedro Paëz fut expulsé. Il prit, avec plusieurs disciples, la route de Massaouah; mais, avant de partir, il fit ses adieux aux fidèles et les engagea à méditer sur « les effets du baptême que Jésus-Christ reçut, des mains de Jean-Baptiste, dans l'eau du Jourdain ». Je ne sais quel secret cache cette recommandation, mais elle est restée célèbre en Abyssinie. On la répète à tout propos; on la commente et elle sert encore de thème ou de prétexte à des controverses ardentes, après deux siècles.

On sait que les Amhara ne fument pas; ils rattachent cet usage à une tradition religieuse : des plantes de tabac auraient poussé sur la tombe d'Arius.

En réalité, le tabac a été interdit, parce que les Oromo se réunissaient pour fumer et se livraient, dans leurs assemblées, à des discussions politiques dont les rixes et les révoltes étaient les conséquences ordinaires. D'ailleurs, au Schoa, la prohibition n'était pas formelle et le roi Ménélik se montrait fort tolérant. L'ingérence du Négouss Negeust Johannès a, seule, changé tout cela.

ANTOTO.

Samedi, 7 août.

Le chef reconnu du clergé amhara est « l'Abouna », littéralement « notre père ». Comme au temps de Frumentius, il est envoyé d'Égypte par le « lick-papas », patriarche cophte orthodoxe.

Autrefois, l'Abyssinie n'avait qu'un seul « Abouna », celui du Tigré; mais le Négouss Negeust Johannès en a placé un autre à côté de chacun de ses deux grands vassaux, le roi du Godjam et le roi du Schoa.

Pour avoir leurs « Abouna », les monarques abyssins payent une grosse somme au patriarche du Caire. Une fois entrés dans le pays, ces prélats n'en peuvent plus sortir. Aussi bien, le Négouss Negeust, en homme pratique, a-t-il soin de les choisir jeunes et robustes, pour n'avoir pas l'obligation d'enrichir trop souvent le trésor patriarchal sur les rives du Nil. Les « Abouna » jouissent d'importants privilèges. Celui du Schoa (je ne puis parler des autres, je sais très imparfaitement ce qui se passe dans le Tigré et le Godjam) a droit au tiers des revenus du fisc; mais on ne fait pas entre ses mains des versements bien réguliers et il reçoit effectivement ce qu'il plaît au roi de lui donner. Il est propriétaire de grands domaines.

Au-dessous de l'« Abouna », dans la hiérarchie cléricale, sont les « alaka » chargés de l'administration des églises et de leurs terres. Plusieurs d'entre eux sont fort riches. Ils gèrent ordinairement, pour leur plus grand profit, les biens qui leur sont confiés. Ils sont soumis au bon plaisir du roi et peuvent être destitués d'un jour à l'autre.

Les prêtres ont rang après l'abouna et les alaka. Ils sont mariés. Leur costume est semblable à celui des autres Abyssins. Ils n'ont, pour tout signe distinctif, qu'un turban très élevé. Jaloux de l'abouna, ils intriguent constamment contre son influence.

Les « deftera » forment une classe distincte dans les gens de religion : ils sont les docteurs de la loi. Voués au culte dès leur enfance, ils apprennent l'amharigna, le ghèze, c'est-à-dire l'ancienne langue éthiopienne devenue la langue sacrée, et les chants d'église. Ils obtiennent des terres « goult » pour leur subsistance.

Les « confesseurs » vivent dans le célibat et jouissent d'une plus grande considération que les prêtres.

Les « melouksi » (moines) n'ont même pas la considération des prêtres. Ils ne peuvent se marier. Ils vivent dans des monastères dont quelques-uns sont célèbres. Celui de Debra-Libanos est le plus ancien; on attribue sa fondation à Taklé-Haïmanot, le grand saint du Tigré.

Debra-Libanos sert de lieu de sépulture aux personnages les plus illustres. Il y existe une source miraculeuse. Suivant la croyance locale, elle est alimentée par le Jourdain. Quand un malade est en danger, on lui donne à boire de cette eau bénite et à manger un peu de la terre sainte où elle jaillit.

Le monastère de Zoukouala fut fondé, dit-on, par saint Abo.

Les hommes et les femmes qui se vouent à la vie monastique vivent simplement. Il n'est pas rare que des gens aisés se retirent dans la solitude, pour y finir tranquillement leurs jours.

Les habitants du Schoa fréquentent peu l'église. S'ils y vont le dimanche, c'est pour baiser la porte et réciter, sur le seuil, une courte prière. Quant aux prêtres et aux deftéra, ils commencent à chanter le samedi, à la tombée de la nuit, et ne s'arrêtent que le dimanche soir; ils s'interrompent une heure ou deux, pour prendre un repos indispensable. Ordinairement, ils forment le cercle et tiennent à la main un instrument de cuivre garni de rondelles mobiles de même métal, dont ils se servent pour battre la mesure. Ils balancent ensemble leur corps en tous sens et accompagnent leurs voix des sons du « nagarit », sorte de tambour fait d'une peau tendue sur une demi-sphère de bois ou de métal, quelquefois de poterie.

Les églises amhara ne diffèrent pas des habitations privées, mais elles sont plus spacieuses. Au centre de la rotonde, est un espace caché aux yeux des fidèles par des murs qui s'arrêtent un peu au-dessous de la toiture. C'est le sanctuaire où le prêtre officie et où repose le « Tabot », coffre orné d'une plaque de bois sculpté qui sert

ABBATE WALDÉ-SAMAT, MOINE DU MONT ZOUKOUALA.

d'autel ; c'est la représentation de l'arche de l'Alliance d'Israël avec Iahvé, enlevée aux Juifs par le fils légendaire de Salomon et de la reine de Saba.

Les cimetières sont placés autour des églises. Les prêtres n'assistent que les mourants de distinction. Les hommes d'armes d'un grand personnage qui décède tirent des coups de fusil, au moment de sa mort. Les femmes, au dedans et au dehors, poussent des cris déchirants. Sur l'emplacement où le mort est mis en terre, on construit une hutte plus ou moins grande, dont l'entretien est confié à un moine. Cette coutume rappelle les sépultures des dhers cophtes (couvents et cités mortuaires), au Vieux-Caire.

Les parents (père, mère, frères, sœurs) portent, pendant quarante jours, des vêtements sordides ; le plus proche reçoit les visiteurs pendant la première semaine. Après la quarantaine de deuil, a lieu le « taskar », grand banquet en l'honneur du mort. La famille y invite le plus de monde possible, et les pauvres y sont toujours conviés.

Il existe au Schoa trois sortes d'unions conjugales. La première est la simple cohabitation. L'homme prend la femme, sans cérémonie et sans engagement. Il vit avec elle et s'en sépare quand bon lui semble. — La seconde est solennisée par le consentement et la présence des parents des deux contractants. Des conditions y sont fixées. Si l'homme répudie sa femme sans raison sérieuse, il doit lui donner la moitié de ses biens. Mais cette stipulation est rarement exécutée. La femme transige à meilleur compte et le mari a soin de dissimuler une partie de son avoir. Il est convenu que, dans le cours de ses expéditions lointaines, le mari a le droit de prendre une femme occasionnelle chargée de sa cuisine. L'épouse n'accompagne jamais l'époux ; elle doit garder la maison. — La troisième est le mariage religieux. Pour désigner l'homme et la femme mariés suivant cette forme sacrée, les indigènes disent : « Ils ont fait la communion ensemble. » Cette union est indissoluble. Le mari ne peut pas se séparer de sa femme ; veuf, il ne peut pas se remarier. Aussi, ce genre de mariage n'est-il guère contracté que par des gens avancés en âge. Le roi seul a le droit de convoler en secondes noces ; à la condition, toutefois, que sa première épouse ne lui ait pas donné d'enfants. La femme qui s'unit devant l'église peut avoir eu de précédents maris et des enfants. Les exemples sont fréquents. Sa Majesté Taï-Tou (le Soleil), présente épouse de Ménélik, à qui elle n'a pas encore donné d'héritier, en est à son cinquième ou sixième mari. Ménélik n'a qu'un fils, né d'une autre femme encore vivante, Houmet-Guété.

Après la dissolution du mariage, les enfants restent ordinairement dans la maison paternelle ; en cas de divorce, leur garde est réglée par le juge.

Chez les Amhara, la femme légitime s'applique à faciliter à son mari les plaisirs que, pour des raisons quelconques, elle ne peut lui procurer personnellement ; et, pour conserver son titre de maîtresse de maison, elle s'ingénie à le satisfaire. Elle tient d'ailleurs peu de place au foyer. Ses occupations se bornent à diriger le personnel des serviteurs et à le nourrir. Son mari l'exclut de toutes autres occupations.

L'adultère est sévèrement puni : l'homme est émasculé ; la femme a le nez coupé. Ces dispositions rigoureuses ont été imaginées, sans doute, par des maris jaloux et trompés ; il ne m'a pas paru qu'elles soient bien efficaces, pour la sauvegarde de la foi conjugale.

Je me suis rendu, ce matin, chez Oldié. Je lui ai donné des findjanes en porcelaine fine (petites tasses à café). En rentrant, je trouve son messager ordinaire qui m'amène un esclave couraghé et me réclame de nouveaux fusils.

On assure que le Négouss Negeust Johannès a enjoint à Ménélik de ne plus permettre à un seul Européen de passer l'Aouache. Je demanderai au roi la confirmation de cette nouvelle et je solliciterai une autorisation formelle, pour mon voyage dans le sud. Je ne puis passer de force dans les pays oromo : tous les points praticables sont occupés par les Amhara.

ANTOTO.

Dimanche, 8 août.

Un des alaka royaux me demande une hache pour son maître. Ménélik s'intéresse en ce moment à la taille des pierres, pour la construction d'une église dans le guébi, et c'est avec des haches qu'il les fait tailler. J'ai pris la liberté de répondre au Négouss que j'étais las de faire des cadeaux parce que, tout compte fait, pour un remington je reçois un gombo de bière. Ménélik était auprès de la reine, quand ma réponse lui a été naïvement, mais exactement rapportée. Les augustes personnages se sont regardés, paraît-il, avec quelque étonnement. Vers deux heures, j'ai reçu du guébi une mule d'âge mûr, ornée d'un harnachement de parade et de l' « abbo », collier d'honneur. C'est une décoration que portent seuls les grands dignitaires. Le roi ne l'accorde pas souvent ; elle n'a pour les étrangers aucun sens ; elle reste donc pour moi un simple collier de mule, garni de petites plaques d'argent. Selon l'usage, j'ai demandé à Ayto-Banti, chef des écuries, ce que je pouvais lui offrir pour le satisfaire. Il a réfléchi en jetant sur mes fusils un coup d'œil inquiétant !

On abuse des titres d'Ayto et Woïzero, qui n'étaient jadis décernés qu'aux membres des familles puissantes. Ils sont devenus banals comme nos expressions : monsieur et madame.

Ce soir, le beldéraba (introducteur qui porte la parole au nom de celui qu'il représente) d'Oldié est revenu. Il était mécontent du « coutha » (toge avec bordure de couleur) que je lui avais donné. Récemment, j'avais reçu du Dedjazmatch une esclave laide et vieille ; je lui avais remis quatre thalaris et cette promesse : « Quand tu m'apporteras un plus beau présent, tu recevras davantage. »

Les Amhara pratiquent rigoureusement la circoncision, à la façon des Juifs. Le baptême est administré aux enfants quelques jours après leur naissance. Les prêtres, au moment de la cérémonie, imposent au nouveau-né un nom qui n'est divulgué que huit jours plus tard ; mais il est généralement désigné par un surnom composé des premiers mots prononcés par la mère après ses couches ; par exemple : Tagagno (elle a vu son frère) ; — Tachy-Ballé (au-dessus de tous) ; — Zékergatchou (mets tout à tes pieds) ; — Moullou-Nech (elle est pleine), etc., etc. Je cite textuellement.

ANTOTO.

Lundi, 9 août.

De bonne heure, est arrivé un père de la Mission. Il m'a ramené un des serviteurs qui avaient quitté ma maison. J'ai consenti à le reprendre, après lui avoir fait appliquer dix coups d'alangha. Ce sera, je l'espère, une leçon suffisante.

Oldié me prévient qu'il part demain matin. Je vais chez lui. Nous parlons de l'esclave qu'il m'a offerte. Il m'assure qu'il a voulu seulement m'aider dans le service de ma maison, et non me faire un cadeau. Puisqu'elle n'est pas à mon goût, il la remplacera par une autre qu'il me représente comme la perle de sa maison. J'accepte.

De nouvelles révoltes viennent d'éclater chez les Soddo-Galla que gouverne le Dedjazmatch : « J'ai, me dit-il, un pressant besoin de fusils. » Nous y voilà ! J'ai voulu lui faire entendre que les miens n'étaient pas dignes de lui. Peine perdue ; il daignera s'en contenter. Quand il m'enverra la « baria-condjo » (la belle esclave), je devrai lui donner un nouveau remington.

Les Amhara sont d'intrépides jeûneurs. Ils pratiquent le carême et, de plus, ils se

16

soumettent à deux mois d'abstinence, le premier en l'honneur de la Vierge, le second en l'honneur des Apôtres. En ajoutant à ces grands jeûnes les vigiles, les mercredi et vendredi de chaque semaine, on constate que ces bons chrétiens font maigre chère pendant les deux tiers de l'année. Dans les jours de pénitence, la viande, le beurre et le laitage sont interdits. La cuisine est faite avec une huile nauséabonde extraite de deux graines oléagineuses pilées et cuites à l'eau : l'une noire, « nough », l'autre blanche,

COIFFURE DE FEMME AMHARA.

« souff ». Le premier repas n'est pas servi avant deux heures après midi et le second suit le coucher du soleil.

Les fêtes religieuses sont nombreuses et scrupuleusement observées. Tous les samedis et tous les dimanches sont fériés ; les jours placés sous le patronage vénéré de Mariam, Gorghis, Mikaël, Sellassé ou d'Abo, etc., etc., le sont également, sans préjudice des anniversaires onomastiques. Pendant ces fêtes, le chômage est complet : le labour même et la mouture du blé sont interdits.

ANTOTO.

Mercredi, 11 août.

Gabriel Gobano, interprète de Ménélik, est venu me voir. Il est d'origine oromo. Dans son enfance, il a été conduit en Égypte par des marchands d'esclaves. Adopté par un pacha, il a fait, au Caire et à Jérusalem, des études assez complètes. Il parle et écrit six ou sept langues. Il avait obtenu une place lucrative dans un ministère égyptien ; mais, un jour, l'envie le prit de revoir son pays natal et d'offrir ses services à celui que les hasards de la guerre avaient fait, comme il le disait, « son auguste maître ». Ménélik s'est montré peu reconnaissant de cet acte de loyalisme. Il l'a retenu, en lui donnant le strict nécessaire pour vivre et en lui défendant de repasser la frontière. Dans l'espoir de s'attirer les faveurs de Sa Majesté Taï-Tou, il est décidé à épouser une de ses esclaves. Il vient m'annoncer son prochain mariage. Je l'ai prié de me servir de drogman, le jour où j'irai demander au roi sa réponse définitive au sujet de mon voyage au sud ; je suis fatigué des « ichi » banals et évasifs. — Ichi est une locution peu compromettante, qui signifie « bien ! » — « pas mal ! »

Antoto.

Jeudi, 12 août.

Mékonen m'a envoyé un bœuf, de l'orge et des pois chiches. Il a cédé probablement à un remords de conscience : je lui avais donné un remington. Il me demande d'autres fusils ; il parle de payement : mais il entend bien les recevoir en cadeau.

Les Amhara n'ont pas de savon ; ils le remplacent par l'« endott ». Séchées et réduites en poudre, les petites fleurs rougeâtres de cette plante moussent et nettoient proprement les tissus, notamment les tissus de laine. Elles contiennent beaucoup de potasse.

Antoto.

Samedi, 14 août.

Le marché d'Antoto est à deux kilomètres de la ville. Le roi n'aime pas les affluences populaires ; il craint que les Oromo, dans une confusion provoquée par un incident quelconque, ne s'emparent du guébi.

Je veux acheter du blé, du miel et des étoffes. Le marché est pauvre : les marchands redoutent les razzias qui s'opèrent de temps en temps au nom des seigneurs ou du Négouss.

Je passe mon temps à refuser des cadeaux. J'en connais le prix. Je suis las de recevoir un œuf et de donner un bœuf. Ma clientèle diminuera bientôt, j'espère.

Antoto.

Dimanche, 15 août.

Visite au guébi. Je n'ai pas manqué de remercier Ménélik de ses bontés. Il m'a répondu qu'il estimait n'avoir encore rien fait pour moi. Après cet échange de propos courtois et peu sincères, j'ai abordé la grande question. Me permet-on de me rendre dans les pays oromo et, à défaut, dans quelque autre partie des États tributaires ? J'ai insisté pour avoir une réponse catégorique. « Tu pourras voyager partout, me répond le roi, sauf dans une partie du sud ; car on s'est plaint à Johannès de la présence des Européens qui y sont allés avec mon autorisation. Je te faciliterai l'accès des pays arroussi, etc., etc. » Bref, il me promet monts et merveilles. Je n'en demande pas tant ! Je remercie Ménélik en l'invitant à réitérer ses bonnes assurances. Il proteste de sa sincérité. Je le prie de remarquer combien il m'importe de prendre un parti immédiat ; toutes les routes du Schoa à la côte deviennent de jour en jour moins sûres, et si je suis empêché de voyager dans le sud, je voudrais partir avec une caravane prochaine. Il me détourne de cette idée. Par surcroît de complaisance, il met à ma disposition, pour me renseigner sur les Arroussi et leur pays, un homme de cette contrée, qui lui sert de guide à lui-même dans ses expéditions. Je devrais me retirer satisfait de cette entrevue ; mais je ne puis me défendre d'une certaine inquiétude. La mauvaise foi de mon royal interlocuteur est proverbiale.

ANTOTO.

Lundi, 16 août.

L'Arroussi de Ménélik est venu chez moi accompagné de Gabriel Gobano. Dans son pays, vivait jadis un scheik fameux du nom d'Hussein. Sa tombe est devenue un lieu de pèlerinage et la région environnante s'appelle « pays du scheik Hussein ». On y cultive le café, l'orge et le blé. La sépulture du saint personnage est à dix journées de la résidence du ras Darghé, au sud, sur l'autre rive de l'Aouache.

Le territoire de l'Abba Moudha est dans la même région. N'établit-on pas quelque confusion entre l'Abba Moudha et le scheik Hussein ? Le saint de l'islam et le chef oromo se sont-ils rencontrés personnellement ou dans leurs disciples ? En tout cas, l'Abba aurait eu moins de puissance que le scheik, car, voulant être reconnu comme souverain spirituel et temporel, il aurait rencontré l'opposition de son rival qui lui aurait dit : « Ces deux qualités ne peuvent être réunies en un seul homme. » L'Abba Moudha se serait soumis et aurait même envoyé des présents. Ce récit n'est pas vraisemblable et la réponse du scheik n'est pas conforme aux traditions islamiques.

« Le scheik, ajoute mon Arroussi, n'a pas besoin que tu lui dises ni si tu viens en ami ou en ennemi, ni ce que tu as l'intention de faire. Il devine. »

Le pays du scheik Hussein serait situé par huit degrés de latitude et trente-neuf de longitude Paris. Si je puis m'y rendre, je suivrai le cours du Webbi-Sidama et je me rapprocherai de l'Ougaden, dont les habitants vivent en paix avec tous leurs voisins. L'étranger est reçu comme un envoyé de Dieu. On le respecte, on l'aime, on lui témoigne les plus grands égards. — Voilà qui mérite confirmation.

Le pays de l'Abba Moudha serait également hospitalier ; cependant, sur ce point, mon homme est moins affirmatif. Je lui ai montré les perles, les soieries et les pièces de drap que je veux offrir aux chefs de ses compatriotes. Il s'est écrié : « Tu seras accueilli par eux comme l'envoyé du scheik Hussein lui-même ; mais que pourront-ils te donner en échange ? Tu les embarrasseras beaucoup. Sans doute, on t'offrira de vastes étendues de terres, des bœufs, des moutons, des chevaux, des ânes, des maisons, des esclaves ; mais ce n'est pas encore assez, car tu leur auras apporté des choses qu'ils n'ont jamais vues ! » — Je me contenterais de beaucoup moins, — et de la certitude de revenir.

En prenant congé, mon interlocuteur se plaint de la nourriture qu'il reçoit du guébi : un peu d'orge grillée et du pain. Depuis quelques jours, nous sommes en plein « tsôm » (jeûne) et toute infraction est punie de peines corporelles. Je lui donne de la viande, du tedj et du tala. Il me remercie et me demande le « tout-lidj » (enfant du sein). Singulier usage. Celui qui réclame la protection d'un personnage influent ne ·manque pas de solliciter le « tout-lidj ». Ce n'est pas un engagement banal et la forme en est typique : le candidat protégé prend entre ses lèvres les seins de son protecteur et devient son enfant d'adoption. C'est une source d'ennuis incessants. Aussi me suis-je dérobé à cette flatteuse sollicitation. Quand nous aurons fait plus ample connaissance, nous en reparlerons.

L'invasion de Gragne a enlevé à l'Éthiopie, avec le Sennaar, les Boghos et le terri-

VUE DANS L'INTÉRIEUR DU GUÉBI ROYAL, A ANTOTO.
Le Mat-Biet.

toire de Massaouah, les immenses plaines des Adal, que les Arabes appellent Danakil, les Tigréens Taltal, et qui se donnent à eux-mêmes le nom d'Afar.

Les Adal se subdivisent en tribus innombrables et occupent tout le bas pays, entre les montagnes d'Abyssinie et le littoral de la mer Rouge. Au sud, sont les tribus somali, dont le territoire est compris entre le golfe de Toudjourrah, le cap Guardafui et l'embouchure de la Juba.

Au nord du pays des Arroussi, s'étend une chaîne de montagnes habitées par des Oromo, jusqu'à ce jour inexplorées.

A l'est de la province d'Ifat, sur les hauts plateaux, vivent d'autres populations oromo.

Le pays des Couraghé est au sud d'Antoto ; ses habitants sont partagés en diverses tribus, les unes musulmanes, les autres chrétiennes, ou du moins conservant dans leurs croyances et leurs pratiques des vestiges de christianisme. Les Couraghé sont d'origine éthiopienne, leur langue dériverait du ghèze.

Au nord d'Antoto, s'élèvent les montagnes des Metcha-Galla, des Horro, etc., qui confinent au Godjam dont les sépare l'Abbaï (Nil bleu). Les territoires des Nonno-Galla et d'Ennarya, les royaumes de Gouma, de Limmou, de Djimma et de Kaffa sont situés au sud de ce massif montagneux, sur la rive droite du fleuve Ghibié-Ennarya ou Omo. Les quatre cinquièmes des habitants y pratiquent la religion oromo ; le reste est musulman. Plus au sud encore, c'est l'inconnu.

Entre le pays des Arroussi et l'Omo, sont des contrées que personne encore n'a

SCEAU DU DEDJAZMATCH MACHACHA-SEYFFOU.

visitées : le Tambaro, le Kambatta, etc., etc... ; mœurs, religion et origine des indigènes, tout est ignoré.

Le prince Machacha-Seyffou m'assure qu'il a lu, dans un livre ghèze, qu'au sud de l'ancien empire éthiopien se trouvait un immense lac appelé « Enoch ». — Quel est ce lac ?

ANTOTO.
Mardi, 17 août.

Le choum qui a excité mes domestiques à m'abandonner est revenu. Je connais son nouveau maître ; je le prierai de me le prêter, pour lui infliger la correction qu'il mérite.

Deux soldats sont venus me montrer un remington brisé. Ils se sont jetés à genoux, en me suppliant de le remplacer. L'arme appartient au roi, et ils redoutent un châtiment terrible. J'écris à l'alaka Joseph, en promettant de remplacer le fusil.

ANTOTO.
Mercredi, 18 août.

Les Européens m'engagent à ne pas compter sur la parole de Ménélik pour entreprendre mon voyage. Les explorations lui déplaisent et, sans doute aussi, les explorateurs.

ANTOTO.
Jeudi, 19 août.

Je commence mes préparatifs de départ. On me conseille de les activer, pour ne pas laisser au Négouss le temps de revenir sur sa parole.

Je ne serai pas prêt avant les fêtes de la Maskal (la Croix), qui seront célébrées vers le quinze du mois de Maskeroem, c'est-à-dire dans quatre ou cinq semaines.

Mon personnel est incomplet et insuffisamment exercé. Il me manque, d'ailleurs, des mules et des « agassez » (mulets de charge). Je n'ai plus ni toile de tente, ni peaux pour faire des courroies et des « selitcha » (sacs en peau de chèvre). Je dois m'approvisionner de tout, et je n'ai rien sous la main. Il faut aller vers Ankoboer, au marché d'Ali-Amba. C'est une excursion de quinze jours.

On est venu me supplier encore de reprendre deux de mes domestiques congédiés; l'un ne valait rien et l'autre pas grand'chose; j'ai d'abord refusé. Puis, sur ses instances, j'ai repris le second, à la condition qu'il se soumît à une punition corporelle. Il a reçu dix coups d'alangha. Quant à l'autre, suivant l'usage, je l'ai fait déshabiller pour reprendre les vêtements donnés et l'ai renvoyé chez son nouveau patron.

La fête de la Maskal est une des plus solennelles. On la célèbre le quinzième jour du premier mois, par une grande procession, des feux et des divertissements.

Le mois de Maskeroem tire son nom de Maskal, comme celui de « Tekemt » tire le sien de « Tumket » (baptème). A cette époque de l'année, les prêtres et le peuple se rendent sur les bords des rivières et se plongent dans l'eau, en commémoration de l'immersion de Jésus-Christ dans le Jourdain.

ANTOTO.

Vendredi, 20 août.

J'emporterai la charge d'une douzaine de mules ou de chameaux.

Où laisserai-je le reste de mes bagages et mes fusils? Peut-être les confierais-je à Ménélik, s'il était seul à connaître mon dépôt; mais son entourage?... Je risquerais fort de ne rien trouver à mon retour. Et cependant, il faut courir la chance ou renoncer au voyage. Mon hésitation ne sera pas longue.

ANTOTO.

Samedi, 21 août.

Je reviens du marché. C'est à peu près la route de Kataba. Six ou sept mille Oromo et un millier d'Amhara sont réunis sur le plateau. Presque tous sont vêtus de peaux. Les types me paraissent assez purs.

J'ai vainement cherché quelque objet intéressant; je n'ai trouvé que des bagues et des bracelets en cuivre ou en étain. J'ai promis des bibelots; je songe à mes engagements; mais ceux que j'aime et qui m'attendent devront se contenter de ma bonne volonté et de mon souvenir...

Des femmes, en lignes serrées, accroupies sur des nattes, vendent du beurre. Elles le pèsent et le divisent avec leurs mains, — qu'elles essuient dans leur chevelure, après avoir servi l'acheteur. Des Oromo sont rangés en file, derrière leurs sacs de peau remplis de grains. On vend des belassé et des coutha. Ces tissus et de menus objets de provenance européenne : verroteries, miroirs ronds en cuivre ou en étain, sont, avec des couteaux et des articles de sellerie indigènes, les seules marchandises que débitent les Amhara. Aucun instrument d'agriculture. Des morceaux de sel servent de monnaie. En revenant, j'ai voulu abréger le chemin. Je me suis égaré et, sous une pluie torrentielle, quatre heures durant, j'ai pataugé dans les ravins.

Mes oreilles sont rebattues des exemples de la fourberie du Négouss.

Sa Majesté Taï-Tou n'est pas insensible aux bons procédés. Elle a une grande influence sur son royal époux; mais elle déteste les Européens. Je lui ai offert quelques cadeaux et j'ai dit au roi combien je serais flatté de lui être présenté. Je m'en suis tenu là et je n'ai reçu aucune invitation. Cette femme est abhorrée. Le Dedjazmatch Oldié, à cheval, la rencontrant un jour, ne mit pas pied à terre. Elle s'en plaignit à Ménélik. Aux remontrances du roi, le grand seigneur répondit : « Je ne tiens pas compte des femmes en général, et la reine d'aujourd'hui ne sera peut-être qu'une femme demain. »

ANTOTO.

Dimanche, 22 août.

Je prends à mon service des domestiques oromo.

On m'importune pour que je donne quelques « sels » à des femmes qui prétendent avoir perdu des pièces de monnaie appartenant au roi. L'histoire n'est pas vraie, j'en suis convaincu. Le procédé est commun. Le domestique qui perd ou casse un objet quelconque est aussitôt chassé et va quémander de porte en porte, pour reconstituer la valeur de l'objet égaré ou brisé. Les morceaux de « bérillet » jouent un rôle important dans cette exploitation de la charité publique. Les serviteurs rusés les conservent avec soin et les exposent piteusement pour exciter la compassion. Je suis assailli par des mendiants de ce genre; ils m'attendrissent plus facilement que leurs compatriotes, dont la générosité est vite en défaut.

Le bérillet est une carafe à panse large et plate, au col étroit. Le tedj est versé du « wintcha » (verre en corne) dans le bérillet. La cire (il en reste souvent dans le tedj) surnage et reste dans le goulot, d'où il est facile de l'expulser par une légère secousse.

L'Amhara, superstitieux, croit au « mauvais œil » et à son action pernicieuse sur ce qu'il boit. Aussi le bérillet lui est-il présenté entouré d'une étoffe qui le cache à tous les yeux; pendant qu'il ingurgite le liquide, ses domestiques l'entourent et le dérobent aux regards malveillants.

ANTOTO.

Lundi, 23 août.

Les présents d'œufs et de tala abondent; mais ils me coûtent toujours fort cher.

Exemple de conversation avec mes donateurs ou leurs messagers : « Mon maître qui... etc., m'a chargé de t'offrir ces gombo de tala. — Merci, je ne bois plus — C'est ton meilleur ami qui te l'envoie! — Inutile, je suis son ami, sans qu'il soit besoin de ce tala. — Si tu refuses, il se fâchera.— Eh bien, nous resterons indifférents ou ennemis, comme il lui plaira. »

ANTOTO.

Du mardi 24 au lundi 30 août.

Journées de travail. Il pleut. Les orages ont recommencé. Voici huit jours que je n'ai pas fait cent mètres hors de ma demeure.

Pour la quatrième fois, le Fit Worari Odadjou, fils du ras Govanna, m'a fait dire qu'il était chez lui... Fit Worari Odadjou « at home »! Enchanté. Je lui ai répondu que, par ces mauvais temps, je restais aussi chez moi. Il m'a renvoyé son messager

pour me demander un remington à trois capucines. Encore un ! — J'ai répondu catégoriquement : Non !

Un autre Fit Worari, Taklé-Mariam, frère du roi, m'a dépêché un de ses serviteurs
pour m'apporter du beurre et me rappeler qu'il m'a donné un cheval. Je l'ai vivement remercié, mais je ne donne plus d'armes. Je suis tout prêt à lui rendre son cheval.

Ce soir, — six heures. — Odadjou est revenu à la charge ; il veut absolument me
voir. J'irai chez lui quand la pluie aura cessé.

J'ai vainement cherché un artisan capable de confectionner les bâts de mes mules

OROMO CHANGEUR DE SELS SUR UN MARCHÉ.

(Les *amouliè*, en amhara, *sogguidda*, en oromo, sont des morceaux de sels qui servent de monnaie divisionnaire.)

et des sacs pour mon théodolite, mon appareil photographique et mes autres instruments. Il me faudra courir dans les pays adda, pour me procurer des peaux.

Un notable Amhara m'écrit qu'un de mes nouveaux domestiques lui a volé certains effets d'habillement ; il me prie de le lui renvoyer pour le punir. Je m'empresse d'acquiescer à son désir, en le remerciant de me débarrasser de cet homme, venu
chez moi pour se soustraire à des poursuites. C'est une habitude ; on se réfugie chez
l'étranger pour obtenir sa protection ; on ne l'en déteste pas moins et on le trahit à la
première occasion.

ANTOTO.

Mardi 31 août et mercredi 1er septembre.

J'ai voulu assister à la fête oromo de la Maskal, distincte de la Maskal amhara.
C'est évidemment un reste traditionnel de la domination éthiopienne. Les Oromo la

17

célèbrent quinze jours après les Amhara, sans savoir ce qu'ils fêtent. Tout se borne à des jeux et des danses. La nuit qui précède, du Ghibié à Antoto, la contrée est couverte de feux de joie.

Ce matin, je suis retourné aux sources de Fell-Wa. Brûlantes à leur sortie de terre (quatre-vingts degrés), elles sont conduites dans une piscine où se baignent des scrofuleux et des lépreux. Les syphilitiques y recourent aussi avec conviction.

J'ai revu, en passant, l'ancienne mission de Finefini. Depuis l'expulsion des religieux, les Amhara ont détruit tous les arbres; un bouquet grandiose a seul été épargné.

ANTOTO.

Jeudi, 2 septembre.

Je subis un nouveau cadeau de Mékonen : un mauvais fusil contre un bon.

Le Fit Worari Odadjou me réitère une fois de plus son désir de causer avec moi. Je réponds que je consentirai à aller chez lui, s'il est disposé à me rendre visite. J'exige la réciprocité, à l'exception des membres de la famille royale et du ras Govanna.

ANTOTO.

Vendredi, 3 septembre.

Odadjou s'est décidé à venir à la montagne. D'ailleurs, il a été fort aimable. Résultat de la visite : un fusil et neuf mètres de drap rouge. J'ai reçu mille promesses dont aucune ne sera tenue. Le Fit Worari a poussé la bonté jusqu'à m'inviter à passer par sa résidence de Sayo, dans le Wellagha, dont il est gouverneur.

Le roi m'a fait demander un chandelier, une scie et des nouvelles de ma santé. Je suis sensible à cette dernière demande; je me défends contre les deux autres. Je voudrais bien conserver ma scie et mes chandeliers; mais je crains qu'il ne faille céder tôt ou tard. Je profite de la circonstance pour rappeler à Ménélik ses engagements au sujet de mon voyage. Une heure après, je reçois une lettre où il m'exprime ses bons sentiments et me prie d'accepter un bœuf et dix moutons.

Grand désappointement. J'ai développé quelques photographies faites en chemin, dans le pays des Adal. Il ne reste aucune trace d'image; plus de cent épreuves irrémédiablement perdues! Cependant, j'avais opéré avec mille précautions et des temps de pose calculés au Caire. Comment faire? Le mal est dans la préparation du papier.

Malgré la latitude, le climat est relativement froid : il est huit heures du matin et le thermomètre marque sept degrés au-dessus de zéro.

ANTOTO.

Samedi, 4 septembre.

J'essaye mes chevaux de voyage. Parti dans la matinée, avec deux domestiques, je rentre à la nuit; — neuf heures de cheval. Le terrain était boueux; nous sommes tombés plusieurs fois; mais l'herbe était épaisse et nos chutes n'ont pas eu de conséquences fâcheuses.

ANTOTO.

Dimanche, 5 septembre.

La princesse Kalam Warké (parole d'or) m'a envoyé des œufs. Elle est sœur du ras Darghé, oncle du roi, et fille de Saleh Sellassé; c'est donc une vieille femme. Je suis curieux de savoir ce qu'elle va me demander. Si c'était encore un fusil?

ANTOTO.

Lundi, 6 septembre.

Le mandataire de M. Tian revient d'un court voyage d'affaires; il s'était rendu chez le Dedjazmatch Guermani. Ce personnage est très riche; il gouverne une partie de l'Adda et d'autres contrées. Débiteur d'un solde de compte pour règlement d'un marché de fournitures, il avait promis de payer. « J'ai pour vous, avait-il dit à son

ENTRÉE OUEST DU GUÉBI DU ROI MÉNÉLIK A ANTOTO (DILDILA).

créancier, dans ma maison, au pays adda, de très belles choses. Venez les voir. N'emportez que le strict nécessaire; le reste me regarde. Je pars dans quelques jours. Vous me rejoindrez. » Guermani a soixante-dix ans; il occupe une haute situation et jouit de l'estime publique. Le mandataire de M. Tian s'est mis en route. Arrivé à grand'-peine, il a vu le Dedjazmatch, qui lui a désigné un eunuque en lui disant : « Allez avec cet homme, c'est le gardien de mes magasins. Un jour de marche vous suffira, et vous trouverez ce que je vous ai réservé. » Parvenu à destination, on lui a montré des dents d'éléphant brisées et invendables. Il a demandé si c'était là tout ce qu'on lui destinait. Sur la réponse affirmative de l'eunuque, il a répliqué : « Va dire au Dedjazmatch qu'il peut garder son ivoire et que si, à la Maskal, quand il viendra porter le guébeur (tribut) au roi, il n'apporte pas de quoi me payer, nous réglerons l'affaire devant le Négouss. » C'est bien; mais, en attendant, cet homme a perdu vingt jours et revient à la fois bredouille et malade. N'est-ce pas un exemple encourageant?

ANTOTO.

Mardi 7 et mercredi 8 septembre.

Le prince royal Saleh Mikaël, fils de Ménélik, m'a envoyé, par l'intermédiaire de sa gouvernante, des pains, de la viande et des œufs. Que me demandera-t-il dans quelques jours?

Il n'a pas plu aujourd'hui, de six heures du matin à huit heures du soir : c'est la première fois depuis mon arrivée au Schoa.

Fête de saint Raphaël.

« S'il pleut ce jour-là, disent les Amhara, tous les serpents meurent. » — Autre bienfait de la pluie de Saint-Raphaël : on en prend quelques gouttes, on les jette dans la farine et la pâte, mise au four, pendant toute l'année donnera plus de pain.

ANTOTO.

Jeudi, 9 septembre.

Essai d'une nouvelle monture. L'animal est bon et cher : quatorze thalaris; c'est un prix élevé. Un superbe cheval n'en vaut jamais plus de vingt; pour trois ou quatre, on a des bêtes de charge. Mon vendeur m'a cédé, en outre, le harnachement pour cinq thalaris. C'est le prix d'un harnais orné de cuivre.

Les mules se vendent de vingt à trente-cinq thalaris.

Tout compte fait, j'aurai besoin de cinq chevaux de selle, quatre ou cinq mules pour mes colis et mes instruments et six ou huit chevaux de charge pour le bagage proprement dit : tissus, verroteries, etc., etc.

ANTOTO.

Vendredi, 10 septembre.

Premier jour du mois de Maskerœm, premier de l'an des Amhara. Ils l'appellent « enkoutatech ».

Le roi, de bonne heure, s'est rendu à sa chapelle. Tous les Dedjazmatch, Grazmatch, Fit Worari et autres dignitaires se pressaient sur son passage.

L'usage des cadeaux de nouvel an est heureusement inconnu; on se borne à offrir des monceaux de fleurs. Hommes et femmes portent une couronne d'herbes tressées. Après les cérémonies à l'église, procession avec trois tabot. Les prêtres, les alaka, les deftera, etc., etc., hurlent, tandis que les nagarit font un tapage insupportable. Le Négouss précède le cortège sur une mule richement caparaçonnée et couverte d'étoffes rouges; à côté de lui, des serviteurs portent son fusil et son bouclier. Une forte pluie a subitement dispersé la foule.

Ce soir, le « lidj abater », fils du Dedjazmatch Boïlo, est venu. C'est à lui que le roi confie les missions qui l'intéressent spécialement; il est en grande faveur. Il m'a demandé des bougies. Celles que je possède sont d'un calibre qui ne peut convenir; je les sauve.

En compensation, je lui offre de la parfumerie qu'il accepte; de plus, il m'emporte une scie et un chandelier!

ANTOTO.

Samedi, 11 septembre.

Neuf heures du soir. Au moment où je m'endormais, une bande de femmes a fait irruption dans mon enclos en chantant. Toutes se disaient femmes de l'alaka Joseph. Il est d'usage que ces dames du guébi, une ou deux fois par an, donnent des aubades ou mieux des charivaris de ce genre aux choum de distinction. On les gratifie ordinairement d'un thalaris et de quelques verres de tala.

Ce matin, promenade à cheval; orage, grêle et pluie. Les bêtes effrayées nous ont jetés dans des terres vaseuses.

Un de mes domestiques a frappé brutalement un enfant. Je l'ai menacé de l'envoyer au juge; il m'a supplié de le punir moi-même, je lui ai fait appliquer cinq coups de fouet. Cette justice simple et expéditive paraît aux gens du pays infiniment supérieure à l'intervention de la magistrature. On trouverait des arguments à l'appui de cette préférence. Les procédés judiciaires de la civilisation aboutissent à des condamnations bien autrement funestes pour les coupables que des châtiments corporels.

ANTOTO.

Lundi, 13 septembre.

Je continue, au milieu des mêmes péripéties, mes exercices équestres.

Le père Élias, de l'ancienne mission de Finefini, m'a demandé des nouvelles de la côte; je n'en ai aucune.

J'ai passé chez le Fit Worari Odadjou. Il prétend que le Négouss Negeust Johannès, croyant à l'impossibilité de vivre en bonne intelligence avec les Italiens à Massaouah, a rompu les relations et que la guerre est commencée.

ANTOTO.

Mercredi, 15 septembre.

Une volée de gypaètes s'est abattue sur ma demeure; j'en ai tué deux. Ils sont énormes.

J'ai fabriqué un cerf-volant. Dès qu'il s'est élevé en l'air, l'étonnement a été général. La foule s'est amassée dans mon enclos, et j'ai eu grand'peine à m'en débarrasser. Me prendrait-on pour un sorcier?

A toutes leurs superstitions, les Abyssins ajoutent la crainte spéciale des mauvais esprits, de « Boudda » et de « Zarr » notamment.

L'individu qui se dit « possédé » se lève au milieu de la nuit, se roule par terre et pousse des cris inarticulés. Après une ou deux heures de contorsions, il est épuisé et reste gisant, comme inanimé. Le remède le plus efficace consiste alors à prendre une poule noire et à la faire tourner autour de la tête du possédé; on la jette ensuite sur le sol. Si la poule meurt sur le coup ou bientôt après, c'est un bon augure; le Zarr ou le Boudda a passé dans le corps du volatile et l'a fait périr. Si la poule survit à ces mauvais traitements, il est clair que le démon a résisté et qu'il est demeuré dans le corps du patient; on recommencera.

Le Zarr a de nombreux fidèles. Dans certaines localités, on lui rend une sorte de culte. Il a des incarnations, des formes et des noms variables. Aux environs d'Ankobœr, le mauvais esprit, je ne sais pourquoi, est désigné sous le nom de « Waïzero Encolal ». c'est-à-dire, littéralement, « Mademoiselle l'œuf ». A certaines époques de l'année, les adeptes du Zarr se réunissent et s'enferment pendant trois jours et trois nuits, sans sortir, se livrant à des pratiques aussi mystérieuses que grotesques. Dans ces assemblées, le Zarr ne manque pas d'apparaître à ses pieux sectateurs.

La croyance aux esprits existe aussi chez les Oromo. Ces jours derniers, causant avec l'esclave arroussi que m'a envoyé le roi, je lui disais qu'après avoir parcouru son

AUTOGRAPHE DE L'ALAKA JOSEPH NÉGOUSSIÉ,
Secrétaire des Affaires étrangères du roi Ménélik.

pays, je comptais bien visiter celui de l'Abba Moudah. « Prends garde, m'a-t-il dit; on y rencontre beaucoup de Boudda. »

L'Amhara n'aime pas la grande lumière. Au cours d'une visite, il s'assoit dans les coins les plus sombres, ce qui lui est d'autant plus facile que les habitations n'ont pas de fenêtres. Un Européen avait pratiqué dans son habitation quelques ouvertures vitrées. Quand il est parti, les Amhara qui ont occupé sa hutte n'ont pas manqué de les boucher.

L'alaka Joseph m'envoie le menu journalier de mon durgho :

> Vingt litres de tedj,
> Quarante-cinq pains,
> Deux plats,
> Cinq kouna d'orge,

Chaque mois le roi veut aussi me donner :

> Vingt litres de beurre,
> Cinq kilos de sel,
> Quatre litres d'araki de miel,
> Deux bœufs,
> Quatre moutons.

Certes, je devrais être satisfait; mais le compte se rétablit ainsi : le roi ne tiendra que la moitié de sa promesse; — sur cette moitié, les choum prélèveront une large part; c'est l'inévitable vol. Le reste m'arrivera en qualité exécrable. La largesse royale se réduit à rien dans la pratique.

Antoto.

J'ai exercé mes hommes au maniement du fusil; dans trente jours, nous partirons; je crains bien que mon rôle d'instructeur soit mal récompensé et que les résultats obtenus soient des plus médiocres.

Onze heures et demie. — Il y a un an, jour pour jour, heure pour heure, je quittais le Caire. En dépit de mes ennemis sur le littoral de la mer Rouge, je me trouve dans les limites de temps que je me suis fixées pour la réalisation de mes projets. Mes préparatifs sont assez avancés, et si Ménélik tient parole, je voyagerai cette année, sous ses auspices, jusqu'aux limites du Kambatta. Je reviendrai à Antoto, en juin ou en juillet. J'y passerai la saison des pluies. Puis, suivant les dispositions du Négouss et l'état de mes instruments, j'entreprendrai une nouvelle campagne au sud. J'irai devant moi, dans l'inconnu, et, si je puis, je gagnerai l'Europe sans retourner au Schoa.

Antoto.

Vendredi, 17 septembre.

Le bruit court que le frère du Dedjazmatch Oldié aurait été tué dans une bataille entre les Amhara et les Kabiena, soulevés par Omar Boxa. Ce chef, soumis une première fois, s'est, paraît-il, révolté de nouveau; il est musulman.

Autre rumeur: le ras Darghé aurait beaucoup de peine à se maintenir dans le pays de Circa, chez les Aroussi. Qu'adviendrait-il si le Négouss ne recevait de la côte ni fusils ni cartouches?

On dit que le mot « Abyssin » vient de l'arabe « Habasch » ou « Habaschi » (?) qui signifie « mélange ». Les Arabes ont-ils voulu indiquer par cette qualification la diversité des races qui ont formé les populations de l'ancienne Éthiopie?

J'ai lu quelque part une étymologie qui n'est pas absolument différente et qui, pour toucher à la légende par certains côtés, pourrait bien, par quelques autres, se rapprocher de la vérité. Habasch était fils de Kousch, fils de Chanaan, fils de Cham, fils de Noé. Du nom de Habasch, les Arabes auraient tiré « Habaschi » et ce mot, pris collectivement, aurait désigné l'Éthiopie. Il semble aussi que les habitants de ce pays aient été appelés quelquefois « Kouschiens » ou « Kouschites », du nom de Kousch, père d'Habasch.

Au Schoa, sauf de très rares exceptions, personne ne connaît l' « Éthiopie ». « Habêch » est, au contraire, un nom usuel.

Antoto.

Samedi, 18 septembre.

Par ordre du roi, le marché a été rapproché de la ville; j'y suis allé de grand matin. Personne n'y était encore. Tout d'un coup, j'ai vu arriver, en longue file, une foule grouillante qui a envahi la place. Le désordre a été si grand, que j'ai dû me retirer sans m'arrêter à la pensée de chercher ce que je voulais.

Un père de l'ancienne mission m'a ramené un domestique, renvoyé récemment. C'est une séance de fouet en perspective. J'en ai une autre : les hommes qui m'ont accompagné au marché m'ont volé un thalari ; s'ils ne le retrouvent pas, ou s'ils ne me donnent aucune explication satisfaisante, je les menacerai de la justice et ils réclameront la correction traditionnelle.

ANTOTO.

Dimanche, 19 septembre.

A sept heures et demie, je suis parti pour Finefini, — trop tard pour éviter la série

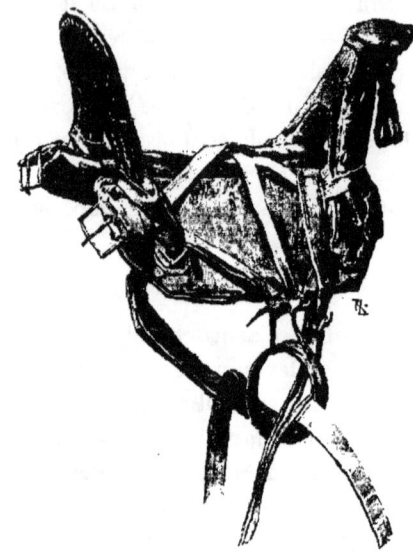

CORPS DE SELLE AMHARA.

des demandes de Gabriel Gobano qui, se marie aujourd'hui. Je lui ai donné beaucoup, et il m'a demandé dix fois davantage.

AUTOGRAPHE DE GABRIEL GOBANO, interprète de Ménélik.

J'ai fait le tour des montagnes pour rester en plaine jusqu'à la mission. Sept heures de cheval, sans repos.

Ce soir, j'ai assisté au mariage de Gabriel Gobano. Il a voulu me présenter à sa femme. Elle était installée dans une hutte ronde, de trois mètres de diamètre ; c'est la chambre nuptiale. Le sol est couvert de peaux de bœuf; aux murs sont accrochées des étoffes grossières. Gobano, qui parle le français et l'italien, a le rare avantage de posséder quelques journaux illustrés; il les a utilisés à tapisser les parois de ce gynécée. L'algha est recouvert d'un tissu rouge et entouré de rideaux. La mariée, immobile, est accroupie à la mode orientale. Son corps est entièrement enveloppé dans un burnous de soie bleu foncé, orné de broderies. C'est le cadeau de la reine, dont elle est l'esclave

MANIÈRE DE DONNER LE FOUET (ALANGHA).

favorite. Son visage est voilé. Elle est silencieuse; il ne lui sera permis de parler que demain. Par faveur, elle me tend la main et découvre ses traits. Il eût mieux valu qu'elle gardât son voile, — j'aurais pu la croire belle !

Devant la maisonnette, où des femmes l'ont conduite ce matin, il ne reste plus que trois hommes vêtus du djano. Cinq ou six domestiques, le chama à la ceinture, le torse nu, servent à boire.

On me demande : « Quelle est votre caution ? » Je ne comprends pas. Gabriel Gobano me donne l'explication suivante : le jour des noces, quand on pénètre auprès de la mariée, il est d'usage de présenter deux témoins pour garantir qu'il lui sera offert un cadeau. Gabriel déclare que j'ai déjà rempli ce devoir. Je le crois bien !

De tous côtés, on a dressé des tentes. On m'invite à y entrer; je m'en défends; cette noce me paraît moins que réjouissante. On insiste et on m'appelle pour prendre ma part de « brondo ». J'en avale quelques bouchées. Puis, on m'entraîne vers une grande hutte où le nagarit fait rage. Des chanteuses débitent leur répertoire et plus de quarante femmes reprennent en chœur des refrains. Quelle musique ! J'entre au moment où un artiste improvise des louanges en l'honneur du ras Govanna.

Enfin, je puis me retirer, exténué de fatigue, en traversant une foule de gens qui mangent, boivent et crient : la fête durera trois jours et trois nuits.

ANKOBŒR.

Lundi, 20 septembre.

Il faut que j'aille à Ankobœr. J'ai besoin de grosses peaux appelées « krilla », pour façonner les courroies et les ventrières des mules de charge. On prépare ces peaux dans toutes les maisons ; mais personne n'a voulu m'en donner.

J'ai écrit à un interprète royal, en le priant d'avertir Sa Majesté que j'allais au marché d'Ali-Amba, à quelques heures d'Ankobœr, pour y chercher les objets indispensables qu'on me refuse ici. Ménélik a répondu que j'étais libre d'agir à ma guise ; mais il ne m'a pas offert de me tirer d'embarras.

Je partirai mercredi matin. J'emporterai du pain pour moi et de l'orge pour mes chevaux. C'est un trajet de cent dix kilomètres. Je le ferai en un jour et demi, si les routes ne sont pas trop mauvaises.

ANKOBŒR.

Mardi, 21 septembre.

Le père Gabri Maskal, qui s'est décidément voué à l'œuvre de la réintégration des serviteurs égarés, me ramène cinq Oromo. J'en ai repris deux ; à mon retour d'Ankobœr, j'aviserai pour les trois autres.

J'ai fait juger par mes domestiques réunis celui qui m'a volé le thalari. Le plus âgé m'a suggéré la triple alternative que voici : « ou tu le renverras, ou tu le battras, ou tu lui feras rendre l'argent. » Je lui ai répondu que je ne me mêlais plus de cette affaire, et que même lui et ses camarades devaient la terminer, puisqu'ils l'avaient commencée. A l'unanimité, le coupable a été condamné à quinze coups d'alangha. Séance tenante, on l'a couché sur le sol et on lui a infligé la correction annoncée. L'incident est réglé à la satisfaction générale.

ENTRE ANTOTO ET ANKOBŒR.

Mercredi, 22 septembre.

Cinq heures du matin. Nous partons. Je prendrai la route d'Allaltou. C'est la plus courte, elle est intermédiaire entre celle du bas, dans les kolla, et celle du haut, sur les plateaux, dite route de Barak. On craint d'y passer pendant la saison des pluies, à cause des marécages et des rivières. Je compte sur une bonne chance. Depuis quelques jours, les pluies sont moins fortes.

Pendant les deux premières heures, les montures vont bon train. Après les pentes, fort mauvaises par endroits, qui de Dildila aboutissent à la plaine, nous continuons la route au petit galop.

Deux haltes : à dix heures et à midi.

Quatre heures après midi. Je quitte mon cheval. Depuis longtemps, il n'avait pas été monté ; il ne peut pas continuer la route. Un domestique le conduira à Ankobœr.

En selle, sur une autre bête !

LE PLATEAU ENTRE ANTOTO ET ANKOBŒR.

A six heures, nous nous arrêtons pour coucher dans une habitation oromo. C'est une habitude à prendre. Plutôt que d'endurer ce supplice, les voyageurs consacrent ordinairement trois journées au parcours et emportent avec eux tentes et bagages. Impossible de dormir un seul instant : puces et punaises me dévorent. Et, si je m'assoupis par lassitude, des veaux ou des mules me réveillent en soufflant sur mon visage.

ANKOBŒR.

Jeudi, 23 septembre.

Enfin le jour paraît. Nous partons sans regret. Le propriétaire de la hutte, que j'ai largement récompensé, nous accompagne.

Un de nos chevaux s'enfonce tellement dans la vase d'un ruisseau, que son cavalier est obligé de descendre pour l'en retirer. Après la bête, il a fallu dégager l'homme et nous n'y sommes parvenus qu'en lui tendant des lances.

A dix heures et demie, par un mauvais chemin, nous atteignons le bord du plateau et nous découvrons le chaos de montagnes où se trouve Ankobœr.

Pour descendre dans la vallée du Herrara, nous prenons le sentier de Koum-Dingaï (les pierres debout) qui serpente à travers des roches amoncelées. Force nous est de descendre de cheval et de bien choisir la place de nos pas.

A une heure, nous entrons dans Ankobœr.

J'envoie un messager à l'azage pour le saluer et lui dire que la fatigue m'oblige à remettre à demain le plaisir de le voir.

Je demande à tous les échos les krilla que je suis venu chercher. Il n'y en a plus en vente ; mais je pourrai, dit-on, en trouver chez les habitants.

La nuit arrive ; je me couche, inquiété par le terrible souvenir de la nuit dernière.

ANKOBŒR.

Vendredi, 24 septembre.

A l'aube, je pars pour Ali-Amba. Route détestable sur les bords de précipices profonds. A tout instant, il faut mettre pied à terre.

Nous arrivons en quarante minutes sur une crête, à pic des deux côtés, et haute de plus de mille pieds.

La vue s'étend sur les gorges au-dessous d'Ankobœr et sur les mamelons qui terminent les hauteurs vers les plaines des Adal.

Ali-Amba est tout proche à vol d'oiseau.

La beauté du site nous dédommage des difficultés de la route. Partout de la verdure, des arbres, des fleurs. Les oiseaux peuplent les arbustes et les buissons. Innombrables pintades et francolins d'une espèce particulière que les Amhara appellent « cok » et les Oromo « gougouri ».

Ali-Amba a été cédé par Ménélik à Mohammed Abou-Bakr ; c'est un marché important ; mais je n'y ai pas trouvé mes krilla.

Dans la soirée, je remonte à Ankobœr. Les gens de l'azage m'offrent des moutons.

ANKOBŒR.

Samedi, 25 septembre.

Ce matin, j'ai rendu visite à l'azage Waldé-Tzadeck.

Il m'a bien reçu et m'a complimenté sur la rapidité de mon voyage d'Antoto à Ankobœr.

Après les banalités d'usage, j'ai pris congé de lui. Je ne le reverrai pas avant mon départ.

Journée insignifiante, passée à chercher mes introuvables krilla. Je suis bredouille.

ANKOBŒR.

Dimanche, 26 septembre.

J'ai envoyé un homme à Bouliorké, près de Debra-Behan, où se tient, chaque lundi, un marché de mules, de chevaux, de peaux et d'objets de sellerie.

ANKOBŒR.

Mardi, 28 septembre.

Toutes mes recherches ont été infructueuses. Je repartirai demain.

Après midi, j'ai pris congé de l'azage ; il m'a proposé d'envoyer mes chevaux à deux lieues d'Ankobœr, sur les plateaux, et de partir moi-même de très bonne heure, sur l'une de ses mules. J'ai accepté.

Dans la soirée, l'homme que j'ai envoyé à Bouliorké m'a rapporté quelques peaux.

D'ANKOBŒR A ANTOTO. — ROUTE DE BARAK.

Mercredi, 29 septembre.

Quatre heures et demie. Je me mets en route, à dos de mule, avec un guide.

Nous descendons la côte ; puis, nous remontons, dans les pierres, la pente qui conduit sur le plateau de Corabel, au nord de la montagne qui domine le guébi. Peu après, nous franchissons le Herrara.

A sept heures, j'ai rejoint mes chevaux.

Nous suivons cette fois la route de Barak. De grandes prairies coupées par des ruisseaux limoneux, étroits et peu profonds.

Sur l'eau dormante des mares, des myriades d'oies et de canards barbotent paisiblement.

Le froid est vif. J'ai la figure et les mains gercées par une véritable bise.

Au sortir d'un petit fourré, deux hyènes nous apparaissent brusquement. Les montures prennent peur et s'emportent. Impossible de les retenir. Pendant quelques minutes, c'est une course folle. Un ruisseau assez large coupe la route ; mon cheval le franchit d'un bond, mais celui d'un de mes hommes qui se trouve en face d'un passage plus large tombe dans la vase. — Six heures du soir, halte sur un mamelon. Nous trouvons un gîte pour la nuit, dans la ferme d'un Oromo. On nous repousse d'abord ; on se ravise ensuite et nous recevons une bonne hospitalité : des pains, des moutons et du lait. Gens et bêtes, nous logeons dans la hutte enfumée par un grand feu de bouse de vache.

D'ANKOBŒR A ANTOTO. — ROUTE DE BARAK.

Jeudi, 30 septembre.

Quelle nuit ! Six chevaux, deux ânes, quatre veaux, sept hommes, trois femmes, deux enfants... et des millions d'insectes occupent la maison. Et j'ai dormi, tant j'étais harassé! Mais quel sommeil! — Au point du jour, je découvre, qu'une vache a profité de mon sommeil pour me couvrir d'herbes... fraîchement digérées.

ANTOTO.

Vendredi, 1er octobre 1886.

M. Ilg et M. Hénon reviennent du pays soddo; ils ont tué un éléphant, une gigantesque femelle. Un moment, entourés par une troupe de ces énormes bêtes, ils ont couru un certain danger. Ils chassaient avec deux de mes fusils : le calibre dix, balle à pointe d'acier et le calibre huit, bien supérieur. L'effet a été foudroyant, les indigènes en sont restés stupéfiés.

Le Dedjazmatch Oldié m'a envoyé une jeune esclave de Kabiéna, récemment capturée. Tout son vêtement consiste en une peau de mouton. Elle est d'origine Hadia, mais elle a été emmenée en esclavage à Kabiéna. Son nom est « Média ».

M. Ilg est un ingénieur distingué que la vie d'aventures a séduit. M. Hénon, officier de cavalerie française, est venu ici pour faire de la topographie et de la photographie. Il a été desservi auprès du roi qui contrarie ses projets et ses études. Dernièrement, en l'absence de Ménélik, d'accord avec le ras Govanna qui devait lui donner quelques cavaliers, il a voulu pénétrer dans le pays de Léka et se diriger vers le sud. Ordre est arrivé d'Antoto de le saisir et de le reconduire. On l'a mandé, sous un prétexte quelconque, chez un choum qui l'a garrotté et ramené, les chaînes aux pieds et aux mains. Après cette mésaventure, M. Hénon a renoncé à ses travaux; mais, en outre de ses relevés topographiques, il rapportera une remarquable collection de photographies.

ANTOTO.

Samedi, 2 octobre.

La course d'Ankobœr a été mauvaise pour mon écurie. Quatre chevaux hors de service, pour trois semaines au moins.

Sa Majesté est en déplacement, sur la montagne de « Mannagacha », à quatre heures d'Antoto. Salomon envoyait des Hébreux au roi Hiram pour couper dans le Liban les bois de construction du temple; Ménélik est allé en personne diriger, sur la montagne, la coupe des bois destinés à la construction de l'église qu'il élève dans l'enceinte du guébi, sous le vocable de l'archange Raguel. Il a emmené sa maison.

Je n'ai plus rien à donner; on ne m'offre plus rien et on me refuse une assistance dont j'ai grand besoin. A Ankobœr, l'autre jour, je priais l'azage de m'envoyer à Antoto, par ses gabares, du plomb et des verroteries oubliées à mon premier passage. Il a refusé. Le roi a pris tout ce qui lui plaisait; il ne veut pas du reste. Pourquoi prendrait-il la peine de le transporter, sans profit?

J'ai demandé des krilla à tous ceux qui m'ont arraché des fusils; tous m'ont fait des promesses; aucun ne les a tenues. Quel bon pays !

Sa Majesté Taï-Tou n'est pas libérale envers l'ami Gabriel Gobano. Par son mariage, il avait l'espoir de captiver les faveurs de sa souveraine. Il vient d'en recevoir un échantillon : la reine réclame le manteau bleu qui parait la nouvelle mariée et qu'elle lui avait offert. Infortunée madame Gobano! Gabriel m'a raconté sa disgrâce d'un air tout déconfit. Ce n'est pourtant pas un sot.

LA MISSION.

Dimanche, 3 octobre.

Au point du jour, je pars avec huit hommes pour la Mission.

En route, ils me dépassent, tenant en main leurs bâtons armés d'une pointe de

DAME AMHARA D'ANKOBŒR,
en deuil, cheveux coupés.

fer. Ils les lancent sur l'un d'eux qui doit parer les coups. Ce sport n'est pas sans danger. Une blessure à la tête ou à la poitrine pourrait être mortelle.

Au village, on me reçoit bien ; la plupart de mes serviteurs sont de l'endroit ; ils y ont leurs familles et je les ai tous plus ou moins aidés de ma bourse, ou de mes recommandations, auprès du roi ou des choum.

Le père Gabri-Maskal m'a réservé l'honneur de servir de parrain à un petit garçon, fils d'un néophyte. La cérémonie sera sommaire et discrète. Le Père revêt, à la hâte, les habits sacerdotaux et m'introduit dans l'église abandonnée et dépouillée de toute décoration. C'est une salle rectangulaire sous un toit de chaume qui abrite un autel en terre recouvert de bois et un crucifix. Arrivent le père, la marraine et l'enfant ; je vais les recevoir à la porte de l'église. Le premier est un Oromo de vingt-cinq à trente ans, à la mine martiale. La marraine, également Oromo, est un type de la race. Elle porte une courte chemise de coton, bien beurrée à la mode du pays, et une jupe de peau. Ses cheveux en minces tresses crêpées, couvrent ses oreilles et ne laissent qu'une petite partie du visage à découvert. Elle répond au nom d'Atko. Mon filleul crie à tue-tête. « Cet enfant crie trop fort », dit le père Gabri-Maskal, et, avant de le baptiser, il lui verse une bouteille d'eau sur la tête. Le petit être a cessé de crier pendant quelques minutes pour recommencer de plus belle, après la cérémonie. Récemment encore, Ménélik a ordonné, à l'improviste, une descente dans l'église, pour s'assurer qu'elle était fermée au culte. Sans la crainte du Négouss Negeust Johannès, il aurait laissé subsister la Mission ; mais la terreur que lui inspire son maître est si grande, qu'il n'hésiterait pas à lui abandonner ses serviteurs les plus dévoués, voire ses plus proches parents. Sa conduite envers le cardinal Massaïa en est une preuve lamentable. Il témoignait à l'illustre missionnaire une grande vénération ; je crois même que Massaïa est le seul Européen qui ait exercé sur lui une influence réelle. Le jour où Johannès a parlé, il l'a trahi et livré de ses propres mains.

ANTOTO.

Lundi, 4 octobre.

Vingt-cinq coups d'alangha à un de mes hommes qui menaçait sans cesse de mort les uns ou les autres.

Une des autorités du guébi, l'azage Habtaïé, est tombé en disgrâce. Ménélik lui a confisqué tous ses biens, terres, maisons, argent, etc., et l'a renvoyé en l'invitant à mendier pour vivre. Ici, celui qui perd la faveur royale perd en même temps tout ce qu'il possède. Il ne conserve que ce qu'il a pu cacher. Peu à peu, il épuise cette réserve en offrant cadeaux sur cadeaux à son maître, pour obtenir une « choumette », c'est-à-dire un poste quelconque ou l'administration d'un domaine. Le roi la lui accorde quand il est absolument dépouillé. C'est un système indirect de restitution. Tel possède aujourd'hui de grandes terres et trois mille gabares, qui demain n'aura plus rien.

ANTOTO.

Mardi 5 et jeudi 7 octobre.

J'ai maintenant dix-sept chevaux ou mules ; ma demeure est trop petite pour y loger tant de bêtes ; cinq chevaux passent la nuit au dehors avec un gardien. Je crains la visite des hyènes.

Le roi, dit-on, reviendra demain de Managacha.

ANTOTO.

Vendredi, 8 octobre.

Le roi est de retour ; il était accompagné du Dedjazmatch Oldié.

Je suis monté au guébi pour faire acte de présence ; j'ai demandé à présenter mes hommages. On m'a prié d'attendre. J'ai refusé en alléguant que trop souvent le visiteur n'est même pas annoncé et que je ne tiens pas à me morfondre dans l'adérache.

Mon interlocuteur me donne un démenti. Passe un balamoil, je l'appelle : « Cet homme m'a traité de menteur, lui dis-je ; dans mon pays, quand on reçoit une semblable injure, on la repousse par un châtiment immédiat. » Et, j'administre à l'insolent un vigoureux soufflet. Tapage autour de nous ; après quelques explications, tout le monde me donne raison et je me retire.

Dans la soirée, j'ai envoyé deux hommes au Dedjazmatch Oldié pour le saluer et lui reprocher, non de ne pas être venu me voir, mais de ne m'avoir pas prévenu de son

UNE MAISON A ANTOTO.

arrivée. Il m'a aussitôt dépêché un messager. Il me croyait, dit-il, à Ankoboer. Je lui ai fait annoncer ma visite pour demain ; il m'a engagé à venir tout de suite, car il doit partir, à la première heure, pour le Soddo. Je m'habille en toute hâte. Je trouve Oldié couché sur un algha ; il se lève pour me recevoir. Je lui demande en quel honneur il me donne cette marque de déférence. Il me répond : « Tu as toujours été complaisant envers moi et je te considère comme un véritable ami. » Puis il ajoute : « Vois les « secrets de la destinée! A quoi tient l'amitié ou la haine entre les hommes ! Avant « de te connaître, je t'avais fait dire de venir, tu es venu. Tu t'es montré fier et je me « demandais : comment cet homme ne cherche-t-il pas à me flatter, pour avoir de « l'ivoire en échange de ses fusils ? Je t'ai invité à venir une seconde fois, tu m'as « répondu que c'était à mon tour de te rendre visite. J'ai répété tes paroles au roi ; il a ri « de bon cœur et m'a dit : « Ne le contrarie pas. » Je suis allé chez toi. Maintenant, nous « sommes des amis et tu seras toujours le bienvenu dans les pays où je commande. »

19

Je lui ai manifesté mon intention de lui donner encore deux remingtons : « J'en ai déjà reçu deux et je ne t'ai donné que deux esclaves. Que veux-tu donc de moi en m'offrant encore deux fusils ? » — « Rien, que ton amitié. » Il a réfléchi, et comme je ne pouvais contenir mon rire, il m'a dit : « Pourquoi ris-tu ? » — « Parce que, lui ai-je répondu, pour la première fois dans ton pays je vois quelqu'un refuser un cadeau. » Il a répliqué, en acceptant les armes : « Tu m'assures que tu ne veux rien ? Soit. Mais à mon tour je puis t'assurer que c'est la première fois qu'un franghi me fait un présent sans rien me demander. » Je lui ai répété que je ne voulais rien que son amitié. « Tu me demandes quelque chose, puisque tu veux mon amitié. » — « Pas du tout, ai-je repris ; j'ai déjà ton amitié, tu ne peux ni me la retirer sans raison, ni me la donner une seconde fois. Si je t'offre ces fusils, c'est qu'il me plaît de te les offrir et de contenter un ami. » Nous nous sommes séparés dans les meilleurs termes.

Antoto. — La Mission.

Samedi 9 et dimanche 10 octobre.

Oldié est, je le crois, un ami sincère. J'en suis d'autant plus heureux qu'il est, pour le moment, très bien en cour et gouverne des pays à peu près inconnus que je voudrais parcourir.

J'ai reçu pendant la nuit un billet du père Gabri-Maskal. « Si vous voulez, m'écrit-il, faire la connaissance d'un grand choum nommé Zékergatchou, venez vite. Il est campé près de nous, de l'autre côté du torrent. » Je me suis mis en route avec trois hommes et j'ai vu le campement de Zékergatchou : une quarantaine de petites tentes, rondes, à peu près semblables à la mienne, d'une blancheur éblouissante, formant un cercle de cent mètres de diamètre. Au centre, cinq tentes plus grandes, deux en drap noir du pays et trois en chamas blanc.

Gabri-Maskal m'assure que Zékergatchou a de l'ivoire et cherche des fusils, qu'il ne connaît aucun blanc et serait bien aise d'entrer en relations avec moi. C'est la cause de sa missive. Immédiatement, nous montons sur des mules et nous allons au camp du choum. On nous introduit sous la tente qui lui sert d'adérache ; elle mesure cent cinquante pieds de circonférence et dix-huit de hauteur. Le maître est assis par terre sur des tapis, le dos appuyé à un algha, où sont agenouillées trois femmes qui lui tressent les cheveux. Derrière l'algha, des esclaves préparent le beurre parfumé dont elles vont lui enduire la tête. Au milieu de la tente, sont étendus de riches étoffes. Une jeune femme, accoudée sur des coussins, joue aux dés avec des compagnes plus âgées. Des courtisans s'agitent en tous sens. Zékergatchou me tend la main et me souhaite la bienvenue. Il débute en me demandant ma cravache. Il la trouve à son goût et me prie de la lui donner. Comment refuser ? J'avais eu la sottise de prendre une montre ; en moins de temps que je n'en mets à écrire ces lignes, elle a rejoint la cravache dans les mains du choum.

Zékergatchou est frère de la Bafana qui fut, avant Taï-Tou, la femme de Ménélik. Aujourd'hui elle vit retirée, loin d'Antoto.

Après mille protestations d'amitié, nous nous séparons et je remonte à l'ancienne Mission où je passerai la nuit.

Dix heures du soir. — J'étais à peine couché, quand des flûtistes étonnants m'ont forcé à me lever. Ils m'offrent, en musique, les cadeaux du choum : un bœuf, du pain, deux moutons, du tedj et du tala.

Dimanche. Ce matin, de bonne heure, nous sommes retournés avec le père Gabri-Maskal au camp de Zékergatchou ; nous arrivons au moment du repas. Les convives sont divisés en trois groupes : le maître et ses invités ; — les guerriers et le commun

OROMO DES ENVIRONS D'ANTOTO.

(Tribus des Abitchou, Gombitchou, Goullalé, Galen et Metta.)

des martyrs ; — les esclaves et les gens de service. Un instant après, départ général pour Antoto.

Zékergatchou m'a promis de me rendre ma visite et il a invité Gabri-Maskal à se trouver chez moi pour lui servir d'interprète. Il avait une chemise brodée de soie et d'or et le djano. Son sabre était garni d'ornements en vermeil. Il tenait une ombrelle blanche. Sa mule était couverte d'un tissu brodé, sous un harnachement enrichi de pièces d'argent. Ses courtisans l'entouraient et, derrière eux, se pressaient quatre cents hommes, piétons ou cavaliers. La femme du Kenazmatch Aïly-Mariam, cousin de Zékergatchou, traînant après elle sa maison composée d'une trentaine de servantes et de quelques serviteurs, augmentait cette foule agitée et confuse. La grande dame était enveloppée d'un manteau noir ; son visage était couvert d'un voile ; elle portait une ombrelle bleue et sa mule était revêtue d'ornements azurés. Aucun ordre de marche. Tous couraient pêle-mêle derrière Zékergatchou, qui, monté sur une mule d'amble, ne manifestait aucun souci du sort de ceux qui le suivaient.

Pendant une heure, je me suis rassasié du spectacle de ce cortège bizarre ; puis je me suis dérobé, au galop de ma monture.

ANTOTO.

Lundi, 11 octobre.

Zékergatchou est venu chez moi, dans la soirée. Après les salutations d'usage, il m'a posé cette question : « Comment te tiens-tu à cheval, sur le seul petit morceau de cuir que ta bête porte sur son dos ? » Je lui ai montré ma selle, il l'a minutieusement examiné : « Ce n'est pas mal travaillé, dit-il, mais on fait mieux ici. » Sur son insistance, j'ai procédé à l'exhibition de mes armes ; il les a toutes demandées. Je n'ai voulu céder aucun de mes fusils de chasse. Il a emporté un remington, une carabine à capsules, un revolver, de la soie, des boîtes de parfumerie, etc., etc. Une vraie razzia ! Je l'ai prévenu que je n'entendais pas recevoir en échange de ce qu'il m'a pris, des cadeaux analogues à ceux qui m'ont été offerts depuis mon arrivée. « Je ne puis cependant accepter tous ces présents sans rien vous donner », m'a-t-il dit. C'est exactement le langage des autres. Sur le seuil de ma porte, il a proposé de tout me rendre contre mon winchester. J'ai refusé. Il a murmuré et disparu.

ANTOTO.

Mardi, 12 octobre.

Le père Gabri-Maskal rentre à la Mission. Je retourne chez moi et, grandeur et misère de la vie, je passe la journée à me confectionner une culotte. Je suis au début de mon voyage et mes vêtements sont en lambeaux.

ANTOTO.

Mercredi, 13 octobre.

Ce matin, j'ai voulu visiter une chute d'eau, à dix ou quinze kilomètres de Dildila. J'ai dû rebrousser chemin. Le cheval de l'un de mes hommes s'est emporté ; la bride s'est rompue au ras du mors ; cavalier et monture ont roulé sur un talus rocheux et escarpé. Le cheval est perdu ; l'homme a eu la chance de tomber dans un fossé garni de buissons épineux. Nous l'avons retiré à grand'peine ; il est dans un piteux état ; je l'ai ramené à la maison et lavé à l'eau phéniquée. Il n'a pas de lésion grave.

Les Amhara et les Oromo sont durs à la souffrance. Leur insensibilité est surprenante. Ils s'alitent rarement.

J'ai un nouveau voisin, le Dedjazmatch Gorghis, cousin du roi, marié à la sœur de la reine.

ANTOTO.

Jeudi, 14 octobre.

Grâce a une obligeante intervention, j'ai mis la main sur un ouvrier qui répare les bâts de mes mulets. Je lui ai promis un thalaris pour quatre journées de travail ; c'est un gros salaire. Le roi accapare les artisans doués de quelque habileté, et leur donne trois ou quatre sels par mois, c'est-à-dire un franc cinquante ou deux francs, plus une gratification annuelle de deux ou trois thalaris.

ANTOTO.

Vendredi, 15 octobre.

Les pères de la Mission sont venus m'annoncer que le Dedjazmatch Bacha Aboyé, arrivé de Ghéra avec le Dedjazmatch Waldé-Gorghis, retient prisonnier deux prêtres indigènes. Pourquoi les a-t-on enchaînés? Je vais essayer de les délivrer et de leur faire gagner la côte. Les pères redoutent que ces vexations ne soient le prélude d'une persécution plus grave et qu'à leur tour ils ne soient emprisonnés ou tout au moins expulsés.

ANKOBŒR.

Samedi, 16 octobre.

Impossible d'avoir du beurre frais. Les indigènes, amhara ou autres, l'aiment rance. J'ai fabriqué une baratte. Après trois heures de travail, j'obtiens un piètre résultat. Mes femmes sourient et me disent que si vraiment je tiens au beurre frais, elles m'en feront à discrétion. Une heure après, elles m'en apportent un gros pain. Elles ont

TABLE A MANGER, EN HERBES TRESSÉES.

(En amhara « massaub » ou « gwéta.)

versé le lait dans un gombo et l'ont simplement secoué sur une peau étendue à terre.

Les pères ont écrit au roi pour lui demander la mise en liberté de leurs confrères de Ghéra. Si cette lettre demeure sans réponse, je tenterai une démarche personnelle auprès du Négouss.

Le bruit court que le Dedjazmatch Mangacha, qui se trouvait près de Badou, chez les Danakil, a envoyé des guerriers en expédition. Cette bande armée, outrepassant les ordres reçus, a saccagé la contrée. Les habitants, qui ont pu échapper, se sont réfugiés au sommet du mont Azello et ont fait savoir au Négouss que, dorénavant, ils empêcheraient tout passage sur leur territoire. L'événement pourrait avoir de fâcheuses conséquences, car les courriers et les caravanes prennent actuellement la route d'Aoussa par Badou.

ANKOBŒR.

Dimanche, 17 octobre.

L'organisation administrative du Schoa paraît être un vestige de l'empire éthiopien et une mauvaise copie de l'état actuel des choses dans le Tigré. Les mœurs et les usages anciens tendent à disparaître. Les Amhara du nord se raillent de leurs voisins et tournent en ridicule l'imperfection de leur système et la grossièreté de leur contrefaçon.

Le Négouss est maître absolu; tout relève de son pouvoir.

Au second rang était naguère le « Méridazmatch », qui exerçait une autorité vice-royale. Cette haute fonction a disparu ; le dernier Méridazmatch, oncle du roi et frère du ras Darghé, avait tenté de se rendre indépendant. Ménélik s'est emparé de sa personne et l'a destitué.

Viennent ensuite les « ras » (mot amhara qui signifie tête). A l'origine, on donnait ce titre aux officiers qui composaient le conseil royal. Par ordre formel du Négouss Negeust d'Abyssinie, Ménélik ne peut nommer que deux ras. Actuellement sont investis de ces charges Darghé et Govanna. Darghé doit son titre, non seulement à son origine royale, mais encore à son intelligence, qui fait l'étonnement de ceux qui l'approchent. Il gouverne le pays des Arroussi. Govanna s'est élevé par son seul mérite. Oromo de la tribu des Abitchou, il se dit proche parent de l'Abba Moudha. Il a embrassé le christianisme; mais, dans son for intérieur, il est resté fidèle à sa première religion. Il s'est habilement attaché la plus grande partie des peuples qu'il a vaincus. C'est à lui que Ménélik doit l'extension de ses États. On peut citer, comme de véritables conquêtes de Govanna, la région qui environne Antoto et qui est occupée par les tribus gombitchou, galen, metcha, metta, betcho, etc., etc., — une partie du pays couraghé, dans le sud, — le vaste territoire des Nonno, au delà de l'Aouache, — les royaumes de Limmou, de Ghéra, de Gomma et une partie de celui de Gouma, sur la rive droite du Ghibié, — le royaume de Djimma qui paye tribut, — enfin le Kaffa; mais on raconte que ce pays est actuellement révolté. Le roi, effrayé de la puissance du ras et, pour satisfaire la jalousie de ses Dedjazmatch, lui a retiré le gouvernement de toutes ces contrées. Il lui a donné, en échange, des terres considérées comme propriétés personnelles. Govanna revient du Wellagha qu'il a soumis; il s'est avancé jusqu'à Fadassi, dans le sud du Fazokl, qui confine à l'ancien territoire égyptien. Là, il a rencontré des bandes mahdistes; il leur a persuadé de ne point envahir les régions sur lesquelles règne effectivement le Négouss, ou qu'il occupe avec des troupes. Le Wellagha est actuellement un fief du ras Govanna.

Au-dessous des ras, sont les Dedjazmatch, généralement préposés au gouvernement des provinces ou des pays soumis. Voici les noms des principaux Dedjazmatch et l'indication de leurs gouvernements :

Au nord, le Dedjazmatch Mangacha commande à toute la contrée qui confine au territoire adal;

La région qui forme lisière entre les pays amhara, au nord d'Ifat et les Danakil, est placée sous l'autorité de l'azage Waldé-Tzadek;

Le Dedjazmatch Boilo administre la province de Mans ;

Dans l'est, le Dedjazmatch Aïly-Mariam, cousin du roi, gouverne les Nonno ;

Le Dedjazmatch Waldé-Gorghis est préposé à la garde du royaume de Limmou ;

Le Dedjazmatch Tessama-Nado guerroie dans le royaume de Gouma ;

Au sud, le Dedjazmatch Bacha Aboyé se maintient dans le royaume de Ghéra;

Sur le même parallèle, mais sur la rive opposée de l'Omo, le Dedjazmatch Oldié commande au pays couraghé, dont l'extrémité orientale est restée au ras Govanna;

Le pays des Arroussi, stérile conquête et extrême possession du roi Ménélik, est occupé par les troupes du ras Darghé;

Le Dedjazmatch Waldé-Gabriel exerce son autorité sur le pays des Itou et des Itou-Tchertcher, partiellement soumis;

Le Dedjazmatch Guermami gouverne toute la région limitrophe des Arroussi dont

ESCLAVE PORTANT LE MASSAUB.

son commandement n'est séparé que par l'Aouache. Il administre, en même temps, plusieurs propriétés particulières du roi; il est en grande faveur.

D'autres Dedjazmatch ont des commandements moins importants : Machacha-Seyffou, cousin du roi, — Machacha-Worké, placé par le Négouss Negeust Johannès auprès de Ménélik, etc., etc. Des parents de la reine occupent des situations analogues.

Outre les ras et les Dedjazmatch, d'autres personnages détiennent de vastes territoires sous la dépendance immédiate du roi. Tels sont : le Fit Worari Taklé Mariam, cousin de Ménélik, gouverneur du pays des Métcha; le prince Balambaras Mékonen, gouverneur des pays occupés au sud et à l'ouest d'Antoto par les Metta, les Betcho, et de quelques autres subdivisions territoriales moins importantes.

Les titres de Kenazmatch, Grazmatch, Fit Worari, Balambaras, etc., peuvent être donnés par les Dedjazmatch. Tout fonctionnaire a le droit de conférer les grades inférieurs, à l'exception de ceux qui relèvent exclusivement de la maison du roi.

Dans l'ordre hiérarchique, les Fit Worari suivent les Dedjazmatch. (Fit Worari, envahisseur en avant.) L'issue d'une campagne dépend souvent de ce commandant d'avant-garde. Sa mission principale est d'éclairer l'armée, de surveiller les mouvements de l'ennemi, de parer, en cas d'attaque, aux premières éventualités et, au besoin, de protéger une retraite. Les Fit Worari sont toujours choisis parmi les hommes de guerre connus et aimés des guerriers, hardis et énergiques.

Au nombre des fonctionnaires importants, on peut compter l'azage de la maison du roi (Moula-Biet); il est aussi l'administrateur de ses biens. Waldé Tzadek remplit actuellement ces fonctions. C'est un esclave couraghé. Il a toujours appartenu à Ménélik, qui lui témoigne une entière confiance.

L'Agafari remplit la charge d'introducteur auprès du roi. Il porte généralement le titre de « Chalaka, » c'est-à-dire chef de mille hommes (chi, mille, — alaka, chef.) Au Schoa, ce titre ne correspond à aucune fonction déterminée; il est purement honorifique. Chalaka Taklé est l'agafari de Ménélik; il est le chef des Balamoil; c'est un véritable maître des cérémonies. Il a sous ses ordres un azage chargé de veiller à la table royale et au bien-être des invités. Il commande à l'alaka de la boucherie. Il dirige le wot-biet (maison où se préparent les plats de cuisine), l'ingéra-biet (maison de fabrication du pain) etc., etc. L'agafari, aidé d'un second, présente les convives aux jours de guébeur (festin). Il assigne les places et veille au bon ordre. Chacun des invités est appelé, à son tour, selon son rang ou la faveur dont il jouit. On rencontre, à la table du roi, les fonctionnaires les plus modestes. Un mince personnage, héros d'un jour, peut avoir le pas sur des dignitaires de la couronne et jouir d'une faveur éphémère.

L'ordonnance d'un guébeur ne varie pas.

Dans la salle, se tiennent les officiers subalternes de la maison royale. Le chef du tedj-biet et du tala-biet remplit le bérillet du Négouss, s'incline et, avant de l'offrir, déguste le breuvage dont il verse quelques gouttes dans le creux de sa main. Si la boisson déplaît au maître, l'échanson est, séance tenante, puni de quelques coups d'alangha.

Le grand panetier offre le pain après l'avoir goûté devant le roi.

Le choum, préposé à la direction du wot-biet, arrive ensuite, suivi des femmes portant les préparations culinaires. Il couvre de sauces les pains entassés sur une table basse (massaub ou gwéta).

Le porte-aiguière donne l'eau d'ablution au Négouss et, quelquefois, comme marque d'honneur, à certains hauts personnages assis à ses côtés. Un chef de service, ou le porte-aiguière lui-même, présente un pan de sa toge en guise d'essuie-main.

Une femme, désignée par le roi, prend les pains et les plonge dans un « dést », sorte de poêlon rempli d' « alitcha », sauce faite avec du beurre, de la farine, des légumes secs et du jus de viande. Elle pétrit de ses doigts les pains et la sauce et en fait une pâte qu'elle place sur la table. C'est le « felfeta ».

Le chef des bouchers, nu jusqu'à la ceinture, en signe de respect, offre au dîneur royal le quartier de viande crue qu'il préfère. C'est le brondo, — le plat national qui doit inévitablement paraître dans tout festin.

L'extraordinaire consommation de viande crue à laquelle se livrent les Amhara a frappé tous les voyageurs. Elle mérite, en effet, d'être remarquée. Est-ce un mode primitif d'alimentation qui a subsisté traditionnellement? Est-ce le vestige d'un usage sacré, oublié et altéré? On rapporte qu'au septième siècle avant notre ère, les prêtres de Napata avaient introduit, dans le cérémonial religieux des Égyptiens, la coutume de manger crue la viande des sacrifices. Or, Napata, colonie sacerdotale, située dans la Nubie actuelle, paraît avoir été, pendant quelque temps, le trait d'union de l'Égypte et de l'Éthiopie occupée par les derniers venus des immigrants kouschites.

Pendant que les invités se gorgent de brondo, les esclaves préparent le « teps » (viande grillée) sur une braise de bois d'olivier. Des hommes et des enfants soufflent pour activer le feu.

Le morceau préféré des Amhara est la côte de bœuf; on la met sur la braise après l'avoir entaillée avec un couteau bien aiguisé; on la retire à peine cuite et on la saupoudre de sel. La surface grillée se mange seule; on replace le reste sur le feu, à deux ou trois reprises.

Le repas terminé, le roi se lave les mains; ses hôtes se lèvent et prennent congé. Les grands personnages s'en vont les derniers. Si quelque invité ne sait pas se retirer à propos, l'agafari, ou quelqu'un de ses aides, l'invite à la retraite, sans ménagement. Parfois le Négouss retient certains choum.

Les pages et les favoris sont debout derrière l'algha royal.

Quand la première série a disparu, la deuxième est appelée. Le roi préside toujours. L'azage et ses aides dirigent le service. Les massaub, chargés de pain de tief de première qualité, ne reparaissent plus. Sur de longues tables en roseau, qui atteignent le niveau des épaules des invités assis par terre, sont placées des galettes de farine inférieure. Les femmes les arrosent de sauce et y déposent un morceau de viande. Quand tout est prêt, les portes s'ouvrent et la salle est envahie. Chacun des convives reçoit, pendant le repas, un wintcha de tala et, au moment du brondo, un wintcha de tedj. Dès que l'agafari juge le repas terminé, il fait évacuer les tables, employant au besoin la force pour hâter le départ des retardataires.

Il n'est pas rare qu'un guébeur compte trois, quatre ou même cinq séries d'invités.

Les femmes, chargées de la direction des esclaves employés aux wot-biet, tedj-biet, tala-biet, etc., etc., prennent le nom d' « abaza » et y ajoutent la désignation de leur fonction spéciale : abaza wot-biet, abaza tedj-biet, etc., etc.

L'abaza ingéra-biet, directrice de la maison de fabrication des pains et pâtisseries, a sous ses ordres les femmes qui préparent la farine. La fabrication des pains de qualité inférieure est laissée aux vieilles esclaves qui en reçoivent un pour leur nourriture.

L'abaza gombénia commande les femmes qui portent les gombo, c'est-à-dire les vases contenant l'eau à boire. Elle est aussi préposée à la propreté des écuries et à l'abreuvement des chevaux du roi.

20

Les servantes du guébi sont parfois soumises à de rudes corvées. La plus pénible consiste à suivre, à pied, les armées en portant les attributs de leur service : fours, gombo de tala, de tedj, etc., etc. Quand l'expédition se prolonge, leur nombre diminue rapidement. Elles montrent un courage bien supérieur à celui des hommes.

L'alaka du ghimdja-biet a, pour mission de surveiller les magasins royaux où sont déposés les objets dont l'usage n'est pas fréquent. Il y règne un désordre inexprimable, à la satisfaction et pour le plus grand profit de l'administrateur. On y trouve les ustensiles les plus étranges et les plus hétéroclites. Pour cet emploi, on choisit un homme d'une probité notoire ; mais la probité est une vertu relative... Le chef actuel du ghimdja-biet est un eunuque, jeune encore, appelé Baltcha.

L'alaka du ghimdja-biet est l'égal du chef des fusiliers, Turco-Bacha. On explique ce titre singulier en racontant que les Turcs ont, les premiers, introduit des fusils au Schoa. Le Dedjazmatch Tamri, esclave dévoué et d'une fidélité absolue, remplissait récemment ces fonctions. A l'instigation de Sa Majesté Taïtou, il vient d'être remplacé par le Dedjazmatch Mokréa, originaire du Tigré, comme sa protectrice. Le jour même de la destitution de Tamri, quand la nouvelle a été annoncée aux soldats, sans aucune honte, tous ceux qui l'entouraient ou le servaient la veille, l'ont abandonné subitement et se sont rangés autour de leur nouveau chef. La servilité des Amhara devant la force n'a d'égale que leur arrogance devant la disgrâce ou la faiblesse.

Il me faut mentionner encore divers fonctionnaires ou employés inférieurs : le chef des écuries ; — le choum, chargé du blé, du tief, et de la construction des greniers ; — le chef des équipages, chargé du transport et du montage des tentes dans les campements ; il est responsable des mules de charge de toute la maison royale, etc.

Un page porte ordinairement le bouclier du roi, son fusil et son verre. Il se tient à ses côtés. Quand son maître n'est pas sous la tente, il jouit du privilège de lui offrir directement à boire.

Les timbaliers, assis sur la croupe de leurs chevaux, frappent à droite et à gauche leurs nagarit, en précédant le roi.

Cet instrument est le symbole du commandement ; il tient lieu de drapeau ; il atteste les droits du vainqueur. C'est le trophée que l'on cherche à ravir dans les combats.

Un homme renommé par sa bravoure porte devant le Négouss une ombrelle rouge, emblème du pouvoir suprême. On donne à cet usage une origine persane.

Les flûtistes soufflent dans des bambous de grosseurs variées qui ne donnent que trois ou quatre notes.

Les guitaristes tirent leurs sons d'instruments qui déshonorent la muse ; les formes en sont fantaisistes ; le nombre des cordes varie indéfiniment.

Les chanteurs et les chanteuses sont nombreux.

Les improvisateurs célèbrent les louanges des guerriers et enflamment leur courage. Etc., etc., etc.

L'organisation des grandes maisons est calquée sur celle du guébi royal, avec plus ou moins de luxe, selon le rang et la fortune du seigneur.

ANTOTO.

Mardi, 19 octobre.

Le sellier, qui préparait les bâts de mes mules, a été requis par Ménélik. Il doit travailler le bois pour la nouvelle église en construction au guébi. Il y a quelque temps, on l'avait déjà employé à la taille des pierres.

J'ai offert des présents à la femme du Dedjazmatch Waldé-Gorghis.

On a baptisé, à la mode du pays, le fils d'un Européen. Les prêtres étaient ivres dès le début de la cérémonie.

On vient de battre le nagarit pour annoncer que le roi *donne* au Dedjazmatch Bacha Aboyé le pays de Kaffa. Ce haut fonctionnaire, qui éprouve de sérieuses difficultés à se maintenir à Ghéra, ne réussira certainement pas à faire de nouvelles conquêtes; or, il devrait commencer par là pour bénéficier du cadeau royal. Il est allé déjà à la frontière, sur les bords de la Godjeb, et a sommé le roi de Kaffa de payer le tribut; mais il a été sommé à son tour de montrer ses lettres de créance, de justifier de ses titres ou qualités, et enfin de déclarer s'il avait un kalatier du ras Govanna. Bacha Aboyé a répondu : « Mon kalatier, c'est mon cheval. » Il passe pour excellent cavalier. Les choses en étaient là quand la rivière a grossi, et les pourparlers ont été interrompus avec les communications. En apprenant cette situation, Ménélik est entré dans une violente colère et s'est écrié : « Depuis quand a-t-on besoin d'une permission du ras Govanna pour toucher le tribut? »

Voilà dans quelles circonstances Bacha Aboyé reçoit le gouvernement de Kaffa.

ANTOTO.

Jeudi, 21 octobre.

Dans l'après-midi, je me suis rendu au camp de Zékergatchou; je passerai la nuit à la Mission.

LA MISSION. — ANTOTO.

Vendredi, 22 octobre.

J'ai revu, ce matin, Zékergatchou. Il m'a présenté à son neveu, le fils de la Bafana, Kenatzmatch Aïly. Le malheureux est lépreux.

Le roi est aux eaux de Fell-Wa. Zékergatchou s'y rendait; je l'ai accompagné.

Le campement royal offre un aspect pittoresque : deux grandes tentes blanches circulaires d'environ quinze mètres de diamètre, entourées de tentes plus petites en drap noir. Les deux premières sont occupées par Ménélik; les autres servent d'adérache et de logis aux gens de service. Une haie les entoure. De tous côtés, d'autres tentes, diverses de formes et de grandeur, abritent les chefs, leurs soldats et leurs serviteurs. Quelques-unes sont surmontées de croix entourées d'un cercle de métal qui en réunit les bras.

En revenant, je rencontre la foule des porteurs d'approvisionnements. Plus de cinquante prêtres suivent; car, là où est le roi, là est l'ingéra.

Ménélik a fait annoncer une expédition (zamatcha) sans en indiquer le but, suivant l'usage. Tous les hommes valides sont tenus de se présenter sous peine d'avoir la main droite coupée. Aucune grâce ne sera accordée.

Les uns disent qu'il s'agit d'une marche vers Kaffa ; les autres, d'un ravitaillement pour le ras Darghé, dont la position chez les Arroussi est décidément compromise.

On annonce une caravane de Toudjourrah. Aurai-je la chance d'être ici à son arrivée ?

Le ras Govanna avait quitté le Wellagha et regagnait Antoto, quand il a dû rebrousser chemin pour réprimer à Leka une sédition des soldats du Fit Worari Garedou, propriétaire des huttes que j'occupe.

ANTOTO.

Journée nulle.   Samedi, 23 octobre.

Mon ouvrier sellier n'est pas revenu, mais le roi le retient toujours. Après avoir taillé des pierres, il coupe du bois. S'il est propre à un travail manuel, il doit être bon pour tous les autres.

Un Arroussi-Galla me dit que le successeur actuel de l'Abba Moudha se nomme Goda. Je l'interroge sur la position de son pays ; il me confirme les récits de l'indigène qui a servi de guide à Ménélik.

Un envoyé du Dedjazmatch Waldé-Gorghis m'a offert, de la part de la femme de son maître, une bouteille en bois provenant de Ghéra. Je lui ai dit : « Reprends ta bouteille, je n'en veux pas ; elle n'est pas bonne pour mes domestiques. » Il a remporté son présent, et j'ai esquivé l'obligation de donner des tissus ou de la parfumerie.

ANTOTO.

Du dimanche 24 au mercredi 27 octobre.

Je garde la maison et je classe mes notes...

Le « Fata-Negeust », code abyssin, est un mélange indigeste des préceptes canoniques et des compilations justiniennes.

La loi pénale est rigoureuse, surtout en cas d'homicide. Le roi est l'autorité suprême dans les matières légales comme dans les questions administratives. Ses sentences sont sans appel. Il choisit ordinairement les jours de jeûne pour rendre la justice, de sept heures du matin à deux heures de l'après-midi. Il siège sur un tapis, au sommet d'une sorte de hutte appelée « sagaynette », sans issue du côté où se pressent les assistants, et haute de douze ou quinze pieds. Il y pénètre par un petit escalier de côté. De son siège, il domine l'auditoire. Derrière lui se tiennent quelques favoris ; les fonctionnaires et les pages sont au pied de la hutte, en avant de la foule. Les plaignants sont appelés à tour de rôle.

Le roi délègue ordinairement son autorité au grand juge du Wimber. Ce mot signifie « chaise » ; par extension, « tribunal », et par métaphore, « le juge » lui-même.

Les jugements sont publics. Le magistrat choisit un emplacement élevé et en plein air. La formule ordinaire du serment est : « Ménélik imout ! » (Par la mort de Ménélik). Le parjure est puni de la privation d'un membre ou d'un organe. On prête aussi serment sur la Croix ou sur le « Livre » (l'Évangile).

Voici un curieux exemple de sentence émanée de Ménélik :

Une loi, rarement appliquée d'ailleurs, interdit à tout Amhara de priser ou de fumer sous peine d'avoir le nez ou les lèvres coupés. Certain individu, pour assouvir une vengeance, accusa son ennemi de priser et le traîna devant le tribunal suprême. Le roi (c'est un mérite véritable) abhorre la délation. Après avoir écouté attentivement les deux parties, il a dit au dénonciateur : « Et toi, ne prises-tu jamais ? N'as-tu pas de tabac sur toi ? » Naturellement, l'homme a protesté et déclaré que jamais il n'oserait enfreindre la loi. Invité à prêter serment, il a prononcé la formule sacramentelle : « Ménélik imout ! » Aussitôt le roi a ordonné que sa ceinture fût déliée ; or, la ceinture sert de poche aux Amhara, et le malheureux portait sur lui une tabatière. On lui a coupé le nez, séance tenante.

Pendant ses voyages ou ses expéditions, le Négouss n'interrompt pas le cours de

DIVERSES POTERIES EN USAGE CHEZ LES AMHARA ET LES OROMO.

sa justice. Dans une tente ouverte, il se tient étendu sur un algha. Ses pages sont derrière lui ; à sa droite et à sa gauche, sont les grands choum ; le public forme la haie, laissant un espace libre pour les plaignants et les accusés, qu'introduisent les agafari.

Tout seigneur, en possession de terres, est tenu de rendre la justice sur son fief ; mais ses sentences sont appelables et son droit de punir ne s'étend pas à la peine capitale. Le roi et les deux ras ont seuls le droit de prononcer la peine de mort.

ANTOTO.

Jeudi, 28 octobre.

Je suis retourné à Fell-Wa. Le roi prend des bains d'eaux thermales.

En arrivant, je me suis présenté au campement. J'ai été introduit tout de suite ; mais j'ai attendu fort longtemps avant d'être reçu par Ménélik. On m'a servi à déjeuner : du pain, du berberi, du tedj. Puis, on m'a prié de passer sous la tente qui sert d'adérache. Elle a un double toit indépendant, et les côtés peuvent s'enlever. Sous le second toit, qui forme véranda, on peut se promener à l'abri de la pluie et du soleil. J'ai causé avec plusieurs grands personnages : le Kenazmatch Aïly, fils de la Bafana ; le Fit Worari Odadjou, le prince Machacha-Seyffou et le fils du Dedjazmatch Boilo, le Balamoil Lidj Abater. Ce dernier est, pour le moment, mon meilleur ami. Il m'a fait mille promesses en échange des fusils que je lui ai donnés. Enfin, j'ai vu le roi.

Après les salutations officielles, il m'a demandé si j'étais toujours décidé à pénétrer sur le territoire arroussi. « Ma résolution n'est pas changée, ai-je répondu ; mais j'attends l'autorisation de Votre Majesté. » — « Dans ce cas, vous pouvez commencer vos préparatifs de départ. »

J'ai remercié et j'ai pris congé. Ménélik a été fort surpris de m'entendre parler en oromo avec quelques personnes de son entourage. Certes, je regrette de ne pas savoir l'amharigna ; mais l'oromo me sera plus utile au cours de mes explorations.

Le soir, je suis parti à cheval, au milieu d'une énorme cohue.

ANTOTO.

Vendredi, 29 octobre.

Des lettres d'Ankobœr disent que le Dedjazmatch Waldé-Gabriel est cerné par les Harrari et les Oromo.

Abba Djiffar, roi de Djimma, vient d'arriver. Il campe à trois kilomètres de mon habitation. Il apporte le tribut aux Négouss.

Autre nouvelle : on attend le ras Govanna dans cinq ou six jours, avec une quantité considérable d'ivoire, d'or et de thalari. Comme le roi de Djimma, il apporte le guébeur.

ANTOTO.

Samedi, 30 octobre.

J'ai vu Abba Djiffar. Son camp forme un vaste quadrilatère, comprenant soixante à quatre-vingts tentes ; celles qui lui sont personnelles occupent le centre. Je traverse une foule de guerriers et d'esclaves, au milieu des cotonnades indigènes et de tous les objets qui composent le tribut. On m'entoure et on me demande ce que je désire. Je veux voir le roi. Un eunuque de haute taille me répond que c'est chose impossible, et que son maître est sur le point de se rendre chez le Négouss. Sur mes instances, il va s'informer. Pendant quelques minutes, je suis l'objet d'une curiosité générale et plaisante. Abba Djiffar veut bien recevoir le « Franghi ». J'entre dans une première enceinte formée de toiles maintenues par des bâtons de douze pieds de hauteur ; j'en franchis une seconde et j'arrive devant une grande tente ronde, très élevée, de dix mètres environ de diamètre. C'est l'adérache. Tout à côté, est une autre tente, également circulaire, beaucoup moins vaste, mais plus haute encore et terminée en pointe aiguë. Le roi est assis à l'entrée ; de chaque côté, une rangée d'hommes, dignitaires et familiers, dont plusieurs fument le narghileh ; derrière lui, des guerriers portant son sabre, son fusil et son ombrelle. Il m'invite à m'asseoir et me demande mon pince-nez. Il veut s'en servir et manifeste son étonnement de ne pas voir clair. Mon binocle fait le tour de l'assemblée.

Abba Djiffar m'interroge sur le but de ma visite. Je lui réponds : « Je suis un voyageur, venu de loin pour visiter ces contrées. » — « Bien, me dit-il, mais chez vous, n'y a-t-il donc rien à voir ? » Un instant après, il me congédie.

Abba Djiffar a une trentaine d'années. Sa figure est avenante, expressive et toujours souriante.

En route, sa caravane me rejoint, chargée du tribut. En tête, s'avancent pêle-mêle une foule d'esclaves : les uns portent sur leurs épaules de longues défenses d'éléphants, ou des tiges de bambous remplies de civette ; les autres, des pots de miel, des tissus indigènes, des lances, des boucliers couverts de plaques d'argent, des objets

SCEAU D'ABBA-DJIFFAR,
roi de Djimma.

en bois ouvré, notamment des sièges (bartchouna) creusés dans des troncs de woddeyssa. Suivent les esclaves offerts eux-mêmes en présent ; ils sont, pour la plupart, originaires de Kaffa. Ceux qui sont destinés à la maison du roi (des eunuques surtout) ont pour vêtement un taub rouge ou une peau de léopard. Le roi vient ensuite, monté sur une mule magnifique ; à sa droite, est un favori à cheval. Un serviteur tient au-dessus de sa tête un parasol de soie blanche ; près de lui, on en porte un autre de couleur verte. Il est tout habillé de blanc sous un ample manteau de soie noire. Des guerriers, également vêtus de blanc, l'entourent et chantent des hymnes à sa louange.

La tourbe des fonctionnaires ferme la marche.

ANTOTO.

Dimanche, 31 octobre.

J'allais sortir quand deux ambassadeurs d'Abba Djiffar sont venus me demander si j'avais des fusils à vendre ou à échanger. Je leur ai dit: « Je n'ai plus de fusils ; ceux que vous voyez (une dizaine de remingtons) me sont indispensables pour mon voyage. » — « Soit, répliquent-ils, mais ces deux-ci, fais-les voir au roi. » Et ils désignent du doigt mon winchester-exprès et mon express-rifle.

Je leur montre d'autres objets : ombrelles à bon marché (les autres ont disparu)... un revolver très historié, arme excellente ; des zarf, des findjanes en porcelaine fine, des verres à boire dorés, des scies, des boîtes de parfumerie, des étoffes, etc., et je leur promets d'aller demain matin chez le roi...

Dans l'après-midi, au retour d'une promenade, je trouve chez moi plusieurs indigènes de Djimma. L'un d'eux, Abba Garo, est le serviteur préféré d'Abba Djiffar.

« Viens tout de suite voir le roi, me disent-ils, car il part demain matin. » J'y vais; il est quatre heures. Abba Djiffar me reçoit cordialement et me fait asseoir à sa droite, sur un tapis. Je commence mon boniment habituel : « Je ne suis pas commerçant, je ne veux ni or, ni ivoire, ni civette; ce que je désire, ce sont les ouvrages de votre pays, comme vous, vous désirez ceux du mien. »

Le narghileh et le revolver que je lui offre produisent bon effet, ainsi que les findjanes, les scies et les enclumes pour bijoutiers.

Abba Djiffar ne désire pas autre chose et me renvoie; c'est l'heure de la prière. J'allais partir; on me rappelle. La nuit est venue. Les esclaves ont allumé un grand brasier en plein air. Le roi est assis; devant lui, placés sur un tapis, sont les objets qu'il me destine. Je lui dis : « Ce sont de grands présents que vous m'offrez. » — « Non, et plus tard, j'ai l'intention de vous en faire d'autres. »

Entre autres choses, il m'a donné un collier d'argent artistement travaillé, un autre collier en forme de chaîne, deux bracelets également en argent, un beau couteau de même métal, des wintcha, des tapis et une corne à tedj.

A la sortie de l'enceinte réservée, j'ai été poursuivi par des gens qui voulaient, à toute force, me vendre les objets les plus divers : le frère même d'Abba Djiffar m'a offert sa pipe en échange d'une ombrelle! Tout ce monde est marchand dans l'âme!

ANTOTO.

Lundi, 1er novembre.

Au point du jour, on frappe à ma porte et je vois entrer trois hommes portant des torches allumées. Ce sont des envoyés d'Abba Djiffar. Ils viennent me prendre; il faut que j'aille dare dare au camp, pour montrer mes fusils, ils profitent de leur ambassade pour spéculer sur mon désir de collectionner les produits de l'industrie locale, et me présentent des bougies, des pipes, des wintcha, etc. J'échange le tout contre des miroirs, de la poudre, etc., etc.

La bougie du pays est intéressante. Pour la fabriquer, les indigènes placent un chiffon tordu au centre d'un tube en bambou de quatre-vingts centimètres à un mètre de longueur, sur dix à douze centimètres de diamètre extérieur, qu'ils remplissent de cire. Au moment de s'en servir ils brisent le bambou.

Je propose aux messagers royaux un fusil à capsules et une carabine Minié. Ils me répondent que le roi ne veut pas de ces armes et qu'il veut examiner les autres. « Si je montre mes armes à votre maître, dis-je aux messagers d'Abba Djiffar, il en aura certainement envie et me les demandera. Je serai obligé de les lui refuser et il se fâchera. » Ils insistent. Je pars avec mes fusils et j'arrive vite au camp.

Le roi me témoigne sa satisfaction et me donne un collier de cheval de forme bizarre, une couronne de poils de sanglier sur un cercle en cuir vert. Il admire mon express et mon winchester; ce fusil le tente particulièrement. Il m'offre en échange des harnachements, des boucliers et des lances garnies en argent. Je voudrais accepter, mais Abba Djiffar me demande la meilleure de mes armes, celle dont je suis le plus sûr.... Je ne puis m'en séparer. Je n'aurais pas hésité à lui donner l'express dont la valeur est double; mais le winchester l'a séduit et il s'entête. Un visiteur nous interrompt; j'espère être tiré d'embarras. On me conduit dans une tente où les parents et les amis du roi m'entourent et me pressent de céder. Je me rappelle que Djimma est

FEMMES PILANT LE BÉRBERI.

célèbre par la beauté de ses femmes et la qualité de ses eunuques. J'espère sauver mon fusil par une demande extravagante. Je consens à satisfaire leur maître à la condition qu'il me donne trois femmes et six eunuques! A mon grand désappointement, tous battent des mains et me disent que c'est marché conclu. Évidemment ma proposition a paru naturelle et peu onéreuse. Cet empressement me le prouve. Je me ravise et j'ajoute qu'on ne m'a pas laissé achever : en outre des eunuques et des femmes, je veux cent okettes d'ivoire!!! Cette fois, j'ai réussi à être trop exigeant.

Le Négouss appelle Abba Djiffar. Il fait ses adieux et monte sur sa mule. La foule se presse autour de lui et l'accompagne. En un clin d'œil, trois cents esclaves enlèvent les tentes royales et les palissades de toile : le camp est levé.

Je remonte à Dildila.

Un éventail en bambou, acheté au Caire, a captivé l'attention d'Abba Djiffar. Dès que je l'ai ouvert, il l'a saisi avec une joie enfantine et a caché sa figure, regardant en dessous, à travers les lamelles du manche, naïvement heureux de voir sans être vu.

ANTOTO.

Mardi, 2 novembre.

Le ras Govanna est à Fallé; il arrivera dans deux jours.

J'avais l'intention d'aller au-devant de lui; mais, demain, la lune et le soleil seront en bonne hauteur pour commencer des observations et fixer une longitude approchée d'Antoto.

Cinq heures du soir. — J'apprends que le Fit Worari Garedou est resté aux environs de Léka pour guerroyer. Le ras est seul et n'a dans sa suite aucun personnage de marque.

En ce moment, la situation est fort troublée; partout, l'agitation qui présage la guerre. Plusieurs chefs se remuent de façon inquiétante : du côté de Harrar, dans le pays des Itou, le Dedjazmatch Waldé-Gabriel; Daoué, le Dedjazmatch Maugacha; vers Kaffa, Waldé-Gorghis et Bacha Aboyé; dans le Wellagha, le ras et ses lieutenants.

FALLÉ.

Mercredi, 3 novembre.

Trois heures après-midi. — Je me décide à me rendre auprès de Govanna. Fallé est situé à six heures de marche d'Antoto. C'est une propriété du ras qui en a fait sa principale résidence.

Je veux parler à Govanna avant qu'il n'arrive à Antoto.

Je fais le trajet en trois heures; j'ai pris quatre chevaux, les meilleurs. Je suis introduit tout de suite. J'ai pour interprète un père de la mission.

Govanna a dépassé la soixantaine; sa figure exprime la bonté; sa tête et ses joues sont rasées. Il porte le djano.

On me présente; il me fait asseoir. Dans la conversation, rien qui mérite d'être rapporté. Avant que je prenne congé, il me dit : « Si vous avez quelque chose à me communiquer, vous pourrez me voir demain matin, avant mon départ pour Antoto, ou plus tard, à Antoto même. » Je lui donne l'assurance que je suis venu dans l'unique pensée de le saluer, ce qui lui cause quelque surprise; on lui avait dit que j'apportais des armes.

Je me rends à la maison de l'azage, dans le guébi. J'y trouve beaucoup de monde. On s'entretient de la dernière expédition. J'apprends, qu'on a rencontré les troupes mahdistes. Le ras a su habilement négocier avec elles. Dans un combat, les Amhara épuisés par les maladies auraient été infailliblement battus. Je dors sur un algha, couvert de chamas.

ANTOTO.

Jeudi, 4 novembre.

J'escorte le ras qui se rend auprès du Négouss; notre troupe se compose de huit cents cavaliers.

Cette cohue de gens à cheval ou à mule offre un curieux spectacle, surtout au passage des ruisseaux, profonds et larges.

Nous arrivons sur le plateau, devant l'habitation du ras. A sa vue, les femmes poussent des cris de joie.

Autour du guébi, un mur bas, en pierres sèches, surmontée de haies et de branchages masque la vue de l'intérieur. J'ai profité d'un jour où l'on renouvelait cette palissade pour prendre une photographie.

Abba Johannès me demande la permission de loger chez moi; j'y consens. Sa suite et cent cinquante esclaves du Fit Worari Garedou me prient de les laisser pénétrer dans l'enceinte. C'est beaucoup de monde; mais je dois subir cette invasion. J'envoie à Govanna sept remingtons et sept fusils à capsule. Abba Johannès accompagne mon présent. Je le prie d'être l'interprète du regret que j'éprouve de ne pouvoir offrir davantage; mais il ne me reste plus rien. J'ai beaucoup donné sans compensation utile. Serai-je plus heureux cette fois-ci?

On appelle « beldéraba » un familier qui a ses libres entrées chez le roi ou chez les grands personnages, et sert d'introducteur aux étrangers.

Il est donc important (surtout auprès du Négouss) d'avoir pour beldéraba un homme influent.

ANTOTO.
Vendredi, 5 novembre.

Mon enclos est une fourmilière humaine. Dans l'après-midi, je reçois un envoyé du ras qui me demande deux cartouches de mon express; je les lui remets sans méfiance. Une heure après, il revient : le ras veut voir le fusil! J'irai le lui montrer...

Govanna est dans son elfine, conversant à voix basse avec un ami; j'attends une demi-heure, accroupi devant le feu qui éclaire la salle.

Quand nous sommes seuls, le ras prend mon arme et l'examine. Il me la demande ensuite avec tant d'insistance que, forcé dans mes derniers retranchements, je finis par céder, non sans un extrême regret. Il me promet de reconnaître « plus tard » les cadeaux dont je le comble.

Ce « plus tard », c'est le « demain » du barbier qui rasera gratis; c'est le « boukra » des Arabes et le « bakaloum » des Turcs.

ANTOTO.
Samedi, 6 novembre.

De très bonne heure, un messager me réclame les cartouches et les accessoires de l'express. Je les apporte moi-même au ras qui les regarde minutieusement, me remercie et m'invite à lui faire une visite à Fallé pour lui apprendre à les fabriquer.

Les deux Pères indigènes de la mission de Ghéra se sont rendus chez l'Abouna et ont abjuré la foi catholique pour embrasser la religion cophte; l'un s'appelle Matteos et l'autre Paolos.

Dans l'après-midi j'ai fait remettre à Govanna une ombrelle en soie bleue; j'ai joint à cet envoi quelques petits cadeaux pour sa femme.

Il m'a fait appeler. Il dînait, assis sur un algha recouvert de tapis. Devant lui une corbeille de pain et divers « wot » et « alitcha ». Une demi douzaine de familiers l'entouraient. A ses côtés, cinq autres tables étaient dressées. Des hommes et des enfants, nus jusqu'à la ceinture, le chamas roulé autour des reins, faisaient le service et versaient le tedj et le tala. Après le repas, Govanna m'a longuement parlé de son expédition. Il a trouvé, me dit-il, une chaise européenne. Elle a sans doute appartenu à MM. Gessi et Mateucci qui se sont avancés jusqu'à Affilo, point extrême où un Européen soit parvenu dans cette direction (avril 1878). Je lui ai demandé de me l'envoyer en souvenir des deux courageux voyageurs; il me l'a promise, mais il ne me l'a jamais donnée.

ANTOTO.

Dimanche, 7 novembre.

En revenant de l'habitation du Fit Worari Tonffou, le ras s'est arrêté chez moi. C'est un grand honneur et un plus grand désastre ! Mon bagage diminue à vue d'œil.

ANTOTO.

Lundi, 8 novembre.

Journée de repos. Je ne quitte pas la maison. Je reçois des gens de l'entourage du ras; ils savent que leur maître est venu chez moi; ils espèrent que je pourrai leur être utile.

Je voudrais décider Ménélik à me permettre d'accompagner Govanna dans sa prochaine expédition. Je crains d'échouer dans cette démarche.

ANTOTO.

Mardi, 9 novembre.

Après-midi, le Fit Worari Taklé-Mariam, cousin du roi et commandant du Métcha, m'écrit qu'il désire me voir, à son camp, aux environs de Kataba. Il rentre demain dans son gouvernement.

Ce soir, je suis retourné chez Govanna. Excellent accueil. Il m'a invité à dîner et m'a fait asseoir à sa droite, sur une peau de buffle. Pour fêter son hôte européen, il a daigné (les honneurs sont déplaisants parfois) pétrir de ses mains quelques morceaux de pain et les porter lui-même à mes lèvres ! Autour de moi, on est visiblement stupéfait d'une si haute faveur. On me complimente et on m'assure que le ras donne bien rarement un pareil témoignage de considération.

Il y a mieux encore cependant ! Quelquefois, pour honorer un hôte illustre, la maîtresse de maison se place vis-à-vis de l'infortuné convive, de l'autre côté du massaub, et lui introduit dans la bouche des boulettes roulées dans ses doigts. Elle emboque ainsi sa victime, sans interruption, presque sans lui laisser le temps de respirer. Toute protestation serait superflue. La politesse est d'avaler tout et vite.

Je reste jusqu'à dix heures chez le ras sans pouvoir lui parler. Il est fort occupé à rendre la justice et à terminer des contestations de terrains. J'essaye de prendre congé; il m'engage à attendre, mais je le remercie et me retire.

Le Dedjazmatch Oldié m'a reproché de n'être pas encore allé lui rendre visite dans son gouvernement, comme je le lui avais promis. Je lui ai répondu que mes préparatifs de voyage n'étaient pas terminés. Il a mis à ma disposition un homme de confiance pour me conduire à sa résidence et me servir de kalatier auprès de ses choum.

ANTOTO.

Mercredi, 10 novembre.

Les négociants européens sont mécontents. Le Négouss refuse de leur donner

ROBI, OROMO DES GOMBITCHOU.

en payement autre chose que de l'ivoire et du musc. Ils apprécient assurément l'un et l'autre, mais ils ont constamment besoin d'argent pour vivre, payer les chameliers et faire face à d'autres dépenses. On dit que le Négouss Negeust Johannès réclame le guébeur et que tous les thalari de Ménélik lui sont destinés.

L'expédition se fera probablement du côté de Harrar pour secourir le Dedjazmatch Waldé-Gabriel; mais elle se bornera à une simple démonstration contre les habitants et les Oromo.

Le bruit court que le Négouss en personne se rendra à Boromeïda, auprès de l'empereur qui a témoigné le désir de recevoir son hommage.

En quête de nouvelles, je monte au guébi. Deux heures d'attente. Réception peu empressée; c'est facile à comprendre : j'ai les mains vides. Cependant j'obtiens, non sans peine, de rejoindre le Dedjazmatch Oldié.

Le roi m'a invité à le suivre dans l'expédition qu'il doit entreprendre. Je ne savais comment décliner son offre, et je ne voulais pas l'accepter; car, au milieu du tumulte des camps abyssins, tout travail me serait impossible. « Je n'ai ni mules, ni tentes, ni domestiques, lui ai-je dit, comment pourrais-je voyager? Si vous voulez me donner ce qui me manque, je serai enchanté de vous accompagner. » Cette suggestion n'a pas été de son goût; il n'a pas insisté.

Ce soir, Govanna m'a donné des conseils sur la conduite à tenir dans les pays couraghé. « J'ai parcouru une partie de ces contrées, me dit-il, je n'ai jamais pu y séjourner. Les indigènes sont méchants. Vous serez tué si vous vous écartez des endroits où résident les choum. » L'observation est exagérée; le pays est bien changé, je crois, depuis le jour où il en a entrepris la conquête.

La mauvaise organisation administrative épuise le Schoa. Les agriculteurs, las d'être pressurés, abandonnent leurs champs, ou ne les cultivent plus que sous l'empire de la contrainte. Pendant la saison des pluies, qui rendent la guerre impossible, tous sont obligés de nourrir une ou plusieurs familles de guerriers. Les choum emploient la rigueur pour empêcher l'émigration. Il faut que les redevances soient payées, sinon la choumette est retirée. Disgrâce ou faveur, à tous les degrés de l'échelle, dépend du montant du guébeur. Le Dedjazmatch qui ménagerait ses administrés et voudrait alléger leurs charges serait immédiatement desservi auprès du roi. On ne manquerait pas d'insinuer qu'un autre, plus habile ou plus zélé, apporterait une plus forte redevance. Et le Dedjazmatch serait mis en disponibilité par retrait d'emploi. Son fief, son gouvernement ou sa terre lui serait retiré.

Le guébeur le plus important est celui de Govanna. Il est le seul haut fonctionnaire qui puisse réellement procurer au Négouss une quantité considérable d'ivoire, de civette et d'or.

La remise des guébeurs est souvent l'occasion de scènes originales.

Le Dedjazmatch Waldé-Gorghis dont le zèle dans les offrandes au roi paraissait tiédir, avait reçu l'ordre d'apporter de l'or. Il vient de remettre au roi un paquet de cotonnade, gros comme une tête d'homme, « contenant de l'or », disait-il. Le Négouss a voulu vérifier le contenu, séance tenante : après avoir enlevé successivement une vingtaine d'enveloppes, Waldé-Gorghis a présenté un lingot du poids d'un thalari. Ménélik, furieux, l'a pris et jeté à la tête du Dedjazmatch. Il l'aurait certainement dépossédé, s'il n'avait été le beau-frère de la reine.

ANTOTO.

Jeudi, 11 novembre.

Vers midi, je monte au guébi. Je désire savoir ce qu'a dit le roi, qui part demain, au Dedjazmatch Oldié.

ANTOTO.

Vendredi, 12 novembre.

Ménélik s'est mis en route dans l'après-midi; je l'ai accompagné pendant deux heures.

Monté sur sa mule, vêtu d'un manteau noir que recouvrait son chama, il avait sur la tête un énorme chapeau de paille. Devant lui, des soldats portaient ses armes et des drapeaux rouges à courte hampe. Derrière lui, la foule des balamoils. Puis, pêle-mêle, les guerriers, cavaliers ou piétons armés de fusils ou de lances ; enfin une multitude de femmes chargées d'ustensiles de cuisine.

Suivant l'opinion générale le Négouss marche réellement sur Harrar. Arrivé au point où je devais prendre congé de lui, j'ai mis pied à terre et je l'ai salué : « Rentrez chez vous, m'a-t-il dit, il est tard..., la route est longue. Adieu ! »

ENFANTS A TABLE.

FALLÉ.

Samedi, 13 novembre.

Huit heures. Je vais chez Govanna. Il m'annonce son départ immédiat ; je le suis.

Même cortège que lors de l'arrivée à Antoto. Cinq à six cents hommes à cheval, à mule ou à pied. Sur tout le trajet, les Oromo, hommes et femmes, se prosternent en criant : « abbako » (mon père !) « goftako » (mon maître !).

A Fallé, j'installe mon campement. Suivant l'usage, le ras m'envoie ma nourriture et celle de mes hommes.

Dans la soirée, je me présente à l'adérache. Govanna est sur son algha, en face d'un brasier flambant. Derrière lui, ses fils, ses amis et des visiteurs. L'adérache est vaste ; il peut contenir un millier de personnes. J'y ai vu trois à quatre cents convives accroupis devant des tables de roseaux, très basses, chargées de pains. On distribuait aux soldats de la bière et de l'hydromel. Le cérémonial est le même que chez le roi.

Je suis rentré tard.

Ma conversation avec le ras a manqué d'entrain. J'étais assis devant lui, à terre, sur une peau. A cinq ou six reprises, il m'a dit : « Vous êtes venu pour me voir ? » J'ai répondu invariablement : « C'est bien pour vous voir que je suis venu. » Évidemment ma visite lui a déplu ; il a supposé, bien à tort, que je lui rendais visite pour lui réclamer les belles choses qu'il m'a promises. Je n'ai pas cru un seul instant qu'il me tiendrait parole plus fidèlement que ses collègues.

Aux environs de Fallé.

Dimanche, 14 novembre.

Le ras m'a appelé ce matin à son ghimdja-biet (magasin, atelier). Il m'a prié d'apprendre à un de ses hommes la fabrication des cartouches de l'express-rifle. Il m'a fait présent de quatre esclaves schamgalla du Wellagha, deux enfants et deux femmes : Seydou et Abba Kana, Dadi et Zakalé. Je vais les faire conduire à Antoto.

Deuxième visite au ras ; cette fois, il me demande catégoriquement de lui procurer trente ou quarante express-rifle, ce qui représente trente ou quarante mille francs. Je me garde bien de refuser.

Mes domestiques ont laissé échapper une mule et deux chevaux. Je les expédie à leur recherche. Deux d'entre eux reviennent dans un affreux état d'ivresse.

Un messager à cheval m'apporte une lettre du roi qui est à Roghié près d'Antoto. Il me demande des cartouches pour le winchester qu'il a emporté. Je prie le ras de mettre un cheval à ma disposition et je pars seul à quatre heures du soir.

Je connais mal la route ; pour l'abréger je coupe droit ; mais la nuit me surprend. Je suis égaré.

Je rencontre deux Oromo qui refusent de m'accompagner à Antoto, par crainte des hyènes ; ils me conduisent dans leur hutte où je passe la nuit sur une mauvaise peau, sans couverture. La vermine me dévore et le froid m'engourdit. La gelée blanche couvre la terre ; un vent glacial pénètre par la claire-voie qui sert de porte. Un bœuf est couché près de moi ; je m'accole à lui. La bonne bête me laisse faire et me lèche doucement.

Ces pauvres gens ont été hospitaliers. Ils causaient entre eux et s'interrogeaient pour savoir si j'avais de l'argent. Le moindre personnage a toujours plusieurs domestiques avec lui ; j'étais seul et mon équipage n'était pas fait pour inspirer confiance. Le plus compatissant a conseillé aux autres de passer outre aux questions d'intérêt et de m'offrir un mouton, un pauvre petit mouton de deux sels !... Je les ai remerciés ; je leur ai rendu la bête et donné un thalari. Ils m'ont accablé de bénédictions sans fin, en me baisant les pieds.

ANTOTO.

Lundi, 15 novembre.

A l'aube, je selle mon cheval, je dis adieu à mes hôtes de la nuit et je me hâte.

La terre est blanche de givre ; le froid me coupe le visage. L'Oromo qui me sert de guide marche pieds nus, sans avoir l'air de souffrir.

Après deux heures de marche, je suis chez moi.

MOULLOU-NECH, FEMME COURAGHÉ.

ANTOTO.

Mardi 16, mercredi 17 novembre.

Je recueille des renseignements sur les Soddo et les Couraghé. Si rien ne se met à la traverse de mes projets, je passerai chez eux une dizaine de mois. Je reviendrai ensuite et je tenterai une exploration dans le sud.

Dans la soirée, deux femmes m'annoncent qu'elles veulent quitter mon service parce qu'elles ont un travail trop long et trop pénible. Pourtant elles fabriquent la moitié moins de farine que dans les maisons des choum amhara, et, toute la nuit, contre l'usage du pays, elles se reposent. J'appelle le mari de l'une d'elles et je lui fais part de cette communication. Une correction conjugale remet toutes choses en place. Je laisse partir l'autre à son aise.

22

ANTOTO.

Jeudi, 18 novembre.

Me prend-on pour un négrier ?

On m'envoie cinq nouvelles esclaves ; je les ai refusées.

Le roi est dans le Mindjar. Il avance avec une sage lenteur, — à moins que tout se borne à une démonstration dans le but d'intimider les bandes qui cernent le Dedjazmatch Gabriel.

ANTOTO.

Vendredi, 19 novembre.

On assure que le roi a reçu la nouvelle d'un soulèvement des Arroussi et qu'il est parti en toute hâte dans la direction des pays insurgés.

ANTOTO.

Samedi, 20 novembre.

Je reste chez moi et je continue mes préparatifs de départ.

ANTOTO.

Dimanche, 21 novembre.

Le ras Govanna a l'intention, du moins on l'assure, de me faire présent d'une défense de plus de cinq okettes ; c'est un superbe présent. Mais qu'en ferais-je ?

On dirait vraiment que ces gens-là ne comprennent pas que je ne demande d'eux que les moyens de voyager.

Le Fit Worari Zékergatchou a été pris et enchaîné. Tous ses biens sont confisqués.

Il a été surpris en flagrant délit de conversation intime avec la femme de son cousin le Kenazmatch Aïly. Il avait la main prompte à recevoir et lente à offrir; sa disgrâce ne causera pas grande émotion.

ANTOTO.

Lundi, 22 novembre.

Le ras quitte Fallé pour Haman. C'est dans une grotte de cette localité, sur les pentes abruptes de la vallée du Kolla de Tegoulet, qu'il cache, dit-on, ses richesses.

Les terres d'Abyssinie se divisent en trois catégories :

Le Dégha, ou terres hautes;

Le Waïni-Dégha, ou terres intermédiaires;

Le Kolla, ou basses terres.

Ces noms sont amhara. En oromo les hautes terres sont appelées « badda » et les basses terres « gamodji ».

Le territoire des Adal, par exemple, est kolla. Mais il existe des kolla beaucoup moins considérables, terminés et bordés par des côtes très rapides. Celui de Tegoulet est remarquable. Il est sillonné d'immenses fissures formant un inextricable dédale ; profondes et resserrées, elles n'ont pas, sur certains points, une largeur supérieure à six ou sept cents mètres, et leur profondeur atteint cinq à sept cents mètres. Pour franchir ces énormes tranchées, il faut parfois cinq ou six heures de marche, dans des sentiers en lacet, sur des escarpements.

Dans les dégha, dont l'altitude moyenne varie de deux mille cinq cents à deux mille neuf cents mètres, la saison des pluies est fort mauvaise ; la grêle tombe fréquemment, surtout dans la saison du kremt. J'ai mesuré un jour des grêlons de dix-sept millimètres de diamètre ; ceux de sept à huit sont fréquents. Les brouillards sont denses et les coups de tonnerre violents et répétés.

Le vent change, dès que les pluies ont cessé. Du nord-nord-est il passe au sud-est et souffle avec rage. La température devient froide. Les gelées blanches sont

IKÉ, FEMME OROMO DES GOMBITCHOU.

fréquentes en octobre et en novembre. Plusieurs fois j'ai vu de minces couches de glace sur les ruisseaux ou les marais.

Les habitants du dégha sont énergiques, grands et vigoureux ; ce sont les meilleurs guerriers. Ils dominent au Schoa. Ceux du waïni-dégha ont des mœurs pacifiques et s'adonnent plus volontiers à l'agriculture. L'indigène du kolla, maigre, de taille moyenne, agile et remuant, né pour la rapine, dédaigne l'agriculture et vit en pasteur nomade.

Les hyènes, les léopards, les sangliers, les chacals, les lièvres, les porcs-épics, etc. peuplent le dégha, avec les grands aigles, les vautours et les corbeaux, dont une variété est particulière à l'Abyssinie ; elle se distingue par un plumage très noir où se dessine une tache blanche du sommet de la tête au milieu du cou. On y trouve aussi des oies, des francolins, des tourterelles, des grives, et d'innombrables petits oiseaux.

Dans le waïni-dégha vivent généralement les animaux du dégha ; mais les buffles y sont plus nombreux et les gazelles, comme les singes, y apparaissent. Les tourterelles et les pintades abondent.

Dans le kolla sont les grandes espèces qui caractérisent la faune africaine : les éléphants, les lions, les rhinocéros, les buffles, les léopards ; avec les chacals, les hyènes, les ânes sauvages, les zèbres, les gazelles, les singes, etc. Les oiseaux aquatiques couvrent les rives des étangs, des lacs et des rivières.

Les trois principaux types de la végétation arborescente, dans le dégha, sont le gatira (nom oromo, — en langue amhara teyd), le kosso et le zygba (en oromo birbirsa). Il existe aussi, nombre d'autres essences.

Le gatira est un genévrier qui atteint des proportions colossales. Le tronc mesure souvent plusieurs mètres de circonférence. Aux branches s'accrochent de longues chevelures de mousses. Son bois est employé dans les constructions. Le kosso a un admirable feuillage vert pâle. Les Abyssins mangent ses fruits pour se débarrasser du ténia. Mais le plus bel arbre de ces contrées est, sans contredit, le birbirsa. Ses feuilles sont petites et fines ; elles prennent ensemble un ton vert sombre.

Dans le waïni-dégha, les kosso sont moins nombreux et moins beaux ; on y voit encore des birbirsa ; les gatira deviennent rares. En revanche on y trouve des sycomores, des euphorbes gigantesques (entre autres variétés, le superbe koll-quall) et diverses espèces d'acacias, désignés sous le nom de tchéka par les Oromo et de tadcha par les Amhara. Les fourrés sont pleins de jasmins, d'églantiers et d'arbustes épineux.

Dans le kolla, j'ai vu presque toutes les essences du waïni-dégha ; mais la végétation du dégha a disparu.

Les cultures du dégha et du waïni-dégha sont : l'orge, le tief, les haricots, une sorte de petit pois chiche, les fèves, les lentilles. Les légumes d'Europe y croissent facilement : j'avais apporté une quantité de graines variées ; je les ai semées ; toutes ont parfaitement réussi.

Le dégha, dans les parties que j'ai parcourues, est composé de terres argileuses, rougeâtres et de roches basaltiques. J'ai rencontré du silex. Le minerai de fer est abondant et exploité en maints endroits. Les pâturages sont nombreux, mais les herbes ne se développent que pendant le mois qui suit le kremt ; elles se dessèchent ensuite et ne suffisent pas à la nourriture des troupeaux de bœufs, de chèvres et de moutons. La plupart des chevaux et des mulets sont dirigés vers des régions plus favorisées Aussi est-ce avec une grande difficulté que l'on pourvoit à l'entretien des bêtes de somme. Il faut recourir à l'obligeance des choum. Pour nourrir les animaux que l'on garde auprès de soi, on doit envoyer, chaque jour, des serviteurs à la recherche du fourrage ou de la paille. Et on a grand'peine à s'en procurer, notamment aux environs d'Antoto, où les prairies sont réservées au bétail du roi et de la reine. Dans le waïni-dégha, les terres sont comme dans le dégha argileuses et rougeâtres, très propres à la fabrication de la poterie. Grande quantité de minerai de fer. La roche apparaît moins souvent que dans le dégha. Les pâturages sont plus riches.

FEMMES BROYANT LE GRAIN POUR FAIRE DE LA FARINE.

Dans le lit des rivières le rocher basaltique est souvent à nu.

Dans les parties planes du sol, on trouve des terres d'alluvion noires et crevassées, pendant la saison sèche, d'une épaisseur considérable, notamment dans les plaines du Betcho et la région située entre Antoto et Zoukouala. Elles sont d'une grande fertilité et forment, pendant les pluies, des bourbiers impraticables.

Dans le kolla, le sol change d'aspect : de rouge, il devient grisâtre. Il est souvent jonché de pierres volcaniques et de roches taillées en prisme. L'herbe pousse dru dans les terrains humides ; elle atteint ou dépasse la hauteur d'un homme.

Dans les trois divisions du sol abyssin, les rivières coulent encaissées. Elles ne sont actuellement d'aucun profit pour l'agriculture, et ne pourraient être utilisées qu'au moyen de travaux d'art ou de terrassement.

Antoto.

Jeudi, 25 novembre.

De bonne heure, ce matin, le Dedjazmatch Oldié m'a invité à déjeuner. Je l'ai trouvé à table.

Je lui ai parlé longuement de mon prochain séjour au pays des Soddo. Il va quitter cette contrée pour s'avancer dans le Seltit. J'irai le rejoindre. Je suis en effet résolu à passer quelques mois, un an peut-être, dans les pays couraghé et à les parcourir autant que me le permettront les circonstances. Je pourrai, en y consacrant le temps nécessaire, faire un travail d'autant plus utile que même la petite partie connue de cette région n'a jamais été relevée au théodolite. Le Dedjazmatch se chargera du transport de mes caisses. Je partirai d'ici avec mes hommes, les femmes, les enfants et la plus grande partie de mes bagages.

Antoto.

Vendredi, 26 novembre.

J'ai enfin trouvé le temps de pose nécessaire pour obtenir des photographies passables. D'instantanées qu'elles devaient être, mes feuilles sont devenues très lentes : il me faut huit à dix secondes pour un paysage, en bonne lumière, et de quinze à vingt pour un portrait.

Avant de me mettre en route, je rendrai visite à l'Abouna, à Salla-Dingaï. C'est un voyage de huit jours.

Antoto.

Dimanche, 28 novembre.

J'ai reçu des nouvelles de la côte par un courrier du comte Antonelli.

M. Soleillet est mort.

Le bruit se répand que du haut des montagnes d'Ankobœr on a aperçu des feux dans les plaines des Adal. Ce serait l'indice de l'approche d'une caravane. Les Adal n'ont pas coutume d'allumer des feux pendant la nuit.

Le comte P. Antonelli est au Schoa depuis longtemps. Il a sacrifié des avantages personnels à l'intérêt de son pays, dont il est le véritable représentant auprès du

Négouss. Il a ouvert une route nouvelle. Son mérite est d'autant plus grand, qu'il lui a fallu traverser les tribus adal les plus denses et les plus hostiles aux Européens, puis celles des Assaïmara, que gouverne à Aoussa, chez les Modaïto, le sultan Mohammed Amphari, le même qui défit les troupes de Munzinger pacha. Il a toujours été fort obligeant pour moi

ANTOTO.

Lundi, 29 novembre.

Les guerriers amhara ont le libre choix de leurs chefs. Ils apportent eux-mêmes leur équipement : lances, boucliers, sabres et souvent même leur monture. Le choum qui les prend sous ses ordres leur remet quelquefois un fusil. A défaut de solde régulière, il leur assure la nourriture et les vêtements. Après une action d'éclat ou de longs et fidèles services, l'homme de guerre reçoit en récompense un sabre, un cheval, ou une plus large part du butin.

Les désertions en masse sont fréquentes. Avant de quitter le chef dont ils ont à se plaindre, les guerriers doivent rendre le fusil qui leur a été confié. Les déserteurs du Tigré et des autres contrées du nord se réfugient au Schoa où les attirent une vie moins pénible, un climat plus doux et l'espoir de plus gros profits. Ils forment un corps spécial que les indigènes désignent sous le nom de Gondarini. Ce sont, paraît-il, les meilleures troupes du roi.

Pour fuir la colère ou le ressentiment de leurs chefs, les hommes d'armes pénètrent souvent dans l'enceinte des églises. Au son de la cloche les prêtres accourent, et l'asile est toujours accordé. Désormais l'affaire est entre les mains du clergé, qui négocie les accommodements.

ANTOTO.

Mardi, 30 novembre.

Le Dedjazmatch Oldié est revenu de Fell-Wa et m'appelle. Je vais chez lui. Il m'annonce qu'aussitôt arrivé au pays des Soddo il entreprendra une nouvelle expédition et m'engage à ne le rejoindre qu'à son retour. Il me présente au Grazmatch Apto-Mariam, gouverneur des pays maroko et d'une grande partie du bétail du roi. « En mon absence, ajoute Oldié en me désignant Apto-Mariam, vous vous adresserez à mon frère ; il vous fournira tout ce dont vous aurez besoin pour entreprendre votre voyage. » — « Frère » est ici pour « ami » ou « camarade », à la mode orientale.

C'est vingt jours d'attente et de retard. Ce voyage, à vrai dire, n'est qu'un déplacement sans difficulté, mais il n'en exige pas moins un déménagement complet.

ANTOTO.

Mercredi, 1er décembre.

J'ai reçu plusieurs visites. J'ai causé avec un des hommes les plus instruits du pays et je lui ai parlé de l'éviration.

Cette coutume barbare n'existait pas, suivant mon interlocuteur, avant l'invasion de Mohammed Gragne qui, dans un accès de fureur, désespérant de contraindre les Abyssins à embrasser l'islamisme, aurait résolu d'anéantir la population. Telle serait l'origine des premiers eunuques amhara. L'utilisation des services de ces infortunés aurait passé peu à peu dans les mœurs. La femme de l'Oromo mutilé est considérée comme veuve et appartient au frère de son mari. N'est-ce pas un ressouvenir de la loi mosaïque, du Lévirat? Johannès et Ménélik ont interdit l'éviration. Mais il leur a été impossible d'empêcher les cruautés des champs de bataille où les dépouilles des vaincus sont une sorte de trophée pour les vainqueurs qui s'en parent orgueilleusement. Ils les portent sur leurs boucliers, autour de leur tête, et au cou de leurs chevaux, fiers d'en faire constater le nombre. La forfanterie de la gloire sous cette forme ignoble engendre d'horribles excès. Pendant la dernière expédition chez les Arroussi, un guerrier a été

MISE EN SELITCHA DE LA FARINE.

surpris mutilant son domestique qu'il venait de tuer. Traduit devant le roi et condamné à mort, il a avoué qu'il en était à sa cinquième victime !

ANTOTO.

Jeudi, 2 décembre.

Arrivée d'un courrier.

On a raconté au roi qu'un Européen allait exploiter le lac Assal. Ménélik revendique la propriété de ce lac, alléguant qu'il se trouve dans les limites de l'ancienne Éthiopie. Une coutume semblerait consacrer cette prétention : de temps immémorial, les Adal qui transportent du sel au Schoa doivent acquitter un impôt spécial.

ANTOTO.

Abba Gabri-Maskal est venu me voir.

Le Dedjazmatch Desta, fils du ras Darghé, m'envoie saluer. Je vais chez lui avec Gabri-Maskal, et je lui offre quelques objets. Il est plus aimable que les autres choum

CASCADE PRÈS DE L'ÉGLISE DE RAGUEL,
à Antoto.

et manifeste un véritable plaisir à recevoir ce que je lui présente. Il nous donne du tedj et de très bonne eau-de-vie de miel.

ANTOTO.

Le Dedjazmatch me rend ma visite. Il me remet deux okettes d'or d'une très grande pureté : « Je regrette, dit-il, de ne pouvoir vous donner davantage ; mais, venu ici à la hâte, je n'ai rien apporté avec moi. »

Le Fit Worari Tonffon m'a fait exprimer son déplaisir de ce qu'étant voisins nous ne nous connaissions pas. Je lui ai répondu que j'irais le voir, et j'y suis allé. C'est un vieux et fidèle serviteur de Ménélik. Il a passé son enfance à la cour de Saleh Sellassé.

Plus pacifique que belliqueux, il n'a été signalé pour aucune action d'éclat, mais c'est un homme honnête et bon. Il est dans l'intimité du roi. Autrefois, il possédait de grandes terres ; on l'en a dépouillé pour les donner à la reine. Dans une guerre contre les Oromo il lui est arrivé une cruelle mésaventure : Il était avec ses soldats sur les bords de l'Aouache. Passe un cavalier sur la rive opposée. Point de doute, c'est un Oromo. Tonffou saisit l'occasion de montrer son adresse. Par hasard, il tire juste ; l'homme tombe... C'était un Amhara ! Depuis ce jour, Tonffou n'a plus voulu guerroyer que sur ordre formel du roi, et à sa suite.

ANTOTO.
Lundi, 6 décembre.

Mon ami Gabriel Gobano continue à regretter son opération conjugale et me confie ses peines.

J'ai reçu le fils du Fit Worari Tonffou, esclave adopté depuis nombre d'années. Les adoptions de ce genre sont fréquentes. Il a vingt-cinq ans. Son orgueil est insupportable. Il porte, sous le chamas, une longue chemise en soie violette et une espèce de pantalon jaune avec des boutons d'argent. Il s'éternisait chez moi ; j'ai dû le congédier.

En revenant de l'habitation de Desta, j'ai passé chez le Fit Worari qui m'a fort bien reçu. Il m'a montré un énorme manuscrit en amharigna, orné de gravures bizarres. Le Fit Worari lui-même y est représenté dans ses occupations les plus vulgaires. Ici, il est à table, entouré de seigneurs ; là, il donne des ordres à son Musselanié et on égorge des bœufs devant lui. Plus loin il tue de sa lance un Oromo. Ailleurs il saisit la queue du cheval de saint Georges pour obliger le saint à tourner la tête et à l'écouter, tandis qu'il implore sa protection, etc., etc.

J'ai demandé ce livre ; mais Tonffou n'a pas voulu s'en dessaisir.

ANTOTO.
Mardi, 7 décembre.

Sept heures soir. — Je reviens d'une excursion à quelques heures d'Antoto.

J'ai voulu saluer M. Capucci et visiter ses travaux. M. Capucci est un ingénieur italien. Il a été invité par le roi à construire un moulin hydraulique pour la mouture du blé et du tief, et pour la fabrication de la poudre. Il rencontre de grandes difficultés et ne dispose d'aucune ressource pour réaliser un pareil travail. Actif et patient, il ne désespère pas de réussir.

ANTOTO.
Mercredi, 8 décembre.

Je suis obligé de retarder encore mon départ pour Ankobœr ; ma journée est sans emploi.

Je monte en selle et je vais chez l'Oromo qui m'a donné l'hospitalité pour une nuit, à mon retour de Fallé. Si j'avais vu, de jour, l'affreux taudis où j'ai couché, je n'y serais jamais entré. J'ai laissé un petit cadeau à mes pauvres amis. Nous avons tué un mouton et, après déjeuner, je les ai laissés. A un coude de l'Akaki, des milliers d'oies s'ébattaient dans l'eau. Je n'ai pas songé à les troubler; on ne les mange pas.

ANTOTO.

Jeudi, 9 décembre.

Avant le jour, le Dedjazmatch Desta se dispose à partir et m'appelle. Je cours chez lui, à moitié endormi. Il se met en route; il passera la nuit à Fourri et continuera ensuite son chemin vers le pays des Soddo.

Trois heures après midi. Quatre cents hommes, armés de fusils, sont campés au pied d'un monticule, sur le plateau de Dildila, non loin du guébi royal. Ce sont des soldats que le Négouss avait donnés au Dedjazmatch Waldé-Gabriel, pour l'accompagner dans son expédition; maltraités par leur chef, ils sont revenus et demandent jus-

SCEAU DU DEDJAZMATCH DESTA-DARGHÉ.

tice. Sans doute ils s'achemineront dans la direction des pays arroussi, à la recherche du roi. On a essayé de les ramener à la raison; mais ils sont armés et personne n'en viendra à bout. Les choum en ont peur.

ANTOTO.

Vendredi, 10 décembre.

J'ai voulu revoir le Dedjazmatch Desta, parti hier pour rejoindre Oldié.

Accompagné de six hommes à cheval, je l'ai poursuivi sans pouvoir le rejoindre Je retourne sur mes pas.

Dans la soirée, j'irai voir le Grazmatch Apto-Mariam.

ANTOTO.

Samedi, 11 décembre.

Quelle surprise et quelle joie ce matin! Un Amhara, du Caire, m'apporte une lettre de mon frère... Bienvenu soit celui qui m'apporte les premières nouvelles des miens depuis que j'ai quitté les bords de la mer Rouge. — C'est le 11 décembre; la lettre est datée du 12 juillet!

Le Lik-Papas a adressé à l'Abouna résidant auprès du Negouss Négeust Johannès une lettre de recommandation pour me permettre de pénétrer librement dans le Tigré. Je ne puis envisager sérieusement cette éventualité, car Ménélik n'aime guère qu'en le quittant on se dirige vers son seigneur et maître.

ANTOTO.

Dimanche, 12 décembre.

Je ne partirai pour Ankobœr qu'après avoir pris une dernière fois de bonnes distances, lune et soleil. C'est un retard de deux ou trois jours.

les mettre comme celles de Debra Berhan écrite à Addis abeba le 18 février 1889

AUTOGRAPHE DU COMTE ANTONELLI
ET SCEAU DU ROI MÉNÉLIK GRAVÉ EN ITALIE.

J'écris des lettres pour l'Europe; je les confie à un courrier que le comte Antonelli expédiera demain ou après-demain à Assab.

ANTOTO.

Mardi, 14 décembre.

Le ras Govanna est arrivé. Je n'irai pas chez lui avant qu'il ne me fasse appeler.

ANTOTO.

Mercredi, 15 décembre.

J'ai employé la matinée à des observations astronomiques.

Le ras est parti pour Fallé; il reviendra probablement samedi. J'attendrai son retour pour aller à Ankobœr et à Salla-Dingaï, chez l'Abouna.

L'armée du Schoa est constituée de façon à évoquer des souvenirs féodaux.

L'armée royale proprement dite comprend les Gondarini, gens de l'Abyssinie du nord, les Balamoil et les Mezeuzo, les hommes des divers services de la maison du roi, obéissant à leur chef direct, les vieux soldats ayant servi le père de Ménélik, enfin, les engagés volontaires, les serviteurs et les esclaves devenus amhara par un séjour plus ou moins prolongé dans le pays. Les Mezeuzo sont les fils de famille. Ils formaient autrefois un corps spécial commandé par un Dedjazmatch ou un Fit Worari. Ces guer-

SAGAYNETTE

dans le guébi du Dedjazmatch Desta, fils du ras Darghé, à Antoto.

riers turbulents et audacieux sont difficiles à conduire; leur chef doit faire preuve de tact et de fermeté.

L'armée des provinces comprend les troupes amenées par les feudataires : Ras, Dedjazmatch, etc. Ces grands seigneurs, qui exercent à la fois l'autorité civile et militaire, sont tenus, en cas de zamatcha, de fournir un contingent dont l'effectif est généralement dépassé.

Les hommes sont armés de fusils de tout genre, de lances, de sabres et de boucliers.

Si mes renseignements sont exacts, l'armée schoane ne compterait pas moins de cent vingt mille combattants, dont le quart seulement serait armé de fusils. Le nombre des non-valeurs serait considérable.

ANTOTO.

Samedi, 18 décembre.

Le Fit Worrari Tonffou m'invite à aller chez lui. J'accepte avec plaisir; ses récits et les traditions qu'il a conservées rendent sa conversation intéressante.

ANTOTO.

Dimanche, 19 décembre.

J'ai fait quelques photographies autour d'Antoto.

ANTOTO.

Lundi, 20 décembre.

Le ras Govanna est arrivé. Sur ses instances réitérées, je me suis rendu à sa demeure. Il m'a retenu à dîner. Je me suis fort ennuyé, comme d'habitude, du reste. Quand voudra-t-on me laisser en paix?

Les choum m'importunaient jadis, pour avoir des fusils ou d'autres objets. Maintenant que je n'ai plus rien à leur donner, ils se contentent de me mander pour un renseignement quelconque.

ANTOTO.

Mardi, 21 décembre.

J'ai prié Gabri-Maskal de me servir d'interprète auprès de Govanna. L'interprète ordinaire du ras, Abba Johannès, m'a demandé de lui prêter quatre cents thalari. Naturellement, j'ai fait la sourde oreille. Depuis lors, il n'a cessé de me desservir auprès de son maître. Un jour, au moment où je franchissais le seuil, j'entends Abba Johannès s'écrier: « Certainement cet homme est fou! » « Hep-no! » — Traduttore, traditore.

Les envoyés du roi de Djmma m'ont apporté des présents, entre autres un eunuque du Koullo, nommé Gareno. Ils me remettront demain une « belle » esclave; — du moins ils l'assurent.

Dans la soirée, je vais avec Gabri-Maskal chez Govanna. Après une heure de conversation banale, je lui demande un entretien particulier (koïta). Quand je suis seul, en sa présence, je lui dis: « Je sais combien les chefs du sud recherchent l'or; il est nécessaire que j'en aie pendant mon voyage; il me sera de la plus grande utilité. J'en ai acheté ici à des indigènes; mais je n'en ai pas assez; ne pouvez-vous m'en donner? »

« Je n'ai pas d'or, m'a-t-il répondu, je le recherche et le recueille dans les pays que je gouverne, mais, vous le savez, c'est pour le donner au roi. Je ne puis moi-même en disposer sans risquer de voir mes biens confisqués. » C'est un mensonge. « Comme il vous plaira », ai-je répliqué, en le laissant avec Gabri-Maskal. Assez avant dans la soirée, celui-ci revient. Le ras veut, dit-il, que nous retournions chez lui demain.

ANTOTO.

Mercredi, 22 décembre.

J'entendais bien me contenter d'envoyer Gabri-Maskal auprès de Govanna; mais il a voulu me voir personnellement. Je m'habille en toute hâte.

LE LIK-PAPAS KAÏRLOS,
Patriarche cophte orthodoxe résidant au Caire.

CACHET DU PATRIARCHE KAÏRLOS.

Sur le point de sortir, j'apprends qu'il a quitté sa maison et vient chez moi. Je vais à sa rencontre. Il me serre la main et me dit :

« Entrons chez vous, nous causerons... »

Et, une fois seuls, il me tient ce discours : Promettez-moi de ne pas divulguer ce que je vais vous confier; vous aurez l'or que vous désirez, mais si on vous interroge, vous répondrez que vous avez reçu des thalari. » Je l'ai remercié. Il m'a donné rendez-vous à Fallé.

A peine le ras parti, les envoyés d'Abba Djiffar reviennent et me remettent une lettre de leur maître énumérant les cadeaux qu'il m'envoie. Eux-mêmes, pour leur propre compte, m'offrent quelques objets sans valeur que j'échange contre des miroirs en étain.

L'un d'eux me propose d'acheter une esclave sachant préparer le dadi, le farso, etc. et me présente une femme de vingt ans, fort laide, répondant au nom de Loumi. On marchande; la pauvre fille prend part au débat; elle vante ses talents, promet de ne pas s'échapper et fait ressortir qu'il me sera toujours facile de la revendre un bon prix. Marché conclu. Douze thalari; c'est une mauvaise affaire.

Je n'ai acheté cette esclave que pour ne pas indisposer contre moi les gens d'Abba Djiffar. Je veux aller à Djimma et je tiens à ce qu'ils ne me desservent pas. Ils m'ont offert cinq cents thalari de civette contre le fusil que j'avais montré au roi. Je leur ai dit que le Negouss me l'avait pris et j'en ai promis un autre.

Dans la soirée, je suis allé chez le Fit Worari Tonffou.

A mon retour, je trouve chez moi la « baria condjo », la « belle esclave », que m'offre Abba Djiffar.

ANTOTO.
Jeudi, 23 décembre.

J'écris au roi de Djmma : « Je regrette de ne plus avoir en ma possession le fusil que vous désirez. Le Negouss Ménélik me l'a pris. S'il veut me le rendre, je vous le donnerai bien volontiers. En attendant, je vous envoie un Martini. Je vous offrirai avec plaisir d'autres cadeaux en échange d'objets travaillés de votre pays. »

Après-midi, j'ai fait quelques photographies.

L'insupportable fils de Tonffou m'a envoyé un bœuf et me demande un fusil. Toujours la même comédie; mais celui-là arrive trop tard.

ANTOTO.
Samedi, 25 décembre.

Noël! Noël revient pour la seconde fois depuis que j'ai commencé ce voyage...

La Noël des Amhara sera célébrée dans huit ou dix jours. Les indigènes l'appellent « Gana ».

Je reçois une lettre de M. Hénon; il a tenté de pénétrer dans le sud. Ses domestiques lui ont volé armes et chevaux; il revient.

Les serviteurs qui consentent à voyager dans les pays où il n'existe plus de choum amhara, sont rares. Ils sont, de plus, rapaces, paresseux et lâches. Les miens ont déjà résolu de m'abandonner.

ANTOTO.
Dimanche, 26 décembre.

Pendant la nuit, les hyènes ont pénétré dans mon enclos. Les chevaux ont brisé leurs entraves et se sont enfuis par une déchirure de la haie.

ANKOBŒR.

Le guèbi royal.

AUX BORDS DE L'AKAKI.

Lundi, 27 décembre.

Départ pour Salla-Dingaï, Déjeuner d'adieu chez le Fit Worari Tonffou; décidément, c'est un excellent homme.

J'emmène quatorze serviteurs et cinq femmes; nous irons lentement.

Vers six heures, nous sommes sur les bords de l'Akaki et nous campons aux approches d'une habitation.

Mes hommes reposent sur la paille autour de la tente. Je couche sur une peau avec quelques couvertures. J'ai renoncé à toute literie.

SCEAU DU RAS GOVANNA.

TOTOSEH.

Mardi 28 et jeudi 30 décembre.

Nuit calme. Route triste et monotone. Les femmes sont fatiguées. A quatre heures, nous trouvons une ferme oromo et nous dressons nos tentes. Abba Gouratcha, propriétaire, nous fait bon accueil et nous cède des moutons, du pain, de la bière et du lait.

Le lendemain, nous cheminons vers Ankobœr; l'aspect de la route ne change pas. Dans la soirée, nous éprouvons mille difficultés à nous procurer les provisions indispensables.

Après une nuit médiocre, nous marchons toute une journée et nous parvenons à deux kilomètres de Totoseh, village où j'ai déjà passé dans mon premier trajet d'Ankobœr à Antoto.

ANKOBŒR.

Vendredi, 31 décembre.

Avant le jour, les femmes et les agassez prennent les devants. A sept heures et demie, je pars moi-même.

Route accidentée. Nous descendons vers le Herrara par la pente de Koum-Dingaï. Vers midi, arrivée à Ankobœr.

ANKOBŒR.

Samedi, 1ᵉʳ janvier 1887.

Repos. L'azage Waldé-Tzadeck n'est pas ici.
J'irai visiter demain la station italienne de Let-Marafia.

LET-MARAFIA.

Dimanche, 2 janvier.

MM. Dulio et Aprico me reçoivent cordialement. Avant la mort du marquis Anti-

TOMBE DU MARQUIS ANTINORI.
A la station de Let-Marafia.

nori, la station était fort bien approvisionnée; mais le roi, accompagné de ses bala-moil, vint y opérer une razzia complète. Des gens malveillants avaient incité Ménélik à cette odieuse expédition, en lui persuadant qu'Antinori avait caché de l'argent et des objets précieux. Le roi chercha partout et ne trouva rien. Les balamoil bouleversèrent les greniers, arrachèrent les rideaux, emportèrent la vaisselle et pillèrent la lingerie. Tout fut saccagé.

M. Dulio est venu au Schoa pour y étudier les langues. Il a pénétré dans le nord du royaume de Djimma; le roi l'a empêché d'y séjourner. M. Aprico était attaché à la personne du Negouss en qualité d'armurier. Tous deux attendent la plus prochaine occasion de retourner à la côte.

LET-MARAFIA.

Lundi, 3 janvier.

Promenade dans la forêt. Elle est magnifique. Les zygba y atteignent des dimensions colossales. C'est sur ces arbres que vivent les « goréza », beaux singes au poil long et noir, munis d'une longue queue blanche et portant sur les flancs deux touffes de poils blancs. Ils sautent de branche en branche, à des hauteurs vertigineuses.

LET-MARAFIA.

Mardi, 4 janvier.

L'azage est de retour; pour le voir, j'ai entrepris une course de cinq heures de mule, par d'affreux chemins.

LET-MARAFIA.

Mercredi, 5 janvier.

Dès l'aube, je suis dans la forêt : elle tapisse le versant escarpé de la montagne qui porte Fikrigame, la célèbre forteresse éthiopienne. Elle est encombrée de broussailles et peu giboyeuse. Je n'y ai vu qu'une seule espèce de gazelle, appelée « dukola » par les indigènes. Beaucoup de singes, d'hyènes et d'oiseaux.

Au pied d'un arbre gigantesque s'élève le tombeau d'Antinori, mort à Let-Marafia. C'était un naturaliste éminent. Il avait créé cette station pour la Société italienne de géographie. Il joignait à une science réelle une grande affabilité. Tous ceux qui l'ont approché se sont loués de sa bienveillance. Ses deux compatriotes m'ont prouvé qu'ils tenaient à honneur de l'imiter.

ANKOBŒR.

Jeudi, 6 janvier.

Je dis adieu à mes hôtes en leur souhaitant un bon voyage, et je regagne la route d'Ankobœr.

Je me rendrai vendredi au marché d'Ali-Amba pour acheter des tissus à échanger dans les pays couraghé contre des approvisionnements quotidiens.

En partant, j'ai pris deux vues photographiques d'Ankobœr; la première, des hauteurs qui dominent la station italienne; la seconde, des abords de la ville.

ALI-AMBA ANKOBŒR.

Vendredi, 7 janvier.

Je reviens d'Ali-Amba. J'ai payé mes tissus deux fois plus cher qu'à Aden.

Je me suis attardé sur le marché et j'ai dû continuer à pied une partie de la route, fort belle à voir et détestable pour la marche.

ANKOBŒR.

Samedi, 8 janvier.

Je passe la matinée chez l'azage. Il me propose de l'accompagner dans une expédition vers l'Aouache. Je ne puis accepter; je dois aller chez l'Abouna.

VUE SUR ANKOBŒR,
prise des hauteurs entre Let-Marafia et Maalonze.

ANKOBŒR.

Dimanche, 9 janvier.

Michaël arrive; il me servira d'interprète. C'est un homme de trente-cinq ans. Il a été élevé d'abord à la Mission protestante de Massaouah, puis à Jérusalem. Comme la plupart des Orientaux, il a, pour apprendre les langues, une facilité surprenante, mais aussi, comme beaucoup d'entre eux, il est doué d'une suffisance insupportable et ridicule.

Les Amhara qui ont eu quelque contact avec les Européens, et ceux qui ont été frottés d'un vernis d'éducation, étalent sottement un orgueil incommensurable.

J'ai pris congé de l'azage.

Michaël pour donner plus de prix à ses services, m'assure que l'azage a voulu l'empêcher de m'accompagner; mais qu'il est homme de parole et que pour rien au monde il n'aurait consenti à me mettre dans l'embarras. Je l'ai prié de ne pas se gêner.

DEBRA-BEHAN.

Lundi, 10 janvier.

De bonne heure, je suis prêt; mais « Monsieur Michaël » a besoin de prendre son café et de déjeuner, etc., avant le départ.

Au dernier moment il me dit : « Ma mule est très fatiguée. Je vous prie de m'en donner une des vôtres; lorsque nous arriverons à Litché, chez le Turco-Bacha Mokréa, mon beau-père, j'aurai deux chevaux de selle à ma disposition. » Michaël est, en effet, marié à la fille du Turco-Bacha. Il l'a prise par ambition et Mokréa l'a donnée avec l'espérance que son gendre lui amènerait des Européens dont il tirerait de gros profits. L'épousée a sept ans.

Pluie battante et brouillard. C'est la saison du « Belgk ».

Le cheval qui portait ma tente roule au fond d'un précipice et se tue.

Le soir, nous campons à Debra-Behan (mont de lumière), dernière étape de Ménélik, avant la fixation de sa résidence à Antoto.

Les hyènes affamées viennent jusqu'à nous. Elles veulent dévorer les peaux sur lesquelles mes hommes sont couchés. Ceux-ci se réveillent et me demandent un fusil pour repousser ces bêtes importunes. J'ai soin de leur confier une arme chargée à poudre; car je connais leur adresse. Les hyènes ont fui. Je m'endors.

DJIB-WACHA.

Mardi, 11 janvier.

Nous quittons Debra-Behan. Nous sommes sur un plateau dénudé, pas un arbre : les Amhara ont tout détruit. Après deux heures de marche pénible, nous arrivons à « Litché ».

Il ne reste pas un mur de cette ancienne résidence royale.

Litché rappelle la victoire du Negouss Johannès sur Ménélik. Johannès obligea son vassal à renoncer au titre de « Negouss Négeust de l'Éthiopie » qu'il s'était arrogé et à se contenter de celui de « Negouss »; de plus, il lui imposa un tribut annuel.

Mokréa est absent. Rien à manger qu'un peu de viande desséchée et répugnante.

Michaël me dit que le Musselanié qui administre les terres me procurera, pour quelques thalari, deux ou trois mules de charge (agassez).

GUÉBI DE L'ABOUNA DU SCHOA,
dans ses terres de Salla-Dingaï.

Le plus grand marché de bêtes de somme du Schoa se tient dans les environs, à Bouliorké.

Nous continuons notre route sur le plateau qui domine le kolla de Tegoulet : pays stérile, rocheux, couvert de pierres et infesté de voleurs. De pauvres champs d'orge et de maigres prairies. A cette époque de l'année, la moisson est coupée. Quelques terres sont déjà ensemencées pour être fécondées par les pluies du belgk. La route est coupée par des ravins sans profondeur. Nous campons à Djib-Wacha (le trou de la hyène). Un joli bois de teyd et de kokou ou kousso entoure une petite église.

Les sanctuaires sont généralement dans les bosquets. On est certain d'en rencontrer sur les hauteurs boisées.

L'Alaka se plaint de sa misère. Le choum m'apporte un peu de pain; je le refuse en lui disant que, n'ayant pas envie de mourir de faim, je ne compte plus sur la nourriture que ses pareils et lui doivent me donner, par ordre du roi.

SALLA-DINGAÏ.

Mercredi, 12 janvier.

Partis de bonne heure, nous arrivons, avant midi, à Salla-Dingaï.

L'Abouna me reçoit aussitôt. Son guébi a été pendant longtemps l'apanage de la mère et des femmes du roi de Schoa; depuis la Bafana, il n'en est plus ainsi.

Nous traversons plusieurs cours pour arriver à la maison de réception qui ressemble à toutes les demeures amhara; mais on s'aperçoit promptement qu'elle n'est pas habitée par un Abyssin. Elle est propre et ornée. Le sol est couvert de tapis; il y a quelques chaises.

L'Abouna est assis à la turque sur une estrade à trois gradins; à sa droite et à sa gauche, des coussins de soie ornés de broderies. Il est revêtu d'un grand manteau de soie noire, bordé de violet; sa tête est couverte jusqu'aux yeux par une sorte de voile de même étoffe et de même couleur; son manteau cache une partie de son visage. Son accueil est bienveillant. C'est le premier personnage du pays, après le roi. Il me parle de l'Europe et de l'Égypte, qu'il ne doit jamais revoir. A ses côtés se tient Blatta Paolos, son confident et son ami. Il est originaire de Syont. Je prends congé.

Je suis logé dans une maison, hors du guébi. L'Abouna a fait de son mieux : des tapis ont été disposés sur l'algha et le sol est jonché d'herbes fraîches. C'est un grand luxe. Mes hommes et les mules sont installés dans d'autres habitations.

L'Abouna nous envoie des vivres en abondance : moutons, poules, œufs, lait, tedj, tala, etc.

Michaël se hâte de mettre à profit cette aubaine; il boit et s'entretient dans une demi-ébriété qui fait sa joie et mon ennui; il devient plus bavard que d'ordinaire et provoque des discussions étonnantes qu'il me force à subir.

SALLA-DINGAÏ.

Jeudi, 13 janvier.

Je suis gelé. Dans cette saison, Salla-Dingaï est presque froid, et comme abri la maison où j'ai dormi ne diffère pas sensiblement de mon logis d'Antoto.

Le hameau est juché sur une éminence au-dessus des gorges de la Moffer, anfractuosités à pic profondes et accidentées, qui servent de limite à la province du Mans. Végétation nulle. La nature présente un aspect sauvage. Une horrible teinte grisâtre, empêchant tout relief et supprimant les ombres, augmente la tristesse et la monotonie du paysage.

J'ai essayé de photographier quelques sites. Impossible d'obtenir une épreuve nette. Je ne tarderai pas à quitter Salla-Dingaï. Je suis fatigué de la société de Michaël.

On parle d'une expédition de ras Govanna dans le Wellagha, où les mahdistes deviennent inquiétants.

Deux heures. — L'Abouna désire me voir. Notre conversation roule sur les sujets qui l'ont intéressé hier. Je lui annonce mon intention de reprendre demain la route d'Antoto.

« Si vos affaires vous appellent ailleurs, me dit-il, je ne veux pas vous retenir; mais que vous désiriez prolonger votre séjour ou revenir plus tard, vous serez toujours le bienvenu. »

Il me demande ensuite un médicament pour les yeux de son ami Blatta Paolos. Il ajoute :

« Quand le roi sera de retour de la zamatcha, je me rendrai à Antoto. Je lui exposerai vos projets et j'appuierai vos demandes; mais je vous engage à ne pas trop parler de vos travaux géographiques; on ne vous comprendrait pas; vous inspireriez de la défiance et manqueriez votre but. » Je le complimente sur son habitation, très confortable en comparaison de toutes celles que je visite dans le pays. Il se récrie sur la paresse et l'incapacité des indigènes. « Les Égyptiens auraient bâti une ville entière, me dit-il, dans les deux années que les gabares ont employées à construire cette demeure. »

Je rentre sous ma hutte. Nombreuses visites des gens de l'Abouna. Pas d'incidents.

Salla-Dingaï. — Djib-Wacha

Vendredi, 14 janvier.

A six heures du matin, je demande à saluer l'Abouna. Je reste très peu de temps avec lui ; c'est l'heure de sa prière. Après avoir pris une tasse de café sucré (c'est la première, depuis bien longtemps), je me retire.

L'Abouna est un homme intelligent. D'une grande bonté pour ses subordonnés, il est généralement aimé et respecté. Je n'ai qu'à me louer de son accueil et je n'oublie pas que j'en suis redevable aux recommandations de S. B. le Patriarche cophte orthodoxe du Caire, Mgr Kaïrlos.

Partis à huit heures, nous atteignons Djib-Wacha, à trois heures après midi.

Djib-Wacha. — Debra

Samedi, 15 janvier.

Je me remets en route de bonne heure. Michaël trouve que nous n'allons pas assez vite. « Je prends les devants, me dit-il, et je vous préparerai à déjeuner chez mon beau-père. »

Après deux heures de marche, j'arrive, avec quelques hommes seulement, chez le Mokréa. J'envoie les autres, avec les bagages, camper à Debra-Behan, où je les rejoindrai.

Michaël est ici depuis une demi-heure. Je lui demande où est le repas annoncé et promis. Il me répond : « Ne soyez pas inquiet, attendez un peu. » J'attends. Enfin, on nous sert du pain dur et des morceaux d'une horrible viande, sèche et puante. Je le remercie et veux partir. « Voyez au moins, me dit-il, l'agassez amené pour vous. »

Je sors et j'aperçois une mule vieille et maigre dont le dos est cruellement écorché. Je demande à Michaël qui, du Musselanié ou de lui, se moque de moi? « On ne se

moque pas de vous ; vous n'y connaissez rien ; la bête est excellente et à bon marché. »
— « Eh bien ! garde-toi d'en priver ton beau-père ; je ne la veux à aucun prix. »
Michaël s'indigne. « Savez-vous bien chez qui vous êtes en ce moment ? Chez le Dedjazmatch Mokréa ! Sachez mesurer vos paroles. » Je me fâche à mon tour et je me
retire en qualifiant de « nègres » le gendre et le beau-père. Cette épithète a le don
d'exaspérer le raffiné Michaël qui ne manque pas une occasion de dire avec une em-
phase comique : « Nous autres Européens ! » Il ne me pardonnera jamais.

Il n'était pas auprès de moi comme un interprète gracieux ; nonobstant ses grands
airs, il était payé, trop payé. Il m'avait extorqué un remington et des thalari. En
utilisant ses piètres services, j'essayais de recouvrer mes avances.

SCEAU DE L'ABOUNA DU SCHOA-MATTÉOS.

Debra-Behan. Sept heures, soir. — Je suis étourdi par l'horrible musique des gens
du roi et de la reine qui viennent mendier.

TCHIMBISSI.

Dimanche, 16 janvier.

Départ à la pointe du jour. Sept heures de marche dans un pays plat, où tout est
gris. Je gagne Tchimbissi, l'une des résidences de Govanna. Il vient de la quitter. Je
n'entre pas dans l'habitation ; je préfère camper dans la cour du guébi.

Mettéyaletch, la femme du ras, me reçoit assez mal. Elle est d'une avarice sordide.
Dans la soirée, elle m'envoie du pain et de l'eau. Je ne lui ai pourtant marchandé ni
les hommages, ni les présents ! Elle me prie de lui donner une lime. Je lui demande à
quoi un pareil outil pourra bien lui servir. Elle me répond : « J'en ai besoin pour mes
dents ; tu me les limeras toi-même ! » Stupéfait, je réplique qu'à mon grand regret
je ne puis lui donner la moindre lime et que, si j'en avais une à sa disposition, je
devrais encore décliner l'honneur de la satisfaire, n'ayant pas encore eu l'occasion de
me livrer à un travail semblable à celui qu'elle veut me confier. J'apprends en sortant

que cette grande dame est coutumière de ce soin particulier de sa toilette intime. Est-ce une élégance locale?

Tchimbissi est délaissé par le ras. Ce n'est plus qu'un pied-à-terre, dans un fief donné par le roi. Pendant la nuit, grand vacarme. C'est le gouass (l'ensemble des bagages et des moyens de transport) de Mettéyaletch qui prend les devants. Elle-même se rendra à Fallé.

ENTRE TCHIMBISSI ET ANTOTO.

Lundi, 17 janvier.

Nous nous éloignons, aux premières lueurs du jour. Huit heures et demie de

WALDETTA-ANNA, AMHARA DE TEGOULET.

marche. Nous couchons dans la demeure d'un choum oromo, qui ne nous inquiète pas, mais nous refuse tout, même contre espèces sonnantes.

ANTOTO.

Mardi, 18 janvier.

Départ, au lever du soleil.

Nous marchons pendant neuf heures et demie. Au sommet du Gara-Gorfou, montagne qui sépare les plateaux, dans la direction d'Ankobœr, des plaines qui s'étendent au pied de Dildila, le pays change d'aspect. Nous passons un col taillé à pic. Devant nous voici Fallé, et à gauche les hauteurs d'Antoto.

ANTOTO.

Mercredi, 19 janvier.

Je me repose et mets un peu d'ordre autour de moi.

Les plateaux qui séparent Ankobœr et Antoto sont habités par deux grandes tribus ; les Abitchou et les Gombitchou.

Les Abitchou occupent la partie supérieure. Dans le sud, les Galen s'étendent jusqu'au mont Zoukouala. Ils ont pour voisins à l'ouest les Adda qui vivent dans la plaine entre Zoukouala et Antoto. A l'ouest résident les Goullalé, fraction des Abitchou, et, plus loin, les Metta, dans le massif du mont Watchatcha, etc.

En oromo « govanna » signifie « pleine lune ».

FALLÉ.

Jeudi, 20 janvier.

Le ras m'appelle à Fallé pour me remettre ce qu'il m'a promis.

Gabri-Maskal m'accompagne comme interprète.

Un Français, M. Pino, me reçoit dans sa hutte ; je cède ma tente à Gabri-Maskal. Dans la soirée, le ras m'envoie un maigre durgho. Son hospitalité ressemble à celle de sa femme, à Tchimbissi.

M. Pino est établi au Schoa depuis plusieurs années ; il reste auprès du ras. Il a été victime de ses excès de confiance dans les Amhara et ne réussit pas à obtenir justice contre ceux qui l'ont trompé ou volé.

FALLÉ.

Vendredi, 21 janvier

J'ai forcé l'entrée de l'habitation du ras, non sans bousculer quelques eunuques. Gabri-Maskal, n'a pas osé me suivre ; il s'est prudemment arrêté à la porte. Me voici, seul à seul, avec Govanna. Il refuse de me parler en oromo, sa langue maternelle. Abba Johannès est là ; malgré mes répugnances pour cet homme qui m'a desservi auprès de son maître, j'accepte ses services. Je reproche à Govanna son mauvais accueil et lui rappelle que lui-même m'a mandé, sans doute, pour exécuter ses promesses.

Abba Johannès traduit infidèlement mes paroles. Je me fâche. Le ras intervient. « Je n'ai pas oublié que je vous dois de l'or, me dit-il directement, vous en aurez ; on le cherche. Attendez quelques jours. »

FALLÉ.

Samedi, 22 janvier.

Les envoyés du roi de Djimma, auxquels j'ai fait quelques cadeaux, sont arrivés chez moi, à Antoto, et procèdent à leur installation.

FALLÉ.

Dimanche, 23 janvier.

Course à Antoto où je relaye. C'est une traite de sept heures, aller et retour.

Abba Djiffar demande un autre fusil et m'envoie, avec ses remerciements, un bouclier orné de plaques d'argent, des chamas tissés de différentes couleurs, de la civette, etc., etc. Ses messagers ont l'intention de regagner promptement leur pays. Je leur explique la nécessité pour moi d'être à Fallé demain ; dès mon retour, je leur donnerai une lettre et des présents pour leur maître.

FALLÉ.
Lundi, 24 janvier.

Le ras m'a empêché d'aller à Antoto. Le prétexte est rassurant. L'or promis doit arriver incessamment. J'attends toujours.

FALLÉ.
Mardi, 25 janvier.

J'attends encore. On m'engage à me méfier. Abba Johannès cherche à détourner le ras de ses engagements.

FALLÉ.
Mercredi, 26 janvier.

Le ras m'appelle. Je le trouve rendant la justice. Je le salue et je m'assois.

Abba Johannès vient me prendre ; nous nous dirigeons vers le ghimdja-biet. On a soigneusement fermé toutes les portes. On me donne de l'or, et, pour m'empêcher de trouver que la réalité ne répond pas aux paroles, on m'en promet davantage. Gabri-Maskal a été exclu de cette mystérieuse entrevue. Nous étions quatre : le garde-magasin, un eunuque, Abba Johannès et moi.

Je ne demanderai plus rien à Govanna ; ce serait peine perdue. Mes cadeaux ont été offerts trop tôt ; je n'ai aucun moyen de forcer les gens à tenir leurs promesses ; je dois me contenter de ce qu'ils me donnent.

FALLÉ.
Jeudi, 27 janvier.

Gabri-Maskal m'a quitté pour rentrer à Kataba.

Je suis retourné chez le ras, à la tombée de la nuit. Près de l'elfine, l'eunuque, qui m'avait barré le passage une première fois, m'a refusé l'entrée parce que je ne lui ai pas offert de bakchich. Je n'insiste pas. Je me retire. A cinq cents mètres du guébi, des serviteurs me rejoignent et l'eunuque me demande pardon en se couchant à terre ; d'autres esclaves l'accompagnent ; tous me prient avec les mêmes démonstrations de retourner auprès de leur maître. Je cède et j'entre chez Govanna. Je lui raconte les difficultés que je dois vaincre pour arriver jusqu'à lui. Il m'accable de ses protestations d'amitié et me réitère ses assurances ; j'aurai autant d'or que j'en voudrai. Je le remercie : « Ce que j'ai me suffit, lui dis-je ; du reste, je n'ai aucune envie de perdre mon temps, et je sais qu'il me faudrait attendre indéfiniment votre bon plaisir. » Sous mes yeux, on a attaché l'eunuque impertinent. « Je te le donne, me dit le ras, punis-le. » En nous séparant, Govanna tient absolument à me serrer la main.

Vendredi, 28 janvier.

J'avais oublié mon ennuque. Si je ne lui inflige pas une peine corporelle, le ras doutera de ma parole et, lui, se moquera de moi. Une séance officielle de courbache me répugne. Je lui montre un thalari. Il se précipite. Je lui administre sur le dos quelques coups de cravache et le renvoie à son patron.

Je monte à cheval. Le gouass me suit. Chez moi, je retrouve les envoyés d'Abba Djiffar. Je leur donne un fusil à percussion, un revolver, des douilles métalliques et un

TCHINKÉ, AMHARA DU MANS.

coran que je destinais à Mohammed Loëta et qui porte son nom sur la couverture. Je leur laisse croire que c'est celui d'un scheik illustre et vénérable.

DILDILA.

Samedi, 29 janvier.

Je congédie l'ambassade d'Abba Djiffar avec ma lettre et mes présents.

DILDILA.

Dimanche, 30 janvier - Dimanche, 6 février.

Grande nouvelle ! Ménélik a pris Harrar. Il a écrit à tous les grands seigneurs pour leur annoncer sa conquête. J'ai été favorisé moi-même d'une missive royale ; la voici :

ዓቱለኸ፡ከጋጕሥ፡ሟፈልኸ፡ዴዷረሰ፡ከሙሌ፡
በረሊ፡ኤንዷቱ፡ለነበተኸኤኔ፡ኤሳዚኤኽዐሐር፡
ዴሟለገግ፡ዳፈሆ፡ነኛ፡ኤሬም፡ወዪ፡ሐረኚ፡
ኤዚዲለሁ፡ወዪ፡ኾጊዝ፡ባሐረኚው፡ኹም፡ዋ
ታ፡ለዪ፡ወራበሌ፡ከዪባለው፡ወተ፡ኤጥራጕኾ
ጥር፡ለውግ፡ኾለከተቿ፡ቿሃዚ፡ገው፡ኤያለ፡ዐ
ሟሃወኹግ፡ወገግ፡ሁ፡ሉ፡ለበለበ፡ወዷፉገጣ
ነፉውግም፡ኤዪርጕ፡ኾሌር፡ኤገኚሁቱ፡ዴታረ
ቋለ፡ወለሉኛ፡ወለከበቱ፡ወለከተቿቿጊኤ
ከር፡ዋለዷቱ፡ሰቱ፡ኤለሬረ፡ዴረስ፡ወጥፉ.
ተዐዓ፡በም፡ለራቿ፡በኤሳዚኤኽዐሐር፡ቶርነቱ፡
ዴሌ፡ኤዪርኚ፡ኤኹ፡ወቿውግ፡በፈረስ፡ሊያም
ለጥ፡ሰውግ፡ፈቿሁቱ፡ወፉፉ፡ም፡ነፉውም፡
ተሃዝ::ሐረርኚም፡ኔከተባሙ፡ገበሁበቱ
በጥር፡በዴቀገ፡በሐረር፡ከዞም፡ተዪፈ.::

« Que cette lettre du roi Ménélik parvienne à M. Borelli ! Comment allez vous ? Moi, par la grâce de Dieu, je me porte bien.

« Je suis allé vers le Harrar. Le choum du Harrar, le jour de la Ganna (Noël), s'est approché d'un endroit appelé Ourrabilé. S'étant approché, il a rassemblé des hommes. Ayant réuni les mahométans, des canons et des fusils, je l'ai trouvé rangé en ordre de bataille. J'ai pensé qu'il demanderait à se réconcilier. Mais il a fait prisonniers mes messagers et est venu me combattre.

« Dieu soit loué ! J'ai obtenu la victoire. Seul, il a pu s'échapper à cheval. J'ai exterminé ses hommes, pris ses canons et ses fusils. Je suis entré dans Harrar, et j'ai campé dans la ville.

« Écrit le 7 du mois de Terr 1879 (14 janvier 1887), dans la katama de Harrar. »

Harrar, que ses habitants nomment Adaré, est désigné sous le nom d'Harrarghé par les Amhara qui ajoutent fréquemment le suffixe « ghé » après le nom d'un pays. Un étymologiste a prétendu que cette terminaison est empruntée au grec γῆ. J'en doute fort.

Les gens bien informés racontent que le roi n'avait pas l'intention d'attaquer Harrar. Il s'était arrêté à Tchalanko, à deux journées de marche de la ville, pour y célébrer, le lendemain, la Ganna, Noël amhara. Or, l'Émir Abdulaï avait choisi ce jour de fête pour attaquer les envahisseurs et les surprendre au milieu des réjouissances publiques. La région est boisée et montagneuse. Quand l'Émir apparut avec ses troupes sur les sommets voisins du camp, les Amhara se rassemblèrent. Les Harrari avaient placé deux canons en batterie dans une clairière ; ils tirèrent trois fois. Les Amhara se précipitèrent sur leurs ennemis et massacrèrent les artilleurs, anciens soldats de l'occupation égyptienne. Le combat ne dura pas plus d'un quart d'heure.

Les vainqueurs poursuivirent les fuyards et en tuèrent un grand nombre. Cinq cents remingtons tombèrent entre leurs mains. L'Émir se réfugia dans Harrar. Par une marche forcée, le roi arriva devant la ville dès le lendemain et lui fit sommation de se rendre, s'il ne voulait pas que le pays fût saccagé. L'Émir promit de venir au camp de Ménélik pour y faire sa soumission ; mais, dans la nuit, il sortit de Harrar et se réfugia dans l'Ougaden.

Le roi est enthousiasmé de ce succès inespéré.

De l'autre côté du golfe d'Aden, l'événement pourrait bien causer quelque déception, ou tout au moins quelque regret à ceux qui ont reculé devant l'occupation, supputant, au préalable, pour en vérifier l'équilibre, les dépenses et les recettes du pays. Il était facile à l'Égypte et à l'Angleterre de ne pas abandonner Harrar ! Aujourd'hui, la situation est changée. Ménélik ne reculera pas devant des menaces et personne n'osera envoyer des troupes pour le chasser.

Govanna a fait une chute de cheval. On a essayé de cacher l'accident, mais on comptait sans le zèle des Oromo, qui ont arrosé de sang la place où il est tombé, et des prêtres amhara, qui se sont livrés à un tapage infernal pour conjurer ce mauvais présage.

ANTOTO.

Lundi, 7 février.

On m'annonce qu'une caravane est arrivée de Toudjourrah.

J'irai demain à Ankoboer.

AÛX ENVIRONS D'ANKOBŒR.

Mardi, 8 février.

Rude journée.

Parti à cinq heures du matin, je descends de cheval à six heures du soir ; je n'ai pris qu'une heure de repos, en relayant.

Demain, en trois heures, j'arriverai à Ankobœr.

ANKOBŒR.

Mercredi, 9 février.

Départ à six heures. Arrivée à neuf. M. Rimbaud, négociant français, arrive de

Tondjourrah, avec sa caravane. Les ennuis ne lui ont pas été épargnés en route. Toujours le même programme : mauvaise conduite, cupidité et trahison des hommes ; tracasseries et guet-apens des Adal ; privation d'eau ; exploitation par les chameliers...

Notre compatriote a habité le Harrar. Il sait l'arabe et parle l'amharigna et l'oromo. Il est infatigable. Son aptitude pour les langues, une grande force de volonté et une patience à toute épreuve, le classent parmi les voyageurs accomplis.

Mauvaises nouvelles de la côte. Les Issah-Somali ont massacré M. Baudet, second maître de marine, commandant le *Pingouin*, et huit matelots de la flotte. Le gou-

BELLAÏNÉ (SELLIER), AMHARA D'ANKOBER.

verneur d'Obock était venu à Ambado ; il y avait réuni quelques Issah sur la plage, et leur avait offert des cadeaux. M. Baudet et les huit marins étaient descendus à terre, sur la foi du traité qui venait d'être conclu. Ils se dirigeaient vers l'eau douce, au fond du ravin, quand ils ont été attaqués et massacrés à coups de lance. Que s'est-il passé ? Sans doute quelque malentendu suivi d'une rixe et, comme conséquence, l'horrible boucherie ! Du *Pingouin* on a tiré quelques coups de canon inutiles. Les obus ont frappé les galets et les Issah n'ont pas reparu.

HERRARA-ANTOTO.

Vendredi 11 et samedi 12 février.

Retour à Antoto. Nuit passée dans une hutte oromo, sur les bords du Herrara.

26

Antoto.

Dimanche, 13 février.

J'irai demain an marché de Sallallé (une journée et demie de marche d'Antoto), peut-être même continuerai-je ma route jusqu'à celui de Djarso qui se tient au pied du mont Sallallé, à deux jours de l'Abbaï. Les gens du Godjam y vendent des djano à grandes raies rouges, très appréciés dans le sud. Je n'ai pas réussi à m'en procurer à Antoto.

Aux environs de Sallallé

Lundi, 14 février.

En route pour Sallallé. Les arbres sont rares, la terre laide, grisâtre et poudreuse. Après une traite de six heures, nous débouchons dans une plaine uniformément composée de prairies et de champs cultivés ; çà et là quelques fermes.

Au coucher du soleil nous nous arrêtons pour passer la nuit dans une habitation oromo.

Antoto.

Mardi, 15 février.

Des renseignements certains m'ont appris qu'au marché de Sallallé je ne trouverai pas ce que je cherche et qu'il me faudrait gagner Djarso à trois jours de distance. Je me décide à y envoyer mes hommes et je retourne seul à Antoto.

Antoto.

Jeudi, 17 février.

Ménélik a écrit pour annoncer qu'il quittait Harrar et poursuivait l'Émir.

On dit que les Arroussi se sont révoltés et ont pillé plusieurs fermes chez les Adda. Si la nouvelle était exacte, on serait plus affirmatif, car les Adda, les plus voisins des Arroussi, ne sont pas à plus de deux journées de marche d'Antoto.

Antoto.

Samedi, 19 février.

J'ai demandé à l'Abouna une lettre de recommandation pour le supérieur (mamer) du monastère du mont Zoukouala où je me rendrai prochainement.

Antoto.

Dimanche, 20 février.

Cette nuit, une de mes esclaves s'est enfuie. Trois hommes, à cheval, sont à sa recherche ; ils sont partis sans mon ordre. Je n'engage pas mes esclaves à s'échapper, mais s'ils me quittent je ne les poursuis pas. Malheureusement, il est bien rare que ces pauvres êtres puissent rejoindre leur pays natal. Ils sont toujours repris par quelqu'un.

Antoto.

Lundi, 21 février.

Avant mon expédition chez les Soddo, je voudrais fixer astronomiquement la position de Zoukouala, Badegababa et Herrer, montagnes qni s'élèvent au sud et au sud-ouest d'Antoto.

Le monastère de Zoukouala est très important.

ANTOTO.

Mardi, 22 février.

Triste nouvelle. Un commerçant français, actuellement à Ankobœr, a la gangrène

WALDETTA-MARIAM, JEUNE FILLE AMHARA DU KOAT.

au pied. Son corps entier est menacé par le terrible mal. M. le docteur Traversi, médecin de l'armée italienne, craint pour sa vie et croit que l'amputation de la jambe sera nécessaire.

Le docteur Traversi a voyagé dans le nord de l'Abyssinie d'où l'a expulsé le Negouss Négeust Johannès. Il s'occupe au Schoa de botanique, d'histoire naturelle et de géographie. Il a expédié en Italie des collections remarquables par le nombre des spécimens et par leur rareté.

On a demandé à la reine, actuellement à Finefini, l'autorisation de prendre du chloroforme dans la pharmacie royale. Elle a répondu qu'il fallait attendre le retour de Ménélik. Impossible de lui faire comprendre que le moindre retard peut entraîner la mort de l'infortuné malade. Pourtant elle eût pu, sans un grand effort de mémoire ou de gratitude, se souvenir que tous les médicaments du guébi ont été offerts par des Européens !

ANTOTO.

Jeudi, 24 février.

Dans la soirée on me remet un pli de l'Abouna. Sans doute, la réponse à ma lettre qui lui demandait une recommandation pour le mamer de Zoukouala.

ANTOTO.

Vendredi, 25 février.

Gabriel Gobano m'a traduit la lettre de l'Abouna.

A mon grand étonnement, l'évêque ne répond pas à ma demande. Il m'écrit simplement : « Vous allez à Zoukouala ; bon voyage! ne vous fatiguez pas et revenez en bonne santé. Je n'irai pas à Antoto avant le retour du roi et surtout pas avant la fin du carême ; je vous y verrai... » Or, le carême finit dans cinquante-cinq jours !

C'est une déception à ajouter à la longue liste des autres.

J'ai écrit au Grazmatch Apto-Mariam, gouverneur de la région où est situé Zoukouala, et je l'ai prié de me donner un mot pour son musselanié, avec prière de me recevoir dans son guébi. Je ne puis pas retarder mon excursion; l'époque est favorable pour les distances lunaires.

ANTOTO.

Samedi, 26 février.

Apto-Mariam m'invite à venir le voir à Fell-Wa où il réside. Il me promet un kalatier pour m'accompagner à Zoukouala. Je termine mes préparatifs.

FELL-WA.

Dimanche, 27 février.

Midi. — Je quitte Antoto avec mes hommes et les mules de charge. J'irai de Fell-Wa à Zoukouala sans retourner à Antoto.

Trois heures et demie. — Arrivée et visite immédiate au Gratzmatch. Il me donne le kalatier promis qui me servira de guide.

DALLOTA.

Lundi, 28 février.

Sept heures du matin. — En route.

Onze heures. — Halte sur les bords de l'Akaki. Cette rivière prend sa source dans un repli de terrain à l'est de Gara-Garfou (gara, montagne) et se jette dans l'Aouache, à huit ou dix kilomètres du gué où nous la traversons.

Une heure après midi. — Nous avons gravi une petite chaîne de collines appelée Dallota. Le versant opposé est rocheux et rapide. Les terrains cultivés deviennent épars. Le sol est noir et crevassé. Beaucoup d'acacias remarquables par des excroissances blanches en forme de sphère et surmontées d'une épine. Ces boules, rongées par les vers, se creusent et durcissent ; au souffle du vent, elles résonnent et produisent des sifflements d'une harmonie étrange.

Six heures. — Campement autour d'une ferme.

Nous recevons quatre ingéra ; c'est insuffisant ; notre kalatier est indigné et humilié de la manière dont on nous accueille. Il élève la voix au nom du Negouss, et obtient qu'on nous en donne huit. C'est un devoir strict pour les indigènes de procurer le nécessaire aux voyageurs, surtout à ceux qui sont accompagnés par un kalatier. Mais je sais maintenant à quoi m'en tenir sur la pratique des règlements

YETNEBEURCH, FEMME AMHARA DE L'IFAT.

hospitaliers, au Schoa; aussi ai-je pris mes précautions. J'ai emporté du durkoch, et, à la rigueur, je puis satisfaire mes gens.

Le durkoch est un pain séché au soleil, pilé et réduit en poudre. On le porte dans des sacs de peau. Au moment de le manger, on l'arrose avec un peu d'eau, de façon à former une pâte. Il en faut une petite quantité pour rassasier les plus affamés. C'est, avec le koïnta, viande taillée en aiguillettes et séchée au soleil, le principal aliment des Amhara en voyage.

Mes hommes sont mécontents des rations d'ingéra. Ils s'adressent au kalatier et, sans me prévenir, pénètrent dans la ferme, et engagent un combat véritable avec les habitants. D'abord repoussés, ils reviennent à la charge et, malgré tous mes efforts, opèrent une razzia complète. Ils entassent autour de ma tente pain, orge, bière et moutons. Alors seulement je puis les ramener à la raison; ils m'ont tout remis et j'ai tout restitué.

ZOUKOUALA.

Mardi, 1er mars.

Même paysage que la veille. L'eau est rare. La contrée paraît fertile ; on y cultive du tief. Des bois de gommiers nous conduisent aux premiers contreforts de Zoukouala, où des arbustes forment des fourrés d'un vert éclatant.

A onze heures, nous sommes chez le Grazmatch. Son guébi est dans un état pitoyable. Je reste sous ma tente, dans son enclos.

Le monastère, ou plutôt la résidence du mamer est à une demi-heure de marche.

Les moines (melouksi) habitent des huttes qui ne diffèrent en rien des habitations communes du pays. Elles sont éparses sur ce versant de la montagne ; il n'en existe pas sur les autres.

Les melouksi récitent des prières et se réunissent pour chanter. Leurs jeûnes sont fréquents et rigoureux. Au contraire des moines européens, ils n'ont point de règle et ne sont liés par aucun vœu. Celui qui veut être melouksi s'établit à Zoukouala ; il se retire librement quand cette existence cesse de lui plaire. En vérité, ces religieux ne se distinguent des autres Amhara que par l'observance du célibat. Quelques servantes, vouées comme eux à la vie cénobitique, sont chargées d'entretenir la maison et de pourvoir aux besoins de la vie quotidienne.

Le mamer me reçoit convenablement. Il m'offre du pain et de la bière. Lui-même jeûne ; c'est le carême. Assis sur le sol, il lit ses prières dans un énorme livre ghèze.

Je lui offre deux images, l'une de la Vierge, l'autre de sainte Catherine. Il s'étonne des différences dans les attitudes, dans les couleurs et dans les légendes dont une est écrite en français, et l'autre en caractères russes. J'en suis réduit à lui dire que ce sont deux représentations de Mariam. Aucune des Catherines canonisées par les Églises latine et grecque n'est connue au Schoa. Je le prie d'accepter quelques petits présents ; il est enchanté.

Je rentre chez Apto-Mariam. Dans la soirée, on m'apporte un bœuf, des pains et de la bière.

Pendant la nuit, pluie battante.

ZOUKOUALA.

Mercredi, 2 mars.

De bonne heure, je gravis le sommet de Zoukouala, où je veux camper et faire mes observations.

En route, je m'arrête chez la sœur du Grazmatch Apto-Mariam. C'est une vieille et bonne femme qui vit retirée, à la manière des melouksi. Son habitation, comme les autres, est d'une malpropreté repoussante. Elle m'oblige à manger un peu de pain et de koïnta et m'engage à revenir.

Une heure d'ascension et je suis dans une région sauvage et superbe. Je traverse un bois de gatira où s'élève l'église de Saint-Abo, patron de la montagne.

LAC, DANS LE CRATÈRE DU MONT ZOUKOUALA.

Saint Abo est un saint catholique, originaire de Gênes (?), qui vint en Abyssinie, dans un temps fort éloigné de nous. Il est vénéré dans tous les pays amhara.

Me voici à la bouche du cratère; un petit lac s'étend sous mes pieds. Je voulais dresser ma tente sur ses bords; mais son eau est sacrée, et les melouksi m'ont prié de ne pas aller plus loin.

Des arbres tapissent l'entonnoir; un incendie a causé de grands ravages. Le lac est à peu près circulaire; dans les joncs qui l'entourent, des milliers de canards vivent en tribus. Pendant la saison des pluies, son niveau s'élève sensiblement. En ce moment, il a quatre cents mètres de diamètre. Du fond du cratère aux crêtes les plus élevées, la hauteur n'excède pas soixante-quinze mètres.

Dans l'après-midi, je vais sur le flanc sud, et j'aperçois distinctement le lac Zouaï ou Dembel. — Zouaï, en ghèze, signifie tranquille. Dambel, dans certains pays oromo, est le mot usité pour désigner un lac.

Je regagne ma tente.

Un orage épouvantable me tient longtemps éveillé. De ma vie, je n'en ai vu de pareil. Des éclairs ininterrompus sillonnent l'air au-dessus et au-dessous de moi. Ils illuminent la grandiose solitude qui m'entoure. Les éclats formidables du tonnerre ébranlent la montagne. Des torrents d'eau tombent des nues; ce n'est pas une pluie, mais une immense cataracte.

Malgré la hauteur du point où j'ai dressé ma tente, le sol est un bourbier. J'ai préservé mes instruments; tout le reste de mon bagage est perdu.

ZOUKOUALA.

Jeudi, 3 mars.

Huit heures matin. — Un brouillard épais me rend toute observation impossible. J'ai parcouru les bois qui environnent le cratère; ils sont peuplés d'une faune très variée.

Après-midi. — J'ai tracé un croquis et pris quelques relèvements du côté nord, direction d'Antoto. De retour, j'apprends que le mamer a mis une hutte à ma disposition. J'y entrerai en cas d'orage. En attendant, je campe à côté de ma nouvelle demeure.

L'eau du lac est sacro-sainte; les Amhara n'en boivent qu'à jeun. Pour moi, défense d'y goûter.

ZOUKOUALA.

Vendredi, 4 mars.

J'ai passé la journée à prendre des relèvements; avec beaucoup de peine et de patience, j'ai obtenu des résultats suffisants. Le brouillard, le vent, les nuages, tout était contre moi. J'ai bien pris la hauteur et la déclinaison du soleil, vers midi; mais impossible de travailler aux distances lune et soleil. Mon but principal est à peu près manqué. Cependant, je dois retourner à Antoto; car le kremt commencera dans deux mois, et, dans cette saison, je voudrais être au Soddo.

Ici, après la grande fête d'Abo, c'est-à-dire dans huit jours, les pluies deviendront fréquentes et les brumes quotidiennes. Si je suis à Antoto, au mois de décembre prochain, je reviendrai à Zoukouala.

ZOUKOUALA.

Samedi, 5 mars.

Cette nuit, nouvel et violent orage.

A huit heures, je demande les mules. En descendant, je m'arrête une seconde fois

GABARES PORTANT DES FAGOTS.

à la hutte de la sœur du Grazmatch. La pauvre femme est étendue sur des peaux et se plaint de fortes douleurs rhumatismales. Elle me demande des remèdes. Je lui donne de la flanelle. .

Nouvelle visite au mamer. Il me reçoit avec bienveillance et m'engage à prolonger mon séjour. Il me gorge de « neffrou », mélange de blé, de pois et de fèves bouillis. C'est la nourriture ordinaire des melouksi pendant le carême. Je lui dis adieu.

Zoukouala est un lieu saint pour les Oromo comme pour les Amhara. La fête d'Abo est commune aux deux peuples. Pendant les guerres les plus acharnées et les plus cruelles, les Oromo ont épargné les Amhara qui habitent la montagne vénérée. C'est un lieu de pèlerinage pour les uns comme pour les autres.

Les Amhara se réunissent sur la partie septentrionale, vers l'église. A côté du sanctuaire, à l'extrémité d'un rocher, dont l'accès est difficile, s'ouvre une étroite excavation. L'entrée en est pénible. Les visiteurs qui ne réussissent pas à y pénétrer sont réputés mauvais chrétiens.

Les Oromo s'assemblent vers le sud-est, dans la forêt. Ils enduisent de beurre quelques pierres sacrées, et tournent autour d'elles un certain nombre de fois.

Non loin du bois sacré des Oromo, s'en trouve un autre d'un aspect mystérieux, fréquenté par les Amhara qui doivent, suivant la tradition, y passer trois jours et trois nuits. Là, sous les sombres faisceaux d'un feuillage mystérieux, les femmes viennent chercher (et leurs recherches sont souvent couronnées de succès) un remède contre la stérilité.

Un usage curieux, propre aux Oromo, consiste à jeter dans le lac et sur la rive des rondelles de fer ; le sol en est jonché.

ZOUKOUALA.

Dimanche, 6 mars.

On dit que le Negouss est à Antoto, de retour de son expédition au Harrar. J'ai hâte de revenir ; je m'arrêterai sur le mont Herrer.

J'ai attendu toute la journée, et je n'ai pas vu le choum d'Apto-Mariam. On m'a ramené deux de mes bêtes sur huit ; ma mule de selle est blessée.

ZOUKOUALA.

Lundi, 7 mars.

J'attends encore, et ce retard me contrarie singulièrement. Je vais moi-même à la découverte de mes bêtes de somme, perdues dans le voisinage.

Promenade délicieuse ; le pays est boisé et giboyeux. On me montre des traces de lions.

Le choum, que j'aperçois enfin, devine mon mécontentement. Il est sage, partout, de retenir les paroles sur ses lèvres si l'on est irrité ; mais ici, plus qu'ailleurs, il convient d'avoir sur sa langue le bœuf dont parle Eschyle. On peut tout dire cependant, mais sans emportement. Les indigènes ne croient pas à la force de l'homme qui pousse des cris et profère des menaces. Or, le prestige de la force est indispensable dans un pays où l'amitié et la reconnaissance sont inconnues. Chez les Oromo, j'ai rencontré des individus susceptibles de bons sentiments. Ils sont moins civilisés que les Amhara ; mais, à mon sens, ils pourraient l'être plus efficacement. Les uns sont simples et dénués de toute prétention ; les autres sont orgueilleux et sots. Je ne puis croire que les Amhara aient été ces peuples du sud qui luttèrent contre les Égyptiens des temps pharaoniques, de Pepi à Cambyse. Le type des bas-reliefs qui représentent les guerres éthiopiennes est celui des Oromo. La coiffure, les coutumes, les mœurs ont traversé les âges, et il est impossible de ne pas être frappé de certaines ressemblances.

La race amhara — si elle a jamais existé — a subi des mélanges qui ne permettent guère de remonter, avec quelque sûreté, à son origine. Elle est issue, peut-être, de quelque famille sémite appartenant à l'une des dernières tribus kouschites, obligée de traverser le détroit et de vivre dans les montagnes, séparée de ses congénères. Les unions avec des femmes esclaves, les croisements avec les indigènes africains, auront adultéré physiologiquement et moralement les caractères primitifs.

La supériorité du Schoa résulte de l'union des tribus sous l'autorité d'un roi, de l'introduction des armes à feu, et d'une certaine habileté des gouvernants à profiter des querelles incessantes des peuples voisins. Les Oromo, s'ils mettaient fin à leurs divisions, triompheraient sans peine, avec ou sans fusils, de leurs ennemis amhara ; ils ne sont pas seulement les plus nombreux, ils sont aussi les plus braves.

PORTEUSE D'EAU.

Galane, l'Oromo à qui mes mules ont été confiées, me fait assurer qu'elles seront retrouvées. Il est responsable de l'accident et n'ose plus se présenter devant moi.

Huit heures du soir. — Mes mules sont revenues.

Galane était autrefois riche et puissant; l'invasion l'a réduit à une situation médiocre, mais il est encore régisseur des biens du roi dans la contrée. Il est lié avec le Dedjazmatch Oldié et marié à une femme des Djilli-Galla, qui habitent sur la rive septentrionale du lac Zouaï. Il m'a promis de m'aider à pénétrer dans cette région. Je mettrai à profit sa promesse et je ferai le relèvement du lac.

MONT HERRER.
Mardi, 8 mars.

A sept heures et demie, nous sommes au pied du mont Zoukouala. Nous suivons une route monotone dans une forêt d'acacias. Le terrain est plat, raviné et complètement dépourvu d'eau en cette saison. A notre droite s'élèvent, au pied de la montagne, cinq cônes volcaniques.

A dix heures et demie, nous longeons le versant occidental de la petite chaîne de Badegababa. Nous sommes toujours dans le pays des Adda.

Un peu après midi, halte au bord d'un ruisseau. Deux heures de marche encore, et nous campons sur les premiers contreforts du mont Herrer.

Nous sommes sur les terres de la Bafana, reine avant Taï-Tou.

MONT HERRER.

Mercredi, 9 mars.

Nuit fatigante.

Les hyènes ont troublé notre repos. Nous sommes installés auprès d'une pauvre hutte et nos mules n'ont pu trouver aucun abri. Je me suis levé trois fois pour tirer sur les fauves dont les hurlements affolaient nos bêtes.

De grand matin, je commence l'ascension d'Herrer. Après une heure et demie de marche, au passage d'un torrent, je blesse un léopard d'une balle; il s'affaisse et disparaît, en rampant, dans les broussailles.

De ce point au sommet, plus d'arbres. La terre couvre la roche, l'herbe est abondante; mais les buissons deviennent rares et rabougris. La montée est raide. Nous passons près d'une source, lieu sacré pour les Oromo qui viennent y porter leurs offrandes au génie de la montagne. Le sol est jonché de bagues et de bracelets de cuivre, d'étain ou de fer. Les arbustes en portent à toutes leurs branches. Mes compagnons de route ne manquent pas de se conformer au pieux usage.

Le sommet d'Herrer est un pic escarpé d'une superficie de quinze cents mètres carrés, environ. Plusieurs pitons secondaires se rattachent à cette cime, mais en sont séparés par des gorges profondes.

Jusqu'à dix heures, nous sommes dans le brouillard. Le vent est froid, humide et impétueux. Vers onze heures, j'ai pu relever les points principaux en vue et dessiner un croquis d'horizon. Impossible de prendre ni la hauteur du soleil, ni la variation.

Une heure après midi. — Nous descendons rapidement sur le versant qui regarde Antoto pour aller rejoindre le gouass, qui nous attend sur les bords du grand Akaki. Du sommet d'Herrer à cette rivière, la route est monotone. A cinq heures, je me repose sous ma tente.

ANTOTO.

Jeudi, 10 mars.

Retour à Dildila.

Chemin faisant, j'ai rencontré des cavaliers et des soldats à pied; tous reviennent de la zamatcha.

L'état de l'Européen malade à Ankobœr a empiré. Le docteur Traversi le soigne avec dévouement.

ANTOTO.

Vendredi, 11 mars.

J'ai passé ma journée au guébi; mais le Negouss est fort occupé; je n'ai pu le voir qu'un instant.

Dans l'après-midi, un soldat du roi, à qui j'ai fait quelque bien, m'apporte divers objets qu'il a recueillis pendant l'expédition. Pour me prouver qu'il a tué huit hommes, il m'exhibe huit trophées immondes arrachés à ses victimes et m'offre de les partager pour m'associer à sa gloire. Je décline cette étrange proposition. Mon refus

ALGUILGUIL, panier d'herbes tressées, recouvert de peau, qui sert aux Amhara
pour porter leur nourriture en voyage.

TCHOTCHO (en amhara), ELEMTOU (en oromo), autre panier d'herbes tressées;
trempé dans du sang de bœuf, il devient étanche et sert à contenir le lait.

est mal interprété; ce héros pense que j'attendais mieux ou plus de sa générosité. Pour vaincre mon hésitation, dans un élan du cœur, il me donne ses huit trophées. Je le remercie chaleureusement; mais j'ai grand'peine à le convaincre qu'en Europe il est d'usage, en pareille matière, et même en cas de guerre, de ne porter que son bien, et complètement interdit d'enlever le bien d'autrui.

MONT WATCHACHA.

Samedi, 12 mars.

Je me dirige vers le Watchacha, qui s'élève à l'est d'Antoto, à travers un pays boisé, coupé de vallons et de gorges, parsemé de bouquets de jasmins et d'oliviers, de mimosas et d'églantiers. En approchant de la montagne, les arbres deviennent plus beaux. L'essence dominante est le gatira.

A la tombée de la nuit, je fais dresser mon campement sur le premier contrefort.

Mont Watchacha.

Ce matin, à Antoto, on a tiré des salves avec les pièces de canon prises au Harrar. Des masses d'hommes ont frayé une route à travers les bois et les rochers; des centaines d'ouvriers, esclaves ou hommes d'armes, ont été attelés à ces engins de guerre pour les transporter jusqu'à la résidence royale.

La montée du Watchacha ne devient raide qu'à une faible distance du sommet. Partout où le labour est possible, la terre est cultivée.

Un plateau couvert de prairies couronne la montagne. Rarement la roche apparaît nue. Çà et là, des bruyères colossales forment d'impénétrables fourrés. Comme à Herrer, la brume m'empêche d'avoir le soleil à midi; j'ai pris des relèvements et dressé un croquis de tour d'horizon.

Au sud, la montagne est escarpée; vue d'Antoto, elle a l'aspect d'un pic élevé.

Antoto.

Arrivé ce matin seulement à Dildila.

Les salves d'hier étaient tirées à la nouvelle reçue du Tigré que l'armée du Negouss Négeust Johannès avait anéanti un détachement italien non loin de Dogali.

Si le fait est vrai, il est déplorable, et notre situation risque de devenir critique.

Le Dedjazmatch Oldié me prie d'aller chez lui; il se rendra, ce soir, à Fell-Wa, où le roi a dû arriver dans la matinée.

J'ai écrit à l'Alaka Joseph pour obtenir une audience du Negouss. La réponse m'arrive à l'instant; je serai reçu demain.

J'ai travaillé toute la journée à réparer ma tente.

Autres détails sur la bataille qui a décidé du sort de Harrar. L'Émir aurait attaqué les Amhara avec trois mille hommes, six cents bons fusils et deux canons. Ménélik avait vingt mille hommes, dont neuf à dix mille armés de fusils de toute espèce. Arrivé devant la ville, il a envoyé un de ses choum pour annoncer aux habitants que s'ils le laissaient entrer sans opposition, il ne leur ferait aucun mal. Il a tenu parole. Avec quelques soldats il est entré dans Harrar, sans rencontrer de résistance. Il avait placé, aux portes, des gardes qui ne laissaient entrer ou sortir personne sans autorisation écrite.

Il y a cinq portes à Harrar. Chacune d'elles a été frappée d'une taxe de dix mille thalari.

On a trouvé dans la ville six cent mille cartouches et trois mille obus chargés. Le roi y a laissé quatre canons Krupp.

Le Balambaras Mékonen, cousin de Ménélik, a été nommé Dedjazmatch et gouverneur. C'est un des illustres Abyssins qui m'a le plus exploité, sans me donner aucune des choses nécessaires à la vie ou à l'accomplissement de mon voyage, les seules que je recherche, que je sollicite et que j'attende impatiemment.

Le Negouss a décrété l'annexion du territoire compris entre Harrar et la mer.

ANTOTO.

Course à Fell-Wa pour rendre visite au roi et au Dedjazmatch Oldié.

Arrivé pendant le guébeur, j'ai été immédiatement introduit. Ménélik m'a demandé pourquoi je n'étais pas encore venu le voir. Je lui ai répondu que j'étais à Zoukouala au moment de son arrivée à Antoto, et j'ai ajouté : « D'ailleurs, je me suis hâté de

HABITATION DE L'ABOUNA DU SCHOA, MATTÉOS, A ANTOTO.

revenir à Dildila et je me suis présenté au guébi; mais je n'ai pu que vous saluer, à cause de vos nombreuses occupations. »

Après des propos insignifiants, je me suis retiré derrière son algha.

Le guébeur terminé, je suis sorti et l'ai attendu au passage, au moment où il rentrait à l'elfine. J'ai sollicité une audience ; il m'a engagé à parler séance tenante. Je l'ai prié de m'accorder enfin l'autorisation explicite de pénétrer dans les pays soddo. « Mais vous l'avez, cette autorisation, m'a-t-il répondu; pourquoi n'êtes-vous pas encore parti ? » — « Parce que je n'ai pas voulu être accusé de profiter de votre absence pour entreprendre ce voyage. » — « C'est bien ; partez maintenant; entendez-vous avec le Dedjazmatch Oldié, et revenez bientôt. » — « Oh ! je ne suis pas pressé, » ai-je répliqué. Le roi s'est mis à rire; il a parfaitement compris que mon intention n'était pas de revenir aussi vite à Antoto.

Aux bains, voisins des sources thermales, j'ai trouvé le Dedjazmatch, avec qui je me suis longuement entretenu.

« Puisque le roi vous l'a permis, me dit-il, venez au Soddo ; je serai enchanté de vous recevoir. Je vous construirai une maison et je vous fournirai tout ce qui vous sera nécessaire. »

Je l'ai remercié. Il est convenu que je partirai aussitôt après avoir vu, à Ankobœr, le franghi malade, dont les nouvelles sont de jour en jour plus mauvaises. A la nuit, je regagne Dildila, à pied, dans la boue.

ANTOTO.

Mercredi, 16 mars.

J'irai demain à Ankobœr, pour aider le Dr Traversi et apporter là-bas quelque soulagement. J'envoie des chevaux à mi-chemin, et j'essayerai de faire en un jour les cent dix kilomètres qui séparent Dildila d'Ankobœr.

ANTOTO.

Jeudi, 7 avril.

Me voici de retour. Mon voyage a été triste. J'ai trouvé notre malheureux compatriote dans une pièce basse, humide et étroite. J'ai passé mes nuits à le veiller ; il souffrait cruellement.

Les fièvres m'ont pris et me tiennent bien.

ANTOTO.

Jeudi, 14 avril.

C'est mon premier jour de convalescence ; je me sens mieux ; j'écris. Les accès du mal ont brisé mon corps et épuisé mes forces. — J'ai des ennuis sans nombre avec mes domestiques. Ils me volent indignement. J'avais pourtant essayé de les attacher à mon service en leur donnant de l'argent et en les protégeant contre les exactions et les violences des choum. Peines perdues...

ANTOTO.

Vendredi, 15 avril.

Un de mes serviteurs, celui qui avait reçu de moi les plus réels bienfaits, s'est enfui pendant la nuit.

ANTOTO.

Samedi, 16 avril.

Mes gens reviennent du marché ; ils savent que je ne suis pas en état de sortir de la maison ; ils me déclarent qu'il n'y avait aucune provision à acheter.

ANTOTO.

Dimanche, 17 avril.

C'est la Pâque (Fazegha) des Amhara. Huit jours de fête chômées !

ANTOTO.

Lundi, 18 avril.

Les prêtres sont venus me donner une sérénade qui m'a coûté cinq thalari. Habillés à la mode du pays, avec d'énormes turbans, munis de bâtons et tenant en main l'instrument ordinaire garni de rondelles de cuivre mobiles, qui leur sert à battre la mesure, ils chantaient en dansant et en se balançant. Devant eux, un de leurs confrères, debout, coiffé d'un capuchon rouge et vêtu d'une robe noire, ornée de broderies de toutes couleurs, portait une sorte d'ostensoir en cuivre, percé à jour et assez bien travaillé. Un clerc accompagnait les chants à coups redoublés sur un nagarit. Quand tout a été fini, j'ai donné mon offrande, et j'ai eu toutes les peines du monde à me débarrasser de la présence de ces visiteurs importuns.

VASE POUR L'HYDROMEL OU LA BIÈRE.
En amhara (GANE), en oromo (OBBO).

ANTOTO.

Mardi, 19 avril.

Le désordre est complet chez moi. Aucun service ne fonctionne.

L'Alaka Joseph, de la part du roi, m'a offert deux fusils de chasse en échange du winchester qu'il m'avait emprunté et qu'il a perdu, dit-il. Je refuse les fusils et je demande l'autorisation d'aller au Harrar. Cette excursion me consolera des retards que subit mon voyage aux pays des Soddo.

La réponse est arrivée ; elle est favorable. Je partirai dans peu de jours ; j'essayerai de relever la route au théodolite. Ce travail sera nouveau.

ANTOTO.

Mercredi, 20 avril.

J'ai vu le roi ; il m'a promis de me faire accompagner par le Dedjazmatch Waldé-Gabriel et de me donner une lettre pour Mékonen.

28

ANTOTO.

Jeudi 21 et samedi 23 avril.

Mes préparatifs sont achevés; mais je ne sais plus à quoi m'en tenir avec mes serviteurs. Ils s'en vont les uns après les autres, probablement dans la crainte des fatigues ou des dangers du voyage projeté. J'ai voulu les rassurer; ils se sont confondus en protestations et en promesses. Je crains une débandade à la dernière heure.

SAYDOU,
enfant schamgalla du Wellagha.

ANTOTO.

Dimanche, 24 avril.

J'ai vendu mes chevaux et acheté des mules. J'ai prié l'Alaka Joseph de demander à Ménélik les objets dont il veut me charger pour Mékonen, et la lettre qui doit me servir de passeport auprès des diverses autorités amhara.

ANTOTO.

Lundi 25 et vendredi 29 avril.

Continuation de mes embarras domestiques. Je laisse tous mes serviteurs libres de me suivre ou de rester; mais je voudrais être assuré de la fidélité de ceux qui m'accompagneront. Je menace les déserteurs de les dénoncer au roi. Arriverai-je à former un personnel satisfaisant et sûr?

ANTOTO.

Vendredi, 20 avril.

Le Negouss m'a fait remettre la lettre promise, et m'a invité à venir au guébi, pour le saluer.

ANTOTO.

Samedi, 30 avril.

Enfin, je suis autorisé à me mettre en route dès demain, sans attendre qui ou quoi que ce soit.

Il est minuit. J'écris ces lignes, harassé de fatigue ; mais je suis résolu à partir, à l'aube, avec M. Rimbaud, sans me laisser attarder par l'exécution problématique de promesses décevantes ou l'organisation d'un équipage plus conforme à mes projets.

BOUCLIER DU ROI DE DJIMMA ABBA DJIFFAR.

TROISIÈME PARTIE

D'ANTOTO A HARRAR ET RETOUR

DEUXIÈME SÉJOUR AU SCHOA

1ᵉʳ MAI 1887 — 8 NOVEMBRE 1887

PAYS DES ABITCHOU.

Lundi, 2 mai 1887.

J'écris de ma première étape. Six heures de marche.

Hier, au moment du départ, le Dedjazmatch Waldé-Gabriel m'a dit : « Précédez-moi, je vous rejoindrai. Voici un bon kalatier ; vous ne manquerez de rien. Demain soir, vous logerez sur un de mes domaines et vous aurez des approvisionnements en abondance. »

Parvenus à cette terre promise, nous y trouvons un gardien à moitié mort de faim... A grand'peine, nous obtenons un peu d'herbe pour les mules.

Cette nuit, quatre hommes m'ont quitté. Beau début ! Pendant le trajet, un autre s'est enfui. M. Rimbaud éprouve les mêmes désagréments.

Mon théodolite est fort encombrant ; je ne le perds pas de vue, tant je redoute un anicroche. Suivant la nature du chemin, je le fais porter par un homme ou par un mulet.

PAYS DES ABITCHOU.

Mardi, 3 mai.

Sept heures de marche. Nous traversons le pays des Galen, qui confine, à l'ouest, à celui des Abitchou et, à l'est, au Mindjar.

Les ruisseaux sont à sec ; le sol est aride : la centième partie en est cultivée ; quelques fermes disséminées, d'une apparence misérable.

La plaine est ondulée. Au temps des pluies, les fondrières la rendent impraticable. J'ai pris quelques relèvements.

Que de difficultés, pour avoir la nourriture des hommes et des bêtes ! Le choum de l'endroit invente mille prétextes pour ne rien donner. On m'apporte deux ou trois pains à la fois et à de longs intervalles.

L'Oromo est bien un Oriental ; il invente mille prétextes pour retarder tout payement, dans l'espoir d'un événement quelconque qui lui épargnera ce déplaisir.

Deux hommes encore ont pris la fuite, pendant la nuit.

TCHINKORA.

Mercredi, 4 mai.

Je me suis réveillé en sursaut. J'ai cru qu'une hyène avait pénétré dans ma tente. C'était un malheureux chien qui, cherchant à boire dans une jarre, y avait enfoncé sa tête et ne pouvait plus la retirer.

Avant l'aube, nous chargeons les mules.

Même chemin qu'hier, pendant deux heures et demie. Aucun arbre.

Une descente rapide nous conduit à Tchinkora, propriété particulière de Ménélik. Elle est bien cultivée et complantée de petits arbres.

Midi. — Nouvelle descente à travers des roches disloquées. Les mules tombent à tout instant.

Nous entrons dans le Mindjar, pays magnifique, en pleine culture. C'est l'une des provinces les plus riches du Schoa. Malheureusement, l'eau n'y est pas abondante. Pour s'en procurer, les habitants creusent dans le sol d'énormes tranchées de cinquante à soixante mètres de longueur, trente à trente-cinq mètres de largeur, quatre à six mètres de profondeur.

Le choum, Ayto-Tchérinet, veut que nous passions la journée avec lui. Nous acceptons. Il nous force à absorber du tedj en telle quantité, que je finis par gagner un violent mal de tête. Il nous présente l'hôte chez lequel nous devons passer la nuit et lui adresse des recommandations minutieuses au sujet des provisions qu'il doit nous fournir.

Un serviteur me tire de mon premier sommeil, pour m'apprendre que les hommes qui ont conduit les mules à l'abreuvoir se battent avec les indigènes. Je consigne au campement tout ce qui me reste de domestiques et je sors. Cinq des combattants viennent au-devant de moi, la tête meurtrie par des coups de bâton.

Je cours à la demeure du choum. Il était déjà prévenu. Nous nous asseyons au pied d'un arbre. Les débats sont ouverts !

Après d'interminables discours, il est avéré que la rixe a eu lieu au moment où l'une des mules tombait dans l'eau — et que les indigènes ont frappé les premiers. Le choum me livre d'abord deux des agresseurs, solidement garrottés, puis un troisième. Je réclame une indemnité ; on délibérera.

Nous recevons des vivres. Je suis émerveillé de la quantité de tala qu'on nous donne. Je crains que mes hommes ne s'enivrent ; je goûte au breuvage et je suis rassuré : c'est de l'eau troublée avec un peu de bière.

BOUKOKÉ.

Jeudi, 5 mai.

Je transige sur les conséquences pécuniaires de la rixe; j'accepte dix thalari après une longue discussion, et je rends les otages.

Dans le Mindjar, les routes sont tracées et bordées parfois de haies de cassis, d'euphorbes et d'acacias, dont beaucoup de l'espèce appelée « soffar ».

Nous passons des collines arides et rocheuses; le vent souffle avec violence; la poussière nous suffoque.

MARAMI, OROMO DES GALES.

Au pied d'une pente sauvage, nous dressons nos tentes, dans l'enceinte d'une ferme.

Le pays est chaud; le coton en est la principale culture.

Avec des perles, je me procure des œufs, des poules, du lait, du miel, etc., etc... On me donne un bœuf, deux magnifiques moutons, dix gombos de bière et deux cents pains de farine de haricots.

TCHOBA.

Vendredi, 6 mai.

A sept heures et demie, départ. Nous traversons des champs de cotonniers.

Vers neuf heures, nous trouvons de l'eau.

A dix heures, des plateaux du Mindjar nous descendons dans le pays de Tchoba, par une triste vallée où le vent soulève, autour de nous, des tourbillons de poussière.

En gravissant une hauteur, nous découvrons, à nos pieds, les plaines des Adal et, dans le lointain, le mont Asbot.

Une heure après-midi; nous campons.

Affreuse localité; huttes inhabitables et pas de vivres. Après mille démarches, nous obtenons quelques pains, un mouton et une maigre pitance pour nos bêtes.

Les habitations dominent la gorge sauvage et désolée où coule le Kassam, affluent de l'Aouache.

En face de nous, les flancs escarpés du mont Barakat.

Le sol est sablonneux.

Nous brûlons de soif et, pour trouver de l'eau, il nous faut marcher encore une heure. Enfin, nous pouvons nous désaltérer; encore, devons-nous recourir aux menaces! Les indigènes sont presque tous musulmans.

TADETCHA.

Samedi, 7 mai.

Une traite de cinq heures nous conduit au Kassam.

Le lit de la rivière est encombré de galets. En certains endroits, il mesure plus de cent trente mètres; mais, en cette saison, les eaux n'occupent qu'un quart de cette largeur. Des nuées d'oiseaux aquatiques traversent les airs.

Les huttes en branches, recouvertes d'herbes, sont protégées contre les fauves par des enceintes d'arbustes épineux.

Nous logeons dans la demeure d'un choum du Dedjazmatch Waldé-Gabriel, à une heure et demie de la rivière. De tous côtés, des bois d'acacias.

Le choum répond au nom de Robillot; c'est un Adal croisé d'Oromo; il se dit malade. Nous avons besoin de le voir; car, sans lui, il nous serait impossible de traverser le « mogha » et d'atteindre l'Aouache.

Le mogha est une zone neutre, souvent très étendue, qui sépare les divers pays relativement organisés. Dans le mogha, il n'existe ni lois ni maîtres. Le meurtre y est impuni.

Le lieu se nomme « Tadetcha-Malka », littéralement « le gué des acacias ».

Au delà, plus de culture.

La contrée, habitée par une population mélangée d'Oromo et de Danakil, se relie au désert. Les mœurs y sont danakil.

TADETCHA-MALKA.

Dimanche, 8 mai.

Hier soir, nous avons obtenu, à grand'peine, quelques aliments.

De grand matin, nous nous mettons à la recherche de Robillot.

Nous traversons des bois d'acacias. Le sol est aride, jonché de pierres. Voici des cabanes; elles sont affreuses — et Robillot n'y est pas.

L'eau est éloignée de nous; la chaleur est accablante. Le kalatier refuse d'aller plus loin : « Ici, dit-il, ma mission est terminée. » Nous ne pouvons cependant pas rester sur place.

Malgré ses résistances et les vociférations des habitants du voisinage, hommes et femmes, nous nous emparons d'un indigène, sur le seuil de sa demeure. Nous décidons notre prisonnier, qui porte le nom original de « Kombi », c'est-à-dire « trompe d'éléphant », à nous conduire jusqu'à l'Aouache, chez Saïd Arboyé, personnage important, auquel le roi a confié le gouvernement de la contrée.

La route est longue; la poussière affreuse; le soleil, de plomb. Nous longeons, à sa base, le mont Fantalé.

Après huit heures d'une course fatigante, nous trouvons de l'eau au fond d'une crevasse. Gens et bêtes sont à bout de forces.

SAMBATTOU, FEMME OROMO DES ABITCHOU.

Je vais de tous côtés, le fouet à la main, pour obliger mes hommes à sortir du bain et à soigner les mules.

Nous quittons enfin ce trou, dangereux en cas d'attaque, et nous établissons notre camp à deux cents mètres plus loin, sur une hauteur.

La nuit survient. Six hommes manquent à l'appel. Nous tirons quelques coups de fusil et allumons de grands feux de bois mort et d'herbes sèches.

Six heures. — Quatre des égarés rallient le campement; les deux autres se sont dirigés, paraît-il, vers la plaine.

FANTALÉ-BOULLOUK
Lundi, 9 mai.

Nuit sans repos. Le sauvage individu qui nous sert de guide malgré lui, nous fournit des intermèdes comiques.

29

Les hommes lui ont dérobé quelques objets : deux gourdes, dont une pleine de beurre, une lanière en cuir de buffle, etc... Il s'en aperçoit et, s'élançant vers moi, il me demande, dans une violente colère, la permission de tuer son principal voleur « Dina-ko! dina-ko! » « Mon ennemi! mon ennemi! » crie-t-il. Je réussis à le calmer. Une heure après, il me réveille réclamant encore sa vengeance et exhalant à la fois, dans des coq-à-l'âne inénarrables, les plaintes que lui inspire l'ennui d'être à notre merci et l'admiration de la pièce d'étoffe que je lui ai promise. Sans cesse il me menace des Arroussi-Galla qui nous massacreront, et des éléphants qui nous écraseront; puis, il ajoute: « Pourquoi chercher encore vos serviteurs? Ils sont morts de soif! » — Il ne s'est tu, pendant quelques instants, que pour reprendre de plus belle, en m'objurguant de donner le signal du départ : « Voilà le jour, s'écrie-t-il, ne le reconnais-tu pas? » De guerre lasse, il me demande du tabac et veut, à tout prix, savoir de moi les raisons qui poussent Ménélik à faire la guerre à sa tribu !

Mes deux serviteurs ne sont pas rentrés; ils sont allés, sans doute, se désaltérer dans un étang que nous avons aperçu de loin. Les distances sont trompeuses, dans le désert. L'un d'eux, Tachy-Ballé, est un garçon d'une quinzaine d'années; il est à mon service depuis mon arrivée à Ankobœr, c'est-à-dire depuis plus d'une année et ne m'a jamais quitté.

A l'aube, je sors du camp pour rechercher les deux absents. Je me dirige vers l'étang. Par intervalles, je tire des coups de fusil, personne ne répond.

La solitude où coulent ces eaux produit une saisissante impression.

Ce sont des sources; elles donnent naissance à trois grands ruisseaux, d'une quinzaine de mètres de largeur, qui serpentent, en miroitant, à travers les hautes herbes. Je ne puis avancer qu'en suivant les sentiers frayés par les buffles et les éléphants. Le ruisseaux, en se réunissant, forment une petite rivière, affluent du Kassam.

La température des sources varie souvent.

Des crocodiles inoffensifs s'enfuient sous mes pas. Je n'en ai pas tué et je ne puis donner exactement leurs dimensions; mais ils m'ont paru plus minces que tous ceux que j'ai vus jusqu'à ce jour.

Je revenais sur mes pas. Tout à coup, un troupeau de buffles, se précipitant vers l'eau, a passé comme une trombe; Je n'ai eu que le temps de me jeter dans les hautes herbes. Que de difficultés ensuite pour regagner le sentier !

Des éléphants se sont montrés de l'autre côté du petit cours d'eau. Je cherche à les approcher, en m'abritant derrière les broussailles. J'en aperçois deux. Je descends de cheval; j'avance de quelques mètres et je tire, mais avec peu de succès. L'animal blessé et sa compagne se mettent à ma poursuite. Le sol est bon; ma monture garde son avance. Les deux énormes bêtes se lassent et disparaissent.

Je continue mes appels et mes coups de fusil, peine perdue ! Les deux égarés ne se montrent pas. Je fouille vainement des bois de mimosas. Je me rassure en pensant qu'ils ont assurément reconnu la route construite par Ménélik, pour transporter, de Harrar à Antoto, les deux canons enlevés à l'émir Abdulaï.

DAGAGA.

Mardi, 10 mai.

Nous partons de bonne heure et cheminons dans un terrain rocheux, jonché de pierres volcaniques.

Les éléphants ont laissé des traces nombreuses de leur passage. Ils ne se montrent pas dans la saison sèche; ils descendent à Boullouk, près des eaux chaudes, ou émigrent vers l'Aouache, pour ne revenir qu'à la saison des pluies.

JEUNE FILLE DU MINDJAR

Saïd Arboyé est absent. Son habitation a le plus piteux aspect, bien que son propriétaire soit dans une aisance relative : sur un terrain dénudé qu'entourent des mimosas rabougris, quelques cabanes rondes dans une enceinte ; — c'est tout. On y entre par une porte basse.

Un nuage permanent de poussière grise et lourde, soulevée par les chameaux qui se roulent par terre, me brûle la gorge et les yeux.

Nous obtenons difficilement un guide, qui nous conduit jusqu'à l'Aouache. La rivière coule dans une fissure de quatre-vingts mètres environ. Nous avons grand'peine à faire descendre nos mules par de mauvais sentiers.

Dans un coin du chemin, nous apparaissent quatre têtes hideuses d'hippopotames. Nous ne troublons pas la quiétude de ces indolentes bêtes qui se dérangent à peine à notre passage.

Nous traversons la rivière et nous dressons les tentes.

Sur la berge, je fais quelques relèvements. Mon travail est terminé avec le jour. Kombi refuse de passer la nuit avec nous.

Il raconte que les Arroussi viennent souvent sur cette rive de l'Aouache ; qu'il y a du sang entre eux et lui, et que, s'il est découvert, il sera tué. Je le réconforte et le décide, non seulement à rester, mais encore à trouver demain, parmi les gens de Saïd Arboyé, des guides pour nous conduire au pied des monts Itou.

La nuit s'écoule sans incident et sans sommeil ; il faut veiller. Kombi exagère ; mais il est certain que les Arroussi font quelquefois des incursions et des razzias dans ces parages.

KOURKOURA (au pied des monts Itou).

Mercredi, 11 mai.

Notre route traverse une contrée couverte d'herbes rabougries et de gommiers ; puis elle descend, à travers des rochers, dans une gorge profonde sans eau, assez boisée et parsemée d'épais fourrés. Nous marchons au pied d'un mur de pierres et de terres éboulées, haut d'une centaine de mètres, pour aboutir à une mare croupissante d'où s'exhalent des odeurs nauséabondes. Les fauves ont laissé des traces nombreuses. C'est ici que, le soir, ils viennent se désaltérer.

Chaque arbre a des branches brisées par les éléphants. Sur un gros acacia, j'aperçois des entailles faites par les défenses, à six mètres au-dessus du sol.

Toute la journée, nous avons pris des précautions pour ne pas rencontrer, à l'improviste, nos terribles voisins.

Nous débouchons sur des plaines divisées par les tracs blancs des éléphants autour d'agaves en buisson, au feuillage sombre. Elles présentent l'aspect d'un immense damier et se prolongent au loin, en déclinant vers le nord. Le « Kombi », montagne isolée, les termine, à l'est, comme une borne colossale.

Nous traversons deux ravins, où croissent des gommiers, et nous arrivons sur les bords de la « Kourkoura », petite rivière dont le lit mesure une vingtaine de mètres. Nous campons dans d'épais fourrés.

GALAMSO.

Jeudi, 12 mai.

Tenus en éveil par la crainte des éléphants et des lions, nous avons allumé, pendant la nuit, de grands feux. En route, à la première heure.

Les habitants des huttes voisines nous refusent des vivres ; nous nous contentons de nos provisions de route, du koïnta et du « durkoch ». Le durkoch est une espèce de pain desséché au soleil, réduit en poudre, qui se conserve sans altération.

Après une marche de deux heures, au milieu de massifs épineux qui ont mis en lambeaux nos vêtements en nous criblant d'écorchures, nous gravissons les premiers contreforts des monts Itou. Le spectacle change.

Les buissons et les pierres sont remplacés par un terrain fertile et des bouquets d'oliviers, de jasmins, d'églantiers et de sycomores.

Les Itou ressemblent physiquement aux Oromo ; mais ils portent le costume et la coiffure des Danakil.

Nous entrons dans une vallée large et planturense, où coule la « Lagha-Hardy » ; nous la traversons et suivons la rive droite.

Les « koll-quall » forment des bois d'un aspect pittoresque. Les champs de dourah et de coton sont séparés par des sentiers ombragés.

BADATTOU, FEMME OROMO DES ITOU.

Nous franchissons de nouveau la rivière et gravissons une colline. Sur un col, j'aperçois les premières vallées du Tchertcher.

En 1886, ce lieu fut le théâtre d'un combat sanglant, entre les indigènes et les bandes du Dedjazmatch Waldé-Gabriel, qui venait occuper le pays. Récemment, des traînards amhara, de la dernière expédition, y ont été massacrés ; des ossements gisent épars ; je ramasse une tête d'Itou.

Nous traversons trois vallons à pentes rapides, couverts de pâturages. Les fonds sont marécageux. Nulle part, le sol nu ; partout apparaissent des récoltes mûres, de riantes prairies et des arbres géants.

Nous avons marché pendant neuf heures, pour gagner Galamso, résidence ordinaire du Dedjazmatch Waldé-Gabriel. Nous sommes bien reçus par le choum. Il nous procure des provisions. Il invite ses collègues des environs et les chefs indigènes à se mettre à la recherche de mes deux serviteurs perdus à Tadetcha-Malka.

GALAMSO.

Vendredi, 13 mai.

Repos.

Aux premières lueurs du jour, je gravis la côte qui borde la vallée, à l'ouest. Elle est peuplée et bien cultivée. Deux heures de marche, et je domine la plaine des Adal.

Le Dedjazmatch fait construire sa nouvelle katama sur des hauteurs mamelonnées, couvertes de prairies et de bois ombreux.

A l'est, dans la vallée de Boroma, qui fait suite à celle de Galamso dont elle n'est séparée que par de petites collines, je relève les contours d'un lac assez important, l'Arro-Tchertcher (lac du Tchertcher.)

Notre camp est établi non loin de l'ancienne ville construite par les Dedjazmatch, au pied des montagnes qui la dominent à l'ouest.

Les nuits sont fraîches et l'humidité excessive.

Les hyènes n'ont pas cessé de rôder autour de nos mules. On dit qu'elles sont dangereuses; nous sommes sur nos gardes.

BOROMA (katama du ras Darghé.)

Samedi, 14 mai.

De la vallée de Galamso à la katama du ras Darghé, dans la vallée de Boroma, le trajet est de cinq ou six heures.

On appelle « katama » l'ensemble des habitations, ordinairement entourées de palissades, occupé, en pays conquis ou tributaire, par un chef amhara avec ses soldats et ses serviteurs.

Nous franchissons les hauteurs qui séparent les deux vallées de Galamso et de Boroma, puis nous longeons le lac. A notre gauche sont des montagnes élevées, verdoyantes et couvertes d'épaisses forêts.

La terrre est rougeâtre; des ruisseaux sillonnent les prairies.

L'orage nous surprend et nous accompagne jusqu'à la katama du ras. Elle est située sur une colline formée de trois élévations. Le guébi couronne celle du milieu; il est assez bien construit; mais toutes les autres habitations sont pitoyables. Elles sont faites avec des tiges de dourah. Cette plante atteint dans la région un développement prodigieux.

On nous donne trois bœufs (c'est un excès d'abondance) et du pain fabriqué avec de la farine de maïs. Depuis le Mindjar, nous n'en mangeons pas d'autre.

Je rends visite au Dedjazmatch Bècha-Bècha, qui gouverne au nom du ras.

Il m'accueille bien et me retient à dîner. Il sait que je dois revenir et m'accable de demandes. Il veut des étoffes, des objets de toute espèce, et surtout des liqueurs; il a pris un goût extrême à ces boissons, depuis la prise de Harrar.

Je lui promets tout, à la condition qu'il me facilitera mon voyage au pays des Arroussi. Il me donne les meilleures assurances, à plusieurs reprises. Mais, ces promesses... je sais ce qu'en vaut l'aune !

Je me couche. Une pluie battante ne tarde pas à percer la toiture de dourah qui recouvre ma hutte.

WATCHOU.

Dimanche, 15 mai.

Nous avons pris congé du Dedjazmatch, qui m'a réitéré ses commandes.

KATAMA DU RAS DARGHÉ A BOROMA, DANS LE TCHERCHER.

Sur notre route, les cultures deviennent rares. On me dit que le pays a été abandonné, au moment de l'invasion amhara.

Nous passons devant les premières cultures de café.

Nous gravissons les montagnes qui ferment la vallée au nord-est, et bientôt nous entrons dans des forêts impénétrables, en dehors du chemin tracé.

Les lianes s'entre-croisent et forment des guirlandes de verdure qui se balancent aux branches de zygbas magnifiques, d'oliviers séculaires, de mûriers et d'euphorbes aux proportions colossales. Nous suivons la crête. Nous dominons des hauteurs boisées, de grandes vallées et des vallons cultivés ou couverts de pâturages. La végétation est incomparablement belle.

L'orage quotidien éclate. Nous descendons par le versant sud, en suivant un sentier encombré de jasmins, d'églantiers et de mimosas.

Nous campons à Watchou. La vallée, en ondulant, incline doucement jusqu'aux plaines au milieu desquelles se dresse le mont Asbot.

Pas d'approvisionnement possible ; les Amhara ont tout détruit ; on nous donne un peu de viande. Nos mules sont fatiguées; quelques-unes ont été blessées par leur chargement mal assujetti.

GORO.

Lundi, 16 mai.

Avant le jour, j'ai pris les devants pour atteindre un sommet d'où les indigènes m'avaient assuré que j'apercevrais les plaines des Adal.

J'ai emporté mes instruments et j'ai pu obtenir, en effet, quelques relèvements sur des points déjà observés, au cours de ma traversée du désert : monts Afdabah, Asbot, Farsis, etc.

Je suis à deux mille deux cents mètres d'altitude absolue. La vallée est à douze ou treize cents pieds plus bas. Ma vue s'étend très au loin, dans le nord, sur les pays danakil. Nous sommes assez rapprochés du mont Asbot. Je puis maintenant relier ma route à celle que j'ai déjà parcourue. Au sud, à l'est et à l'ouest, l'horizon est fermé par les montagnes.

Dans son ensemble, la contrée porte la dénomination d'Itou-Tchertcher ; mais les habitants de la région où nous sommes prennent spécialement la qualification d'Itou-Watchou.

Après une marche de trois heures, nous dressons nos tentes dans la vallée de Goro qui fait suite à celle de Watchou, et n'en est séparée que par des hauteurs sans importance.

Les terres sont cultivées en dourah.

Goro est un centre considérable, en relations constantes avec Harrar, et, par le désert des Danakil, avec Ali-Amba et le Schoa. C'est un lieu de passage pour les caravanes et un marché d'esclaves. La famille des Aïal, issue d'Abdallah Siré, scheik vénéré, mort depuis quelques années, y jouit d'une grande considération.

On nous donne encore un bœuf. Mes hommes sont las de manger de la viande.

HERNA.

Mardi, 17 mai.

Quatre heures de marche seulement.

En partant de Goro, nous nous sommes dirigés vers le nord-est.

Gravissant des coteaux cultivés, nous avons passé dans une vallée circulaire que les indigènes désignent sous le nom d'Herna : hautes herbes, caféiers nombreux ; çà et là, une plante semblable au ricin et, en grande abondance, le « kat, » arbuste dont les Arabes aiment à mâcher les pousses. Les Oromo l'appellent « djimma ».

A Herna, j'ai trouvé un grès rouge ou violacé, dont le grain est d'une finesse remarquable.

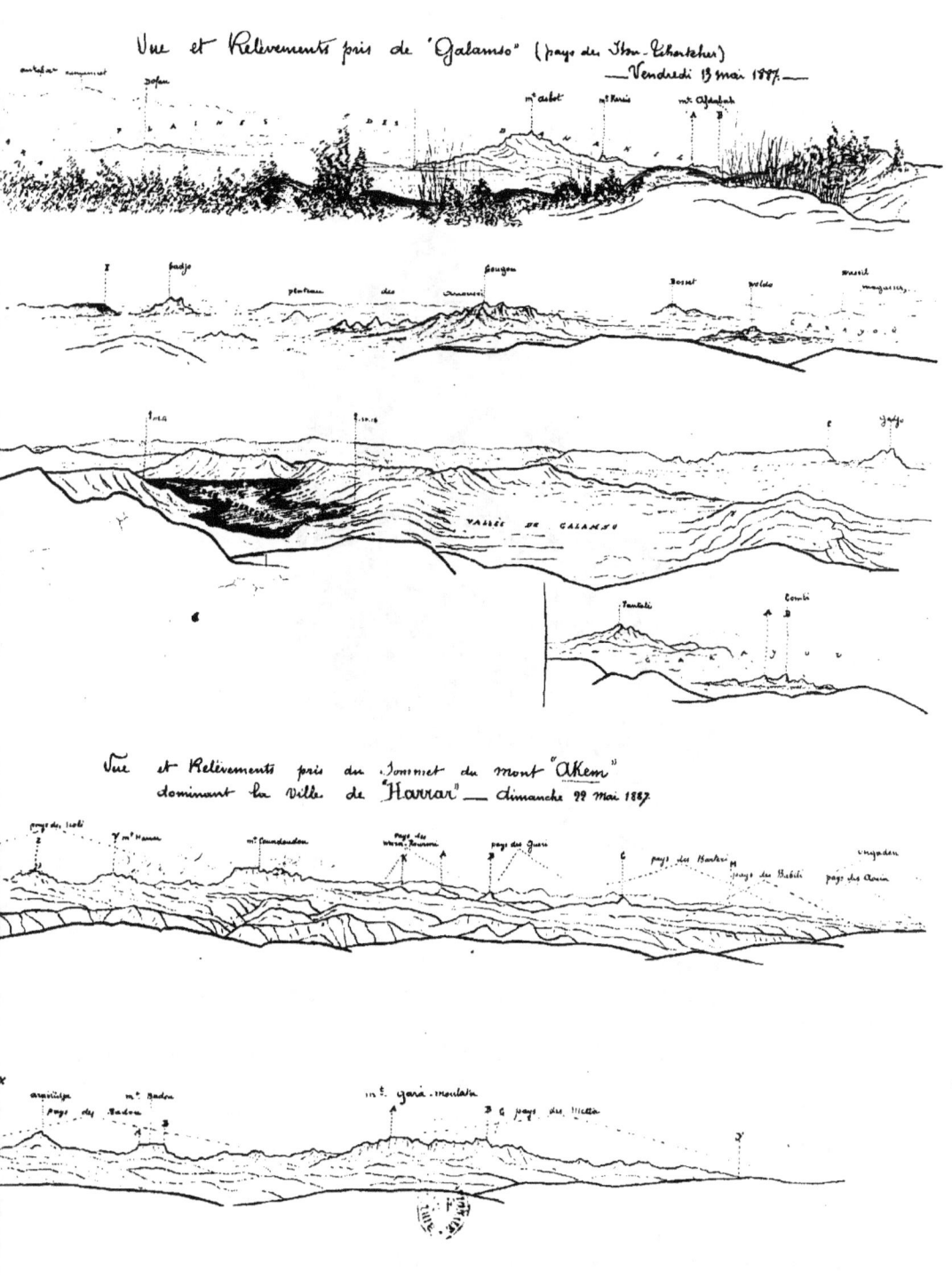

Vue et Relèvements pris de "Galamso" (pays des Itou-Tchertcher)
— Vendredi 13 mai 1887 —

Vue et Relèvements pris du Sommet du mont "Akem"
dominant la ville de "Harrar" — Dimanche 22 Mai 1887

BOURKA.

J'ai planté, ce matin, mon théodolite sur une colline. J'aperçois encore le mont Asbot ; le mont Afdabah est caché.

En route, nous avons traversé de belles forêts où dominent le zygba, le teyd et l'olivier ; puis, nous sommes descendus dans la vallée froide et humide de Bourka.

FEMME OROMO DU TCHERCHER.

Le terrain est accidenté ; j'ai vu un beau calcaire blanc.

Nous avons quitté le territoire des Tchertcher et nous sommes sur celui des Oborrah.

La petite rivière, très poissonneuse, qui donne son nom à la contrée, se dirige vers le sud et se jette, dit-on, dans le Webbi. Nous la traversons.

La réputation des habitants est mauvaise ; nous faisons bonne garde autour de notre campement.

LAGHA-GABA.

Infernal concert d'hyènes. Ces animaux atteignent une grande taille et sont féroces ; ils attaquent les ânes et les hommes isolés.

La route se prolonge au milieu de la vallée pour aboutir à une gorge. Nous montons rapidement quelques élévations, en traversant des bois et des clairières en prairies.

Nous gagnons Lagha-Gaba.

Le kalatier du roi, qui nous a laissés au Kassam, chez Robillot, avant d'atteindre l'Aouache, a transmis ses fonctions à un indigène qui nous a quittés à son tour, à la halte du soir. Ces agents se succèdent assez rapidement ; il m'est arrivé d'en changer deux fois dans la même journée. A chaque kalatier, nous disons : « Tu nous présenteras comme les hôtes du roi Ménélik; tu demanderas pour nous ce que le pays fournit de meilleur et, suivant que tu réussiras à nous faire bien ou mal héberger, tu recevras une récompense ou tu n'auras rien. » C'est merveille de les voir faire leur boniment. Celui qui nous accompagne aujourd'hui n'est cependant pas enchanté de sa mission. Aussi, du plus loin qu'il aperçoit son successeur immédiat, manifeste-t-il une joie bruyante : « Les voilà! les voilà! je te les amène! Donne-leur des bœufs, des moutons, du miel, du lait, du pain, etc. » Il est ravi de se débarrasser de nous et de passer la main à un autre. Tranquillement assis devant sa porte et causant avec ses amis, notre nouvel hôte est ahuri. Avec un geste qui exclut toute cordialité, il répond à son enthousiaste collègue : « Tu n'es qu'un imposteur, un exécrable menteur ! Je ne les connais pas, ces hommes! Tu es un Metta! Que viens-tu faire chez les Oborrah? » L'aimable réception! Cependant, tout finit assez bien; on s'entend et on nous apporte le pain quotidien de dourah qui nous donne, à la longue, d'horribles douleurs d'entrailles.

Ce soir, pas de bœuf! J'en étais enchanté, car, je commençais à craindre, pour la santé de mes hommes, cet abus de viande fraîche; mais eux, qui la dédaignaient hier, la réclament maintenant à grands cris! Ils ont envahi, pendant la nuit, la maison du chef qui nous a reçus avec si mauvaise grâce et l'ont attaché, en exigeant des suppléments de nourriture. Il a fallu mon intervention énergique, pour rétablir l'ordre.

WARRA-BELLÉ.

Vendredi, 20 mai.

Après deux heures de marche, nous atteignons Tchalanko. C'est ici que Ménélik a livré le combat qui lui a donné Harrar.

Des squelettes gisent de toutes parts et nous foulons sous nos pieds des ossements humains.

Nous sortons du territoire des Oborrah, pour pénétrer chez les Metta.

Ces tribus ont une détestable renommée ; elles passent pour n'être que des bandes de pillards ; personne n'oserait s'aventurer dans leurs forêts.

Au fond d'une clairière, nous trouvons les ruines d'un poste égyptien. C'est Warra-Bellé. On y voit encore, à demi scié, le tronc de l'arbre près duquel fut assassiné M. Lucereau. Pour punir les meurtriers, Nady pacha, alors gouverneur égyptien du Harrar, entreprit une expédition chez les Metta, incendia les bois qui bordent la route et razzia quantité de troupeaux.

ARRO.

Samedi, 21 mai.

De grand matin, nous nous mettons en route.

M. Rimbaud m'a devancé. Il veut arriver ce soir.

Deux heures de marche nous conduisent à la lisière des forêts Oborrah et Metta, sur les bords du Yabatta, le plus petit des trois lacs qui avoisinent Harrar. A l'ouest, le paysage est déplaisant; la terre est déboisée.

ATKÉ, FEMME OROMO DES OBORRAH.

Yabatta, qui signifie « bâtard » est le nom d'une tribu. Cette qualification suffit à indiquer l'estime dont elle jouit parmi les peuplades environnantes.

Grandes cultures de dourah.

Les hauteurs n'ont plus de brusques escarpements. La végétation arborescente diminue.

A cinq heures de marche du lac, j'établis mon camp au lieu dit Arro (lac).

J'aperçois les monts Coundoudou et Gara-Moulata, les plus hauts sommets de la région.

HARRAR.

Dimanche, 22 mai.

Hier soir, pluie diluvienne.

Quelques-uns de mes hommes, installés dans une hutte pour y faire du feu, repoussaient leurs camarades qui tentaient de s'y réfugier. Je leur ai dit d'ouvrir. L'un des récalcitrants m'a invectivé si grossièrement devant les autres, que je n'ai pu tolérer ses insultes, sans m'exposer à perdre toute autorité. Je l'ai frappé avec mon bâton. Il s'est rué sur un sabre et précipité sur moi. Je n'ai eu que le temps de le frapper au bras pour le désarmer. Mon bâton s'est cassé. J'ai dû lutter corps à corps avec ce forcené, pour en avoir raison.

Après quatre heures de route, nous sommes en vue de Harrar.

La ville est située dans un bas-fond montueux, arrosé par de petits ruisseaux affluents du Herrer. Elle est bâtie sur une éminence; son aspect est pittoresque. Les hauteurs qui l'entourent ont des oppositions de lumière très accentuées, d'un effet saisissant; sur leur masse sombre, elle se détache comme un amas rougeâtre; sa couleur de terre glaise, et ses trois minarets d'un blanc cru tranchent d'une façon originale sur l'ensemble du paysage.

Harrar est entouré de murs. Les maisons y sont rapprochées et construites sur un plan uniforme. Trois ou quatre seulement ont deux étages. Hors de l'enceinte, aucune habitation.

Nous arrivons à la Porte du Turc (Bab-el-Tourk), ainsi nommée parce que Reouf pacha, le premier gouverneur du Harrar, après la conquête égyptienne, y faisait pendre les bachi-bouzouks coupables de quelque méfait.

On va prévenir le gouverneur; nous attendons. Enfin, on vient nous chercher et nous nous rendons directement chez lui. Il occupe le salamlik et le harem construits par Nady pacha; son installation serait convenable si, depuis l'évacuation, tout entretien n'avait pas été négligé.

Mékonen me reçoit bien et me donne un logement; il ne me congédie qu'après avoir entendu toutes les nouvelles d'Antoto, du roi et des choums, ses amis.

J'ai eu la visite du père Joachim, que la persécution du Négouss Négeust Johannès a chassé du Schoa. Les pères essayent, en ce moment, de rétablir leur mission au Harrar, où ils possèdent des terres et une maison relativement confortable.

HARRAR.
Lundi, 23 mai.

J'ai revu Mékonen; il m'a interrogé sur les incidents de mon voyage.

En rentrant chez moi, je suis agréablement surpris de retrouver mes deux domestiques égarés aux sources du Kassam. Ils ont pu atteindre Galamso, où on leur a donné un guide. Ils n'ont eu réellement d'ennuis que dans la portion de la route où les éléphants vivent en troupeaux, près des eaux chaudes, et à Warra-Bellé, où des Oromo ont voulu les attaquer.

HARRAR.
Mardi, 24 mai.

Mékonen paraît se souvenir de ma libéralité passée.

Il me traite largement et m'offre des bœufs, des moutons, des pains de dourah, et même des pains de tief. C'est du luxe; le tief ne pousse pas ici et Mékonen le reçoit du Schoa.

Je mets en ordre les observations recueillies sur ma route, pour les expédier en France.

On m'annonce le départ simultané de MM. Henry et King, de Zeylah. J'aurais vécu six mois de plus, si le déplacement du sieur King avait précédé mon débarquement à Obock.

HARRAR.

Mercredi, 25 mai.

Le séjour de Harrar est funeste aux gens du Schoa. Quatre mille soldats et deux mille serviteurs ou esclaves des deux sexes sont rassemblés dans la ville. Il en

MA TENTE, DANS LE TCHERCHER.

périt beaucoup. La mortalité a pour cause immédiate la mauvaise qualité du dourah qui fermente dans les silos. L'agglomération et la malpropreté font le reste.

La saleté de l'Amhara est vraiment extraordinaire, même en Afrique; mais aussi longtemps qu'il vit dans ses montagnes, où il a de l'air et de l'espace, elle lui cause un mal peu sensible. Quand sa demeure est tellement pleine d'ordures qu'il ne peut plus l'habiter, il en est quitte pour l'abandonner et en construire une nouvelle. Ici, comment sa malpropreté ne lui serait-elle pas funeste, dans des habitations exiguës et de petites cours, derrière des murs élevés et des ruelles étroites? Les conquérants venus avec Ménélik se sont logés au hasard, refusant d'habiter les casernes. Ils se sont entassés sur quelques points, laissant partout leurs déjections et les innombrables débris des bœufs, dont ils ont la viande à satiété. Ils sont incapables d'organiser le plus élémentaire service de nettoyage. On peut comprendre l'état de puanteur de Harrar, en songeant qu'il n'y coule pas le moindre ruisseau et que l'eau s'y vend une piastre la guerbe.

HARRAR.

Vendredi, 27 mai.

Sur les coteaux voisins, s'étagent de nombreuses plantations de caféiers.

Toutes les maisons, sauf de rares exceptions, sont construites en pierres et en terre brune. Les rues sont ravinées par les pluies.

La population comprend, dit-on, trente-cinq mille âmes : Harrari, Somali, Oromo, Amhara, Danakil, quelques Arabes ou Turcs et six Européens, dont quatre Hellènes.

La fondation de Harrar remonte aux temps de l'ancienne Éthiopie. C'est là que commença la fortune de Mohammed Gragne.

Dans le premier quart de ce siècle, le sultan Mahmoud expédia une petite armée à la conquête du pays. Les Turcs, vainqueurs d'abord, furent ensuite massacrés.

Vint l'occupation égyptienne inaugurée par Reouf pacha, achevée par Nady pacha. Après l'évacuation, les Anglais ont tenté un timide essai d'occupation. Après le départ des troupes égyptiennes, nos voisins d'Outre-Manche intervinrent dans les affaires de Harrar. Ils rétablirent Abdulaï, fils de l'Émir tué en combattant, par les Égyptiens. Comme on devait s'y attendre, les chrétiens furent persécutés et chassés. Un des premiers exploits d'Abdulaï fut le massacre de la mission italienne à Arto, non loin de Ghildessa. Il encouragea l'esclavage qui, du reste, n'avait jamais été réellement aboli.

La récente expédition amhara a complètement changé la face des choses et il est difficile d'en prévoir les conséquences.

A son arrivée, le Négouss avait interdit l'entrée de la ville à ses soldats. Accompagné d'une petite escorte, lui-même s'y rendait de temps en temps et procédait, comme à Let-Marafia, à des perquisitions domiciliaires. A la suite de ces royales visites, on ne retrouvait plus dans les maisons ni tapis, ni vitres, ni serrures, en un mot rien de ce qui, aux yeux de Ménélik, avait une valeur quelconque.

Harrar, par sa position, par son importance commerciale et la richesse de ses campagnes, deviendrait, sous une bonne administration, la plus lucrative des conquêtes amhara. L'or, l'ivoire, le coton, le café, la gomme, les parfums y arrivent des pays oromo et somali.

Sans manquer de respect à quelque membre de la savante corporation des exégètes, m'est-il permis de suggérer qu'Harrar pourrait bien être le légendaire pays d'Ophir? Les proportions seraient mieux gardées, dans cette humble indication, que dans les thèses où le pays merveilleux, si cher aux enfants d'Israël, est identifié avec les Indes. On imagine bien les barques de Salomon et du roi Hiram suivant, de conserve, les côtes de la mer Rouge, sortant d'Akaba et abordant, quelque part aux environs de Zeylah ; on ne les voit guère exposées à la navigation des mers des Indes.

HARRAR.

Samedi, 28 mai.

Trois de mes hommes sont atteints de la dysenterie.

L'occupation amhara sera, dans les premiers temps, au moins, un coup terrible pour Harrar. Le roi avait établi son camp près de la ville. Après son départ, les tentes ont été abandonnées et les envahisseurs ont chassé une partie de la population. Certains habitants n'ont même pas eu le loisir d'emporter en fuyant les objets de première nécessité. Les vainqueurs ont fouillé les silos et enlevé toutes les provisions.

Quelques malheureux spoliés se sont plaints à Mékonen (qui n'osait pas sévir, dans la crainte d'une révolte), ils ont reçu des promesses d'indemnité; — il est superflu d'ajouter qu'on ne leur a rien donné.

Harrar est aujourd'hui soumis à un régime administratif analogue à celui qui fleurit au Schoa.

Dans les conditions actuelles, une famine est possible, sinon probable. Les approvisionnements de dourah seront promptement épuisés; le gaspillage est constant; on

CACHET DU BALAMBARAS MÉKONEN.

distribue sans mesurer, et les Amhara achèvent de piller ce qui leur a échappé, aux premiers jours de la prise de possession.

Pour avoir de l'argent, les soldats vendent ce qu'ils ne peuvent consommer.

Une grande quantité de piastres en cuivre avait été frappée par l'émir Abdulaï, avec des culots de cartouches; les Harrari les ont donnés à Ménélik, comme indemnité de guerre. Aujourd'hui, personne ne voulant les accepter, le Dedjazmatch en a décrété

MONNAIE FRAPPÉE PAR L'ÉMIR DU HARRAR AVEC DES CULOTS DE CARTOUCHES.

le cours forcé. De là des difficultés sans nombre. Les commerçants deviennent de jour en jour plus rares.

Bien que les redevances aient été déjà perçues dans les villages voisins, les Amhara y opèrent quotidiennement des razzias. Le bétail diminue; tout a renchéri.

Deux tribus qui avaient payé l'impôt quelques jours auparavant, ont été visitées par des soldats qui se sont emparés des femmes, des enfants et des troupeaux. Elles ont réclamé au Dedjazmatch; il leur a donné raison: femmes et enfants ont été restitués; — mais le reste avait été mangé ou vendu.

Chacun songe à réaliser ce qu'il possède encore et à s'éloigner, en attendant des jours meilleurs. Des marchés se sont établis dans les contrées voisines; on y vend tout ce qui se débitait à Harrar.

Il n'y a rien à espérer de l'Amhara. Un jour viendra peut-être où, reconnaissant que, par l'inhabileté de ses compatriotes, la conquête ne rapporte à son souverain aucun profit, le Dedjazmatch remettra l'administration et la direction des affaires aux mains des Harrari, tout en conservant l'autorité suprême.

Ce matin, en débouchant dans une rue, un de mes domestiques a eu son chama traversé par une balle, à cinq ou six pas derrière moi. Je me suis plaint: on m'a ri au nez. Je ne porterai certainement pas ma réclamation devant le Dedjazmatch. J'aurais à m'en repentir plus tard.

HARRAR.

Lundi, 30 mai.

Je crains un retour pénible. Les pluies ont commencé sur les hauteurs qui s'étendent du Metta à l'Aouache, et probablement aussi vers Antoto. J'aurai plusieurs rivières à traverser; le passage sera difficile.

HARRAR.

Mardi, 31 mai.

J'ai terminé mes notes sur la route d'Antoto à Harrar et pris quelques observations sur le mont Hakem, qui domine la ville. Les nuages m'ont rendu impossibles deux relèvements sur la crête du Coundoudou. L'orage est journalier, ou à peu près; mais il dure peu. Il se forme sur la montagne. Somme toute, il pleut beaucoup moins ici qu'au Schoa.

HARRAR.

Mercredi, 1er juin.

La santé de mes hommes m'inquiète sérieusement : plusieurs d'entre eux sont atteints d'une dysenterie tenace.

HARRAR.

Jeudi, 2 juin.

J'ai renvoyé un domestique dont j'étais mécontent. Il s'est plaint au Dedjazmatch de n'avoir pas reçu le salaire convenu. On m'a fait appeler. J'ai dit à Mékonen que je ne parlerais qu'après mon accusateur. Celui-ci a déclaré que je lui avais promis quatre thalaris, en arrivant à Harrar. C'est faux. J'ai prouvé, par témoins, qu'il mentait. Il allait se retirer quand, d'accusé me portant accusateur, j'ai dit au Dedjazmatch que cet homme m'avait gravement injurié et que je réclamais sa punition. La sentence allait être prononcée, lorsque pour éviter le châtiment qui l'attendait, mon plaideur s'est écrié: « Ménélik imout!» — «Par la mort de Ménélik, je jure que je n'ai pas injurié. » Mékonen était convaincu et voulait juger séance tenante; je ne l'ai pas voulu. Je l'ai prié, au contraire, d'entendre régulièrement de nouveaux témoins. Sans quitter la salle d'audience, j'ai appelé immédiatement mes domestiques, devant le tribunal du Dedjazmatch. Ils ont confirmé ma déclaration et leur camarade a été condamné à vingt coups de bâton.

HARRAR.

Lundi, 6 juin.

Prêt à partir, je vais prendre congé de Mékonen; il me demande de prolonger jusqu'à demain mon séjour; il veut me confier un paquet pour son ami le Dedjazmatch de Boroma. J'attendrai.

Grand émoi chez les commerçants.

Depuis ce matin, les piastres égyptiennes n'ont plus cours; elles sont, avec une valeur égale, remplacées par celles de cuivre. Plusieurs marchands, surpris avec des monnaies d'argent, ont été battus; d'autres ont prudemment fermé boutique.

LA VALLÉE DE BOROMA.

(Vue prise de la katama du ras Darghé.) — Au dernier plan, les montagnes qui dominent la vallée de Galamso.

Plus de viande sur le marché.

Ces désordres auront une fin; mais, en attendant l'issue de la crise, la situation est insupportable.

Je quitterai demain cette malheureuse ville, dont les Amhara ont fait un cloaque.

AUX ENVIRONS DE HARRAR.

Mardi, 7 juin.

Départ. — Le Dedjazmatch m'a dit, au moment où je lui faisais mes adieux: « Hier, je vous ai prié d'attendre, parce que je voulais vous confier une caisse de cognac pour le Dedjazmatch de Boroma.» C'est Bècha, qui m'a également prié de lui fournir des liqueurs. Mékonen ne m'a d'ailleurs pas remis la moindre caisse de liquides, en prétextant qu'il lui avait été impossible de s'en procurer. Pur mensonge! Il caressait l'espérance d'avoir du cognac sans bourse délier. Ses tentatives auprès des marchands ont échoué. Bècha n'aura rien de Mékonen.

Après deux heures de marche, hors des murs de Harrar, nous dressons nos tentes.

TCHALANKO.

Mercredi, 8 juin.

Nous nous mettons en route au clair de lune.

A neuf heures, nous passons à Warra-Bellé.

A Tchalanko, un orage violent et interminable nous trempe jusqu'aux os. Nous logeons dans deux habitations délabrées et abandonnées. Pas d'approvisionnements. Les habitants ont quitté le pays, emmenant leurs troupeaux.

Mon kalatier est eunuque. Il s'évertue inutilement; il court, réclame, appelle le choum du pays, qui arrive affairé, promet tout ce qu'on veut et repart. On ne l'a plus revu.

Enfin, nous avons obtenu, — mais au prix de quels efforts ! — douze pains et une chèvre.

BOURKA.

Jeudi, 9 juin.

Neuf heures et demie de marche. Nous campons au bord de l'eau. J'ai trois hommes malades, l'un de la fièvre, les deux autres de la dysenterie. Leur vie me paraît en danger; je les soigne de mon mieux; mais nous ne pouvons nous arrêter, le pays est mal famé.

GORO.

Vendredi, 10 juin.

Onze heures de marche.

Levés à deux heures et demie du matin, nous sommes partis à quatre.

J'arrive à Goro avec cinq hommes; les quinze autres sont restés en route.

On me dit que le choum est absent. Les habitants refusent de nous donner ou de nous vendre quoi que ce soit.

BOROMA.

Samedi, 11 juin.

Journée pénible. J'ai laissé trois hommes malades à Goro. Nous avons marché depuis six heures du matin jusqu'à cinq heures du soir, sous la pluie et la grêle. Dans la vallée, nous avions de l'eau jusqu'aux genoux.

Sur notre route, nous avons rencontré une bande d'Oromo à cheval; ils allaient en incursion chez les Adal de Moullou et ne nous ont pas inquiétés.

Nous campons à Boroma.

Je monte chez le Dedjazmatch Bècha; il m'avait prié de lui acheter un fusil à Harrar. Je n'en ai pas trouvé; il est fort contrarié.

HUTTE AU SOMMET DES MONTAGNES DE GALAMSO,
DANS LE TCHERCHER.

Il me demande si nous n'avons pas rencontré des Oromo en équipage guerrier. Je lui réponds qu'en effet, dans une vallée qui fait suite à celle de Bourka, nous avons aperçu quelques centaines d'hommes se dirigeant vers le nord.

Je lui offre le cognac et les liqueurs qu'il m'a prié de lui apporter. Il est ravi; c'est un buveur intrépide. Il tourne et retourne les bouteilles, et fait appeler son « nagad-ras » (chef des marchands) pour bien lui expliquer la nature et l'usage de chacune.

J'ai prié Bècha de veiller sur mes trois malades restés à Goro; il m'a promis de les recueillir et de les soigner.

Après le repas, je descends de la katama par une nuit profonde, à travers des sentiers fangeux. L'orage a renversé ma tente. Tout est inondé, tout est couvert de boue!

La nuit sera mauvaise; les hyènes ont été attirées par l'odeur d'un bœuf abattu; elles ont déjà commencé leur horrible vacarme.

BOROMA.

Dimanche, 12 juin.

Journée de repos. Il a plu légèrement; le soleil s'est à peine montré.

Un de mes hommes tombe encore, épuisé par la dysenterie qui les a tous, plus ou moins, atteints.

GALAMSO.

Lundi, 13 juin.

Visite d'adieu au Dedjazmatch.

Je retourne à mon gouass et je l'envoie camper dans la vallée de Galamso, où je le rejoindrai, après avoir fait une visite à Waldé-Gabriel, dans sa katama, sur la montagne.

Trois heures après midi. — Je surprends Waldé-Gabriel dans l'exercice de ses fonctions judiciaires. Il me fait asseoir près de lui. L'audience finie, nous rentrons ensemble dans l'enceinte de sa demeure. Il habite une hutte, petite et fort commune. Il est vêtu avec une extrême simplicité. C'est un homme âgé et d'humeur belliqueuse. Il a les allures d'un fou. Ma visite me coûte un fusil. Il me parle d'une nouvelle expédition du Négouss contre le Kambatta. J'en suis fort aise, car elle m'ouvrira peut-être les portes du Koullo. Le Kambatta fera partie des contrées gouvernées par le Dedjazmatch Oldié et il me sera facile d'y pénétrer, s'il se souvient de ses obligations et de ses promesses.

Après le repas, je laisse le Dedjazmatch recevoir seul ses visiteurs. Je le retrouve adossé contre un esclave à plat ventre, qui lui sert d'appui et de coussin. Est-ce pour me donner une idée de sa puissance? Est-ce une habitude?...

Il a envoyé au campement trois bœufs et trois moutons.

Je prends congé et gagne la vallée.

LAGHA-HARDY.

Mardi, 14 juin.

Ma caravane diminue de jour en jour, par l'effet de la maladie.

Nous souffrons de l'humidité et des grandes pluies. Nous avons marché au milieu d'un brouillard intense, à travers les hautes herbes mouillées; il nous semblait cheminer dans un marais.

Le nombre de mes hommes armés est trop restreint; en revanche, le nombre des gabares réquisitionnés qui me suivent est trop considérable. Il m'est impossible de les surveiller; à tout instant quelqu'un d'entre eux abandonne sa charge sur la route et disparaît.

Nous arrivons à Lagha-Hardy. Je reçois du choum, qui est musulman, un vilain accueil. Malgré prières et menaces, il ne veut rien me donner. Les pluies ont avarié mes provisions; il faut que je nourrisse mes hommes. Dans la soirée, nous nous emparons d'un bœuf, après une courte résistance. Fort heureusement, nous n'avons pas eu besoin de nous servir de nos armes. — Et nous avons dîné!

MONT KOMBI.

Mercredi, 15 juin.

De très bonne heure, nous levons le camp; je suis obligé d'abandonner encore un malade.

En venant, nous avons passé au sud du mont Kombi ; je change d'itinéraire, pour passer au nord.

Nous campons au pied de la montagne, sur un point qui domine une petite rivière.

DINGUET, AMHARA D'ANKOBŒR.

Je n'ai pu atteindre l'Aouache aujourd'hui, à cause de l'état de santé de mes hommes et de l'insubordination des gabares.

Pendant la nuit, des éléphants sont venus, en troupe, se désaltérer. Ils ont passé près de nous, à nos pieds, sans nous apercevoir.

AMHARA-MALKA (*passage de l'Aouache*).

Jeudi, 16 juin.

Une traite de trois heures nous conduit aux bords de l'Aouache, que nous traversons sur un pont sans arches, d'une vingtaine de mètres, construit cette année par l'ingénieur Ilg. L'eau coule rapide et profonde. (Vitesse : un mètre par seconde. Profondeur : environ vingt pieds.)

Les indigènes m'assurent qu'à l'époque des pluies la rivière touche le tablier du pont.

Le site est sauvage: aucune culture; des rochers, des buissons épineux, des agaves et quelques arbres.

Nous sommes reçus par le choum Saïd Arboyé, que nous avions vainement cherché à notre premier passage. Il est vrai que nous étions à quelques kilomètres en amont.

BOULLOUK.

Vendredi, 17 juin.

Deux hommes, épuisés par la dysenterie, ne peuvent pas continuer la route. L'un d'eux est mourant.

Je n'ai rien pu obtenir du choum. C'est un vulgaire marchand d'esclaves. Il m'annonce qu'il s'est fait chrétien cophte. Belle recrue! — Enfin, au nom du roi, il se décide à m'envoyer un bœuf, mais je ne reçois que l'individu chargé de l'amener : la bête s'est perdue en route ! Je proteste et réclame énergiquement. On m'envoie un nouveau bœuf fort mal domestiqué. Nous partons. Un homme de Saïd Arboyé conduit l'animal. Nous n'avions pas fait trois kilomètres, qu'il crie au secours : le bœuf s'est échappé et l'homme est allé le rejoindre dans les broussailles!

Tous mes serviteurs sont malades et on me refuse des gabares. A grand'peine, je me suis procuré deux chameaux, pour transporter les bagages. Ils me seront utiles pour la traversée du désert.

Nous campons aux eaux chaudes.

Avant d'y parvenir, nous marchons plusieurs heures sur un sol semblable à celui des pays afar : sable, rochers, herbes et mimosas brûlés par le soleil.

Nous croisons des guerriers Amhara qui se rendent avec femmes et enfants au Harrar. Dès qu'ils aperçoivent un Oromo ou un Dankali, ils font feu. Je puis affirmer le fait, j'en ai été témoin, à deux heures de l'Aouache. Une smalah s'était arrêtée au pied d'un monticule. Dans la soirée, une quinzaine d'Adal, plumes dans les cheveux, bracelets au bras, couteaux à la ceinture, portant lances et boucliers, se balançant fièrement sur leurs jambes, s'approchent. Ils n'avaient aucune intention hostile. Les guerriers amhara ne raisonnent guère, mais agissent vite. Ils ont fait feu sur ces malheureux nomades.

TADETCHA-MALKA.

Samedi, 18 juin.

Mauvaise nuit ! Les léopards et les lions n'ont cessé de rugir autour de nous. Nous entendions les buffles et les antilopes, poursuivis par les fauves, s'enfuir à travers les étangs. C'était un bruit sinistre. Je n'aurais pas éprouvé d'inquiétude, si mes hommes avaient été valides ; mais mon camp ressemble à une ambulance. Nos bêtes effrayées ont été difficiles à contenir.

Ce matin, j'ai chassé au bord de l'eau. Un troupeau d'antilopes a passé près de moi. Ces bêtes, d'une espèce superbe, sont armées de longues cornes semblables à celles de certains buffles ; leur robe est marron, avec une large tache blanche sous le ventre.

Caché sous une touffe de palmiers, j'en ai tué une; les autres ont tourné autour de moi avec une vitesse vertigineuse. Je n'ai pas voulu tirer une seconde fois.

La route, qui conduit à Tadetcha-Malka, serpente à travers des plaines boisées d'acacias. Le gibier y foisonne : gazelles et antilopes, pintades par milliers et des traces d'éléphants partout.

Après avoir traversé le Kassam, la route devient détestable : des monceaux de pierres à franchir et aucune végétation.

La rivière forme un coude; nous la traversons une seconde fois et j'ordonne la halte.

Rien à manger, ce soir...

Je tue un bœuf sauvage ; mais nous avons le dégoût de la viande. Pour vingt pains, je donne la moitié de l'animal à des Amhara campés près de nous, qui se rendent à Harrar comme ceux que nous avons déjà rencontrés.

BOURKOKÉ.

Dimanche, 19 juin.

Forte journée de marche. Le soir, nous arrivons à « Bourkoké ». Il n'y a pas plu. L'eau est rare. Le choum est absent ; nous obtenons un peu de pain.

TCHINKORA.

Lundi, 20 juin.

Nous campons près de Tchinkora, chez Ayto-Tchérinet, qui nous fait assez bon accueil.

Sur la route, nous avons rencontré, comme les jours précédents, des bandes amhara; c'est une immigration en masse. Des lépreux même se sont mis en route. Plusieurs sont venus nous importuner de leurs mélopées, durant une partie de la nuit. Leur terrible maladie affecte les formes les plus diverses. Tantôt, c'est le développement monstrueux de l'éléphantiasis, tantôt la perte des doigts, aux pieds et aux mains. La lèpre ronge d'abord les extrémités et poursuit lentement sa marche. A certaines époques, le mal paraît s'arrêter; à d'autres, il se manifeste avec recrudescence. Le Godjam est surtout la patrie des lépreux. Les Oromo ne manquent pas de tourner cette infortune en railleries et en injures qu'ils jettent à la face des Amhara. Ces pauvres gens vivent en groupes, séparés du reste des habitants. Ils se marient entre eux.

Un autre fléau analogue règne dans ces contrées : c'est une sorte de chancre qui ronge le visage, au-dessous des yeux jusqu'au menton et laisse les dents à nu. Les infortunés qui en sont atteints attribuent leur malheur à la morsure de « l'oiseau de la nuit » (cimbira alcane).

La jaunisse, que les indigènes désignent sous le nom de « maladie de l'oiseau » (woft) fait aussi de nombreuses victimes.

Tous ceux qui, sans être affectés de l'un ou de l'autre de ces maux, ressentent une indisposition quelconque, qui n'est ni la fièvre (wowa) ni le rhume (gounfan), se disent

atteints du « mitch », désignation vague et générale, dont j'ai vainement essayé d'obtenir l'explication.

LEINTCHA.

Mardi, 21 juin.

Nous nous arrêtons, chez les Abitchou, au point nommé « Leïntcha » (lion, en
oromo).

Pluie dans la soirée. On dit qu'il pleut aussi à Antoto.

ANTOTO.

Mercredi, 22 juin.

J'ai quitté le campement, cette nuit, pour être à Antoto dans la journée. Je veux
voir le roi, à Fell-Wa.

En route, j'apprends que Ménélik se rendra en pèlerinage au pays de Tchinkora ;
il priera dans un sanctuaire fameux, pour obtenir que Sa Majesté Taï-tou ne reste pas
indéfiniment stérile. La plus certaine conséquence de cet acte de dévotion sera une rude
épreuve pour l'avarice du Dedjazmatch Guermami. Adieu, grains et tedj, veaux et
bœufs ! Quand Ménélik loge chez un choum, il est chez lui. Tout est mis au pillage par
les gens de sa suite ; on n'ose rien refuser aux familiers royaux.

ANTOTO.

Jeudi, 23 juin.

Arrivé depuis hier soir à Dildila. Il pleut. Nous sommes en plein « kremt ». J'ai
trouvé ma maison sans autres gardiens que mes trois Oromo et mes esclaves.

Rien ne manque, c'est étonnant ! J'avais eu, il est vrai, la précaution de tout
enfermer dans des caisses amoncelées et clouées ensemble avec des planches ; — je suis
néanmoins surpris de n'avoir pas été volé.

Mon gouass arrivera aujourd'hui, à midi.

Il est heureux que les gabares d'Ayto-Tchérinet soient venus jusqu'ici, car je n'ai
presque plus personne à mon service. Tout compte fait, je resterai avec six hommes,
huit femmes esclaves et trois enfants. Je n'ai que treize mules, c'est insuffisant pour
mes projets. De plus, elles arrivent en piteux état ; plusieurs ont sur le dos des plaies
larges comme la main.

ANTOTO.

Vendredi, 24 juin, au samedi, 16 juillet.

Je ne sors pas. Pluie, grêle, tonnerre. L'eau pénètre dans ma hutte.

Je n'ai pas échappé à la maladie qui a frappé mes hommes. J'ai cruellement
souffert ; mais je suis à peu près rétabli. Mes forces reviennent.

ANTOTO.

Dimanche, 17 juillet.

La pluie et la grêle continuent.

Dinguet, soldat du roi, avait brisé son fusil. Un châtiment sévère l'attendait, **car**

PROFIL DU NIVELLEMENT HYPSOMÉTRIQUE
D'ANKOBŒR a ANTOTO
Échelle des Longueurs.

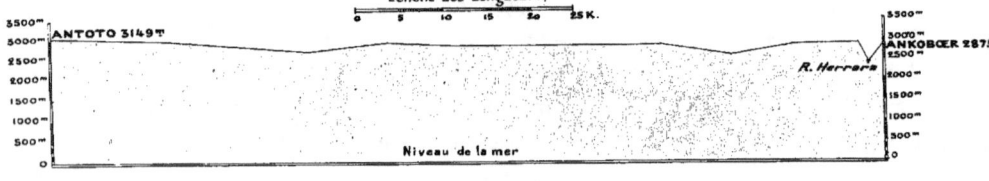

PROFIL DU NIVELLEMENT HYPSOMÉTRIQUE
DE HARRAR A ANTOTO
Échelle des Longueurs

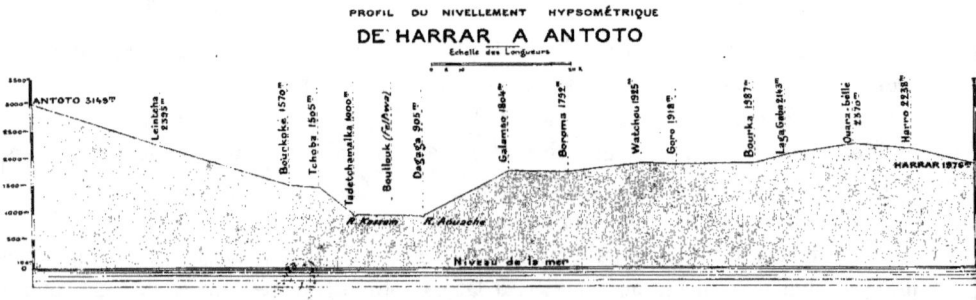

il n'avait pas les trente thalaris nécessaires pour en acheter un autre. Au commencement de mon séjour à Antoto, il était venu me supplier de lui venir en aide. Cédant à ses instances et dans l'espoir de me l'attacher, j'avais remplacé son arme. En partant pour Harrar, j'ai obtenu du roi, sur sa demande, l'autorisation de l'emmener. Sans doute, en voulant me suivre, il obéissait à un sentiment de reconnaissance? Naïve illusion!

Rentré à Antoto, j'apprends que Dingnet a dit en propres termes à ses camarades

FEMMES AMHARA

La première d'Ifat, — la deuxième de Maus, — les deux autres de Koat

« Le Franghi est un donkoro (imbécile). A force de l'ennuyer, nous arriverons à lui faire payer ce que nous voudrons. » Ces incivilisés n'ont-ils pas, en matière de reconnaissance, des sentiments dignes d'une extrême civilisation?

ANTOTO.

Mardi, 26 juillet.

Le bruit court que Johannès envahira le Schoa, avant que les troupes italiennes aient commencé un mouvement offensif sur le Tigré.

Je viens d'apprendre que le Fit Worari Zékergatchou est mort au retour de

32

Harrar, dans des circonstances qui font songer involontairement à la mystérieuse « tasse de café » de certains souverains orientaux. Le roi et la reine ont traité le Fit Worari avec une rigueur extrême, pour le punir de rapports trop intimes qu'on l'accusait d'entretenir avec la femme du Kenazmatch Aïly. Dépouillé de ses biens, revêtu d'une peau de mouton et chargé de chaînes, il a été traîné à la suite de l'armée. En revenant, sur les bords de l'Aouache, il est mort subitement; les malveillants racontent tout bas de quelle manière il a passé de vie à trépas... Son corps a été inhumé dans une église, entre Ankobœr et Baraket.

Les fautes de Zékergatchou ne me paraissent pas avoir seules occasionné sa perte ; ce qui l'a rendu odieux au roi et à la reine, c'est qu'il était le précédent mari de Taï-Tou. Il la connaissait bien et il était bavard. Il est juste de reconnaître qu'il n'est pas regretté ; c'était certainement l'un des choums les plus distingués par ses vols et ses exactions.

ANTOTO.

Lundi, 1er août.

Le roi a donné au Fit Worari Odadjou le Koullo et le Contab; mais, comme Ménélik ne les possède pas, le Fit Worari devra d'abord en faire la conquête. Odadjou m'a invité à l'accompagner. Il préparera tout, me dit-il, pour bien me traiter. C'est l'invitation à un cadeau. Je lui ai arraché la promesse de me faciliter l'exploration des pays qu'il doit gouverner et, à cette condition, je lui ai donné plusieurs fusils, dont un de fort calibre, une carabine à deux coups, un millier de cartouches et autant de balles à pointes d'acier, etc., etc. J'ai bien peur d'avoir pris un billet à La Châtre, en escomptant la bonne foi d'un notable amhara et des victoires hypothétiques.

FALLÉ.

Samedi, 6 août.

Mama, la fille préférée de ras Govanna, est très malade; je vais à Fallé.

Les rivières ont grossi. Deux fois, je suis obligé de me déshabiller et de me mettre à la nage.

Sur le seuil de l'habitation, on m'annonce que Mama est morte ce matin et que le convoi funèbre est en route pour Debra Libanos. Je suis arrivé dans un état affreux; un Européen, que le ras a nommé son Fit Worari, pour lui payer des fusils en terres et en honneurs, m'offre l'hospitalité.

On dit que, malgré la volonté de son père, on a fait subir à Mama un traitement qui l'a tuée. Elle souffrait d'une fluxion de poitrine. Les prêtres, pour la guérir, ont persuadé à Mettéyaletch, femme du ras, de l'arroser, hors de son lit et nue, avec de l'eau de Debra Libanos, le matin, au chant du coq et, le soir, au coucher du soleil. Ils ont ensuite prescrit de la transporter, sous une pluie diluvienne, dans une église humide où la pauvre fille a assisté à des prières, près de l'autel, couchée sur un algha. L'eau miraculeuse restant inefficace, on a fait avaler à la malade de la terre sainte ! Les résultats de cette médication ont été décisifs et foudroyants : Mama est morte !

Le ras avait mandé le docteur Traversi. Fort heureusement, il est arrivé trop tard. S'il avait donné ses soins un seul jour, on l'aurait accusé de la catastrophe.

FALLÉ.

Dimanche, 7 août.

J'ai vu le ras, il est désolé. Il reçoit dans son adérache de nombreux visiteurs, qui, avant d'entrer, se lamentent et chantent les louanges de l'infortunée Mama. Ils plaignent le malheureux père et déplorent cette fin prématurée. Pendant huit jours, le ras doit demeurer dans l'adérache, couché sur la terre et couvert de vêtements sordides. Après l'avoir salué, je suis entré dans la hutte de sa femme. Mêmes scènes. Des cris plus déchirants encore.

Je m'en vais, couvert de vermine.

ANTOTO.

Lundi, 8 août.

Retour à Antoto par un temps affreux : grêle, pluie et boue. J'arrive enfin, sans accident, mais trempé. La traversée à la nage des rivières est fort désagréable par un temps pareil. Il fait très froid.

ANTOTO.

Vendredi, 19 août.

Je reste enfermé. Il pleut à torrents, les routes sont impraticables. Personne ne sort.

ANTOTO.

Mercredi, 24 août.

Un enfant du guébi avait donné un coup de couteau, sans gravité, à l'un de ses compagnons. Le roi lui a fait couper la main. Il est rare que Ménélik se montre aussi cruel.

ANTOTO.

Jeudi, 25 août.

Le comte Antonelli descendait à la côte, quand il a croisé un courrier qui apporte des lettres au Négouss. Il a rebroussé chemin.

ANTOTO.

Vendredi, 26 août.

La pluie continue.

ANTOTO.

Samedi, 27 août.

Abba Johannès vient d'offrir une esclave à l'alaka Joseph. C'est un cadeau singulier, de la part d'un prêtre.

ANTOTO.

Lundi, 29 août.

Le comte Antonelli est arrivé.

ANTOTO.

Mardi, 30 août.

Promenade à cheval. Le temps est encore mauvais.

ANTOTO.

Mercredi, 31 août.

Dessalein, l'un des serviteurs du Fit Worari Odadjou, m'a apporté deux « daoulla » (sacs de peaux cousues, remplis d'orge) de la part de son maître. « Le Fit Worari, me dit-il, a vu le roi et a obtenu l'autorisation de vous enmener avec lui. »

C'est probablement un mensonge, pour obtenir d'autres largesses. Je m'informerai à Fallé.

FALLÉ.

Vendredi, 2 septembre.

Odadjou, que j'attendais, n'est pas venu. Il arrivera demain ; c'est la fin de l'année et comme il a la « maladie du diable » (l'épilepsie), il doit se rendre à Antoto pour que les prêtres l'arrosent avec l'eau bénite.

J'ai vu le ras Govanna. Il demeure chez son azage Waldé-Samat.

Les sorciers l'ont engagé à passer les derniers jours de l'année hors de son guébi et à n'y rentrer que le premier Maskerœm, c'est-à-dire dans dix jours. Il s'intéresse vivement aux événements de Massaouah et engage volontiers la conversation sur ce sujet. Je lui réponds invariablement que ces questions ne me regardent pas. D'ailleurs, j'ignore absolument ce qui se passe.

FALLÉ.

Dimanche, 4 septembre.

J'ai revu le ras. Il a eu l'audace de me prier de lui faire venir d'Europe d'autres express-rifles. J'ai été si bien récompensé !

FALLÉ.

Mardi, 6 septembre.

Enfin j'ai vu Odadjou ; il m'avoue qu'il n'a pas parlé au roi. Dessalein m'a donc trompé. Je n'en suis pas surpris.

ANTOTO.

Mercredi, 7 septembre.

Je suis parti à midi de Fallé, par une nouvelle route. J'ai encore traversé deux rivières à la nage. C'est vraiment pénible.

De trois heures à neuf heures, pluie continuelle. Par une nuit noire, j'ai regagné ma demeure, à Dildila.

ANTOTO.

Samedi, 10 septembre.

C'est la veille du premier jour de l'an abyssin. Coups de fusil et feux de joie, de tous côtés. Il faut faire grande attention, car on ne tire pas à poudre ; les balles sifflent à mes oreilles.

ANTOTO.

Dimanche, 11 septembre.

Premier Maskerœm, jour de l'an abyssin, Enkoutatech.

Le roi fait une promenade. Coups de canon ; fusillade générale.

Deux hommes ont été blessés, l'un d'eux va probablement mourir. Qu'importe ? On chante et on s'enivre, dans tout Antoto.

Les femmes (c'est surtout leur fête) sont habillées de neuf. Elles vont par groupes, de maison en maison, offrant des herbes pour tresser des couronnes. Elles pénètrent dans l'elfine. J'espérais me dérober à la corvée ; c'est impossible. Je me résigne et je reçois huit groupes d'une vingtaine de femmes. Elles ont rempli ma demeure de leurs bouquets qui se composent de fleurs des champs, liées avec des brins d'herbes. Elles m'ont rebattu les oreilles de leurs chants monotones, en tapant des pieds et des mains. Je me couche avec un mal de tête violent.

HABITATIONS DANS L'INTÉRIEUR DE GUÉBI DE RAS GOVANNA, A ANTOTO (DILDILA)

ANTOTO.

Lundi 12-Samedi 24 septembre.

Je prépare mon voyage au Koullo. Pourrai-je l'effectuer ?

ANTOTO.

Dimanche, 25 septembre.

Ce matin, le Négouss a fait arracher la barrière du guébi de Govanna. Pourquoi ?

Il donne pour prétexte qu'il a besoin de bois pour édifier un « dass ». Ce procédé sommaire est blessant pour le vieux ras.

Le dass est destiné aux festins de l'inauguration de l'église de Mariam. C'est une sorte de hangar avec un toit en chaume ou en cotonnade, sans murs, supporté par des piliers de bois.

On dit que Ménélik avait ordonné à Govanna de lui envoyer des bambous. Ses *instructions* n'ayant pas été promptement exécutées, il a, dans sa colère, ordonné l'enlèvement de la barrière. L'abus d'autorité du Négouss envers son ancien serviteur cause un grand émoi; mais on n'en parle qu'à voix basse et entre amis discrets.

ANTOTO.

Lundi, 26 septembre.

L'Abouna est arrivé. On travaille à l'inauguration de l'église de Mariam.

ANTOTO.

Mardi, 27 septembre.

J'ai vu l'Abouna. Il habite l'ancienne demeure du Dedjazmatch Nado, mort il y a deux ans. Il m'a très bien reçu et m'a invité à revenir souvent auprès de lui. J'ai pu me passer d'interprète, j'en suis enchanté. J'ai avec moi un Oromo du Harrar, qui parle bien l'arabe et l'oromo, et passablement l'amharigna. J'ai expliqué à l'Abouna que mon désir était simplement d'obtenir la permission d'aller où bon me semblerait. Il m'a promis de parler en ma faveur à Ménélik, pendant les fêtes.

ANTOTO.

Jeudi, 29 septembre.

Trois mille bœufs sont arrivés. Ils proviennent d'une razzia faite par le Dedjazmatch Oldié dans les pays couraghé. On en mangera, dit-on, cinq mille !

Grande affluence de choums, de prêtres et de soldats. Des tentes sont dressées de toutes parts.

ANTOTO.

Vendredi, 30 septembre.

Le ras Darghé est ici. J'espère que Govanna ne viendra pas. Mon habitation est entre les deux guébi ; je serais environné de tentes et par conséquent d'ordures. Le ras Darghé suffit amplement !...

L'Abouna s'occupera, dimanche, de ce qui m'intéresse.

ANTOTO.

Samedi, 1er octobre.

De bonne heure, la cérémonie de l'installation du Tabot a été célébrée à l'église de Mariam. Le roi et l'Abouna, abrités sous des parasols rouges, se sont mis en route, précédés de superbes chevaux pompeusement harnachés. Les trompettes, les nagarit et les flûtes mêlaient leurs sons discordants. Tous les choums suivaient à pied. Au retour, les fusiliers de l'armée royale se sont placés sur les hauteurs, à l'est du guébi. Un premier coup de canon a annoncé la rentrée de Ménélik. Une décharge générale et une salve de trente coups de canon ont été le signal des réjouissances publiques. A ce moment, je revenais du guébi où j'étais arrivé fort tard. J'ai été obligé de passer devant les soldats, au moment où ils tiraient à tort et à travers des coups de fusil chargés à balles. Devant moi, deux hommes ont été tués et un autre grièvement blessé.

Les chemins sont encombrés de prêtres revêtus de robes aux couleurs éclatantes ; quelques-uns portent des coiffures à bandelettes, en étoffes dorées ou argentées, qui rappellent les casques des Sarrasins. Tous sont dans un état bien voisin de l'ébriété. Ils chantent, gesticulent et offrent au public des spectacles grotesques.

ANTOTO.

Dimanche, 2 octobre.

J'ai assisté un instant au guébeur, qui se prolongera pendant trois ou quatre jours.

KÉKOU, FEMME OROMO DE GHÉRA.

Dans un espace couvert de tentes, où se pressent des gens qui mangent gloutonnement, le roi trône sur une estrade, entouré des choums.

Après avoir offert à dîner à plus de mille individus (gens de qualité reçus à l'intérieur des tentes) Ménélik est sorti et a fait manger plus de quatre mille hommes sous le dass aménagé pour ce pantagruélique repas.

Avec des troncs d'arbres creusés, on a confectionné de véritables auges pour abreuver les convives de classe inférieure. On les remplissait de temps en temps et les soldats venaient s'y désaltérer à la façon des bêtes. Tous les buveurs étaient ivres; ils salissaient partout et de toute façon. On les traînait pour les jeter hors du guébi, quand ils ne pouvaient plus se tenir debout. Pour accentuer le caractère religieux de la fête, les prêtres se distinguaient entre tous par leur zèle à boire et par leur appétit.

Lundi, 3 octobre.

Aujourd'hui, mêmes cérémonies et mêmes festins.

Le premier jour était principalement consacré aux prêtres. Cette journée est plus spécialement destinée à repaître les soldats. Les ivrognes, en foule, parcourent le plateau. Ce n'est pas absolument dangereux, mais il est prudent de se méfier. Je barricade mon enceinte et je laisse passer les invités royaux qui, de temps en temps, m'insultent par-dessus la haie.

Mardi, 4 octobre.

Au guébi, le festin dure toujours. Il est encore présidé par le roi et l'Abouna qui ont les defteras pour convives.

A la fin du premier repas, tous se sont levés et avancés vers le lit où Ménélik et l'évêque Mathéos étaient étendus. Ils ont chanté en chœur, le bérillet à la main, se dodinant en cadence.

Le ras Govanna est arrivé. Il a éprouvé un réel dépit de l'enlèvement de sa barrière et n'a pas voulu rentrer chez lui. Il loge à côté de moi, dans l'habitation d'un Oromo. J'envoie un serviteur pour le saluer ; il m'appelle. Je lui réponds que je n'irai pas le voir avant qu'il ne m'ait rendu justice, en punissant deux de ses hommes qui, malgré ses ordres, ont chassé mes chevaux après les avoir laissés dépérir.

Mercredi, 5 octobre.

Aujourd'hui tsom. Pas de guébeur ; demain, dernier jour de fête ! A cause du jeûne, l'abatage est interdit. On a tué hier six cents bœufs !

Plus de vingt mille personnes auront mangé au guébi.

Jeudi, 6 octobre.

J'ai une seconde fois refusé d'aller chez le ras ; mais il a insisté, et j'ai cédé. Je le regrette. Il s'est montré à peine convenable ; il a trouvé des excuses pour ne pas punir les coupables dont je lui avais signalé la faute. Les temps sont changés ! — Je voulais me retirer immédiatement ; Govanna m'a retenu et j'ai dîné à sa table ; mais de longtemps je ne le reverrai. J'ai tout donné ; je n'ai plus rien ; je suis un importun.

Samedi, 8 octobre.

L'Abouna a tenu sa promesse ; lui et le Dedjazmatch Machacha Worké, son ami, ont parlé de moi à Ménélik. Un messager de l'Abouna m'a apporté, ce soir, la réponse du roi ; il m'autorise à partir.

Dimanche, 9 octobre.

J'ai voulu remercier Machacha Worké ; il était absent.

Le roi doit aviser aujourd'hui le Fit Worari Odadjou de mon départ définitif avec lui, pour les pays du sud.

ANTOTO.

Lundi, 10 octobre.

A six heures du matin, je me suis rendu chez Machacha Worké. Il était déjà monté au guébi. J'ai porté mes remerciements à l'Abouna. Il m'a confirmé la réponse favorable du Négouss.

LÉPREUSE AMHARA.

ANTOTO.

Mardi, 11 octobre.

J'ai trouvé le Dedjazmatch Machacha Worké dans sa demeure, un peu avant le lever du soleil. Suivant l'usage, je lui ai remis des présents, avant de l'entretenir du but de ma visite. Il doit, dit-il, revoir Ménélik avant que nous puissions rien arrêter. Est-ce une nouvelle difficulté? Il m'a engagé à revenir après-demain, pour nous rendre ensemble chez le Fit Worari Odadjou.

ANTOTO.

Mercredi, 12 octobre.

J'ai salué l'Abouna, ce matin. Le roi part pour Fell-Wa demain. Je l'y rejoindrai dans la journée.

ANTOTO.

Jeudi, 13 octobre.

Je suis allé chez Machacha Worké. Il avait accompagné le roi à Fell-Wa.

33

J'ai revu le Dedjazmatch Oldié. Il me recevra dans son gouvernement, au retour de mon voyage. Depuis quelque temps, son fils, Machacha, comprenant que je réclame quelques services de son père, me harcèle de demandes. Je n'ai pu les repousser toutes et je me suis plaint à Oldié des importunités de sa progéniture.

ANTOTO.

Vendredi, 14 octobre.

Je suis allé à Fell-Wa. Sauf l'Abouna, tout le monde était rentré au guébi.

ANTOTO.

Samedi, 15 octobre.

A trois heures du matin, à la lueur d'une mauvaise lanterne, reste de mon bagage européen, je retourne à Fell-Wa pour voir le Dedjazmatch Machacha Worké. Il était au bain. Je l'ai attendu une heure. Nous nous sommes rendus ensemble au guébi royal. Odadjou n'y était pas. Après trois heures perdues, je me suis mis à sa recherche. Je l'ai trouvé devant le grand Wimber. Il assistait à un procès où il est inté ressé. Il m'a promis de venir aussitôt le jugement rendu; mais il n'a pas tenu sa parole.

Cette attitude d'Odadjou m'inquiète;... mais plus rien ne m'étonne !

Dans la soirée, nouvelle visite de l'Abouna. Il campe dans la prairie de Fell-Wa. Je rentre à la nuit.

ANTOTO.

Dimanche, 16 octobre.

Même emploi de mon temps, hier et aujourd'hui. C'est une corvée de se lever à trois heures, pour dégringoler le casse-cou qui conduit du plateau de Dildila aux plaines de Finefini.

ANTOTO.

Lundi, 17 octobre.

Je suis à bout de patience; mes forces diminuent et je crains que ma volonté faiblisse. Parfois, le découragement me monte, comme un flot d'amertume, du cœur aux lèvres... et je pense à reprendre le chemin de la côte. Je suis las de tant de contra-riétés, de tant de misères, de tant d'humiliations ! Lorsque j'entre chez un choum, on ne s'inquiète plus de moi; et si je demande à le voir, on me tourne le dos; — que d'efforts sur moi-même, pour contenir mes sentiments !

ANTOTO.

Mardi, 18 octobre.

L'Abouna m'a annoncé qu'il partait après-demain pour Salla-Dingaï; mais, en le quittant j'ai appris qu'il se rendait, avec le Dedjazmatch Machacha Worké auprès du Négouss Negeust Johannès, afin de conclure certaines négociations. Tout ce qui m'intéresse serait, paraît-il, réglé et Machacha Worké aurait tout convenu avec Odad-jou. Mais jamais rien de précis ni de définitif.

A la nuit je regagne mon habitation. Ce trajet de deux heures à la lumière vacil-lante d'un fanal est triste et pénible.

ANTOTO.

Mercredi, 19 octobre.

Je n'ai plus le courage d'entreprendre de nouvelles démarches ; je reste chez moi.

ANTOTO.

Jeudi, 20 octobre.

A l'aube, je vais présenter mes souhaits de bon voyage à l'Abouna Mattéos.

GOUYÉ, FEMME OROMO DE FINEFINI.

Je le trouve en compagnie de Machacha Worké ; il prie le Dedjazmatch de me présenter en son nom à Odadjou, de la part du roi. Machacha m'invite à l'accompagner immédiatement à la tente du Fit Worari. Il s'arrête sur le seuil. Odadjou sort pour le recevoir et, du haut de sa mule, le Dedjazmatch met ma main dans celle du Fit Worari, en lui disant qu'il répond de moi pendant l'expédition. Puis il s'éloigne.

Je reste quelques instants dans la tente d'Odadjou et je remonte à Dildila.

ANTOTO.

22 et 23 octobre.

J'ai fait demander une audience au roi ; il me recevra demain.

ANTOTO.

Lundi, 24 octobre.

J'ai attendu toute la journée.

Le roi rendait la justice. Enfin, dans la soirée, j'ai pu avoir un entretien avec lui. « Quand voulez-vous partir? » m'a-t-il demandé. — « Je partirai, comme vous me l'avez permis, quand le Fit Worari Odadjou ira occuper les pays que vous lui avez confiés. » — « Bien, mais Odadjou ne part pas encore. En attendant, vous pouvez, si vous voulez, visiter d'autres contrées ; je faciliterai votre voyage. »

Ainsi tout s'écroule! Mon travail, mes démarches, mes souffrances, ma propre spoliation, ont été stériles! Pendant des mois entiers, j'ai préparé, au prix de réels sacrifices d'intérêt et d'amour-propre, cette exploration et, quand tout paraît arrangé, celui qui doit me conduire, celui qui était mon messie, ne part plus! Si j'ai eu assez d'empire sur moi-même pour ne pas exprimer trop brutalement à Ménélik ma cruelle déception, c'est que mon but, le voyage au sud, était encore devant moi et que, pour satisfaire des ressentiments, je n'ai pas voulu commettre une imprudence qui aurait détruit mes dernières chances de succès.

Le Négouss a mandé les Dedjazmatch Waldé-Gorghis, Bacha Aboyé et Tessama, gouverneurs des pays de Limmou, Ghéra et Gouma, et leur a donné ordre de me recevoir. Puis, il a ajouté en s'adressant à moi :

— « Vous pouvez aller sur tous les territoires que je commande, sauf à Kaffa, où le tribut m'a été refusé. — »

Me voici obligé de recommencer, auprès des trois Dedjazmatch le métier de dupe, que je viens de faire avec le Fit Worari Odadjou!

ANTOTO.

Mardi, 25 octobre.

Parti de Dildila de grand matin, j'ai attendu longtemps dans le guébi; mais enfin, j'ai pu voir successivement les Dedjazmatch. Tous trois, naturellement, désirent des fusils. Je ne puis me défaire de ceux qui me restent; je devrai donc en acheter. Que de belles promesses on me fait à l'oreille! — Que de mensonges et de déconvenues!

ANTOTO.

Mercredi, 26 octobre.

Le bruit court que les Italiens renoncent à faire la guerre au Négouss Negeust Johannès.

ANTOTO.

Jeudi, 27 octobre.

La nuit, j'ai quitté encore une fois Dildila, muni de ma lanterne.

Le Dedjazmatch Tessama est parti pour Gouma. Je trouve ses deux collègues sous leurs tentes ; ce sont deux frères. Ils me demandent quel jour j'ai choisi pour mon départ et quelle route je désire suivre. Je leur réponds que « je tiens à partir le plus tôt possible et la route m'importe peu. » Ils me promettent des guides.

ANTOTO.

Vendredi, 28 octobre.

A Fell-Wa, je me suis entendu avec le Fit Worari Tonffou. Je laisserai chez lui une partie de mes esclaves et de mes effets.

ANTOTO.

Samedi, 29 octobre.

J'ai à peu près terminé mes préparatifs. Tout mon bagage est renfermé dans des selitchas.

Mes hommes ont perdu une mule ce matin.

J'ai acheté pour deux mille thalaris d'or ; l'argent eût été trop lourd et je pourrai toujours réaliser mon or, soit auprès des chefs de tribus, soit sur les marchés. Pour les rois du sud, ce sera le plus précieux des cadeaux.

En résumé, tenant compte de ce que j'avais déjà, j'emporte de l'or pour une valeur de deux mille neuf cents thalaris, — mille deux cents thalaris d'argent, — beaucoup de tissus, — des verroteries, des miroirs, des aiguilles, des couteaux, etc., etc.

ANTOTO.

Dimanche, 30 octobre.

Avant le lever du soleil, j'ai vu à Fell-Wa les Dedjazmatch Bècha et Waldé-Gorghis. Tout est prêt. J'aurai un guide et un kalatier, dès que je le voudrai.

L'Abouna du Tigré a, dit-on, été enchaîné par Johannès.

Le roi de Djimma arrivera demain ou après-demain à Antoto, apportant son tribut.

ANTOTO.

Mercredi, 2 novembre.

Nouvelle course à Fell-Wa. J'ai offert une douzaine de fusils aux Dedjazmatch Bècha et Waldé-Gorghis. Ils ont eu l'air médiocrement satisfaits. Ils comparent ce que je leur donne avec ce que j'ai donné à Odadjou. — « J'en achèterai d'autres pour vous les offrir, leur dis-je, je m'en occupe dès maintenant. » —

ANTOTO.

Jeudi, 3 novembre.

Je ne suis pas descendu à Fell-Wa. On disait que le roi, réintégrant le guébi, tous les choums le suivraient.

ANTOTO.

Vendredi, 4 novembre.

Le roi n'est pas revenu.

Mes préparatifs sont achevés. A midi, j'ai fait charger mes mules. Je campe ce soir au pied des hauteurs de Dildila, qui regardent du côté sud, vers les plaines de Finefini. Je suis entre les deux résidences royales, Antoto et Fell-Wa.

Ménélik a décidé que Fell-Wa porterait désormais le nom d' « Adhis-Ababa », fleur nouvelle. C'est la fantaisie de la reine qui passe ! Taï-tou est le soleil qui fait éclore la rose. Mais ce soleil est blafard et le parfum de la « fleur nouvelle » donne des nausées.

Il y a quelques années, le roi avait fait un premier séjour aux eaux chaudes de Fell-Wa; puis il les avait abandonnées. C'est sur les instances de la reine qu'il y est revenu.

ANTOTO.

Samedi, 5 novembre.

Je vais à Fell-Wa, avant le jour. Le Dedjazmatch Bècha me donne un kalatier; mais je ne partirai que lundi. J'attends que le *Fit Worari Odadjou* me rende mes chevaux.

Le roi est rentré à midi.

ANTOTO.

Dimanche, 6 novembre.

Ménélik se rendra prochainement à Debra-Behan.

Pendant son absence, le ras Govanna restera à Antoto et gouvernera à sa place.

ANTOTO.

Mardi, 8 novembre.

· Le roi de Djimma n'est pas arrivé. Il est pourtant certain qu'il est en route.

Je pars définitivement ce matin. Je passerai la nuit à Kataba. Beaucoup de mes hommes y ont leurs familles.

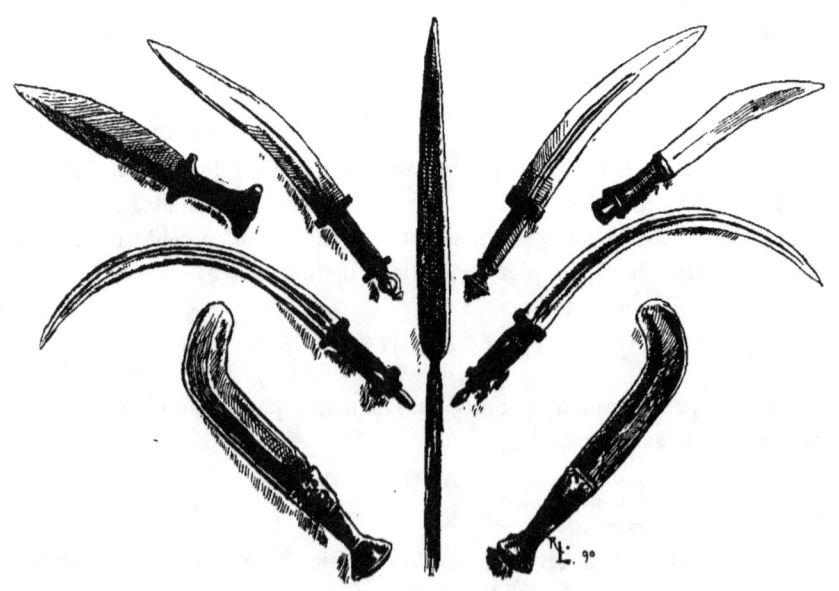

COUTEAUX ET FER DE LANCE.

QUATRIÈME PARTIE

EXPLORATIONS DANS LE SUD. — RETOUR AU CAIRE

9 NOVEMBRE 1887 — 21 NOVEMBRE 1888

KATABA.

Mercredi, 9 novembre 1887.

J'ai passé la nuit à Kataba.

Dans la matinée, notre marche a été lente. Après avoir contourné le mont Watchatcha, nous avons pénétré dans le pays des Metta. Ce soir, nous arrivons chez un choum du roi. Il ne se montre pas généreux.

Quelques nouvelles. — Ménélik a décidé de prolonger son séjour à Antoto. Les Dedjazmatch Bècha et Waldé-Gorghis se préparent à regagner leurs commandements. La fille de Gorghis est déjà ici, logée, pour cette nuit, dans l'une des habitations du choum qui m'héberge. Elle a manifesté le désir de me voir, et, pour lui complaire, j'ai subi pendant plusieurs heures le supplice des airs discordants des chanteurs et des chanteuses de sa suite.

Les plaines de Betcho sont monotones. Je pourrai y faire bon nombre de relèvements.

HEDDI.

Jeudi, 10 novembre.

La route est triste. En vain dans ces espaces couverts d'herbes flétries et de cultures de tief le regard cherche-t-il à s'égayer.

Le roi de Djimma est sur les bords de l'Aouache, non loin de notre camp; j'espère le voir demain.

Toute nourriture nous est refusée. Le pays est ruiné.

Nous sommes à Heddi, domaine du Fit Worari Odadjou; il m'avait assuré que je

trouverais chez lui une réception parfaite. Je n'obtiens même pas du pain pour moi et
de l'herbe pour mes mules. Odadjou, ignorant que le roi m'avait déclaré qu'il ne partirait pas et que je pouvais entreprendre mon voyage sans lui, m'a effrontément déclaré,
jusqu'au dernier moment, qu'il se rendrait incessamment au Koullo et que je devais
l'attendre ; il n'avait d'autre but que de m'extorquer encore quelques fusils.

AUX BORDS DE L'AOUACHE.

Vendredi, 11 novembre.

Nous sommes partis de nuit, pour gagner les bords de l'Aouache. Je voulais
arriver au campement du roi de Djimma avant son départ. Abba Djiffar m'a fait un
accueil bienveillant. Il m'a donné l'assurance qu'il m'apportait beaucoup d'objets de
son pays, mais qu'il les renverrait à sa résidence de Djiren, où je les prendrais à mon
passage. Il est retenu depuis six jours, à l'Aouache, par ordre du Négouss. Un haut
personnage du Tigré, ami de Johannès, est actuellement à Antoto. Pour ne pas éveiller
des convoitises dangereuses, le prudent Ménélik ne se soucie pas de faire étalage du
magnifique tribut que lui apporte son principal tributaire.

Ici, l'Aouache est un canal boueux, de vingt-cinq ou trente pieds de large qui
coule au fond d'un fossé. Les berges sont exactement au niveau du sol ; on ne les
aperçoit pas à cinquante mètres de distance.

La plaine devient, pendant les pluies, un marais impraticable. Elle est fertile,
mais sans arbres. Un certain nombre de petites fermes. Nous campons auprès d'une
agglomération de huttes misérables dont les habitants nous accueillent fort mal.

Après midi. — Les indigènes se sont querellés avec mes hommes ; une lutte, qui
aurait pu devenir sérieuse, s'est engagée ; heureusement, dès le matin, je m'étais fait
remettre les fusils. J'ai eu grand'peine, secondé par les anciens de la localité, à arrêter
le combat ; il se solde par deux bras cassés, une main fortement contusionnée et
des têtes légèrement fêlées, — trois seulement de notre côté. Je crains, pour cette nuit,
de nouvelles disputes. J'ai convoqué les notables de la tribu et les ai prévenus que je
tirerais sur quiconque passerait trop près du camp.

AUX BORDS DE L'AOUACHE.

Samedi, 12 novembre.

La nuit a été tranquille.

Ce matin, j'ai cru assister à une seconde édition des rixes d'hier. Plus de deux
cents Oromo étaient accourus des alentours, avec l'intention non équivoque de nous faire
un mauvais parti. Mes hommes sont armés, mais ils ne savent pas se servir de leurs
fusils. Je les préviens que je tirerai moi-même sur le premier qui fera feu sans mon
ordre. Tenant un revolver caché sous mes vêtements, je me suis avancé vers les
Oromo. Deux d'entre eux se sont approchés et nous avons négocié. J'ai débuté en les
engageant à ne pas nous attaquer, sous peine de terribles représailles. Puis, j'ai
patiemment écouté leurs interminables discours. Bref, tout est arrangé et mes
bagages sont sauvés. Mon impassibilité devant ces hommes à peu près nus, tournant

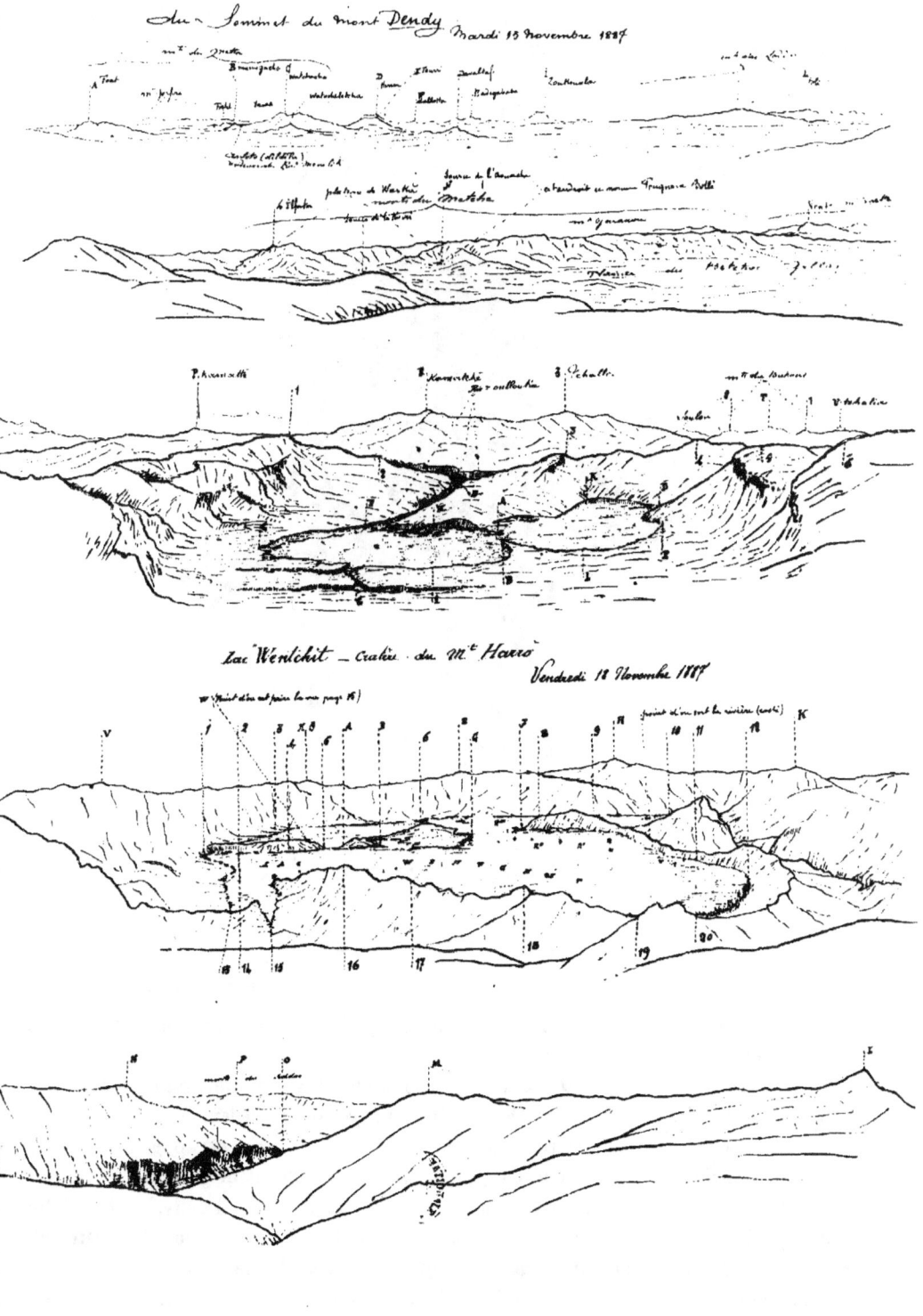

avec des sauts de bêtes fauves autour de moi, me menaçant de leurs bâtons, hurlant à mes oreilles, m'a surpris moi-même.

J'ai transporté mon camp un peu plus loin, sur une terre du Dedjazmatch Bècha. On m'a donné un mouton et quinze pains.

Passent des hommes du Dedjazmatch. Ils ont appris qu'à Heddi on nous avait tout refusé. Ils m'amènent le petit choum du pays et l'obligent à me payer un thalari d'amende (kassa).

MALKA, OROMO DES METTA.

Aux bords de l'Aouache.

Dimanche, 13 novembre.

Je croyais que les Dedjazmatch Bècha et Waldé-Gorghis arriveraient dans la nuit. Il n'en est rien.

Nous partons à la pointe du jour. Nous prenons une route droite, à travers la plaine, dans la direction du mont Dendy. Mes bagages me précèdent.

Accompagné de trois serviteurs, je suis le cours de l'Aouache et, après deux heures de marche environ, je rencontre une petite rivière, un affluent de gauche. Je remonte le cours de la rivière pour m'en écarter, par le travers du mont Dendy, après m'être assuré qu'elle ne prend pas sa source dans cette montagne, comme on l'a prétendu. En réalité, l'Aouache coule du mont Ilfata, qui termine la chaîne du Metcha.

Je rejoins mon campement à Gobbo. Ce lieu tire son nom d'un grand ruisseau qui

34

sort du mont Dendy et se perd ici dans les terres. A la saison des pluies, il conflue avec l'Aouache.

La plaine est cultivée en tief, sur quelques points ; partout ailleurs, de hautes herbes. La marche est pénible. La terre est dure et crevassée. La contrée devient plus peuplée, en pénétrant plus avant. Aucune trace d'éléphants ; quelques buffles.

Ce soir, notre dîner est plantureux : un bœuf, trois moutons, dix poules et deux cents pains !

Le choum m'explique longuement qu'il est serviteur fidèle de Ménélik et saisit l'occasion de manifester son loyalisme, en me demandant un fusil. Je refuse provisoirement, mais je l'engage à ne pas désespérer ; — « plus tard » je pourrai, sans doute, le satisfaire. C'est la menue monnaie des pièces que j'ai reçues en promesses, de ses maîtres ou de ses collègues.

MONT DENDY.
Lundi, 14 novembre.

Nous montons les contreforts du mont Dendy et arrivons chez le Dedjazmatch Amen-Schoa. Il est absent. Sa katama ressemble à toutes les autres.

Pour éviter la vermine, je n'entre pas dans l'habitation et je campe à trois cents mètres, sur un petit plateau.

Jour de marché. Pour la première fois depuis Antoto, nous voyons le warké servir de nourriture.

Le soir, impossible de me procurer plus de dix pains ; encore a-t-il fallu offrir des cadeaux au choum, qui gouverne en l'absence du Dedjazmatch.

MONT DENDY.
Mardi, 15 novembre.

La nuit a été troublée par des hyènes affamées.

Nous gravissons le Dendy. Je précède mon gouass.

Moyennant quelques perles, une dizaine d'Oromo me font escorte. J'ai besoin d'explications sur les régions environnantes et sur les points que je pourrais relever.

J'ai été fort surpris, en arrivant au sommet de la montagne, de trouver, au fond de son cratère, un lac d'aspect étrange ; ses contours dessinent un immense huit dont les deux boucles communiquent entre elles par un étroit canal. Comment ce lac n'a-t-il pas encore été signalé ? Il est cependant remarquable. Ne l'a-t-on pas encore visité ? Il est vrai que l'ascension du mont Dendy n'est sur le tracé d'aucune route dans la direction ouest.

Malgré le vent, j'ai pris de bons relèvements. Je rejoins mes hommes qui ont campé à cinq cents mètres du lac.

Du Dendy, j'ai vu et relevé les sources de l'Aouache. Elles sont positivement au pied du mont Ilfata, au lieu dit Worké. L'endroit précis où l'eau jaillit du sol porte le nom de « Fougnane-Bolé », littéralement « trou du nez ».

DENDY.
Mercredi, 16 novembre.

Ce matin, longue promenade. Les bois que j'ai parcourus couvrent les pentes qui surplombent le cratère, au sud. D'épais massifs de bambous bordent tous les sommets. Peu de gibier. J'ai tué quelques canards et aperçu des bandes de singes qui exécutaient, à travers les branches, les plus étranges voltiges.

J'ai fait des relèvements et des observations sur les terres avancées, entre les deux parties du — lac et je suis rentré. Le lac est assez profond; la limpidité azurée de ses eaux en est une preuve. J'ai improvisé une sonde. A quelques mètres du bord, j'ai trouvé vingt-quatre à trente pieds. Le fond est tapissé d'herbes. Je n'ai aperçu aucun poisson.

HABITATIONS OROMO AU PAYS DES BETCHO

Un cours d'eau, l'Oullouka, qui sort du lac Dendy, se jetterait, dit-on, dans une rivière, affluent de l'Abbaï, — probablement la « Mougher ».

Les rafales du sud-est, qui tombent du sommet de la montagne, rendent les nuits glaciales.

Je partirai demain. Mes Oromo, mis en goût par quelques thalaris, deviennent exigeants. Il est temps de me déplacer.

Les terres où j'ai établi mon campement dépendent de Houmet-Guété (Houmet, madame) — la femme dont Ménélik a eu son fils unique, héritier présomptif de sa couronne.

TCHABO.

Jeudi, 17 novembre.

J'ai quitté le Dendy ce matin.

En sortant du cratère, nous traversons des terrains sillonnés de fissures qui entravent notre marche ; mais la route devient plus facile, quand nous commençons à gravir une colline boisée.

Courte halte.

Au coucher du soleil, nous traversons la Walgha, dont les eaux roulent écumantes au fond de gorges abruptes.

Nous campons, à la nuit, près de la katama de Tchatcha Dobi, l'un des choums de Govanna.

Le roi a laissé ce domaine au ras, en lui retirant le gouvernement du pays. Il est connu sous le nom de Tchabo, qui sert souvent à désigner toutes les terres du massif du mont Dendy. Il est fertile et d'un excellent rapport, en dépit d'abus et d'exactions de toutes sortes.

On me signale l'existence d'un lac, à quelques heures de marche, dans un cirque formé par les hauteurs du mont Harro. J'irai demain le visiter.

MONT HARRO.
Vendredi, 18 novembre.

Un homme avait promis de venir à l'aube, pour me servir de guide. Je l'ai attendu inutilement.

Le choum n'est pas ici ; sa femme a obstinément voulu me charger de la réparation du canon brisé d'un fusil. A bout d'arguments, je lui ai conseillé de l'enterrer pendant six mois, en lui donnant l'assurance que si, passé ce délai, l'arme n'était pas remise en parfait état, elle devait renoncer à tout espoir de raccommodage. La dame, un peu surprise, a voulu prendre l'avis de son fils ; j'ignore le résultat de leur délibération.

Dix heures. — J'ai un guide. Je pars pour faire l'ascension du mont Harro.

La route est superbe. Des bois d'acacias, de mimosas et d'églantiers ; des chola, des zygba, des teyd, etc., etc... Au sommet, des bruyères colossales. Plusieurs troncs ont une circonférence qu'un homme ne peut embrasser ; mais, à moins d'un mètre de hauteur, ils ramifient.

Le terrain a été bizarrement raviné par les eaux qui ont creusé dans le tuf des chemins étroits dont les bords, à pic, ont plusieurs mètres de hauteur. Ce sont de véritables rues, formant un dédale. Nous marchons sur une crête. D'un côté, le lac ; de l'autre, les gorges de la Walgha, qui prend sa source au sommet du mont Harro, vers l'ouest.

Je travaille sous une pluie fine.

La descente est atroce ; je m'aide de mes mains, pour conserver l'équilibre. Les racines encombrent le sentier et s'enchevêtrent sous une épaisse couche de poussière, produite par l'effritement des amas de tuf qui m'entourent. Le site est d'une beauté saisissante. Je suis dans un cratère. Du côté nord, des murs de rochers, d'une hauteur de plus de deux cents mètres, alternant avec des pentes verdoyantes et coupées qui aboutissent au lac. Vers le sud, se prolonge l'arête sur laquelle je suis engagé, sorte de promontoire qui divise le cratère en deux parties et maintient les eaux, dans celle du nord, comme suspendues au-dessus des précipices. Les escarpements forment dans le lac des fjords qui découpent ses eaux. Sur ses bords, les buissons et les touffes de bambous se mêlent aux plantes aquatiques. Des volées de canards et d'oiseaux de mille espèces passent sur ma tête ou s'agitent sur les rives. Mais, ici comme au Dendy, je ne vois aucun poisson. Les léopards sont nombreux; on dit qu'ils attaquent l'homme. Pour se protéger, les indigènes entourent leurs huttes d'une double palissade de bambous.

J'obtiens le gîte dans une pauvre maison; mais on m'y refuse toute nourriture. Fort heureusement, j'ai de l'orge grillée. C'est le viatique ordinaire de ces pays, le « kollo ».

KOBA (en amhara). — KOTCHO (en oromo). — WARKÉ (en couraghé).
HOUTTA (en langue koullo). — (Musa-inseta).

Dans la nuit, grand tapage. J'accours à temps, pour assister à la fuite de deux léopards qui ont étranglé mon âne, au moment où, hors de l'enceinte, la pauvre bête s'ébrouait dans l'ombre.

MONT HARRO.

Samedi, 19 novembre.

J'ai trouvé, non sans peine, une pirogue. Elle est creusée dans un tronc de kosso. Je me suis embarqué et j'ai jeté plusieurs fois ma sonde, à quelque distance des rives. Elle a touché à des profondeurs de cinquante et soixante pieds. Je n'ai pu, malheureusement, poursuivre mes constatations : l'indigène qui m'accompagnait m'en a empêché; il avait peur: « Quand un homme tombe à l'eau, m'a-t-il dit, on le retire brûlé; ta corde sera brûlée aussi, comme tout ce que tu enverras au fond. » Ces croyances ont probablement leur origine dans quelque antique légende, vestige populaire des dernières éruptions volcaniques. A Zoukouala, on m'avait dit qu'à certaines époques des flammes apparaissaient à la surface des eaux.

Dans la région, le lac est désigné sous le nom de « Wentchit » qui s'applique également à la rivière qui en découle. Ce cours d'eau traverse des vallons sauvages et se jette, après un parcours de deux kilomètres, dans la Walgha.

Deux îles cultivées et riantes émergent du Wentchit, dans sa partie occidentale. Les indigènes montent sur pirogues pour s'y rendre et surveiller leurs cultures.

J'ai travaillé quelques instants au sommet du mont Harro et je suis descendu au campement. Aucune nourriture. La femme de Tchatcha Doby s'est décidée à nous couper les vivres, pour se débarrasser de nous. Elle a réussi ; nous partirons demain, à la première heure.

AMAYA.

Dimanche, 20 novembre.

Nous entrons dans le pays d'Amaya. Les gens y sont d'humeur belliqueuse. La route est rendue pénible par des ravins sans nombre. Les charges des mules se dérangent continuellement. Les cultures de zygada et de musingha ont remplacé le warké.

Ce soir, nous avons été bien reçus par Banti, puissant choum Oromo. Les vivres abondent : bœufs, moutons, miel, beurre, pains, etc., etc.

Bonnes observations.

Les femmes portent la coiffure des Oromo ; elles poudrent leurs cheveux, enduits de beurre, d'un sable jaune d'or parsemé de paillettes reluisant au soleil, — du mica, probablement. On l'extrait du lit de certains torrents et on le nomme « boronghi ».

Au sud, s'étendent les mogha de Kabiena et de Chakaï. Au nord, s'élève le mont Roghé, qui se relie au massif de

GUERRIER OROMO D'AMAYA.

l'Harro-Dendy. En oromo, le mot « arro » signifie lac ; mais, dans la région, on prononce harro avec aspiration.

ZARGHÉ.

Lundi, 21 novembre.

Nous traversons, depuis quelques jours, des pays magnifiques. Ici, c'est un parc immense, où croissent des arbres aux proportions gigantesques : abrou, birbirsa, kelto et woddeyssa. Des ruisseaux arrosent des prairies sans fin. D'épais fourrés de mimosas et de jasmins forment des haies naturelles, autour des fermes et sur les bords des chemins. La température est douce.

FEMME OROMO D'AMAYA.

Un vieil Oromo nous accueille avec bonté.

La contrée emprunte son nom à la Zarghé, rivière voisine.

Le kelto est le plus grand arbre des bois que nous traversons. Un homme peut se cacher aisément dans les anfractuosités du tronc de ce géant. Ses branches s'étendent horizontalement ; ses feuilles, extrêmement résistantes au toucher, sont d'un vert clair en dessus, d'un gris sombre en dessous.

L'odda ressemble au kelto. Quand on entaille son bois rose, il épanche, comme le ficus, un suc laiteux ; son fruit rond, vert cendré, a une saveur agréable.

Le woddeyssa, de plus petite dimension, fournit un bois renommé pour la construction et pour la fabrication de certains objets, notamment d'une sorte de tabouret taillé dans le bloc (bartchouna). Après la saison des pluies, il se couvre de grappes de fleurs blanches et roses, et produit un fruit d'un goût acide.

ALI.

Mardi, 22 novembre.

Hier, au coucher du soleil, j'allais me baigner dans un ravin, près du camp. Deux hommes me suivaient; je n'étais pas armé. En passant sous les branches d'un grand abrou, nous avons aperçu, devant nous, à moins de quinze mètres, un superbe léopard... Je reculai; mais déjà, avec une étonnante promptitude, un de mes Oromo l'avait atteint

ARBRE APPELÉ « ODDA » PAR LES OROMO

de sa lance. Pendant que l'animal se débattait et bondissait, un second coup l'a achevé.

Ces gens se servent de leurs armes avec une vigueur et une adresse incroyables. A trente mètres, il est rare qu'ils manquent le but.

Je voulais avoir quelques relèvements, pour relier ma route. Je me suis égaré. Les coups de fusil tirés du campement m'ont indiqué la direction. Me voici rentré, mais en vilain état, grâce aux fourrés dans lesquels je me suis engagé.

NONNO-MIGHERA.

Mercredi, 23 novembre.

La route est de plus en plus belle, les rivières aussi nombreuses, mais d'un moindre débit. Les cultures sont presque toutes composées de tief et de musingha. On y voit quelques espèces oléagineuses, souff et nough, et, en certains endroits, des plants de sénevé.

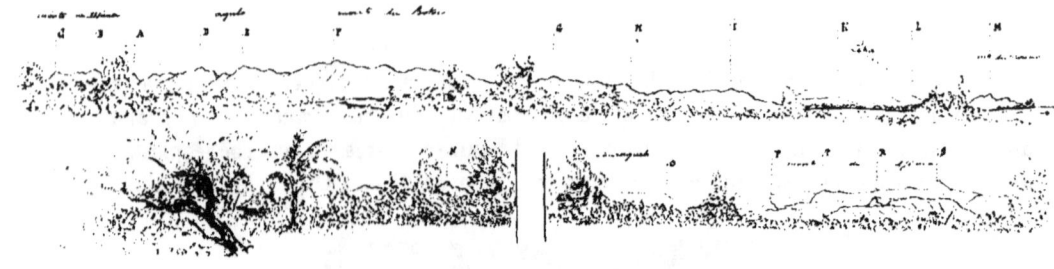

Aïe-Nonno-Mighera.
Jeudi 24 Novembre 1887.

Du Sommet du mont "Otchè" Lundi 28 Novembre 1887.

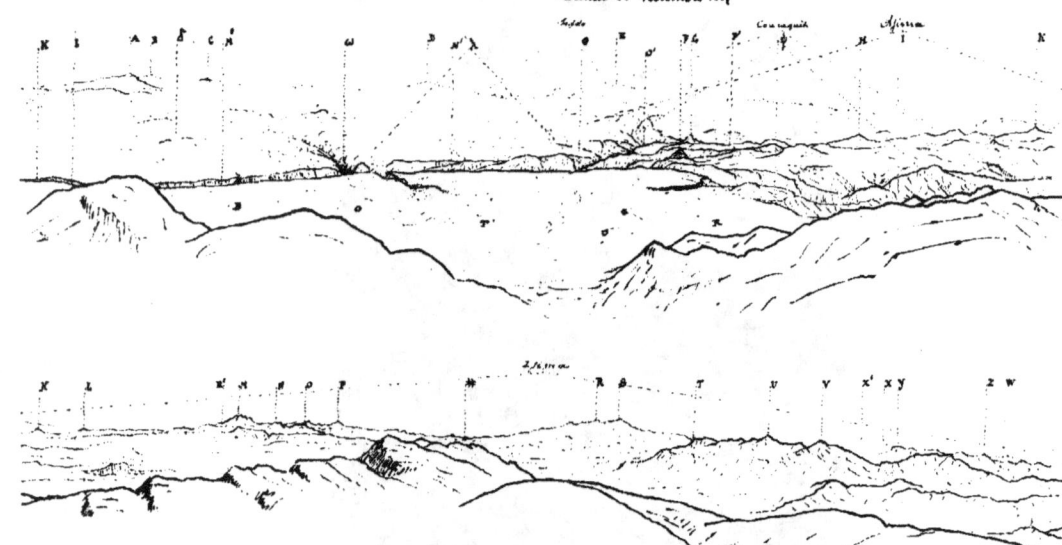

Sommet du mont Otchè
Vu du N.E.

Nous parvenons dans le Nonno-Mighéra. Presque toute la population est musulmane.

Nous sommes importunés tout le jour par des indigènes qui vont au marché voisin, Bilo-Nonno-Mighéra. On dit que le pays est infesté de pillards.

FEMMES OROMO AU MARCHÉ DE BILO-NONNO-MIGHÉRA.

BILO-NONNO-MIGHÉRA.

Jeudi, 24 novembre.

De bonne heure, nous nous acheminons vers le marché. Le paysage se modifie ; c'est la transition avec le Waïni-Dégha.

Un demi-kilomètre avant d'arriver, nous campons.

Six à sept mille personnes sont réunies. Le costume a subi des simplifications extrêmes, depuis mon point de départ. Le pantalon des Abyssins a disparu. Hommes et femmes portent un jupon plus ou moins court. Je rencontre des types singuliers.

On vend des bœufs, des moutons, du café en coque, du grain (tief et musingha), du beurre et des tissus de fabrication locale. On trouve aussi des courges et une petite pomme de terre très farineuse, de forme allongée.

Un bœuf moyen vaut un thalaris et demi ; un mouton, moins de trois sels.

Le chou atteint les proportions d'un arbuste ; autour de sa large tige croissent des feuilles que l'on coupe, au fur et à mesure des besoins.

J'ai aperçu des plantations de coton en pleine floraison ; ce sont les premières, depuis Antoto.

Je quitte le marché ; je suis vraiment fatigué d'être suivi, touché, palpé, comme un animal extraordinaire. Et pourtant une chose m'évite bien des ennuis, étonne les indigènes et m'assure leur respect : je parle leur langue !

35

En m'éloignant, j'ai trouvé un point convenable et j'ai pris des relèvements.

Ce soir, des six à sept mille individus venus de tous côtés, il ne reste plus âme qui vive. La solitude est complète; mais j'ai été invité à me méfier des rôdeurs et des pillards. Nous sommes sur les bords du Ghibié, et les rives des cours d'eau sont généralement mal fréquentées.

AUX BORDS DU GHIBIÉ.

Vendredi, 25 novembre.

Après deux heures de marche, dans le mogha, à travers les broussailles et les pierres, nous atteignons le Ghibié.

J'étais resté en arrière, pour rajuster la charge de la mule qui portait mes instruments et que je n'abandonne jamais. Cette courte opération terminée, j'avais envoyé deux hommes en avant avec la bête; je n'avais avec moi que le domestique qui porte mon fusil. Je m'attardais à allumer ma pipe avec une loupe, quand, tout à coup, j'ai entendu des cris. J'accours et je trouve six indigènes qui, la lance au poing, sont déjà aux prises avec mes hommes et les empêchent de faire usage de leurs armes. L'enjeu du combat, c'est ma mule et ce qu'elle porte. Je ne puis en faire le sacrifice. En m'apercevant, les agresseurs ont un moment d'hésitation; je tire en l'air un premier coup de revolver, pour les effrayer. La lutte recommence. Je mets pied à terre et je tire les cinq coups qui me restent, en visant très bas. Les pillards disparaissent, en laissant un des leurs atteint d'une balle à la cuisse. Le malheureux cherche à s'échapper en rampant; je n'ai pas voulu qu'on le poursuivît. Un de mes hommes est grièvement blessé. Je rejoins promptement ma petite troupe.

A cinq heures du soir, nous avons traversé le Ghibié. Il est assez rapide et peu profond; sa largeur exacte, au point où nous sommes, est de cent dix mètres.

Le passage a été effectué sans accident.

Quel est véritablement ce cours d'eau? La Juba, la Sobat, le Nil même, ou bien une rivière indépendante du régime des grands fleuves connus de l'Afrique?

MONT OTCHÉ.

Samedi, 26 novembre.

Je gravis le mont Otché sans trop de fatigue. Le pays est beau, mais peu cultivé.

MONT OTCHÉ.

Dimanche, 27 novembre.

L'ascension du mont Otché devient pénible : nous avons marché cinq heures, pour avancer peu.

Deux fois, nous avons été obligés de décharger les mules.

Quand le Dedjazmatch Waldé-Gorghis habitait ici, la route était bonne; aujourd'hui, elle est complètement abandonnée.

Le sommet de la montagne est rocheux sur quelques points, couvert de prairies sur quelques autres. Les kosso et les teyd sont les seuls arbres qui croissent sur ces hauteurs. Le temps est froid et brumeux. Nous campons sur un terrain humide, dans l'ancien guébi abandonné de Waldé-Gorghis; il a construit une katama nouvelle sur le mont Cossa, à une journée de marche de Sakka, capitale de l'ex-royaume de Limmou.

Nous sommes bien reçus ; le Dedjazmatch a annoncé notre visite. Les fusils que je lui ai offerts m'ont valu cet accueil inespéré. Mais des dispositions aussi rares dureront-elles? J'en doute. On nous offre des produits du pays.

Du pic le plus élevé, dont j'ai voulu faire l'ascension, la vue s'étend jusqu'au

UNE HUTTE OROMO SUR LE MONT OTCHÉ

UN GATIRA (oromo). — TEYD (amhara). — « Genévrier ».

mont Dendy et aux montagnes Couraghé; vers l'ouest, elle domine la vallée de Ghibié. C'est là que je travaillerai demain.

MONT OTCHÉ.

Lundi, 28 novembre.

J'ai consacré huit heures à dresser mon tour d'horizon. Le temps était favorable; le vent seul m'a gêné.

DORENNI.

Mardi, 29 novembre.

Nous commençons de bon matin la descente du mont Otché, sur le versant occidental. Au début, la pente est douce; mais elle devient tout à coup rapide, à la lisière supérieure une forêt, dont les essences principales sont le birbirsa, le gatira, le

kosso, des euphorbes et un arbre qui rappelle le tremble et que les indigènes nomment
« houdou-farda ». Nous campons à la sortie des bois.

Tout nous est refusé. Il faut nous contenter d'un peu de viande desséchée et de
pain dur pilé.

LOUCCO.

Mercredi, 30 novembre.

Nous avons fait une longue route à travers un pays admirable, mais désert. Ni
habitants, ni troupeaux, ni huttes.

OROMO DES BOTOR (MONT OTCHÉ).

Les sangliers sont nombreux ; j'en ai tué deux.

Le terrain est accidenté ; il paraît très riche. De tous côtés, des bosquets au milieu
de prairies dont les herbes dépassent la tête de mes hommes.

De grands kelto sont peuplés de singes et d'oiseaux merveilleux.

Nous dressons nos tentes, aux abords d'un petit groupe de cabanes. On nous
donne du pain. J'aperçois, dans le lointain, les habitations de Sakka.

On dit que le pays était jadis peuplé et bien cultivé. Un Dedjazmatch du Godjam,
nommé Derassou, l'a dévasté, emmenant en captivité les femmes et les enfants. Ce
n'est plus maintenant qu'une vaste solitude.

COSSA.

Jeudi, 1er décembre.

A l'aube, en marche pour Cossa. Nous passons sur des hauteurs qui se rattachent à la chaîne de Botor, appelée ici « Agalo », du nom des habitants. Elles se terminent au Ghibié, par de faibles ondulations. La rivière, dans cette partie de son cours, est très étroite et bordée de palmiers.

Nous montons la colline de Cossa ; ses flancs sont déboisés ; mais à ses pieds s'étendent de vastes forêts. Nous cheminons entre des haies de jasmin. Çà et là, des abrou et des kelto chargés de ruches artificielles pour les abeilles. Ce sont des paniers cylindriques faits ordinairement avec des écorces d'arbres, des bambous et des roseaux.

KAFFO (en amhara). — GAGOUR en oromo).
(Ruches suspendues aux arbres pour les abeilles.)

Les Oromo les appellent « gogour » et les Amhara « kaffo ». On les attache aux branches, pendant la sécheresse ; les essaims s'y rendent spontanément. Sur un seul kelto, j'en ai compté soixante-trois.

Nous arrivons à la katama du Dedjazmatch Waldé-Gorghis. Une habitation est mise à ma disposition. Je m'y installe et je me rends chez le Dedjazmatch. Bon accueil. Je lui offre des soieries, de la parfumerie, etc. En retour, il me donne des bœufs, des moutons, du pain, etc., et m'invite à revenir le lendemain.

COSSA.

Vendredi, 2 décembre.

Avant le jour, j'ai gravi un pic assez élevé, pour prendre quelques observations. Trois heures de marche. J'ai dû faire un immense détour dans la forêt.

A peine installé pour mon travail, j'ai entendu les éléphants. J'ai plié bagage et, fort anxieux, j'ai attendu dans la plus complète immobilité. Ils ont passé à cent cinquante mètres au dessous de moi et m'ont laissé tranquille. Je n'en ai pas moins détalé au plus vite, heureux d'avoir, encore une fois, sauvé mon théodolite. La forêt tapisse tout le revers des montagnes qui forment la vallée de Ghibié, à l'est, au sud et au sudest. Elle est épaisse et giboyeuse ; les singes y vivent en bandes innombrables. Leurs gambades et leurs grimaces égayent ces solitudes.

Dans l'après-midi, le Dedjazmatch m'a appris que les pays oromo autour de Limmou étaient en révolte et que la guerre était imminente dans le nord. Il m'a engagé à me rendre auprès du roi de Djimma. On dit que Ménélik rappelle les gens du Fit Worari Odadjou. Il faut définitivement renoncer à pénétrer dans le Koullo et le Contab !

Mes peines et mes libéralités sont perdues. Le Dedjazmatch Waldé-Gabriel est aussi rappelé par le roi et, avec lui, les troupes qu'il commande. Il envoie en avant sa femme et son gouass, à Antoto. Ménélik dégarnit les pays Oromo, pour conduire, dit-on, son armée dans le Tigré.

GOUTTE-GAROUKE, COSSA.

Samedi, 3 décembre.

J'ai marché pendant quatre heures, pour trouver une bonne position qui m'avait été indiquée par des indigènes. Sur une éminence, je domine complètement la vallée de la Didessa, et imparfaitement celle du Ghibié, sans apercevoir la rivière.

Le Dedjazmatch m'a dit ce soir : « Le roi de Djimma campera demain ou aprèsdemain dans les environs ; tenez-vous prêt ; nous irons le voir ensemble, je lui parlerai en votre faveur et vous partirez avec lui. »

C'est bien ; mais je tâcherai de voyager seul et lentement. Tout travail est impossible, dans la cohue qui entoure un chef en voyage.

COSSA.

AUX BORDS DU GHIBIÉ-ENNARYA ET AUX SOURCES DE L'OMO.

Dimanche, 4 décembre.

Le roi de Djimma n'arrivera que demain, si toutefois il se décide à venir.

Je me suis levé bien avant le jour, pour visiter la source principale du cours d'eau que les indigènes de Limmou appellent « Ghibié-Ennarya » et qui, plus loin, prend définitivement le nom d' « Omo ».

Après quatre heures de marche, dans la direction sud de Cossa, au milieu d'épaisses forêts, j'ai atteint le mont Boré, point d'intersection de la chaîne du Botor et des monts Ennarya, ligne de partage des eaux, entre les vallées de Ghibié-Ennarya et de la Did-esa. En considérant les ruisseaux qui concourent à la formation du Ghibié, j'ai remonté celui qui m'a paru le plus important. Il coule droit au nord et reçoit deux petits affluents, l'un à droite et l'autre à gauche.

En continuant, j'ai atteint une petite élévation où sont entassées des roches mous-

SOURCES DE L'OMO OU GHIBIÉ ENNARYA,

dans la forêt Babbya (Mont Boré).

sues, autour d'un petit bassin de quelques mètres de surface. Un peu plus loin, au milieu de bambous, d'arbustes et de plantes aux larges feuilles, jaillit une eau limpide,
de la fissure du rocher : c'est la source du Ghibié, de l'Omo, qui ici s'appelle Fintirre.

Les birbirsa se mêlent aux gatira et aux bambous. J'ai remarqué deux arbustes
intéressants. Le premier porte un feuillage très vert, mêlé à des feuilles d'un rouge
éclatant. Le second n'est qu'une tige, d'où s'échappe, par intervalles réguliers, une
touffe de feuilles larges de quelques centimètres, et longues de trois pieds.

La forêt est connue sous le nom de « Babbya ».

Le soir, rentrée à Cossa.

COSSA.

Lundi, 5 décembre.

Avec le Dedjazmatch, nous sommes allés au-devant du roi de Djimma, en suivant
un étroit sentier, dans un grand bois qui est la continuation de Babbya. Le soleil
n'y pénètre jamais. Notre chemin est encombré de branches, de lianes et de troncs
d'arbres. La foule en désordre de gens à pied, à mule ou à cheval qui accompagne le
Dedjazmatch, achève d'obstruer le passage. Les armes, fusils à piston et à pierre, lances,
sabres, conteaux, etc., augmentent encore la confusion, les embarras et les obstacles.

En quittant l'ombre des grands arbres, nous traversons de belles cultures de
dourah. Traces nombreuses de buffles et d'éléphants.

De loin, nous apercevons, sur une hauteur, l'escorte d'Abba Djiffar. Les flûtes et
les trompettes en bambou du Dedjazmatch commencent le concert. La foule se précipite
à travers les champs.

Nous arrivons auprès du roi. Le Dedjazmatch met pied à terre ; le roi se lève
pour le recevoir et l'invite à s'asseoir sur une sorte de banc où il est assis lui-même.
Un esclave tient au-dessus de sa tête une ombrelle blanche, doublée de soie rouge, à
franges bizarres. Plus de trois mille hommes l'accompagnent. Je vois, dans cette tourbe,
tous les costumes du pays. Un superbe guerrier porte une perruque en crin rouge-
orange, surmontée d'une corde qui sert d'anse, pour la mettre et la retirer. Quelques-uns
de ses compagnons d'armes ont une grande raie blanche tracée d'une oreille à l'autre,
en traversant le visage ; d'autres ont un cercle blanc autour des yeux et une raie ver-
ticale et blanchâtre, du front à l'extrémité du nez. Tous ont l'air plus ou moins
féroces.

Le Dedjazmatch s'est longuement entretenu avec Abba Djiffar. Ils ont causé seuls ;
mais j'ai surpris, dès ce soir, quelques échos de cette conversation mystérieuse. Le
Dedjazmatch, après avoir cherché à effrayer le roi, lui a dit :

« Ménélik appelle près de lui les chefs et les guerriers, car des événements graves
sont survenus en Abyssinie. Je dois partir, mais je reviendrai bientôt ; rien ici ne sera
changé. En attendant, au nom du Négouss, je te charge de retenir prisonniers et enchaînés
les rois de Limmou, de Gomma et de Gouma, la reine de Ghéra et son fils ; quant au
fils du roi de Limmou, je l'emmène. Veille sur tous ces pays ; par ton habileté, préviens
la révolte, et, si elle éclate, réprime-la. »

Je vais, à mon tour, saluer Abba Djiffar. Il rentre ce soir dans son royaume, à
Kiftan, dont nous ne sommes séparés que par six heures de marche.

Nous rentrons à Cossa.

Demain, départ pour Djiren. C'est l'inconnu !

SALLALI.

Mardi, 6 décembre.

Impossible de voir le Dedjazmatch. Il expédie sa femme et son gouass. J'ai attendu deux heures. A force d'insistance, j'ai été reçu et j'ai obtenu l'autorisation de partir immédiatement. Les guides que j'avais engagés ne sont pas venus ; j'en ai pris d'autres, mais ils se font prier : la route est dangereuse, combien leur donnerai-je ?

Midi. Tout est conclu et je quitte Cossa.

LA MÈRE ET LA FILLE : BADATTOU ET SAMBATTOU
(Oromo de Limmou).

Je prends la route déjà parcourue hier et je campe à Sallali, au lieu même où était Abba Djiffar. Un arbre abattu nous retient pendant une heure. Il a fallu, pour passer, tracer nous-mêmes un sentier nouveau.

Bon accueil. On nous donne pour nous, du miel et du pain, et pour nos mules, du dourah et du tief.

Le roi de Djimma est déjà rendu à Kiftan ; y il restera trois jours. J'irai demain à Kiftan.

KIFTAN.

Mercredi, 7 décembre.

Le pays est dépeuplé et les cultures sont rares, bien que le sol paraisse fertile.

Une heure après le départ, nous sommes dans le mogha, qui sépare les territoires de Djimma et de Limmou. Nous franchissons une barricade de troncs d'arbres et d'épines que gardent des soldats de Ménélik.

Nous descendons des pentes couvertes d'herbes et de buissons. Nous sommes sur les bords de l'Aëtou, petite rivière tributaire de la Did-esa ; elle est, en cet endroit, très fréquentée par les éléphants. Nous en apercevons huit, en face de nous. Nous rétrogradons. Ils quittent le chemin que nous suivons et s'éloignent dans la direction

36

opposée. Une seconde fois, nous les entendons; nous prêtons l'oreille, inquiets. Ils se divertissent en brisant des branches d'arbres et, peu d'instants après, disparaissent.

Nous traversons l'Aëton. Sa position, plutôt que son débit, rend ce cours d'eau important.

Dans une clairière voisine, apparaît un troupeau de buffles. Je savais que le passage était dangereux et j'avais, par précaution, mon fusil sur l'épaule. J'étais à pied. Au moment où les buffles s'éloignaient, j'ai fait feu ; il en est tombé un, grièvement blessé.

FEMME DE DJIMMA.

Mes hommes l'ont achevé et ont pris ses cornes. Elles étaient larges et courtes, bien différentes de celles des buffles de l'équateur, qui atteignent un développement extraordinaire.

Après avoir franchi trois portes barricadées sur les côtés par des buissons et gardées par quelques guerriers, nous entrons dans le royaume de Djimma.

La population paraît plus dense. La terre est riche. Les travaux agricoles sont généralement abandonnés aux femmes, qu'il est amusant d'apercevoir dans la campagne, avec leurs étonnantes perruques.

La bulbe du calladium (qui ressemble à la pomme de terre), est une nourriture commune dans le pays. Les indigènes l'appellent « godaré ».

Deux heures de marche, à travers des ravins profonds, nous conduisent sur les hauteurs de Kiftan.

Dès mon arrivée, Abba Giffar m'appelle auprès de lui et me loge dans l'enceinte de son palais. Je lui offre mes présents : c'est le tour de ma pacotille du Caire.

Le roi, qui est musulman, recherche surtout des objets manufacturés par les Arabes, galabiehs, kouffies, kaftans, amulettes, etc.

Je passerai deux ou trois jours ici.

Abba Djiffar se tient à Kiftan, sur le passage du Dedjazmatch Bécha-Aboyé, rappelé de Ghéra, avec ses troupes, par Ménélik.

La cuisine royale est peu compliquée et fort mauvaise. Je pense que le roi m'offre ce qu'on lui sert à lui-même : pain de tief ou de maïs et deux plats. Les éléments de

COIFFURE DE FEMME DE DJIMMA.

de ces préparations gastronomiques varient peu : des piments rouges ou verts, pilés avec du beurre, de l'oignon, des graines de moutarde et de lin torréfiées.

Je couche dans le « golghé » d'une immense habitation en forme de cône.

Le golghé est la partie qui forme véranda, des deux côtés de la porte d'entrée. On y voit peu, car des clôtures en bambous tressés entourent toutes les habitations. Je suis, comme sous ma tente, couché par terre sur un lit d'herbes sèches. Autour de moi sont mes bagages.

KIFTAN.

Jeudi, 8 décembre.

J'ai passé, ce matin, près de trois heures avec le roi. Il est enchanté de m'entendre parler sa langue et me comprend bien.

Il reçoit étendu sur des peaux fort bien travaillées, ou accroupi sur un algha, encadré de grosses pièces de bois jaunes, arrondies et polies, semblables à celles qui supportent, à l'extérieur, le toit de ma maison circulaire. Un mur de bambous sépare l'algha et sa niche du reste de la maison. Tout est propre. Le plafond est fait de nattes noires, rouges et jaunes, fixées par de petits bambous réunis en faisceaux. Le sol, bousillé avec soin, est glissant et poli comme une glace. Devant l'algha, un grand bloc de bois dans lequel sont creusées deux larges cuvettes, sert de siège. Le roi m'a fait asseoir dans l'une d'elles. Il me remettra ses cadeaux à Djiren; en attendant, pour m'être agréable, il m'offre une certaine quantité de café et deux esclaves : la première pour le moudre et le préparer, la seconde pour le servir. L'une de ces filles est

ABBA GARO, HOMME DE DJIMMA.

presque jolie, — l'autre est laide; elle se nomme Loumi; elle est originaire du Koutscha, pays situé au sud de Djimma, sur la rive gauche de l'Omo, dont la race m'est encore inconnue. Les perruques des femmes y sont faites avec des filasses de warké (kotcho) teintes en noir et recouvertes, à la surface, de quelques cheveux. Elles sont volumineuses et affectent les formes les plus étranges.

KIFTAN.

Vendredi, 9 décembre.

Le roi m'a fait appeler cinq fois dans cette journée, pour me souhaiter le bonjour. C'est vraiment trop de gentillesse. D'ailleurs, le fond de nos entretiens ne change pas : il me demande des cadeaux et m'en promet...

KIFTAN.

Samedi, 10 décembre.

Pendant la nuit, des myriades de fourmis noires ont pénétré dans mon logis. J'ai dû l'abandonner subitement. Les eunuques ne voulaient pas m'ouvrir la porte du guébi. Enfin, j'ai eu raison de leur résistance.

Ces insectes, que les Amhara nomment « goundanes », et les Oromo « méti », sont une des plaies de la région.

Les indigènes ne cessent de tourner autour de ma tente, par groupes nombreux. Leurs intentions ne me paraissent pas suspectes; ils cèdent à la curiosité instinctive de voir le « franghi ». Je m'habitue difficilement à être ainsi contemplé.

VUE PRISE DE LA MASSÉRA DU ROI DE DJIMMA, A DJIREN.

(à côté de la masséra, l'habitation d'Abba Guiltcha, frère du roi; — au loin le mont Kaletcha.)

Le roi a fait prendre tous mes bagages, pour les examiner à loisir. Toutefois, j'ai pu soustraire à cet examen, qui m'inquiète un peu, un certain nombre de sélitchas...

— J'avais grandement raison de craindre la curiosité royale! Aussitôt vues, toutes mes soieries ont disparu; la plus grande partie de mes étoffes et de mes outils a subi le même sort. Il est vrai qu'Abba Djiffar m'a remercié chaleureusement, en renouvelant et amplifiant ses précédentes promesses. Je lui ai demandé l'autorisation de me rendre à Djiren dès demain. J'espère y rencontrer le docteur Traversi.

DJIREN.

Dimanche, 11 décembre.

J'ai attendu, cinq heures durant, des porteurs que le roi m'avait annoncés. Pour donner un peu de repos à mes mules, j'aurais voulu faire transporter mes bagages à dos d'hommes; mais las d'attendre, et entouré d'individus qui avaient l'air de se moquer de moi, je suis parti à pied avec mon théodolite sur les épaules, accompagné de trois serviteurs seulement. J'ai traversé un pays bien cultivé. Après quatre heures de marche, j'ai atteint les élévations qui dominent la vallée du Ghibié et Djimma. Une demi-heure après, j'étais dans Djiren.

Je suis logé dans le guébi et j'ai eu le plaisir d'y trouver le docteur Traversi.

DJIREN.
Lundi, 12 décembre.

Le roi n'est pas arrivé. Sa katama se compose de cinq enceintes successives faites d'éclats de bambou entrelacés. Elles n'ont pas une forme régulière. La première, très

HUTTE DE DJIMMA.

étendue, est destinée aux soldats; la seconde, aux voyageurs hébergés par le roi; les autres sont réservées à Abba Djiffar et au nombreux personnel de sa maison royale.

Les huttes sont rondes, le diamètre en est très variable, — communément, quatre ou cinq mètres; mais celles qui sont consacrées aux festins ont quatre-vingts ou cent mètres de circonférence. Les toits sont pointus et recouverts de chaume; ils descendent jusques à un mètre et demi au-dessus du sol. A l'intérieur, est un second mur concentrique. Au centre, une énorme poutre de bois, haute de vingt-cinq à trente pieds, supporte la toiture à son point culminant. C'est le type unique de toutes les constructions indigènes. En général, les gens riches ont plusieurs huttes dans une seule enceinte. L'ensemble des huttes d'un seigneur, qu'on appelle, au Schoa, guébi, est désigné, à Djimma, sous le nom de « masséra ». Les constructions, destinées aux réceptions, sont dans la première enceinte; celles qu'occupent le maître et sa famille sont dans la seconde.

VUE DE MANDÉRA.

La ville des marchands, près de Djiren.

DJIREN.

Mardi, 13 décembre.

J'ai fait une excursion sur les bords du Ghibié. La rivière coule sur un lit sans écueils, à travers la vallée, au pied des hauteurs sur le flanc desquelles s'étale Djiren. La route est rendue désagréable par la poussière.

DJIREN.

Mercredi, 14 décembre.

Abba Djiffar est arrivé dans la journée. Il m'a fait appeler trois fois, sans aucun motif. La réception et le spectacle ne varient pas.

Le roi est couché sur un lit, dans une sorte de vestibule. Un banc est placé à ses pieds. Près de lui, deux de ses parents attendent ses ordres et prennent soin de son « gayah » (narguilé). A droite et à gauche, sont dressées deux rangées de tabourets d'une seule pièce, creusés dans des troncs de woddeyssa, destinés aux conseillers, aux favoris et aux visiteurs. Je suis assis au pied du lit d'Abba Djiffar. J'ai à soutenir les regards d'une centaine d'indigènes qui, persuadés de mon ignorance de leur langage, ne tarissent pas en commentaires désobligeants.

DJIREN.

Jeudi, 15 décembre.

Le marché se tient aujourd'hui ; on y vient de cinquante lieues à la ronde. Aussi bien, pour marquer son importance, est-il connu sous le nom de « Gifti » qui signifie « maîtresse ». Le lieu de réunion est dans la vallée, à une heure de Djiren, à quinze minutes de Mandéra, la ville des marchands.

Mandéra est, je crois, un mot abyssin dont le sens littéral serait « groupe de maisons », centre commercial, par opposition à katama, ville de guerre, et à amba, forteresse, ou mieux, position escarpée.

On vient à Gifti, de tous les pays circonvoisins : Koullo, Contab, Koutscha, Kaffa, Zingéro, Wallamo et même des contrées situées au delà de Ghéra, de Gomma, du Schoa, de Gouma, du Godjam et du Tigré. On y vend tous les produits du sol et de l'industrie de cette partie de l'Afrique et, principalement, du café et du coton. Il s'y débite aussi des tissus provenant du Zingéro, du Contab et du Koullo. J'y ai vu des cotonnades européennes. Le trafic du musc et de l'ivoire se fait généralement à l'intérieur des huttes.

Ici, des boucliers de toutes les formes, en peau de buffle, de sanglier ou d'hippopotame. Là, des winchas en cornes de bœuf ou de buffle ; plus loin, des ornements et des bijoux : bagues, bracelets, colliers, chaînes de fer, de cuivre, d'étain et d'argent ; des objets de sellerie, de grands paniers fort bien confectionnés pour contenir les grains, des tables, des sièges, des sacs en kotcho, des nattes, etc.

Le marché des mules et des chevaux est très important ; il est placé tout à côté d'une piste d'essayage. Dans un autre quartier, les poules, les œufs, le poisson, le miel, le tabac, etc., sont exposés en vente.

Mais Gifti est surtout un marché d'esclaves. Ils y sont alignés et assis sur des pierres ; j'en ai compté trois cents. Derrière eux, sont les marchands, originaires pour la

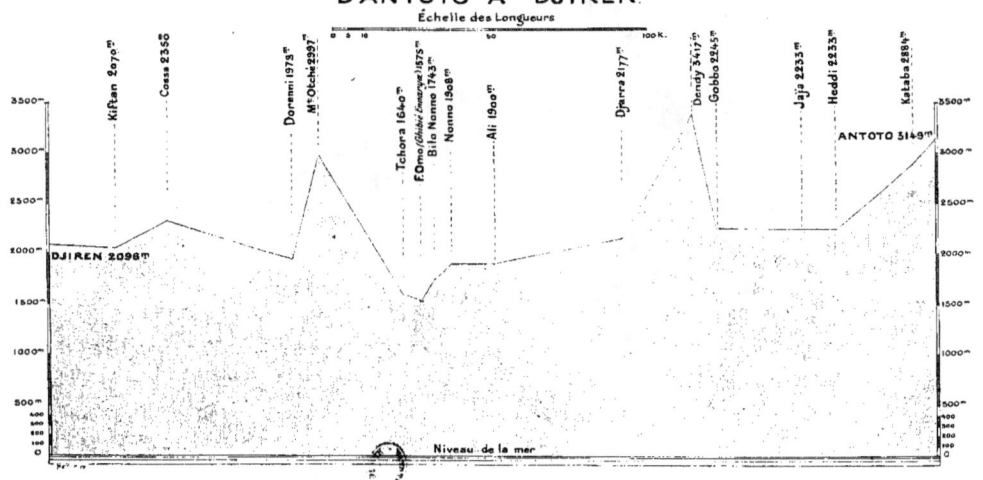

ITINÉRAIRE DE Mʳ BORELLI

PROFIL DU NIVELLEMENT HYPSOMÉTRIQUE

D'ANTOTO A DJIREN.

Échelle des Longueurs

plupart du Koullo, du Contab, de Kaffa et du Zingéro. Je n'ai assisté qu'à une seule vente, celle d'une femme âgée de quarante ans, bonne à porter de l'eau et à moudre de la farine; elle a été marchandée plusieurs fois, puis définitivement achetée par un homme du Godjam, au prix d'un thalaris et quatre sels, environ six francs de notre monnaie. Les prix courants varient de cinq à quinze thalaris. Des filles jeunes et belles se vendent quelquefois vingt, vingt-cinq et même trente thalaris.

La condition de l'esclave n'est pas nécessairement aussi horrible qu'il est d'usage

GARENO, HOMME DU KOULLO.

de la représenter en Europe. Sans doute, il souffre chez de mauvais maîtres ; mais la cruauté n'est pas la règle. Le sort de ces pauvres êtres n'est pas enviable et doit inspirer une légitime compassion; mais, le plus souvent, placés dans une famille, ils ne sont pas maltraités. S'ils gagnent la confiance de leurs maîtres (ce qui n'est pas rare), ils gouvernent la maison.

— Il m'est insupportable de ne pouvoir faire un pas, sans être escorté de cent cinquante à deux cents indigènes, hommes, femmes et enfants. Si je m'arrête, c'est un attroupement et tous les yeux me dévorent. Bien inutilement les gens du roi et mes serviteurs frappent à coups de bâton sur les ombrelles de paille; la curiosité l'emporte. J'ai interdit de battre qui que ce soit, et je suis résigné à ces tracasseries; je les préfère aux rixes et aux bagarres que provoquerait infailliblement un acte de mauvaise humeur; mais j'en suis venu à regretter temporairement ma couleur, qui fait tache au milieu de tous ces visages noirs.

DJIREN.

Vendredi, 16 décembre.

Journée inutile, passée chez moi dans un ennui profond. Je voudrais visiter les environs. Mais où aller? Au dire du roi, les routes sont dangereuses et impraticables de tous côtés. Je laisse dire mon ami Abba Djiffar; je ne renonce pas à pénétrer dans le sud.

DJIREN.   Samedi, 17 décembre.

Le roi m'a fait appeler ce matin et m'a offert ses cadeaux si souvent annoncés. Il

LÉPREUX OROMO.

ne s'est pas montré prodigue; mais je lui fais grâce bien volontiers de toute générosité de ce genre; j'attends de lui d'autres preuves d'amitié.

DJIREN.   Dimanche, 18 décembre.

J'ai visité le parc, à l'intérieur de la masséra royale. L'emplacement réservé aux civettes est particulièrement curieux. Ces animaux vivent dans des maisonnettes séparées les unes des autres; ils sont très propres, mais exhalent une odeur violente. De temps en temps, on les enferme dans une cage en bambou, longue et étroite; on les prend par la queue, et avec une cuiller en os ou en corne introduite dans la pochette on recueille la secrétion musquée. J'ai vu pratiquer l'opération; les pauvres bêtes n'y prennent aucun plaisir. On les expose rarement aux regards des visiteurs, on craint pour elles les funestes effets du « mauvais œil ». Gardez-vous surtout de les compter! C'est provoquer l'épidémie qui les décimera; c'est les marquer pour la mort! En Égypte, les fellahs, voire les pachas et les prêteurs levantins, ont des superstitions identiques. Calculer les rendements d'une récolte ou les guinées d'un comptoir, c'est porter malheur au propriétaire ou au banquier.

BOTBAWELGHA-DJIREN.

Lundi, 19 décembre.

J'ai marché pendant une heure et demie, pour gagner le sommet d'une colline, la « Botbawelgha », d'où la vue s'étend au loin, sur la vallée du Ghibié de Djimma.

J'ai commencé un tour d'horizon ; mais quelles difficultés pour obtenir des désignations précises et m'assurer de l'exactitude des noms ! Des nuages et de la brume m'ont gêné dans les observations astronomiques. C'est à recommencer.

FEMME DE DJIREN VÊTUE DE PEAUX TANNÉES.

BOTBAWELGHA-DJIREN.

Mardi, 20 décembre.

Je suis revenu à Botbawelgha ; les mêmes causes m'ont empêché d'achever mon tour d'horizon.

MANDÉRA-DJIREN.

Mercredi, 21 décembre.

J'ai fait ici quelques bonnes observations et j'ai visité Mandéra. La malpropreté des habitations est repoussante ; des émanations malsaines empestent la ville. Construite sur un mamelon peu élevé, Mandéra ressemble à un immense jardin parsemé de chalets. Le séjour en serait agréable, si elle était salubre. L'ombre n'y manque pas ; les chemins serpentent dans des bosquets. Dans un quartier spécial et isolé sont relégués tous les lépreux des pays environnants.

GIFTI-DJIREN.

Jeudi, 22 décembre.

C'est jour de marché. J'ai acheté quelques menus objets. Je suis rentré à Djiren pour observer le soleil. Le mauvais temps a interrompu mon travail.

DJIREN.

Vendredi, 23 décembre.

Observations astronomiques. Visite au roi.

La « ghenné » (ce titre appartient à toute femme d'un certain rang, maîtresse de maison et épouse d'un homme riche) m'envoie, en cadeau, des saucisses de bœuf et des pâtes roulées. Ce gâteau est extraordinaire ; c'est un feuilletage légèrement cuit, très mince, frotté dans un mélange de beurre, d'oignons, de clous de girofle, de sel et de poivre, etc.

Vient le moment du café, les femmes se mettent à genoux et, d'un cylindre de paille recouvert de perles, sortent les « cini » (petites tasses qui ressemblent aux findjanes) ; — elles remplissent la plus belle et me la présentent. Le bon ton est de mettre du sel dans le café. Ces amabilités de la ghenné me coûtent huit mètres de soieries.

Les esclaves ont d'ailleurs rempli leur mission en conscience ; elles m'ont gorgé de leurs préparations et exprimé leur contentement. Elles m'ont essuyé la bouche et se sont retirées.

DJIREN.

Samedi, 24 décembre.

Une ghenné nouvelle désire me connaître. La première était, me dit-on, la sœur du roi, celle-ci est sa mère. J'ignorais tout à l'heure cette distinction et, croyant me présenter devant celle qui m'a comblé hier de ses bontés, je lui ai demandé si elle avait reçu mes soieries. Son étonnement m'a instruit trop tard de ma méprise. Galamment, je répare ma faute en offrant à la dame des tasses de café, quelques feuilles de papier, trois bracelets en cuivre

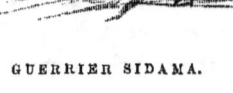

GUERRIER SIDAMA.

argenté — et de belles promesses. Cette ghenné est grasse, fraîche, bien portante et joyeuse. Elle est veuve d'Abba Gomol, prédécesseur direct d'Abba Djiffar. Elle paraît jeune encore et j'aurais peine à croire qu'elle soit vraiment la mère du roi, si on ne m'en donnait l'assurance positive. Abba-Djiffar a trente ans ; sa mère doit en avoir quarante-cinq ; à cet âge, les femmes, ici, sont ordinairement en bien mauvais état...

— Noël ! c'est la nuit de Noël ! Pour la troisième fois, depuis mon départ du Caire,

GRENIER OROMO.

Noël est revenu ! Je suis bien loin des miens. Cette nuit ne sera guère plus joyeuse que les deux autres ; j'ai passé la première avec les Issah, à Djiboutil ; la seconde, enfermé dans ma hutte d'Antoto ; je passe la troisième au guébi de Djiren ! Où passerai-je la quatrième ?...

DJIREN.

Dimanche, 25 décembre.

Toute la journée, les gens du guébi, sans en excepter les parents de Sa Majesté Abba Djiffar, m'ont envoyé leurs domestiques, pour me vendre des produits de l'industrie locale. Flairant une bonne occasion, ils surfont les prix d'une manière exorbitante. Les objets de quelque apparence n'ont pas de valeur vénale, car les riches seuls les possèdent et les commandent. On ne les trouve pas sur le marché. Tous mes vendeurs ont bien compris mes désirs et ils abusent, sans vergogne, de mon embarras.

Il existe ici trois formules de serment, indifféremment employées :

« Harca Abba Djiffar ! » — par la main d'Abba Djiffar !

« Warké Abba Djiffar ! » — par l'or d'Abba Djiffar !

Ou enfin le serment arabe. Toute la classe dirigeante, à Djimma, est musulmane.

Djiren possède deux mosquées et quelques scheiks religieux. L'un de ceux-ci a fait le pèlerinage de la Mecque. Ces mosquées, à vrai dire, ce sont de simples huttes. Dans l'une, personne ne met les pieds. L'autre, construite dans le guébi, est fréquentée par les gens de la maison du roi. Toutefois, dans les grandes masséra, le muezzin convoque les croyants à la prière, aux heures fixées par le Prophète.

Il y a une école à Djiren, on y enseigne l'arabe ; mais ceux qui savent lire sont rares, et ceux qui savent écrire, introuvables.

DJIREN.
Lundi, 26 décembre.

Ce matin, je m'entretenais avec le roi, quand on a introduit un cavalier du Contab. Il venait pour offrir à Abba Djiffar les cornes d'un buffle qu'il avait tué. Son costume était rouge, bariolé de jaune. Il était coiffé d'un petit « katcha » rouge et portait la perruque bleue des guerriers.

Le katcha est originaire du Koullo. C'est une bande d'étoffe longue d'un mètre et demi, large de vingt-cinq centimètres, qui entoure la tête ; elle se noue sur le front et les bouts en sont rejetés en arrière.

Le cheval portait un harnachement en cuir, orné de plaques de cuivre et de franges rouges et blanches.

Ce héros a d'abord exécuté quelques tours de voltige dans la cour où Abba Djiffar me recevait, accompagnant ses exercices de cris et de paroles entrecoupés ; puis, arrêtant soudain sa monture, brandissant sa lance tordue et maculée de sang, il a entonné un chant de triomphe. A trois ou quatre reprises, des gens du Koullo et du Contab ont envahi l'enceinte et l'ont interrompu pour célébrer sa victoire. Enfin, il est descendu de cheval et s'est placé en face du roi. Un compagnon d'armes et de gloire est venu le rejoindre. Tous deux, appuyés sur leur lance, ont alors commencé d'interminables rapsodies.

Leurs vêtements étaient si bizarres, que je n'ai pas résisté au désir de les acheter. Quel désenchantement ! Ils étaient taillés dans une mauvaise indienne d'Europe. La bande jaune, sur fond rouge, dont l'effet m'avait émerveillé, représentait un jeu de cartes complet : Lancelot, Argine et Charlemagne, la dame de pique et le valet de carreau !

DJIREN.
Mardi, 27 décembre.

Nous avons voulu, le docteur Traversi et moi, mesurer, au son, une base pour des relèvements. Nous sommes partis le soir, par un beau clair de lune ; mais notre travail est peu satisfaisant ; nous ne pourrons pas l'utiliser.

DJIREN.
Mercredi, 28 décembre.

Les marchands de profession ou d'occasion affluent de tous côtés, autour de moi, et m'offrent, à des prix fabuleux, des objets insignifiants et sans valeur.

La femme du roi, sa mère et ses frères se font commerçants pour la circonstance. Je suis obligé de barricader ma porte. Le beau-frère d'Abba Djiffar veut me vendre des étoffes à des prix extravagants. Je ne bronche pas ; mon indifférence l'irrite ; il se fâche et devient insolent ; je m'empresse de le congédier un peu plus brusquement que d'usage.

DJIREN.

Jeudi, 29 décembre.

J'ai envoyé, par l'entremise du roi de Djimma, trois messagers porteurs de cadeaux aux rois du Wallamo, du Koutscha et du Koullo.

HOMME DE DJIMMA.

DJIREN.

Vendredi, 30 décembre.

J'ai eu, pour la troisième ou quatrième fois, la visite d'un habitant du Zingéro. Il m'a montré sa poitrine : je ne puis plus douter. Comme tous les mâles de son pays, il a le bout des seins coupé. Quel peut être le but ou la cause originelle de cette mutilation ?

Je tenterai de pénétrer dans le Zingéro, bien que, suivant mes renseignements, l'excursion ne doive pas aller sans de grandes difficultés. Je n'éprouverais aucune peine pour aller à Ghéra; mais cette contrée n'a rien qui m'attire, elle a déjà été parcourue et relevée par Antoine d'Abbadie. Le capitaine Cecchi l'a aussi explorée.

DJIREN.

Samedi, 31 décembre.

J'ai persuadé à mon Zingéro de repartir pour son pays. Je lui ai remis de nombreux cadeaux et lui en ai fait espérer bien davantage, à son retour; il m'a tout promis, mais la fourberie est une règle; elle doit toujours être supposée. Je serai trompé une fois de plus.

Le bruit court que Ménélik aurait retiré aux Dedjazmatch Bècha et Waldé-Gorghis les pays de Ghéra, Limmou et Gouma, pour les rendre au ras Govanna, qui les gouvernait jadis. C'est un racontar; rien ne me paraît moins certain. On annonce aussi la mort du Dedjazmatch Machacha Seyffou et une expédition prochaine du roi contre les Toumogha.

Au milieu de tous ces incidents, il m'est difficile de reculer ou d'avancer.

Je regrette la mort de Seyffou; il m'a donné et m'aurait certainement encore fourni les meilleurs renseignements, sur l'histoire du Schoa, suivant les traditions amhara.

DJIREN.

Dimanche, 1er janvier 1888.

Ma nuit de nouvel an a été employée à combattre les fourmis qui envahissent chaque soir mon domicile. C'est un fléau. Je m'endors quelques instants et me réveille, couvert de ces bestioles dévorantes.

J'ai repris mon logement dans le guébi du roi et j'y suis médiocrement traité. Abba Djiffar, je le crains, me trouvant moins commode à exploiter, sent diminuer son amitié pour moi. Il faut pourtant que j'aille au sud. Comment faire?

DJIREN.

Lundi, 2 janvier.

Mon Zingéro est revenu avec un de ses compatriotes, qui a comme lui les seins coupés. L'un et l'autre m'assurent une fois de plus que c'est une pratique générale, inspirée par le mépris des femmes : « Un homme ne doit leur ressembler en rien, » me disent-ils tous deux.

Autre singularité : par l'effet d'une ablation partielle, pratiquée dès l'enfance, si jamais les hommes du Zingéro — à l'exception du roi — venaient à perdre la vie dans un combat, leurs vainqueurs amhara ne trouveraient sur eux qu'un demi-trophée à recueillir. Ils sont presque tous monorchides. Le fait est, sans doute, fort extraordinaire; mais il n'est pas sans précédent, du moins par analogie. Diodore et Strabon parlent de mutilations étranges usitées chez les peuples du nord-ouest de l'Afrique. Ne racontent-ils pas que les Troglodytes, voisins du détroit de Bab-el-Mandeb, retranchent entièrement, sur leurs fils, la partie qui n'est que circoncise chez la plupart des Sémites?

Les indigènes m'entretiennent aussi de la coutume, au Zingéro, de sacrifices humains, une fois par mois. Je n'ai pu obtenir des explications précises sur la cause, l'époque et la forme de ces sacrifices; mais j'ai compris qu'ils étaient consommés par le roi en personne.

DJIREŃ.

Mardi, 3 janvier.

Je me suis rendu à la réception du matin, chez Abba Djiffar. Je l'ai trouvé accroupi sur son algha. Les grands du pays s'avancent lentement, devant sa hutte ouverte. Sur le seuil, ils disent, sans s'incliner : « boulté », — c'est-à-dire : « avez-vous bien passé la nuit ? » Les salutations des Amhara, à plat ventre et le front contre terre, ne sont pas en usage.

On désigne sous le nom de Sidama, les habitants du nord-est africain qui ne pra-

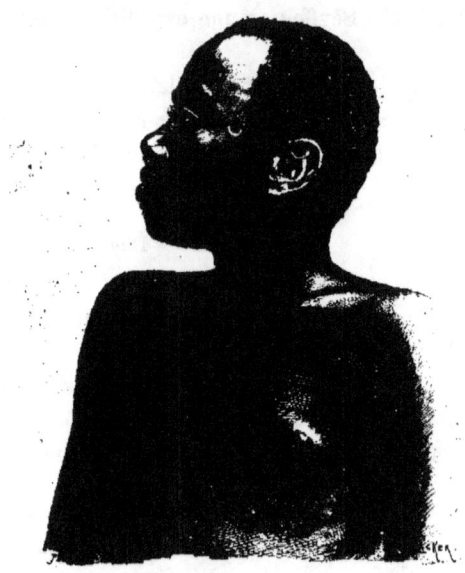

LAHO, HOMME DU KOULLO.

tiquent ni la religion cophte-amhara, ni la loi musulmane, et ne suivent pas les coutumes des Oromo, dont ils ignorent la langue.

Les musulmans de Djimma n'aiment pas être désignés sous le nom de Gallas ou d'Oromo, car ce mot implique une idée religieuse.

Les Abyssins sont toujours appelés Amhara.

DJIREŃ.

Mercredi, 4 janvier.

L'oncle du roi désirait des soieries. Je lui ai porté à peu près tout ce qui me restait, le priant de me renseigner exactement sur le Koullo et de solliciter d'Abba Djiffar une réponse précise à mes demandes. Celui-ci est certainement embarrassé de ma personne et son influence sur les roitelets ses voisins n'est pas telle qu'il puisse leur imposer ses volontés. Tous craignent qu'après avoir visité leur pays je n'aille persuader aux Amhara de leur faire la guerre et de les annexer.

Et on m'assure que je pourrais parvenir jusqu'à la résidence du roi de Koullo, en quatre ou cinq jours de marche!

DJIREN.

Jeudi, 5 janvier.

J'ai passé ma journée à prendre des photographies. Ce n'est pas facile; mon appareil inspire un effroi comique aux indigènes. Cependant avec quelques perles, des miroirs et des lambeaux d'étoffes, je triomphe des résistances et des appréhensions. Mes photographies seront intéressantes ; je rencontre les types les plus divers.

DJIREN.

Vendredi, 6 janvier.

Nouvelles du Schoa. Elles sont fâcheuses. Ménélik est parti pour Boromeïda, avec tous ses lieutenants et ses feudataires; il a laissé les pays oromo privés de choums et dégarnis de guerriers. On assure qu'un corps de troupes italiennes se prépare à envahir le Tigré. Si Ménélik est obligé de prolonger son absence, une révolte des populations oromo semble inévitable; et alors, pour moi, plus de route possible, ni au nord, ni au sud, je serai enfermé à Djimma pour longtemps. Quelle sera la conduite d'Abba Djiffar? Je ne crains pas pour ma vie; mais je redoute une séquestration indéfiniment prolongée.

Aujourd'hui, le roi doit s'occuper de mes projets avec un personnage important que j'ai aperçu au guébi. Sans la permission d'Abba Djiffar, toute tentative serait vaine.

J'ai proposé de me rendre au Koullo sans armes, avec deux ou trois serviteurs acceptant l'interdiction d'écrire. Mon excursion serait courte; mais je m'en contenterais, faute de mieux; dix ou douze journées, dont quatre pour aller et autant pour revenir.

Les hommes du Koullo ne portent pas le « foutha » ou « marto », mais bien des pantalons plus courts que ceux des Abyssins et presque toujours (chez les notables), tissés de fils de couleurs voyantes ; c'est la partie la plus riche et la plus variée du costume. Ils se parent ensuite du katcha.

DJIREN.

Dimanche, 8 janvier.

J'ai longuement entretenu de mon projet de voyage deux hommes influents du Koullo; ils ne m'encouragent guère. Kanta, leur roi, est très jeune. Cinq notables gouvernent en son nom ; l'un de mes interlocuteurs d'aujourd'hui, Abba Mantcho, est membre de ce conseil suprême.

Je me propose de faire, après-demain, l'ascension du mont May-Goudo que l'on aperçoit au sud-est de Djiren et du mont Kaffarsa, qui s'élève dans le mogha. De ce dernier point, je dominerai l'Omo à son confluent avec la Godjeb. Il me sera facile, à Kaffarsa surtout, de prendre des relèvements et des croquis, des pays au sud et à l'est de Djimma.

Le docteur Traversi part après-demain. Il retourne au Schoa. Le roi de Kaffa lui a refusé l'accès de son territoire et lui a renvoyé ses présents. C'est fort honnête de sa part. Ce monarque déclare qu'il ne consentira jamais à recevoir la visite d'un « franghi ».

Abba Djiffar avait demandé jadis, au roi du Wallamo, une de ses filles en mariage et ses messagers étaient revenus porteurs d'une réponse favorable. Le roi envoya bientôt chercher la jeune princesse et offrit les présents d'usage ; mais son futur beau-père, désirant mieux ou plus, retint les ambassadeurs et demanda un supplément. L'affaire traîna en longueur. Après sept années de démarches et d'attente, le roi de

SORTE DE YOUCCA, A DJIMMA.

Wallamo reçut le supplément réclamé et mit en liberté les otages. Je ne sais ce qu'il advint de la fille. L'exemple de ces laborieuses négociations, pendant que des malheureux sont prisonniers ou subissent un désastre irrémédiable, prouve, par une évidente analogie, combien sont légères et injustes les critiques dirigées contre les procédés de la diplomatie civilisée; les sauvages ne font pas mieux.

DJIREN.

Lundi, 9 janvier.

J'ai écrit plusieurs lettres à destination d'Europe; je les confie au docteur Traversi qui m'a obligeamment offert ses services.

Les échos de la chronique du guébi royal d'Antoto racontent la disgrâce du Dedjazmatch Oldié, gouverneur des pays soddo et couraghé.

Le Fit-Worari Nagasch, mon ami, sera sans doute entraîné dans la débâcle. J'ai vraiment peu de chance !

Odadjou devait conquérir le Koullo et le Contab ; j'étais de l'expédition ; il ne part plus ! Je prodigue les présents et je multiplie les démarches, pour visiter le pays que gouverne le Dedjazmatch Oldié; on lui retire son commandement ! Peut-être la nouvelle n'est-elle pas exacte.

Mont May-Goudo.

Mardi, 10 janvier

J'ai quitté Djiren ce matin et je campe ce soir au pied du May-Goudo. La route parcourue est incommode dans cette saison, à cause de la poussière. Pittoresque sur les pentes qui conduisent de Djiren au Ghibié, elle devient plate et uniforme, en approchant de la rivière. Les habitants sont peu nombreux et les cultures très restreintes.

Nous sommes dans une véritable disette de vivres. Pour aujourd'hui, le mal n'est pas grand, c'est notre première étape et nous avons des provisions.

J'ai laissé à Djiren trois hommes malades; trois autres m'ont abandonné. Le chemin qui mène au Koullo les a effrayés, bien que je leur aie donné l'assurance que nous resterions dans le mogha; ils ne m'ont pas cru.

Nadda.

Mercredi, 11 janvier.

Six heures de marche. — Je suis à Nadda, l'Abba Koro du pays s'appelle Abba Roro; c'est le beau-frère du roi de Djimma. Il est absent. On m'a donné une maison dans l'enceinte et dix femmes pour me servir; c'est beaucoup. Au milieu de la nuit, j'ai quitté la maison, des insectes de tout genre me tourmentaient. Ils avaient attendu mon sommeil; j'étais las et je m'étais installé de mon mieux. A peine couché, il a fallu déguerpir.

Nadda.

Jeudi, 12 janvier.

Abba Roro est arrivé, pendant que je dressais un tour d'horizon, sur une colline voisine. C'est un homme de cinquante ans, très avenant. Je lui ai rendu visite. Même cérémonial que chez le roi, avec un peu moins de solennité. Nous convenons que demain, de bonne heure, des gens du pays viendront me chercher et me conduiront au May-Goudo. Il s'est opposé à me laisser faire l'ascension du pic de Kaffarsa : « C'est la partie dangereuse du mogha, m'a-t-il dit, vous ne pouvez y pénétrer. Les Koullo et les Tambaro parcourent le pays. Si vous les rencontrez, ils vous tueront. » J'ai insisté, il s'est borné à décliner toute responsabilité; j'irai donc au Kaffarsa.

Reste à savoir si Abba Roro ne me suscitera pas quelque obstacle.

Je me prépare à cette petite expédition, en promettant des cadeaux, pour décider les indigènes à m'accompagner.

MONT MAY-GOUDO

Vendredi 13, et samedi 14 janvier.

Les guides et les gens de mon escorte viennent d'arriver; en tout, cinquante-quatre indigènes. J'emporte des provisions pour huit jours.

Nous nous dirigeons vers le plateau sur lequel se dresse le pic du May-Goudo. La

COIFFURE DE FEMME, A NADDA.

route est bonne. Nous sommes dans les bois; pas d'autres êtres vivants que des singes et des oiseaux, par milliers.

Aux arbres, succèdent de grandes bruyères.

Nous franchissons deux ou trois vallons. La montée devient plus raide, les buissons plus épais. Nous pénétrons dans un immense bois de bambous hauts de quinze à vingt mètres et tellement drus, qu'on ne peut apercevoir le soleil. Au-dessus, quelques rares kosso, avides de lumière et d'air, s'élèvent droits et sans branches.

Notre petite troupe circule et se déroule en longue file, dans l'épaisse forêt. L'humidité est extrême. Nous faisons halte. Nos guides nous conduisent à une petite cabane construite dans une clairière. Elle sert de refuge aux chasseurs de buffles et est construite avec des éclats de tiges fichés en terre, sur une seule ligne, puis courbés vers le sol, de manière à former une voûte; les herbes couvrent ce gîte. Pour atteindre le sommet du May-Goudo, une demi-heure nous suffit. J'emploie mes hommes à

couper et à brûler tout ce qui gêne mon horizon. Je me mets au travail, mais il est
tard. Je n'ai que deux heures, avant la fin du jour.

Assez loin, dans le Wallamo, j'aperçois une montagne isolée, que les indigènes
appellent « Bolosso ». Serait-ce le mont Wocho signalé par d'Abbadie?

La position concorde; mais les hauteurs sont différentes. D'Abbadie parle de

COIFFURE DE FEMME, A DJIMMA.

cinq mille mètres, tandis que, suivant mes calculs, la montagne que j'aperçois ne
dépasse guère trois mille. Tout au plus atteint-elle trois mille quatre cents mètres d'altitude absolue, comme le May-Goudo, d'où je l'observe au théodolite; — et le May-Goudo
est, sans conteste, le point le plus élevé de la région.

Nous mangeons de la viande salée et desséchée. Des écorces de bambous nous
servent d'assiettes; des nœuds de bambou nous servent de carafes et de verres; notre
feu est alimenté par des morceaux de bambou sec. Le bambou est d'un usage universel.
Les indigènes tiennent pour disgraciés les pays qui en sont dépourvus.

Je réunis mes hommes et je leur annonce que pour demain mon but est Kaffarsa.
Cette communication ne provoque aucun enthousiasme; les timides demeurent mornes
et les audacieux protestent : tout les épouvante, le mogha, les Koullo, les Tambaro, la
route périlleuse, etc. Après ce premier émoi, je réitère ma résolution et j'ajoute qu'au
besoin j'irai seul, avec ma mule et des vivres, mais que je donnerai à ceux qui
m'accompagneront des récompenses en thalaris, sels, miroirs, étoffes, verroteries, etc.

J'engage les plus influents à faire le voyage avec moi et je promets à chacun un foutha et deux thalaris! C'est une libéralité tentante. Ils n'en croient pas leurs oreilles et se consultent. Après de longues discussions, ils m'annoncent que tout le monde me suivra. C'est bien, mais je veillerai; je suis devenu méfiant et je crains quelque ruse.

Avant le lever du soleil, je retourne au sommet du May-Goudo et je termine mes

SENTIER DANS LE MOGHA (KAFFARSA).

observations. La brume se lève des gorges profondes où coulent la Godjeb et l'Omo. Le temps se couvre; je renonce à prendre des circumméridiennes.

A neuf heures, nous sommes en marche, toujours dans la forêt de bambous.

Nous rencontrons une éclaircie inattendue, où croît un chardon colossal; sa hauteur excède quatre mètres; sa fleur est plus grosse qu'une tête humaine; elle est rose en dessus et blanche en dessous; ses feuilles sont grandes et vertes, avec des reflets argentés.

La route devient difficile; les haches européennes et celles que j'ai achetées à Djimma nous permettent de couper les énormes tiges qui obstruent le passage. Nulle part la trace du plus étroit sentier. Des détritus de plantes couvrent le sol. La mule qui porte mes provisions fait un faux pas et dégringole. Les bambous la retiennent; la bête n'a pas de mal; les provisions en ont beaucoup. Nous réparons de notre mieux ce désastre; et, en avant ! — Le chemin devient pire. Les tiges se resserrent de plus en plus. La mule, en passant entre des bambous que les hommes écartent avec des cordes, s'accroche avec sa charge; un des hommes lâche ; la pauvre bête est prise par le milieu du ventre; ses efforts et ses ruades aggravent sa position. On taille, on coupe, et ma mule est une seconde fois sauvée.

Longtemps, nous marchons ainsi dans ce bois prodigieux. Enfin, nous entrons dans un sentier frayé; encore quelques minutes et nous sortons de la forêt. Nous sommes sur les crètes qui dominent le cours de la Godjeb. Je vois distinctement les monts Waraï, dans le Koullo.

Ce ne sont plus que buissons et grands arbres. Dans la cavité de quelques troncs nous recueillons un miel sauvage et délicieux.

Devant nous, à l'est, se dresse Kaffarsa.

Nous commençons à monter par un sentier coupé de ravins fourrés. Peu après, la roche rougeâtre apparaît. Nous sommes sur le pic; nos pieds s'enfoncent dans une herbe fine, sur un lit de détritus végétaux.

J'ai sous les yeux une partie du cours de l'Omo, quelques points de la Godjeb et son confluent avec le fleuve. Quelle position magnifique! — Mes hommes ont peur. Des milliers de feux brillent dans la plaine et sur les montagnes; les indigènes incendient les herbes sèches des prairies, pour que les pluies prochaines fécondent la terre.

Pic de Kaffarsa.

Dimanche, 15 janvier.

Nous campons auprès de huttes renversées et de débris de palissades. C'est l'emplacement des portes de l'ancien royaume de Garo, appelé aussi « Boscha ». Il comprenait tout le versant est et sud du mont May-Gondo, de nombreux villages et des fermes considérables. Aujourd'hui, ce n'est plus qu'une forêt de bambous.

Abba Gomol, père d'Abba Djiffar, envahit le Garo, il y a une douzaine d'années, le ravagea, tua le roi et emmena en captivité sa famille et tous les habitants. Huttes et récoltes furent détruites et brûlées. Le pays ne s'est plus relevé. Le tombeau du dernier roi de Garo est à peu de distance de notre campement.

Un léopard est venu nous troubler, pendant la nuit. Cris, effroi, coups de lances à tort et à travers; mais aucun accident à déplorer, ni pour le léopard, ni pour nous.

A l'aube, je me lève et j'installe mon théodolite sur le point culminant. Je commence les relèvements, avec le secours de mes hommes qui sont originaires de Djimma, du Wallamo, du Tambaro et du Koullo. Tout à coup, à quelques centaines de mètres, sur une éminence, apparaît un groupe de vingt-cinq à trente indigènes qui m'interrompent, en poussant des cris et des hurlements. « Les Tambaro! les Tambaro! fuyons!» crie ma vaillante troupe. J'essaye de la réconforter en expliquant que ces Tambaro qui la terrifient sont peu nombreux et mal armés, — qu'il leur faut traverser une gorge profonde, avant de parvenir à nous, — qu'enfin, malgré leurs menaces, il est invraisemblable qu'ils osent nous attaquer. Rien n'y fait, la panique tient mes hommes. — Soit! qu'ils partent. J'ai pris d'eux tous les noms

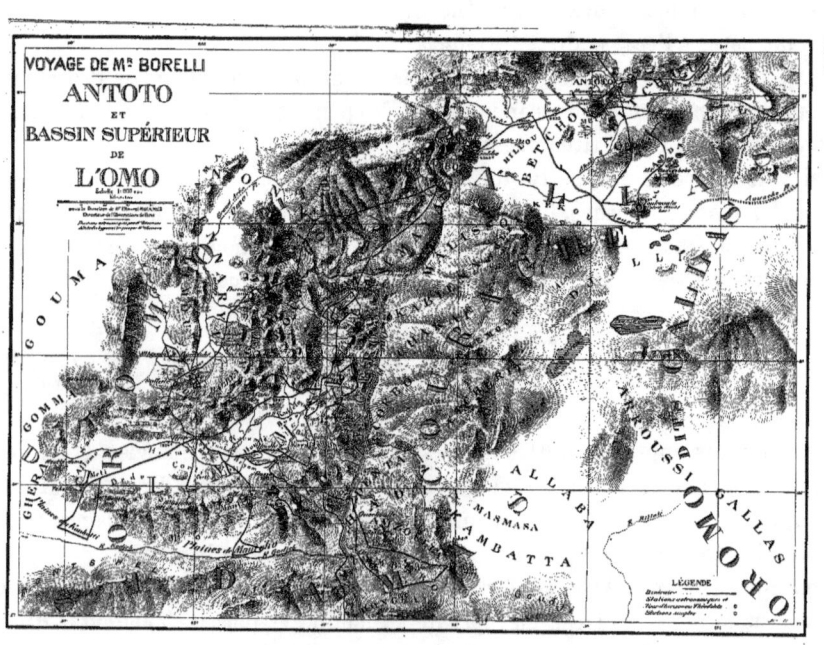

VOYAGE DE MR BORELLI

ANTOTO
ET
BASSIN SUPÉRIEUR
DE
L'OMO

et toutes les informations essentielles. Je leur ordonne de m'apporter les fusils et je leur tiens le discours suivant :

« Si vous voulez partir, partez. Moi je reste ; je veux terminer ma prière ; ce ne sera pas long, ne me dérangez pas. Mais si quelqu'un touche à mon Dieu, je le tue ». Pour tous, ici, ce Dieu, c'est mon théodolite; cette prière, c'est mon travail. Je reprends mes observations. Les Tambaro hurlent toujours, sans avancer, mais leur nombre augmente. J'aurais bien engagé la lutte, pour les contraindre à me laisser en paix.

ADDITO, FILS DE L'ANCIEN ROI DE GARO.

Mon excellente position et mes fusils étaient suffisants pour me rassurer; mais ce procédé violent m'aurait créé une mauvaise réputation et fermé la route du Koullo, en compromettant mes négociations.

J'ai donc renoncé à prendre la hauteur du soleil, à midi.

Une heure après, je m'éloignais. Pourrai-je revenir à Kaffarsa? C'est un point exceptionnel pour relever le pays, au sud et à l'est de Djimma.

Un sentier rapide, sur le versant nord-est, me conduit au bas de la montagne. Au milieu des rochers et des broussailles, je débouche dans une étroite vallée, où coule une petite rivière formant de hautes cascades sur des blocs de basalte; c'est la « Bouskoullo ».

Partout, des sites ravissants; mais aucune habitation, aucune culture, aucun arbre. Je trouve une hutte en ruine; c'est une ancienne église. Sur une pierre, dernier vestige d'une tombe, je distingue, sans erreur possible, les bras d'une croix et des

39

caractères à demi effacés, en langue ghèze. C'est la confirmation de ce qui m'a été dit à Djimma : l'ancien royaume de Garo était chrétien.

Nous continuons notre route, à travers les bois et les prairies. Çà et là, quelques rares kotcho rappellent l'existence d'une population. Sur un plateau sans arbres serpente un ruisseau. C'est, me dit-on, la « Nadda », affluent du Ghibié de Djimma. Nous avons passé sur le versant septentrional du May-Goudo.

COIFFURE DE FEMME, A DJIMMA.

Nous descendons. Le sentier est encombré de racines et d'arbustes. La nuit arrive, mes hommes exténués ne parlent plus ; nous passons comme de silencieux fantômes, glissant dans l'ombre.

Enfin, à huit heures, nous atteignons la grande clairière où s'élève, au-dessus d'un mamelon, la masséra de l'Abba Koro. Elle est près de la route que nous avions suivie pour gravir le May-Goudo. On nous y reçoit et nous y passons la nuit. Cette résidence est gardée par des esclaves, presque tous zingéro.

NADDA.

Lundi, 16 janvier.

Je me lève avant le jour, pour prendre la silhouette et les relèvements des montagnes du Zingéro, que je distingue clairement. Il faut travailler au soleil levant ; car des brumes ne tardent pas à s'élever de la vallée et à voiler les sommets.

MASSERA D'ABBA GOLÉ, ABBA GUILTCHA
à Djiren.

Nous reprenons notre route et descendons sans incident, à travers la forêt, jusqu'aux plaines du Ghibié. On dresse les tentes. Distribution immédiate des récompenses. Je donne ce que j'ai promis ; j'ajoute quelques petites choses, pour les plus braves, et tout le monde est content.

J'ai absorbé du café au sel, chez l'Abba Koro, jusqu'à l'heure où le muezzin a annoncé la deuxième prière du soir.

Nuit de repos, si l'air n'était pas empesté par l'odeur des fouines. Les Oromo les appellent « kabietcho »; leur robe blanche rayée de noir plaît aux yeux, mais leurs émanations sont infectes.

PRÈS DE DJIREN.

Mardi, 17 janvier.

Au jour, je fais lever le camp. Je salue l'Abba Koro et sa femme ; je leur donne ce qu'ils ont demandé. Ils réclament mille autres objets; je leur en promets deux mille et nous nous séparons.

J'ai marché vite et longtemps. A neuf heures du soir, je campe à une petite distance de Djiren. Je couche à la belle étoile, pour n'avoir aucun retard demain.

DJIREN.

Mercredi, 18 janvier.

A peine de retour, j'ai rendu visite au roi. Mon voyage à Kaffarsa lui a déplu; « Je crains, me dit-il, que les gens du Koullo ne me reprochent de vous avoir permis de gravir des montagnes d'où la vue s'étend sur une grande partie de leur pays. » Il me demande ensuite si je veux voir l'individu expédié au Zingéro et déjà de retour. Sur ma réponse affirmative, il le fait appeler. L'homme me fait cette simple déclaration : « Le roi Amno m'a chargé de vous prévenir que si vous pénétriez sur son territoire, il vous ferait prendre et brûler ». Cette gracieuse communication m'a été renouvelée par deux autres indigènes. Je les ai emmenés chez moi et, moyennant quelques objets sans valeur, j'ai acquis une nouvelle preuve des mutilations pratiquées sur les malheureux naturels de ce petit coin de terre : « C'est, me disent-ils, un sacrifice que nous faisons à la divinité et un hommage que nous rendons à notre roi; lui seul a le droit d'être diorchide ». Ils ont pour leur roi un respect superstitieux. S'ils viennent à rencontrer une de ses femmes, ils se cachent ou se prosternent, pour ne pas la voir. Malheur à celui qui la regarderait en face; il serait infailliblement condamné à mort !

Le « kotcho », « koba » chez les Amhara, « warké » chez les Couraghé, « houtta » chez les Sidama qui parlent la langue koullo, est, de toutes les plantes, celle dont les indigènes tirent le plus grand parti; elle suffit, au besoin, à leur nourriture et à leur vêtement. Ils en font des cordes, des sacs et des nattes; elle sert même à confectionner leurs immenses perruques. C'est un gros bananier qui atteint son plus grand développement vers la sixième année; le tronc mesure alors un mètre et demi de circonférence et quelquefois davantage. Les feuilles, larges d'un mètre, longues de trois, sont vertes, et leurs côtes sont rouges comme le corail; mais elles perdent rapidement leur éclat. Vers sa septième année, le kotcho donne un fruit.

De la plante sort une tige violacée où s'épanouit la fleur, énorme grappe de couleur brune, et qui porte ce fruit; puis elle meurt.

La reproduction du kotcho ne se fait pas au moyen des graines. Le tronc est coupé au ras du sol et recouvert de terre. Bientôt, apparaissent les rejetons que l'on repique.

Les femmes, au moment de la récolte, cueillent les feuilles et raclent les côtes avec une espèce de peigne en fer ou, plus simplement, avec un couteau.

COIFFURE DE FEMME, A DJIMMA.

Les filaments servent à la confection des vêtements pour les esclaves et les pauvresses. Sur le marché, la femme esclave paraît bien couverte; mais après la vente elle ne porte plus qu'une jupe en filasse de kotcho.

La substance visqueuse qui tombe au raclage, est recueillie sur des peaux avec une partie de la pulpe. On enfouit le tout et on le laisse en terre pendant trois ou quatre mois; puis on le retire, on le lave et on le hache aussi menu que possible, pour en fabriquer un pain qui doit cuire lentement, dans le four oromo, semblable à celui des Amhara, mais un peu plus profond. On obtient une lourde galette qui dégage un parfum prononcé de vieux cuir; cependant, grâce à des préparations accessoires, notamment au tamisage, elle est mangeable dans les maisons aisées.

Les tamis, que les Amhara appellent « wonfit » et les Oromo « guinghiltcha », sont un produit de l'industrie des pays couraghé. Quelques-uns sont fort bien faits.

DJIREN.

Jeudi, 19 janvier.

Abba Golé, le conseiller intime d'Abba Djiffar, a su conserver au royaume de Djimma une indépendance relative, en dépit des envahisseurs Amhara. Rien ne se fait sans lui.

Ce matin, toutes ses femmes m'ont appelé. « Sadetchiti », la favorite actuelle, m'a demandé des perles, des miroirs, de la soie, etc., etc., et m'a donné, en échange, un très jeune enfant. Elle m'a reçu couchée sur un algha. Elle est vraiment jolie, on s'attarderait auprès d'elle ; mais elle a un vilain défaut qui détruit le charme et m'éloigne promptement : elle crache à tort et à travers, à tout instant, sans regarder où volent ses expectorations. C'est, du reste, un usage local.

Je vais chez sa voisine « Djiditi ». Elle a une cour moins nombreuse, mais mieux choisie. Jouissant d'une moindre faveur, elle m'a moins demandé. Je lui ai donné une belle boîte de parfumerie et quelques mètres de velours. Elle m'a offert, en retour, une femme du Zingéro qui dit, avec peine, quelques paroles en Oromo. Nous nous sommes quittés en bons termes. Je la reverrai.

Dans la même enceinte, mais dans une habitation séparée des autres par des murs en bambous tressés, j'ai rendu visite à « Gartiti », fille de l'ex-roi de Garo, autre épouse d'Abba Golé et véritable maîtresse de la maison. Elle se tient dans un coin obscur. Récemment accouchée, elle est encore souffrante. Elle me demande des remèdes ; je lui donne de l'opium. J'échange avec elle l'enfant que m'a donné Sadetchiti contre une femme esclave qui sait faire les ronds de pain à l'oignon et au beurre fort. Gartiti est charmante ; elle me donne une grande jarre d'un miel délicieux et me demande si je n'ai pas l'intention de me marier. Sans attendre ma réponse, elle m'oblige à passer, en consciencieuse revue, les beautés de son entourage...

La fille du roi de Garo est plus âgée que Sadetchiti et Djiditi ; son influence est grande sur Abba Golé. Sa cour est plus respectueuse que celle de ses compagnes. Je dois demeurer son ami pour qu'elle m'aide dans mes démarches futures ; aussi, demain, lui ferai-je hommage d'une okette d'or.

DJIREN.

Vendredi, 20 janvier.

Je suis retourné chez les femmes d'Abba Golé ; je leur ai donné quelques menus objets ; mais je n'ai pas remis l'okette d'or à Gartiti. Il faut être bien sûr d'elle, pour lui faire un pareil présent. Elle devra le cacher ou le faire vendre au loin. Abba Djiffar doit tout ignorer.

L'opium a produit son effet, on m'en redemande ; mais, je redoute une catastrophe et je donne d'innocentes boulettes de pain, roulées dans une poudre légèrement opiacée.

Sadetchiti m'a reproché d'avoir échangé l'enfant qu'elle m'avait offert. Elle a voulu m'en donner un autre ; j'ai refusé. Pour me dédommager, elle m'a fait présent d'un mouton. D'ailleurs, en rentrant chez moi, j'ai trouvé grande abondance de comestibles : un bœuf, des chèvres, du pain, du café, du miel, etc.

Abba Golé m'a dit : « Tu connais trois de mes femmes, j'en ai une autre; mais celle-là habite dans une maison éloignée de l'enceinte. Va la voir ; elle serait jalouse des autres, si tu n'allais pas chez elle. »

Cet homme se moque-t-il de moi ? Par des visites à ses femmes, veut-il m'enlever ce qui me reste, pour ne rien faire ensuite de ce que j'attends de lui ? Déjà, il a voulu me détourner de mon voyage dans le sud. « Les routes, me répétait-il sans cesse, sont très dangereuses; tu seras mal reçu partout, et je crains bien que tu ne sois tué. »

JEUNE FILLE DU KOULLO.

Abba Djiffar est partagé entre l'espoir d'un nouveau fusil, s'il m'aide à aller de l'avant, et l'envie d'être débarrassé, par mon retour dans le nord, des ennuis que lui cause ma présence. Il sait que Ménélik ne veut pas permettre aux étrangers l'accès des contrées d'où provient l'ivoire.

Quelques heures après ma dernière visite, le roi a envoyé deux de ses favoris pour examiner mes fusils. Je leur ai fait bon accueil; mais j'avais eu le soin de retirer de chaque remington une pièce essentielle et impossible à remplacer. Les deux envoyés m'ont demandé si les fusils étaient cassés. — « Non, ai-je répondu, mais en l'état où ils sont on ne peut s'en servir. Si le roi se montre bienveillant, j'essayerai de les rendre utilisables. » — Ils ont examiné ma carabine à éléphant; je n'ai pas manqué de leur montrer qu'au pic de Kaffarsa j'avais perdu les deux chiens et la clef. Ils ont répliqué en m'annonçant leur intention d'aller les y chercher. « Tollé ! » — « C'est bien, allez-y », ai-je répondu.

Le miel abonde à Djimma et sa couleur varie. Deux qualités sont surtout recherchées : l'une, dont la cire a la blancheur du lait; l'autre d'une nuance marron foncé, dont la saveur est exquise. On a donné à ce miel excellent le nom de la plante sur laquelle butinent les abeilles pour le distiller : « ebitcha ».

Le « damou » est une troisième espèce de miel, qui passe pour avoir la propriété de guérir les maux de ventre. Le goût en est aigrelet. Les abeilles qui le produisent sont petites comme des mouches et travaillent sous la terre, entre les racines des arbres. Au-dessous de leur ruche souterraine, elles creusent un réservoir, dont le fond et les parois sont soigneusement lissés. Là, s'écoule le trop-plein des alvéoles, prudente réserve qui assure l'alimentation des ouvrières, pendant la saison des pluies. Ces essaims ont pour ennemi acharné un petit animal de la grosseur d'une fouine, pourvu d'une longue queue. La nuit, il s'approche, introduit sa queue dans la ruche et la retire enduite du miel, dont il est friand. C'est une variante, à rebours, des procédés du fourmilier.

L'ebitcha, le damou, etc., etc., se vendent sur les marchés de Djimma, dans de grands pots de terre, des calebasses ou des bambous.

On prépare la cire de deux façons. Parfois, on la fait bouillir avec de l'eau et on la filtre à travers un linge ; plus généralement, on la met dans un vase que l'on enterre renversé, après l'avoir bouché avec des herbes ou une grossière étoffe ; l'ouverture repose sur un lit de feuilles de kotcho ; on chauffe le fond qui n'a pas été enfoui.

J'ai vu, ce matin, préparer l'hydromel : on verse le miel avec la cire dans un pot qui contient de l'eau en quantité plus ou moins grande, selon que l'on désire un breuvage plus ou moins fort et savoureux. Pour obtenir la fermentation, on ajoute de l'écorce pilée de « guécho » ou de « taddo ». Le taddo est un arbuste dont les feuilles, plus grandes que celles de l'olivier et d'un vert plus foncé, ont une saveur amère; il donne de petites baies rouges. Au bout de quinze jours, le mélange est à point. Pendant l'opération, on enlève chaque jour soigneusement la cire qui surnage.

La bière (« tala » des Amhara, « farso » des Oromo) se fabrique de plusieurs manières et avec des grains différents. L'orge et le musingha (dourah) sont le plus souvent employés. Un gros pain de tief, jeté dans le liquide, hâte la fermentation. Avant que la bière soit faite et bonne à boire, le liquide porte le nom de « gousch ».

Tous ces breuvages se conservent mal et, pour les prendre sans dégoût, il est indispensable de les décanter.

DJIREN.

Dimanche, 22 janvier.

J'ai examiné, pour la dixième fois, les incisives de plusieurs femmes. Elles leur infligent des déformations singulières qui me rappellent l'étrange demande de Mettéyaletch, femme du ras Govanna. Tantôt elles les percent d'un petit trou, tantôt elles y pratiquent des encoches triangulaires, qui en font des pointes de scie. Cette mode est moins hideuse que celle des dames amhara se teignant, en bleu foncé, la denture, les gencives et les lèvres.

Je me suis procuré une collection des postiches du pays. Ce sera, je pense, la première fois que pareilles perruques seront apportées en Europe.

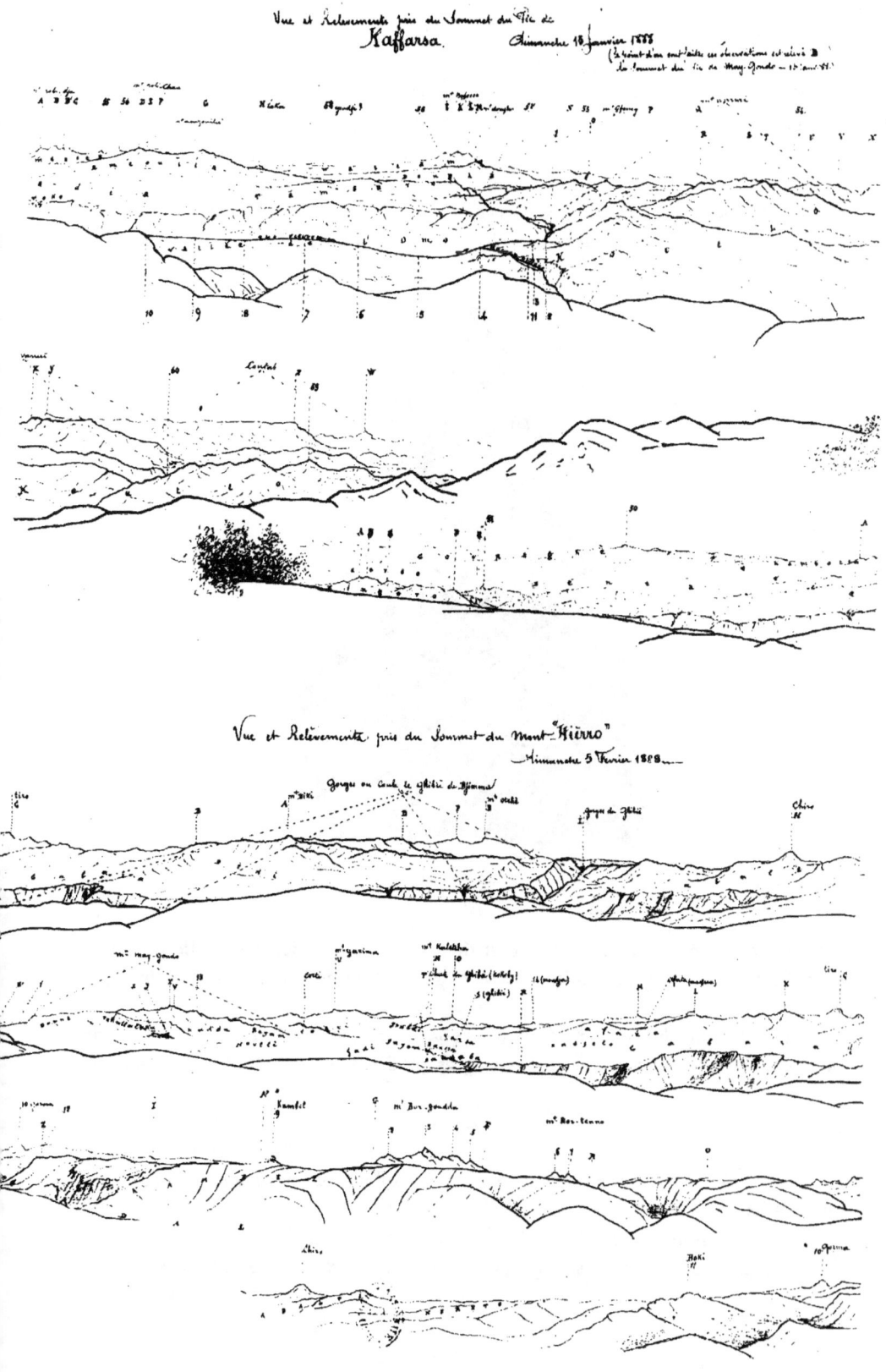

J'ai voulu revoir les civettes du roi.

Ces animaux (« zébad » en amhara — « tirigni en oromo) ont le poil gris foncé, ils sont bas sur leurs pattes et mesurent un mètre de longueur, de la tête à la naissance de la queue. Pour les prendre (ils ne se reproduisent pas en captivité), les indigènes construisent des pièges ingénieux, analogues aux ratières à bascule. Un morceau de viande, au fond d'une cage formée de petit troncs d'arbres, sert d'appât; en y touchant, la trappe tombe et ferme l'entrée. La civette prisonnière est nourrie avec de la viande

ENFANT DU DOKO.

de bœuf et une pâte composée d'orge et de beurre. Sa sécrétion mensuelle pèse deux onces. Quelquefois, des épidémies sévissent; la civette refuse aliments ou boisson, et périt.

L'élevage du chat musqué était jadis abandonné aux pauvres gens; mais aujourd'hui les riches, y trouvant une source de gros profits, s'en sont attribué le monopole.

DJIREN.

Lundi, 23 janvier.

Les pluies commenceront dans un mois et les explorations deviendront impossibles. Il faut se hâter.

Dans l'après-midi, des indigènes du Koutscha sont arrivés.

Govanna, le roi de ce pays, à qui j'ai expédié des cadeaux et de l'or, est content de

40

moi. Il m'envoie des esclaves; l'un d'eux, de pure race nègre, est un enfant du Doko, contrée fort éloignée dans le sud. Le roi m'engage à venir auprès de lui et m'offre des étoffes semblables à celles qu'on fabrique au Koullo.

Je reçois de ces émissaires d'utiles renseignements sur la route et le pays. J'ai commencé à tracer une carte rudimentaire de toute la région au sud de Djimma; je la remplirai, au fur et à mesure des indications et constatations nouvelles.

L'Omo, par six degrés de latitude nord environ, coulerait à l'ouest et non à l'est, comme on l'a prétendu.

FEMME DU KAFFA.

Le lac Abbala existe réellement, à environ un degré dans l'est-sud-est du confluent de l'Omo et de la Godjeb.

Naffako, le chef qui m'est adressé par le roi de Koutscha, est un personnage influent. Il m'affirme que la route n'est pas sûre et me conseille d'attendre encore.

Incessamment, j'irai dans le nord-est de Djimma.

DJIREN.

Mardi, 24 janvier.

Dans l'après-midi, il a plu. J'espère que ce n'est pas le commencement de la mauvaise saison. A Djimma, dans le Kaffa, au Koullo, au Contab, au Koutscha, dans Ghéra et Gouma, les premières pluies tomberont normalement dans quatre où cinq semaines.

Pendant les deux premiers mois elles sont intermittentes ; elles deviennent ensuite continues et torrentielles, et ne cessent qu'en octobre ou même en novembre.

Mon but principal, dans l'excursion que je projette au nord-est de Djimma, est l'ascension d'un pic isolé et très escarpé, qui s'élève sur le territoire d'Abalti. Je l'ai aperçu du pays d'Amaya et relevé du mont Otché.

Les titres et les grades sont les mêmes que dans les autres contrées habitées par les Oromo. L'Abba Koro (père ou maître, pays) est un gouverneur civil, le seigneur

UNE ROUTE AUX ENVIRONS DE DJIREN.

d'un fief. L'Abba Doula est un chef militaire (doula, guerre). Abba est un vocable générique. On dit : « Abba Mana », le maître de la maison ; « Abba Bia » le maître ou chef du pays ; « Abba Govanna », le père de Govanna ; « Abba Hiaddati », le père de Hiaddati. Souvent, on désigne un homme par le nom ou la couleur de son cheval : « Abba Gouratcha », le père du noir ; « Abba Dima », le père du rouge.

Les titres d'Abba Koro et d'Abba Doula ne répondent plus à leur signification stricte : un Abba Doula gouverne sa province ou son fief et commande aussi aux guerriers ; un Abba Koro peut cumuler des fonctions civiles et militaires.

Autrefois, l' « Abba Bouko » était un grand dignitaire, élu tous les huit ans, investi d'une autorité religieuse et judiciaire. Il prononçait ses jugements en tenant à la main une statuette de métal. Depuis l'apparition de l'islamisme, cette charge a disparu.

DJIREN.

Mercredi, 25 janvier.

Je partirai demain.

Le roi m'a fait appeler deux fois. Il m'a longuement parlé du Koullo. Il a l'air de vouloir sincèrement m'aider à y pénétrer. Mes fusils le tentent.

AUX ENVIRONS DE DJIREN

Jeudi, 26 janvier.

Je suis parti très tard ; aussi le chemin parcouru est-il insignifiant. Je voudrais

EUPHORBE,
dans la vallée du Ghibié, à Djimma.

cependant arriver dans deux jours à Kombi où se tient, le dimanche, un marché important. Nous vivons déjà sur nos provisions.

La coriandre (kororima ou oghio) pousse naturellement dans toute la région ; mais c'est surtout à Kaffa qu'elle est cultivée.

Abba Djiffar cherche à l'introduire à Djimma. Elle atteint deux ou trois mètres de hauteur. Les feuilles sont longues, minces et dures au toucher. Sur des tiges d'une cinquantaine de centimètres de longueur, poussent des ramilles qui portent un fruit de quatre à cinq centimètres, allongé et légèrement conique. Quand il est mûr, il est rouge pourpre. La cosse est divisée intérieurement en trois compartiments séparés par

VUE PRISE DE ROUKESSA (DJIMMA).

(Le pic d'Ali, et dans le fond celui d'Ali-Dhéra).

une membrane blanchâtre; ils contiennent de petites graines d'un goût aromatique et épicé que les naturels aiment à mâcher. En séchant, elles prennent une teinte brune; elles servent à parfumer le café et certaines préparations culinaires.

AFATA.

Vendredi, 27 janvier.

J'écris à onze heures du soir, en plein air. Nous avons fait une marche forcée ; quatorze heures. Gens et bêtes sont rendus. Demain nous serons à Abalti.

La route longe les hautes montagnes qui bordent la vallée du Ghibié de Djimma, au nord. Sur un contrefort du mont Afata, qui se détache de la chaîne et forme un promontoire dans la vallée, nous avons gagné, en traversant des bois, une masséra construite par le prédécesseur d'Abba Djiffar.

Le pays est cultivé.

A Afata, halte d'une heure. J'ai eu le temps de prendre l'altitude, un croquis et quelques relèvements, sur les pays zingéro que j'ai aperçus distinctement et sur le cours du Ghibié.

Le paysage devient moins beau ; la terre est sèche et peu boisée : c'est Kadjelo ; il s'y tient un marché.

Quatre heures de marche nous amènent sur les bords du Ghibié; la rivière coule au fond d'une gorge sauvage plus profonde et plus escarpée, à mesure que nous avançons dans le nord-est.

Des galets énormes encombrent le gué que nous passons difficilement, au clair de lune, à neuf heures du soir. Un mètre et demi d'eau, dans un courant rapide, sur une largeur de cinquante mètres. Deux heures après, nous établissons notre camp près de la maison de l'Abba Koro, Abba Kitte. Il nous offre du pain et un peu de « boulboul » (eau troublée de miel). Cependant, le roi avait donné des ordres pour que nous ayons des bœufs, des moutons et le reste. Nous mangeons notre pain de dourah et nous nous reposons, sans dresser la tente, pour être prêts au départ de bonne heure, demain matin.

ABALTI.

Samedi, 28 janvier.

Les fourmis nous ont attaqués et la douleur des morsures nous a obligés à décamper avant le jour.

Je refuse de me présenter chez l'Abba Koro ; mais je lui promets de le recommander à Abba Djiffar.

J'aperçois, dans le lointain, la chute du Ghibié; les indigènes l'appellent « Kokoby ». Elle est dans le pays de Yayo.

Nous suivons à distance les gorges qui resserrent la rivière. La route, médiocre pendant les quatre premières heures de marche, devient détestable. De longs ravins descendent des collines qui terminent les montagnes du Zingéro ; ils coupent le pays de Hierro et se prolongent jusqu'au Ghibié.

Nous faisons halte sur le bord d'un ruisseau, dans un vallon abrupt, couvert d'arbustes et de buissons. Des singes, au poil verdâtre, s'ébattent autour de nous. J'en tire trois ou quatre, pour les examiner de plus près. Ils sont d'une grande espèce et très vigoureux ; ils attaquent, dit-on, le léopard. Les hommes armés leur inspirent une frayeur instinctive. L'aspect d'une lance les met en fuite. A une faible distance de nous, ils s'arrêtent, nous regardent avec curiosité et s'éloignent.

J'ai pour compagnon de route un animal de ce genre. Il est d'une race petite et commune, que les Amhara désignent sous le nom de « tota », et les Oromo sous celui de « kamalé ». Il est bien dressé et ne m'a pas quitté depuis quatorze mois. Ses gri-

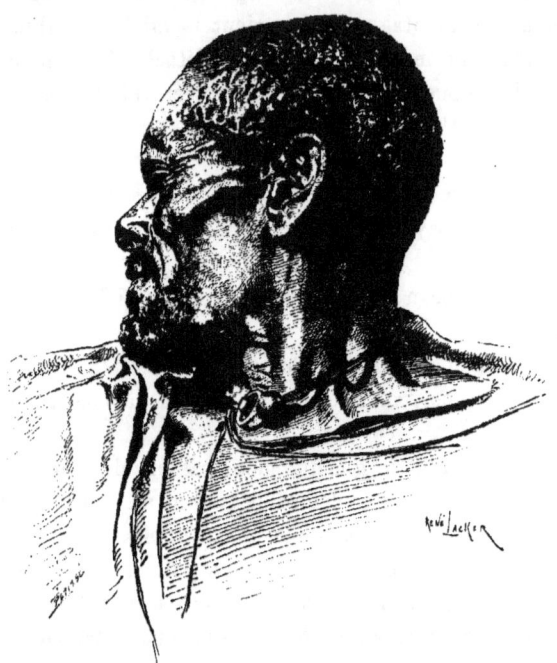

HOMME COURAGHÉ, DE SELTIT.

maces égayent la monotonie des voyages. Propre et leste, il va et vient à sa fantaisie. Quand il est fatigué, il grimpe sur ma mule ou sur les épaules d'un de mes hommes. Aujourd'hui, un passant l'a piqué avec sa lance ; mes domestiques ont frappé le brutal et voulaient lui faire un mauvais parti. Je l'ai tiré de leurs mains, non sans peine. Pour le punir, ils l'ont obligé à prendre un fardeau sur les épaules et à nous précéder, pendant deux heures, les mains liées derrière le dos.

Nous arrivons sur le territoire d'Abalti, où nous sommes reçus par Abba Duko, l'Abba Koro de l'endroit ; je l'ai connu à Djiren.

Orage et pluie. Contre mon habitude, j'ai consenti à loger dans une hutte.

ABALTI.

Dimanche, 29 janvier.

On m'a trompé ; le marché de Kombi a lieu lundi et non dimanche. Je n'arriverai pas trop tard. Je poursuivrai ma route vers Ali-Dhéra, où je consacrerai une journée à des observations. C'est, je crois, un point intéressant.

J'ai vu plusieurs fois Abba Duko et je lui ai offert des cadeaux. Je compte sur son appui dans les excursions que je vais entreprendre.

Le Dedjazmatch Oldié a quitté les pays couraghé, pour suivre Ménélik dans le nord. En son absence, le commandement a été remis, par lui-même, à divers petits choums. Sa disgrâce n'était donc pas véridique.

La femme de l'Abba Koro m'a prié de lui rendre visite. Elle est jeune et gracieuse; son nom, « Aghamso », est celui de la baie d'un arbuste assez semblable au myrte. Elle s'ennuie, me dit-elle, et me prie de lui donner quelque chose. Je lui présente des perles et des étoffes. Elle sait que j'ai l'intention de pénétrer dans le Zingéro et m'offre un gamin et une fillette originaires de ce pays; ce n'est pas un don princier; les esclaves zingéro ont mauvaise réputation. Elle me promet de me rendre ma visite, à Djiren.

KOMBI.

Lundi, 30 janvier.

Je pars pour Kombi et Ali-Dhéra. La route descend par des ondulations successives dans la vallée où se réunissent le Ghibié de Djimma et celui d'Ennarya.

Pendant le trajet, les forains qui se rendent à Kombi m'enveloppent et m'examinent avec une persistance désagréable, sans m'infliger d'avanies. Mon costume et ma couleur provoquent des railleries sans fin.

Je fais camper mes hommes et je dispose tout pour une prompte retraite, le cas échéant.

Escorté par trois ou quatre cents curieux, je parcours le marché. Il est très vaste. Le café, les bestiaux et le coton en sont le principal commerce; on y trouve aussi des esclaves, des tissus, du fer, etc., etc. Les forgerons travaillent en plein air; la viande se débite dans des cahutes. Avec les habitants de Djimma, je rencontre ici des indigènes des contrées au delà de l'Ennarya, et, surtout d'Amaya, du Couraghé, de Chakaï, de Seltit et d'Ennemoor. Ils apportent des morceaux de sel, qu'ils échangent contre du café, des bestiaux, des peaux tannées, du miel et divers objets ouvrés en paille, ou des vêtements. Ils traversent le Ghibié au gué de la Tamsa (nom que prend ici le Ghibié même), un peu en aval du confluent de la Walgha et du Ghibié de Djimma avec le fleuve.

Je quitte le marché. Deux heures après, j'arrive chez un autre Abba Koro. Bon accueil : bœuf, mouton et miel. La principale femme de l'Abba Koro est affligée du nez le plus bizarre qu'il soit donné de voir sur une figure humaine; il est fendu du haut en bas, de façon si régulière, qu'on le croirait double. Les chairs ont épaissi, et vraiment cet appendice ressemble à toute autre chose. La dame paraît attristée de cette fantaisie de la nature et refuse de se laisser photographier. Elle me dit : « Les habitants de votre pays sont des hommes très savants, je le sais; ils connaissent des remèdes à tous les maux; ne pourriez-vous pas réunir les deux parties de mon nez? » Me voici bien perplexe. L'Abba Koro joint ses instances à celles de sa femme. Je me défends de mon mieux, mais en vain. Que faire ?... J'évoque Hippocrate et Galien.

"Hadda" Jeudi 12 Janvier 1888.
Vue et relevements pris du Sommet de la Colline "Haddia"

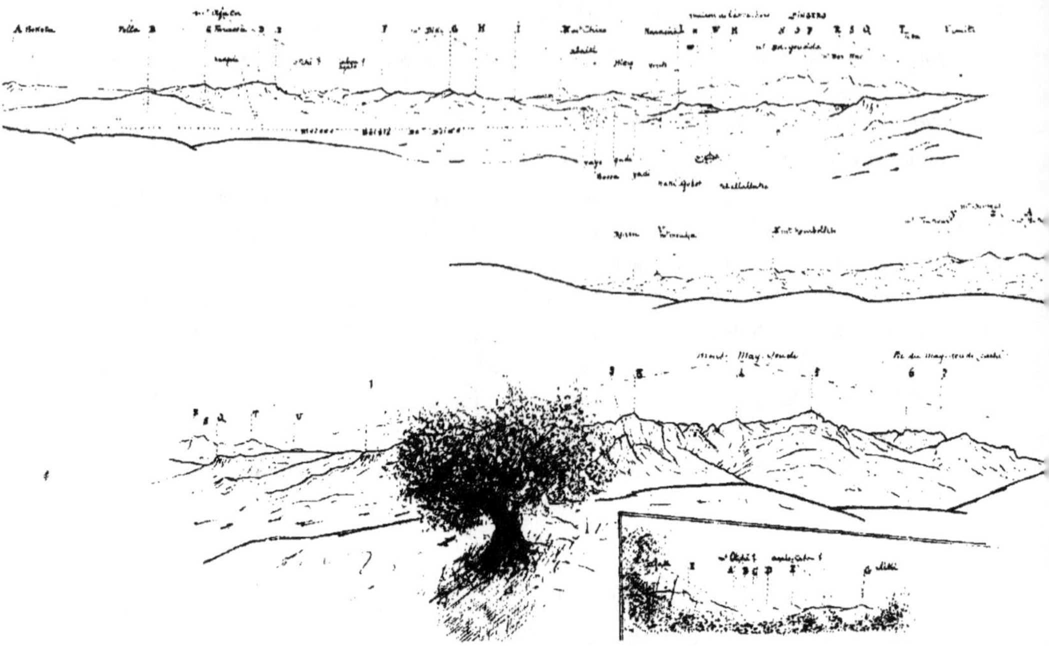

Vue et Relevements pris du Sommet du Pic d'Ali-Dhera.
Mercredi 1 Février 1888.

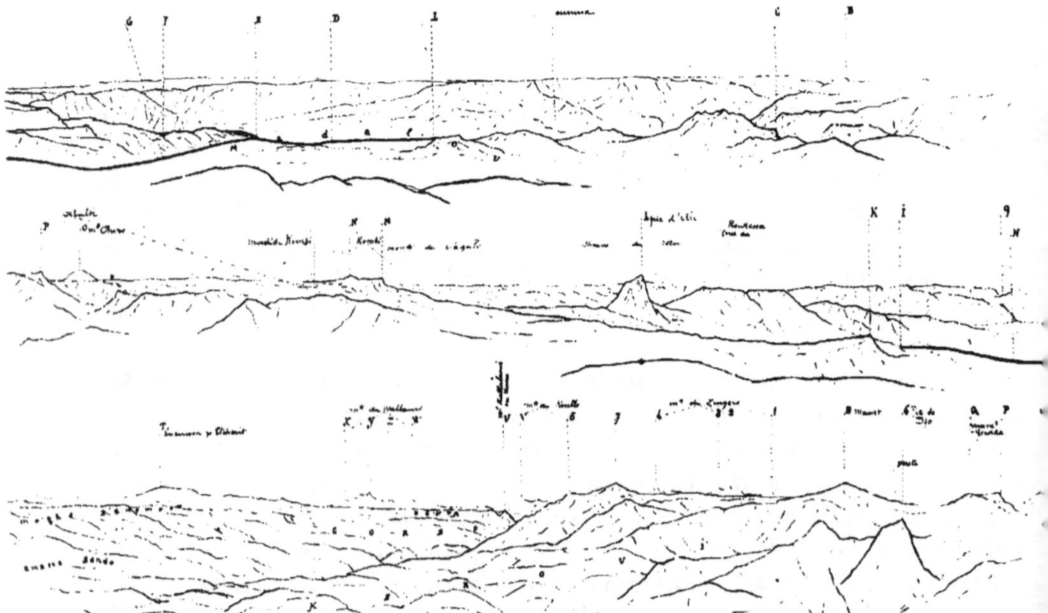

C'est la face glabre de Sganarelle qui m'apparaît. Je me résigne et, médecin malgré moi, je tâche d'être inoffensif. Je prends un air grave et je donne à ma cliente un petit morceau de savon: « Frictionnez, lui dis-je, frictionnez chaque jour votre nez avec ce médicament trempé dans l'eau. S'il est usé avant que vous ayez obtenu le résultat désiré, c'est que tout espoir de guérison est perdu! » Pour prix de cette belle consultation, je reçois un bœuf magnifique. J'ai honte d'accepter un pareil honoraire;

VUE PRISE A KAMBEL, MOGHA DU ZINGÉRO.

mais puis-je refuser? Ma cliente serait offensée et j'encourrais sa disgrâce, en dépréciant ma propre ordonnance.

ALI-DHÉRA.

Mardi, 31 janvier.

Il pleut encore. C'est la quatrième nuit. L'eau a pénétré dans ma tente; j'ai protégé mes instruments avec mes couvertures et j'ai couché dans la boue.

Nous faisons route vers Ali-Dhéra, par de mauvais chemins, à travers des terres arides, jonchées de pierres et de blocs de basalte prismatiques. On dirait, sur le sol, des débris de colonnes.

En deux heures de marche, nous gagnons la montagne. C'est un cône parfait. Nous suivons une arête assez large, tenant la terre haute d'un côté et, des autres, surtout au sud, surplombant des précipices. Le pic nous domine d'une centaine de mètres. Les pentes sont rapides; elles descendent au fond d'un ravin escarpé où coule

41

la « Kéroui », affluent de l'Omo, qui prend son nom dans la partie méridionale des terres qui entourent Ali-Dhéra, contrée disloquée où les fissures rocheuses s'enchevêtrent jusqu'aux bords du fleuve. C'est ici que le Ghibié Ennarya devient l'«Omo».

Quelques cultures de kotcho et de coton.

A la base du pic d'Ali-Dhéra j'ai pris des circumméridiennes.

Pour se distraire, mes hommes mettent le feu aux herbes sèches. En un instant, la montagne flambe tout entière.

Sur le sommet d'Ali-Dhéra, j'ai vu d'anciennes sépultures musulmanes. L'appareil en est simple et banal. L'orientation vers la Mecque est assez exacte. Dans quelles circonstances ont été élevées ces tombes aujourd'hui oubliées ? En portant des morts sur ce pic difficile à gravir, a-t-on voulu célébrer leur gloire ou les préserver d'une profanation ?

ALI-DHÉRA.

Mercredi, 1er février.

Mauvaise nuit. Point d'abri, et une pluie torrentielle. L'eau et les herbes brûlées forment une boue noirâtre qui coule autour de moi. J'ai abrité mes instruments sous un rocher et je me suis couché; mais le sommeil n'est pas venu.

La foudre doit frapper souvent ce pic isolé au milieu des plaines, dans un chaos de pierres. Les éclairs brillent sur nos têtes et sous nos pieds. Nuit sinistre, vraiment, passée sur des tombeaux; j'en garderai le souvenir. Enfin le jour paraît et je puis travailler.

La vue s'étend au loin; mais la brume survient et m'empêche d'observer utilement la partie située au nord du territoire couraghé, les montagnes d'Amaya et de Tchabo (Harro-Dendy), la chaîne du Botor et le mont Otché. En revanche, j'ai très distinctement relevé une partie du cours du Ghibié de Djimma et du Ghibié-Ennarya (Omo). Ils confluent dans la vallée de Madalou. L'Omo coule ensuite dans les gorges formées par les hautes terres du mogha de Chakaï et les contreforts des montagnes d'Albati ; puis, entre les terres élevées du Corbo et de Denta, sur sa rive gauche, et les hauteurs du Zingéro, sur sa rive droite.

Les gués sont dangereux et des accidents mortels surviennent chaque année.

Je descends d'Ali-Dhéra, en me dirigeant vers le point de jonction des deux Ghibié. Nombreuses cultures de coton. J'aurais voulu mesurer le débit des rivières; mes hommes ont refusé de les franchir, à cause des crocodiles.

Je rentre tard et par de mauvais chemins, à la maison de l'Abba Koro.

KOMBI.

Jeudi, 2 février.

Il a plu encore cette nuit; mais toutes mes précautions étaient prises ; j'ai dormi. Sur l'emplacement du marché de Kombi, j'ai fait un tour d'horizon; malheureusement, j'éprouve la même contrariété depuis plusieurs jours : le ciel devient nuageux et je ne puis obtenir la hauteur solaire.

L'Abba Koro d'Abalti m'annonce son départ immédiat; Abba Djiffar l'appelle pour l'aider à rétablir l'ordre dans le Limmou. La lutte y a éclaté entre des tribus ennemies.

J'ai eu, cette nuit, un long entretien avec l'Abba Koro, Abba Foutha Abba Melré, Zingéro d'origine et oncle maternel d'Amno, roi du Zingéro. Pris dans une guerre et emmené en captivité, il est devenu l'esclave du roi de Djimma. Renonçant à son pays, il s'est distingué par sa bravoure contre ses compatriotes. Personne ici ne considère ce revirement comme une trahison. Abba Foutha Abba Melré a réussi, du moins il l'assure, à se créer un parti dans le Zingéro et à rallier les mécontents. Abba Djiffar, pour le récompenser de ses services, l'a nommé gouverneur d'Héréto, où se trouve une

HOMME DU ZINGÉRO.

masséra construite par Abba Gomol et abandonnée à cause des incursions des Zingéro. Peu après son arrivée, Abba Melré a eu l'occasion de livrer des combats sanglants et heureux. Il est parvenu à gouverner en maître toute la contrée. Il m'a offert l'hospitalité, j'ai accepté avec empressement; il part dans l'après-midi. Je me mettrai en route demain matin, à la première heure, et je le rejoindrai.

Héréto commence à se peupler. On y voit des cultures; mais c'est le mogha : la dévastation est toujours imminente.

MOGHA DE ZINGÉRO.

Vendredi, 3 février.

Notre marche est rapide. Les habitations et les cultures ont disparu. Les bois sont magnifiques et les fourrés épais.

Je campe dans l'habitation de l'Abba Koro; je me suis entendu avec lui; moyennant quelques cadeaux, il me laisse partir.

Un peu avant minuit, je m'avance dans le mogha, accompagné d'un seul guide. Je m'arrête à la porte du Zingéro.

HAUTEURS DE KAMBEL.
Samedi, 4 février.

Résolu à pénétrer dans le Zingéro, j'agis par surprise. Mes bagages attendront hors du mogha, au pays de Hierro, que j'ai traversé en allant à Abalti.

GOURA, HOMME DU GARO.

Avant le jour, je me mets en marche, accompagné de neuf serviteurs; j'arrive à Gorma; c'est le seuil du Zingéro. Le trajet à duré deux heures.

A la première porte, aucune difficulté, pas de gardiens; à la seconde, quelques indigènes essayent de nous barrer le passage; je tire deux coups de fusil en l'air, ils s'enfuient. Nous mettons le feu à des broussailles sèches qui obstruent l'accès et nous nous portons rapidement en avant. Nous rencontrons quelques huttes; personne ne veut répondre à nos questions.

Les femmes sont vêtues d'une espèce de jupe appelée « dosseh », tissée avec des fibres d'orties (dobi) et teinte en rouge pâle avec du souff. Les hommes portent le pantalon des Sidama du Koullo, mais sans broderies. Chez les deux sexes, même coiffure : les cheveux tressés en turban et quelquefois flottants. Je parviens à savoir que l'habi-

CHUTE DU GHIBIÉ A KOKOBY

tation d'Amno est à quelques heures de marche dans le sud-est. Je prends cette
direction, je traverse deux étroites vallées et je gagne des hauteurs. Le sol est accidenté ; il rappelle le Kéroui ; je n'aperçois pas la demeure du roi.

Je continue ma route. La population devient plus dense. Les cultures s'améliorent.
Dans les huttes, je suis accueilli par des exclamations furieuses ; les naturels s'attroupent
et profèrent des menaces ; les femmes crient : « imbirmadani ! » (ils appellent au
secours, ils poussent le cri de guerre) me disent mes serviteurs fortement émotionnés.

On va nous traquer comme des fauves. Il faut sortir de ce mauvais pas au plus
vite. Pendant une heure, nos chevaux nous emportent dans une course folle. Mon
guide a jugé à propos de nous abandonner. Je prends la direction de Hierro. Dès que
nous pouvons respirer, je fais saisir un indigène assis devant sa hutte. Quelques coups
d'alangha ont raison de sa résistance. Il marchera devant nous et nous montrera la
route. Je veux qu'il nous conduise hors de son pays, par le sud-ouest, du côté où
m'attendent mes gens et mes bagages. Plus mort que vif, cet homme nous
précède. Mais nous avons perdu quelques instants, et nous sommes serrés de près
par un groupe d'indigènes. Je crains que leur nombre ne grossisse et que notre
situation ne devienne périlleuse. A travers les broussailles, nous fuyons. Nous
entendons encore les cris ; mais nous ne voyons plus nos ennemis. Les fourrés
finissent et nous voilà découverts, dans une plaine, au milieu des prairies et des
massifs de kotcho... Je ne me résigne pas à laisser mes os et à souffrir une mort
horrible, dans les tortures dont ces sauvages ont le raffinement. Mes serviteurs, las
de cette poursuite acharnée, veulent se servir de leurs armes. Je les retiens et
leur promets de faire feu moi-même, au moment voulu. Notre retraite continue, précipitée et sans ordre. Dans un instant, on ne m'obéira plus. Je me décide à tirer en
l'air, tant pour empêcher les miens d'utiliser leurs armes, que pour intimider les
Zingéro. Le résultat est contraire à mon attente. Deux Zingéro se précipitent vers nous
et jettent leurs lances, qui tombent à quelques pas de moi. Je retiens encore les fusils ;
mais je suis décidé à me défendre sérieusement, si l'attaque se renouvelle. Je n'attends
pas longtemps. Les Zingéro, enhardis par notre déroute, se ruent sur nous avec
plus de fureur. Dix lances tombent à mes côtés. C'est la lutte pour la vie. J'épaule
et je tire deux coups de ma carabine à éléphant, chargée de chevrotines. Quatre ou cinq
malheureux sont atteints. Deux restent en arrière, un troisième tombe sur la face,
trois autres disparaissent dans les kotcho. Trois nouveaux coups de feu, tirés au
hasard, nous débarrassent définitivement de nos ennemis. Mes serviteurs, et surtout
ceux qui montraient tout à l'heure une honteuse couardise, deviennent des héros ; ils se
jettent aux trousses des Zingéro, à tort et à travers. Je reste à peu près seul, bien
résolu à continuer ma route, sans attendre ces fanfarons d'une inutile et tardive
hardiesse. Ils reviennent, portant les lances et les couteaux des blessés. Dès cet instant,
je ne puis plus les maîtriser ; ils tirent maladroitement sur les naturels qu'ils aperçoivent ; ils envahissent les huttes sur notre passage et emportent ce qui leur convient.
C'est bien plus tard, quand leur exaltation a cessé, que je réussis à leur persuader
que, gaspillant leurs cartouches, ils s'exposent à être tués, sans défense, à la première
attaque sérieuse.

GROUPE D'HABITATIONS,
près du marché d'Omo (ex-royaume du Garo).

Nous avançons dans un pays de moins en moins peuplé. Nous sommes en plein mogha, dans la forêt.

Vers huit heures du soir, nous faisons halte sur les hauteurs de Kambel.

GARDI. — HIERRO.
Dimanche, 5 février.

Nuit d'alarme et d'inquiétude. Nous avons été constamment en éveil. Les Zingéro ont perdu nos traces. J'ai eu soin de camper loin du sentier battu. Notre guide forcé est toujours avec nous; je le renvoie au point du jour, en reprenant notre route. Trois heures après, je suis chez l'Abba Koro de Gardi, où je retrouve mes hommes et mes bagages. Je m'arrête sur les hauteurs de Hierro, pour dresser un tour d'horizon.

Aujourd'hui, j'ai visité la chute du Ghibié de Djimma, à Kokoby.

L'accès, par la rive droite, est encombré de taillis et de broussailles. En amont, la rivière est large et profonde, mais sans courant. Tout à coup se dresse un mur de basalte, et les eaux se précipitent, d'une hauteur de cent quarante pieds, dans un bassin rocheux. Sur le seuil de basalte, pendant les hautes eaux, le tournoiement des cailloux roulés creuse des trous parfaitement ronds, comme s'ils étaient forés avec des engins mécaniques. J'en ai mesuré plusieurs : cinq à sept mètres de profondeur, vingt-cinq à quatre-vingts centimètres de diamètre.

Les pintades, en bandes, se désaltèrent sur les bords de la rivière.

Au retour, je suis surpris par un violent orage. La nuit tombe; à neuf heures du soir, je suis de retour à Gardi.

GARDI.
Lundi, 6 février.

J'irai demain, dans le pays de Garo, à un marché qui se tient près du fleuve et porte son nom ; la traite des esclaves s'y pratique largement. Il est surtout fréquenté par les Tambaro, les Hadia, les Amzoulla et les Wallamo.

Ce matin, est mort un guerrier oromo de la maison de l'Abba Koro. Il ne professait pas la religion musulmane. Ses funérailles n'ont pas différé sensiblement de celles que j'ai déjà vues. Les hommes et les femmes gémissent. Dès que la triste nouvelle est connue, les parents et les amis accourent à la hutte mortuaire. A deux ou trois cents mètres, ils commencent à se lamenter et à verser des larmes; en approchant, leurs plaintes redoublent. Ils expriment parfois leurs regrets en donnant au mort les qualifications les plus tendres : « Ya abbako ! » ô mon père ! — « Ya mitchouko ! » ô mon ami! — « Ya tourouko ! » ô mon chéri ! — « Ya ayanako ! » ô mon génie tutélaire ! — « Ya idjako ! » ô mon œil ! — « Ya wantako ! ô mon bouclier ! » etc. Au moment de la levée du corps, les femmes simulent une lutte, pour s'opposer à cette suprême séparation. Une fosse est creusée près de la maison ; deux hommes y reçoivent le cadavre et le placent sur un linceul qui en garnit le fond. On couche le mort, je ne sais pourquoi, sur le côté gauche, le bras droit près du corps; l'autre, replié sur la tête. Les cris deviennent de plus en plus aigus. On dépose dans la tombe du miel, de la bière, un wintcha, du pain, de la toile et de la cire. L'histoire de toute l'antiquité nous révèle des usages

KELTO,

dans la vallée du Ghibié.

analogues. La fosse comblée, on élève un tumulus de pierres amoncelées sans ordre.
Sur de forts bâtons fichés dans le sol, on suspend le bouclier et les armes du guerrier défunt, sans oublier les dépouilles de ses ennemis. Quelquefois, on y accroche
aussi une tête de bœuf. Pourquoi? — Ce cérémonial (sauf le dernier détail) est commun à toutes les tribus oromo. Pendant plus d'une semaine, on voit arriver de toutes
parts, et souvent de fort loin, des amis du mort. Ils viennent unir leur affliction à la
douleur de la famille et sont momentanément les hôtes de ceux à qui ils apportent
leurs condoléances.

J'ai pris à Gardi la hauteur du soleil, la déclinaison et j'ai fait un croquis de tour
d'horizon.

Je dis adieu, ce soir, à l'Abba Koro; il prend le kosso demain, et, ici comme au
Schoa, celui qui absorbe une médecine a grand soin de se dérober à tous les regards,
dans la crainte du mauvais œil.

GARO.

Mardi, 7 février.

Je traverse l'extrémité orientale de la vallée du Ghibié. Des cultures et quelques
arbres. A l'est, se dressent les monts du Zingéro; Bor-Goudda et Bor-Teno en sont les
sommets les plus élevés. C'est sur le Bor-Goudda que s'accomplissent les sacrifices
humains.

Nous gravissons les contreforts du mont May-Goudo, et, six heures après, nous
parvenons aux plus hautes terres. Sur le versant méridional, nous dressons nos
tentes auprès d'une belle masséra où nous ne trouvons personne. A deux kilomètres
du campement, je fais quelques observations et un croquis. Chemin faisant, j'ai aperçu,
visé et manqué un superbe léopard.

Froid assez vif; vent violent. Trois de mes hommes sont gravement atteints de la
syphilis. Je les soigne de mon mieux avec les médicaments ordinaires. Ce mal terrible
cause de véritables ravages dans le Schoa, à Djimma et dans les pays voisins. Comme
les Amhara, les Oromo prétendent que le fléau leur est venu des Arabes. Le traitement varie à l'infini. Au Schoa, par exemple, où le mal est très répandu, le syphilitique s'enferme dans sa maison, sans aucune autre lumière que celle d'une bougie
ou d'un faible brasier. Il boit des infusions de salsepareille, tient sa maison aussi
chaude que possible et ne reçoit que la visite du domestique chargé de lui apporter sa
nourriture. Cette séquestration dure une vingtaine de jours, parfois davantage. Quand le
malade sort, il s'enfonce la tête dans un bonnet et porte (c'est l'unique circonstance
où il en fasse usage) des souliers de peau qui lui couvrent les pieds jusqu'à la cheville.
Il se bouche le nez et les oreilles avec du coton. Après deux ou trois mois de ce
second traitement, il doit être guéri. Une autre méthode suivie chez les Amhara,
comme chez les Oromo, consiste à soumettre le syphilitique au traitement des eaux
thermales.

La pharmacie européenne est inconnue. Le roi Ménélik ignore absolument l'usage
des drogues qui lui ont été données. C'est un fait notoire qu'un jour, pour exciter la
transpiration de son fils malade, il a versé des gouttes de baume du Commandeur dans
un bain de pieds de moutarde.

Les Oromo ne sont pas circoncis. J'ai remarqué chez eux une coutume singulière. Dans la crainte des contacts impurs d'animaux ou de plantes, avant de traverser un cours d'eau, ils pratiquent sur eux-mêmes, avec des brins d'herbes, une ligature fragile, que la circoncision interdit à jamais aux enfants d'Israël, comme aux sectateurs du Prophète.

OMO.

Mercredi, 8 février.

Cette nuit, violent orage. De grand matin, je suis debout pour préparer le départ.

KELTO,

à Djimma, dans la vallée du Ghibié.

Notre route traverse de superbes forêts. Ma vue s'étend sur le Kambatta, l'Amzoulla et le Hadia. Nous franchissons les portes qui, jadis, indiquaient la limite des royaumes de Garo et de Djimma. Nous cheminons au milieu des bois et des prairies.

A dix heures du matin, nous sommes au marché d'Omo. Mon arrivée produit un certain émoi. A la hâte, les uns cachent leurs marchandises et les autres se sauvent; une foule compacte m'entoure. Je traverse le marché en provoquant une émeute sur mon passage. Le plus grand nombre des esclaves mis en vente ont été volés par les Tambaro et les Denta, dans le Kambatta et le Wallamo. On les échange contre des veaux. Le thalaris est à peine connu. Le sel est à la fois un objet marchand et la monnaie courante des transactions, sous la forme de petits paquets ronds, enveloppés dans des feuilles sèches de kotcho. Il est nitreux et provient du Wallamo. On l'emploie pour la nourriture du bétail. Le veau représente la grosse monnaie d'argent. Sa valeur est de cinq à sept sels. Une jolie esclave, de dix à douze ans, se vend dix veaux, soit cinquante ou soixante sels, c'est-à-dire six ou huit thalaris. Le « martchoua » sert de monnaie divisionnaire. C'est un morceau de fer recourbé, de vingt à vingt-cinq centimètres de longueur sur deux de largeur, plus épais au milieu qu'aux deux extrémités. Les Tambaro, les Hadia, les Wallamo prennent des martchoua pour fabriquer leurs lances, leurs couteaux, etc., etc. Ils en importent aussi chez les Arroussi-Galla et les Kambatta.

On trouve encore, sur le marché, des chevaux, des mules, des ânes, du coton et surtout du kotcho.

L'affluence diminue à Omo, depuis quelques mois, à cause de la terreur qu'inspirent les pillards du Koullo. Récemment encore, ils ont volé et assassiné plusieurs marchands.

Les Tambaro, les Denta, les Corbo, les Hadia et les Amzoulla portent le pantalon et non le foutha. Ce vêtement est en coton noir et blanc ; ils n'y passent leurs jambes qu'après l'avoir enduit de beurre. Ils le retiennent par une longue ceinture et le remontent, de telle façon, qu'il s'arrête au-dessus du genou. Leurs chamas fabriqués dans le pays sont grossiers. Leurs couteaux, larges, recourbés à l'extrémité, tranchants à l'intérieur de la courbe, ressemblent à ceux des Arroussi. Leur langage diffère absolument de celui des Oromo et des gens du Koullo ou du Kaffa.

Tous affirment qu'il me sera impossible de pénétrer sur leur territoire. — Nous verrons bien.

La région paraît coupée de ravins ; au delà des montagnes des Amzoulla et du Kambatta, elle change d'aspect. Il n'y a plus ni gorges ni rochers ; c'est une grande plaine. Les naturels, à l'exception des Hadia, cultivent la terre ; mais tous préfèrent la vie pastorale à l'agriculture.

OMO.

Jeudi, 9 février.

Matinée consacrée à dresser un tour d'horizon. Je voudrais relier le Zingéro aux pays sidama. J'ai en vue le pic de Kaffarsa. Hier, j'ai obtenu l'heure à midi et la déclinaison. Je puis donc donner une plus grande exactitude à mon travail de May-Goudo et de Kaffarsa.

J'ai reconnu le cours de deux petites rivières : la Gamouna et la Dannaba.

La Gamouna prend sa source dans les monts Amzoulla, sépare le pays de ce nom et le Maroko du pays de Denta ; elle se jette dans l'Omo. La Dannaba descend des monts du Zingéro et coule dans une vallée profonde, entre le Zingéro et Djimma.

Le temps est clair. Je distingue nettement les dernières élévations des monts du Koullo, dans le sud, et les plateaux du pays couraghé, au nord.

Je viens d'assister à une scène héroïque. Deux Tambaro avaient, non loin du gué, tué trois Koullo. Cet exploit appelait des chants de triomphe. Ils n'ont pas manqué. Devant la foule assemblée à la porte de l'Abba Doula, les deux guerriers se pavaneut, fiers d'attirer l'attention générale. Ils marchaient la tête haute, frappant le sol en cadence. De la main droite, ils tenaient leur lance; de la gauche, leur grand couteau et les dépouilles sanglantes des vaincus. A leur bras, était suspendu leur bouclier. Par intervalles, ils remettaient le couteau dans le fourreau et brandissaient la lance en chantant : « Bomboré Diramo, Kilibé Baletcho, Labachi Kadero, Ladachi Abayé, Mirorè Asbilo, Kambatta Oyato, Marocco Ghirena, Diramo Bosetcho. » J'ai pu, séance tenante, transcrire le texte de cet hymne guerrier; j'ai été moins heureux, quand j'ai voulu m'en procurer une traduction fidèle.

VUE DE L'INTÉRIEUR DE LA MASSÉRA DU ROI DE DJIMMA.
LES GRENIERS ROYAUX.

La langue tambaro est en usage dans le Denta, le Corbo, l'Amzoulla et le Kambatta.

HOULLÉ.

Vendredi, 10 février.

Après une traite rapide de neuf heures, je suis arrivé à une demi-journée de Djiren, dans la vallée du Ghibié de Djimma, à Houllé.

J'ai d'abord cheminé au milieu des forêts sur le versant du mont May-Gondo, qui domine le Zingéro; puis, je suis descendu dans la vallée. Peu à peu, la nature s'est modifiée, les bois ont disparu; la route est devenue monotone à travers les prairies et les terres cultivées; l'air est obscurci par des nuages de poussière. Nous campons.

J'ai l'intention d'être dimanche au marché de Houllé qui se tient dans les environs. Il est, dit-on, important.

DJIREN.

On m'a induit en erreur. Le marché de Houllé est insignifiant. Aussi, ne m'y suis-je arrêté qu'un instant. J'ai regagné Djiren dans l'après-midi. Ma première visite a été pour Abba Djiffar. Il a fait appeler les hommes qu'il avait envoyés à Gofa, pour demander à son royal collègue s'il consentait à me laisser entreprendre un voyage dans ses États. Le roi de Gofa a volontiers accepté mes présents, et lui-même m'a envoyé quelques esclaves. L'un d'eux est originaire d'une contrée fort éloignée, dans le sud, qu'il désigne sous le nom d'Arra ou Arro. Un massif de montagnes isolé s'y élèverait. Les habitants n'y connaîtraient d'autres cultures que le kotcho et le café; ils se vêtiraient avec des peaux de bêtes et combattraient avec des flèches, contrairement aux habitudes des Sidama et des Oromo. On m'assure que les Arra ou Arro ne seraient séparés d'un grand lac que par une tribu industrieuse, mais peu considérable, les Mallé. Malheureusement, les Arra, avec lesquels le roi de Gofa est toujours en guerre, l'ont surpris récemment dans une embuscade et l'ont tué. Les messagers d'Abba Djiffar ont été retardés en route, par les conséquences de cette catastrophe. Tchité, leur chef, m'annonce qu'il a perdu presque tous les présents que le roi m'envoyait. Je lui réponds : « Cette perte m'importe peu et je suis prêt à te faire les plus beaux cadeaux, si tu retournes pour me préparer la voie dans le Gofa et si tu reviens toi-même m'apporter le résultat de tes démarches. »

DJIREN.

Abba Djiffar va chasser l'éléphant, dans le pays de Mantcho. Il m'invite à l'accompagner. Les Oromo qui doivent nous suivre ont consulté la « mora », c'est-à-dire le péritoine des chèvres, des moutons ou des bœufs. « Autrefois, disent-ils, nous avions un livre, nous aussi, comme les Amhara, nos voisins, mais une vache l'a mangé. Pourtant « Wak » (Dieu) a permis que tout ne fût pas perdu et quelques fragments sont restés dans le corps de la bête dévorante. Les gamna (savants) et les ogessa (habiles) sont seuls capables de les déchiffrer. »

A la veille d'une guerre ou d'un voyage, au moment d'accomplir un acte grave ou de recevoir une visite intéressante, l'Oromo ne manque pas de consulter la « mora ». Les aruspices sont convoqués et la victime immolée. Deux hommes tiennent la mora, étendue ou suspendue, et la discussion s'engage. Si le sort est favorable, le consultant hâte l'exécution de son projet ; en cas contraire, il l'ajourne.

A cette pratique, vieille comme l'humanité, se borne le culte religieux des Sidama. Chez les Oromo, il en existe d'autres, toutes empreintes de superstitions analogues et suspectes de sorcellerie. Certains font bouillir du beurre avec des grains de café en coque. « Nous demandons la pluie, me disaient-ils; si le Dieu passe sur nos têtes, il verra notre sacrifice et exaucera notre prière. » Mais, joignant à la piété une sage économie domestique, ils ont soin, le sacrifice accompli, de manger les grains de café et de boire le beurre.

Je crois qu'il est impossible de trouver au monde un pays où les mensonges se débitent en plus grande quantité et plus naturellement qu'à Djimma. Un jour, je m'en suis plaint à Abba Djiffar, lui demandant pourquoi ses sujets (je ne pouvais décemment le mettre en cause lui-même) avaient contracté cette odieuse habitude; il me répondit : « Que veux-tu? les choses sont ainsi, mais je n'en connais pas la raison. Nos pères ont toujours menti ; de temps immémorial ils ont passé pour menteurs; nous, nous mentons, et nos descendants mentiront à leur tour. » Peuple et souverain sont demeurés fidèles à leurs traditions !

D'autres, à qui je reprochais ce même vice, m'ont dit : « Et toi, pourquoi ne mens-tu pas? Nous aimons ceux qui mentent. » La fourberie caractérise ces peuples et le mensonge est dans leur hérédité. Si l'un d'eux se présente dans une réunion et y donne des nouvelles heureuses ou malheureuses, on l'écoute et, aussitôt après son départ, chacun se prend à rire en répétant : « insobba » (il ment); mais personne ne songe à punir ou même à blâmer le menteur.

DJIREN.

Mercredi, 15 février.

J'apprends par mes serviteurs que depuis quelque temps je suis accusé d'empêcher la pluie de tomber. Personne n'osait m'en parler. J'ai demandé au roi de vouloir bien me donner quelques explications et de mettre un terme à une aussi dangereuse sottise : « Ceux qui vous accusent, m'a-t-il dit, ne sont pas des musulmans, mais bien des Oromo. » Cette réponse ne me satisfait guère. J'ai insisté sur les désagréments auxquels m'exposerait cette diffamation, si elle s'accréditait. Abba Djiffar m'a promis son assistance et m'a rappelé que, dans trois jours, nous devions chasser ensemble l'éléphant, du côté de Mantcho, derrière les montagnes du sud de Djimma, sur les bords de la Godjeb, en face du Contab.

CORTI.

Samedi, 18 février.

Je me suis mis en route avec le roi et une trentaine de chefs ou de favoris. Nous campons à Corti.

AUX BORDS DE LA GODJEB.

Dimanche, 19 février.

Partis de bonne heure, nous avons rapidement franchi les contreforts du May-Goudo, au pied du mont Arbou-Abouna, et nous voici sur le territoire mantcho.

La Gobjeb coule près de notre campement. Sur la rive opposée, s'étendent, à l'est, le Koullo, — au sud et à l'ouest, le Contab.

A peine nos tentes sont-elles dressées, que des habitants notables de ces deux pays viennent saluer le roi. Les gens aisés sont vêtus d'un chamas blanc et d'un pantalon tissé en fils de couleurs voyantes. Leur tête est coiffée du katcha. Ils repartiront dans la soirée.

Aux bords de la Godjeb.

Lundi, 20 février.

Avant le jour, sont arrivés les chasseurs qui ont suivi les pistes. Nous partons. Nous sommes environ cinq cents cavaliers; un grand nombre d'indigènes nous suivent à pied. Après une heure de marche, nous apercevons les éléphants. Ils sont au milieu d'un bosquet d'acacias. Il faut les déloger; ce serait folie de s'engager à cheval, à travers les buissons et les arbres. Les piétons se précipitent, en poussant de grands cris; les éléphants se dirigent vers la plaine. Les hommes s'élancent à leur poursuite, mais les bêtes font volte-face et, la trompe en l'air, la queue allongée, courent au devant de leurs agresseurs. Un moment, la cohue est indescriptible; bientôt la situation s'éclaircit. Quatre éléphants sont poussés par les cavaliers vers la Godjeb. Tout à coup, ils se retournent et chargent leurs ennemis.

Abba Djiffar monte à cheval; je l'accompagne. Les chasseurs poursuivis se partagent en deux groupes, coupant à angle droit, dans deux directions opposées, la route qu'ils suivaient d'abord. Les éléphants hésitent, puis se ruent contre les hommes de gauche. Sur un signal d'Abba Djiffar, un groupe de plus de deux cents cavaliers prend les bêtes en flanc et les crible de coups. Ils s'approchent, jettent leurs armes à quelques mètres de distance et font volte-face. Des domestiques leur passent de nouvelles lances.

Deux éléphants rentrent dans le bois; deux autres se précipitent en aveugles. Poussé vers la Godjeb, le premier parvient à la traverser; l'autre, effrayé par les clameurs, se retourne, s'élance furieux, renverse et blesse bon nombre d'hommes, s'enfuit et disparaît dans les acacias. La journée se passe à le poursuivre; mais on le traque inutilement de tous côtés; rien ne le décide à sortir de son refuge.

Abba Djiffar ordonne de mettre le feu au bois, demain matin. Il est mécontent de la chasse : beaucoup de malheureux sont blessés; huit sont dans un état désespéré; son frère a un bras démis, et pas un éléphant n'a été pris ou tué. Il se plaint amèrement de la lâcheté de ceux qui ont laissé le passage libre au premier éléphant, du côté de la Godjeb, et menace d'incendier les récoltes des chasseurs maladroits. Chacun proteste qu'il est prêt à affronter la mort, pour assurer le succès de la chasse et le roi, qui apprécie à leur juste valeur les héroïques discours de ses sujets, se contente de rire.

Aux bords de la Godjeb.

Mardi, 21 février.

Bien avant l'aube, je suis réveillé. Je trouve Abba Djiffar sous sa tente, assis devant le feu. Il m'invite à prendre du café avec lui. Aux premières lueurs du jour, nous partons. Le bois flambe, on attend l'éléphant du côté de la plaine. Tout est brûlé et nous n'apercevons rien. Abba Djiffar s'impatiente; il lui faut l'éléphant! Après de longues et minutieuses recherches, on le trouve enfin, blotti dans un affaissement du sol. La lutte suprême ne dure pas longtemps. Entourée par les cavaliers et lardée de coups de lance, l'énorme bête perd beaucoup de sang. Peu à peu elle s'affaiblit, tombe, râle et meurt. Le roi triomphe!

Vue et Relevements pris de "Houllé" (Vallée du Ghibié de Djimma)
samedi 11 Février 1888

Il a fallu deux jours pour s'emparer d'un éléphant... De quel prix ne serait pas l'ivoire, si de pareils efforts étaient nécessaires pour le conquérir ! La chasse est finie. Nous rentrons à Djiren.

DJIREN.

Mercredi, 22 février.

Un envoyé du roi du Koullo est venu me voir. Il ne m'apporte aucune nouvelle ; mais il n'oublie pas de me demander des cadeaux pour son maître. Je le conduis chez

MARDIA, FEMME HADIA.

Abba Djiffar. Il se décide à me fournir quelques indications géographiques. Quand je les aurai vérifiées, je les réunirai aux autres et j'essayerai d'en tirer quelque chose.

J'ai assisté, ce matin, à un mariage oromo. Les formes diffèrent légèrement des coutumes dont j'ai été témoin dans le nord. Le simulacre de l'enlèvement subsiste, mais il est réduit à la plus simple expression. L'homme emporte sa fiancée. Les parents feignent le désespoir ou la colère et se hâtent de la reprendre des mains du futur époux, qui doit payer une amende ou perdre toute considération. L'enlèvement se pratique de nuit. Il n'est pas sans quelques ennuis : le ravisseur s'expose à recevoir des horions, dans l'obscurité. A Antoto, c'était un prétexte pour mes domestiques de me soutirer quelques thalaris. Ils me déclaraient qu'ils devaient l'amende et qu'ils n'avaient pas un maravédis. Souvent, pour donner plus de vraisemblance à leurs récits, ils m'envoyaient leur mère. Ils ont pour elle plus de respect que pour leur père; elle est confidente de leurs peines et complice de leurs supercheries.

La cérémonie proprement dite n'est pas compliquée. Au soleil levant, les parents et les amis amènent un bœuf, sur le seuil de la maison de la fiancée. Le futur époux survient, égorge l'animal, recueille le sang et en asperge la maison ; parfois même, il en jette quelques gouttes sur l'épousée. Puis il entre dans la hutte nuptiale, pour en sortir bientôt après et proclamer que la vierge est devenue femme.

J'ai noté récemment une scène étrange dans le pays d'Amaya. Mon hôte allait se marier. Son choix était fait, mais les parents de la jeune fille s'opposaient à l'union projetée. Tout à coup, la porte de la hutte s'est ouverte. La fiancée, fuyant la maison paternelle, s'est précipitée aux pieds de celui qu'elle voulait pour mari et, le front contre terre, elle frappait le sol de ses mains. C'était accomplir un acte d'abandon et de soumission que la coutume sanctionne. En dépit des protestations, des cris et des menaces des parents, les anciens de la tribu ont déclaré le mariage valide et légal.

Au Schoa, les filles ne sont pas tenues d'observer une continence rigoureuse; elles jouissent d'une liberté complète, et en usent volontiers. Il n'en est pas de même en pays oromo. La fiancée doit être pure; mais, en revanche, la femme mariée est libre d'elle-même. La foi conjugale est exposée à des atteintes graves et fréquentes ; amants et maris doivent s'accommoder. Le don Juan oromo, surpris par l'époux trompé, doit comparaître devant un tribunal composé de juges choisis par les deux parties, qui le condamne régulièrement à l'amende; mais, en retour, il a, pour un temps déterminé, le droit de jouir de sa conquête. Bien mieux, il peut, le cas échéant, planter sa lance devant la porte, pour avertir le mari que sa visite serait momentanément importune.

Dans quelques tribus touchant au Schoa, j'ai vu pratiquer un contrat de bail fort original. Moyennant un prix convenu, ordinairement en bœufs ou en moutons, les hommes donnent leurs femmes en location.

A Djimma, dans la population musulmane, les mœurs sont plus austères. Le candidat donne, selon ses ressources, des bestiaux, des pots de miel, des vêtements, des mesures de blé, d'orge ou de musingha, etc., etc. Les prix débattus et fixés, il va chercher la fiancée. Il l'emmène chez lui et, pendant trois jours, s'il est riche, reçoit ses amis et tient table ouverte, sans sortir de sa demeure.

Contrairement à l'usage islamique, les femmes de Djimma se montrent à visage découvert et les amis du maître sont admis auprès d'elles. Le mari de plusieurs épouses les loge séparément. Chacune a son service à part et son train de maison spécial. Pour divorcer, l'époux renvoie simplement la femme à ses parents; mais il doit lui restituer ce qu'il a reçu en dot. S'il n'a pas de griefs sérieux et qu'il ait vécu avec elle en bonne intelligence, il doit même lui offrir des présents ; mais l'épouse chassée à cause de sa mauvaise conduite perd tous ses droits. La plupart des unions sont contractées avec des esclaves achetées ou données par le roi ou quelque grand seigneur.

DJIREN.

Jeudi, 23 février.

Je fais, chaque jour, des photographies, paysages et types ; malheureusement mes feuilles deviennent de plus en plus « lentes ». Elles n'ont pourtant pas souffert du voyage; je les porte enveloppées d'ouate, dans des coffrets de zinc recouverts de peau. Je crois qu'elles sont trop vieilles. J'ai deux douzaines de plaques en verre pour « instantanées », c'est ma réserve ; je vais être obligé d'y toucher.

Abba Djiffar est probablement le seul roi du monde qui entretienne réellement ses sujets. Chaque mois, il remet aux Abba Koro une certaine quantité de sels qui sont distribués aux pauvres, par l'intermédiaire de chefs subalternes. Au reste, dans ce pays, on ne comprendrait pas qu'il pût en être autrement. Un jour, Abba Djiffar m'a posé cette question : « Avez-vous un roi dans votre pays ? — Oui, répliquai-je pour éviter un cours de politique, mais il ne s'occupe guère de nos besoins journaliers. » — Il reprit d'un air étonné : « *Egnou si boultcha ?* » Ces mots signifient littéralement : « Qui te fait donc coucher ? »; mais leur sens véritable est : « Qui te fait vivre ? » Puis il ajouta : « Vous êtes donc des sauvages, livrés aux hasards de la vie, comme les Hadia et les Tambaro ? »

Les principales cultures de Djimma sont le dourah, l'orge et, sur quelques points, le blé. La terre produit aussi, avec peu d'efforts, le godaré (calladium), le daghoussa, le piment (berberi, que les Oromo appellent souvent « mitmitta », du nom d'une plus petite espèce), le maïs (bokolo, désigné au Schoa sous le nom de dourah de la mer « bar maschella »), le tief, le kotcho et enfin des graminées communes.

Abba Djiffar, à qui j'ai offert un beau caftan en drap rouge, doublé de soie bleue, m'a envoyé une fille hadia, qui lui a été offerte par le roi du Wallamo. Sa mère et sa femme, la ghenné Limiti, l'ont engagé à me faire ce présent. Il s'agit moins pour elles de m'être agréables, que de se débarrasser d'une rivale dans le cœur du roi. Les deux princesses sont jalouses de l'influence de la petite esclave. Mardia (c'est son nom) ressemble aux femmes dont les bas-reliefs et les peintures pharaoniques nous ont conservé les traits ; son visage est régulier. L'expression de sa physionomie est douce. J'ai pris plaisir à lui arranger les cheveux à la mode de l'Égypte antique et, au compas, j'ai dessiné d'elle un portrait ressemblant.

DJIREN.

Vendredi, 24 février.

J'avais entrepris une excursion du côté de Sadéro et je m'étais établi, en dépit de sa résistance, chez un indigène. Ce matin, comme je venais de donner à mon logeur forcé les cadeaux d'usage, mes serviteurs ont appelé mon attention sur un angle de la maison, où des gémissements semblaient sortir de terre. Nous avons cherché inutilement. J'ai appelé le maître du logis ; il a feint de ne pas comprendre. J'ai insisté, il s'est troublé et, se jetant à mes pieds, il m'a supplié de taire tout ce qu'il allait m'avouer. « Je te le promets, si tu ne me caches rien », — et pour lui ôter toute envie de réticences, je l'ai attaché. Son doigt m'a indiqué des branches d'arbres et des broussailles ; je les ai écartées et j'ai découvert dans une fosse un homme, les mains liées et la bouche bâillonnée par un mors semblable à celui des chevaux. « Qui a jeté là ce malheureux ? » ai-je demandé à mon hôte. Après cent défaites, il m'a répondu que, dans le pays, on cache ainsi tout esclave volé, jusqu'à ce qu'on ait l'occasion de le vendre sur un marché plus ou moins éloigné. J'ai délivré ce pauvre être et je l'ai emmené.

A Djimma et dans les contrées voisines, la moitié de la population est esclave. Dans certains centres, cette proportion est dépassée. Aussi bien, l'esclavage grandit-il de jour en jour. Il suffit d'un caprice du roi pour réduire toute personne en servitude.

Les vols sont nombreux et les coupables deviennent invariablement la propriété de leurs victimes.

Sur les hauteurs, aux environs de Sadéro, croissent des caféiers sauvages. Le grain en est parfumé, mais plus petit que celui des arbustes cultivés. Il est très recherché.

Les origines de la dynastie des rois de Djimma ne remontent pas au delà d'un siècle. A une époque antérieure, le pays était divisé en tribus qui se sont réunies par un serment d'alliance. De là, sans doute, le nom de « Djimma-Kakaï » donné à la confédération. « Kakaï » signifie serment.

Abba Djiffar est le huitième souverain de sa race. Il a eu pour prédécesseurs :

INSTRUMENT DE BOIS SERVANT A ACCROCHER LES TORCHES.

Abba Faro, Abba Maghal, Abba Rago, Abba Djiffar, Abba Rébo, Abba Bocca et Abba Gomol. Moins heureux que ses prédécesseurs, il a vu, dans sa jeunesse, l'invasion des Amhara du Godjam et, plus tard, celle des troupes du ras Govanna qui l'a rendu vassal du Schoa. L'avenir de Djimma apparaît plus sombre et plus triste encore que le présent ; — peu d'années s'écouleront, sans doute, avant que l'ambitieux Ménélik n'achève par les armes l'annexion définitive du pays.

DJIREN.

Dimanche, 26 février.

J'ai vu chez le roi un personnage affublé d'une coiffure étonnante. Ses cheveux tressés formaient des arêtes tournant autour de la tête ; derrière la nuque était fiché un énorme peigne en bois sculpté. Une branche de sarynti (asperge) couronnait l'édifice. C'est un guerrier qui vient de tuer un buffle ; cette parure célèbre sa victoire.

Rentré dans ma hutte après midi, j'écrivais. Brusquement, le fils d'un notable habitant a fait irruption chez moi. Il se dispense de me saluer et tient dans sa main un miroir brisé. Il me le présente, en m'enjoignant de le réparer. J'ai supporté sa grossièreté ; mais je n'ai pas pu tolérer son outrage ; sa démarche, suivant les mœurs locales était une grave offense. « Je n'ai jamais fait ce métier, lui dis-je, tu peux t'adresser ailleurs. » — « Pourquoi donc restes-tu chez nous, sinon pour nous rendre les services que nous attendons de toi? D'ailleurs n'es-tu pas un « toumtou »? — C'est la qualification de ceux qui exercent une industrie manuelle et, plus spécialement, de ceux qui, par métier, frappent ou raclent, forgerons ou tanneurs, par exemple. « Toumtou » vient de « touma », frapper. Or les ouvriers forment la dernière classe de la société oromo. Je n'avais à mon service qu'un argument digne du brutal; je l'ai employé. — « Tu m'appelles toumtou? je le suis.» Et je lui ai administré un vigoureux soufflet, en lui disant: « Toumtou biako akana beka », — « voilà ce que savent faire les toumtou de mon pays. »

Au bruit de la dispute, mes domestiques sont accourus ; l'intrus corrigé n'a pas demandé son reste.

DJIREN

Lundi, 27 février.

Les Oromo de Djimma, comme leurs congénères du nord, ne mangent ni poules, ni œufs, ni poissons. Ceux qui sont musulmans consomment de la volaille, mais ne touchent pas au poisson qui est considéré comme la nourriture des pauvres. Cependant, j'en ai trouvé d'excellent sur le marché.

DJIREN

Mardi, 28 février.

J'ai interrogé des habitants du Contab, du Koullo, du Koscha et de Gofa. Voici bien longtemps que je mande des hommes de ces différents pays, soit en m'adressant à leurs rois, auxquels j'envoie des cadeaux, soit en recourant à l'entremise d'Abba Djiffar. Les renseignements que je recueille sont unanimes : l'Omo, vers le sixième degré de latitude, coule de l'est à l'ouest, de l'autre côté des monts Ouchayé; — à l'extrémité méridionale du Koullo, le fleuve limite le Contab et le Koscha, puis tourne droit au sud. Il n'existe d'autres montagnes dans cette région que les chaînes du Koullo et le massif d'Arra ou Arro.

Le Godjeb est l'affluent le plus considérable de l'Omo.

L'existence du lac Abbala n'est pas douteuse; mes·interlocuteurs assurent que les brumes du sud-est, qui ont arrêté mon travail à Kaffarsa, s'élevaient de ses eaux.

DJIREN

Jeudi, 1er mars.

J'ai reçu des messagers de Gobbé, roi du Wallamo. Ils se nomment Danaë, Maléko et Litza. Gobbé m'envoie des esclaves et des tissus en me priant d'ajourner ma visite. Il me promet de m'ouvrir la route de Koutscha.

Au dire des indigènes, le mont « Woscho » existe (« woscha » en langue koullo signifie bambou) sur les bords de l'Omo, dans le mogha du Wallamo ; mais il n'atteint pas cinq mille mètres; tout le monde est d'accord pour reconnaître qu'il

est moins élevé que le May-Goudo (trois mille quatre cents mètres). Je suis porté
à ajouter foi à ces récits.

Un Tambaro nommé Addo s'est joint à mes visiteurs. « Nous aussi, me dit-il, nous
avions autrefois un roi; mais nous l'avons tué, parce qu'il nous maltraitait. Nous
l'avons remplacé par un chef, éligible tous les ans. Cette royauté annuelle ne valait
guère mieux que l'autre. Pour nous soustraire aux inconvénients d'une autorité per-

BIRBIRSA (en amhara ZYGBA).

sonnelle trop prolongée, nous avons supprimé nos rois annuels; nous leur avons
donné des successeurs mensuels ! » Je lui ai demandé comment se comportait envers
ses sujets ce roi de trente jours. « Hélas ! comme ceux qui l'ont précédé. Il prend
des sels sur les marchés! » Ce qui veut dire qu'il amasse et s'enrichit, aux dépens des
contribuables.

Addo nie, avec indignation, l'horrible coutume qu'on prête couramment à ses
compatriotes et aux Hadia : le meurtre du père par ses enfants. L'erreur aurait une explication originale : pour avoir le droit de se graisser la tête, un bon Tambaro doit avoir
tué un homme; or, un ennemi n'est pas toujours facile à vaincre et un esclave coûte de
l'argent; il faut trouver une victime commode. C'est pourquoi on aurait répété, sans
raison, sur la foi d'un récit mensonger, que ces sauvages donnaient la mort à leurs
parents devenus vieux et inutiles. Cependant Addo m'avoue que parfois (très rarement,
dit-il) ses compatriotes vendent leur père.

Les Tambaro teignent leurs chamas en rouge d'ocre. Pour leur donner cette couleur, il les trempent dans une terre brune, délayée, que l'on trouve partout.

Danaë, Maléko et Litza prétendent que le lac Abbala n'a pas d'écoulement et ne reçoit que des petits cours d'eau. Le principal serait la « Billaté », qui descend des hauteurs septentrionales du pays des Aroussi-Galla; son embouchure serait encombrée d'herbes et de roseaux. Il faudrait huit jours, me disent-ils, pour faire le tour du lac. Il contient plusieurs îles; la plus importante, « Arroro », est montagneuse. Ses habitants cultivent le kotcho et chassent l'hippopotame, dont ils mangent la chair et vendent la peau.

L'Abbala occupe le bas-fond d'une vaste plaine. En maints endroits, d'où l'eau s'est retirée, on récolte un sel nitreux, de même nature que celui que j'ai vu à Omo; les indigènes l'appellent « goudji ». On l'expédie, pour servir de nourriture au bétail, sur les marchés circonvoisins; j'en ai trouvé à Djiren, en petite quantité.

Des hauteurs avoisinent le lac au sud-est, dans le pays des Otchollo, dont le caractère hospitalier est proverbial dans la région.

Le Wallamo ou Walaïtza est plat; on n'y compte que deux montagnes, le Bolosso et le Dongha, renommés pour leurs pâturages. Le premier roi connu du Wallamo était originaire du Tigré; il s'appelait Kotté et eut pour successeurs principaux : Libani, Sahanna, Oghatto, Amaddo, Damotta et Gobbé, actuellement régnant. L'autorité royale se heurte à la puissance de vassaux riches et influents. Les habitants sont en relations commerciales avec Djimma et viennent y vendre les défenses des éléphants tués sur les bords du lac Abbala.

Le Koutscha est accidenté, mais il n'a pas de montagne. La terre y est peu fertile et couverte de pierres volcaniques. C'est du moins ce que j'ai cru comprendre. Les troupeaux y sont nombreux. Le roi actuel se nomme Govanna et le chef de sa dynastie s'appelait Gallomala.

En aval du confluent de la Godjeb et de l'Omo, il n'existerait plus de gué, à moins de descendre bien avant dans le sud où le fleuve est très large. On me parle aussi — mais vaguement — d'un grand lac où se jetterait l'Omo.

Les envoyés de Gobbé me donnent, de la part de leur maître une esclave du nom d'Aïté et me proposent de leur en acheter une autre du nom de Kéra. Je refuse, dans la conviction qu'ils sont chargés de me remettre Kéra aussi bien qu'Aïté, et non de me la vendre. Ils essayent de nier, puis avouent leur supercherie, et sont stupéfaits de mon talent divinatoire.

DJIREN

Vendredi, 2 mars.

Le roi m'a fait appeler. Des envoyés de Kanta, roi du Koullo, sont arrivés. Ils apportent un bouclier à Abba Djiffar, le priant, de la part de leur maître, à qui les fusils inspirent une terreur profonde, d'expérimenter s'il résiste aux balles. Ce bouclier en fer forgé, si l'on songe aux mains barbares qui l'ont fabriqué et aux instruments dont elles disposent, est une véritable merveille. Abba Djiffar, tout désireux qu'il soit de rester en bons termes avec son voisin, n'est pas fâché d'avoir une occasion de lui montrer sa puissance. Il a été battu autrefois par les guerriers du Koullo et il n'a pas lieu d'être plus rassuré aujourd'hui sur l'issue d'une rencontre. Aussi, me demande-t-il de tirer avec ma carabine à éléphant. Le bouclier a été percé et brisé. Les ambassadeurs du roi Kanta se sont enfuis, frappés d'épouvante.

En rentrant chez moi, je trouve des chasseurs et des personnages influents du Contab et de Koscha. Je les interroge séparément. Tous me donnent l'assurance que l'Omo se jette dans un grand lac, le « Schambara », fréquenté par leurs compatriotes et quelquefois par des gens de Gofa, de Malo et du Koutscha. Les autres tribus

GOLODA, HOMME DU CONTAB.

n'en approchent pas. Voici les noms de mes « témoins » : Bogha, Goloda, Damotta, Koumo, Kouté, Kabbé et Gossalo.

Pour gagner le lac, ils se rendent d'abord à Koscha, résidence du roi Damotté, frère d'Attio, roi du Contab. Cette capitale est située en aval du confluent de deux petites rivières, tributaires de l'Omo. En amont, s'élève le pic de Lasti que, selon mes interlocuteurs, je pourrais reconnaître, le soir ou le matin, par un ciel pur, du sommet des montagnes qui se dressent au sud de Djiren. Ils ajoutent que les eaux de l'Omo coulent « du côté où le soleil se couche » pour reprendre plus loin une direction sud ; — car, « si nous suivons le cours du fleuve, me disent-ils, le soleil se lève à notre gauche ». — Au delà de Koscha, est le Golda, pays habité par une race nègre qui guerroie perpétuellement avec ses voisins. Les voyageurs passent le fleuve, à une journée de Koscha et traversent les territoires de Doko et de Dimé divisés en tribus commandées par des chefs différents. Dans le Dimé, ils rencontrent une agglomération assez importante de huttes, appelée Gantchiré et continuent leur route sur la rive gauche de l'Omo. Ils ont à franchir trois affluents qui ont leurs sources dans les monts de Arra ou Arro. Le premier et le troisième s'appellent « Erghiné » ; le second est l' « Oussoumé ». Ils parcourent ensuite de vastes plaines d'alluvion, où vivent des nomades : « Baoua », disent-ils ; — littéralement « le vide », « l'inhabité ».

JEUNE HOMME DU CONTAB.

Arrivés au lac, ils se mettent en chasse; c'est le but de leur expédition. Ils doivent tuer un éléphant et rapporter sa queue, pour donner à leur roi une preuve certaine de leur courage. Ils obtiennent, en récompense, une paire d'anneaux d'argent qu'ils portent aux oreilles, et jouissent d'une considération particulière au milieu de leurs compatriotes; ils participent même aux conseils royaux. L'ivoire est abandonné sur place. Ils ne peuvent le transporter, à cause de l'hostilité des tribus errantes. Pour ne pas éveiller l'attention, ils cheminent par petites bandes, emportant quelques vivres sur leurs chevaux, faisant des traites rapides et ne prenant que le repos strictement nécessaire. Une partie de l'ivoire du Schambara parvient cependant à la côte. Les habitants de Dimé, qui confinent aux plaines, vont ramasser des défenses qu'ils cèdent aux indigènes du Doko; ceux-ci les vendent aux gens de Malo qui les revendent à leur tour, aux marchands de Koutscha, de Koscha, etc. L'ivoire arrive ainsi à Djimma, où il est acheté par des « nagadié », marchands abyssins du Tigré, du Godjam ou

du Schoa qui, jadis, le dirigeaient sur Massaouah et maintenant le transportent au
Harrar — ou le vendent, en pays amhara, à des marchands européens.

Pour payer son tribut à Ménélik, Abba Djiffar achète beaucoup d'ivoire; mais
celui qu'il prend à Djiren, provient généralement des bords du lac Abbala et non du
Schambara. Il est apporté par les Tambaro.

Dans le Wallamo, une belle défense de trois okettes vaut soixante-six « djébeli »,
soit environ cent soixante francs; c'est un prix avantageux, puisque la même quantité

ENFANT DE MALO.

vaudrait au Schoa, six cent soixante francs; et à Aden, onze cent quarante.

Le « djébeli » est une pièce de cotonnade commune, qui se vend couramment sur
tous les marchés et vaut un peu moins de six sels, soit deux francs cinquante. Le
« chamela », autre article d'échange, est une étoffe de laine rouge, très grossière, de la
valeur d'un thalaris.

Les marchands d'ivoire du lac Abbala se livrent à la traite et en tirent de gros
profits. Ménélik pourrait indirectement restreindre, sinon détruire, ce hideux commerce; mais il n'y trouve pas son compte. Si la vente des esclaves était prohibée, il
recevrait moins d'ivoire, car les marchands, n'ayant plus les mêmes sources de profit,
diminueraient leurs visites et leurs envois. Quant à mon ami Abba Djiffar, il ne trouve
rien à reprendre dans un trafic qui lui paraît tout naturel.

DJIREN.

Samedi, 3 mars.

Abba Djiffar est en guerre avec le Zingéro ; mais il n'a accepté le conflit qu'avec regret. Une prophétie répandue à Djiren prédit la mort des rois de Djimma, à leur retour de toute expédition dans le Zingéro : tel a été le sort d'Abba Gomol.

Il ne s'agit pas, à proprement parler, d'une guerre, mais plutôt d'une série de guet-apens et d'escarmouches. Depuis plusieurs jours, je vois régulièrement passer les héros de Djimma. Ils chantent leur triomphe et attendent au palais que le roi veuille bien les recevoir. Ils sont vêtus de leurs plus beaux habits, portent la plume dans les cheveux et agrémentent leurs boucliers des dépouilles arrachées à leurs ennemis mutilés.

Dans l'après-midi, j'étais chez le roi; deux hommes sont survenus. L'un était attaché à une vache que l'autre l'accusait de lui avoir enlevée. Après l'audition des témoins, Abba Djiffar, convaincu de la culpabilité du prévenu, a prononcé la formule du jugement : « Gourgouri », « vends-le ! » Le voleur était devenu la propriété du volé. « Pourquoi, dis-je au roi, au lieu de vendre cet homme, ne lui infligez-vous pas un autre châtiment ? » Il sourit et se borna à me répondre : « Vous autres, vous frappez et vous enchaînez les coupables; moi, je les vends. C'est plus simple, et le volé trouve, dans ma sentence, une compensation au préjudice qu'il a souffert. »

DJIREN.

Lundi, 12 mars.

Je rentre, après une excursion de quelques jours. J'ai fait l'ascension du mont Garima, point culminant de la chaîne qui traverse le territoire de Djimma, dans toute sa partie méridionale. Malheureusement, des pluies persistantes (phénomène anormal pour la saison) m'ont empêché de faire des observations. Pendant une éclaircie, j'ai vu une montagne isolée : c'est le pic de Lasti. Comme on me l'avait indiqué, il s'élève au sud du royaume de Koscha, au confluent des deux rivières, Boka et Dintcha.

A peu près directement au sud du Lasti, en traversant la rivière qui le contourne, on arrive, par une courte marche, à la capitale du Koscha. Je n'ai pu relever la montagne au théodolite. J'estime à un peu moins d'un degré la distance qui m'en séparait.

Du Garima, j'ai aperçu les plaines de Mantcho, qui s'étendent entre la montagne et la Godjeb ; puis, au delà, les monts Hella, qui continuent les monts Waraï, de l'est à l'ouest, dans le nord du Contab. Derrière ces hauteurs sont de vastes forêts et un lac important que les indigènes appellent « Womba » (le lac). Sauf ce massif montagneux qui s'élève dans sa partie septentrionale, le Contab est un pays plat. Sur ses frontières orientales, finissent les contreforts des monts du Koullo.

Les indigènes donnent parfois le nom de « Warratta » au Contab et à ses habitants.

Le Koullo est plus généralement connu sous le nom de « Daouro », qui s'applique spécialement à la partie montagneuse de la contrée. Ses habitants sont quelquefois désignés sous le nom d' « Omates » par les populations à l'est de l'Omo.

Les Hadia sont appelés aussi « Goudella ».

DJIREN.

Mercredi, 14 mars.

Depuis quelque temps, mon prestige diminue. Ce matin, au moment du déjeuner, un eunuque d'Abba Djiffar pénètre chez moi, en bousculant mes domestiques et, sur un ton malhonnête, me prévient que son maître veut me voir. — « J'irai chez le roi, lui ai-je dit, aussitôt que j'aurai fini mon repas, et je me plaindrai à lui de ta grossièreté. » — «Va tout de suite te plaindre au roi, » me répond-il narquoisement.

JEUNE HOMME DE L'OUBA.

Je lui fais observer que je suis l'ami d'Abba Djiffar et non son serviteur. « Tu n'es qu'un esclave, comme les autres, » reprend-il, avec une expression d'extrême insolence. Je me lève et je prends mon fouet; l'eunuque s'enfuit; je le poursuis jusqu'au palais et là, en présence du roi, je lui administre une correction sévère. Abba Djiffar, interdit, prend sa lance. Je m'approche vivement et je lui demande la cause de son mouvement. « Celui que tu viens de battre devant moi est un de mes esclaves. J'ai hésité à te punir. Qu'aurais-tu fait si je t'avais frappé de ma lance? » — Je lui montre mon revolver et je lui réponds sans arrogance, mais résolument : « Je vous aurais tué ». Il s'est mis à rire. Ses courtisans l'ont imité. Je me suis tourné vers eux : « N'avez-vous pas honte de rire, leur ai-je dit, hommes sans courage, qui n'avez même pas su défendre votre pays et votre roi contre les Amhara ! » — Abba Djiffar a ri de plus belle, et, s'adressant à moi, il a fait de mon apostrophe un commentaire peu flatteur pour ceux qui l'entouraient. « C'est la vérité, m'a-t-il dit, le jour où les Amhara envahiraient mon royaume, c'est à peine si deux ou trois de ceux qui m'écoutent me resteraient fidèles. » — Parmi les assistants, se trouvait un petit Abba Doula du nom de Gonnola. Il se lève furieux et me traite de chien (saré). Le roi entre dans une violente colère. Je m'avance vers lui et je lui dis : « Sans ton autorisation, je ne le frapperai pas, mais inflige-lui toi-même une punition ». Il me répond que les peines corporelles ne sont pas en usage à Djimma ! Je lui raconte ce que j'ai vu et je lui cite quelques-uns des châtiments exemplaires dont j'ai été témoin. « S'il en est ainsi, dit-il, je le ferai châtier. » Il appelle aussitôt des esclaves qui couchent mon insulteur par terre et lui appliquent dix coups de fouet. « Maintenant, dis-je au roi, quel est le pays que gouverne cet homme? » — « Son pays? tu le connais, c'est l'ancien royaume de Garo; il n'y a que des forêts, peu de cultures, à peine quelques fermes. » — « Eh bien, laisse-lui les fermes, les cultures et les bestiaux, fais-moi don de tout ce qui est terre inculte ou forêt. » — « Soit, répond Abba Djiffar, prends tout cela. » Je l'ai prié de me remettre la lance qui doit être le symbole de mon autorité territoriale. Des esclaves me l'ont apportée et le roi a mis à ma disposition un homme que je dois envoyer immédiatement, pour prendre possession de mon fief.

Pendant cet entretien, les courtisans intimidés avaient gardé le silence. J'ai dépêché un de mes hommes à ma hutte pour y prendre des étoffes, un petit revolver et de la poudre. J'ai offert ces cadeaux à Abba Djiffar qui m'a dit : « Veux-tu aussi les maisons de celui dont je viens de te donner les terres? Prends-les, je t'en fais don. » J'ai refusé et je suis rentré chez moi.

DJIREN.

Samedi, 17 mars.

Je reçois la visite de deux indigènes du Koscha : Kéra et Dambaré.

Ils sont allés jusqu'au grand lac où se jette l'Omo et prétendent que l'on pourrait y arriver de Djiren, en dix-sept jours. Il m'est bien difficile d'évaluer ce trajet en kilomètres. On trouverait partout des chevaux, des ânes, des mules, avant d'arriver au Doko.

Suivant mes nouveaux interlocuteurs, pour atteindre le lac, en partant de Koscha, capitale du royaume de ce nom, il faut traverser le fleuve à une demi-journée de cette ville et suivre ensuite, sans interruption, la rive gauche. Après Dimé, commencent de vastes plaines connues sous le nom de « Yaya ». Elles sont inondées et impraticables pendant la saison des pluies. A l'époque de la sécheresse, le sol est sillonné de fissures et l'eau devient rare. Le pays n'a pas d'autres habitants que de rares nomades.

Ces indications concordent, point par point, avec celles que j'ai déjà recueillies.

Abba Mantcho, l'homme puissant du Koullo, qui devait user de son influence pour m'introduire dans ce pays et m'envoyer un messager, reste immobile sur le territoire qui porte son nom et qui n'est éloigné d'ici que d'une journée et demie de marche!...

Depuis trois mois, j'attends vainement une réponse. Mes ressources s'épuisent; mes serviteurs deviennent insupportables.

DJIREN.

Jeudi, 22 mars.

Je m'occupe à tracer un tableau qui établisse aussi nettement que possible les divisions entre la race magala ou rougeâtre et la race nègre. Je crois toucher à un résultat satisfaisant.

J'ai causé longuement avec un indigène du Couraghé. Il m'a donné quelques détails sur le gué de l'Omo, à l'extrémité nord du Zingéro; c'est un passage dangereux. Le fleuve,

GROUPE DE HUTTES A DJIREN.

très rapide, coule sur un lit d'énormes galets. L'habitation du choum qui m'a hébergé, dans le mogha de Zingéro, à Héréto, est éloignée du gué d'une journée de marche.

DJIREN.

Vendredi, 23 mars.

J'ai vu, ce matin, Abba Kitté, l'émissaire qu'Abba Djiffar a envoyé au roi du Koullo, pour lui parler en ma faveur.

Il a mis deux mois à s'acquitter de cette mission. « Les nouvelles que j'apporte, me dit-il, sont bonnes... » C'est tout ce que je puis tirer de lui. Il se rend chez Abba Djiffar et me promet de revenir.

Cinq heures du soir. — Abba Kitté n'est pas de retour.

J'ai eu un entretien avec Lélisso, vieillard du Koscha. Il est allé plusieurs fois dans les plaines de Yaya. Ses récits corroborent les autres.

Les eaux du lac, légèrement saumâtres, ne sont pas profondes, au moins dans la partie septentrionale : à peine dépasseraient-elles la ceinture. Il n'a jamais pénétré dans la partie méridionale. Le Schambara est plus long que large. Quant à l'Omo, sa largeur, dans son cours inférieur, atteindrait un demi-kilomètre. En maints endroits, sa profondeur est presque nulle : l'eau n'atteint pas les genoux. De plus, il existe de nombreux bancs dans le lit du fleuve. Sa vitesse doit être grande, puisqu' « on entend de très loin, me dit Lélisso le bruit de l'eau qui roule sur les pierres.»

A son embouchure, l'Omo se rétrécit, devient profond et son courant est moins fort.

L'altitude du fleuve, à son passage au nord du royaume de Djimma, à Bilo-Nonno-Mighera, est d'environ quinze cent cinquante mètres, avec une pente rapide qui diminue sensiblement, à quelques lieues en aval.

Je ne puis croire que le Schambara soit aussi éloigné que ces gens le prétendent; car, dans cette hypothèse, son niveau serait très inférieur à celui du Nyanza. A mon avis, les deux lacs doivent être à peu près à la même altitude; peut-être même le Schambara est-il plus bas que le Nyanza. Ces réflexions me laissent des doutes sur l'existence d'une communication entre eux; mais il est certain, désormais, que l'Omo n'est pas la Juba. On se trouve donc en présence d'une triple alternative : ou le Schambara se déverse dans le Nyanza, et l'Omo est véritablement le Nil; — ou l'altitude du Schambara est inférieure à celle du Nyanza, et l'Omo forme un bassin lacustre jusqu'à ce jour inconnu géographiquement; — ou enfin le Schambara a un écoulement dans l'est, ce qui est très improbable (1).

DJIREN.

Samedi, 24 mars.

Jamais je n'ai été traité de pareille façon. Kanta, le jeune roi du Koullo, vient d'envoyer trois notables: Bagha, Gossalo et Aïghé pour s'assurer que je ne suis « binnensa » (une bête sauvage). C'est du moins ce que m'assure gracieusement l'un de ses messagers; les deux autres ont jugé prudent de s'arrêter à une journée de marche, par crainte de la « bête sauvage ». Aujourd'hui ou demain, on ira les convaincre que je n'ai ni les instincts ni les appétits des fauves. Sans doute, ils viendront alors se divertir à mes dépens.

Un autre habitant du Koullo, Aschko, m'affirme que l'on ne mettra aucun obstacle à mon voyage, car le roi n'ignore pas que j'ai de l'or — et il en a grande envie. Là-bas, comme ici, on jure « par l'or du roi ». Aschko porte des boucles d'oreilles de forme étrange. Il n'a voulu ni me les donner ni me les vendre : « Je les ai reçues en cadeau, me dit-il, d'un de mes amis du Koscha, à son retour d'un long voyage. Elles ont été apportées de très loin, dans le sud. On les appelle « donijro ». — « D'ailleurs, a-t-il ajouté, puisque tu dois venir au Koullo, tu auras de nombreuses occasions de t'en procurer ». —

« Donijro » serait aussi le nom d'une peuplade : c'est la première fois que j'en entends parler.

1. Voir Annexe G.

DJIREN.

Dimanche, 25 mars.

Je consacre ma journée entière à mesurer une base, dans la vallée du Ghibié ; malheureusement, le roi ne voit pas de bon œil ce genre de travail. Je n'aurai qu'une dimension trop faible, et j'ai peu d'espoir de pouvoir en obtenir une autre.

DJIREN.

Lundi, 26 mars.

J'ai essayé de diviser une partie de mon or en petits morceaux ; impossible de

BOUBBE, HOMME DU KOSCHA.

trouver dans le pays quelqu'un qui consente à exécuter ce travail, tant les indigènes craignent d'avoir la main coupée, s'ils touchent au précieux métal, propriété exclusive du roi. Il a fallu qu'Abba Djiffar me donnât un de ses ouvriers. La forge et les instruments sont d'une simplicité extrême. Les soufflets sont des outres munies d'un manche en bois, les creusets sont en terre rougeâtre, pilée avec des débris de cotonnade, probablement pour leur donner de la porosité.

DJIREN.

Mardi, 27 mars.

J'ai eu la visite du choum d'Héréto, mon ami, Abba Foutha Abba Melré. Il est accompagné de nombreux Zingéro. Je les héberge.

Les sacrifices humains se pratiquent réellement. Au premier jour de chaque lune, le roi monte au sommet du Bor-Goudda. La victime désignée marche près de lui, les mains liées derrière le dos. A droite et à gauche, deux hommes la retiennent par une corde. La foule suit, en proférant des « *hou ! hou ! hoho houhou !* » interminables. Parvenu au lieu choisi, le roi s'approche de celui qui doit être immolé et le frappe au ventre, avec une lance de forme particulière appelée « kéroa ». Les notables suivent l'exemple du maître et le peuple achève. Les corps — souvent le sacrifice est multiple — ne sont pas inhumés. Les hyènes et les vautours les dévorent. On ne sacrifie pas indifféremment les uns ou les autres. Certaines familles jouissent, depuis un temps immémorial, du lamentable privilège de fournir les sujets de ces immolations ; j'en ai pris les noms :

1. Abgoou.	9. Kalatchou.	17. Corbo.
2. Debani.	10. Toobou.	18. Gahou.
3. Apkami.	11. Kararou.	19. Kanki.
4. Ababzou.	12. Kazatou.	20. Wocho.
5. Gomasso.	13. Zadalou.	21. Choumara.
6. Mancha.	14. Mokou.	22. Dikimé.
7. Débam.	15. Ghécha.	
8. Djoba.	16. Zahou.	

L'importance des sacrifices varie et deux mois de l'année en sont affranchis ; voici, d'ailleurs, l'indication des mois et le nombre des victimes :

MOIS.	NOMBRE.	MOIS.	NOMBRE.
Amnebo.	1	Onaghezò	15
Yachouch.	1	Toum.	3
Okebo.	2	Abzoghar.	1
Tonnebò.	0	Whissi	3
Toulou.	0	Hamm	3
Iennebò.	3	Weghezou.	15

C'est un total annuel de quarante-sept individus voués à la mort, pour obtenir les faveurs célestes !

On n'immole que des hommes, ordinairement des vieillards et des enfants ; ceux qui sont encore dans la force de l'âge se cachent et essayent de fuir ; mais il est rare qu'ils réussissent à se soustraire aux poursuites de leurs bourreaux. Souvent, ces brutes sanguinaires ajoutent aux infortunés, dont le sort est fatal, des prisonniers de guerre ou des voyageurs. — C'est un supplément !

Mieux vaut mourir en combattant, qu'être pris par les Zingéro ! Les tourments qu'ils infligent à leurs prisonniers sont effroyables. Le patient est, d'ordinaire, attaché à un arbre et percé de coups d'aiguilles en fer. Quelquefois on lui fait avaler de l'eau bouillante, souvent on le brûle vif.

On dit que les Mahdistes sont entrés à Gouma. Ils ont envoyé au roi de Djimma une chemise et une épée. La chemise ressemble au vêtement de ce genre que j'ai vu en Égypte, à Assouan. L'épée est bien celle des Soudanais. Quelle sera l'attitude des habitants? Ils sont incapables de résister. Peut-être seront-ils épargnés, parce qu'ils sont musulmans; mais il est plus probable qu'ils ne trouveront aucune grâce devant les envahisseurs. Ils sont tributaires du Négouss chrétien et leur roi, chargé de surveiller les pays du sud, en l'absence de Ménélik, retient prisonniers la reine de Ghéra et les rois de Gouma, de Gomma et de Limmou, malgré les injonctions des Soudanais mahdistes, qui ont réclamé leur mise en liberté. La position d'Abba Djiffar

DEBAM, FEMME DU ZINGÉRO.

est critique. S'il refuse, les derviches pourraient bien venir; s'il se soumet, Ménélik ne le lui pardonnera pas. On lui a conseillé de ne plus payer le tribut et de renvoyer les rois. Il a dépêché des émissaires à Gouma, pour constater la présence des Mahdistes, et à Antoto, pour prévenir le ras Govanna.

DJIREN.

Jeudi, 29 mars.

Deux indigènes sont arrivés récemment des lieux saints de l'Islam. Ils ont accompli leur pèlerinage en trois années. L'un d'eux, Abba Warri, a rapporté, entre autres cadeaux, une horrible pendule à poids, de fabrication américaine. Le roi m'a appelé pour la mettre en mouvement. Si je réussis, je suis un homme illustre. Ils ont aussi offert à Abba Djiffar une lampe à pétrole; elle a éclaté et incendié trois huttes.

J'ai guéri un cheval de la Limiti, avec des cataplasmes de farine de lin. En récompense, on m'a donné une esclave spécialement habile à préparer le pain.

Quatre envoyés mahdistes arriveront, dit-on, cet après-midi. Je tâcherai de les attirer chez moi et d'obtenir quelques renseignements. On assure que les communications sont interrompues avec le nord, à la suite de l'insurrection oromo, dans le Nonno, l'Agalo et l'Amaya. On dit aussi que les pays couraghé se sont soulevés.

ABZOGHAR, FEMME DU ZINGÉRO.

DJIREN.

Lundi, 2 avril.

Ce matin, j'ai fait une visite aux femmes d'Abba Golé; il en a répudié une et m'annonce son nouveau mariage pour après-demain; je suis invité à la noce.

La ghenné Koulliti, tante de Kanta, précédemment mariée au dernier roi de Garo et actuellement à Abba Golé, m'a déclaré qu'en dépit de toutes les assurances je ne pourrais pas pénétrer dans le Koullo. J'ai rencontré chez elle quelques naturels de ce pays. Ils m'ont demandé des tissus de couleur pour un ensevelissement. C'est l'usage, là-bas, d'inhumer les morts dans une fosse tapissée d'étoffes précieuses.

Abba Golé m'a donné une esclave du territoire des Sowro. Ses traits la rapprochent du type nègre; elle porte sur elle divers ornements de son pays, entre autres des boucles d'oreilles bizarres : ce sont des calebasses de forme oblongue, d'une quinzaine de centimètres de longueur, qui pendent tantôt derrière, tantôt devant les épaules.

Je ne compte plus le nombre de mes esclaves ; fort heureusement Abba Djiffar les entretient. J'ai l'air d'un négrier. Je les engage tous à retourner chez eux ; ils refusent.

DJIREN.

Vendredi, 6 avril.

Un indigène du Koutscha m'a proposé de m'emmener dans son pays, avec l'aide

UN KELTO, A DJIMMA.

des gens du Tambaro et du Hadia. J'en ai parlé au roi ; il a mis lui-même un Tambaro à ma disposition. Je tenterai l'excursion. Je suis prêt depuis longtemps à partir.

MAY-GOUDO.

Samedi, 7 avril.

De bonne heure, en route ; quatorze heures de marche. Je passe la nuit sur les contreforts du May-Goudo. J'espère arriver à Omo demain vers midi.

OMO.

Dimanche, 8 avril.

Arrivé à Omo, après six heures de marche.

L'Abba-Koro me fournit quelques hommes parlant les langues tambaro et hadia.

OMO.

Lundi, 9 avril.

Pendant la nuit, l'Abba Koro demande à me voir. Il a eu, avec des indigènes du Hadia, une longue discussion. Ils ne veulent me laisser pénétrer sur leur territoire qu'après avoir accompli avec moi certaines cérémonies. C'est convenu. — Ils sont venus ce matin. On a tué un mouton. Nous étions tous accroupis autour de la victime. Un chef hadia, nommé Dayassa, s'est levé, a trempé deux doigts, l'index et le médius, dans le

FEMME DU PAYS DES MAROKO.

sang et m'a invité à faire comme lui ; réciproquement, nous avons placé nos doigts ensanglantés sur notre front. J'ai renouvelé la même cérémonie avec chacun des assistants. Désormais je suis leur hôte ; ils doivent me protéger sur leur territoire. Le départ a été remis à demain. Dayassa est riche et puissant ; il m'a promis un loyal concours et je le crois sincère.

Les Hadia et les Tambaro, de même que les Amzoulla, portent souvent les cheveux courts ; mais s'ils les laissent pousser, ils ont soin de les réunir avec un cordon.

Depuis le début de mon voyage, je n'ai pas eu affaire avec des tribus aussi primitives.

HOUSCHOULLÉ.

Mardi, 10 avril.

Quand le jour se lève, nous sommes en route. Nous descendons les pentes qui conduisent au fleuve ; que nous atteignons après une marche de quatre heures. Nous passons le gué, désigné sous le nom de « Langhé », un peu en aval du confluent de la « Gamouna ». L'Omo coule rapide, large et relativement profond (un mètre trente centimètres), dans une vallée abrupte. Après avoir gravi la rive opposée, nous cheminons sur le sol du « Maroko », petit territoire enclavé dans le Hadia. Les indigènes ne nous inquiètent pas. Nous nous arrêtons à Houschoullé. C'est la résidence de Dayassa, qui nous accompagne. Peu de cultures ; des plantations de kotcho. Les troupeaux paraissent assez

DATCHÉ, HOMME TAMBARO.

nombreux. L'habitation où je suis reçu est entourée de haies épaisses ; les Tambaro sont en guerre permanente avec leurs voisins.

Dayassa n'est pas très généreux. Il attend un cadeau. Moyennant quelques pièces de tissus, djebelis et chamelas, il me donne un bœuf et des pains de kotcho.

MAÏSAI.

Mercredi, 11 avril.

De bonne heure, nous reprenons notre marche. Dayassa nous suit pendant quelque temps. Avant de nous quitter, il nous donne quatre guides, pour veiller à notre sûreté et nous servir d'interprètes. J'ai pris leurs noms : Daghagha, Maléko, Datché et Gareno.

Nous franchissons les contreforts des monts Amzoulla. Comme dans le Maroko, peu de cultures, quelques plantations de kotcho.

Les indigènes ne se dérangent pas à notre approche. Les femmes et les enfants se bornent à pousser des cris d'étonnement. Dayassa a préparé les voies, pendant la nuit.

Le sol est légèrement accidenté ; la terre est brune. La végétation arborescente est la même qu'à Djimma.

Il est six heures. Nous campons à Maïsai, au bord d'un ruisseau. J'ai pris deux relèvements : l'un, du mont Amzoulla, — l'autre, du mont May-Goudo.

MADDINÈ.

Jeudi, 12 avril.

Nuit tranquille. A cinq heures, en marche.

Nous nous dirigeons vers le mogha du Kambatta, du Wallamo et du Tambaro, où, ce soir, nous devons trouver un personnage influent qui me donnera des hommes pour pénétrer dans le sud. Sol inculte, raviné, buissonneux ; rares habitations, quelques troupeaux.

Nous arrivons à la demeure de « Dollamo », à « Maddinè ». Nous sommes assez bien reçus. Après un long kalam, cet homme nous promet du renfort et nous assure que nous traverserons facilement le mogha. Je trouve ici un habitant du pays de Borroda, nommé Allé, parent de Dollamo ; je l'interroge ; mais il est peu expansif. Tout ce que je puis en tirer, c'est que son pays confine au lac Abbala, à l'est ; à l'ouest, au Koutscha ; au nord, au Wallamo et au Koutscha, encore — et que, pour venir ici, il ne traverse aucune rivière.

MOGHA DE KAMBATTA.

Vendredi, 13 avril

Ce matin, j'ai réussi à entraîner mes hommes sur les montagnes du Kambatta. Je dois cette excursion à la parenté de l'un de mes guides, Alito, avec l'Abba Doula d'Omo, qui a épousé une fille du roi actuel.

Je n'ai pu emporter mes instruments ; le pays n'offre aucune sécurité ; la guerre y règne à l'état permanent ; elle est plus ardente que jamais, car les Amhara viennent de se retirer, après avoir tout bouleversé.

Nous passons au nord de Loka et nous arrivons au mont Kobi-Tschan. Après en avoir gravi la pente méridionale, nous apercevons les plaines du Kambatta.

Entre les monts Kombi et le mont Amzoulla s'élèvent, dans le sud-sud-est, des montagnes de moindre hauteur, appelées aussi « Amzoulla » ; on me signale (mais je ne puis le reconnaître avec précision, à cause de la brume) le lac Abbala. Je prends un relèvement à la boussole, vers le centre des eaux que j'entrevois vaguement. Le May-Goudo est caché. Je relève le mont Bolosso.

— Ai-je bien vu les eaux du lac Abbala ? Je le crois ; d'abord, mes guides sont originaires de la contrée ; puis, on m'a constamment affirmé qu'on les apercevait des monts du Kambatta ; or, dans le Kambatta, il n'existe pas d'autres montagnes que celles du massif où nous campons.

Au loin, j'aperçois des montagnes isolées. Ce sont probablement les monts Otchollo. A l'est, s'étend une campagne plate.

Je passe la nuit dans le mogha, chez un indigène du nom d'Addiné. Réception singulière ! Notre hôte improvisé fait sauver ses troupeaux et pousse le cri de guerre ; mes Tambaro le poursuivent, le rejoignent et, de force, le ramènent dans sa demeure.

Ou s'explique. Nous invoquons l'amitié qui nous lie à Dayassa ; il n'a pas l'air d'en être touché outre mesure. Il nous permet cependant de nous installer. J'aurais préféré un autre gîte ; il n'y en a pas de meilleur, et il est impossible de loger au dehors, à cause des rôdeurs de nuit et des pillards. En fin de compte, nous ne sommes pas trop maltraités. On nous offre quelques provisions, grâce à un de mes Tambaro qu'un lien de parenté unit à Addiné.

FEMME DU KAMBATTA.

GADJÉ.

Samedi, 14 avril.

Nous nous acheminons vers l'ouest en pays tambaro — (mogha du Tambaro et du Wallamo). Je vais rendre visite à un « soressa » du Wallamo, afin de m'assurer son concours.

On appelle « douressa » un homme entouré de la considération générale, avec ou sans fortune, et « soressa », un notable riche et influent. Les soressa ne méconnaissent pas l'autorité royale, mais ils sont parfois plus puissants que le roi.

Nous traversons le mogha et passons la nuit à Gadjé, chez le soressa « Gabatto ».

Je m'étais fait précéder de domestiques, porteurs de cadeaux ; nous sommes arrivés fort avant dans la nuit. J'ai été bien reçu, mais mon hôte, évidemment inquiet, a voulu me tenir caché. Il m'a formellement promis, moyennant quelques mètres de tissus, de me faciliter la traversée du Wallamo et m'a offert des esclaves, que j'ai

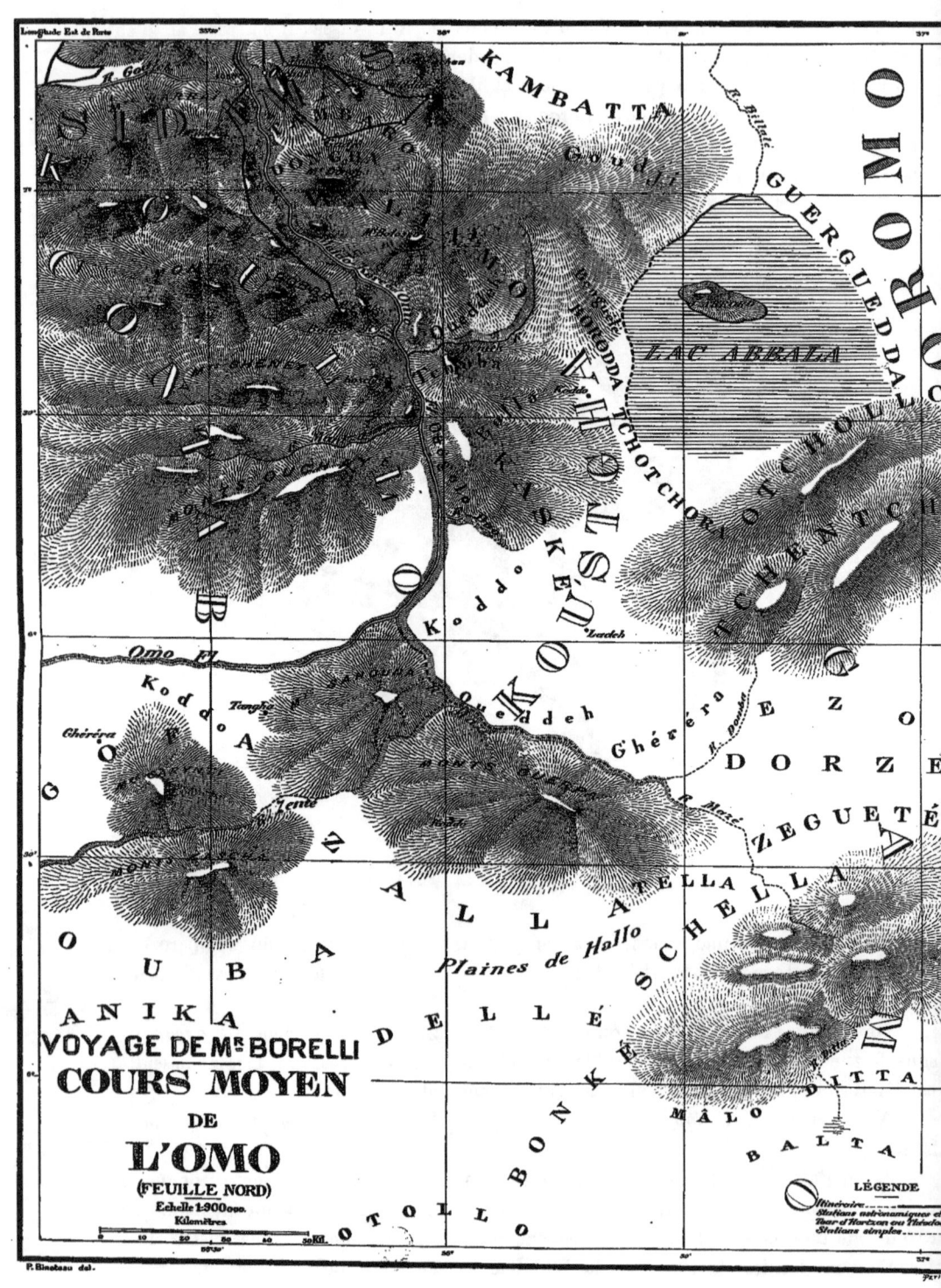

VOYAGE DE Mr BORELLI
COURS MOYEN
DE
L'OMO
(FEUILLE NORD)
Echelle 1:900.000.
Kilomètres

refusés; car je dois au plus vite, sans grossir ma troupe pour ne pas éveiller les soupçons, rejoindre mes bagages laissés dans la maison de Dayassa, à quelques heures du gué de l'Omo.

Chez Gabatto, j'ai eu l'occasion d'interroger un indigène de l'Otchollo et deux de Borodda. Ils m'assurent que les montagnes que j'ai aperçues, au loin, dans le sud-sud-est des premières hauteurs méridionales du Kobi-Tschan, sont bien celles d'Otchollo, au delà du lac Abbala. Du point où je me trouvais, on voit les eaux distinctement, par un temps clair. Je n'ai pu ni bien juger de la distance, ni bien apercevoir les contours du lac. Saboré, Alito, Dambaré, tels sont les noms de ces trois hommes. Ils ont, disent-ils, de l'ivoire chez eux et ne veulent pas l'apporter à Djimma, en traversant le Koullo, après avoir passé sur l'autre rive de l'Omo; ils préfèrent (et c'est un avis unanime) parcourir le Koutscha, le Wallamo et le Tambaro.

Les habitants de ce dernier pays, cependant, ne permettent généralement pas à leurs voisins de franchir leur territoire; à peine tolèrent-ils des visites. Mais les marchands du sud ont soin de prendre des arrangements. Aussi bien, les Tambaro prennent-ils souvent livraison de quantités importantes d'ivoire aux portes du Koutscha. Les trois indigènes que j'ai rencontrés chez Gabatto étaient venus précisément pour traiter des conditions du transit de quelques dents d'éléphants. Les deux peuples sont liés par un serment (kakaï) qui leur interdit, sans autorisation expresse, l'accès de leur pays respectif.

Mes nouveaux renseignements confirment ce que je sais déjà : la Billaté est le principal cours d'eau tributaire de l'Abbala; aucune rivière ne sort du lac.

Pendant la nuit, j'ai distingué, auprès des huttes, un rassemblement nombreux. J'en ai demandé la cause et l'explication à un Tambaro. Il m'a répondu que chaque année, à cette époque, les anciens de la tribu s'assemblent. La plupart des guerriers viennent les rejoindre. Le doyen des vieillards s'assied à terre; tous l'entourent. Il prend trois pierres de grosseur moyenne, les place lentement les unes sur les autres et prononce ces paroles : « Voici la loi. » — Puis, il se lève, promène ses regards sur la foule et, du pied renversant les pierres, s'écrie : « Il n'y a plus de loi! » Aussitôt la foule se disperse et, pendant trois jours, chacun a le droit de donner libre cours à ses vengeances. Ce temps expiré, nouvelle réunion et rétablissement de l'ordre. Le même chef replace les trois pierres les unes sur les autres, disant : « Voici la loi. » Dès ce moment, toutes les inimitiés font trêve et il est interdit d'assouvir ses rancunes par la violence. J'ai assisté à la première de ces deux cérémonies. J'ai vainement essayé d'en connaître l'origine ou d'en avoir un commentaire quelconque.

AU SUD DU MONT AMZOULLA.
Dimanche, 15 avril.

Marche de six heures et demie, sur un terrain sans élévations ni dépressions remar-quables.

Nous avons aperçu des cabanes et des troupeaux. Personne ne m'a inquiété. Il est vrai que deux Hadia et deux Tambaro ne me quittent pas; ils sont en pourparlers continus avec les naturels.

Amzoulla, Hadia et Tambaro semblent avoir les mêmes mœurs.

Six heures du soir. — Nous campons au sud du mont Amzoulla, dans un site magnifique. Le terrain incline vers l'Omo, mais on n'aperçoit pas le fleuve, qui coule au
fond d'une gorge dont les bords sont masqués par des bouquets d'arbres. « Aschoda »,
notre hôte, est un ami intime de Dayassa.

OSTCHOTT.

Lundi, 16 avril.

Nous avançons lentement. La route serpente au milieu d'arbustes épineux. Nous

FEMME DU WALLAMO.

ne sommes pas très éloignés de l'Omo. Le terrain est pierreux. Vers onze heures, halte
de quelques instants. Nos guides veulent attendre que des gens du Koullo, qui se
trouvent sur notre passage, se soient éloignés ; puis, il faut nous garer des éléphants.

Enfin, nous sortons de ce mauvais chemin. Un indigène du nom d'Ombé nous
donne l'hospitalité dans sa demeure, à Ostchott, au pied du mont Amzoulla. Notre hôte
est camarade de nos guides. Il est satisfait de mes petits cadeaux et me donne autant
de vivres qu'il en peut trouver.

Des Tambaro et des Amzoulla sont venus. Ils font partie d'une bande qui marche
au-devant de guerriers koullo, dont la présence est signalée dans le mogha. J'ai eu
grand'peur qu'ils ne voulussent passer la nuit ici ; mais ils se sont décidés à partir.
Nous veillerons, bien que la journée de demain doive être pénible.

Ombé m'accable de demandes ; il exige des cadeaux pour son fils, qui est à la veille de se marier et me présente la fiancée. « Ce n'est pas vrai, me dit un spectateur, c'est sa fille ! » Je feins de ne pas entendre ; il faut que je reste l'ami de mon hôte. Je lui donne ce qu'il me demande.

Tout le monde s'endort ; les hommes sont trop fatigués pour résister au sommeil ; je veille seul, aussi longtemps que possible.

J'ai relevé aujourd'hui les monts Amzoulla, May-Goudo et Bolosso.

FEMME TAMBARO.

OMO.

Mardi, 17 avril.

Après une journée pénible, nous atteignons le confluent de l'Omo et de la Gamouna ; nous y campons.

Je reçois la visite de plusieurs compatriotes de mes guides. Ils me préviennent que les Tambaro ont résolu de nous attendre en embuscade et de nous attaquer pendant la nuit. Je ne veux pas ajouter foi à ces récits ; mais je dois me rendre à l'évidence, quand mes éclaireurs m'apprennent qu'ils ont aperçu un groupe de cavaliers. Malgré l'heure avancée, je donne ordre de traverser immédiatement le fleuve.

Dix heures du soir. — J'avais confié à mes hommes les objets les plus précieux ; les mules portaient le reste. L'obscurité rendait le passage difficile. J'ai attendu que tout le monde eût traversé ; je me suis engagé le dernier. J'étais au milieu du gué, quand nous avons entendu les cris des Tambaro sur la rive que je venais de quitter. J'ai recommandé de ne pas tirer et de faire le moins de bruit possible.

Après une heure de marche, nous dressions nos tentes sur une hauteur d'où la vue domine les alentours, autant que le permet l'obscurité. Un de mes hommes manque à l'appel. Impossible d'aller à sa recherche, ni même de tirer des coups de fusil ou de faire aucun signal, sans dévoiler notre position et nous exposer aux plus graves périls. Qu'est devenu ce malheureux? S'est-il noyé? A-t-il été tué?

OMO.

Mercredi, 18 avril.

Au jour, j'ai envoyé dans la direction du marché d'Omo tous mes serviteurs dis-

FEMME DE KAFFA.

ponibles et j'ai tenté de retrouver l'indigène disparu hier, au passage du fleuve; nulle part je n'ai découvert sa trace. Je campe chez l'Abba-Koro.

OMO.

Jeudi, 19 avril.

Quatre heures du soir. Je reprends la route de Djiren.

DJIREN.

Vendredi, 20 avril.

Arrivé à Djiren, dans la soirée.

DJIREN.

Samedi, 5 mai.

Les gens du Koullo, de Kaffa et du Contab semblent se liguer pour rendre tous mes efforts inutiles et m'empêcher de pénétrer sur leur territoire. J'ai passé par toutes les alternatives de l'espérance et de la déception. Je dois pourtant me hâter ; les pluies ont commencé ; l'Omo grossit ; les chemins seront bientôt difficiles, sinon impraticables. Je suis résolu à faire une tentative vers le Koutscha. Peut-être ne pourrai-je pas aller plus avant, car mes ressources touchent à leur fin.

Je franchirai l'Omo au gué de Langhé ; je traverserai le Tambaro et le Maroko ; puis, suivant le cours du fleuve à travers le mogha, j'essayerai de parvenir à Ladeh. C'est un voyage de quelques jours. Certes, mon itinéraire est incommode et anormal ; mais le moyen d'en suivre un autre, au milieu de populations denses et hostiles ?

Il me faut renoncer définitivement aux derniers vestiges de mes vêtements de façon européenne. Jusqu'à ce jour, je n'ai pris les costumes des indigènes que par occasion et dans des circonstances spéciales, comme au cours de mon excursion chez les Tambaro, les Hadia et les Amzoulla. Je garde mes souliers ; je passe le long pantalon sidama, le chamas commun et je coiffe le katcha.

DJIREN.

Mercredi, 9. — Dimanche 13 mai.

Je reviens d'une chasse au buffle.

Partis de Djiren de grand matin avec Abba Djiffar, nous avons campé, le soir, dans une masséra, près de Tchalla. — Le lendemain (10 mai), nous atteignions les plaines de Kankati que la Godjeb sépare du Kaffa. Nous arrivions de bonne heure ; le campement avait été préparé. Le roi m'attendait. Je suis allé le saluer : « Voulez-vous, m'a-t-il dit, m'accompagner à la chasse ? — Bien volontiers, » ai-je répondu. Il m'a offert une lance. Je l'ai remercié en lui disant que je ne connaissais pas suffisamment le maniement de cette arme.

Un instant après, des chasseurs annoncent qu'on est sur la trace des buffles. Abba Djiffar donne le signal ; nous partons au galop. Nous apercevons un troupeau de ces superbes animaux ; ils sont au moins cent cinquante. La moitié des cavaliers, par un long circuit, tourne autour du troupeau et le pousse vers nous. Les chasseurs restés auprès du roi s'élancent. Les buffles tournoient dans l'affolement d'une terreur indescriptible, confondus avec les chasseurs qui les poursuivent ; bêtes et gens ne forment plus qu'une masse, une cohue prodigieuse où le cri de triomphe des vainqueurs se distingue à peine des beuglements féroces et désespérés des vaincus. Le hennissement furieux ou plaintif des chevaux (bon nombre gisent à terre éventrés) ajoute encore à l'étrangeté du spectacle.

J'accompagne Abba Djiffar qui, suivi d'un seul cavalier, s'acharne à la poursuite d'un buffle de grande taille. Ensemble, ils le frappent de leurs lances longues et étroites, au fer tranchant. Celle du roi pénètre profondément ; la bête furieuse, éventre le cheval de notre compagnon de chasse et le jette à terre, mais, grièvement blessée, couverte de sang et d'écume, elle ne peut atteindre son adversaire terrassé : elle tombe.

Abba Djiffar, que cet incident n'a pas lassé, poursuit un autre buffle. Mon cheval s'abat; je suis désarçonné. Le coup m'étourdit sans me blesser; je prends la monture d'un de mes serviteurs; mais, quand je suis en selle, la chasse est déjà loin.

Bientôt tout est terminé. Le roi et les vainqueurs à sa suite ornent leur tête d'un rameau triomphal et nous rentrons.

LES EUPHORBES.

Total : onze buffles tués, quatre hommes morts ou à peu près, une vingtaine de blessés, trente chevaux éventrés.

Le beau-frère d'Abba Djiffar, Abba Roro, s'est cassé le bras.

Retour à Djiren, aujourd'hui 13 mai, après-midi.

DJIREN.

Lundi, 14 mai.

Pendant notre absence, la foudre est tombée sur l'habitation d'un grand personnage de Djimma et l'a détruite. Le lendemain, on a sacrifié quantité de moutons sur l'emplacement du sinistre. On va reconstruire les huttes.

PLAINES DE HOULLÉ.

Mardi, 15 mai.

Hier, est revenu du Koullo le dernier messager qu'Abba Djiffar y avait envoyé, sur ma prière. Il devait obtenir une déclaration formelle, au sujet de mon voyage au sud. La réponse est claire : on me tuera si je traverse la Godjeb.

Abba Mantcho m'a impudemment trompé. Que faire ? Je tenterai la route par le mogha de Wallamo et je solliciterai l'appui du roi de ce pays.

Je quitte Djiren à midi. A six heures, je campe dans les plaines de Houllé, à la masséra, où je me suis arrêté une première fois, en revenant d'Omo.

AUX ENVIRONS D'OMO.

Mercredi, 16 mai.

Huit heures et demie d'une marche rendue pénible par les pluies. Les chemins sont détrempés. Nous passons la nuit à peu de distance d'Omo.

OMO.

Jeudi, 17 mai.

J'arrive à Omo dans la matinée. Abba Sadjé, l'Abba Koro de l'endroit, me fait très bon accueil ; il compte sur mes cadeaux.

Dans la nuit, j'ai la réponse à ma demande. Le roi du Wallamo me fait une communication identique à celle de son collègue du Koullo. Il est hors de doute qu'une ligue s'est formée contre les Amhara, entre le Kaffa, le Contab, le Koullo et le Wallamo. J'en subis les conséquences ; la route est fermée. Je passerai outre, malgré tout, si le roi du Koutscha veut bien me recevoir. Demain, deux Amzoulla partiront, pour lui demander s'il consent à me prêter son aide, pour pénétrer sur son territoire.

— Jusqu'à une heure fort avancée de la nuit, je me suis entretenu avec des Tambaro, des Amzoulla et des Hadia. Si le roi du Koutscha me promet l'hospitalité, ils s'engagent à me faire passer à travers le mogha du Wallamo et du Koullo. En attendant, je suis immobilisé, et la saison des pluies commence.

OMO.

Vendredi, 18 mai.

Je prépare tout, pour mon excursion dans le mogha et au Koullo.

MOGHA DU KOULLO.

Samedi, 19 mai.

Avant le jour, j'ai quitté Omo avec seize serviteurs. J'ai quatre remingtons, un fusil de chasse et ma carabine à éléphant. Je veux arriver au Koullo. J'ai cherché des gens du pays ; ils consentent à m'accompagner, mais refusent d'aller avec moi jusqu'aux rives de la Godjeb : le mogha est trop dangereux, disent-ils. Des gens du Koullo seuls y font des apparitions, dans l'unique but de tuer des Tambaro ou des Hadia. Cependant je réussis à convaincre six indigènes, qui, joints à ceux qui me suivent, portent à vingt-deux hommes l'effectif de ma petite troupe.

Par des chemins affreux, nous descendons vers le fleuve ; la terre est couverte de roches et de pierres. Beaucoup d'arbres rabougris et de fourrés enchevêtrés. Plusieurs petits ruisseaux. Les ondulations du terrain se rattachent aux contreforts de Kaffarsa. Nous allons droit au sud, en suivant des sentiers frayés par les éléphants, les buffles et les hippopotames.

A onze heures, halte au confluent de l'Omo et de la Bouskoullo, petite rivière qui descend du May-Goudo. La berge est peu élevée, douze pieds environ. Les bois couvrent la rive. Dans l'eau, il n'est pas un espace de cent mètres, où n'apparaisse la tête ou le dos d'un hippopotame. Ces animaux nous regardent sans se déranger et continuent leurs ronflements sonores. Mes hommes me supplient d'en tuer un ou deux, pour en prendre la peau. En moins d'une demi-heure, je leur en donne quatre. Ils découpent le cuir, sur la bête, en larges lanières qu'ils suspendent aux arbres, pour les garantir des carnassiers et mangent de la chair. J'y goûte aussi : elle n'est pas d'une saveur désagréable.

Vingt éléphants, en troupe, apparaissent en face de nous; ils viennent se désaltérer; mes bagages sont épars; je n'ose faire feu : une imprudence pourrait avoir des suites fâcheuses. Ils ne nous voient pas; c'est fort heureux, car ils nous mettraient dans une situation critique. Sous nos yeux, ils s'ébattent, boivent, jouent et se lancent avec leurs trompes, des gerbes d'eau. La rivière devient trouble et écumante, sous ces masses énormes. Ils se retirent lentement et disparaissent dans les fourrés.

Des crocodiles surviennent en bandes, attirés par le sang qui coule des hippopotames écorchés. Mes hommes n'en sont pas effrayés; quand la couche d'eau est assez peu profonde pour qu'ils puissent les apercevoir, ils se contentent de les repousser avec leurs lances. A trois mètres de distance, je tue un de ces amphibies; il mesure cinq coudées et demie.

Il faut partir. Nous prenons la direction ouest, en gravissant les mamelons et les pentes qui terminent le massif du May-Goudo. Le soir, nous campons sous des rochers, dans un abri, où l'on ne parvient que par des sentiers étrois, frayés dans des parois à pic. Une palissade en défend les abords contre les rôdeurs du mogha et les fauves qui fréquentent ces parages. C'est un refuge pour les indigènes qu'Abba Djiffar envoie, dans la saison, surveiller la plantation de coton qu'il expérimente dans la contrée.

Des singes de toute espèce ont élu domicile sur les corniches des rochers et font pleuvoir des pierres sur nos têtes.

Les feux sont allumés; nous dormons.

Aux bords de la Godjeb.

Dimanche, 20 mai.

A l'aube, je fais reprendre la marche, dans la direction du confluent de la Godjeb et de l'Omo. Nous poursuivons notre route à travers des ravins, des escarpements, des bois, des buissons et de hautes herbes.

Deux heures après notre départ, nous rencontrons un troupeau de buffles. Nous avançons en nous cachant. A cinquante mètres, je fais feu; je touche un animal à

ITINÉRAIRE DE Mr BORELLI
PROFILS DU NIVELLEMENT HYPSOMÉTRIQUE

DE DJIREN AU CONFLUENT OMO ET GODJEB

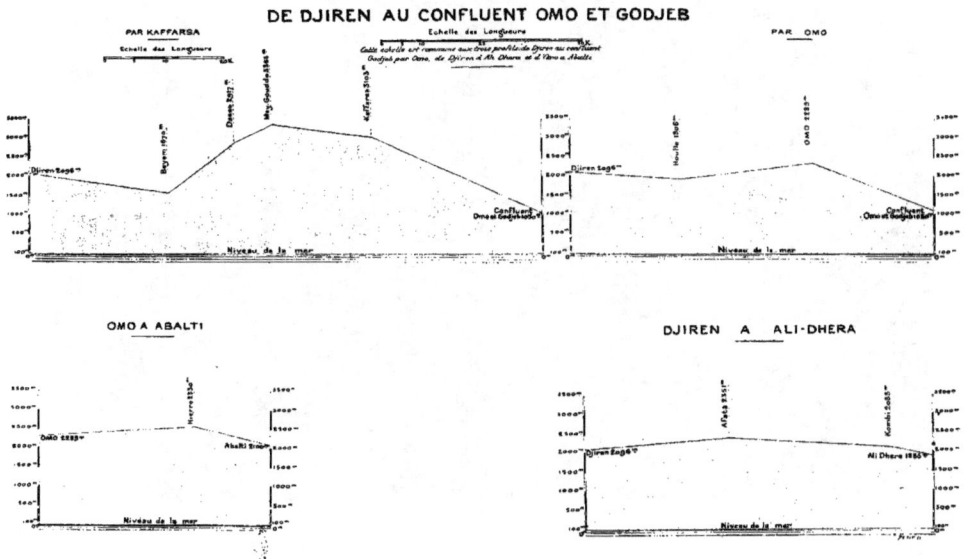

l'épaule : il bondit, se cabre, tombe, puis se relève. Le troupeau tout entier s'enfuit comme un ouragan. Mes hommes se précipitent sur la bête frappée, dont les
blessures ont retardé la course; ils l'atteignent et la criblent de leurs lances. L'un
d'eux reçoit un coup de corne à la jambe : partout ailleurs le coup eût été mortel. En
quelques minutes, la peau de l'animal est enlevée, les cornes arrachées et les meilleures portions de sa chair découpées. Le tout est suspendu à des branches et enveloppé
de feuilles. Pour contenter ma troupe, je subis les cérémonies d'usage. J'enduis mes

MOGHA DU KOULLO.
Intérieur de forêt.

cheveux de graisse et j'applique l'oreille du buffle sur mon front. J'autorise mes
hommes à partager ces honneurs; tous se graissent la tête et je passe l'oreille à celui
qui a donné le plus beau coup de lance.

Nous regagnons l'Omo et cheminons sur la rive, dans les sentiers des monstrueux hippopotames ; souvent, nous devons couper des branches pour frayer un
passage aux mules. Nous approchons de la Godjeb.

Deux hommes refusent de continuer la route et veulent que nous revenions sur
nos pas; je m'y oppose. Les deux récalcitrants sont obligés de me suivre plus loin;
mais un peu plus tard, excités par d'autres, ils tentent encore de me faire rétrograder.

Arrivés à la Godjeb, nous faisons halte sous un grand tamarinier. Avec trois de mes serviteurs, je vais m'assurer que la rive opposée est déserte. J'avance à travers les buissons jusqu'au bord de l'eau, persuadé de ne rencontrer personne. A ma grande surprise, à cent mètres en amont, sur l'autre rive, j'aperçois des indigènes, groupés et trois baigneurs. Un des hommes que j'ai pris à Omo m'engage à les coucher en joue : « Il faut en tuer un ou deux, me dit-il, les autres auront peur et s'enfuiront. Vous, vous aurez le droit de porter une plume dans les cheveux ! » Et, pour m'encourager, il ajoute : « Pourquoi hésiter? Nous sommes dans le mogha. Ces

TCHITÉ, HOMME DU KOULLO.

individus sont des pillards; il est permis de les tuer. » Je me refuse à commettre un meurtre inutile. Je rejoins ma troupe et j'ordonne de se tenir prêt au combat ou au départ. Je prends avec moi un serviteur qui connaît le maniement du fusil et un indigène du Koullo, réputé pour sa bravoure et banni, parce qu'il a tué deux de ses compatriotes.

Nous entrons dans la rivière; le courant est rapide, mais la profondeur ne dépasse pas un mètre. En nous apercevant, les Koullo se lèvent et saisissent leurs lances. J'avais la tête enveloppée dans un chamas, je me découvre : ma figure blanche leur apparaît... Ils n'avaient jamais vu d'Européen; ma couleur les épouvante : ils fuient à toutes jambes et disparaissent dans les broussailles. Je touche enfin l'autre rive.

Je gagne un mamelon peu élevé; malheureusement la vue est bornée.

Un coup de fusil, tiré par mes hommes, restés de l'autre côté de l'eau, m'oblige à repasser la rivière. Contrairement à mes ordres, ils ont fait feu sur une trentaine de Koullo apparus à deux cents mètres en amont. Nous suivons le cours de l'Omo le plus rapidement possible ; puis, tirant droit vers le point où nous avions couché, nous franchissons des terres basses qui forment une plaine ondulée et boisée.

Au confluent des deux cours d'eau, le sol est boueux ; il est évidemment recouvert par les eaux, au moment de la crue. Plus haut, il est jonché de pierres, les unes semblables au grès, les autres au jaspe. Nous nous arrêtons pendant une heure, au fond d'un ravin. Le site est agréable par sa fraîcheur ; nous y trouvons l'eau limpide d'un ruisseau qui court sur des rochers.

FARGHITCHÉ, FEMME DU KOULLO.

Arrivés de nuit à notre abri d'hier, nous avons hâte de prendre du repos. Nous coupons l'herbe pour les mules et nous allumons les feux.

Je n'ai pu, à cause de l'alerte donnée par les Koullo, observer le soleil ; cependant mon théodolite a été porté à dos d'homme, sur la rive droite de la Gobjeb ! J'ai pris la hauteur barométrique, au confluent de la rivière et de l'Omo. Du reste, j'ai soigneusement relevé ce point, du pic de Kaffarsa.

OMO.

Lundi, 21 mai.

Au jour j'éveille ma troupe et nous retournons aux hippopotames. Je tire un nouveau coup de fusil : jamais je n'ai vu animal si gros faire un saut pareil ! A peine touché, il a plongé et bondi de telle sorte, que tout son corps énorme et ses pattes sont sortis de l'eau; il est retombé pesamment. Mes hommes n'ont rien eu de plus pressé que de le pousser vers la rive et de le dépouiller.

Je me reposais à l'ombre d'un grand arbre, lorsqu'on est venu me prévenir que, près de nous, se baignaient trois éléphants magnifiques. J'accours; je voulais obtenir une photographie instantanée. J'avais dans mes châssis deux plaques de verre. On apporte l'appareil tout monté. Par un long détour, j'arrive en face des éléphants. Les broussailles me cachent complètement. Une échappée, au ras du sol, me permet de les apercevoir. Ils sont à cinquante ou soixante mètres. Resté seul avec l'homme qui porte

LOUMI, FEMME DU KOUTSCHA.

mes armes, je braque l'appareil et je prends ma photographie qui, si elle n'est pas bonne, me permettra, tout au moins, de crayonner un dessin pris sur nature. Je reviens avec de grandes précautions vers la mule qui m'attend en arrière. Deux éléphants sont restés, le troisième a disparu... En me glissant à travers les broussailles, jusqu'à soixante-dix mètres environ, je vise à l'oreille celui qui est le plus rapproché de moi. Il lève sa trompe et gémit furieusement; il se précipite en remontant le cours du fleuve, suivi de son compagnon. Nous le poursuivons. Il s'arrête et secoue la tête. Je lui envoie une seconde balle. Il ne nous aperçoit pas encore. Sa fureur redouble. Une troisième balle l'affole; il se rejette dans l'eau. Nous sommes immobiles; mais les hommes que j'ai laissés en arrière accourent et tirent sur la bête qui gagne la rive et, dans une course désordonnée, écrase tout ce qu'elle rencontre. Tout à coup, elle rentre dans le fleuve, et attend. Je m'approche et je fais feu une dernière fois. Les forces de l'éléphant sont épuisées, il trébuche et tombe, pour ne plus se relever. De sa trompe, il frappait encore le sol avec fureur, quand mes hommes sont arrivés et l'ont achevé à coups de lance. Ses défenses n'ont pas grande valeur ; elles mesurent à peine deux coudées et demie.

Le soir, nous rentrons à Omo. J'y attendrai la réponse du roi de Koutscha.

Mogha du Koullo.

Mardi, 22 mai.

Ma route était assurée. Pendant la nuit, j'avais épuisé les pourparlers avec tous

ÉLÉPHANTS,

dans le mogha du Koullo, au confluent de la Godjeb et de l'Omo.

mes Maroko, Tambaro et Hadia. Les cadeaux étaient préparés ; je comptais partir dans trois ou quatre jours. Mon messager était attendu incessamment ; j'étais d'ailleurs certain de son retour, car l'Abba Koro, pour hâter sa marche et l'empêcher de manquer à sa parole, avait gardé en otage sa femme et son fils. Tout était prêt pour un voyage rapide. Voilà qu'un émissaire d'Abba Djiffar m'invite au nom de son maître à rester : m'avancer dans le sud serait courir à une mort certaine; et, si je m'obstine, on me protégera contre moi-même ; on s'opposera par la force à mon départ.

Le roi me prie de le rejoindre. Je ne veux pas entreprendre une lutte impossible et ridicule. Je rentrerai à Djiren; mais je n'y resterai pas. Tant de fatigues, tant de déboires, tant de sacrifices auront-ils été inutiles? Celui qui m'avait promis de m'aider entrave mes projets, au moment où leur réalisation me paraît certaine.

Après midi. — J'ai expédié un courrier à Abba Djiffar, en le priant de ne pas contrarier mon voyage et de me laisser libre d'agir à ma guise.

Les Tambaro et les Hadia sont revenus. Nous avons convenu que, moyennant cent chamelas et deux cents djébelis, ils me fourniront cinquante hommes pour m'accompagner jusqu'aux frontières du Koutscha et cinquante autres passeront sur la rive droite, pour surveiller les Koullo et détourner leur attention.

Les indigènes veulent, m'assure-t-on, piller mes bagages et me tuer. N'est-ce pas ce qu'on me répétait tous les jours, quand je suis allé chez les Tambaro? Si Abba Djiffar n'eût pas été effrayé par le retour, au Schoa, de Ménélik, je passais assurément dans le sud, avec l'aide des tribus amies.

Huit heures du soir. — En attendant la réponse d'Abba Djiffar, j'ai résolu de faire une pointe au sud, dans le Koullo. Si je rencontre un obstacle, je retournerai à Omo. Je suis parti à trois heures de l'après-midi, escorté de cinquante guerriers et de vingt-cinq serviteurs. J'ai donné à chacun d'eux un djébeli et un collier de verroterie et promis un chamela au retour. J'irai où je pourrai. Les deux tiers des gens que j'ai engagés ont leurs chevaux; pour moi, j'en ai acheté huit.

Je donne à chaque cavalier un second djébeli et cinquante perles bleues, pour le cheval qu'il fournit. Si la monture meurt en route, j'indemniserai le propriétaire en lui donnant une somme d'argent ou des objets de ma pacotille, à son choix. Pour conclure rapidement le marché, j'ai remis à l'Abba Koro, Sadjé, dix thalaris et une demi-pièce d'indienne; au chef hadia, Dayassa, qui m'aide de son influence, cinq cents martchoua et un taub; enfin, à divers auxiliaires, quelques menus présents.

Nous arrivons fort tard au refuge, dans le mogha, où j'ai déjà passé deux nuits. Une mule est tombée au fond d'un précipice : j'ai laissé trois hommes pour retirer et emporter la charge.

AUX BORDS DE LA GODJEB.

Mercredi, 23 mai.

Ce matin, à cinq heures, nous nous mettons en route vers la Godjeb. Nous devons camper à son confluent avec l'Omo. J'emporte mes bagages, car le mogha est sûr en ce moment. Pourquoi le mogha est-il sûr aujourd'hui? Pourquoi ne l'était-il pas, il y a quatre jours à peine?... Personne n'en sait rien, pas même ceux qui me fournissent ces renseignements. Ici, l'on ment pour mentir et sans explication.

Laissant vingt hommes avec les mules, je me dirige vers une prairie où des buffles sont signalés. Course inutile : je n'en aperçois aucun.

Nous passons près d'un troupeau d'antilopes qui se dérangent à peine.

Un homme annonce la présence des éléphants. Je prends la direction indiquée. Le gros de ma troupe garde les chevaux, le reste m'accompagne. Pour ne pas être découverts, nous n'avançons qu'avec mille précautions. Voici une position favorable. Les bêtes ne sont pas à cent mètres de nous. J'en compte quatorze. Je suis caché dans les broussailles. Les éléphants rentrent dans le bois, sur la rive opposée. Il n'en reste bientôt plus que deux. Je m'approche d'une quinzaine de mètres. Le fusil appuyé sur une branche de mimosa, je tire. Le coup porte. L'éléphant allonge la trompe, pousse des cris stridents, entre en fureur et tourne deux ou trois fois sur lui-même, faisant jaillir l'eau de tous côtés : il est vraiment terrible à voir. Pourtant il n'avance pas ; il est grièvement blessé, et, si mes cartouches étaient en bon état, il serait abattu. Second coup de feu. Cette nouvelle balle dans l'oreille le fait trébucher, mais il ne tombe pas encore. Un de mes serviteurs s'étant maladroitement montré après le premier coup de feu, l'éléphant l'aperçoit et se rue de notre côté ; la queue et la trompe allon-

ENTRE LES MONTS WARAÏ ET LES MONTS BOBBÉ
LES TERRES BASSES (GAMODJI, en oromo; — KOLLA, en amhara.)

gées, il avance rapidement ; mais sa marche vacillante trahit sa faiblesse. Je lui loge une troisième balle dans la tête et je saute sur mon cheval. Devant nous, l'autre bête fuit. L'éléphant blessé est sorti de l'eau. Il va droit devant lui, au milieu des buissons et des arbres rabougris. Il faut, pour les chevaux, suivre les traces des hippopotames et se garer des branches. L'éléphant retourne au fleuve. Mes hommes courent sur la rive. Je descends de cheval et fais feu une quatrième fois : c'est le coup de grâce. Les défenses pèsent à peine trois okettes. Pour satisfaire les indigènes, je leur abandonne l'ivoire qu'ils cassent, ne pouvant l'arracher.

Je me dirige vers la Godjeb, pour rejoindre mes bagages. J'arrive de nuit.

Bien qu'on ait parcouru tous les environs sans rencontrer aucune empreinte de pas pour dissimuler notre présence j'interdis d'allumer les feux.

Je ne puis pas prendre la hauteur hypsométrique ; c'est la seconde fois que j'éprouve ce désagrément au même endroit.

AUX BORDS DE L'OMO.

Nuit admirable au firmament et clair de lune, mais que d'agitations et de troubles dans les broussailles qui nous cachent ! Je sommeillais depuis deux heures, quand un cri d'alerte a été poussé; on avait entendu des voix sur les bords de la Godjeb.

Quelques hommes sont allés fouiller les alentours ; ils n'ont rien aperçu. A deux heures après minuit, le lugubre rugissement des lions jette de nouveau la panique dans ma troupe. Un moment après, je m'étais endormi, quand un vacarme épouvantable m'a fait croire à une attaque. Les lions avaient étranglé deux chevaux : l'un avait été traîné à quelque distance, l'autre avait le cou et le poitrail ouverts. Les fauves se sont retirés, mais tout repos est impossible. Voici maintenant des carnassiers, attirés par l'odeur du sang. Ils hurlent autour de notre zériba. Pour en finir, nous jetons au dehors le cheval mort. En quelques instants il est mis en pièces. Quels cris et quels combats ! — Le jour nous trouve sur pied. En avant !

Les indigènes qui me précèdent pour éclairer la route, disent que l'autre rive est déserte et que tout est tranquille. Nous traversons la rivière et pénétrons dans un vallon couvert de tamariniers, d'acacias et de mimosas. A notre droite, sur la hauteur, à mi-côte du mont Waraï, je découvre distinctement les portes du Koullo. Nous longeons la rive droite de l'Omo. Le débit du fleuve est doublé, depuis qu'il a reçu la Godjeb. Au confluent, la rivière coule avec une grande vitesse ; au contraire, le fleuve est peu rapide. Les eaux limpides de la Godjeb traversent le cours de l'Omo et vont se heurter à l'autre rive, en traçant une ligne claire dans des eaux jaunâtres.

Nous gravissons la montagne. En franchissant un fossé à moitié comblé, dont les bords sont masqués par des arbustes, nous sortons du mogha pour entrer dans le Koullo.

Vastes champs de musingha et des bois, sol rocailleux, huttes misérables de distance en distance. Nous cheminons, en nous tenant toujours aussi rapprochés que possible des bords du fleuve qui coule à deux cents mètres au-dessous de nous. Nous passons sans être aperçus. A midi, courte halte.

Nous sommes sur le versant méridional du Waraï; le pays est aride. Devant nous se dresse le mont Bobbé. Je connais le chef de la contrée où nous sommes, mais je n'ose pas lui demander assistance, il me trahirait sans hésitation.

Entre les monts Waraï et les monts Bobbé est le « gamodji » (pays bas). Les arbres et les buissons épineux reparaissent ; la végétation du Waraï est remplacée par des pierres volcaniques noires ou rougeâtres, criblées de trous et coupées en arêtes vives.

Nous n'apercevons aucun indigène. L'eau est rare.

Nous campons dans une dépression du sol couverte d'arbustes. J'envoie des hommes, pour explorer les environs. — Ne me trahissent-ils pas ? Ne m'ont-ils pas suivi pour me dépouiller à leur aise ? — Ils reviennent dans la nuit : ils n'ont vu que des

Vue et Relivements pris du Marché d'Omo"
Jeudi 9 Février 1888.

gorges ou coude d'Omo"

mt amapolla   mt Sotasse   mt nongka   Koullo

Chaphai   tamganan mt mapfy   gorges de l'Omo"   mt Koly.djon   KANGATA
                                                                                              33
Gadague

Vue et Relivements pris du Marché d'Omo" (Suite)

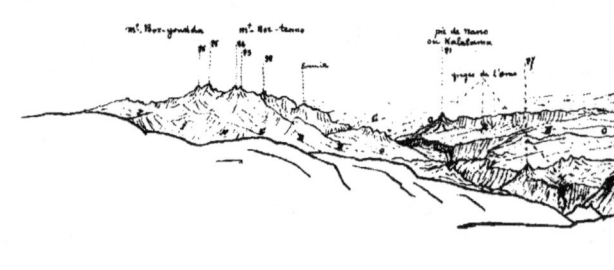

mt Hor-yandda   mt Hor-tanna   pic de Maoro
                                                  ou Kalatanna

                            famile   gorges de l'Omo"

pic de Kaffanou

Route de Afrem au pic d'Ali-Athena

Vue et relivement pris d'Afata"   Vendredi 27 Janvier 1888

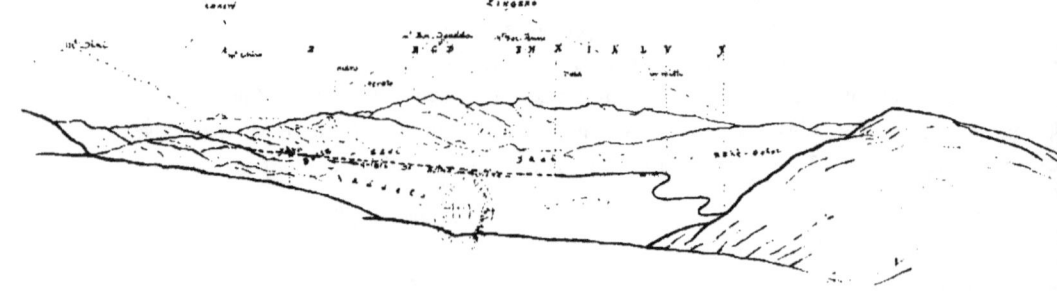

LIYOUNO

mt Diai   mt Ban.Jandda mt Hor.Anna   X H X I K L V
          mt chine   Z   B C D   I M

pâtres et des troupeaux ; mais à une courte distance du point extrême où ils sont parvenus étaient de nombreuses habitations.

Pas de feux encore, ce soir.

Mon intention est de traverser l'Omo pendant la nuit, en abandonnant, s'il le faut, la partie lourde de mes bagages.

Nous sommes en face du mogha du Wallamo. En marchant bien, nous arriverions demain soir dans le mogha de Koutscha, et j'aurais des chances d'atteindre ma terre promise !

Onze heures du soir. — Je me couche découragé. Mes hommes refusent de passer le fleuve; pas un seul ne me suivra ! Tous veulent revenir sur leurs pas et sont prêts à m'abandonner. Je me résigne ; mais qu'adviendra-t-il demain ? On ne me recevra pas dans l'intérieur du Koullo.

MONT WARAÏ.

Vendredi, 25 mai.

Nuit tranquille. Les fauves ne nous ont pas importunés.

Au jour, nous sommes en marche. Rien de suspect. Des hommes que j'ai envoyés en éclaireurs ne reviennent pas. Nous avons traversé le gamodji et nous gravissons les monts Bobbé. Nos bagages nous suivent à distance.

Nous avançons vers des cultures ; mais nous ne découvrons pas de huttes. Il est impossible qu'on ne nous voie pas, et il n'y a pas d'autre route. Des enfants nous aperçoivent et se sauvent. L'alarme est donnée. Les cris ordinaires d'appel au secours retentissent de toutes parts. Nous rebroussons chemin. Je choisis une vingtaine d'hommes et je vais dans la direction d'une hutte. Un groupe de cavaliers vient vers nous... Nous sommes prêts au combat, quand je reconnais mes éclaireurs du matin. Ils rapportent qu'il est impossible d'aller plus loin. A moins de deux kilomètres sont les habitations. Que faire ? Je voudrais parler aux habitants et tenter une suprême démarche, pour obtenir le passage; mais tous se sauvent à mon approche ! J'envoie un domestique au-devant des bagages, pour les faire rétrograder, et je reprends rapidement ma route droit au sud, à travers les terres cultivées. Je pénètre dans deux pauvres cabanes qui ressemblent aux gîtes oromo. Je veux parlementer. On me fuit.

Arrivé à un point où ma vue s'étend au delà du mont Bobbé, j'aperçois, dans le lointain, les monts Gheney. Une large vallée où coule une petite rivière, la Bouka, m'en sépare. Entre les Waraï et monts Gheney, il n'existe pas de plaines ; partout des gorges et des vallons.

Deux cavaliers m'avertissent qu'une trentaine de Koullo viennent vers nous. Je me décide à les attendre. Ils arrivent. J'essaye de m'aboucher avec eux. Sans consentir à rien écouter, ils commencent les « fantasias » qui servent de prélude aux combats: — ils dansent, tournent et font vibrer leurs lances. Chacun en porte trois. J'empêche mes hommes de marcher contre eux. Je cherche encore à parlementer. Ils me répondent par une grêle de pierres. Je les somme de s'éloigner; leurs lances tombent près de moi. Je ne puis plus hésiter; je mets pied à terre et je prends ma carabine à

48

éléphant, chargée à chevrotines; je tire deux fois. Comme ils étaient groupés, plusieurs sont atteints... Tous s'enfuient, emportant les blessés; j'interdis toute poursuite. Maintenant, la retraite s'impose.

Un de mes hommes part au galop, pour surveiller le mouvement en arrière de mon gouass. Moi, je retourne lentement, pour ménager les chevaux. J'ai atteint 6° 30'. Irai-je plus avant?... J'avais formé d'autres projets et conçu d'autres espérances!

Pour connaître une parcelle de terre nouvelle et dérouter les Koullo, dont je crains

COIFFURE DE FEMME, A OMO.

la poursuite pour mes bagages, je coupe à travers les terres et me dirige vers un hameau. Je recherche les habitants; ils se dérobent. Impossible d'adresser la parole à un seul d'entre eux.

La bande qui nous a attaqués reparaît; je tire à balle, de très loin. Elle s'arrête. Nous sommes revenus dans le gamodji.

Je change brusquement de route et j'arrive au campement de la veille. Je n'y trouve plus rien. On m'assure que mon convoi, parti depuis plusieurs heures, s'achemine vers la Godjeb. Je ne suis pas sans inquiétude; la nuit est venue. Nous continuons notre marche forcée. La lune nous éclaire. Je suis à bout de forces. Je m'endors sur mon cheval; à tout moment, je risque de tomber. Pour me tenir en éveil, je suis obligé de mettre pied à terre... A une heure après minuit, je rattrape mes bagages. Je presse les retardataires et nous allons rapidement, pendant deux heures encore.

Trois heures du matin. — Nous sommes au sommet du mont Waraï; halte jusqu'au jour.

AUX BORDS DE L'OMO.

Samedi, 26 mai.

Nous avons peu dormi; nous étions inquiets et harassés. Nous repartons avant le lever du soleil. Vers midi, nous traversons de nouveau la Godjeb. Aucune rencontre.

FEMME DE DJIMMA VÊTUE DE PEAUX TANNÉES.

A un ou deux kilomètres de la rivière, au bord de l'Omo, nous campons dans un bois. A l'ombre de feuillages épais, nous trouvons un ruisseau; c'est une bonne fortune. Notre camp ne peut être aperçu. La journée est consacrée au repos. Gens et bêtes sont exténnés de fatigue.

Des indigènes m'ont indiqué, une fois encore, par la position des montagnes, les courbes et la direction générale de l'Omo. J'en ai la certitude, ce fleuve coule à l'ouest et non pas à l'est. « Nanna Koullo, nanna Contab, nanna Kaffa », me disent-ils; — « il contourne le Koullo, il contourne le Contab, il contourne le Kaffa ».

La nuit tombe; chacun s'installe de son mieux. Nous sommes dans une souricière, une seule issue nous est ouverte. Si nous étions surpris, nous serions irrémédiablement perdus.

Aux bords de l'Omo.

Dimanche, 27 mai.

Les rugissements du lion ont seuls troublé notre sommeil. Au jour, je distribue des vivres et j'envoie les bagages en avant; ils m'attendront au refuge, sous les rochers. Suivi par le plus grand nombre de mes hommes, je me dirige du côté où, l'avant-veille, nous avons rencontré les éléphants. Nous les cherchons d'abord inutilement ; mais, en passant sur une petite colline, nous les apercevons, près du fleuve. Nous allons à eux.

Trois de mes hommes sont armés de remingtons, dont ils se servent fort mal ; les autres armes (sauf ma carabine) sont avec le gouass. Je recommande de ne faire feu qu'après moi et de viser à l'oreille. Nous nous postons sur la berge. Les éléphants sont à moins de cent mètres de nous. J'indique celui que nous devons viser ensemble. Il est occupé à s'arroser le corps avec sa trompe. Il se tient au milieu du fleuve ; il a de l'eau jusqu'au ventre. Nous tirons. Le gigantesque animal fléchit sur les genoux, mais se relève aussitôt. Mes hommes, le croyant abattu, s'étaient précipités ; les rôles sont intervertis brusquement, les poursuivants sont poursuivis. Les éléphants, furieux, pourchassent mes chasseurs, qui se dispersent et disparaissent. Je tire un second coup de feu ; la bête chancelle et sa masse inerte tombe lourdement dans les blocs de basalte qui encombrent la rive. Nous l'y laissons.

Deux hommes ont disparu.

Pendant la marche, nous rencontrons une seconde fois les éléphants et un troupeau de buffles.

Sept heures du soir. — Nous arrivons au campement.

Les bagages m'ont précédé. Je fais l'appel. Ni morts, ni blessés ; tous mes compagnons sont présents, sauf les deux hommes disparus ce matin, au bord du fleuve. On ira à leur recherche, avant le jour ; mais il est peu probable qu'on les retrouve ; car s'égarer, la nuit, dans ce pays, c'est courir grand risque d'être dévoré par les bêtes ou tué par les indigènes.

Sur les bords de l'Omo.

Lundi, 28 mai.

Nuit de repos. Ce que les éléphants n'ont pu faire, les singes l'ont fait. Deux hommes sont grièvement blessés. Presque tous s'étaient endormis au hasard, sous la corniche de rochers qui forme notre abri. Là, des centaines de singes grimaçaient, à la clarté de la lune. En gambadant, ils ont fait rouler des pierres sur les dormeurs.

Avant le jour, nous commençons nos préparatifs de départ ; les bagages nous devanceront, dans la direction du marché d'Omo.

Nous décampons avant l'aurore, pour trouver les buffles ; car, au lever du soleil, ils quittent les prairies pour rentrer dans les bois. Nous les apercevons après deux heures de marche.

Je m'approche en rampant et m'abrite derrière un énorme tronc d'arbre ; à quatre-vingts mètres, je tire. Le coup porte ; le buffle se cabre et tombe sur les genoux d'abord, puis sur le flanc. Il a la tête traversée. Le troupeau entier se précipite au galop, sur la gauche ; mes cavaliers le poursuivent, puis, décrivant un demi-cercle, le rejettent dans la prairie. D'un second coup de fusil, j'atteins au ventre une autre bête. Mes hommes l'achèvent à coups de lance. Je n'ai que le temps de me mettre en selle et de partir au galop ; le troupeau entier fond sur nous avec de terribles rugissements. La chasse devient dangereuse et moins intéressante ; elle se continue, sous des bois dont le feuillage empêche toute vue d'ensemble. Un troisième buffle tombe. — Le premier tué est superbe ; j'en emporte les cornes. Deux hommes ont été blessés : l'un a la cuisse ouverte, l'autre a reçu un coup de tête et a été foulé aux pieds ; il ne peut plus parler, sa bouche est pleine de sang. Je transporte les infirmes au campement et je laisse une dizaine de serviteurs occupés à dépecer notre énorme gibier.

La chair du buffle est bonne ; sa peau, très estimée, sert à la confection des boucliers.

J'ai perdu cinq chevaux : deux ont été tués, trois autres sont hors de service.

Le soir, nous arrivons.à Omo.

Mon messager est de retour de Djiren. Il m'apporte une réponse défavorable, mais fort explicite. Abba Djiffar refuse de m'aider et déclare qu'il ne me permettra plus de franchir les frontières de Djimma. Des envoyés spéciaux ont mission de signifier aux Hadia et aux Tambaro, mes alliés, que, s'ils me laissent passer, le marché de Djiren leur sera fermé.

Malgré mon cruel désappointement, je ne puis m'en prendre à Abba Djiffar. La crainte de s'attirer la colère de Ménélik l'a seule empêché de tenir ses promesses. Il vient d'apprendre, en effet, que le roi du Schoa est sur le point de rentrer à Antoto, en passant par le Godjam, et que les Dedjazmatch, gouverneurs de Limmou, de Gouma et de Ghéra, reprendront sous peu possession de leurs postes. Le moment est critique ; tous ces pays sont en pleine révolte, à la suite des événements du Soudan. De nouveaux émissaires mahdistes sont venus jusqu'ici et les partisans du nouveau prophète parcourent Gouma, le Wellagha et le sud du Fazokl.

Je ne puis trouver une issue vers le sud ; ces agitations et ces guerres me fermeront-elles la route du nord? Je vais rentrer à Djimma, auprès du roi, et je saurai à quoi m'en tenir.

Je prépare tout, pour partir demain matin, à la première heure.

AUX ENVIRONS DE DJIREN.

Mardi, 29 mai.

A six heures, en route.

L'Abba Koro d'Omo veut me retenir, pour m'arracher un supplément de cadeaux. « C'est trop tard, lui dis-je ; tu aurais pu obtenir beaucoup, au temps où j'avais l'espoir de continuer ma route vers le sud ; tu n'as rien fait pour moi, tu n'as rien à recevoir. »

Notre marche a duré douze heures ; elle a été interrompue par une courte halte, au milieu du jour. Nous nous arrêtons à onze heures du soir. Je ne fais pas dresser ma tente. Nous nous étendons sur la terre, après avoir déchargé les mules.

DJIREN.

Mercredi, 30 mai.

A une heure, ce matin, l'humidité m'a réveillé. J'ai donné le signal du départ. A sept

COIFFURE DE FEMME DE SADÉRO (DJIMMA).

heures, je suis rentré à Djiren. C'est une des traites les plus rapides que j'aie parcourues.

Dès mon arrivée, le roi me demande. Il est honteux de m'avoir rappelé, après s'être engagé à me laisser partir. Il s'excuse loyalement. Après mille protestations, il me demande ce que je désire. — Rien. Il tient absolument à m'offrir un présent. Puis il m'envoie chez sa mère, qui désire me voir.

La ghenné me reçoit cordialement et me donne cinq esclaves : c'est trop, surtout à la veille du départ; j'en ai déjà deux habitations pleines. Je la remercie. La seule chose que je veuille, depuis mon arrivée dans ce pays, c'est l'autorisation d'explorer les régions sidama; on me la retire après me l'avoir donnée : « Je ne puis plus être votre ami », ai-je ajouté, en prenant congé. Malgré mon refus, la bonne dame a persisté à m'envoyer les encombrants témoignages de sa sympathie. En rentrant chez moi, j'ai trouvé tout ce qu'elle m'avait promis. Le roi avait joint, aux présents de sa mère, des civettes vivantes et d'autres esclaves. Il me gratifie de ces dons, avec la prodigalité d'un homme à qui pareille générosité ne coûte guère... Abba Djiffar veut que j'aie beaucoup de monde, par ostentation pour lui-même, mon bienfaiteur, et pour me donner le principal luxe de ces contrées. Il oublie que je n'ai ni terres pour nourrir tous ces êtres humains, ni maisons pour les loger. Je les lui laisserai en retournant, au Schoa.

Ce soir, j'ai revu le roi. Ses eunuques avaient détourné une partie de ce qu'il

FEMME ZINGERO.

m'avait offert. Il est entré dans une violente colère et a voulu leur couper la main. Je l'ai supplié de n'en rien faire. Il m'a répondu : « Vous regrettez de ne pouvoir aller où bon vous semble ; mais vous n'avez pas le droit de vous plaindre ; personne ne peut vous obéir ni vous aimer, car vous ne savez pas commander. » Bref, j'ai sauvé la main de mes voleurs, qui ne m'en sauront aucun gré...

Passé la soirée avec Abba Djiffar et assisté à son repas. Il ne mange jamais en public et ne touche qu'aux mets préparés par sa mère.

Vers dix heures, je me suis retiré.

Je partirai demain.

DJIREN.

Jeudi, 31 mai.

Je renonce à écrire les mensonges sans nombre qui me sont débités chaque jour.

Abba Djiffar lui-même ne croit pas déroger à la majesté royale, en imitant ses lieutenants. Je me souviens de la réponse qu'il m'a faite, le jour où je me suis plaint de tant de fourberies. J'oublierai difficilement Abba Mantcho, qui n'a pu passer un jour sans me promettre de me laisser pénétrer et séjourner dans le Koullo. Et c'était un des cinq notables du grand conseil royal ! Je n'oublierai pas plus aisément son digne acolyte, Samako, qui n'a cessé de m'affirmer des choses qu'il n'avait ni vues ni entendues, — Naffako, le messager du roi de Koutscha, qui, au moment de son départ, me pria de l'attendre chez moi et que je n'ai plus revu, — ni l'envoyé de Gobbé, roi du Wallamo, qui me garantissait la route du sud par le Wallamo, au moment même où Gobbé déclarait à mes émissaires qu'il me couperait la tête, si je pénétrais sur son territoire, — ni ces indigènes du Contab, qui m'engageaient à attendre le retour d'un des leurs, depuis longtemps revenu ! — Mais l'Abba Doula d'Omo les a tous surpassés ! Il m'avait laissé m'aboucher avec les hadia et les tambaro, dans la conviction que je n'obtiendrais rien. Quand il a vu le succès de mes négociations, il a voulu me dissuader de mon entreprise. Puis, devant mon insistance, il s'est engagé lui-même à me faire réussir, me disant que lui seul en avait les moyens. Et, en même temps, il accablait de menaces mes pauvres amis hadia et tambaro, pour le cas où ils m'aideraient à passer, avant qu'il n'ait reçu tous les cadeaux qu'il attendait de moi !

J'ai pris congé du roi dans la matinée. C'est ramadan ; le palais n'ouvre pas ses portes avant neuf heures.

A onze heures, les Abba Koro, Abba Doula, etc., etc., commencent à arriver.

Les habitants de Djimma sont divisés en musulmans et Oromo, bien que tous soient de race oromo. Ils prennent la religion pour la race, et établissent ainsi une démarcation d'autant plus nette, que tous les personnages riches et puissants appartiennent à l'islam. Les mêmes défauts sont communs à tous, sans distinction : ils sont menteurs, quémandeurs et avaricieux.

C'est un supplice de vivre avec les musulmans de Djimma, pendant le ramadan. Ils observent avec tant de scrupule les prescriptions du Koran que, pour ne pas rompre le jeûne, ils évitent d'avaler leur salive, qu'ils distribuent en pluie autour d'eux. Ils ne mangent pas au coucher du soleil, mais à la nuit noire, et s'abstiennent de tout aliment, depuis les premières lueurs de l'aube.

MONT SOUMET.

Vendredi, 1er juin.

Le roi m'a donné cent cinquante hommes, pour emporter ce qu'il m'a offert. J'ai, en outre, huit mulets chargés ; ce n'est pas un mince embarras.

Pendant ces derniers jours, j'ai essayé d'acheter quelques objets ; mais je n'ai pu acquérir que des bibelots insignifiants. On savait que j'allais partir et les prix demandés étaient exorbitants. Ce qui valait deux sels m'était compté deux thalaris ; de plus, il me fallait payer en marchandises ; les achats, dans ces conditions, devenaient si onéreux, que j'y ai renoncé.

J'ai été surpris aujourd'hui de recevoir du roi des présents qui ne répondaient pas

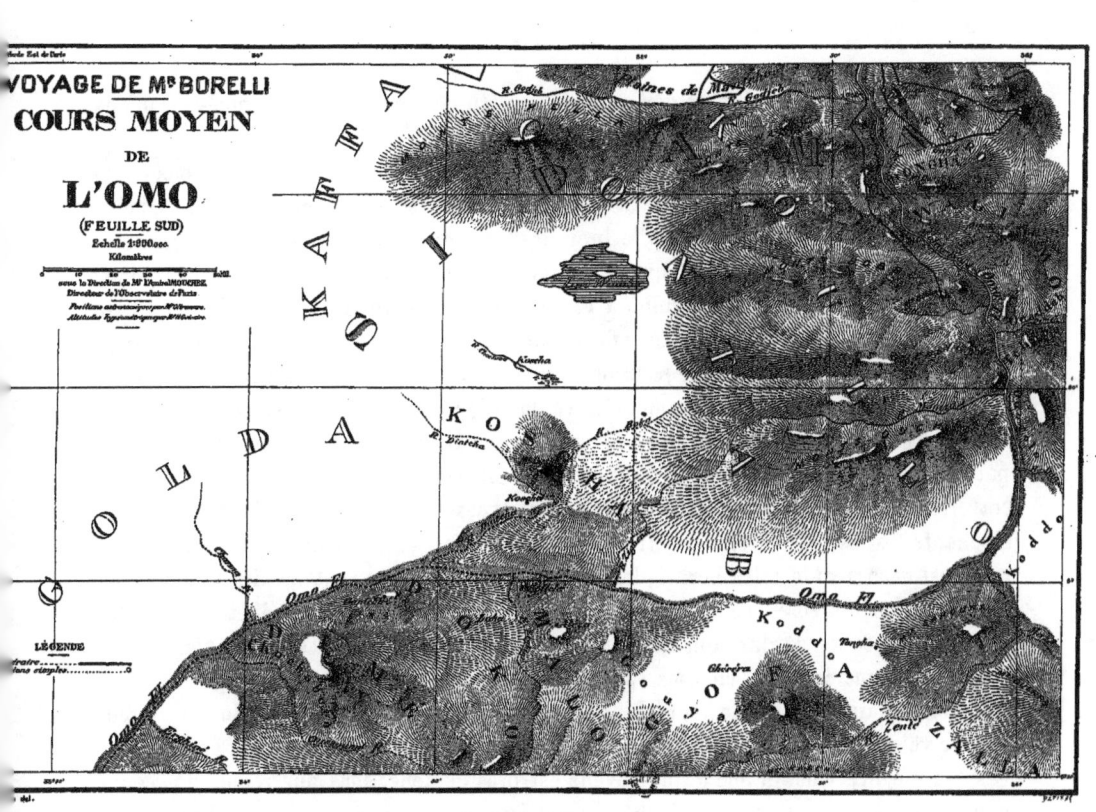

VOYAGE DE Mr BORELLI

COURS MOYEN

DE

L'OMO

(FEUILLE SUD)

Echelle 1:800.000.

Kilomètres

sous la Direction de Mr E. Mouchez,
Directeur de l'Observatoire de Paris.

Positions astronomiques par Mr Borelli.
Altitudes hypsométriques par Mr Borelli.

LÉGENDE

à ses promesses. Je n'ai pas tardé à être édifié. Des serviteurs, chargés de m'apporter de la civette et de l'ivoire, avaient gardé plus de cent okettes de l'une et trente okettes de l'autre. Deux beaux chamas étaient restés en chemin. Abba Djiffar, prévenu, a mis en vente les voleurs; il voulait absolument m'en donner un. Le beau cadeau! J'ai refusé, mais je n'ai revu ni la civette, ni l'ivoire. Peut-être aussi le roi jouait-il une comédie.

J'ai envoyé gens et bagages m'attendre à Héréto, une des masséra d'Abba Djiffar, et j'ai pris, avec dix hommes, le chemin du mont Soumet, pour y faire quelques observations. Nous passons la nuit dans un bois épais, à peu de distance de la cime. Nous avons suivi des sentiers détestables.

MONTS GOMARI.

Samedi, 2 juin.

Il a plu toute la nuit et je n'ai qu'une couverture; nous sommes trempés jusqu'aux os. Impossible d'allumer du feu.

En deux heures, j'ai atteint le sommet de la montagne. Le brouillard nous enveloppe. Après une longue attente, par un froid très vif, survient une éclaircie. A peine ai-je installé mon théodolite, que le brouillard reparaît avec la pluie. Je regrette ce contretemps; je suis persuadé que mes relèvements auraient eu un réel intérêt; c'est le seul point d'où l'on domine à la fois les vallées du Ghibié de Djimma et du Ghibié Ennarya. La vue s'étend d'une façon suffisante sur toutes deux. Je me suis aperçu trop tard des avantages de cette position; quelque autre voyageur plus heureux profitera de mon indication. Le mont Soumet s'élève dans le mogha de Djimma et de Limmou.

Dans l'après-midi, je reprends ma route, en me dirigeant vers les monts Gomari, la partie la plus élevée de la chaîne qui ferme, à l'est, la vallée du Ghibié Ennarya. Nous traversons un plateau boisé. Nous constatons, à des traces certaines, la présence des éléphants. Nous apercevons des troupeaux de buffles, et des singes par milliers. La route est désagréable : les herbes, les buissons et les arbres sont mouillés et dégouttent sur nous. Le soleil se montre un instant; mais ses rayons ne pénètrent pas les voûtes épaisses de verdure qui nous couvrent. Des arbres morts entravent nos pas; des lianes nous barrent, en tous sens, le passage.

Nous campons de bonne heure. Mes hommes ramassent du bois pour allumer du feu.

Je vais, avec trois serviteurs, à la recherche des buffles que nous avons entrevus.

On me prévient qu'une grande hyène est près de nous, sous une roche. J'accours et ne vois rien. Pour expulser la bête, nous lançons des pierres; elle ne bouge pas. J'envoie chercher du feu au campement et j'enfume la tanière; un magnifique léopard en sort; je fais feu presque à bout portant; frappé au cou par la balle qui a pénétré profondément, il tombe. Sa robe est bien tachetée; on l'enlève et je l'emporte.

AFFATA.

Dimanche, 3 juin.

Impossible de dormir. La pluie nous pénètre, et je crains que nous soyons sur le passage des éléphants. Je veille.

49

Nous n'avons pas pu tenir nos feux allumés. Au jour, nous partons, cherchant à gagner la vallée qui sépare Afata des monts Diki.

C'est la route naturelle des envahisseurs qui, du nord, s'avancent vers le pays de Djimma; c'est par là que les troupes du Godjam, sous la conduite du Dedjazmatch Derassou ont pénétré.

Dix heures de marche. Nous campons dans la vallée, près d'une hutte dont les habitants nous refusent toute nourriture.

HÉRÉTO.

Lundi, 4 juin.

Nous avons marché neuf heures.

Ma route est sensiblement celle que j'ai suivie, dans mon excursion, de Djiren au pic d'Ali-Dhéra, depuis le gué du Ghibié jusqu'à Héréto.

Les eaux sont assez hautes.

A Héréto, mogha du Zingéro, je campe chez mon ami Abba Melré; j'y trouve mes bagages arrivés de la veille.

HÉRÉTO.

Mardi, 5 juin.

Journée consacrée à la photographie de types zingéro.

HÉRÉTO.

Mercredi, 6 juin.

J'ai chassé dans le mogha. Impossible d'approcher les buffles.

L'Abba Koro m'a proposé de l'accompagner au Zingéro. Il va, à la tête d'une troupe bien armée, essayer de surprendre les naturels. A Djiren, je lui ai promis monts et merveilles, pour le décider à me fournir une escorte qui me permette de parcourir ce pays; il a toujours hésité. C'est lui maintenant qui me fait des avances. J'accepte. Je prendrai, si je le puis, quelques vues et des relèvements.

GORMA.

Jeudi, 7 juin.

Je suis surpris de me retrouver vivant!

Bien avant le jour, l'Abba Koro, mon pauvre ami Abba Melré, est venu me réveiller sous ma tente. « Partons », m'a-t-il dit. Je me lève et réveille mes hommes. Je n'ai plus que trois fusils; j'ai donné ceux qui me restaient encore au roi de Djimma; mes gens sont armés de lances. Quelques serviteurs portent mes instruments.

La trompe sonne dans la campagne, pour annoncer l'expédition.

Nous faisons route vers Gorma. Nous sortons des portes de Djimma, qui n'existent plus qu'à l'état de ruines.

Le mogha est resserré; ni maisons, ni cultures. Après une heure de marche, à travers des ravins et des ruisseaux, nous gagnons une plaine couverte de buissons et de palmiers. Le terrain est marécageux. Deux fois, nous sommes obligés de descendre de cheval; nos bêtes s'enfoncent jusqu'aux genoux.

UNE HUTTE DE ZINGÉRO,
près Gorma.

Nous apercevons quelques maisons entourées de cultures, elles sont abandonnées, les habitants se sont enfuis. Les guerriers de l'Abba Koro brûlent les huttes et ravagent les récoltes.

Je prends deux vues photographiques.

Nous commençons à monter par une pente raide. La roche est saillante. Des bois de birbirsa, de wodeyssa, d'abrou et de gatira garnissent les flancs de la montagne, couverts de jasmins et d'églantiers, mêlés à des arbustes épineux. Nous arrivons devant

DEBANI, HOMME DU ZINGÉRO.

la porte de Gorma en traversant un petit plateau. A droite et à gauche, des fossés profonds, bordés de petits arbres.

L'Abba Koro fait abattre la porte ; nous passons.

Personne devant nous. A un kilomètre, s'élève le pic de Gorma ; de tous côtés, des cabanes et des cultures de kotcho ; mais point d'habitants.

L'Abba Koro me propose de faire l'ascension de Gorma. C'est inutile ; le brouillard me rendrait tout travail impossible. « Allez en avant, reprend Abba Melré ; derrière Gorma, vous trouverez une hauteur d'où la vue s'étend au loin, de tous côtés. » Je pars escorté de quelques hommes. Après deux heures de marche, j'arrive à Odomita ; c'est le point indiqué par l'Abba Koro. Le temps est brumeux. Je prends, à la hâte, un croquis et fais quelques observations à la boussole ; je n'ose pas installer mon théodolite.

Devant moi, à courte distance, se dresse le mont Bor-Goudda. Nous sommes au milieu des habitations. Un guide me signale une maison qui appartient au roi. Des groupes d'indigènes se sauvent devant nous; mais il est temps de se replier vers la porte : — de toutes parts les sinistres cris de guerre retentissent.

Nous rejoignons l'Abba Koro ; sa petite armée s'est accrue ; il commande à deux mille combattants ; il est vrai que ces guerriers paraissent plus jaloux de voler les jeunes plants de kotcho, que de courir sus à l'ennemi. Il est évident que l'Abba Koro

VUE PRISE DANS LE ZINGÉRO, A ODOMITA.

n'est pas maître de ses bandes. Il est Zingéro comme bon nombre de ceux qui le suivent.

Des hommes armés apparaissent sur le plateau voisin. Ils sont nombreux et descendent vers nous; puis, s'arrêtent et attendent..

Abba Melré porte un fusil, présent du roi de Djimma, arme inutile entre ses mains; il sait à peine s'en servir : « Tue un de ces hommes, me dit-il, et moi j'enduirai ma tête, en signe de victoire. » Je lui réponds que je suis bien décidé à ne tirer que pour défendre ma vie. Cependant, pour ne pas l'indisposer, je consens à faire feu sur le cheval que monte un chef renommé, qu'il me désigne. C'est Dilbato, fils du roi. J'ai visé juste : cavalier et monture roulent à terre; le cheval ne se relève plus. Les Zingéro poussent des « hou! hou! » de détresse et s'enfuient. Je voulais prendre le harnachement de la monture de Dilbato; mais avant que j'aie pu l'approcher, les héros qui m'accompagnent l'avaient déjà volée! Le cavalier était sauf; la balle avait traversé le poitrail du cheval.

Nous revenons vers la porte. L'Abba Koro me dit : « Si nos ennemis reviennent, laisse-les s'avancer ». Peu après, les Zingéro débouchent à droite et à gauche du pic de Gorma et viennent à nous.

Des guerriers de Djimma vont à leur rencontre. Les uns et les autres se livrent à de grandes démonstrations, sans combattre.

Les Zingéro crient : « Daroa ! daroa ! » c'est-à-dire : « Ils mentent, ils feignent de se battre ; mais ils ont peur et ne se battent pas ! » Peu après, leur troupe grossit et menace de nous déborder. La nôtre, au contraire, diminue à vue d'œil. Les voleurs de kotcho ont disparu avec leur butin. Je commence à craindre l'issue de cette aventure.

« N'est-il pas temps de faire feu ? » dis-je à l'Abba Koro. A ce moment, nous étions presque cernés et les Zingéro se pressaient en masse autour de nous. « Tire ! » me répond-il. Je vise au milieu d'un petit groupe d'indigènes, qui s'éloigne en courant pour se reformer aussitôt. Trois autres coups de fusil mettent nos ennemis en déroute. J'avance, je cherche à entraîner nos hommes ; quelques-uns me suivent ; d'autres, le plus grand nombre, me dépassent et s'arrêtent au sommet de la pente de Gorma. Ils forment un rideau qui arrête mon regard. Je voyais s'agiter les plumes sur leurs têtes. J'allais les atteindre, quand ils se dispersent subitement et me laissent en face d'une centaine de cavaliers zingéro. Je n'ai que le temps de tirer et de me sauver. En fuyant, si j'avais suivi la route qui des portes mène à Gorma, j'étais perdu. En moins de temps que je n'en mets à l'écrire, les cavaliers m'auraient rejoint. Je me jette dans les ravins qui bordent la voie principale et je continue ma fuite, en me glissant derrière les broussailles.

Des groupes à pied et à cheval me poursuivent et me traquent. Les lances volent autour de moi. Je lutte pour ma vie. Serré de trop près plusieurs fois, je me retourne et je fais feu.

Au passage d'un ravin, je vois sur le bord que je viens de quitter un guerrier plus audacieux que les autres ; sa lance tombe en frôlant mon corps ; il est à dix mètres de moi. Je tire, le coup rate ; je tire une seconde fois ; — l'homme tombe.

Je ne sais ce qui s'est passé depuis lors, jusqu'au moment où j'ai atteint la porte. Je n'étais plus animé que par l'instinct d'échapper à un péril extrême.

Enfin, je rejoins Abba Melré, que ses guerriers félicitent d'avoir tué un ennemi et qui porte déjà sur son bouclier les hideuses dépouilles du malheureux mutilé. Je m'étais assis sur un monticule d'où je voyais nos hommes, si fiers ce matin, se sauver à toutes jambes. Les Zingéro vociféraient des injures et poussaient des cris féroces. Ils étaient à cinquante mètres ; mais ils hésitaient à attaquer.

J'avais renvoyé mes domestiques, avec ordre d'enlever, en toute hâte, mes instruments et j'attendais ma mule. Fuir à pied, c'était courir à une mort certaine ; puis, je ne voulais pas quitter ce lieu maudit, avant d'être assuré qu'Abba Melré était hors de danger. Quelques minutes s'écoulent, et j'aperçois l'Abba Koro ordonner la retraite. Derrière lui, je reconnais ma mule que des fuyards voulaient ravir. J'accours, en menaçant, et je m'empare de ma bête. Je monte en selle, en disant à deux serviteurs qui ne m'avaient pas quitté de se sauver sans s'inquiéter de moi. Je devenais pour eux un embarras et un danger; tandis que, seuls, avec leur parfaite connaissance des lieux, ils devaient trouver le salut. Ils refusent de s'éloigner et m'accompagnent.

Quatre cavaliers zingéro passent au galop; à notre vue, ils s'arrêtent brusquement et, faisant volte-face, reviennent sur nous. Encore une fois le danger est imminent : je m'arrête et je vise un de ces combattants, dont le bras est, du poignet au coude, orné de bracelets d'argent. C'est Homochy, fils de Gouyo, le plus célèbre des héros du pays;

VUE PRISE A HÉRÉTO, DANS LE MOGHA DU ZINGÉRO.

on l'a surnommé « tomboré » c'est-à-dire « la vierge ». Je tire; un mouvement de ma monture fait dévier le coup; cheval et cavalier tombent; mais le cheval seul est atteint. Les Zingéro croient leur chef mort et poussent d'horribles clameurs. Bientôt ils se ravisent et fondent sur nous. D'autres les rejoignent en masse; ils nous entourent en criant: « Tondjoua! tondjoua! » — « frappe avec la lance! »

Cette fois, l'attaque est générale; les hommes de l'Abba Koro sont enfoncés et se dispersent. J'essaye en vain de les rallier; rien ne les arrête. Je dois les suivre ou mourir misérablement. J'aurais exposé ma vie pour aller plus avant dans le sud; mais je ne veux pas la sacrifier, pour battre des Zingéro. La déroute est complète; le spectacle de ces hommes armés qui lancent leurs chevaux dans les fourrés et les ravins est navrant.

Un de mes deux compagnons tient ma mule par la bride ; je charge et décharge mon fusil sans désemparer, pour retarder la poursuite acharnée de nos ennemis. Ma bête a le pas sûr ; elle ne bronche pas. Tandis que les chevaux buttent et s'effrayent, elle court sur ces pentes rocheuses et dans ces sentiers bordés d'abîmes, comme sur une route frayée. Déjà, depuis un moment, j'ai cessé de tirer. Dans ce premier instant de répit, je cherche à me reconnaître. J'ai perdu mon chemin. Peut-être dois-je mon salut à cette circonstance fortuite. Après cinq heures d'une course haletante à travers les bois et les rochers, je me retrouve devant la masséra de l'Abba Koro. Tous mes serviteurs sont là ; un seul est blessé. Mes instruments sont sauvés. C'est une chance inexplicable.

Pendant que j'errais dans les bois, ma petite troupe avait, suivant mes instructions, repris notre route du matin. Abba Melré était devant elle ; il l'avait précédée dans la plaine marécageuse. Des ennemis en embuscade dans des fourrés et couchés dans les herbes, au passage d'Abba Melré, se sont élancés, précipités sur lui et sur les trois hommes qui l'accompagnaient ; ils les ont enlevés et disparu.

Le fils de l'Abba Koro d'Abalti, avec deux ou trois cents hommes, a réuni les fuyards et arrêté les Zingéro aux portes de Djimma.

Dix heures du soir. — Je me disposais à prendre un peu de repos, quand des cris accompagnés de sanglots ont éclaté. La nouvelle s'est répandue de la capture de l'Abba Koro. Les hommes poussent des hurlements féroces et se frappent la tête ou la poitrine avec des couteaux. Ils sont couverts de sang. Les femmes accourent de toutes parts, nues jusqu'à la ceinture, les cheveux couverts de boue et le corps souillé d'ordures, en signe de deuil. Elles se jettent à plat ventre et battent le sol de leurs mains. Cette scène de désolation se prolonge bien avant dans la nuit.

Ce matin, les cris ont diminué, pour reprendre plus aigus et plus nombreux, aux premières nouvelles de la mort de mon malheureux ami. J'ai entendu proférer contre moi de terribles menaces ; on m'accuse de tous les malheurs de cette lamentable journée.

HÉRÉTO-ABALTI.

Vendredi, 8 juin.

J'ai tout préparé pour mon départ. Je ne garde avec moi que cinq ou six hommes ; je ferai transporter mes bagages chez l'Abba Koro d'Abalti et j'attendrai. J'ai laissé ma tente debout, pour cacher mon projet.

J'allais sortir quand des sanglots et des cris déchirants se sont fait entendre de nouveau. La nouvelle est certaine : Abba Melré a été tué.

Voici le récit d'une femme zingéro, envoyée cette nuit auprès de l'Abba Koro, pour lui porter du café et son tapis de prière.

Les Zingéro ont demandé à l'Abba Melré ce qu'était devenu le « blanc » qui avait voulu « s'emparer de leur pays ». Mon pauvre ami a répondu simplement que j'étais un protégé d'Abba Djiffar et a sollicité la permission de parler au roi Amno. Celui-ci a refusé de voir son ennemi vaincu, et a ordonné qu'il fût mis à mort, avec ses compagnons. Depuis longtemps, Amno cherchait à s'emparer de l'Abba Koro.

Abba Melré a été conduit, les bras liés, près de Gorma. Là, le fils du roi lui a

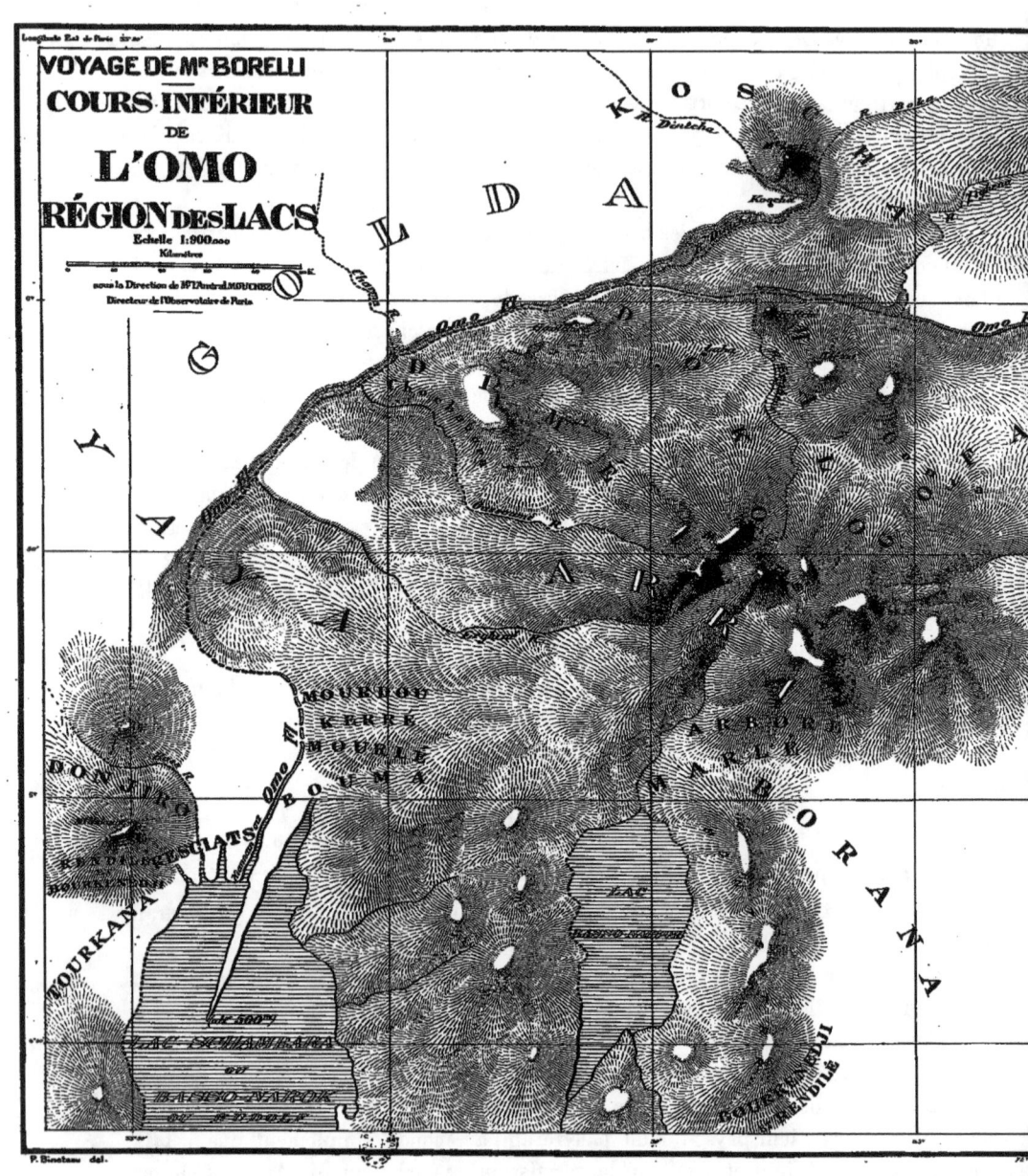

VOYAGE DE Mr BORELLI
COURS·INFÉRIEUR
DE
L'OMO
RÉGION DES LACS
Echelle 1:900,000
Kilomètres
sous la Direction de Mr l'Amiral MOUCHEZ
Directeur de l'Observatoire de Paris

P. Bineteau del.

percé le ventre d'un coup de keroa (espèce de lance barbelée); puis on l'a jeté à terre, pour l'égorger. Ses compagnons n'ont pas eu un sort moins cruel; on les a mis à mort, en les forçant à boire de l'eau bouillante.

Des imprécations atroces ont été vomies contre moi; on avait décidé de me brûler vif. Dans la masséra, on n'ose pas encore m'injurier directement, mais je surprends, à chaque instant, des propos et des gestes qui me disent éloquemment les impressions de

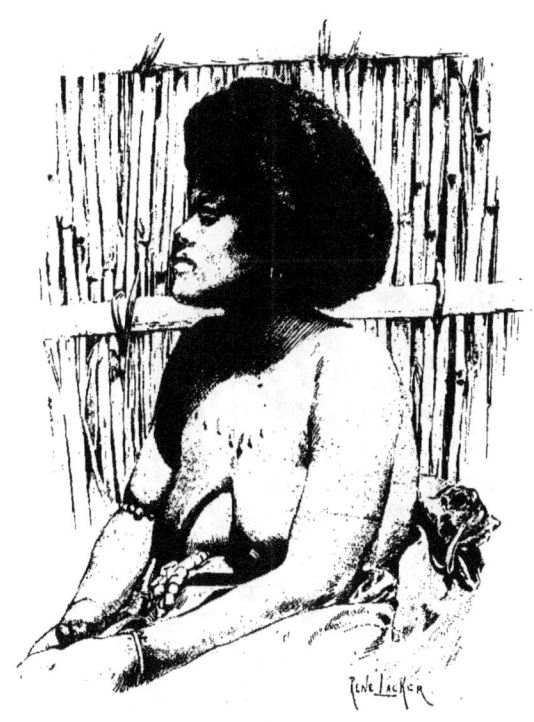

DESALI, FEMME DU ZINGÉRO.

ceux qui m'entourent. Il faut partir immédiatement; dans une heure peut-être, il serait trop tard.

Je m'empresse de plier ma tente et d'expédier devant moi ce qui reste de mes bagages.

Dix heures du matin. — Quelques Zingéro de l'Abba Koro m'ont arrêté à la dernière porte de la masséra; ils voulaient m'obliger à rentrer. La situation était critique et j'étais à bout de patience : « Je ferai, ai-je répondu, ce que bon me semblera », et j'ai fait mine de les coucher en joue. Ils ont disparu. Je me suis dirigé vers Abalti, suivant mes bagages à une courte distance. Après une course de trois heures, je suis arrivé chez l'Abba Koro; il est avec tout son monde au mogha de Zingéro; la masséra est déserte. J'attends la nuit avec impatience; de mauvaises nouvelles circulent autour de moi; on me recherche à Héréto.

Lors de mon premier séjour ici, le roi Amno avait appris que j'avais l'intention de pénétrer sur son territoire et même que j'y étais entré, en forçant une porte, sans que l'on eût pu s'emparer de moi. Il avait promis une forte récompense à qui me tuerait, ou mieux me prendrait vivant, pour être brûlé. Ces jours derniers, des Zingéro lui avaient annoncé mon retour chez l'Abba Koro et le projet d'expédition d'Abba Melré. Il savait que l'on pénétrerait par la porte de Gorma et que « le blanc » serait avec les envahisseurs. Abba Melré et les huit dixièmes de ses soldats étaient Zingéro. Il était fils de la sœur du roi précédent. Tous ceux qui m'ont accompagné, excepté lui et les

MATIKO, JEUNE HOMME DU ZINGÉRO.

guerriers de Djimma, étaient d'accord pour me livrer ou me faire massacrer. J'en ai reçu la déclaration de gens qui m'ont avoué qu'ils connaissaient la trame de cette trahison. Que leur importait? Ils se souciaient peu de se faire des ennemis, pour un « blanc » qui passait. Les Zingéro des deux camps avaient convenu que, si je venais avec l'Abba Koro, la plume d'autruche, que la plupart d'entre eux portent piquée derrière la tête, serait placée vers l'oreille gauche ; c'est ce qui a été fait. Les héros qui ont pris les devants, près de Gorma, étaient dans le complot. Leur but était de me masquer les ennemis qui me guettaient à quelques pas et échangeaient avec eux des signes d'intelligence, que je me rappelle fort bien et dont je ne pouvais comprendre en ce moment la portée véritable. Ils avaient pensé que mes chaussures m'empêcheraient de courir. Que de lances ont été dirigées contre moi et avec quel acharnement j'ai été poursuivi!

Je savais le sort qui m'était réservé, et j'aurais affronté mille morts, plutôt que de tomber vivant en de pareilles mains.

ROUKESSA.

J'ai laissé dire que je séjournerai deux jours dans la masséra, pour y attendre l'Abba Koro et, au besoin, pour protéger son habitation. J'emploie ce subterfuge, parce qu'on a prévenu Abba Djiffar et qu'il pourrait bien donner l'ordre de m'arrêter dans ma retraite.

Pendant la nuit, nous entendons des cris; c'est l'appel aux habitants du mogha, pour la défense des frontières de Djimma.

Onze heures du soir. — On a frappé aux portes de la première enceinte ; après des pourparlers interminables, le visiteur a été introduit : c'est un homme de l'Abba Koro. Il prétend que les Zingéro ont pénétré sur le territoire de Djimma, qu'ils marchent sur la masséra d'Héréto et que tous les guerriers prennent les armes.

A deux heures du matin, je fais charger les mules. A trois heures et demie, en route. A midi, nous sommes à Roukessa, où je retrouve mes gabares et mes bagages. On m'engage à ne pas traverser aujourd'hui l'Omo ; les indigènes du Chakaï et du Hadia parcourent le pays, tuant, pillant et dévastant tout sur leur passage.

Je suis hébergé par Abba Dassa, petit Abba Koro, qui cherche à retarder mon départ. J'ai décidé le chef de mes gabares à partir lundi matin, avant le jour.

ROUKESSA.

Tant de tracas et de dangers ne m'ont pas trop distrait de mon travail ; je passe cette journée à transcrire des chiffres et à faire quelques observations, des relèvements et des photographies.

Roukessa est situé à l'extrême limite des plateaux qui dominent au nord les plaines de Madalou. Près de nous s'élève le pic d'Ali ; au loin nous voyons clairement celui d'Ali-Dhéra. A nos pieds, des gorges où coule la Tamsa.

DE ROUKESSA A AMAYA PAR DADALÉ.

Avant le jour, mes préparatifs sont terminés. Les gabares prennent une route assez mauvaise, mais plus directe, qui les conduira sur les bords du fleuve. Je prends avec les mules un chemin meilleur, mais plus long. J'atteins la porte de Djimma au-dessus des pentes rapides et boisées qui descendent au fond de la vallée. Le gardien prévenu de mon arrivée refuse d'ouvrir, pour m'obliger à lui offrir un cadeau ; je parlemente inutilement. Je me résigne à employer la force. Mes hommes enfoncent la porte et nous entrons dans le mogha.

Des éléphants apparaissent et disparaissent dans les bois. A dix heures, nous sommes au bord de la Tamsa ; il y a peu d'eau (1 mètre 30 centimètres de profondeur). Les mules passent la rivière ; mais une d'elles prend peur et s'écarte du gué ; la charge glisse sous son ventre ; elle perd pied et, dans l'impossibilité de nager, se noie avec son fardeau. La civette qu'Abba Djiffar m'avait donnée (environ cent okettes), une petite défense pesant deux okettes, une partie de l'or qui me restait (cinq cents grammes environ) et des vêtements : tout est perdu.

Sur l'autre rive, je fais une courte halte. Les gabares n'arrivent pas ; je reprends

JEUNE FILLE DU ZINGÉRO.

ma marche interrompue. La contrée prend le nom de Dadalé ; elle fait partie du royaume de Djimma.

Nous gravissons des pentes rapides qui nous conduisent au plateau. Sol aride convert de gommiers.

A midi, nous arrivons chez le choum Tchota. Il me refuse logement et nourriture ; mais il me promet, si je veux franchir le mogha ce soir, de me donner quinze ou vingt hommes, car le pays est dangereux ; il n'oublie pas d'ajouter que, pour prix de son obligeance, je devrai lui offrir les plus beaux présents. Je lui promets des tissus. Il mettra un guide à ma disposition, pour me conduire, me procurer les hommes et recevoir les cadeaux.

Nous partons à deux heures après midi. La contrée est aride et poudreuse. Dans un ravin encaissé et étroit coule la Walgha. Sur l'autre rive, au sommet de la berge, s'élèvent des cabanes lourdes et basses, d'où sortent, sur mon passage, la lance au poing, en se tenant debout sur le seuil, des gens sales et couverts de graisse.

Le guide de Tchota veut s'arrêter pour réunir ses hommes ; je m'oppose à tout

VUE PRISE DE ROUKESSA.
Le mont Kombi et le mont Manet.

stationnement. Je veux traverser le mogha avant la nuit ; il n'y a pas de lune ce soir. Je refuse de décharger les mules et je rappelle les conventions stipulées.

Si je m'attarde, les comparses des Hadia et des Chakaï, qui parcourent le pays, les préviendront de mon passage. Je préfère ne pas leur laisser le temps de s'entendre, pour me piller et me massacrer. Ce soir, j'ai quelques chances de passer inaperçu. Les gens des tribus qui habitent ces parages sont musulmans et ils célèbrent leurs fêtes religieuses : c'est le dernier jour du ramadan.

Nous avions marché pendant une heure, quand le guide de Tchota me dit : « Maintenant, tu as tes hommes, je m'en retourne; donne-moi les présents que tu as promis à mon maître. » J'arrête la caravane, et d'un ballot je retire différents objets que je lui remets. Il part aussitôt. Quand je reprends ma marche, des dix-huit hommes qui m'accompagnaient quinze se sont enfuis ! Les trois qui restent n'ont pu se sauver assez lestement, je les ai arrêtés. Comment les retenir ? Je leur promets en vain les plus belles étoffes. Après une trop longue discussion, ils persistent à vouloir m'abandonner. Ils ont peur, disent-ils, de ne pas être assez nombreux pour rentrer chez eux. Je ne puis pas songer à continuer seul ma route, et retourner à Dadalé est impossible. De gré ou de force, ils marcheront et m'indiqueront la route. Je charge mon fusil sous leurs yeux, je les place en tête de l'escorte de mes serviteurs, en les avisant que je brûlerai la cervelle au premier qui fera mine de s'échapper. Il y va de notre vie !

Pendant trois heures, nous cheminons rapidement, dans un pays herbeux et plat, couvert d'acacias. A la tombée de la nuit, nous franchissons un torrent et nous touchons aux limites de Zarghé. Sur une longueur de plus de vingt-cinq kilomètres, le pays est fermé par une forte haie de branches épineuses, qui sépare entièrement les territoires de Zarghé et d'Amaya, du mogha des Chakaï et des Hadia. Les portes sont tellement basses qu'une mule, même sans charge, ne peut passer. Les gardiens, de l'autre côté de la haie, nous refusent l'entrée.

Je donne ordre à quelques serviteurs de les tenir en respect avec les fusils, pendant que nous démolissons les barrières. L'obstacle est franchi. Je répare la trouée et continue ma route.

A dix heures du soir, nous campons au bord de la rivière Zarghé.

La nuit est profonde. Nous sommes exténués.

Un demi-kilomètre nous sépare du chemin qui conduit à Bilo-Nonno-Mighera. La Zarghé est guéable, dans les environs.

En dépit de nos inquiétudes et du péril de notre situation, nous étions endormis, quand un bruit de chevaux est venu à nos oreilles. A travers les broussailles, j'ai entrevu vaguement, assez loin de nous, une horde de cavaliers. C'est une incursion de Chakaï et de Hadia, comme il en survient fréquemment depuis que le pays n'est plus occupé par les Amhara. Il m'est difficile d'évaluer le nombre de ces pillards ; mais ils sont assurément nombreux, si j'en juge par le temps qu'ils mettent à défiler. C'est une bonne fortune pour nous d'avoir campé loin de la route ; si nous étions restés dans les voies frayées, nous n'échappions pas aux brigands. Après cette émotion, mes hommes n'ont plus voulu dormir et j'ai veillé avec eux.

Avant le jour, nous nous remettons en marche. Nos guides nous ont quittés; je n'ai plus besoin d'eux, je saurai bien parvenir, sans leur secours, à Amaya. Je me dirige vers le mont Roghé. Je cherche à reprendre la voie que j'ai parcourue en me rendant à Djimma. Vers onze heures, nous trouvons de l'herbe et de l'eau. J'ordonne la halte.

A peine descendu de ma mule, je suis pris de vomissements. Je sais ce qu'ils signi-

ÉRAMA, JEUNE FILLE HADIA.

fient : c'est la fièvre ! Combien de temps durera-t-elle ?... Le premier accès a été court. Sans attendre qu'il soit complètement passé, je me remets en selle à deux heures. Un homme tient ma bête par la bride.

A cinq heures, éclate un orage violent; il dure peu. Une heure après, nous sommes chez le frère du choum d'Amaya. Ses gens me disent qu'il est absent. J'insiste; ils me repoussent. Je ne puis rester dehors, malade, trempé par la pluie, avec des hommes épuisés par des marches forcées. Je pénètre dans l'enceinte, puis dans la maison même, déclarant « qu'au nom du roi » — « Bè Négouss » je demeurerai là. Le propriétaire se décide à paraître. Il ne savait pas; — il regrette; — s'il avait su !... Je lui dis : « La volonté du Négouss est formelle. Tous ses choums doivent accorder une généreuse hospitalité aux voyageurs qui, avec son autorisation, parcourent le pays. J'aurai soin d'informer Ménélik de l'accueil que j'ai reçu de toi ! »

Ce discours sur ses devoirs décide mon hôte à me donner un bœuf, un mouton, des poules, du tala et des paniers de pain ; mais je n'ai plus d'appétit. Dès que j'ai assuré la subsistance de mes hommes, je me couche en grelottant.

AMAYA.

Mercredi, 13 juin.

J'en suis à la quinine. La journée a été pénible. Malade, j'ai été obligé de m'arrêter chez un choum du ras Govanna, Tchatcha Dobi. J'ai déjà logé chez lui. Depuis hier, j'ai repris la route que j'ai suivie, en allant d'Antoto à Djimma.

Le choum est absent : il est parti avec ses soldats, du côté de Walisso, pour réprimer une révolte. Il paraît que les Hadia et les Chakaï ont battu et mis en déroute les Amhara, venus pour les soumettre ; ils ont tué leur chef, gendre du Dedjazmatch Guermami, et leur ont pris quatre cents fusils.

Je suis assez mal reçu. On me cède, avec mauvaise grâce, une méchante hutte dans l'enceinte. Je prends mon repas, en présence de la femme de Thatcha Dobi, qui se contente de m'offrir un berberi immangeable et cinq pains de kotcho, pour mes hommes ; ils ont préféré recourir au durkoch.

J'ai entendu à plusieurs reprises l'oraison funèbre du chef amhara qui vient d'être tué dans l'expédition contre les Hadia ; elle est brève et peu flatteuse : « Djibno » disent les Amhara ; « Onarabessada » reprennent les Oromo ; c'est-à-dire : « C'est une hyène. » Dans les deux langues, cette métaphore signifie : « C'est un homme rapace et méchant. »

BETCHO.

Jeudi, 14 juin.

Avant le jour, je quitte la maison de Thatcha Dobi. Il faut repasser le mont Dendy. Il serait plus court de traverser Marro et Walisso ; mais ces localités sont insurgées ; on y arrête tout ce qui, de près ou de loin, touche aux Amhara.

Cinq heures et demie de marche. Nous arrivons sur un plateau élevé, au sud du plus haut pic du mont Dendy. Après une courte halte, nous reprenons notre route. Trois heures de marche.

Nous avons descendu le versant oriental de la montagne et nous sommes dans la plaine des Betcho. La petite vérole sévit dans toutes les contrées que je traverse.

A sept heures, campement. On nous refuse le logement et la nourriture. Il nous faut continuer à vivre sur nos provisions. Dans la nuit, j'envoie des hommes enlever, de vive force, quelques brassées de paille pour nos bêtes. Elles en ont grand besoin ; grâce à quelques verroteries, tout est réglé sans incident.

AUX ENVIRONS DE L'AOUACHE.

Vendredi, 15 juin.

A la première heure, nous sommes sur pied. Nous cheminons dans la plaine, pour atteindre l'Aouache. Nous passons la rivière qui n'est, en cet endroit, qu'un ruisseau bourbeux. Aux abords des habitations, à une distance de cinquante mètres, nous apercevons des huttes petites et misérables. C'est là que sont relégués les varioleux. Du village voisin, on leur apporte un peu de nourriture que l'on dépose à mi-chemin.

Halte. — Je suis pris d'un nouvel accès de fièvre. Pour ne pas retarder mon retour à Antoto, j'envoie mon gouass en avant. Je garde ma mule et quatre hommes.

Dès que je puis me tenir en selle, je repars et je rejoins mes bagages. La fièvre ne me quitte plus.

SAMBATTOU, JEUNE FILLE OROMO DE WALISSO.

ANTOTO.

Samedi, 16 juin.

Nuit de fatigue et de souffrances. Un orage interminable nous a assaillis; ma tente a été renversée et j'ai été inondé! Laissant en arrière les mules de charge, je me mets en route avant le jour. Nouvel et violent accès de fièvre. Je veux continuer à marcher; mon épuisement trahit ma volonté; je tombe et reste étendu, sans avoir la force de me relever. Dès que j'ai pu réagir, j'ai repris mon chemin.

Une heure après-midi; arrivée à Antoto.

Le roi n'est pas encore revenu du nord et le ras Govanna gouverne en son absence. Je me présente et lui demande un abri; car le Fit Worari, dont j'occupais l'habitation, est de retour. « Il est absent pour quelques jours, me répond-il, tu peux encore loger chez lui. »

Je retrouve mon ancienne demeure dans un état de saleté et de désordre que seul

51

un Amhara est capable de créer et de supporter. Mon bois a été brûlé, mes effets pillés. Tout le reste est brisé. Je me tais, instruit par l'expérience de l'inutilité de mes plaintes.

ANTOTO.

Dimanche, 17 juin.

Malgré moi, je ne puis m'habituer à vivre dans de pareilles ordures. Je vais au guébi et je prie Apto Mariam de me désigner une autre habitation. C'est à lui que je dois m'adresser; il dirige le guébi royal, en l'absence de l'azage. Il veut bien m'en indiquer une; mais elle est occupée par un Européen, actuellement en voyage. Je m'installe, résigné d'avance à quitter cet abri, si le premier occupant n'a pas la générosité de le partager avec moi.

ANTOTO.

Lundi, 18 juin.

L'Européen vient d'arriver; il m'invite à lui céder la place. Je pourrais rester, le choum m'y engage. Je ne le veux pas. Je cherche ailleurs; mes jambes flageolent. Je suis épuisé par la fatigue et la maladie. Le docteur Traversi me reçoit dans l'adérache de son enclos. Je m'installe péniblement et je tombe, en proie à un violent accès de fièvre . . . .

ANTOTO.

Jeudi, 16 août.

Deux mois se sont écoulés. Depuis quatre ou cinq jours je vais mieux; je suis faible encore; mais le mal s'éloigne. J'ai souffert de continuels accès, de vomissements que rien ne pouvait arrêter et de douleurs au foie. J'ai demandé au guébi et aux principaux choums un peu de bon tedj ou quelque autre boisson tonique. Tout et partout on m'a refusé. C'est la parfaite indépendance du cœur. Mais pourquoi revenir sur ces mauvaises heures? Je suis sorti d'un mauvais pas; il me reste à songer à la retraite, c'est-à-dire au retour. Cependant, il me faut attendre la fin des pluies qui battent leur plein ; je ferai provision de courage.

Les gabares que le roi de Djimma m'avait donnés pour mes bagages et ses cadeaux sont arrivés depuis quatre jours. Sous le prétexte qu'ils portaient des objets destinés à des chrétiens, on les a pillés dans le pays de Kabiena. La perte n'est pas grande ; je regrette seulement quelques objets intéressants.

Les Couraghé se sont révoltés. Avec l'aide des Hadia, ils ont repoussé le Dedjazmatch Oldié, qui, après avoir perdu beaucoup de monde, a dû s'enfermer dans sa katama. Le roi est parti, ordonnant à Govanna de le suivre, pour dégager le Dedjazmatch ; arrivé à l'Aouache, il a chargé le ras de continuer seul l'expédition.

Il pleut sans cesse ; pourtant le kremt est moins fort que l'année dernière.

ANTOTO.

Vendredi, 31 août.

Je suis prêt à partir; mais il pleut encore. Demain, pour la première fois, je sortirai de ma hutte et j'irai voir le roi.

Le ras Govanna est revenu, sans avoir, dit-il, rencontré d'ennemis. Il n'aime pas le Dedjazmatch Oldié et n'est sans doute pas fâché de le laisser dans une position difficile.

ANTOTO.

Samedi 1er septembre.

Je suis allé chez le roi. Pendant toute ma maladie, il a envoyé une seule fois à mon habitation, non pour prendre de mes nouvelles, mais pour demander un paquet

OLOTA, FEMME OROMO DE MARRO.

de bougies! Son accueil a été ce qu'il devait être. Je n'ai plus rien; je ne suis plus qu'un embarras. J'y gagne, au moins, de ne pas être sollicité de rester plus longtemps. Je partirai, le 10 de ce mois, premier jour de l'an abyssin.

ANTOTO.

Mardi, 4 septembre.

Mes serviteurs désertent. Six d'entre eux m'ont déjà quitté; sept autres m'annoncent qu'ils doivent passer deux jours chez eux, mais qu'ils reviendront... Je sais à quoi m'en tenir sur de semblables engagements. Un autre, en échange, Garéno qui s'était arrêté à Djimma, pour tenter de retourner au Koullo, son pays, m'a demandé de revenir auprès de moi. Abba Djiffar, qui lui avait promis de le garder à son service s'il échouait et ne pouvait me rejoindre, l'a donné à un de ses Abba Koro. Sa promesse ne l'a pas embarrassé.

ANTOTO.

Lundi 10 septembre.

Mes adieux sont faits.

Je ne laisse au Schoa ni un regret ni un ami. Quant aux esclaves que j'abandonne, ils seront certainement malheureux; mais ils sont incapables de comprendre l'aggravation de leur sort. Je les plains; je leur ai offert de me suivre, quatre ont accepté; tous les autres ont préféré ne pas sortir du Schoa.

Mon jugement sur le caractère des Abyssins pourra surprendre ceux qui cultivent des illusions. Un temps viendra, peut-être, où les faits me démentiront; mais j'en doute. Je ne crois guère plus aux ressources présentes de ces pays qu'à l'aptitude de leurs habitants à recevoir les germes de la civilisation européenne.

Les populations sidama et les Oromo, de la région comprise entre Harrar et l'Aouache, pourraient cultiver en abondance le blé, l'orge, l'avoine, le maïs, le dourah, et, dans le gamodji, le coton et la canne à sucre. L'olivier croît dans les terres d'altitude moyenne. Le café est planté avec succès au sud de Djimma et à Kaffa; dans quelques localités, on le trouve à l'état sauvage. On pourrait augmenter considérablement toutes les cultures, soit en assujettissant les indigènes au travail, soit en favorisant une immigration; les bras manquent.

Reste à savoir si, pour produire davantage, il ne faudrait pas engager des dépenses supérieures aux bénéfices à réaliser. Les moyens actuels de communication rendraient superflus tous les efforts, en grevant outre mesure les marchandises.

Seules, les cultures du coton, du café et de la canne à sucre mériteraient d'arrêter l'attention, s'il était possible d'obtenir que les produits arrivassent à la côte, sans être chargés de frais excessifs. Je mentionne la canne à sucre, parce que j'ai eu l'occasion d'en apercevoir quelques tiges; mais les indigènes n'en connaissent pas l'usage. Le café même ne laisse qu'un mince profit au commerçant qui tient compte des risques et de la durée des opérations.

J'ai entendu parler des peaux de bœuf et d'autres animaux. Assurément on trouve plus de troupeaux que n'en exigent les besoins de la population, mais trop peu pour qu'on puisse songer à des exploitations comparables à celles d'Australie ou de l'Amérique du Sud. Puis, s'il est vrai que les peaux aient aujourd'hui une très minime valeur, quand on les achètera en quantités considérables, les prix hausseront sans proportion avec les résultats obtenus. On constatera alors que le nombre des bestiaux n'est pas incalculable, comme on le dit généralement.

L'or, la civette, l'ivoire, sont, dans les conditions actuelles, les seuls produits indigènes qui vaillent la peine d'être exportés. L'or se trouve (en petite quantité) dans les contrées de l'extrême ouest et dans le Wellagha. Il est probable que si des ingénieurs européens organisaient le travail, la production augmenterait sensiblement.

La civette est principalement fournie par les pays oromo du sud : Djimma, Ghéra, Gouma et Limmou, par le pays sidama de Kaffa et une partie du Wellagha. On pourrait en développer le trafic; mais, dans ce cas, il faudrait prévoir une grande baisse de prix sur le marché européen. Du reste, cette dépréciation a déjà lieu par intermittence, si bien qu'à certaines époques le prix de vente en Europe ne dépasse guère le prix d'achat dans le pays de production. L'ivoire offrirait plus d'avantages et il est probable que cette branche du commerce africain subsistera longtemps encore, car les éléphants sont nombreux; mais si l'on détruit ces animaux, comme y travaille le roi Ménélik, la quantité de l'ivoire augmentera pendant quelques années, pour cesser subitement ensuite.

Les principaux articles d'importation sont : les fusils, la poudre, les indiennes, les fils de laine de diverses couleurs, les guinées (djébeli), les chamlas, tissus en laine grossière teinte en rouge, les outils (scies, couteaux, haches, etc.), le drap, les soieries

MACHACHA (AMHARA),
fils du Dedjazmatch Oldié, gouverneur des pays couraghé.

à bon marché, tous les articles courants de quincaillerie, les verroteries, etc, etc. Mais il faut apporter un grand discernement, et une réelle expérience, dans le choix de ces objets, car s'ils ne sont pas de nature à plaire aux indigènes, ils restent inutilisables.

Le Schoa demande surtout des fusils, des soieries et des draps. Tous les Amhara, le roi en tête, sont devenus difficiles à contenter. Cette exigence est le résultat fatal des cadeaux importants que, dans l'espoir de s'attirer une illusoire amitié, des Européens ont distribués. Les donateurs en ont toujours été pour leurs frais. On ne peut plus aujourd'hui offrir à Ménélik ou aux chefs amhara ce qui les satisfaisait autrefois. Il leur faut de bonnes carabines rayées, se chargeant par la culasse, des velours de soie, des tissus de valeur, du drap solide et de bon teint, — le reste à l'avenant.

Les cotonnades, avec lesquelles les Danakil, les Somali et les habitants du Harrar confectionnent leurs « taub », sont peu appréciées au Schoa, dans les pays oromo et dans les localités où elles ont été introduites, depuis la conquête du Harrar. On leur préfère, avec raison, les cotonnades tissées dans le pays ; elles sont plus durables, plus souples et plus chaudes.

En résumé, l'exportation des produits du sol ou de l'industrie de cette partie de l'Afrique sera pour longtemps très limitée ; l'importation en sera presque nulle, à moins que la civilisation européenne, en adoucissant les mœurs des indigènes, ne leur crée de nouveaux besoins. Un avenir de véritable progrès me paraît bien lointain.

AUX BORDS DU KASSAM.

Samedi, 15 septembre.

Nous campons aux bords du Kassam.

Dès la première nuit, neuf de mes serviteurs m'ont quitté. Dans la seconde journée, j'ai abandonné ma tente et la plupart de mes objets de campement, pour alléger la charge des agassez. Les hommes qui me restent sont incapables d'établir un chargement.

AUX BORDS DE L'AOUACHE.

Dimanche, 16 septembre.

Encore deux serviteurs laissés en route : ils se sont battus ; l'un a eu le talon coupé ; l'autre, roué de coups, n'a pas pu nous suivre.

HARRAR.

Mardi, 25 septembre.

J'arrive à Harrar. La route a été pénible depuis l'Aouache ; j'ai dû, moi-même, charger mes mules. Il me reste cinq domestiques.

Il pleut toutes les nuits. Aucun incident.

Au dernier campement, des soldats gondarais sont venus m'importuner : je ne pouvais, d'après eux, camper sur l'herbe du Dedjazmatch. Ils étaient une quarantaine, tous armés de fusils, et me disaient : « Vous autres, Européens, vous ne venez pas sur nos terres comme des amis ; vous venez pour prendre ce que nous avons et, une fois que vous avez ce que vous désirez, vous nous méprisez ; — va-t'en ! » Je suis resté ; mais plusieurs soldats ont couché dans mon campement, pour m'empêcher de toucher à l'herbe du Dedjazmatch. J'écris : mon « campement » ; c'est une figure de mots pour dissimuler ma misère ; je n'ai plus rien, ni hommes, ni tentes.

Les Abyssins détestent vraiment tous les Européens et ne manquent pas une occasion de leur nuire, quand ils comptent sur l'impunité. L'abandon de la plupart de mes serviteurs me l'a prouvé une fois de plus.

La saison des pluies n'est pas terminée. Pendant la nuit et souvent pendant le jour, nous avons essuyé des averses d'autant plus désagréables, que je n'ai aucun abri.

A Harrar, M. Rimbaud m'offre une cordiale hospitalité.

Je suis allé chez le Dedjazmatch Mékonen ; il ne m'a pas trop mal reçu et m'a autorisé à partir quand bon me semblerait. J'achève mes préparatifs.

J'aurai pour compagnons de route : le Père Césaire, un des prêtres de la mission catholique au Harrar, et un ancien officier de l'armée italienne, aujourd'hui représentant d'une maison de commerce.

BALAWA.

Mercredi, 3 octobre.

Départ de Harrar, à sept heures du matin. Ce soir, j'arrive à Balawa. Je passe la

DADI, FEMME SCHANGALLA DU WELLAGHA.

nuit dans un petit fort construit par l'émir, pour protéger le pays contre les invasions, à l'époque où fut annoncée l'arrivée de la mission du comte Porro.

GILDESSA.

Vendredi, 5 octobre.

Arrivée à Gildessa.

Grâce aux mesures prises par M. Rimbaud, je trouve des chameaux prêts à partir.

OUARABOT.

Du dimanche 7 au lundi 15 octobre.

Au point du jour, nous avons quitté Gildessa. Après deux heures de marche, nous avons atteint Arto. Petites sources d'eaux thermales. C'est là que le comte Porro et ses compagnons ont été massacrés. Nous traversons successivement : Grasley et son torrent à sec; les plaines de Dalaïmalé, herbeuses et couvertes de mimosas; Bio-Kaboba, où, en creusant le lit d'un ruisseau, nous trouvons une eau fraîche et abondante : c'est le point de jonction des routes de Djiboutil et de Zeylah au Harrar.

Plus loin, sont des gorges profondes dans une contrée aride et désolée. Nous touchons au territoire des Gadaboursi. Nous arrivons à Lasmaha ; le sol est rocailleux, couvert de petits gommiers brûlés par le soleil.

A Ensa, halte d'un jour. Eau abondante au fond d'un ravin. Le pays présente toujours le même aspect. Depuis Bio-Kaboba, on trouve sur la route une quantité innombrable de tombes.

Après avoir traversé, en dix-huit heures, les plaines de Mandaa, couvertes d'herbes sèches, nous arrivons à Ouarabott. Nous sommes à deux heures de Zeylah.

Notre trajet a été agréable et tranquille. L'eau ne nous a manqué que deux fois et à de courts intervalles, à Dalaïmalé et dans le Mandaa.

ZEYLAH.

Lundi, 15 octobre.

Arrivée à Zeylah. Je partirai par le premier vapeur, aujourd'hui ou demain.

ZEYLAH.

Mardi, 16 octobre.

Le vapeur n'arrive pas.

Harrar est la route naturelle que prendront un jour les produits oromo. Cette ville deviendra leur entrepôt. Deux voies conduisent à la côte : celle de Berbera et celle de Zeylah.

La première est peu fréquentée; sans doute à cause des accidents de terrain qu'elle traverse et des tribus de pillards qui l'infestent.

La seconde est la plus importante. A deux jours de marche de Gildessa, où finissent les montagnes et où commencent les déserts des Issah Somali, elle bifurque. D'un côté, elle se dirige vers le nord ; c'est la route la plus longue, mais on y trouve de l'eau tous les jours et en toute saison; on la désigne sous le nom de route d'Ambos. De l'autre côté, elle se dirige vers l'est et prend le nom de route de Mandaa. Le trajet est plus court, mais l'eau manque pendant un jour, dans les plaines de Dalaïmalé, et pendant dix-huit heures, dans le Mandaa.

Zeylah a été abandonné aux Anglais, à leur grand étonnement.

Les querelles incessantes de M. King, représentant anglais, et de M. Henry, agent consulaire de France, avaient rendu le séjour de cette petite ville fort désagréable; elles envenimaient outre mesure une question d'importance relative. Les Anglais, de leur aveu même, ne croyaient pas que le gouvernement français se désintéressât aussi facilement de ses droits sur Zeylah : « Nous n'espérions pas autant, me disait un haut fonctionnaire qui résidait autrefois à Aden; la France est allée au delà de nos désirs. » Ils occupent aussi Berbera; c'est leur point de ravitaillement pour Aden. Zeylah n'était pour eux qu'une place secondaire; quels bénéfices pouvaient-ils attendre du commerce avec Harrar, — que d'ailleurs ils auraient pu attirer à Berbera?

Pour nous, Français, au contraire, la possession de Zeylah offrait de réels avantages pour le ravitaillement d'Obock; les ressources des pays danakil sont insuffisantes.

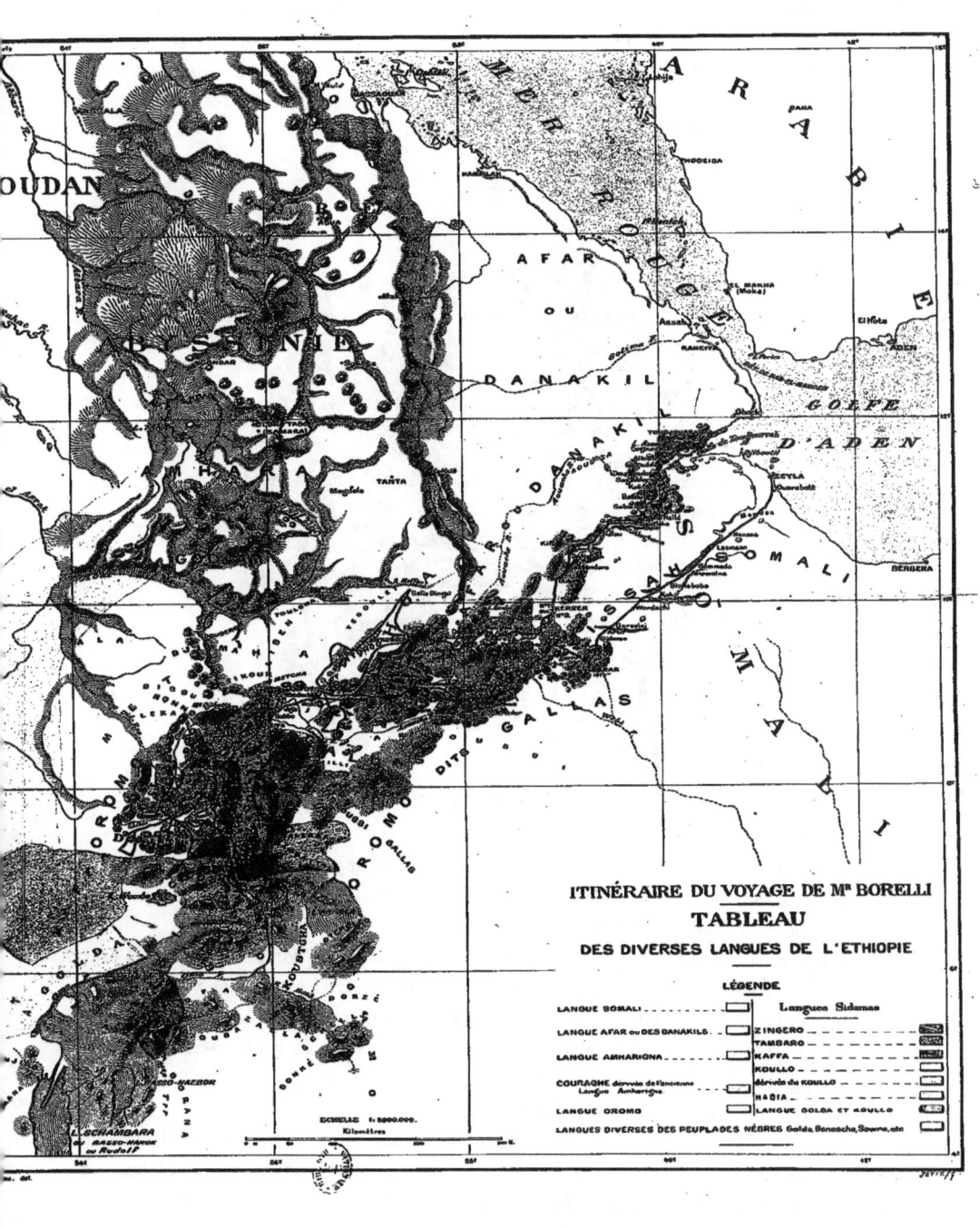

ITINÉRAIRE DU VOYAGE DE Mr BORELLI

TABLEAU

DES DIVERSES LANGUES DE L'ETHIOPIE

LÉGENDE

LANGUE SOMALI . . . . □   Langues Sidamas

LANGUE AFAR ou DES DANAKILS . . □   ZINGERO . . . . □
                                  TAMBARO . . . . □
LANGUE AMHARIGNA . . . . □   KAFFA . . . . □
                                  KOULLO . . . . □
COURAGHE dérivée de l'ancienne   dérivée du KOULLO . . . . . □
   Langue Amharigna . . . . . . □   NABIA . . . . □
LANGUE OROMO . . . . □   LANGUE GOLDA ET KOULLO . . □

LANGUES DIVERSES DES PEUPLADES NÈGRES Golda, Bonescha, Sowro, etc □

ECHELLE 1:5000.000.
Kilomètres

Géographiquement, la position de Djiboutil est meilleure que celle de Zeylah. L'eau n'y manque pas. Les boutres peuvent y trouver un abri et, plus tard, si on en reconnaît l'utilité, il sera facile d'y créer un bon port. M. Lagarde, gouverneur d'Obock, s'est efforcé et s'efforce encore d'y former une station capable de rivaliser avec Zeylah. Mais il est difficile de détourner le commerce d'un point, pour le reporter sur un autre, surtout quand les commerçants sont des indigènes dont les intérêts sont ailleurs et qu'ils détiennent les seuls moyens de transport.

WAKSIDJALA, MENDIANT OROMO.

Djiboutil a été déclaré port franc. Cela suffira-t-il pour y créer un centre d'affaires?

Obock est ou sera un entrepôt de charbon et une station militaire; jamais un port marchand; aucune route praticable n'y aboutit.

De Djiboutil au Harrar, la route est assez mauvaise à son commencement. Il faut franchir la petite chaîne des monts Issah qui borde la mer; les chemins y sont couverts de pierres. On eût pu éviter ce mauvais passage, en prolongeant la possession française jusqu'au cap Komali; au delà, sur tout le parcours, la route est bonne. Elle coupe celle du nord (de Zeylah au Harrar par Ambos), et rejoint celle du sud (de Zeylah au Harrar, par le Mandaa) à Bio-Kaboba.

Croire que Ménélik ait pour la France ou l'Italie de meilleures dispositions que pour l'Angleterre ou la Chine, c'est une pure illusion. Le Négouss est complètement rebelle aux sentiments d'amitié ou de reconnaissance; ses vues politiques ne dépassent pas l'horizon amhara. Il n'a de préférence (et il l'a prouvé) que pour celui qui lui offre le plus de présents en fusils ou en espèces. Encore le donateur devra-t-il surveiller de près l'exécution des promesses qui lui seront libéralement octroyées !

A BORD D'UN BOUTRE.

Mercredi, 17 octobre.

Le vapeur ne vient pas. Le vent est favorable. Je me décide à prendre un petit boutre, qui me conduira à Aden.

ADEN.

Samedi, 20 octobre.

Je débarque à Aden. Je reçois de M. Tian le plus gracieux accueil. Chez lui, c'est déjà la France.

OBOCK.

Vendredi, 9 novembre.

Je m'embarque pour l'Égypte. Le paquebot fait escale à Obock. Je suis heureux d'y revoir M. Lagarde.

SUEZ.

Mercredi, 14 novembre.

Débarqué à Suez. Visite à M. Labosse, notre sympathique consul, bien connu par son voyage auprès du Négouss Negeust. Ses renseignements sur l'Éthiopie du nord sont toujours écoutés avec fruit.

CAIRE.

Jeudi, 21 novembre.

J'arrive au Caire, à sept heures du soir, trois ans et deux mois, jour pour jour, après mon départ...

FIN

DE LA QUATRIÈME ET DERNIÈRE PARTIE

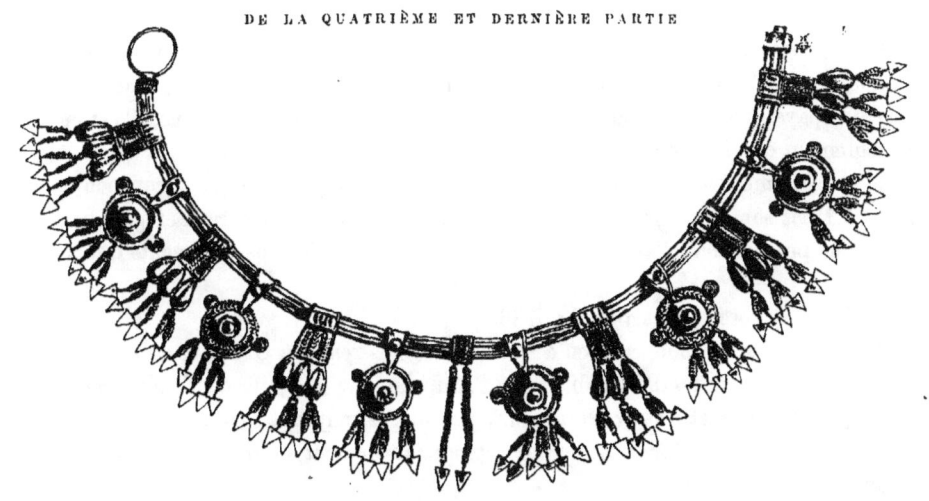

COLLIER EN FILIGRANE D'ARGENT
D'UNE DES FEMMES DU ROI DE DJIMMA

APPENDICE

LETTRE

A MONSIEUR LE MINISTRE DE L'INSTRUCTION PUBLIQUE ET DES BEAUX-ARTS

A Monsieur Fallières, ministre de l'Instruction publique et des Beaux-Arts.

Caire, 5 mai 1889.

Monsieur le Ministre,

J'ai eu l'honneur de vous faire part de mon retour au Caire. J'aurais voulu, dès maintenant, vous présenter, avec les résultats scientifiques de mon voyage, une carte définitive des pays que j'ai parcourus. Le temps et les moyens m'ont manqué. C'est en France seulement que je pourrai entreprendre utilement mon travail.

Dans un sentiment de déférence qui ne vous échappera pas, je ne veux cependant pas arriver à Paris sans avoir placé sous vos yeux le résumé de mon itinéraire et quelques notes qui vous permettront d'apprécier la nature et l'intérêt des renseignements que je rapporte.

J'ai quitté l'Égypte le 16 septembre 1885.

Après un séjour d'un mois environ à Aden, je me suis rendu à Obock et d'Obock à Ambado, sur le territoire issah-somali. C'est d'Ambado, sur le golfe de Toudjourrah, que j'avais projeté de partir pour l'intérieur ; j'en ai été empêché par les menées de l'agent anglais qui résidait alors à Zeylah. J'ai tenté, inutilement, de trouver un passage par Djiboutil.

Le 1er janvier 1886, je traversais de nouveau le golfe et je prenais pied à Toudjourrah.

Après trois mois d'attente et de démarches, le 22 avril 1886, j'ai quitté Sagallo et me suis mis définitivement en route.

Le 10 juin 1886, j'ai passé l'Aouache; et le 13 juin j'étais à Farré, première ville du Schoa en venant de l'est.

J'avais mis cinquante-trois jours à traverser le désert des Afar.

Ma route s'est rapprochée sensiblement de celle qu'ont suivie: en 1839, M. Rochet d'Héricourt et, un peu plus tard, l'Anglais Harris.

Le 16 juin 1886, j'étais à Ankoboer, ancienne capitale du Schoa.

Le 6 juillet, j'arrivais à Antoto, résidence actuelle du roi Ménélik.

Je ne voulais pas m'attarder en visitant le roi. Je désirais l'éviter et continuer ma route au sud; mais, dans les conditions actuelles de l'existence des étrangers au Schoa, mon intention était irréalisable. Je me suis donc mis en rapport avec Ménélik et je n'ai pas eu de peine à m'apercevoir promptement qu'il ne m'aiderait en rien et qu'il voyait d'un mauvais œil mon voyage dans les contrées méridionales.

Pendant dix mois, j'ai séjourné au Schoa, me bornant à des excursions de quelques jours.

Le 3 mai 1887, je suis parti pour Harrar, dont le roi Ménélik venait de s'emparer.

Je suis le premier Européen qui ait suivi la route ouverte par les envahisseurs amhara, d'Antoto à Harrar, route qui n'offre d'ailleurs aucun danger sérieux. D'autres ont pu la suivre sans difficulté après moi.

Le 22 mai, je suis arrivé à Harrar; j'en suis reparti le 8 juin.

J'étais de retour à Antoto le 23 juin.

A Antoto, j'ai mis à profit la saison des pluies pour faire des observations quotidiennes, classer mes notes et préparer, sans relâche, mon expédition dans le sud.

Le 6 novembre 1887, j'ai quitté Antoto pour me rendre dans le royaume de Djimma.

Le 15 novembre, j'ai fait l'ascension du mont Dendy, dont le cratère contient un lac intéressant.

Le 18 novembre, j'étais sur le pic le plus élevé de ce massif montagneux, le mont Harro (3,300 mètres). Au fond du vaste cratère du mont Harro, j'ai découvert un lac, comme au fond du cratère du mont Dendy.

Le 24 novembre, j'ai traversé l'Omo qui prend, en cet endroit, le nom de Ghibié.

Le 27 novembre, j'ai gravi le mont Otché, point géodésique important.

Le 7 décembre 1887, après avoir traversé l'ancien royaume de Limmou, je suis arrivé à Kiftan, où j'ai trouvé Abba Djiffar, roi de Djimma. Je l'ai accompagné à Djiren, sa capitale.

Le 13 janvier 1888, j'ai fait l'ascension du mont May-Goudo. C'est le plus haut sommet de ces régions (environ 3,400 mètres).

Continuant ma route au sud, à travers une immense forêt de bambous, j'ai atteint le pic de Kaffarsa, d'où j'ai relevé le confluent de la Godjeb et de l'Omo.

Du pic de Kaffarsa, mieux encore que du mont May-Goudo, j'ai pu faire des observations sur les pays du sud qui n'avaient été aperçus par aucun Européen avant moi.

Le 20 janvier 1888, je me suis mis en route pour reconnaître le confluent du

Ghibié de Djimma et de l'Omo. Le 1er février, j'ai découvert et déterminé ce point, du haut du pic d'Ali-Dhéra.

Le 3 février, j'ai pénétré sur le territoire du petit royaume de Zingéro ; mais, dès le lendemain, j'en ai été chassé.

En suivant le cours de l'Omo, le 9 février, j'ai rencontré un marché relativement considérable, portant le même nom que le fleuve.

Le 14 février, je suis rentré dans Djiren.

Le 7 avril, je sortais une autre fois de cette ville ; le 10, j'arrivais au marché d'Omo ; le 11, je traversais le fleuve et, marchant dans l'est, j'arrivais aux confins du royaume de Kambatta. Là, du versant du mont Kobi-Dja, j'ai aperçu le lac Abbala, dont M. A. d'Abbadie a le premier, sans l'avoir vu, signalé l'existence.

Le 14 avril, j'étais sur les limites du royaume de Wallamo. Le 18 avril, je traversais une seconde fois le fleuve, et le 22 je retournais encore à Djiren.

Le 20 mai, je faisais une première tentative pour pénétrer dans le royaume de Koullo ; je traversais la Godjeb, mais j'étais contraint de revenir sur mes pas.

Le 24 mai, je reprenais la rive droite de la Godjeb et, le lendemain, après une marche très longue et très rapide, je parvenais au mont Bobbé, dans le Koullo : c'est le point extrême que j'ai atteint au sud (6° 30′ latitude nord). Poursuivi et traqué par les habitants, j'ai dû rétrograder.

Le 30 mai, je rejoignais Abba Djiffar ; le lendemain, je quittais définitivement le royaume de Djimma.

Le 2 juin, j'ai fait l'ascension du mont Soumet, qui domine les vallées de Djimma et de Limmou-Ennarya.

Le 5 juin, j'étais dans le pays d'Héréto, limitrophe des royaumes de Djimma et de Zingéro.

L'Abba Koro, qui commande à Héréto, voulut bien m'accompagner avec tous ses hommes et m'aider à pénétrer dans le Zingéro.

Le 7 juin nous avons été violemment attaqués, et le malheureux chef, qui m'avait donné son appui, a été tué. Beaucoup de ses hommes ont péri. A grand'peine, j'ai pu sauver ma vie.

Si j'ai mis tant d'insistance à pénétrer dans le Zingéro, c'est que les habitants y sont d'une autre race que les populations environnantes et que leurs mœurs sont différentes de celles des pays voisins ; les sacrifices humains y sont en usage.

Le 12 juin, j'ai franchi l'Omo, près du pic d'Ali, et, le 17 du même mois, j'étais de retour à Antoto.

Mon projet était d'y attendre la fin de la saison des pluies et d'entreprendre un nouveau voyage dans le sud. Malheureusement, des fièvres violentes m'ont arrêté et empêché de faire aucun travail.

Dès que la maladie m'a laissé quelque repos, j'ai abandonné Antoto pour retourner à la côte (10 septembre 1888).

Le 25 septembre, je suis arrivé à Harrar et, le 15 octobre, j'étais à Zeylah.

Le 20 octobre, après une traversée de trois jours dans un sambouk, j'arrivais à Aden.

Le 15 novembre 1888, je rentrais au Caire, trois ans et deux mois après mon départ.

Pendant mon voyage et dans chacune de mes excursions, j'ai pu faire des observations astronomiques (au théodolite), barométriques, hypsométriques et thermométriques.

J'ai pris des relèvements (au théodolite) et j'ai dressé une centaine de tours d'horizon. En outre, j'ai rapporté un grand nombre de photographies (types et vues). Malheureusement, au cours de mon excursion dans le Koullo (mai 1888), je n'ai pu faire aucun travail scientifique au delà de la Godjeb, car l'hostilité des habitants m'avait obligé à laisser tous mes bagages en arrière et à faire la route à cheval.

J'ai conservé tous les instruments dont je me suis servi; ils permettront, le cas échéant, de contrôler l'exactitude de mes observations.

Je joins à la présente lettre les annexes suivantes :

ANNEXE A. — Relevé des principales observations faites au cours de mon voyage aux pays amhara, oromo et sidama (1885-1888).

ANNEXE B. — Divisions et subdivisions, langues et races des régions amhara, oromo et sidama.

ANNEXE C. — Le bassin de l'Omo. Cours du fleuve, affluents et montagnes.

ANNEXE D. — Vocabulaire de la langue koullo.

ANNEXE E. — Vocabulaire des langues hadia et tambaro.

ANNEXE F. — Carte provisoire du bassin de l'Omo[1].

ANNEXE G. — Observations sur la carte provisoire du bassin de l'Omo.

ANNEXE H. — Catalogue des objets rapportés.

J'ai l'honneur d'être, avec respect, Monsieur le Ministre,

Votre obéissant serviteur,

Signé : JULES BORELLI.

---

1. Il a été jugé inutile de mettre cette carte provisoire depuis que des cartes plus exactes ont été faites.

ANNEXE A

RELEVÉ

DES

PRINCIPALES OBSERVATIONS SCIENTIFIQUES FAITES

AU COURS DE MON VOYAGE D'EXPLORATION

AUX PAYS AMHARA, OROMO ET SIDAMA (1885 1888).

SIGNES CONVENTIONNELS

Croquis de tours d'horizon	C T H	*Observations astronomiques.*
Relèvement au Théodolite et nombre des relèvements.	7 R T	---
Relèvement à la Boussole et nombre des relèvements.	7 R B	Circumméridiennes. C
Altitude Hypsomètre.	H	Déclinaison . . . . D
— Baromètre	B	Distance . . . .
— Thermomètre.	T	(Lune-Soleil) ☉ — ☾
		(Lune-Étoile) ☽ — ✳

Nᵒˢ.	STATIONS.	DATES.	CROQUIS.	RELÈVE-MENTS.	ALTI-TUDES.	OBSERVA-TIONS ASTRONO-MIQUES.	
1	AMBADO. Golfe de Toud-jourrah. (Côte so-mali.)	Du 17 nov. 1885 au 21 déc. 1885.	C T H	27 R T	Niveau de la mer.	C D ☉ — ☾ Nom-breuses observa-tions.	
2	RAS DJIBOUTIL. Golfe de Toud-jourrah. (Côte so-mali.)	Du 22 déc. 1885 au 1ᵉʳ janv. 1886.	C T H	9 R T	Niveau de la mer.	C D	
3	TOUDJOURRAH. (Côte dankali.)	Du 2 au 3 jan-vier 1886. (Aden.) Du 3 fév. au 7 mars 1886.	»	»	Niveau de la mer.	C D Nom-breuses observa-tions.	

N°ˢ.	STATIONS.	DATES.	CROQUIS.	RELÈVE-MENTS.	ALTI-TUDES.	OBSERVA-TIONS ASTRONO-MIQUES.	
4	AMBABO. (Côte dankali.)	Du 8 mars 1886 au 11 avril 1886.	»	»	Niveau de la mer.	C D ☉ — ☾ Nombreuses observations.	
5	DOULLOUL. (Golfe de Toud-jourrah.)	Du 12 avril 1886 au 17 avril 1886.	C T H	7 R T	Niveau de la mer.	C D ☉ — ☾ Plusieurs observations.	
6	SAGALLO. (Golfe de Toud-jourrah.)	Du 17 avril 1886 au 22 avril 1886.	C T H	6 R T	Niveau de la mer.	C D Plusieurs observations.	
7	DERR' HELLÉ. (Territoire dankali.)	22 avril 1886.	C T H	1 R B	H B T	»	Arrivé le soir tard, parti au jour le lendemain.
8	OUAD-EL-ISSAH. (Dankali.)	23 et 26 avril 1886.	C T H	6 R T	H B T	C D	
9	RAS-ISSAH. (Dankali.)	25 avril 1886.	»	»	H B T	C D	Au fond d'un ravin très profond; les indigènes ne veulent pas me permettre de gravir les hauteurs voisines.
10	DAFFARÉ. (Dankali.)	26 avril 1886.	C T H	14 R T	H B T	C D	
11	MOUÏA. (Dankali.)	27 avril 1886.	C T H	3 R T	B T		Arrivé le soir, parti le lendemain matin.

Nᵒˢ.	STATIONS.	DATES.	CROQUIS.	RELÈVE-MENTS.	ALTI-TUDES.	OBSERVA-TIONS ASTRONO-MIQUES.	
12	ORRENDO. (Dankali.)	28 avril 1886.	»	»	H B T	C D.	Au fond d'un ravin.
13	GOGOUNTA. (Dankali.)	29 avril 1886.	C T H	5 R T	H B T	C D	
14	ALLOULI. (Dankali.)	Du 30 avril 1886 au 4 mai 1886.	Un croquis sans relève-ments.	»	H B T	C D Plusieurs observa-tions.	Nous campons dans un ravin; la vue est très bornée. Je ne puis (sans risquer de le perdre dans une attaque) porter hors du camp mon théodolite.
15	GAGADDÉ. (Dankali.)	4 mai 1886.	C T H	7 R T	B T	C	Tempête de sable.
16	DOUDDOUBOUS. (Dankali.)	5 mai 1886. 6 mai 1886.	»	»	B T	C D	Dans un ravin, pas de vue sur les crêtes qui le dominent.
17	SAGADDARA. (Dankali.)	7 mai 1886.	C T H	4 R B	H B T	C D	Dans un ravin, peu de vue sur les bords.
18	AULY. (Halte.) KOÏDDO. (Dankali.)	8 mai 1886. 8 mai 1886. 11 mai 1886.	C T H C T H	3 R B 6 R T	B H B T	C D	Les relèvements et le croquis faits à Auly sont peu exacts; pris) trop rapidement, pendant une halte de quelques in-stants.
19	BATOULA. (Dankali.)	11 mai 1886.	C T H	7 R T	H B T	C D	

N⁰ˢ.	STATIONS.	DATES.	CROQUIS.	RELÈVE-MENTS.	ALTI-TUDES.	OBSERVA-TIONS ASTRONO-MIQUES.	
20	SABALLOU. (Dankali.)	12 mai 1886. 15 mai 1886.	C T H	7 R T	H B T	C D ☉ — ☾	
21	SANKAL. (Dankali.)	15 mai 1886. 16 mai 1886.	C T H	10 R T	H B T	C D	
22	HOULL' HALLÉ. (Dankali.)	16 mai 1886.	C T H	6 R B	B T	»	Arrivé tard dans la soirée; reparti le lende-main au jour.
23	DALOÏLEKA. (Dankali.)	17 mai 1886.	C T H	3 R T	H B T	C D	
24	HELTITLEGONA. (Dankali.)	18 mai 1886.	C T H	4 R B	B T	»	Arrivé à minuit, re-parti au jour.
25	FIALOU. (Dankali.)	19 mai 1886.	C	1 R B	B	»	Ce croquis est pris en route; il a peu de va-leur.
26	KILLALOU. (Dankali.)	20 mai 1886. 22 mai 1886.	C T H	4 R T	H B T	C D ☉ — ☾ Plu-sieurs observa-tions.	Killalou est au fond d'un ravin; la vue est très bornée. On ne peut s'écarter pour aller cher-cher une position con-venable.
27	FIMADALA. (Dankali.)	22 mai 1886.	»	»	H B T	»	Arrivé de nuit, parti au jour.

Nos.	STATIONS.	DATES.	CROQUIS.	RELÈVE-MENTS.	ALTI-TUDES.	OBSERVA-TIONS ASTRONO-MIQUES.	
28	DEDJANDIK. (Halte.) (Dankali.)	23 mai 1886.	»	»	H B T	C D	
29	HASSANDERA. (Dankali.)	23 mai 1886.	»	»	H B T	»	*Arrivé le soir, reparti le lendemain matin au jour.*
30	GUELIWA. (Dankali.)	24 mai 1886.	»	»	H B T	C D	
31	HERRER. 1re position. (Dankali, touche au Somali et Oromo.)	25 mai 1886. 27 mai 1886.	»	2 R B	B T	C D	
32	HERRER. 2e position. (Dankali.)	27 mai 1886. 31 mai 1886.	C T H	19 R T	H B T	C D ☾ — ☉ Plusieurs observations.	
33	DERR' HELLÉ. (Dankali.)	31 mai 1886. 2 juin 1886.	»	»	H B T	C D	
34	TOLLO. (Dankali, touche aux Itou-Gallas.)	2 juin 1886. 3 juin 1886.	C T H	11 R T	H B T	C D	
35	AMBO. (Dankali.)	3 juin 1886.	C T H	8 R T	B T	»	*Arrivé de nuit, parti le lendemain matin de bonne heure.*

Nos.	STATIONS.	DATES.	CROQUIS.	RELÈVE-MENTS.	ALTI-TUDES.	OBSERVA-TIONS ASTRONO-MIQUES.	
36	KARABA. (Dankali.)	4 juin 1886.	C T H	8 R T	H B T	»	Arrivé après midi.
37	MOULLOU. (Dankali.)	5 juin 1886. 7 juin 1886.	C T H	16 R T	H B T	C D ☽ — ☉	
38	DANKAKA. (Dankali.)	7 juin 1886.	»	»	B T	»	Arrivé de nuit parti au jour.
39	BARETTA. (Dankali.)	8 juin 1886.	C T H	6 R T	H B T	»	Arrivé après midi.
40	BILEN. (Dankali.)	9 juin 1886.	C T H	4 R T	H B T	C D	
41	BOULOHAMA. (Passage de la rivière Aouache.)	10 juin 1886. 11 juin 1886.	C T H	11 R T	H B T	C D ☽ — ☉	Mesuré le débit de l'Aouache.
42	KILLOLÉ. (Argoba.)	11 juin 1886.	C T H	9 R T	B T	»	Arrivé dans la soirée.
43	DETTARA. (Schoa.)	12 juin 1886. 13 juin 1886.	»	»	H B T	»	

Nos.	STATIONS.	DATES.	CROQUIS.	RELÈVE-MENTS.	ALTI-TUDES.	OBSERVA-TIONS ASTRONO-MIQUES.	
44	FARRÉ. (Schoa.)	13 juin 1886. 16 juin 1886.	»	»	H B T	C D	A Farré finit la route, qui se fait en caravane. Les chameaux ne vont pas plus avant dans les pays amhara.
45	ANKOBŒR. (Schoa.)	16 juin 1886. 2 juillet 1886.	»	»	H T	C D Plu-sieurs observa-tions.	
46	ANTOTO. (Résidence du roi Ménélik, pays oromo soumis.)	Du 6 juillet 1886 au 1er mai 1887.	C T H	65 R T	H B T	C D ☉ — ☾ Nom-breuses observa-tions.	Pendant ce séjour du 6 juillet 1886 au 1er mai 1887, plusieurs excur-sions de quelques jours ont été faites.
47	MONT ZOUKOUALA. (Pays oromo.)	4 mars 1887.	C T H	25 R T	H B T	C D	
48	MONT HERRER. (Oromo.)	9 mars 1887.	C T H	13 R T	H B T	»	Temps très brumeux sur les sommets.
49	MONT WATCHATCHA. (Oromo.)	13 mars 1887.	C T H	14 R T	H B T	»	Temps nuageux ; im-possible d'avoir le soleil.
50	ABITCHOU. (Oromo.)	3 mai 1887.	C T H	6 R T	H B T	»	Route vers Harrar. — Arrivé dans l'après-midi.
51	MINDJAR. (Schoa.)	4 mai 1887.	C T H	3 R T	H B T	»	

Nos.	STATIONS.	DATES.	CROQUIS.	RELÈVE-MENTS.	ALTI-TUDES.	OBSERVA-TIONS ASTRONO-MIQUES.	
52	BOURKOKÉ. (Mindjar, Schoa.)	5 mai 1877.	C T H	7 R T	H B T	»	Route vers Harrar. — Arrivé dans l'après-midi.
53	TCHOBA. (Argoba, Schoa.)	6 mai 1887.	C T H	7 R T	H B T	»	Arrivé dans la soirée.
54	TADETCHA-MALKA. (Carayou.)	7 mai 1887.	C T H	9 R T	H B T	»	Id.
55	DAGAGA. (Carayou, passage de l'Aouache.)	10 mai 1887.	C T H	21 R T	H B T	»	Id.
56	GALAMSO. (Itou-Tchertcher.)	Du 12 mai au 13 mai 1887.	C T H	21 R T	H B T	C D	
57	WATCHOU. (Tchertcher.)	15 mai 1887.	C T H	10 R T	B T	»	Arrivé le soir.
58	GORO. (Tchertcher.)	16 mai 1887.	C T H	6 R T	B T	»	Id.
59	Entre LAGA-GABA et WARRA-BELLE. (Oromo.)	Tchallanko (Oborrah) 20 mai 1887 Bitbarat (Metta).	C T H C T H	4 R B 5 R T	B T B T	» »	

Nᵒˢ.	STATIONS.	DATES.	CROQUIS.	RELÈVE-MENTS.	ALTI-TUDES.	OBSERVA-TIONS ASTRONO-MIQUES.	
60	ARRÔ. (Près Harrar.)	21 mai 1887.	C T H	12 R T	H B T	»	Arrivé le soir.
61	HARRAR. Sommet du mont Akem.	22 mai 1887.	C T H	16 R T	H B T	C D Plu-sieurs observa-tions.	*Séjourné à Harrar du 22 mai au 7 juin 1887.*
62	BOROMA. (Tchertcher.)	13 juin 1887.	C T H	5 R T	H B T	C	Retour de Harrar vers Antoto.
63	LAGA-HARDI. (Tchertcher.)	14 juin 1887.	C T H	4 R T	B T	»	
64	AMHARA-MALKA. (Passage de l'Aouache.) (Carayou.)	16 juin 1887.	C T H	6 R T	B T	»	
65	BOULLOUK ou FELL-WA. (Carayou.)	17 juin 1887.	C T H	20 R T	B T	D	
66	ANTOTO.	23 juin 1887. 6 nov. 1887.	»	»	»	»	
67	KATABA. (Oromo-Abitchou.)	8 nov. 1887.	C T H	18 R T	H B T	»	Voyage dans le sud. 1ʳᵉ journée.

N°.	STATIONS.	DATES.	CROQUIS.	RELÈVE-MENTS.	ALTI-TUDES.	OBSERVA-TIONS ASTRONO-MIQUES.	
68	Au pied du MONT WATCHATCHA, versant S.-O. (Oromo-Metta.)	9 nov. 1887.	C T H	16 R T	B T	»	
69	HEDDI. Oromo. (Betcho.)	10 nov. 1887.	C T H	24 R T	B T	D	
70	Près HEDDI. (Passage de l'Aouache.) Oromo. (Betcho.)	11 nov. 1887.	C T H	27 R T	B T	C D	
71	IAÏA, autre point sur l'Aouache. Oromo. (Hillou.)	12 nov. 1887.	C T H	18 R T	H B T	C D	
72	GOBBO. Oromo. (Hillou.)	13 nov. 1887.	C T H	19 R T	B T	»	
73	BODDA-DENDY. (Versant E. du mont Dendy.) (Oromo.)	14 nov. 1887.	C T H	5 R T	B T	»	
74	Sommet du MONT DENDY. (Tchabó.) Oromo.	15 nov. 1887.	C T H	37 R T	H B T	C D	
75	Intérieur du cratère du MONT DENDY. (Tchabó.) Oromo.	16 nov. 1887.	C T H	27 R T	B T	C	

Nᵒˢ.	STATIONS.	DATES.	CROQUIS.	RELÈVE-MENTS.	ALTI-TUDES.	OBSERVA-TIONS ASTRONO-MIQUES.	
76	DENDY. Bord S.-S.-O. du cratère. (Tchabó.) Oromo.	17 nov. 1887.	C T H	3 R B	B	»	Ce croquis et ces relèvements, faits en un instant, n'ont pas grande valeur.
77	MONT HARRO, intérieur du cratère. Lac Wentchit. (Oromo.) (Pays de Tchabo.)	18 nov. 1887.	C T H	32 R T	H B T	»	Temps couvert.
78	MONT HARRO, au fond du cratère. Lac Wentchit. (Oromo.)	18 nov. 1887.	C T H	16 R T	H B T	»	
79	Sommet du MONT HARRO. (Bord S. du cratère.) (Oromo.)	19 nov. 1887.	C T H	10 R T	H B T	»	Temps couvert.
80	DJARRA. Oromo. (Amaya.)	20 nov. 1887.	C T H	15 R T	H B T	»	Arrivé après midi.
81	ZARGHÉ. Oromo. (Amaya)	21 nov. 1887.	C T H	10 R T	B T	»	Id.
82	ALI. Oromo. (Nonno.)	22 nov. 1887.	C T H	19 R T	H B T	C	
83	NONNO-MIGHÉRA. Oromo. (Nonno.)	23 nov. 1887.	C T H	13 R T	H B T	C D	

N°s.	STATIONS.	DATES.	CROQUIS.	RELÈVE-MENTS.	ALTI-TUDES.	OBSERVA-TIONS ASTRONO-MIQUES.	
84	BILLO-NONNO-MI-GHÉRA. Oromo. (Nonno.) Passage du fleuve Ghibié-Ennarya ou Omo.	24 nov. 1887.	C T H	19 R T	H B T	C D	Mesuré le débit du Ghi-blé-Ennarya.
85	TCHORA. Oromo. (Botor.)	25 nov 1887.	C T H	28 R T	H B T	C	
86	Sommet du MONT OTCHÉ. Oromo. (Botor.)	27 nov. 1887.	C T H	64 R T	H B T	C D	
87	DOZENNI. Versant O. du mont Otché. Oromo. (Ennarya.)	29 nov. 1887.	C T H	14 R T	H B T	C	
88	GOUTTÉ-GAROUKÉ (près Cossa). Oromo. (Limmou.)	3 déc. 1887.	C T H	54 R T	H B T	C D	
89	COSSA. Oromo. (Limmou.)	4 déc. 1887.	C T H	15 R T	H B T	C	
90	SALLALI. Oromo. (Limmou.)	6 déc. 1887.	C T H	16 R T	B T	»	Arrivé après midi.
91	KIFTAN. Oromo. (Djimma.)	7 déc. 1887.	C T H	19 R T	H B T	C D	

Nᵒˢ	STATIONS	DATES	CROQUIS	RELÈVE-MENTS	ALTI-TUDES	OBSERVA-TIONS ASTRONO-MIQUES	
92	MONT BOTBAWELGHA. Oromo. Près Djiren. (Djimma.)	19 déc. 1887.	C T H	44 R T	H B T	C D	Mauvais temps, — très nuageux, — plusieurs jours consécutifs.
93	DJIREN. Oromo. (Djimma)	5 janv. 1888.	C T H	18 R T	H B T	C D ☉ — ☾ Nombreuses observations.	Arrivé à Djiren le 10 décembre 1887, j'en suis parti et j'y suis rentré à plusieurs reprises. Le 4 juin 1888, je me suis mis en route définitivement pour retourner au Schoa,
94	BEYAM. Oromo. (Djimma.)	10 janv. 1888.	C T H	32 R T	H B T	»	Arrivé dans la soirée.
95	NADDA. Oromo. (Djimma.)	12 janv. 1888.	C T H	37 R T	H B T	C D	
96	MONT MAY-GOUDO. (Garo.) Sidama.	13 janv. 1888.	C T H	34 R T	H B T	»	Temps couvert.
97	PIC DE KAFFARSA. (Garo.) Sidama.	15 janv. 1888.	C T H	57 R T	H B T	»	Empêché par les indigènes.
98	DASSO. (Djimma.) Versant N. du mont May-Goudo. Oromo.	16 janv. 1888.	C T H	11 R T	H B T	»	
99	AFATA. Oromo. (Djimma.)	27 janv. 1888.	C T H	13 R T	H B T	»	

N°.	STATIONS	DATES	CROQUIS	RELÈVE-MENTS	ALTI-TUDES	OBSERVATIONS ASTRONO-MIQUES	
100	ALI-DHÉRA. Oromo. (Djimma.)	1er févr. 1888.	C T H	37 R T	H B T	C D	
101	MARCHÉ DE KOMBI. (Djimma.)	2 févr. 1888.	C T H	30 R T	H B T	»	Temps couvert.
102	HÉRÉTO. Mogha de Djimma et du Zingéro.	4 févr. 1888.	C T H	4 R B	B T	»	Observé en route avec la boussole. Relèvements médiocres.
103	HIERO. Mogha de Djimma et du Zingéro.	5 févr. 1888.	C T H	45 R B	H B T	»	Temps couvert.
104	GADI. Oromo. (Djimma.)	6 févr. 1888	C T H	28 R T	B T	C D	
105	GORA. (Garo.) Sidama.	7 févr. 1888.	C T H	34 R T	B T	»	Arrivé le soir.
106	MARCHÉ D'OMO. (Garo.)	9 févr. 1888.	C T H	56 R T	H B T	C D	
107	HOULLÉ. Oromo. (Djimma.)	11 févr. 1888.	C T H	31 R T	H B T	C D	

N^{os}	STATIONS	DATES	CROQUIS	RELÈVE-MENTS	ALTI-TUDES	OBSERVATIONS ASTRONO-MIQUES	
108	DJIREN. Vues et relève-ments pris dans la vallée du Ghibié de Djimma, *près de* Djiren.	25 mars 1888.	C T H C T H	21 R T 17 R T	H B T	C D	Ces deux croquis avec relèvements ont été faits pour prendre une base. Malheureusement j'ai été empêché de mesurer cette base sur une longueur suffisante.
109	MONT MOLÉ (*très près Djiren*).	5 avril 1888.	C T H	13 R T	B	»	
	OBSERVATIONS A LA BOUSSOLE DE POCHE *FAITES DANS L'E. DU FLEUVE « OMO »*						Ces observations ont été faites dans des con-ditions très défavorables, souvent avec de fortes brumes; de plus, j'ai été empêché de me servir os-tensiblement de la bous-sole et de sortir un mor-ceau de papier ou un crayon. — Je les donne pour mémoire
110	HOUSCHOULLÉ. (Pays tambaro.) Sidama.	11 avril 1888.	»	2 R B	»	»	
111	MONT KOBI-TCHAN. (Mogha du Kam-batta.) Sidama.	13 avril 1888.	»	3 R B	»	»	Aperçu sur le lac Ab-bala.
112	GADJÉ. (Mogha du Wallamo et du Tambaro.) Sidama.	14 avril 1888.	»	3 R B	»	»	
113	OSCHOT. (Pays des Amzoulla et des Tambaro.) Sidama.	16 avril 1888.	»	3 R B	»	»	
	Relèvements faits dans le Zingéro						Mêmes remarques que pour les relèvements faits dans les pays à l'E. de l'Omo. — De plus, atta-qué par les Zingéro.
114	GORMA. (Zingéro.) Sidama.	7 juin 1888.	C T H	2 R B	»	»	

Nᵒˢ	STATIONS	DATES	CROQUIS	RELÈVE-MENTS	ALTI-TUDES	OBSERVA-TIONS ASTRONO-MIQUES	
			Retour de Djimma au Schoa.				
115	ROUKESSA. Djimma, près le gué de la Tamsa. (Oromo.)	10 juin 1888.	C T H	14 R T	H B T	»	Ce sont mes dernières observations, les fièvres m'ont pris le lendemain.

ANNEXE B

DIVISIONS, SUBDIVISIONS, LANGUES ET RACES

DES RÉGIONS

AMHARA, OROMO ET SIDAMA

Il est difficile d'assigner des limites précises aux pays amhara, oromo et sidama, tant ils s'enchevêtrent les uns dans les autres. Ils sont généralement séparés par des terres inhabitées, plus ou moins vastes, connues sous le nom de « mogha ».

Les Oromo — ceux du Sud principalement — appellent *Amhara* tous les territoires où est parlée la langue amharigna ; *Oromo*, ceux où est parlée la langue de ce nom ; enfin *Sidama*, les contrées de cette partie orientale de l'Afrique où la langue usitée n'est ni l'oromo, ni l'amharigna.

PAYS AMHARA.

Au sud de l'Abyssinie, — dont je n'ai pas à parler, — sont le *Schoa* et le *Godjam*.

Au sud et à l'est, le *Godjam* est limité par l'Abbaï ou Nil Bleu.

Le *Schoa* proprement dit comprend : au nord, les provinces du Mans et de Koât ; au nord-est, celle du Tégoulet ; dans l'est d'Ankobœr, celle de l'Ifat ; au sud, le Mindjar.

Les territoires de l'extrême est et du sud-est forment les pays argoba, dont la population est partie *amhara*, partie *dankali*.

A l'ouest et au sud, le Schoa est entouré de régions habitées par les Oromo.

PAYS OROMO OU GALLA.

Dans leur partie septentrionale, en allant de l'est à l'ouest, les pays *oromo* sont limités par les territoires dankali et l'Aouache, qui les séparent du Schoa. Ils s'étendent ensuite vers le nord et confinent à la province d'Ifat. Plus au nord encore, on trouve d'autres populations oromo : les Touloma et les Wolo, qui touchent la province du Mans.

Les territoires oromo s'étendent sur la rive gauche de l'Abbaï, au delà de l'affluent connu sous le nom de « Did-Esa ».

Dans l'est, ils entourent Harrar et sont limités, jusqu'à leur point extrême sud, par les populations somali.

Vers l'ouest, la délimitation est encore plus vague. Tout ce qu'il m'est permis de dire, c'est que, dans cette direction, les Oromo n'ont d'autres voisins que les nègres.

Ils ne paraissent pas occuper le pays au delà des derniers contreforts du grand plateau éthiopien.

Dans le sud, les Oromo et les Sidama sont séparés d'abord par la Godjeb, ensuite par l'Omo, depuis son confluent avec cette rivière, jusqu'à sa jonction avec la Walgha, en remontant vers le nord. A l'ouest de l'Omo, sont des peuplades oromo ; à l'est, au contraire, vivent des Sidama. En traversant les pays sidama, de l'ouest à l'est, on retrouve encore des Oromo, sous la dénomination d'Arroussi-Galla.

Voici les principales subdivisions des pays oromo :

Au nord-est, en se dirigeant du Schoa au Harrar, après avoir traversé les plaines de l'Aouache, désert herbeux, continuation du désert des Afar, habité par des populations mélangées, Danakil et Itou-Galla, on atteint les montagnes qui se prolongent jusqu'à Harrar. Ces hauteurs sont habitées exclusivement par des *Oromo* et prennent les noms des diverses tribus qui les peuplent : *Itou, Itou-Tchertcher, Oborrah, Metta, Warra-Bellé* et *Ala*. Cette dernière tribu est très importante ; elle se subdivise en nombreuses familles et entoure Harrar (de son vrai nom « Adaré »).

A Harrar, les types sont confondus. Les indigènes ne se disent plus Galla ou Oromo, mais « Harrari ».

Au nord du Schoa, sont les *Wollo-Galla*. Ils dépendaient du roi Ménélik ; mais après la guerre du Godjam, il les a cédés au Négouss Negeust Johannès ; ils sont actuellement administrés par le ras Mikaël.

A l'ouest d'Ankobœr, dont elles ne sont séparées que par une gorge profonde, s'étendent, jusqu'à Antoto, des terres élevées qu'habitent les grandes tribus des *Abitchou,* des *Gombitchou* et des *Galen.* Plus dans l'ouest, au sud de l'Abbaï, sont les *Touloma,* les *Horro,* les *Djimma-Rarè* les *Sibou,* les *Obo,* les *Tchellia,* les *Liban,* etc., etc.

A l'ouest d'Antoto, on trouve les *Metcha* et les *Metta.* Dans les plaines du cours supérieur de l'Aouache, habitent les *Betcho,* les *Kékou,* les *Hillou* et les *Soddo.* Toujours dans la même direction : les *Tchabo,* dans le massif du mont Dendy ; les *Amaya,* au nord de la Oualgha ; les *Nonno,* au sommet de la courbe que forme le Ghibié (Omo) dans le nord.

Ces pays sont ordinairement occupés par les Amhara. Mais lorsque Ménélik est contraint par les circonstances de rappeler ses troupes, les populations s'insurgent. Du reste, les mêmes faits se produisent dans la plus grande partie des pays conquis par le roi du Schoa.

Les *Djilli* habitent les territoires compris entre la courbe sud de l'Aouache et le lac Zouaï.

Sur l'autre rive du Ghibié (Omo), les *Botor*, les *Tchora*, les *Agato* peuplent l'intérieur de la courbe du fleuve. Ces tribus, naguère soumises à Ménélik, sont aujourd'hui en pleine révolte.

Le royaume de *Limmou-Ennarya* occupe la région que limitent, à l'ouest, les monts du Botor et, à l'est, le commencement de la vallée de la Did-Esa.

J'ai vu mourir à Djimma le dernier roi de Limmou-Ennarya. Son fils est entre les mains de Ménélik.

Viennent ensuite, dans l'ouest, les royaumes de *Gomma* et de *Gouma*. Le roi de Gouma est prisonnier des Amhara. La lutte contre les envahisseurs continue dans le pays.

Les *Hillou-Babor* (Hillou-Aba Bor) forment la dernière population oromo, vers l'occident.

Au sud du royaume de Gouma est celui de *Ghéra,* — en insurrection contre Ménélik.

Au sud de *Limmou,* à l'ouest du Ghibié (qui prend ici son nom d'Omo), au nord de la Godjeb, est situé le royaume de *Djimma*. Tributaire actuellement du roi Ménélik, il subira sans doute, dans peu de temps, une occupation définitive. Ce sera la destruction du commerce et de toute industrie : la ruine suit inévitablement l'invasion des Amhara.

Le roi de Djimma n'est pas de dynastie très ancienne. Son pays était autrefois partagé en plusieurs tribus qui se sont réunies en un seul État, mettant leur alliance sous la foi d'un serment solennel. De là le nom de Djimma-Kakaï, sous lequel on désigne parfois ce royaume. « Kakaï » signifie serment [1].

Voici le nom des rois qui ont gouverné Djimma, depuis près d'un siècle :

1° Abba Faro. — 2° Abba Maghal. — 3° Abba Rago. — 4° Abba Djiffar. — 5° Abba Rébo. — 6° Abba Bocca. — 7° Abba Gomol. — 8° Abba Djiffar, le roi actuel.

Les deux plus célèbres de ces rois sont le premier des Abba Djiffar et Abba Gomol. Ce dernier agrandit son pays du côté du Zingéro et conquit le Garo.

Abba Djiffar, qui règne aujourd'hui, n'a éprouvé que des déboires. Dans sa jeunesse, il a subi l'invasion des indigènes du Godjam, commandés par le ras Dérassou. Quelques années plus tard, les Amhara du Schoa, sous la conduite du ras Govanna,

---

1. D'autres pensent que Kakaï est l'ancien nom d'une province.

l'ont obligé à payer tribut. Il est maintenant à la veille d'une annexion désastreuse.

A ce royaume se rattache le petit territoire de *Dadalé*, sur la rive opposée du fleuve.

Tous les pays oromo parlent la même langue, avec quelques variantes dans les désinences. Les racines sont partout identiques. M. A. d'Abbadie et, ultérieurement, le cardinal Massaïa, ont si bien fait connaître les langues amhara et oromo, que je suis dispensé d'en parler.

Les « Harrari » ont une langue propre dérivée du couraghé, qui n'est en usage que dans l'enceinte de la ville.

PAYS SIDAMA.

Les pays *sidama* sont bornés au nord par la Godjeb et s'étendent sur la rive gauche de l'Omo jusqu'à la Walgha. Sur le parallèle de cette rivière, sont les pays couraghé. A l'est, les pays sidama ont pour limites le territoire des Aroussi-Galla, et, à l'ouest, des contrées habitées par les nègres. Au sud, sur la rive droite de l'Omo, ces mêmes pays sont limités aussi par des territoires où vivent les nègres ; sur la rive gauche, dans le voisinage de la rivière, par des nègres encore, et, plus loin, par des populations nomades d'origine somali.

Les principales subdivisions des pays sidama sont, à l'ouest de l'Omo, du nord au sud :

1º *Kaffa.* Les indigènes, après avoir payé le tribut au roi Ménélik, se sont ravisés et l'ont récemment refusé. Ils ont même battu deux généraux envoyés pour les soumettre.

2º *L'ancien royaume de Garo,* qui occupe les versants est et sud du massif des monts May-Goudo.

Les principaux rois de Garo, dont les noms ont été conservés dans les traditions locales, sont :

Agato; Doukamo; Tchawaka; Lélisso; Toubbé; Libani.

Ce dernier fut renversé et mis à mort par Abba Gomol, roi de Djimma, qui ravagea le pays et emmena les habitants en captivité.

La population de Garo était chrétienne.

3º *Le Zingéro.* Ce petit territoire, baigné par l'Omo sur sa frontière orientale, est enclavé dans le royaume de Djimma.

Ses habitants paraissent, comme ils le disent, avoir une origine différente de celle des peuples qui les entourent.

Le roi actuel s'appelle Amno.

4° *Le Koullo ou Daouro.* Entre l'Ouro et le Contab, au Sud du royaume de Djimma, est le royaume de Koullo ou Daouro.

Son premier roi est venu, dit-on, de l'Occident. Il se nommait Kaouka.

Ensuite, auraient régné, depuis une époque assez éloignée de nous :

Mahédo ; — Addeto ; — Bacho ; — Sahona ; — Allalo ; — Dagohia ; — Dadou ; — et Kanta, le jeune roi actuel.

La résidence royale s'appelle Koscha. Elle est située à une distance d'environ cinq jours de marche de Djiren, sur un des sommets du mont Gheney, non loin du confluent de la Mantza et de l'Omo.

5° *Le royaume de Contab.* — Il a pour limites :

Au nord, la Godjeb ; à l'est, le Koullo ; à l'ouest, Kaffa ; au sud, l'Omo.

Le roi actuel, Attio, réside dans une localité nommée Koscha (comme la résidence de son collègue du Koullo), à une distance de quatre jours et demi de Djiren.

Goschana, le chef de la dynastie, était originaire du territoire de Tangha, dans le Gofa.

6° *Le royaume de Koscha.* — Il est borné : au nord par le Kaffa ; à l'est par le Contab ; au sud, par l'Omo ; à l'ouest par le Golda.

Il a pour roi Damotta, frère du roi du Contab.

La résidence royale s'appelle encore Koscha, comme celles du Koullo et de Contab. Elle est située un peu au sud du pic de Lasti, non loin du confluent de la Dintcha et de la Boka.

Il existe à Koscha un marché assez important.

Quelques familles de Djimma y ont élu domicile.

Le pays est en guerre perpétuelle avec le Golda, sur lequel il empiète chaque jour.

7° *Le Golda.* — Il confine avec le Koscha dans l'est ; à l'ouest, il se termine dans les plaines de Yaya ; au nord, il touche au Kaffa, au pays des Bénescha et probablement à celui des Sowro.

Les indigènes sont de race nègre ; une partie d'entre eux vit en tribus ; l'autre est gouvernée par de petits rois.

Aucun commerce, aucune industrie ; les gens de Golda ne savent pas tisser et n'ont pour vêtements que des peaux non tannées. Venant du nord au sud, c'est le premier pays que l'on rencontre où pareil costume soit en usage [1]. Le dourah est à peu près la seule culture connue.

A l'est de l'Omo :

_____

1. Les femmes de Djimma sont aussi, généralement, revêtues de peaux ; mais elles ne portent ce costume que par économie, car les étoffes ne manquent pas. Ces peaux sont le plus souvent ouvrées et ornées.

8° *Le Corbo*, pays voisin et ami du Zingéro.

9° *Le Denta*, qui s'avance au sud jusqu'à la rivière de Gamonna.

10° Le petit territoire de *Maroko*, enclavé dans le Hadia.

11° *Le Hadia*. — Les Hadia forment une population considérable, mais mal groupée. Ils s'étendent entre l'Omo et l'Amzoulla, dans l'est, jusqu'aux confins des territoires arroussi. Au nord de l'Amzoulla et du Kambatta, de nombreuses familles « hadia » habitent encore chez les Chakaï, les Denta et les Tambaro.

12° *Le Tambaro*, qui confine avec le Wallamo.

13° *Le Wallamo ou Walaïtza*. — Ce pays est limité :

Au nord, par le Tambaro ; — à l'est, par la rivière Billaté, qui le sépare des Arroussi ; — au sud, par le lac Abbala et le Koutscha ; — à l'ouest, par l'Omo.

Il renferme deux montagnes au nord : le mont Dongha, habité par une tribu de ce nom, et le mont Bolosso, où le roi a fixé sa résidence, distante de cinq jours et demi de Djiren. Le reste du pays est plat, couvert de prairies et ne contient aucune forêt importante.

Le premier roi du Wallamo vint, dit-on, du Tigré. L'autorité royale n'est rien moins qu'absolue. Le souverain, il est vrai, perçoit quelques taxes ou redevances ; mais il est incapable d'imposer sa volonté à ses vassaux.

Les principaux rois qui ont régné sur le Wallamo, depuis les temps les plus reculés dans la mémoire des indigènes, sont :

Kotté ; — Libani ; — Sahona ; — Oghatto ; — Amado ; — Damotta ; — Gobbé, le roi actuel.

Oghatto, au dire des gens instruits, aurait régné quarante ans ; Amado, trente-cinq, et Damotta, neuf. Quant à Gobbé, il y a, paraît-il, quarante ans qu'il est roi.

Les habitants du Wallamo ont quelques relations commerciales avec Djimma, où ils apportent de l'ivoire provenant des éléphants qui vivent en troupes sur les bords du lac Abbala.

14° *Le royaume de Koutscha* est situé au sud du Wallamo. De petits territoires occupés par des peuplades indépendantes le séparent du lac Abbala.

Aucune montagne : terrain plat, raviné et crevassé. Vastes espaces couverts de pierres volcaniques ; herbe peu abondante ; troupeaux nombreux.

La résidence royale est Ladeh. Il s'y tient, à certaines époques, un marché important, — le plus considérable, je crois, de tous ceux des contrées au sud de Djimma.

Le roi actuel, Govanna, est disposé à accueillir favorablement les Européens. Gallomala, le chef de sa dynastie, était originaire du Koutscha.

15° *Le royaume de Gofa*. — Il est borné au nord par le Koutscha et l'Omo ; au sud, par les pays de Zalla, Ouba et Arra.

Ce pays est accidenté ; il ne renferme cependant d'autres montagnes que le mont Sahona, à l'est ; et le mont Sarynti, à l'ouest.

Deux villes : Ghéréra, sur le versant occidental du mont Sarynti, et Tangha, entre les deux montagnes, patrie de Goschana, premier ancêtre de Dahada, roi actuel.

Le Gofa est en guerre permanente avec les tribus du massif montagneux d'Arra.

16° Le petit territoire de *Malo.* — Limites : nord, l'Omo ; — est, le Gofa ; — ouest, le Doko ; — sud, les tribus d'Arra.

Ce royaume renferme deux petites villes : Koltché, au confluent de l'Erghiné (du nord) et de l'Omo, et Aléza, résidence du roi Tona, dont le premier ancêtre, originaire du pays même, se nommait Mareinty.

Le Malo est engagé dans des luttes incessantes avec le Doko, au détriment duquel il agrandit, peu à peu, son territoire.

17° *Le Doko* (pays sidama nègre). Il a pour limites :

Au nord, l'Omo ; à l'ouest, le Dimé ; au sud, les montagnes d'Arra; à l'est, le Malo.

Le Doko renferme huit petits royaumes, dont chaque roi est désigné par le nom de la contrée qu'il gouverne :

Birtcha ; — Dahoula ; — Taffa ; — Laha, le centre le plus populeux ; — Gara ; — Bitta ; — Basketta ; — Dillo.

Dans cette région, comme au Golda, plus d'industrie.

18° *Le Dimé.* — Sans limites précises, il s'étend jusqu'aux vastes plaines de Yaya; il est borné par l'Omo, à l'ouest.

La seule partie de ce pays dont j'ai pu obtenir l'indication est *Chochabora,* sur la rivière Oussoumé.

Le Dimé est gouverné par cinq rois dont un, ayant une autorité prédominante, est d'origine goschana.

19° *Les plaines de Yaya.* — Elles s'étendent au loin sur les deux rives du fleuve.
Plus de cultures, paraît-il.
Population nomade.
Terrain plat.

En remontant vers le nord, sont d'autres pays sidama, non riverains de l'Omo ; en voici les noms :

20° *Le Couraghé.* — Ce pays est situé à l'extrémité de la courbe sud que forme l'Aouache. Il est limité, au nord et à l'est, par des pays oromo; au sud, par des pays sidama ; à l'ouest, par des populations mélangées : Oromo, Sidama et Couraghé.

La population Couraghé est d'origine amhara; elle est partiellement soumise au roi Ménélik.

Entre le Couraghé et l'Omo, au sud d'Amaya, s'étendent les vastes mogha du Chakaï, d'Ennemoor et le territoire de Kabiena.

21° *Le Kambatta*, que les Amhara ont occupé pendant quelque temps, puis abandonné.

Il a pour limites :

Au nord, les territoires des Alaba et des Hadia ; — à l'ouest, le Hadia et le Wallamo ; — au sud, le Wallamo ; — à l'est, la Billaté qui le sépare du pays des Arroussi.

Le premier roi du Kambatta serait, dit-on, venu de l'est, de la mer. Il portait le nom d'Agato. Ses successeurs immédiats sont inconnus. Ensuite ont régné :

Wako ; — Oyato ; — Dagohïa et Dilbatto, le roi actuel.

22° *L'île Arroro.* — Cette île, qui s'élève dans le lac Abbala, est occupée par un petit peuple de ce nom, qui cultive le kotcho, chasse l'éléphant et l'hippopotame, et se nourrit surtout du produit de la pêche.

23° *Le royaume de Borodda.* — Ce petit royaume est situé au sud-ouest du lac Abbala.

Golé, le roi actuel, réside à Koddo, pays d'origine de Mala, chef de sa dynastie.

24° Le petit territoire de *Tchotchora.* — Limité à l'est par le royaume de Borodda, il est enclavé dans le Koutscha, dont il est tributaire.

25° *La tribu des Otchollo*, sur la rive méridionale du lac Abbala.
Montagnes élevées.
J'ai entendu faire un grand éloge du caractère hospitalier de ce petit peuple.

26° *Le territoire de Gamo.* — Il a pour limites orientales le pays des Arroussi, et pour limites occidentales le Koutscha, le Zalla, etc.

Au nord, sont les pays otchollo et borodda ; au sud, des territoires indéterminés. Le sol est aride. L'eau manque à peu près partout.

Une partie des indigènes vit en tribus ; l'autre est gouvernée par des rois.

Les principales subdivisions du Gamo sont : Ezo, Dorzè, Zéghété, Bonké.

27° *Le Zalla.* — Le Zalla est situé à l'ouest du territoire de Gamo.

Son roi actuel, Amado, eut, pour premier ancêtre Aïka, originaire de Koddo, ville de ce pays.

28° *Le territoire d'Ouba.* — Il est situé à l'ouest de Zalla et renferme une ville nommée Aïza, qui ferait, dit-on, quelque commerce.

Le roi actuel se nomme Toullé-Tolba ; le chef de sa dynastie, Aïka.

29° *Le pays d'Anika.* — Il se trouve au sud d'Ouba.
Anika aurait un marché d'une certaine importance.

30° *Les pays des Otollo, des Ganassa et des Katcharo.* — Je n'ai pu me procurer aucun renseignement sur cette région et ses habitants ; mais on dit qu'ils sont Sidama.

31° *Arra ou Arro.* — Ce pays est situé à l'ouest de l'Ouba, au milieu des montagnes de ce nom.

Les peuplades qui l'habitent n'ont presque aucune communication avec les tribus environnantes.

En venant du nord, Arra est le premier point où les indigènes se servent de flèches à la guerre.

32° *Le Mallé.* — Près du territoire de Mallé est un lac important.

Les indigènes connaissent le tissage.

Après avoir donné ces indications sur les pays sidama, il me reste à dire quelques mots des langues qui y sont parlées.

Elles doivent être déterminées de la façon suivante :

A. — La langue *koullo* (dôna daouro) est parlée à l'ouest de l'Omo, dans le Contab, le Koullo et le Koscha ; — à l'est du fleuve, dans le Wallamo ou Walaïtza, le Gherghedda, le Borodda, l'Otchollo, le Zalla, l'Ouba et le Gofa.

B. — La langue *tambaro* est parlée dans le Tambaro, le Maroko, le Kambatta, l'Amzoulla et le Dongha.

C. — La langue *hadia* ou *goudéla* est parlée dans le Hadia et le Masmassa.

D. — La langue *kaffa* est parlée dans le Kaffa, le territoire des Sowro et, à l'ouest, dans une partie du pays des Bénéscha et sur les versants est et sud du mont May-Goudo, ex-royaume de Garo ou Boscha.

E. — La langue *zingéro* n'est usitée que dans le royaume de ce nom.

F. — La langue *couraghé* est parlée dans la plus grande partie du pays couraghé (Ennemoor, Seltit, Etchérit, Gomaro, etc., etc.).

G. — La langue *doko* ou *golda* est parlée dans le Doko, le Golda et le Dimé.

H. — Dans le Gamo, l'Anika, l'Arra, le Mallé et, plus dans le sud, dit-on, chez les Otollo, la langue serait dérivée du *koullo*.

I. — A Malo et sur une partie du territoire des Arra-Malé, les indigènes parlent indifféremment le *koullo* ou le *golda*, suivant leur voisinage.

J. — Dans le Corbo, le Chakaï et une partie de Kabiena, on parle indistinctement les langues *tambaro, hadia* et *couraghé*.

K. — Une partie des habitants de Masmassa, ceux de Barbaré et de Lémoso, parlent le *hadia*, le *couraghé* et l'*oromo*.

La langue *couraghé* est dérivée de l'*amharigna*.

Les langues *koullo, kaffa, hadia, zingéro* et *golda* diffèrent complètement.

Le *tambaro* est dérivé du *hadia*.

Dans les langues *koullo, hadia* et *tambaro* on trouve quelques mots amhara et oromo.

Peut-on justement dire qu'il y ait une race abyssine, dankali, somali, oromo ou galla, hadia, zingéro, tambaro ou couraghé? Je ne le pense pas.

Au Schoa, le sang est tellement mélangé, qu'il est impossible de rencontrer un type de race pure. Les huit dixièmes des indigènes, au moins, sont fils d'esclaves de toutes provenances. Les fils de filles de seigneurs, qui prétendent être de race pure, sont le plus souvent petits-fils d'esclaves.

Le Couraghé, d'origine amhara, est, dit-on, de race moins confuse. Les Amhara admettent cette prétention qui n'a pas été étrangère à la décision par laquelle Ménélik a, fort inutilement d'ailleurs, décrété que les Couraghé ne pourront plus être réduits en esclavage.

Un Somali de la côte ou un Dankali de Toudjourrah ne ressemblent assurément pas à un Oromo du pays d'Amaya; mais si l'on prend un Somali de l'intérieur, un Dankali des bords de l'Aouache et un Oromo de l'Agalo, si on les revêt du même costume, si on leur donne la même coiffure, il sera très difficile de les distinguer.

Tous ces peuples ont probablement une origine commune. Les mélanges de sang, les coutumes particulières, les manières de vivre, si différentes d'un pays à un autre, ont pu produire des variétés plus apparentes que réelles. Certaines tribus oromo semblent offrir à l'observateur le type primitif de cette origine commune. Les alliances avec des étrangers y sont presque inconnues et la religion, qui paraît autochtone, y est fidèlement observée.

A Djimma, au contraire, et dans tous les pays où l'islamisme a pénétré, le type est dégénéré : c'est le résultat des unions avec les esclaves de pays étrangers. Les Sidama ressemblent aux Oromo; mais chez eux, plus encore que chez les Galla, les mélanges de sang ont altéré le type original qui reparaît dans les régions riveraines de l'Omo. Ainsi, dans les contrées qui s'étendent à l'ouest du Couraghé, au sud de ce territoire jusqu'au Malo, et même dans Gamo, Anika, Zalla et la majeure partie d'Arra-Malé, on rencontre peu de traces de sang nègre.

Dans le Malo et le Koscha, au contraire, dans le sud du Contab et du Koullo, la population sidama est manifestement mélangée à la race golda ou doko.

Au Zingéro, les indigènes prétendent faire remonter leur origine aux Borana qui occupent les régions au sud-est des pays sidama; d'après certaines traditions locales, ils viendraient de la mer. Beaucoup de Zingéro ont le type oromo; mais il n'est pas rare d'en rencontrer à qui un teint plus clair et plus jaune, les oreilles écartées, les yeux bridés, donnent une physionomie asiatique. Ce n'est là qu'une simple observation à signaler; mais peut-être y trouvera-t-on quelque nouvel indice des invasions malaises qui ont précédé ou accompagné les migrations asiatiques sur les côtes, au sud des pays somali.

En ces temps anciens, des émigrants nombreux ont pénétré dans l'intérieur.

On trouve, en plusieurs endroits, des tissus et même des objets d'argent portant des dessins qui révèlent une provenance orientale.

Pour ma part, je considère comme un fait bien probable l'occupation du sud de l'Arabie par les Persans, longtemps avant l'islam.

Sur le sol africain, les nouveaux venus se sont unis aux indigènes et ont contribué à la formation des races mélangées que nous désignons sous le nom de Dankali, Somali, Oromo et Sidama.

Toutes les populations qui occupent l'Afrique orientale, au nord de l'Équateur, sont vraisemblablement issues des premières races sémitiques qui ont jadis émigré d'Asie et passé de l'autre côté de la mer Rouge, refoulant devant elles des races noires.

Les distinctions actuelles désignent des variétés formées par des mélanges divers avec les nègres.

ANNEXE C

LE BASSIN DE L'OMO

COURS DU FLEUVE — AFFLUENTS — MONTAGNES

COURS DE L'OMO

L'*Omo* prend sa source dans la grande forêt Babbya, presque au sommet du mont Boré.

Le Boré s'élève à la jonction méridionale des chaînes du Botor et de Limmou-Ennarya, qui ferment l'une à l'est, l'autre à l'ouest, la vallée Ennarya.

Dans son parcours, le fleuve reçoit différents noms :

A sa source, modeste ruisseau, les indigènes l'appellent « Fintirre. »

Dans la vallée, il devient le « Ghibié-Ennarya » et quelquefois l'« Arbo ». Il prend le nom de « Tamsa » après son confluent avec la Oualgha et le Ghibié de Djimma.

Enfin, quand ses eaux baignent la frontière orientale du Zingéro, il prend le nom sous lequel il est le plus généralement connu, « Omo[1]. »

Ces dénominations n'ont d'ailleurs rien d'exclusif ; l'Omo en a d'autres encore, que l'on pourrait appeler locales : au Koullo, on le nomme « Maldo-Karré », — la porte du dourah ; — au Koutscha « Ladeh, » — la mûre sauvage ; — au Contab « Godjebi », du nom de son principal affluent.

Après avoir parcouru une soixantaine de kilomètres vers le nord, l'Omo fait une courbe dont le rayon est de vingt milles environ et se dirige vers le sud-est. Il conserve cette direction jusqu'au huitième parallèle. De là, il descend par des sinuosités qui vont au sud, jusqu'au sixième degré. Il tourne brusquement à l'ouest par 35°,30 longitude est de Paris ; il prolonge son cours sous la même latitude jusque par 33°,30 est du même méridien ; il prend enfin une direction sud et, par 33°,15 de longitude orientale, il se jette dans le lac Schambara.

En général, le cours de l'Omo est rapide et encaissé. Dans les plaines de Yaya, le fleuve coule entre des berges élevées. Non loin de son embouchure, — si les renseignements qui m'ont été fournis par les indigènes sont exacts, — il aurait une largeur

---

1. Les indigènes désignent aussi le fleuve sous le nom d' « Oma » et même plus simplement de « Atza », eau, en langue koullo.

de quatre ou cinq cents mètres et roulerait ses eaux sur un lit de galets. Son cours est ralenti et rétréci à son entrée dans le lac.

Les pays arrosés par l'Omo sont :

1° Le *royaume de Limmou-Ennarya*, sur les deux rives de son cours supérieur ; 2° Le *territoire des Nonno*, sur les deux rives du sommet de sa courbe nord.

Puis, sur la rive droite :

3° *Botor ;* 4° *Agalo ;* 5° *Djimma ;* 6° *Zingéro ;* 7° *Koullo ;* 8° *Contab ;* 9° *Koscha ;* 10° *Golda.*

Et sur la rive gauche :

11° *Dadalé ;* 12° *Corbo ;* 13° *Denta ;* 14° *Maroko ;* 15° *Hadia ;* 16° *Tambaro ;* 17° *Wallamo ;* 18° *Koutscha ;* 19° *Gofa ;* 20° *Malo ;* 21° *Doko ;* 22° *Dimé.*

Enfin, 23° *les plaines de Yaya,* sur les deux rives, vers l'embouchure.

AFFLUENTS DE L'OMO

L'Omo a pour principaux affluents :

Sur la rive gauche :

1° Le Ghibié de Nonno ou Lagamara, qui se jette dans le fleuve, au sommet de la courbe qu'il forme dans la partie supérieure de son cours ;

2° La Walgha, qui prend sa source dans le mont Harro. Cette rivière reçoit de nombreux ruisseaux qui descendent généralement du nord. Quand je l'ai vue — c'était à l'époque des plus basses eaux — elle avait, à son confluent avec l'Omo, une largeur de dix-huit mètres et une profondeur de soixante centimètres. Sa vitesse était de deux mètres par seconde ;

3° L'Amalkatama, qui prend sa source au Kobi-Dja, dans le Kambatta, traverse le Hadia, se dirigeant au nord, puis est rejetée vers l'ouest par les contreforts du plateau du Couraghé. L'Amalkatama sépare le Denta du Corbo et confine avec l'Omo en face du Zingéro. Son débit est approximativement égal à celui de la Walgha ;

4° La Gamonna, qui a sa source au pied du mont Amzoulla. Son débit est moins considérable que celui de l'Amalkatama. Cette rivière arrose le pays des Amzoulla et celui des Hadia. Elle sépare le Maroko du Denta et se jette dans le Ghibié, en face du mont May-Goudo, près de la petite ville d'Omo ;

5° La Demeh, qui sort du mont Bolosso et sépare le Koutscha du Wallamo et du Tambaro. Son débit est de peu d'importance ;

6° Le Dao, un modeste ruisseau qui traverse le Kontscha ;

7° La Mazé, qui prend sa source dans les collines de Schella (Gamo) et se dirige vers le nord-ouest, reçoit, avant de sortir du Gamo, la Domba, qui descend des monts Otchollo, au sud du lac Abbala ; elle sépare le Koutscha de Zalla et de Gofa et, grossie de la Zenté, se jette dans le fleuve en face du point où il forme son coude pour tourner à l'ouest. La Zenté sort des monts Arra et sépare les territoires d'Ouba et de Gofa ;

8° L'Erghiné du nord, qui prend sa source dans les monts Arra et sépare le Malo du Doko ;

9° L'Oussoumé, qui coule entre le Dimé et les régions indéterminées de Yaya. Ce cours d'eau a sa source dans les monts Arra ;

10° L'Erghiné du sud. On lui attribue une source commune avec l'Erghiné du nord. Cette rivière parcourt les plaines du Yaya.

Sur la rive droite :

Après les ruisseaux qui coulent des monts Tchora, Botor, Agalo et Léman, l'Omo reçoit :

1° Le Ghibié de Djimma, qui a sa source au mont Moutté-Doma, situé dans la partie occidentale du royaume de Djimma ; cette rivière traverse le pays de l'ouest à l'est ; elle est grossie par de nombreux cours d'eau sans importance : la Beyam, la Nadda, etc.

Au point connu sous le nom de Yayo, le Ghibié coule sur un plan incliné et, au seuil, se précipite d'une hauteur de quarante-cinq mètres dans un petit bassin formé de roches basaltiques. Cette chute est connue dans le pays sous le nom de « Kokoby ». Un kilomètre en amont, le Ghibié a une largeur de seize mètres, une profondeur d'un mètre quarante et une vitesse d'un mètre trente-trois par seconde.

Après Kokoby, la rivière reprend son cours vers le nord-est et conflue avec l'Omo au pied du mont Ali ;

2° La Kéroui, cours d'eau peu considérable, qui coule au Nord du Zingéro et baigne le pic Ali-Dhéra ;

3° La Dannaba, qui coule dans la profonde vallée de ce nom et sépare le Zingéro du royaume de Djimma. Son débit est faible ;

4° La Godjeb, qui prend sa source à l'Ouest du Kaffa. Cette rivière limite au sud les royaumes de Ghéra et de Djimma et, au nord, ceux de Kaffa, du Contab et du Koullo. A son confluent, elle a une largeur de quarante-cinq mètres, une profondeur de soixante-quinze centimètres et une vitesse de deux mètres par seconde. C'est le principal affluent de l'Omo. Les Sidama appellent aussi la Godjeb, Godfo et Godjebi.

5° La Bourka, qui coule dans le Koullo, entre les monts Gheney et Bobbé ;

6° La Mantza, qui roule ses eaux à travers le Koullo dans un ravin entre les monts Gheney et Ouchayé;

7° La Zighena, qui sort des monts Waraï et arrose le Contab;

8° La Dintcha, qui prend sa source dans le Kaffa et traverse le Contab et le Koscha;

9° La Charma, qui vient du nord-ouest et traverse le Golda.

On signale encore, au nombre des cours d'eau de la région du bassin de l'Omo, la Ditta, qui descend des montagnes de Gamo, et la Chochma qui coule près de la capitale du royaume de Contab. Ces deux rivières se perdent dans les terres.

On doit citer aussi la Billaté, qui, dit-on, prend sa source dans le pays des Arroussi et se jette dans le lac Abbala.

Je n'ai pu entrevoir ce lac que très vaguement, du haut d'une montagne. Les indigènes affirment qu'il leur faut sept ou huit journées de marche pour en faire le tour Il forme le fond d'une immense cuvette dont les bords sont insensiblement relevés. Ses eaux sont douces et légèrement alcalines.

Le débit de toutes les rivières du bassin de l'Omo est très variable. Je l'ai mesuré à l'époque des plus basses eaux. Dans la saison des pluies, il est certainement cinq ou six fois plus considérable.

MONTAGNES

L'orographie du bassin de l'Omo se détermine ainsi :

1° Le massif de Harro-Dendy, à l'extrémité occidentale de la chaîne du Métcha. Il tire son nom de ses deux sommets principaux, dont la hauteur dépasse trois mille mètres.

Le Harro et le Dendy ont l'un et l'autre un lac dans leur cratère. Les eaux du Dendy se partagent et se dirigent au nord-ouest vers l'Abbaï, au sud-est vers l'Aouache; celles du Harro, dont le cratère est plus profond que celui du Dendy, se jettent dans la Walgha.

Du massif de Harro-Dendy se détache, à l'ouest, le mont Roghé auquel fait suite le mont Djibati.

2° La chaîne des Nonno s'élève au nord du bassin de l'Omo; elle incline d'abord vers l'ouest et tourne ensuite au sud, où elle prend le nom de Limmou-Ennarya. Ses principaux sommets sont : Contchi, Borama et Gavana. Elle sépare le bassin de l'Abbaï de celui de l'Omo et se rattache au sud à la montagne connue sous le nom de Boré, dans la forêt Babbya.

3° Au mont Boré se raccorde, à l'est, une chaîne de montagnes qui remonte au nord et ferme la vallée du cours supérieur du Ghibié. Cette chaîne comprend les monts Léman, l'Agalo, le mont Otché et les monts du Botor, terminés par le mont Tchora que contourne l'Omo, en formant sa courbe nord ; son plus haut sommet est l'Otché (trois mille mètres).

4° Les monts Diki, dont l'altitude est inférieure à celle des montagnes qui les environnent, séparent le Ghibié de Djimma des monts Léman. A l'ouest du Diki est une vallée assez vaste, remontant au nord vers le mont Agato ; sur le revers des monts Léman et Boré, se trouvent les monts Afata, Soumet, Bokota, Toukour et Komboltch.

5° Les hauteurs où se trouve Djiren se prolongent vers le sud et forment, dans la vallée du Ghibié, le mont Kaletcha.

6° Au nord de Djiren, des collines élevées, appelées Santama, se dirigent vers l'ouest et vont rejoindre les montagnes, qui, dans le sud, continuent les monts de Gouma. Ceux-ci se rattachent à la chaîne qui traverse, de l'ouest à l'est, tout le pays de Djimma et ferme la vallée du Ghibié au sud. A leur extrémité ouest s'élève le pic de Moutté-Doma où le Ghibié prend sa source. Les principaux sommets de cette chaîne sont : Belleta, Marti, Lalo, Garima, Dagha, Wennib, Arbou-Abouna, et le May-Goudo qui comprend le pic de Kaffarsa.

Le May-Goudo, point culminant de toute la région, a une altitude d'environ trois mille quatre cents mètres et s'élève à l'extrémité du triangle formé par le confluent de la Godjeb et de l'Omo.

7° Se dirigeant au nord et faisant suite au May-Goudo sont les montagnes du Ziugéro, séparées des hauteurs précédentes par la vallée de Dannaba. Elles touchent à l'Omo. Leurs sommets les plus élevés sont : le Bor-Goudda et le Bor-Tenno.

Les montagnes de Hiero et du pays d'Abalti se rattachent à celles du Zingéro. Là s'arrêtent brusquement les plateaux ; ils se terminent par des pentes abruptes et des précipices aboutissant à la plaine de Madalou, où le Ghibié de Djimma conflue avec l'Omo. Dans ces terres bouleversées se dressent deux pics remarquables par leurs formes aiguës et leur isolement plus encore que par leur hauteur : les pics d'Ali et d'Ali-Dhéra. Je les signale, parce qu'ils ont un réel intérêt géodésique.

8° Le Koullo est traversé, de l'ouest à l'est, des rives de l'Omo aux confins du Contab, par des chaînes parallèles qui sont :

A. — Les monts Warraï. Ils se prolongent vers l'ouest et prennent dans le Contab le nom de Hella ; ils s'abaissent en pénétrant dans Kaffa. Au sud du mont Hella et du lac·Womba commencent des plaines d'une superficie d'un degré environ, qui s'étendent jusqu'à l'Omo.

B. — Les monts Bobbé, qui ne sont séparés des monts Warraï que par des terres basses d'une largeur peu considérable.

C. — Les monts Gheuey, dont l'altitude est de trois mille mètres environ. Ils sont séparés des monts Bobbé par des ravins profonds.

D. — Les monts Ouchayé, — au delà des gorges où coule la Mantza.

9° Le pic de Lasti. Il s'élève au confluent de la Dintcha et de la Boka, dans les plaines du Koscha.

10° Au sud de l'Harro-Dendy, les montagnes des pays couraghé, qui allongent leur chaîne du nord au sud. Elles prennent, dans leur partie nord, le nom de Soddo et, ensuite, celui des pays qu'elles traversent : Tolé, Chakaï, Etchérit et Ennemoor. Leur principal sommet est le pic d'Atchaber, dans les monts Soddo. Des terres accidentées séparent ces montagnes de l'Omo. Sur le parallèle où elles prennent fin, à une distance de *vingt-cinq* milles environ, dans le Corbo, s'élève le pic de Nonno ou Kalalamé, au confluent de l'Omo avec l'Amalkatama.

11° Au sud du pic de Nanno, faisant face au May-Gouddo est le mont Amzoulla. A l'est de cette montagne, le Kobi-Tchan et le Kobi-Dja, qui s'élèvent dans le mogha de Kambatta, courant nord et sud.

12° Les hauteurs de Loka, dans le mogha de Kambatta.

13° La chaîne de Dongha, à laquelle se rattache le mont Bolosso. Elle a son point de départ sur la rive gauche de l'Omo, en face des monts Warraï, et vient aboutir vers le lac Abbala.

14° Le mont Arroro qui forme l'île de ce nom, dans le lac Abbala.

15° A l'ouest du mont Bolosso, le Woscho ou Woscha qui touche à l'Omo. Son altitude est inférieure à celle du May-Goudo.

16° Au sud du lac Abbala, les monts isolés de l'Otchollo.

17° Les monts Sahona, Guerpa, Sarynti, Kascha, qui forment des hauteurs isolées dans les pays de Gofa, Zalla et Ouba.

18° Enfin, à l'ouest, un massif montagneux auquel son étendue et son élévation donnent une importance considérable, les monts du pays d'Arra ou Arro.
Autour de ce massif, le pays serait plat, ou tout au moins ne contiendrait que des collines.

ANNEXE D

VOCABULAIRE

DE LA LANGUE KOULLO

FRANÇAIS.	KOULLO.	FRANÇAIS.	KOULLO.
Dieu.	Tosa.	Bœuf.	Bora.
Ciel.	Bolatosa.	Vache.	Matamitza.
Nuage.	Charia.	Veau.	Mitzamara.
Pluie.	Ira.	Mouton.	Dorsa.
Vent.	Tcharko.	Chèvre.	Décha.
Soleil.	Aoûa.	Chien.	Kana.
Poussière.	Bitta.	Chat.	Garawa.
Boue.	Ourka.	Rat.	Etchéré.
Lune.	Aghna.	Lézard.	Foulio.
Étoile.	Toninta.	Hyène.	Godaré.
Jour.	Galassa.	Léopard.	Mahia.
Nuit.	Kamma.	Lion.	Gamo.
Midi.	Galassa.	Éléphant.	Dangarsa.
Matin.	Mallado.	Hippopotame.	Tadia.
Soir.	Omarsa.	Crocodile.	Allacho.
Eau.	Atza.	Serpent.	Chocha.
Terre (dont on se sert pour enduire les maisons).	Bitza.	Gazelle.	Ghénessé.
		Antilope.	Gara
		Crapaud.	Sollia
Feu.	Mata.	Poisson.	Mollia.
Terre (qu'on laboure).	Soha.	Œuf.	Koukoullé.
Aurore.	Awaitza.	Poule.	Kouto.
Éclair.	Zelgounta.	Pintade.	Soukoullo.
Tonnerre.	Gogounta.	Mouche.	Oudontzia.
Grêle.	Chatcha.	Abeille.	Mata.
Guerre.	Ora.	Montagne.	Houllo.
Cheval.	Fara.	Pays.	Demba.
Mule.	Bakoulo.	Fleuve.	Chaffa.
Ane.	Arré.	Lac.	Womba.

FRANÇAIS.	KOULLO.	FRANÇAIS.	KOULLO.
Arbre.	Mitza.	Enfant.	Naho.
Bois (morceau).	Mitza.	Tête.	Houpéa.
Rocher.	Ouagha soutcha (grande pierre).	Cheveux.	Binana.
		Oreilles.	Aïtza.
Pierre.	Kéra soutcha (petite pierre).	Yeux.	Afïa.
		Nez.	Sidïa.
Buisson.	Grintché.	Bouche.	Dona.
Épine.	Odountza.	Langue.	Intarsa.
Feuille.	Mitza-ita.	Dents.	Atcha.
Écorce.	Fokoa.	Clou.	Codia.
Racine.	Tapoa.	Bras.	Couché.
Herbe.	Mata.	Épaule.	Haché.
Paille.	Oudoula.	Main.	Couché.
Orge.	Bangha.	Doigt.	Birradé.
Blé.	Ghisté.	Ongle.	Togontza.
Tief.	Gaché.	Poitrine.	Tira.
Maïs.	Badala.	Ventre.	Houllo.
Daghoussa.	Farghitché.	Cœur.	Chenffo.
Le Dourah.	Maldo.	Entrailles.	Maratché.
La Godaré.	Boïna.	Cuisse.	Domba.
Musa-Inseta.	Houtta.	Genou.	Goulba.
Vallon.	Afo.	Jambe.	Ghédia.
Plaine.	Demba.	Pieds.	Ghédia.
Oignon.	Soukourouto.	Seins.	Denta.
Ail.	Toumo.	Urine.	Chéchia.
Sel.	Mattiné.	Matières fécales.	Chia.
Poivre.	Attafé.	Dos.	Sokko.
Piment.	Berberi.	Reins.	Tésa.
Pain.	Kouma.	Sang.	Sota.
Viande.	Acho.	Peau.	Goga.
Beurre.	Oïtza.	Figure.	Sinta.
Cire.	Outcho.	Père.	Awa.
Miel.	Esa.	Mère.	Ayto.
Corne.	Bahera.	Frère.	Icha.
Plume.	Ballé.	Sœur.	Mitchio.
Aile.	Kessé.	Fils.	Naho.
Lumière.	Moukada.	Fille.	Nahato (ou Bié).
Fumée.	Tchoua.	Bonnet.	Ouka.
Bâton.	Gomba (ou tama).	Fer.	Beréta.
Marché.	Ghia.	Cuivre.	Maka.
Lait.	Tana.	Or.	Ouarké.
Paix.	Segho.	Argent.	Bira.
Homme.	Assa.	Roi,	Kao.
Vieux.	Tchégha.	Forgeron.	Mogatché.
Femme.	Matchassa.	Tanneur.	Déguelia.

FRANÇAIS.	KOULLO.	FRANÇAIS.	KOULLO.
Corde.	Wodoro.	Oiseau de proie.	Anko.
Lanière.	Dapoa.	Chauve-souris.	{ Kama-Kaffo.
Guerrier.	Mino.		{ nuit - oiseau.
Esclave.	Aïlé.	Cochon.	Jegho.
Tisserand.	Chémania.	Singe.	Ghélécho.
Ceinture.	Dantchoa.	Buffle.	Mentza.
Travail.	Osso.	Queue.	Goilano.
Tombeau.	Moghès.	Collier.	Golda.
Lance.	Tora.	Bague.	Mighido.
Couteau.	Macha.	Bracelet.	Saghaio.
Hache.	Kalta.		
Pioche.	Martchoa.	Année.	Laïta.
Tabouret.	Oïdïa.	L'an passé.	Si-laïta.
Lit.	Arsa.	L'an prochain.	Sint-laïta.
Maison.	Ketza.	Le mois.	Aghna.
Porte.	Fenghé (ou carré).	Le mois passé.	Ourid aghna.
Véranda.	Sargha.	Le mois prochain.	Terri-aghna.
Foyer.	Meskeleté.		
Toit.	Mitza.	*Semaine.*	*Atchi-Galassa.*
Vase pour liquide.	Otto.		

		En koullo.	En amhara.
Grand vase, jarre.	Batta.		
Le Wintcha.	Wincha.	Lundi.	Saïno.	Saigno.
Four pour pains (es- pèce de plat.)	Baché.	Mardi.	Maxaino.	Maxaigno.
		Mercredi.	Orob.	Rob.
		Jeudi.	Amoussa.	Amous.
Selle.	Cora.	Vendredi.	Arbad.	Arb.
Mors.	Bitala.	Samedi.	Kéra.	Kédami.
Croupière.	Oudella.	Dimanche.	Ouogha.	Oud.

Peau tannée pour se coucher. — Galba.

Comme on le voit, les noms des cinq premiers jours de la semaine sont à peu près semblables aux noms amhara; dans les deux derniers, le radical reste.

Coton tissé.	Foutto.
Fil.	Chalo.
Aiguille.	Marpia.

FRANÇAIS.	KOULLO.
Porte, qui fait com- muniquer deux pays.	Mitza.
Mogha.	Gatta.
Gamodji, pays bas.	Gadda.
Gada, pays haut.	Ghézé.

Table pour manger (faite en herbes tressées).	Lazarré.
Farine.	Dillia.
Cendre.	Bittenta.
Tamis à bluter.	Oppé.
Chacal.	{ Kama-Kana. { nuit - chien.
Puce.	Castollia.
Punaise.	Isso.
Pou.	Choucha.
Oiseau.	Kaffo.

Adjectifs.

FRANÇAIS.	KOULLO.
Jaune.	{ Botza.
Blanc.	{
Bleu.	Douma.
Noir.	Karetza.
Rouge.	Mada.
Jeune.	Ouadalé.
Bossu.	Okèss.

FRANÇAIS.	KOULLO.	FRANÇAIS.	KOULLO.
Aveugle.	Kokèss.	**Pronoms relatifs.**	
Riche.	Ghittassa.		
Pauvre.	Manko.	Qui ?	Honé ?
Lâche.	Yacha.	Qui est venu ?	Honé taies ?
Froid.	Mégho.	Qui peut ?	Ne denda ?
Chaud.	Doua.	Quoi ? Que ?	Egheaïbi ?
Humide.	Melléna.	Quoi faire ?	Aï ottané ?
Étroit.	Goutta.	Que veux-tu ?	Ai kadjélé ?
Large.	Aho.	Que dire ?	Egheaï iottetana ?
Grand.	Ouagha.	**Pronoms démonstratifs.**	
Petit.	Kéra.		
Long.	Adoussa.	Ce, celui, cet.	Agha béa.
Court.	Kanta.	Cet homme.	Assa béa,
Sec.	Mella.	Cet arbre.	Mitza béa.
Fort.	Mino.	**Prépositions, adverbes, etc., etc.**	
Faible.	Lappa.		
Bon.	Loho.	Avant-hier.	Sino-bahina.
Mauvais.	Ita.	Hier.	Sino.
Gras.	Ourdia.	Aujourd'hui.	Tchoua.
Maigre.	Leho.	Demain.	Wanto.
Lourd.	Deso.	Après-demain.	Wantofé.
Difficile.	Darro.	A droite.	Ouchatcha.
Sale.	Kitta.	A gauche.	Addirsa.
Propre.	Ghécha.	Tout droit.	Sinta.
Vide.	Baoua ou bettès.	Là-bas.	Inigha.
Plein.	Gouttata.	Cet homme là-bas.	Inigha assa béa.
Menteur.	Tchimès.	Voici.	Béa.
Joli, beau.	Loho.	Voici l'homme.	Assa béa.
		Pourquoi.	Aïbès.
Pronoms personnels.		Qu'est-ce qu'il y a ?	Ouaéghai ?
		Rien.	Baoua.
Je.	Tana.	Rien du tout.	Oubaka baoua.
Tu.	Néna.	Et.	Né.
Il.	Aïgha.	Avec.	Nara.
Nous.	Ouba.	Avec moi.	Ta nara.
Vous.	Inténa.	Avec toi.	Ne nara.
Ils.	Onta.	Avec eux.	I nara.
		Avec nous.	Nou nara.
Adjectifs possessifs.		Avec vous (s).	I nara.
		Avec vous (pl.).	Étou nara.
Mon.	Taïgha.	Avec eux.	Étou nara.
Ton.	Nouïgha.	Dans.	Guiddou.
Son.	Aïgha.	Dans la maison.	Ketza guiddou.
Notre.	Oubaïgha.	Sur.	Bolla.
Votre.	Aïgha.	Sur l'arbre.	Mitza bolla.
Leur.	Ontaïgha.	Sur lui.	I bolla.

FRANÇAIS.	KOULLO.	FRANÇAIS.	KOULLO.
Sous.	Garsa.	Nous travaillons.	Nou ottana.
Sous la pierre.	Soutcha garsa.	Vous travaillez (s.).	I ottokona.
Sous lui.	I garsa.	Vous travaillez (p.).	Intena ottokana.
Près.	Matta.	Ils travaillent.	Intena ottana.
Près de l'arbre.	Mitza matta.	J'ai travaillé.	Ta ottasa.
Près de lui.	I matta.	Tu as travaillé.	Né ottasa ou ottadi.
Loin.	Aho.	Il a travaillé.	I ottès.
Loin du fleuve.	Chaffa aho.	Nous avons travaillé.	Nou ottidossou.
Loin de lui.	I aho.	Vous avez travaillé (s.).	I ottidetta.
Toujours.	Tchora galassa.	Vous avez travaillé(p.).	Intena ottidetta.
Plus.	Kasi.	Ils ont travaillé.	Intena ottida.
Plus vite.	Illé kasi.	Travaille.	Otta.
Assez.	Ghidès.	Travaillons.	Ottana.
Assez d'eau.	Atza ghidès	Travaillez.	Ottité.
Oui, bien.	Éhéno.		
Non.	Itès.	*Verbe Ajouter* (positif).	
Devant.	Sinta.	J'ajoute.	Ta goudjana.
Marche devant.	Sinta ada.	Tu ajoutes.	Ne goudjana ou goudja.
Devant le roi.	Kao sinta.	Il ajoute.	I goudjana ou goudja.
Derrière.	Ghédo.	Nous ajoutons.	Non goudjana.
Marche derrière.	Ghédo ada.	Vous ajoutez (s.).	I goudjana.
Derrière lui.	I ghédo.	Vous ajoutez (p.).	Intena goudjana.
Où ?	Aouandi ?	Ils ajoutent.	Intena goudjana.
Où est-il allé.	Aona peaï.	J'ai ajouté.	Ta goudjassa.
Où.	Ouekko.	Tu as ajouté.	Ne goudjassa.
C'est fini.	Oursès.	Il a ajouté.	I goudjes.
Encore.	Aès.	Nous avons ajouté.	Nou goudjossou.
Quand ?	Aouade ?	Vous avez ajouté (s.).	I goudjedda.
Quand vient-il ?	Aonadé éani ?	Vous avez ajouté (p.).	Intena goudjedda.
Combien ?	Amma ?	Ils ont ajouté.	Intena goudjedda.
Combien y en-a-t-il ?	Dis amma ?	Ajoute.	Goudja.
Comment ?	Ouattané ?	Ajoutons.	Goudjana.
Comment faire ?	Aïtana ?	Ajoutez.	Goudjitté.
Comment allez-vous ?	Né aïtana ?		
Autre.	Arra.	*Verbe Être* (positif et négatif).	
Vers.	Mata ou bien tatcha.	Il y est.	Déhès.
Vers moi (il est) venu.	Ta mata i déhès.	Il n'y est pas.	Bahoua.
Vers lui (il est) venu.	I mata i déhès.	Il y en a.	Déhès.
		Il n'y en a pas.	Bahoua.

Conjugaisons.

Verbe Travailler (positif).

Négatifs.

Je travaille.	Ta ottona.	Je ne travaille pas.	Ta otzik.
Tu travailles.	Né otta ou ottona.	Tu ne travailles pas.	Né ottaka.
Il travaille.	I otta ou ottana.	Il ne travaille pas.	I ottena.
		Nous ne travaillons pas.	Nou ottoko.

FRANÇAIS.	KOULLO.	FRANÇAIS.	KOULLO.
Vous ne travaillez pas (s.).	I ottena.	Je n'attends pas.	Ta ittik.
Vous ne travaillez pas. (p.).	Intena ottena.	Je ne cache pas.	Ta kottik.
Ils ne travaillent pas.	Etou ottokona.	Je ne compte pas.	Ta faïdik.
		Je ne crie pas.	Ta ouanik.
Je n'ai pas travaillé.	Ta ottiké.	Je ne brûle pas.	Ta toughik.
Tu n'as pas travaillé.	Ne ottaka.	Je ne dors pas.	Ta zinik.
Il n'a pas travaillé.	I ottana.	Je ne donne pas.	Ta inik.
Nous n'avons pas tra-vaillé.	Nou ottoko.	Je ne défends pas.	Ta déghik.
Vous n'avez pas tra-vaillé (s.).	I ottena.	Je ne délie pas.	Ta birzik.
Vous n'avez pas tra-vaillé (p.).	Inta ottena.	Je n'enduis pas.	Ta testik.
Ils n'ont pas travaillé.	Etou ottokona.		

Verbes.

(Première personne singulier indicatif présent.)

FRANÇAIS.	KOULLO.
Ne travaille pas.	Ottopa.
Ne travaillons pas.	Ottana.
Je n'ajoute pas.	Ta goudjik.
Tu n'ajoutes pas.	Né goudjoppa.
Il n'ajoute pas.	I goudjoppo.
Nous n'ajoutons pas.	Nou goudjoppo.
Vous n'ajoutez pas (s.).	I goudjoppo.
Vous n'ajoutez pas (p.).	Intana goudjokona.
Ils n'ajoutent pas.	Étou goudjokona.
Je n'ai pas ajouté.	Ta goudjiké.
Tu n'as pas ajouté.	Né goudjaka.
Il n'a pas ajouté.	I goudjana.
Nous n'avons pas ajouté.	Nou goudjoko.
Vous n'avez pas ajouté. (s.).	I goudjekéta.
Vous n'avez pas ajouté. (p.).	Intena goudjokona.
Ils n'ont pas ajouté.	Étou goudjokona.
N'ajoute pas.	Goudjoppa.
N'ajoutons pas.	Goudjokona.
Je n'achète pas.	Ta chimik.
Je n'avale pas.	Ta mitik.
Je n'allume pas.	Ta otitik.
Il n'apparaît pas.	Bettouko.
Je n'apporte pas.	Ta like.
Je ne m'assieds pas.	Ta outik.
Je n'aide pas.	Ta maddik.

FRANÇAIS.	KOULLO.
Achète.	Chamana.
Avale.	Mittana.
Allume.	Hettana.
Apparais.	Bettana.
Apporte.	Iana,
Arrête.	Ockana.
Assois.	Outana.
Abîme.	Baïsana.
Apprends.	Lahana.
Arrive.	Éana.
Attache.	Katchana.
Appuie.	Wotta.
Appelle.	Téghana.
Ajoute.	Goudjana.
Aide.	Ittana.
Amuse.	Kahana.
Attends.	Ékana.
Aime.	Morgamana.
Bois.	Ouïana.
Brûle.	Toughana.
Comprends.	Érana.
Crache.	Tchoutchana.
Cuis.	Kattana.
Compte.	Faïttana.
Chasse (expulse).	Idettana.
Casse (du bois).	Mentana.
Casse (une corde).	Douttana.
Cours.	Wottana.
Cache.	Kottona.
Crie.	Ouassana.
Converse.	Assaana.
Conseille.	Soranna.

FRANÇAIS.	KOULLO.	FRANÇAIS.	KOULLO.
Cherche.	Koïana.	Malade (je suis).	Sakana.
Coupe.	Kantana.	Mûr (il est).	Kaës.
Déchire.	Daettana.	Mens.	Tchimana.
Désire.	Kadjélana.	Méprise.	Kaddana.
Dors.	Zinnana.	Mords.	Saana.
Descends.	Karékéana.	Né (je suis).	Ielétana.
Descends (de cheval).	Ouhodana.	Ouvre.	Doïana.
Danse.	Iettana.	Oublie.	Doghana.
Donne.	Imana.	Prends.	Oëkana.
Défends.	Déghana.	Patiente.	Tchohogana.
Délie.	Birchana.	Parle.	Iottétana.
Enduis.	Testana.	Porte.	Bahana.
Étends.	Birsaïedana.	Pleure.	Iekana.
Entends.	Siana.	Peur (j'ai).	Iaïana.
Il s'enorgueillit.	Ottorès.	Perdu (j'ai).	Baïes.
Je m'ennuie.	Diskana.	Possède.	Ouekana.
Envoie.	Effana.	Pousse.	Souéghana.
Entoure.	Iouchana.	Place, pose.	Wottana.
Avoir faim.	Kotchétana.	Pends.	Kakkana.
Finis.	Oursana.	Pleut-il?	Ira-boukès?
Fume.	Ouiana.	Pouvoir.	Dendahana.
Fuis.	Bettana.	Fais rentrer.	Soikkémana.
Frappe (du bâton).	Sotchana.	Rentre.	Soïbana.
Frappe (de la lance).	Tchadana.	Rends.	Sorrana.
Fatigué.	Labadana.	Rassasié.	Kountana.
Fabriquer.	Makana.	Rêve.	Oumétana.
Ferme.	Iffétana.	Retourne.	Goufantana.
Frotte.	Katchana.	Respire.	Chemfo-Saros.
Il a germé.	Mokès.	Rappelle (il se).	Assaiehès.
Habille (je m').	Maizana.	Refuse.	Ittana.
Insulte.	Borana.	Ris.	Mitchana.
Jette.	Ieghana ou Olana.	Remplis.	Kountana.
		Salis.	Kittettana.
Laboure.	Ottana.	Sors.	Kianna.
Lève (je me).	Dendana.	Souffre.	Founnana.
Lave (je me) ou je lave quelqu'un, quelque chose.	Mitchana.	Soûl (il est).	Mattotès.
		Sème.	Serana.
		Sens (sentir).	Sahouana.
Mouds.	Gatchana.	Sais.	Errana.
Mange.	Mana.	Saute.	Goupana.
Montre.	Bessana.	Suffis.	Gakkana.
Monte.	Foudékéana.	Trouve.	Bettana.
Monte à cheval.	Toghana.	Tue (un animal).	Ouddana.
Marche.	Amétana.	Tue (un homme).	Tchoukana.
Meurs.	Aïkana.	Tombe.	Koundana.

FRANÇAIS.	KOULLO.	FRANÇAIS.	KOULLO.
Travaille.	Ottana.	52	Itchatama naha.
Traverse.	Finhana.	60	Oussoupountama.
Vais.	Bana.	61	Oussoupou ne eso.
Vois.	Tellana.	62	Oussoupou ne naha.
Voler (dérober).	Woukana.	70	Lapountama.
Vole (oiseaux).	Kafo falès.	71	Lapoun ne eso.
Veux (je).	Tchanana.	72	Lapoun ne naha.
Verse.	Téghana.	80	Ospountama.
Vends.	Baïsana.	81	Ospoun ne eso.
Viens.	Aiana.	82	Ospoun ne naha.
Vide.	Thégana.	90	Oudoupountama.
		91	Oudoupoun ne eso.
		92	Oudoupoun ne naha.

Nombres.

		100	Teta.
		101	Teta ne eso.
1	Eso.	102	Teta ne naha.
2	Naha.	103	Teta ne esa.
3	Esa.	104	Teta ne oïda.
4	Oïda.	105	Teta ne itchacha.
5	Itchacha.	106	Teta ne oussoupouno.
6	Oussoupouno.	107	Teta ne lapouna.
7	Lapouna.	108	Teta ne ouspouna.
8	Ospouna.	109	Teta ne oudoupouna.
9	Oudoupouna.	110	Teta ne tama.
10	Tama.	111	Teta ne eso.
11	Tama ne sino.	112	Teta ne tama ne naha.
12	Tama ne naha.	113	Teta ne tama ne esa.
13	Tama ne esa.	114	Teta ne tama ne oïda.
14	Tama ne oïda.	115	Teta ne tama ne itchatcha.
15	Tama ne itchacha.		
16	Tama ne oussoupouno.	116	Teta ne tama ne oussoupouno.
17	Tama ne lapouna.		
18	Tama ne ospouna.	117	Teta ne tama ne lapouna.
19	Tama ne oudoupouna.		
20	Latama.	118	Teta ne tama ne ospouna.
21	Latama ne eso.		
22	Latama ne naha.	119	Teta ne tama ne oudoupouna.
30	Astama.		
31	Astama eso.	120	Teta ne latama.
32	Astama naha.	130	Teta ne astama.
40	Oïtama.	200	Naha teta.
41	Oïtama eso.	300	Esa teta.
42	Oïtama naha.	1000	Chacha.
50	Itchatama.		
51	Itchatama eso.		

FRANÇAIS.	KOULLO.
SALUTATIONS ordinaires. { As-tu bien passé la nuit?	Saro akadi.
Passe bien la nuit.	Saro akaté.
Passe bien la journée.	Saro nfeïté.
Rentre bien chez toi.	Saro embeïté.
Dieu vous le rende!	Tosi né oïmo.

Phrases usuelles

Demain, j'achèterai du blé au marché.	{ Wanto ghisté ghia chamana. / Demain blé marché achèterai.
Hier, il a acheté de l'orge.	{ Zino bangha i chamès. / Hier orge il achète.
Qu'as-tu acheté hier?	{ Zino aï chamadès. / Hier quoi acheté.
Achète du bois demain.	{ Wanto mitza chama. / Demain bois achète.
Allume le feu.	{ Tama etza. / Feu allume.
Demain matin, allume le feu.	Wanto mallado tama étza.
J'ai allumé le feu.	{ Tama etana. / Feu allumé.
Le soleil apparaît.	{ Tarké kics (c'est une expression), on appelle / le soleil *Oua*; le matin on l'appelle *Tarké*.
Le rhinocéros a apparu, tous se sont enfuis.	{ Warses bétès ourrika bétès. / Rhinocéros apparu tous fuient.
Apporte du feu.	{ Tama éana. / Feu apporte.
Apporte-nous des tabourets.	{ Oïdia nou éa. / Tabourets nous apporter.
Arrête ce cheval.	{ Fara ouckka. / Cheval arrête.
Je m'assois.	Ta outana.
Assieds-toi.	Outa.
Il a abîmé ce lit.	{ Arsa béa i paissé. / Lit ce il abîmé.
J'apprends la langue koullo.	{ Daouro dona errana. / Dauro (koullo) langue apprends.
J'arriverai après-demain soir.	{ Wantofé omarsa ta iana. / Après-demain soir je arriverai.
Il est arrivé pendant la nuit	I ïes kama.
Il arrivera ce soir.	Atch omarsa i ïana.
Tu apprendras le koullo.	Né daouro errana.
Il apprendra le hadia.	I hadia errana.
Il n'est pas arrivé.	I ienna.
Attache le cheval.	Fara kachcha.

58

FRANÇAIS.	KOULLO.
Qui a attaché le mulet ?	Ho katchi bakoulo.
Appuie ta lance.	Ne tora wotza.
Appelle cet homme.	Assa téna.
Qui appelle ?	Ho téessi.
Ajoute encore.	Hae goudja.
Aide ces hommes.	Assa tessa.
Ne bois pas.	Ouïopa.
Bois.	Ouïa.
Tu brûleras ce bois demain.	Wanto toughana mitza.
Il a brûlé tout le bois.	Mitza ourika toughetès.
Tu craches, tu salis.	Ne tchoutchana né kittana.
Nous compterons l'argent demain.	Wanto nou faïdana bira.
Chasse cet homme.	Assa ieddattana.
Je le chasserai demain.	Wanto ieddettana.
Casse ce bois, nous le brûlerons.	Mentza mitza nou toughana.
La corde est cassée.	Wodoro doutés.
Cours et reviens vite !	Wotta ille taïa.
Cache ton couteau.	Nou macha kotta.
Il a caché sa hache.	I kalta kossès.
Crie, il entendra.	Ouana, i siana.
Ne crie pas.	Ouassoppa.
Cherche ton bonnet.	Ta ouka koïa.
Il cherche son couteau.	I macha koïana.
Coupe ce bois.	Mitza béa[1] mentza.
Coupe cette peau.	Galba béa douta.
Elle est coupée.	Douti oursès.
Déchire ce chamas (toge).	Affala daètés.
Que désires-tu ?	Aï kadjela ?
Je désire partir.	Tchana dabana.
Je ne dors pas.	Ta zinik.
Il dormira ce soir.	Omarsa i sina, ou sinana, on sinès.
Nous dormirons cette nuit.	Kama nou sinana.
Je descends de la montagne.	Houllo i karékéana.
Je descends de cheval.	Fara ta ouadana.
Descends de cheval.	Ouoda.
Donne-moi ton mulet.	Né bakoulo ta ouïma.
Je te défends de rentrer.	Bi déghana.
Qui a défendu cela ?	Od ighi ?
Délie cette sélitcha (outre).	Oghoroa Birsa.
Je m'étends.	Ta birsaïedana.
Étends-toi.	Birsaïeda.
J'entends les éléphants.	Dangharsa siana.
Il a entendu les hommes.	Assa i siès.

1. Dans toutes ces phrases on emploie ce « béa » ou on ne l'emploie pas, indifféremment.

FRANÇAIS.	KOULLO.
Envoie ce bâton.	Aghati éfa.
Envoyons ces hommes.	Assa gha éfana.
J'ai fini mon travail.	Ta oso oursas.
As-tu fini ?	Né oursadi ?
C'est fini ! partons !	Oursas ! bahna !
Tu fumes toujours.	Tchora galass ouïana.
Il fuit devant nous.	Nou sinta i bettana.
Fuyons, voici le rhinocéros !	Bettana warséss iyies !
Ne le frappe pas !	Sotchoppa !
Frappe-le.	Sotcha.
Ils l'ont frappé de leurs lances, il est mort.	I tora sotchi, aïkida.
La route est longue.	Adoussa oghé.
Je suis fatigué.	Ta labadana.
Il fait du pain.	Kouma oukès.
Que fabriques-tu ?	Aë kaétae ?
Ferme la porte, il fait froid.	Mégho déhès carré ifita.
Il a plu, le blé a germé.	Ira bouké ghisté mokès.
Habille-toi vite, nous partons.	Illé maïza nou banha.
Je m'habille, je viens.	Ta maïzana, ta iana.
Jette cette pierre.	Soutcha iëgha (ou ola).
Cet homme laboure la terre.	Assa soha ottana.
Nous labourons demain.	Wanto ottana.
Attends ! je me lève.	Itta ! ta dendaana.
Lève-toi.	Dendaa.
Le soleil se lève.	Tarké kiès.
Va laver le linge dans la rivière.	Affala bada chaffa mitcha.
Tu laveras demain.	Wanto mitcha.
Je me lave la figure tous les jours.	Ta sinta mitchana tchora galassa.
Il a menti.	Itchinasa.
Lave-toi les mains.	Né couché mitcha.
Mouds le blé.	Ghisté gatcha.
As-tu moulu le tief ?	Gaché gatchadi ?
Tu moudras le grain.	Katta gatcha.
Nous mangerons ce soir.	Omarsa mana.
As-tu mangé ?	Né madi ?
Nous avons mangé.	Nou mana.
Montre-moi la montagne.	Houlio ta na bessa.
Montre-moi la route.	Oghé ta na bessa.
Je monte à cheval.	Ta fara toghana.
Marchons plus vite.	Illé nou amétana.
Demain nous marcherons lentement.	Wanto nou lodan amétana.
Tu mourras si tu manges cette viande.	Acho, mada ne aékana.
Je meurs, il est mort.	Ta aikama-aikès.
Je suis malade, tu es malade.	Ta sakkana, ne sakkana.
Il est malade.	I sakka (ou sakkès).

Le blé est mûr, coupe-le.	Katta kaés kanta.
Tu mens toujours.	Ne tchora-galass tchimana.
Il ment toujours.	Tchora-gallas i tchimès.
Je méprise cet homme-là.	Assa béa ta kadana.
Il me méprisera.	I kadès (ou i tchoutchès).
Il m'a mordu.	Sattès.
Je suis né il y a cent ans.	Ta ielletana teta laigha tédès.
Il est né il y a vingt ans.	I illétadès latama laigha tédès.
Quand es-tu né?	Ne ouïda iellétadi.
Quand est-il né?	I ouida illètidès?
Ouvre la porte.	Fenghé doïa.
Qui a ouvert la porte?	Ho fenghé doïdé?
La porte est ouverte.	Fenghé doïa ou doïes.
Tu as ouvert la porte cette nuit.	Kama fenghé doïa.
J'ai oublié mon bonnet.	Ta ouka doghana.
Il a oublié son couteau.	I macha doghédès.
Tu prendras ta lance demain.	Wanto ne tora wekka.
Prends ce pain.	Kouma wekka.
Je patiente aujourd'hui.	Atchita dendaana.
Parle! j'écoute.	Ta siana! i ottettas.
Il parle, je ne le comprends pas.	I iottetta, ta érik.
Qui porte le pain?	I kouma baès?
Tu porteras la viande.	Acho weka.
Il a perdu mon tabouret.	Oïdia baïdes.
Pousse ce tabouret.	Oïdia souhaegha.
Place cette selitcha sur la mule.	Oghorea bakoulo bolla wotta.
Pends ton vêtement à ce bois.	Ta affale mitza bolla wotta (ou ta affala mitza kakana).
Il ne pleut pas, pleut-il?	Ira boukik; ira boukès?
Il pleuvra demain matin.	Wanto malado ira boukana.
Tu peux partir si tu veux.	Ne tchana daba.
Pars!	Ametta!
Pleut-il?	Ira boukès?
Je partirai demain.	Wanto amettana.
Est-il parti?	Wanto bees?
Rentrons.	Soibana.
Est-il rentré?	I soibès.
Il n'est pas rentré.	I sobrïdès.
Rentre vite, il pleut.	Ille soba ira boukès.
Fais rentrer les mulets.	Bakoulo sookama.
As-tu rentré les vêtements?	I nou affala zaaridé?
Rentre vite.	Ille ba.
Rends-lui sa lance.	I tora sara.
Je lui rendrai son couteau demain.	I macha sarana wanto.
Je suis rassasié.	Ta kountana.

FRANÇAIS.	KOULLO.
Es-tu rassasié ?	Né koundadi ?
Ils sont rassasiés.	Etou koundida.
J'ai rêvé cette nuit.	Kama ta aoumotédès.
Retourne chez cet homme à sa maison.	Assa ketza simana.
Je respire.	Ta chenfo-saros.
Il ne respire pas.	I chenfo-saren.
Je me rappelle à présent.	Aika assahessana.
Te rappelles-tu ?	Né né ahissadi ?
Il a refusé du pain.	I kouma itès.
Il refuse tout.	Ourika itès.
Je refuse.	Ta itana.
Je ris.	Ta mitchana.
Tu ris.	Ne mitchana.
Il rit.	I mitchès.
Remplis son wintcha.	I wintcha koounta.
Remplis mon wintcha.	Ta wintcha koounta.
Il se salit les mains.	Couché katitès.
Tu t'es sali les mains.	Né couché kitatidès.
Il est sorti ce matin.	I malado kiès.
Sors !	Baïdès !
Souffle le feu.	Tama affouna.
Souffle la lumière.	Moukada founa.
Tu es ivre.	Ne mattotasa.
Il a semé du tief.	I gaché sérès.
Ce vêtement sent mauvais.	Affala (ou amayo) sahouès.
Je sais compter en langue koullo.	Daouro dôna faïdo erras.
Sais-tu cette langue ?	Béa dona erraï ?
Saute ce ruisseau (cette eau).	Goupa atza.
Deux hommes suffisent.	Naha assa ghadana.
J'ai trouvé mon couteau.	Ta macha bétas.
As-tu trouvé ?	Ne betta ?
Il a tué un homme.	Eso assa ouodès.
Je le tuerai demain.	Wanto ta ouadana.
Il tuera le buffle demain.	Wanto mentza ouodès.
Je suis tombé.	Ta koundana.
Tu es tombé de l'arbre.	Mitza bolla koundana.
Il est tombé.	I koundès.
Travaille.	Otta.
Tu n'as pas travaillé.	Né osétadi.
Tu ne mangeras pas.	Né maka.
Je travaille la nuit.	Kama ossetana.
Traverse cette eau.	Atsa fin-ha.
La route traverse-t-elle la rivière ?	Chafa fin oghé ?
Je vois la maison.	Ketza tellana.
Es-tu allé à la maison hier ?	Sino soho badi ?

FRANÇAIS.	KOULLO.
Tu iras demain.	Wanto né amétana.
Il y est allé.	I bidès.
Il y va à présent.	Aeka bana.
Je vois la montagne.	Houllo ta tellana.
Vois-tu l'éléphant ?	Dangharsa né telladi ?
Il voit un homme.	Eso assa i télès.
Qui a volé?	Oou wokidi ?
Il volera ce vêtement.	Affala (ou amayo) wokidès.
Tu as volé hier.	Sino né wakana.
Veux-tu venir ?	Né iadetchana ?
Qui vient ?	Ouoï ?
Je viens.	Ta ïana.
Verse cette eau.	Atza tégha.
Il a versé l'eau.	Atza téghès.
Vend-il son couteau ?	Aï baisès macha ?
Il vend sa lance.	Aï baisès tora.
Vends-tu ?	Baïsaï ?
Il ne vend pas.	Baïsik.

ANNEXE E

VOCABULAIRE

DES LANGUES

TAMBARO ET HADIA

Substantifs.

FRANÇAIS.	TAMBARO.	HADIA.
Homme.	Mana.	Mana.
Femme.	Mentitcho.	Mentitcho.
Enfant.	Osso.	Osso.
Tête.	Moumé.	Orore.
Cheveux.	Douta.	Odda.
Oreilles.	Matcha.	Matché.
Yeux.	Illé.	Illé.
Nez.	Sana.	Sana.
Bouche.	Afoa.	Somé.
Dents.	Inkouta.	Inké.
Langue.	Arabé.	Allabo.
Cou.	Goba.	Gandjé.
Bras.	Angha.	Angha.
Épaule.	Goudjo.	Goudoumo.
Main.	Angha.	Angha.
Doigt.	Zouroum.	Matara.
Ongle.	Touloungata.	Touré.
Poitrine.	Watzano.	Biké.
Ventre.	Godaba.	Godobou.
Cœur.	Follé.	Foré.
Entrailles.	Illéta.	Illen.
Cuisse.	Galla.	Goubéda.
Genou.	Gouloubita.	Gouroubo.
Jambes.	Tountoumita.	Tountoumo.
Pied.	Obba.	Obba.
Sein.	Ounouna.	Anouna.
Urine.	Chouma.	Chouma.
Matières fécales.	Tschiro.	Tchiro.
Dos.	Goudjoua.	Affaré.

FRANÇAIS.	TAMBARO.	HADIA.
Reins.	Iemasout.	Lamado.
Sang.	Diddiba.	Dídibba.
Peau.	Goga.	Omadda.
Père.	Anna.	Anna.
Mère.	Ama.	Ama.
Frère.	Izoa.	Abaio.
Sœur.	Isota.	Aïa.
Figure.	Minita.	Miné.
Fils.	Béto.	Béto.
Fille.	Ménéléta.	Manditcho.
Fer.	Tachta.	Tara.
Cuivre.	Tachta.	Kadaltara.
Or.	Anchata.	Ancha.
Argent.	Bira.	Bíra.
Étain.		Woutchata.
Roi.	Womo.	Adila.
Forgeron.	Toumano.	Wagatcha.
Tanneur.	Awadda.	Wantcha.
Guerrier.	Arrak.	Kottara.
Esclave.	Aghicho.	Aghida.
Tisserand.	Chemantcho.	Chéman.
Guerre.	Ola.	Ora.
Tombeau.	Ghissaïo.	Ouamouk.
Lance.	Bagazo.	Bagadou.
Couteau.	Bilaoua.	Bilaou.
Hache.	Kalta.	Hedda.
Pioche.	Martcha.	Ahilé.
Tabouret.	Bartchouma.	Bartchouma.
Lit.	Sano.	Arra.
Maison.	Miné.	Min.
Porte.	Gotcha.	Oulouma.
Véranda.	Imoka.	Golghé.
Foyer.	Métékella.	Métékallé.
Toit.	Akka.	Akka.
Vase pour l'eau.	Fitilé.	Aratcho.
Jarre.	Tasamta.	Tasamta.
Wincha.	Wassa.	Wos.
Four.	Mitado.	Galla.
Selle.	Cora.	Cora.
Mors.	Bitala.	Akama.
Croupière.	Oudouloma.	Oudela.
Peau tannée (pour se coucher).	Itilé.	Irfan.
Coton.	Foutto.	Foutto.
Fil.	Kourouta.	Tafir.
Aiguille.	Marfa.	Marf.

FRANÇAIS.	TAMBARO.	HADIA.
Table à manger tressée en herbes.	Dagoudita.	Sanffa.
Farine.	Chatita.	Kama.
Cendre.	Tabaro.	Ghirboutcha.
Tamis.	Méméta.	Ilentcho.
Dieu.	Waha.	Waha.
Ciel.	Allé-waha.	Imen-waha.
Nuage.	Gounndjita.	Omboul.
Pluie.	Tenoubayo.	Tena.
Vent.	Ghidda.	Kidda.
Soleil.	Aritchita.	Élintcha.
Poussière.	Tabaro.	Boutcna.
Boue.	Ortcha.	Arra.
Lune.	Agantcho.	Aghna.
Étoile.	Besetchta.	Bolanka.
Jour.	Bella.	Balla.
Nuit.	Ankaré.	Immo.
Matin.	Sozima.	Dara.
Midi.	Baraha.	Elintcho.
Soir.	Awarouta.	Maro.
Eau.	Waha.	Ouho.
Feu.	Ghirata.	Ghira.
Terre.	Irra.	Oull.
Aurore.	Sozima.	Iodouko.
Montagne.	Godaba.	Godobo.
Vallée.	Kotino.	Baré.
Plaine.	Gagara.	Bira.
Fleuve.	Lagha.	Ghitta.
Lac.	Tchimank.	Tchima.
Pays.	Gagara.	Bira.
Arbre.	Akita.	Aka.
Rocher.	Aba-kina.	Lob-kina.
Pierre.	Kaoua-kina	Of-kina.
Buisson.	Kouak.	Grintché.
Épine.	Outitcho.	Outta.
Feuille.	Boutta.	Agbouia.
Écorce.	Omola.	Obara.
Racine.	Tapa.	Lougouma.
Herbe.	Iteta.	Itté.
Paille.	Oundouloma.	Moyé.
Orge.	Soha.	Soho.
Blé.	Allasoha.	Arrassa.
Maïs.	Badala.	Bokolo.
Oignon.	Soukontata.	Sonkourouta.
Ail.	Touma.	Touma.

FRANÇAIS.	TAMBARO.	HADIA.
Sel.	Matinitta.	Soghidda.
Pain.	Ouassa.	Ouassa.
Viande.	Mala.	Mara.
Œuf.	Koupata.	Ankakou.
Beurre.	Bouro.	Bourr.
Cire.	Marbaté.	Marbata.
Torchon à essuyer le four.		Okoné.
Miel.	Malabo.	Marabo.
Corne.	Bahira.	Loboko.
Plume.	Baletchita.	Ballé.
Aile.	Ghono.	Ballé.
Lumière.	Touffa.	Akka.
Fumée.	Ouillilita.	Ouirriro.
Corde.	Wodaroa.	Etcho.
Lanière.	Sountchoa.	Tafira.
Route.	Wokaha.	Gohgo.
Éclair.	Balessotta.	Bollola.
Tonnerre.	Gouganata.	Banka.
Grêle.	Kasa.	Barado.
Arc-en-ciel.	Makandzébo.	Ouaoddoubala.
Lait.	Azouta.	Ado.
Marché.	Gévaha.	Méra.
Paix.	Dirissa.	Oultoum.
Cheval.	Fachoua.	Farachou.
Mule.	Boulla.	Bakoutcho
Ane.	Ouroutchoa.	Alitcho.
Bœuf.	Bora.	Arkotta.
Vache.	Asouassa.	Atsaya.
Veau.	Wahadkata.	Adouo.
Menton.	Ollata.	Ghéréba.
Chèvre.	Felletchita.	Fellécha.
Chien.	Ouochitchita.	Oucho.
Chat.	Adountchita.	Adountcho.
Rat.	Iemetcho.	Dabaï.
Lézard.	Delitchita.	Malokantchita.
Hyène.	Gotitchoa.	Gotitcho.
Léopard.	Zagountchoa	Kaber.
Lion	Zobetcho	Kobitcho.
Éléphant.	Zanotcho.	Dané.
Hippopotame	Goumara.	Lobé.
Crocodile.	Allatchata.	Natcha.
Serpent.	Ouoritcho.	Amacha.
Gazelle.	Ghilliba.	Ghebitchou.
Crapaud.	Gogomma.	Ratcha.
Poule.	Atabaka.	Antabaka.

FRANÇAIS.	TAMBARO.	HADIA.
Pintade.	Zighiritta.	Sigré.
Mouche.	Taïtcho.	Tékaya.
Abeille.	Moumé.	Ororé.
Chacal.	Wingherella.	Worokana.
Puce.	Koroutta.	Kora.
Punaise.	Touhouano.	Toukana.
Pou.	Ibibitta.	Ibiba.
Oiseau.	Tchitchita.	Tchia.
Oiseau de proie.	Zobira.	Amara.
Chauve-souris.	Ankar-abitchita.	Imo-tchia.
Cochon.	Sighéda.	Sighéda.
Singe.	Ghidano.	Daghera.
Ver.	Outcha.	Dakoura.
Buffle,	Gassara.	Kobira.
Queue.	Cherima.	Chellé.
Collier.	Goba.	Ghantch.
Bague.	Zouroumata.	Koba.
Bracelet.	Watchatta.	Wotchatta.
Année.	Kanamano.	Maragh.
L'an passé.	Ouonouri.	Loudou-maragh.
L'an prochain.	Cholké-nouri.	Egh-maragh.
Le mois.	Agantcho.	Aghana.
Le mois passé.	Tounsouta.	Agham-bédouko.
Le mois prochain.	Agantch-foullé.	Agham-tirouko.
Semaine [1].	Kabarébari.	Kabalbal.
Porte entre deux pays.	Goutchoua.	Nafara.
Mogha.	Inkoutta.	Totcho.
Gamodji.	Gagara.	Bira.
Terres élevées.	Badatta.	Ansaou.

Adjectifs.

Plein.	Waha.	Woho.
Jeune.	Ouadala.	Ouarada.
Vieux.	Nowatchou.	Lomantcho.
Blanc.	Wodjo.	Kaddala.
Noir.	Gambala.	Ematcha.
Rouge.	Dama.	Kachara.
Riche.	Dombalacha.	Godantcho.
Pauvre.	Boutitcho.	Boutitcho.
Lâche.	Wadiacha.	Baddéna.
Bossu.	Iriki-maraman.	Akouk.
Aveugle.	Koka.	Ilkokouk.

1. Le mot semaine est impropre, car ces populations ne connaissent la division du mois qu'en trois parties.

FRANÇAIS.	TAMBARO.	HADIA.
Froid.	Ghidda.	Ghidda.
Chaud.	Aritchkané.	Ibba.
Humide.	Afouomol.	Afouo.
Étroit.	Kaouoka.	Ofghogh.
Large.	Arara.	Lobau.
Grand.	Abo.	Lobakatan.
Petit.		Ofan.
Long.	Kerallo.	Kerallo.
Court.	Gabautcho.	Gounda.
Sec.	Molla.	Toouko.
Fort.	Karacha.	Kottara.
Faible.	Oussouro.	Katchala.
Bon.	Baréda.	Erana.
Mauvais.	Fara.	Djiora.
Gras.	Abba.	Ghedia.
Maigre.	Katchoua.	Witcha.
Lourd.	Kemacha.	
Sale.	Galitta.	Toura.
Propre.	Oghé.	Lapalla.
Vide.	Bahé.	Béhouko.

Pronoms personnels.

Je.	Anet.	Anet.
Tu.	Atet.	Atet.
Il.	Issoti.	It.
Nous.	Naoti.	Néessé.
Vous.	Anhou.	Kin.
Ils.	Issoti.	It.

Pronoms démonstratifs.

Ce, celui, cette.	Ekadaghi.	Émoé.
Ce cheval.	Ia fachou.	E farachou.
Celui qui vient	Ametayo.	O illola.
Cette maison.	E miné.	E min.

Adjectifs possessifs.

Mon.	Ia.	Niani.
Ton.	Kia.	Kiani.
Son.	Ia.	Itani.
Notre	Nia.	Niani.
Votre.	Issca.	Itani.
Leur.	Issa.	Itani.

FRANÇAIS.	TAMBARO.	HADIA.
Mon père.	I anna.	Ni anna.
Ton couteau.	Kia macha.	Ki bilaou.
Son bœuf.	Isse bora.	I arkotta.
Notre maison.	Nia miné.	Ni min.
Votre maison.	Issea miné.	Ita min.
Leur maison.	Issa miné.	Iti min.

Prépositions, adverbes, etc.

FRANÇAIS.	TAMBARO.	HADIA.
Aujourd'hui.	Goundjouta.	Oumboul.
Demain.	Gabati.	Sodo.
Après-demain.	Gatocheti.	Ensodo.
Hier.	Béréti.	Bébal.
Avant-hier.	Bérébekoma.	Ombal.
Qui ?	Oueti ?	Aïet ?
Qui peut ?	Ai dendaana ?	Aiké oka ?
Qui est venu ?	A metché ?	Aie louka ?
Quoi ?	Ekoumarais ?	Omaroua ?
Quoi faire ?	Mai tayounti ?	Maï sitol ?
Que veux-tu ?	Ma kouloutenti ?	Ma kouloutaté ?
Que dire ?	Ma assaoutayo ?	Attorarono ?
Pourquoi ?	Marahini ?	Marouwa ?
Qu'est-ce qu'il y a ?	Ma itenti ?	Mai-itaté ?
Rien.	Ekou-maraini.	Ekou-mara.
Rien du tout.	Goffé.	Métinbé.
Un homme et une femme.	Meto mantcho.	Maté mantcho.
Avec.	Bargamyo.	Makerem.
Avec moi.	In bargamyo.	Ini makerem.
Avec toi.	Ini bargamyo.	Kéné makerem.
Avec lui.	Ini bargamyo.	Itel makerem.
Avec nous.	Ni bargamyo.	Ninin makerem.
Avec vous.	Ni bargamyo.	Itel makerem.
Avec eux.	Issin bargamyo.	Itel makerem.
Dans.	Mereroyo.	Lambé.
Dans la maison.	Min caasi.	Min woror.
Dans la main.	Obba.	Augh lambé.
Sur.	Allia.	Iman.
Sur l'arbre.	Aké all.	Aké iman.
Sur lui.	Inakanayo.	Ité iman.
Sous.	Assea.	Wororo.
Sous l'arbre.	Aké assé.	Aké wororo.
Sous lui.	Ia assé.	I wororo.
Près.	Ghidano.	Abbisso.
Près du fleuve.	Ghidano lagha.	Abès ghita.
Près de moi.	Issa ghidana.	In abbisso

FRANÇAIS.	TAMBARO.	HADIA
Loin.	Keralloa.	Kéral.
Loin de la montagne.	Keralloa godabo.	Godo kéral.
Loin de *toi*.	Ki keralloa.	Ki kéral.
Toujours.	Barigounak.	Balloumdam.
Il parle *toujours*.	Barigounak atawana.	Balloumdam winchon.
Plus.	Tésou.	Kabadem.
Plus *vite*.	Addagoudi.	Odimgher.
Plus *loin*.	Edjin kéralloa.	Odein kéral.
Il suffit (assez).	Allésiafi.	Affok.
Oui, bien.	Io.	Ioko.
Non.	Farag.	Djora.
Devant.	Birita.	Illegh.
Marche devant.	Biri ighi.	Illaghigh.
Devant le roi.	Woma biri.	Adil-illegh.
Où ?	Akanayo ?	Inkanoull ?
Où est-il allé ?	Anotchivaltayo ?	Anisouato ?
Ou.	Kabbi.	Amaddi.
C'est fini.	Gofé.	Beddouko.
Encore.	Amoim.	Oddim.
Verse encore.	Alli siasi.	Oddim issi.
Derrière.	Goudjou.	Affaré.
Derrière lui.	Ia goudjou.	I affaré.
Derrière l'arbre.	Akké goudjou.	Ak affaré.
Autre.	Woullouaka.	Moullok.
Gauche (à gauche).	Gourtchoa.	Kedda.
Droite (à droite).	Makitchouta.	Makangha.
Tout droit.	Virita.	Illegh.
Quand?	Akada ?	Iughballa ?
Quand vient-il ?	Aka damartini ?	Inghball watto?
Combien ?	Kabahani ?	Keyou ?
Combien y en a-t-il ?	Io kabau ?	Ioko keyou ?
Quel prix ?	Ira marahini ?	Iti bitma ?
C'est cher.	Aba gheza.	Dou dinat.
C'est bon marché.	Kawa gheza.	Off dinat.
Comment ?	Marahani ?	Marouwa ?
Comment faire ?	Atta sinam ?	Inkidivinom ?
Comment allez-vous ?	Attati gonaïm ?	Attinkidoale ?
Excepté.	Ikou maraïssim.	Okmarouwa.
Excepté lui.	Ini maraïssi.	It marouwa.
Vers.	Béri.	Ibayé.
Il est venu vers moi.	I béri amétim.	Illegh warouk.
Vers lui.	Ita béri.	I bayé.
Vers l'arbre.	Aki birita.	Ak illegh.

VERBES.

Conjugaisons.

Verbe Enduire.

FRANÇAIS.	TAMBARO.	HADIA.
J'enduis.		An lappom.
Tu enduis.		At lappetot.
Il enduit.		Il lappom.
Nous enduisons.		Nès lappinom.
Vous enduisez.		Kis lappakamoyo
Ils enduisent.		It lappakamoyo.

Verbe Labourer.

FRANÇAIS.	TAMBARO.	HADIA.
Je laboure.		An oghaom ou ollo ghaom.
Tu laboures.		At oghaï ou ollo ghaï.
Il laboure.		At oghaom ou ollo ghaom.
Nous labourons.		Nès oghanom ou ollo ghanom
Vous labourez.		Kis oghakamoïo ou ollo gha kamoïo.
Ils labourent.		Kis oghakamoio ou ollo gha kamoïo.
J'ai labouré.		An oghaam.
Tu as		At oghalato.
Il a		I oghaam.
Nous avons		Nès oghanam.
Vous avez		Kis oghaakok.
Ils ont		Kis oghaakok.
Laboure.		Oghaï.
Labourons.		Oghanom.
Labourez.		Oghakamoïo.

Autres verbes.

FRANÇAIS.	TAMBARO.	HADIA.
Achète.	Iram.	Bitessom.
Allume.	Ghirboussam.	Amadisom.
Avale.	Kourtchassam.	Likitchom.
Il apparaît.	Lalayo.	Laamoko.
Apporte.	Ebbé.	Ebbom.
Arrête.	Affeu.	Amodom.
Abîme.	Baissam.	Bissom.
Apprends.	Loché.	Losom.
Arrive.	Ametché.	Warom.
Assois (je m').	Affauché.	Affourom.
Attache.	Oussouren.	Karom.

FRANÇAIS.	TAMBARO.	HADIA.
Appuie.	Toufatoufan.	Oulloumisom.
Appelle.	Gaham.	Oueschom.
Ajoute.	Allisam.	Edom.
Aide.	Kalam.	Aramom.
Arrête (je m').	Maram maram affoulam.	Také-afouron.
Amuse.	Natchatmam.	Matchaman.
Attends.	Samiam.	Tchaouo.
Aime.		Bokom.
Bois.	Kourtchanam.	Agom.
Brûle.	Ghiram.	Chokisom.
Comprends.	Inkénam.	Lahomom.
Cracher.	Andgiam.	Touffom.
Cuire (faire).	Chollam.	Sarom.
Compte.	Waram.	Tégom.
Chasse (expulse).	Charam.	Olom.
Casse (bois).	Ikam.	Ikom.
Casse (une corde).	Tankessam.	Mourom.
Cours.	Dagouddi.	Guirom.
Cache.	Mattam.	Mattom.
Crie.	Iaram.	Larom.
Converse.	Assawam.	Attorarom.
Cherche.	Assam.	Assom.
Conseille.	Sazam.	Soghono.
Coupe.	Mouram.	Mourom.
Déchire.	Iffam.	Dikom.
Désire.	Kadjelam.	Koulloutom.
Dors.	Osaam.	Inséom.
Descends.	Ourou-foulam.	Ouloum-firam.
Descends (de cheval).	Diram.	Dillom.
Danse.	Allapam.	Lallom.
Donne.	Assam.	Ououom.
Défends.	Gaham.	Orom.
Délie.	Iram.	Tirom.
Enduis.	Bouram.	Lappom.
Entends.	Matchotcham.	Matchessom.
Étends.	Sangaghisam.	Bidihisom.
Enorgueillis (je m').	Arrosam.	Oméghono.
Ennuie (je m'ennuie).	Ghisam.	Dirirom.
Envoie.	Massam.	Massom.
Entoure.	Zaisam.	Doisom.
Faim (j'ai).	Goro, affam.	Sibarom.
Finis.	Taffam.	Ghoulono.
Fume.	Agham.	Aghom.
Fuis.	Baham.	Biom.
Frappe.	Ollam.	Ganom.

FRANÇAIS	TAMBARO.	HADIA.
Frappe.	Kassam.	Kassom.
Fatigué.	Oghem.	Oghakam.
Fais.	Iesam.	Ottisom.
Ferme.	Touffam.	Oudoumessomo.
Frotte.	Angharam.	Assissoukom.
Germe.	Moutché.	Mottouko.
Habille (je m').	Odissam.	Édessom.
Insulte.	Bouram.	Gamelom.
Jette.	Toram.	Oundjom.
Laboure.	Affoucham.	Oullogahom.
Lève (je me).	Kiam.	Kiom.
Mouds.	Wouittam.	Wittisom.
Mange.	Ittam.	Ittom.
Montre.	Malaham.	Moïssom.
Monte à cheval.	Coram.	Saalom.
Marche.	Maramam.	Takéom.
Meurs.	Réam.	Bhom.
Malade (je suis).	Tessiché.	Tessisouk.
Mûr (le fruit).	Cholam.	Sarom.
Mens.	Malatam.	Koppanom.
Méprise.	Touïam.	Touffom.
Mords.	Ghamam.	Ghamom.
Né (je suis).	Karam.	Karamomon.
Ouvre.	Fassam.	Doïom.
Oublié.	Abbem.	Kawam.
Pose.	—	Oghai.
Prends.	Akam.	Amadom.
Patiente.	Samiam.	Tchawinom.
Parle.	Assawaïam.	Attorarom.
Porte.	Iiam.	Iiom.
Pleure.	Oham.	Wilom.
Peur (j'ai).	Wadjam.	Baddom.
Possède.	Affen.	Amadom.
Place.	Affoucham.	Disom.
Poursuis.	Imom.	—
Prends.	Sanhisan.	Sakalom.
Il pleut.	Tel oubé.	Tel gamouko.
Puis (je).	Tokéam.	—
Rentre.	Korokam.	Mineliom.
Rentrer (fais).	Sarbi aghesam.	Min-aghessom.
Rends.	Wascham.	Worom.
Rassasié (je suis).	Oubem.	Oubom.
Rêve (je).	Akakam.	Akaouom.
Respire.	Affoulo-amba.	Taffou-errana.
Rappelle (je me).	Gaham.	Tirom.

FRANÇAIS	TAMBARO.	HADIA.
Refuse.	Ghivam.	Sabom.
Ris.	Ossalam.	Ossarom.
Retourne.	Oubem.	Oubom.
Remplis.	Wintcham	Wintchoum.
Salis.	Assoudjatam	Touressom.
Sors.	Foullam.	Firom.
Souffre.	Affessam.	Ouffom.
Soûl (je suis).	Mannem.	Dimbaom.
Sème.	Wittam.	Wittom.
Sens (odeur)	Andjam.	Endjeom.
Sais.	Dosam.	Sounkom.
Saute.	Kaffam.	Tchallom.
Suffis.	Illam.	Affom.
Trouve.	Daghem.	Sidom.
Tue un homme.	Cham.	Chom.
Tue un animal.	Doullam.	Doullom.
Tombe.	Oubam.	Oubom.
Travaille.	Ouiatam.	Battom.
Traverse.	Foulam.	Firom.
Vais.	Foulam.	Takéom.
Vois.	Toudam.	Mohom.
Vole (dérober).	Agham.	Aghom.
Veux.	Aghobam.	Iiésom.
Verse.	Warram.	Isom.
Vends.	Iram.	Bittesom.
Viens.	Aretcham.	Illom.
Viens ! (impératif).	Ametché !	War !
Vide.	Waram.	Oissom.

Verbes négatifs.

Je n'achète pas.		Bitalomodjo.
Je n'avale pas.		Likitchomodjo.
Je n'allume pas.		Amadissomodjo.
Je n'apporte pas.		Ebomodjo.
Je ne m'assois pas.		Afouromodjo.
Je n'abîme pas.		Bisomodjo.
Je n'apprends pas.		Losomodjo.
Je n'arrive pas.		Ilomodjo.
Je n'attache pas.		Karomodjo.
Je n'appuie pas.		Disomodjo.
Je n'appelle pas.		Ouessomodjo.
Je n'ajoute pas.		Edomodjo.
Je n'aide pas.		Aramomodjo.
Je ne m'amuse pas.		Natchabomodjo.

FRANÇAIS.	TAMBARO.	HADIA.
Je n'attends pas.		Daomodjo.
Je ne bois pas.		Agomodjo.
Je ne brûle pas.		Chokessomodjo.
Je ne comprends pas.		Laomodjo.
Je ne crache pas.		Toufomodjo.
Je ne fais pas cuire.		Saromodjo.
Je ne compte pas.		Tagomodjo.
Je ne déchire pas.		Dikomodjo.
Je ne désire pas.		Kouloutomodjo.
Je ne dors pas.		Inseomodjo.
Je ne descends pas.		Firomodjo.
Je ne descends pas de cheval.		Diramomodjo.
Je ne donne pas.		Onomodjo.
Je ne défends pas.		Oromodjo.
Je ne délie pas.		Tiromodjo.
Je n'enduis pas.		Lappomodjo.
Je n'entends pas.		Matchésomodjo.
Je ne m'ennuie pas.		Diriomodjo.
Je ne m'entoure pas.		Doissomodjo.
Je n'ai pas faim.		Sibatodjo.
Je n'ai pas fini.		Goulomodjo.
Je ne fume pas.		Agomodjo.
Je ne fuis pas.		Biomodjo.
Je ne frappe pas du bâton.		Ganomodjo.
Je ne frappe pas de la lance.		Kanomodjo.
Je ne fabrique pas.		Saromodjo.
Je ne ferme pas.		Inomodjo.
Il ne germe pas.		Mouttodjo.
Je ne m'habille pas.		Edesomodjo.
Je ne jette pas.		Oudjomodjo.
Je ne laboure pas.		Oghaomodjo.

Nombres.

	TAMBARO.	HADIA.
1	Metto.	Matto.
2	Lamo.	Lamo.
3	Sass.	Sass.
4	Sor.	Sor.
5	Ont.	Ont.
6	Lo.	Lo.
7	Lamala.	Lamara.
8	Déséto.	Sadento.
9	Ontzo.	Ontzo.
10	Tordouma.	Tommo.
11	Tordouma mato.	Tommo mato.

FRANÇAIS.	TAMBARO.	HADIA.
12	Tonalamo.	Tommo-lano.
13	Tona-sasso.	Tommo-sasso.
14	Tonasso.	Tommo-soro.
15	Tonaonto.	Tommo-onto.
16	Tonaleoti.	Tommo loho.
17	Tonalama.	Tommo lamara.
18	Tonadéséto.	Tommo sadento.
19	Tonaonzo.	Tommo ontzo.
20	Lamo-douma.	Lamidj.
21	Lamina mato.	Lamidj mato.
30	Sadjadouma.	Sadé.
31	Sadjadouma mato.	Sadé mato.
40	Chaladouma.	Soré.
41	Chalala mato.	Sore mato.
50	Ontadouma.	Ontaï.
51	Ontena mato.	Ontaï mato.
60	Léadoumato.	Lohoidj.
61	Léena mato.	Lohaïdj mato.
70	Lamaladouma.	Lamaradj.
71	Lamala mato.	Lamaradj mato.
80	Ezetadouma.	Sadentdj.
81	Ezetana mato.	Sadentdj mato.
90	Ontzadouma.	Ontzdj.
91	Ontzena matoti.	Ontzdj mato.
100	Tib.	Tibé.
101	Tibé mato.	Tibé mato.
110	Tibet imilamo.	Tibé tommo.
111	Tibetam tolomateti.	Tibé tommo mato.
112	Tibetam tonassaneti.	Tibé tommo sasso.
200	Lame tib.	Lam tibé.
300	Sane tib.	San tibé.
1000	Kóum.	Kouma.
1001	Koumi tané mateti.	Koumé mato.
1002	Koumi tané lameti.	Koumé lamo.

Phrases usuelles.

J'achèterai du blé au marché.	Araso ghevetch iram.	Aras merim sahom.
Il a acheté de l'orge hier.	Gahata soha ghevetch iram.	Bébal mérin soaham.
Qu'as-tu acheté hier ?	Béré mahirti ghevetch ?	Bébal mahalito mériss ?
Achète du bois demain.	Gaha kihiri.	Sodd akaé.
Allume le feu.	Ghira bouni.	Ghir bouss.
Allume le feu demain matin.	Gha ghira bouni.	Sod ar ghirghir.
J'ai allumé le feu.	Ghira bouni.	Ghirghir.
Le soleil apparaît.	Aritch foulto.	Éleintch illamouko.

FRANÇAIS.	TAMBARO.	HADIA.
Le rhinocéros a apparu.	Warsess lallé.	Warsess lahamouko.
Tous se sont enfuis.	Goumanko bahé.	Oundim béouko.
Approche du feu.	Ghira ev.	Ghir ébi.
Arrête ce cheval.	Fachou afi	Faracha madi.
Je m'assieds.	Ta affoullam.	Ta affourom.
Assois-toi.	Affoul.	Affouri.
Il a abîmé ce lit.	Massa baischou.	It arab isouko.
J'apprends la langue daouro.	Daouré afo inkénam.	Omat (1) soum lossom.
Il apprendra le hadia.	Hadia afo inkenam.	I goudel (2) soum lossom.
J'arriverai après-demain soir.	Gha waro amétan.	Sod maro illom.
Il arrivera ce soir.	Awaro amétam.	Maro illom.
Il est arrivé durant la nuit.	Anka riwalé.	Mo warouko.
Il n'est pas arrivé.	Amé timba.	Illou kodjo.
Attache ce cheval.	Fasché allisi.	Farasch inteddi.
Qui a attaché le mulet?	Boullé a i barghé?	Batgochin a iédouk ?
Appuie ta lance.	Ki bagasou afouch.	Ki bagadni.
Appelle cet homme.	Manna gahi.	Man ouech.
Qui appelle ?	Ai gahana ?	Ai oueschoka ?
Ajoute encore.	Alüisi.	Odi éédé.
Aide ces hommes.	Ika mantché akab.	E mantch arab.
Ne bois pas.	Agoti.	Aghit.
Bois.	Aghi.	Aghi.
Le soleil brille.	Aritch bagaelité.	Élintch bagafouko.
Tu brûleras ce bois.	Até at bousitau.	Aka tchokessoto.
Il a brûlé tout le bois.	Aké goumak aboussen.	Ak oundam tchokissok.
Tu craches : tu salis.	Tourésank toni.	Touffom tchoraoko.
Fais cuire cette viande.	Malla chol.	Marsaré.
Je la mangerai demain.	Gaha itam.	Sod itom.
Nous compterons l'argent de-main.	Bira gaha wellinsam.	Sod beur tinghom.
Chasse cet homme.	Mana scharé.	Man oli.
Je le chasserai demain.	Gaha schara.	Sod olom.
Casse ce bois, nous le brûle-rons.	Akik e bouninam.	Akik ghilom.
La corde a cassé.	Wodoro tankessa.	Etch mourouko.
Cours et viens vite.	Dagoud awal.	Gher kakessa dabal.
Cache ton couteau.	Ki bilawa maté.	Ki bilao mat.
J'ai caché ma lance.	I bagassoum matcho.	Ni bagad mattouko.
Il a caché sa hache.	Kalta matcho.	Edda mattouko.
Crie, il entendra.	Matchotcha no ïaro.	Matcheso kollaro.
Ne crie pas.	Yartoti.	Latité.
Crions.	Iaram.	Lalom.

1. Omat est le nom que les Hadia donnent aux gens du Koullo (Daouro).
2. Goudela est le nom que se donnent souvent à eux-mêmes les Hadia.

FRANÇAIS.	TAMBARO.	HADIA.
Il cherche son couteau.	Ini bilooua inassana.	Iti bilao itasok.
Cet homme se met toujours en colère.	Barigoumanko montana.	Maweka imballoum bdam mou-toko.
Coupe ce bois.	Akiké.	Akiké.
Coupe cette peau.	Itille ifi.	Irfand Iké.
Elle est coupée.	Tanké.	Mouramouko.
Déchire ce chamas (toge).	Okona ifi.	Ouaïa. dik.
Il a déchiré son pantalon.	Marto ifi.	Kollo diké.
Que désires-tu ?	Makoul titen ?	Makoulou taté ?
Il désire partir.	Ikara koul tam.	Ellouam koullou tom.
Je ne dors pas.	Ossaamba.	Inseomodj.
Nous dormirons ce soir.	Awaro ossanna.	Maro insédom.
Il descend de la montagne.	Godabi moghe foulam.	Godob isat firom.
Il descend de cheval.	Fachit diram.	Farasch is dilluom.
Donne-moi ce mulet.	Boula ass.	Bakoutcho oulai.
Que t'a-t-il donné ?	Kessa ma assé ?	Kin ma ouwouko ?
Je te défends de rentrer.	Orro kou kamankès.	Illé tchorom okkès.
Qui t'a défendu cela ?	A ekaman ?	Ai orouko ?
Délie cette sélitcha.	Lokamo iri.	Tchantir.
Je m'étends.	Sanghaghissam.	Bidikisom.
Étends-toi.	Fanm.	Bidikissi.
J'entends les éléphants.	Zané a maram.	Dané marom.
Il a entendu des hommes.	Eko matchotchéam.	Omam matchésako.
Envoie ce bâton.	Chika mani.	E sik mas.
Envoyons ces hommes.	Manek massam.	Manek manissom.
J'ai fini mon travail.	Ni oudji toumfem.	Ni batou goulinam.
As-tu fini ?	At étoffenti ?	At goulitat ?
C'est fini, partons.	Touffem, maramo.	Goulinam takenom.
Tu fumes toujours.	Barigoumanka gaya ankam.	Baloumdam gawam gom.
Il fuit devant nous.	I biretch bahanou.	Illa ghis biok.
Fuyons ! voici les rhinocéros.	Bahanam kadagh worsès.	Binom ! eno worsès.
Ne le frappe pas.	Olltot.	Ghantit.
Frappe-le.	Oll.	Ghani.
Ils l'ont frappé de la lance ; il est mort.	Baga zün kassenaré.	Baghad appesako léouko.
La route est longue.	Kéra rawoka.	Keral goghou.
Je suis fatigué ; je m'arrête.	Oghem wiessam.	Ogham dahom.
Il fait du pain.	Wassa cholam.	Wasa rom.
Que fais-tu ?	Ma odjatiom ?	Ma battola ?
Ferme la porte ; il fait froid.	Ourou tou ghidano.	Oullou-mini-kiddoko ?
As-tu fermé la porte de la maison ?	Ourrou tou fenti ?	Oullou missato ?
Il a plu ; le blé a germé.	Tennaoubé witta moutté.	Tenganouko wit motouka.
Habille-toi vite.	Sarbi odissi.	Kakessa idessi.
Je m'habille ; je viens.	Odissi walla.	Edessa warom.

FRANÇAIS.	TAMBARO.	HADIA.
Jette cette pierre.	Woro toré.	Adountch.
J'ai jeté mon bâton.	Minika oudjiten.	Ninik oundjato.
Cet homme laboure.	Mantch oudjataio.	Mantch oull batok.
Nous labourerons demain.	Gad oudjantam.	Sod bantom.
Quand labourent-ils?	Akada oudjatam ?	Ink balbatoma ?
Attends que je me lève.	Sami kélam.	Tchawi kehono.
Lève-toi.	Toki.	Kimi.
Le lever du soleil.	Ganina aritch filta.	Déré linch fir oko.
Va laver le linge dans la rivière.	Oddaké lagha maré.	Eddella ghit aké.
Tu laveras demain.	Gha achakitant.	Sod achakitoto.
Je me lave la figure tous les jours.	Bargoumanka mini achakinam.	Ballomdam anchakirom min.
Lave-toi les mains.	Ki angha aschaté.	Ki angh schak.
Mouds le blé.	Allasou witti.	Ara slitti.
As-tu moulu le tief ?	Sarbi witti ?	Kakès litti ?
Tu moudras le grain.	Vitta wittant.	Witlittoto.
Nous mangerons ce soir.	Awarou intam.	Maro intom.
As-tu mangé ?	Ati itenti ?	Ati tatté?
Nous avons mangé.	Na wintem.	Né sintam.
Montre-moi la route.	Woka malahé.	Gogh moïssi.
Montons la montagne.	Kotta ali founam.	Doum infilom.
Je monte à cheval.	Farachou koram.	Faras alom.
Marchons plus vite.	Tessoum maramo.	Kabadem takedoum.
Demain, nous marcherons lentement.	Gaha wassani marama.	Sod sotir intakentrom.
Tu mourras si tu manges cette viande.	Kamara iti létant.	Kamari ta lettoto.
Je meurs, il est mort.	Réam rée.	Léom léouko.
Je suis malade, il est malade.	Tisiché istisiché.	Tisisou iti sisouk.
Le blé est mûr, coupe-le.	Allas oullehé atiidi.	Ara aïouko mouri.
Tu mens toujours.	Barigouma kopantant.	Balomdam kopantot.
Il ment ; il a menti.	Koppanam koppané.	Koppanok. Koppanouko.
Je méprise cet homme.	Mana gadje.	Man ghadam.
Il me méprise.	Isé és godjé.	Iles gadjouko.
Laisse-le, il te mordra.	Ajourikès ghamam.	Ourkès gamomo.
Il m'a mordu au bras.	Ini angha ghamé.	Itam anghamouko.
Je suis né il y a dix ans.	Ant tourdoum anouri illem.	Anka tomaragh affam.
Il est né il y a vingt ans.	Lamodouma nouri.	Ikarama lamimarag afako.
Quand est-il né ?	Aka dakaramé ?	Inghbell karamouko ?
Ouvre la porte.	Fan ourrou.	Oullou moor.
Qui a ouvert la porte?	Ai, ourrou fané ?	Ai oullou moorouk ?
Il a ouvert la porte.	Is, ourrou fané.	Imo ito oullou moorouk.
Cette nuit il est parti.	Ankari marramé.	Takéouko.
J'ai oublié mon vêtement.	Okona aben.	Ani ouïak tadoum.

FRANÇAIS.	TAMBARO.	HADIA.
Il a oublié son couteau.	Macha aben.	Iti bilao tadouko.
Tu as oublié de cuire la viande.	Mala cholé abbo.	Massera tadouko.
Tu prendras ta lance demain.	Gaki baghasso offanti.	Sod ki bagado amadoto.
Prends ce pain.	Kawa saafi.	Kawa samadi.
Je patiente aujourd'hui.	Tanami tamé.	Tanomo tané.
Parle, j'écoute.	Koulli matchotchan.	Kouri! machessomo!
Il parle, je ne le comprends pas.	Ista wakayo daghimba.	I wotcholo laahoumoyo.
Pose à terre.		Oull oghai.
Qui porte le pain?		Ai wan io?
Tu porteras la viande.		At mara itot?
Il a perdu mon tabouret.		Bartchoum biouko.
Pousse ce tabouret.		E bartchoum chikessi.
Il a perdu ta ceinture.		Sabat biouko.
Place cette sélitcha sur la mule.		Tchana bakoulo iéssi.
Pends ton vêtement à ce bois.		Aka sakali ké édetch.
Pends-le.		Sakali.
Pleut-il?		Gamolla?
Non, il ne pleut pas.		Ganodjo.
Il pleuvra demain.		Sod gannok.
Tu peux partir si tu veux; pars.		I itam také kaba-taki..
Je partirai demain.		Sod takéom.
Il est parti.		I takeak.
Rentrons; il est rentré.		Ellenom i liak.
Il n'est pas rentré.		I léoukodjo.
Rentre vite, il pleut.		Takessa-ille gannoko.
Fais rentrer les mules.		Bakoutcha agheni.
As-tu rentré les vêtements?		Eddela aghé satom?
Rends-lui sa lance.		Ite bagado wori.
Demain, je lui rendrai son couteau.		Sod kinouom it bilao.
Je suis rassasié.		Oubbam.
Tu es rassasié.		Né oubbat.
Ils sont rassasiés.		Oundoum obak.
J'ai rêvé cette nuit.		Imo akaouiam.
Retourne à la maison de cet homme.		Man min dava.
Retournons à la maison.		Min wollom.
Je respire.		Foré-om.
Il ne respire pas.		I foré odjo.
Je me rappelle à présent.		Odintirom.
Te rappelles-tu?		Itaté?
Il a refusé du pain.		Was sabakou.

FRANÇAIS.	TAMBARO.	HADIA.
Il refuse tout.		Oundini sabakou.
Je refuse de partir.		Takea sabakou.
Je ris.		Ossarom.
Tu ris.		At ossatato.
Il rit.		It osserak.
Remplis son wintcha.		Was mouri.
Remplis mon verre.		Ni was mouri.
Je me salis les mains.		Ni ank touréako.
Tu es sali.		A touresato.
Il est sorti ce matin.		I dar firak.
Tu n'es pas sorti.		Firoukodjo.
Souffle le feu.		Ghir ouffini.
Souffle la lumière.		Marbat toïni.
Tu es soûl.		At dinbitatou.
Il a semé du tief.		Kor wittato.
Ce vêtement sent mauvais.		Edetch indjeako.
Je sais compter en hadia.		An tigha lahom goudela.
Sais-tu la langue hadia ?		Goudel som lahom ?
Deux hommes suffisent.		La mantch i oko.
J'ai trouvé mon couteau.		Ni bilao sidam.
As-tu trouvé ma bague ?		Ni bir sidato ?
Il a tué un homme.		Mato mantchi ako.
Je te tuerai demain.		Sod ké schom.
Saute ce ruisseau.		Wa tchali.
Il tuera le buffle demain.		Sod bobeur schok.
Je suis tombé.		An oubaham.
Il est tombé de cheval.		Farach oubak.
Il est tombé de l'arbre.		Ak oubak.
Travaille !		Batto !
Tu n'as pas travaillé.		At batitodjo.
Tu ne mangeras pas.		At itodjo.
Il travaille la nuit.		Imo batoko.
Traverse ce fleuve.		Ka ghit firi.
Je vais à la maison.		Min marom.
Es-tu allé à la maison hier ?		Bebal min mattato?
Tu iras demain à la maison.		Sod min alleloto.
Il y est allé.		I elleak.
Il y va à présent.		Kabadé marok.
Je vais à la campagne.		Ekoll marom.
Vois-tu l'éléphant ?		Dané sidom ?
Il voit un homme.		Mato mantch sidom.
Qui a volé ?		Ai ag houko ?
Il volera ce vêtement demain.		Sod kas édetch gamaloko.
Tu as volé hier.		Bebal aghato.
Je tue ! viens !		Keschom ! war !

FRANÇAIS.	TAMBARO.	HADIA.
Veux-tu venir ?		Illim allelati ?
Il ne veut pas venir.		Illa sabouko.
Qui vient ?		Ai illo ?
Je viens ! attends !		Wor ou ill ! tchaoui !
Verse cette eau.		Woïssi waa.
Il a versé l'eau hier.		Bebal woïsak.
Vend-il son couteau ?		It bilao bittessola ?
Il est joli.		It eran.
Non, il ne le vend pas.		Bitesomodj.
Il vend sa lance.		It bagad bittésok.
Vends-tu ?		At bitesito ?
Je ne vends pas.		Bitésomodj.

ANNEXE G

OBSERVATIONS

SUR

LA CARTE DU BASSIN DE L'OMO

Dans le cours de mon voyage à l'est du continent africain (1885-1888), j'ai pu, en dépit de nombreux obstacles, m'avancer jusque sur le versant méridional du mont Bobbé, par 6° 30′ de latitude nord, et 35° 20′ de longitude est de Paris.

Pour compléter la carte du bassin de l'Omo, depuis ce parallèle jusqu'à l'embouchure du fleuve dans le lac Schambara, j'ai fait venir et j'ai interrogé de nombreux indigènes des contrées environnantes : Koullo, Contab, Koutscha, Koscha, Wallamo, Gofa, etc.

C'est d'après leurs indications que j'ai dressé la *carte par renseignements* du cours de l'Omo, depuis le mont Genney jusqu'au point où il se jette dans le lac dont il est tributaire. Du reste, la configuration des terres, que j'apercevais au loin dans le sud, confirmait les renseignements que me donnaient ces indigènes, venus de contrées différentes, étrangers les uns aux autres, questionnés séparément et à des époques diverses.

Tous ont été unanimes à affirmer qu'après avoir franchi le parallèle des monts Gheney et Ouchayé (que je voyais très distinctement à 0° 30′ dans le sud), le fleuve coule directement à l'ouest, puis tourne vers le midi à l'extrémité sud-ouest du royaume de Koscha. — Du sommet du mont Garima, j'ai nettement aperçu, à une distance de soixante-dix kilomètres environ, le pic de Lasti. Or, Koscha, capitale du royaume de ce nom, se trouve au pied du pic, à moins d'une journée de marche de l'Omo. J'ai pu constater ainsi la position du royaume de Koscha et de sa capitale, ainsi que celle de l'Omo, au point que je viens d'indiquer.

Malheureusement, j'ai fait l'ascension du mont Garima sans mon théodolite, ne soupçonnant pas que j'y découvrirais un point aussi important. Les circonstances ne m'ont pas permis de recommencer cette excursion.

Au moment où j'atteignais cette limite extrême de mon voyage dans le sud (6°,30′ latitude nord, 35° 20′ longitude est du méridien de Paris), deux explorateurs austro-hongrois, le comte Téléki et le lieutenant von Höhnel, partis de la côte, en face de Zanzibar, s'étaient avancés, dans cette même partie de l'Afrique orientale, jusqu'au 4° 50′ de latitude nord et au 33° 20′ longitude est.

J'ai eu la bonne fortune de rencontrer le comte Téléki et le lieutenant von Höhnel à leur passage au Caire, au retour de leur expédition. Dans nos entretiens, nous avons échangé les indications recueillies de part et d'autre et, à l'aide de nos observations, nous avons essayé de raccorder nos travaux géographiques, spécialement dans la partie inférieure du cours de l'Omo.

Les deux explorateurs austro-hongrois ont bien voulu me permettre de calquer la carte qu'ils ont dressée des régions au nord du lac Baringo, vers le 5° de latitude. Avec leur autorisation, je joins la partie extrême nord de cette carte à la mienne pour compléter le bassin de l'Omo ; mais ce travail d'ensemble est *provisoire*.

Dans leur exploration, le comte Téléki et le lieutenant von Höhnel ont découvert un grand lac dont ils ont longé la rive orientale. Ce lac s'étend de 2° 20′ à 4° 45 latitude nord. Les indigènes l'appellent Basso-Narok, et souvent aussi Sambourou, nom d'une grande peuplade qui habite dans l'est.

Les deux explorateurs austro-hongrois l'ont nommé « lac Rodolphe ».

Assurément, le Basso-Narok ou Sambourou est le lac Schambara, dont m'ont parlé si souvent les Sidama de Koullo, Contab, Koscha, etc.

MM. Téléki et von Höhnel ont vu un grand cours d'eau qui se jette dans le lac à son extrémité septentrionale. Il est vrai que ce fleuve est, à son embouchure désigné sous le nom de Niannam, et non d'Omo ; mais cette différence de noms est sans intérêt, si l'on songe que les dénominations de l'Omo varient suivant les pays qu'il traverse.

Dans le nord nord-est, les explorateurs austro-hongrois ont relevé un massif montagneux important que les indigènes appellent Arro. Il s'élève précisément à l'endroit où les Sidama, de retour du lac Schambara, me signalaient des montagnes habitées par les Arro ou Arra.

Ils m'affirmaient que ces peuplades cultivaient le kotcho et quelques caféiers. Or, les Resciat, qui occupent le nord du lac, disaient à MM. Téléki et von Höhnel qu'ils recevaient du café des gens d'Arra.

On m'a signalé l'existence d'une tribu, les Malé ou Marlé, au sud du pays d'Arra. Ces contrées seraient si rapprochées l'une de l'autre, qu'on me les désignait sous le nom unique d'Arra-Malé. Or, les voyageurs austro-hongrois, par 0° 50′ à l'est de l'extrémité septentrionale du Basso-Narok et 34° longitude est, ont aperçu un autre lac, d'une superficie bien inférieure ; les indigènes l'appelaient Basso-Naëbor. Ils lui ont donné le nom de « lac Stéphanie ». — Ce lac, de trente-cinq à quarante milles de longueur nord-sud, aurait son extrémité septentrionale par 4°56′ et toucherait le territoire de Malé.

Les *Sambourou* ou *Schambara* dont on m'avait parlé vaguement, les *Rendilé*. que l'on m'avait nommés une ou deux fois ; les *Borana*, que les Zingéro regardent comme leurs ancêtres, sont signalés dans l'est du Basso-Narok par MM. Téléki et von Höhnel.

Au nord-nord-ouest du lac, les deux explorateurs mentionnent la peuplade des

« Donijro ». Cette qualification ne m'est pas inconnue : un indigène du Koullo avait, un jour, refusé de me vendre une paire de boucles d'oreilles étranges, qu'il appelait « donijra », du nom, disait-il, d'une tribu qui vivait fort au loin dans le sud.

Enfin, MM. Téléki et von Höhnel parlent encore des *Amarr*, dont j'ai, deux ou trois fois, entendu prononcer le nom.

Cependant contre l'identité du Basso-Narok et du Schambara, on peut encore élever quelques objections :

Les Sidama, revenus des rives du Schambara, me disaient : « Le lac, à l'endroit où nous l'avons vu, est d'une profondeur très peu considérable ; à peine avons-nous de l'eau jusqu'à mi-jambes, tout au plus jusqu'à la ceinture, les fonds sont couverts d'herbes fines ; sur les bords, nous n'avons aperçu que de rares nomades ; enfin le pays est plat et les seules montagnes, qui s'offraient à notre vue, étaient celles d'Arra.»

Le comte Téléki et le lieutenant von Höhnel disent que, dans sa partie septentrionale, le Basso-Narok n'est pas profond, mais qu'à peu de distance vers le sud, il le devient rapidement. Ils ajoutent que, très probablement, au nord du lac s'étendent de vastes marécages.

Ne serait-ce pas dans ces marécages qu'étaient allés chasser mes interlocuteurs ?

Le terrain, au nord du lac, ne serait pas, selon les explorateurs austro-hongrois, aussi plat que le disaient les Sidama.

On peut penser que, pour des gens habitués à vivre au milieu des montagnes et de pays accidentés, le mot « plaine » est employé dans une acception très relative. J'ai entendu désigner sous le nom de « demba » (plaine) — en oromo : « Baké », — des contrees qui étaient fort loin de présenter aux yeux un aspect uni et régulier, tel que nous l'entendons par le mot « plaine », dans son sens absolu.

Le comte Téléki et le lieutenant Von Hohnel mentionnent encore l'existence d'un autre fleuve, fort large et peu profond, qui descend du nord et se jette dans le lac, à une faible distance de l'embouchure du Nyannam, vers l'ouest.

S'il en est ainsi, l'Omo ne pourrait couler vers l'ouest sans rencontrer ce nouveau fleuve, il ne peut également déverser ses eaux dans le Nianza : son altitude, au confluent de la Godjeb, est déjà inférieure à celle de ce lac [1].

Il se jette donc nécessairement dans le Basso-Narok qui est le Schambara, comme, j'en ai la conviction, l'Omo est le Niannam.

1. J'avais mesuré cette altitude (20 mai 1888). Au milieu des tribulations que j'ai éprouvées dans le Koullo, j'avais égaré cette observation. Je l'ai retrouvée récemment, confondue avec d'autres notes. (Altitude au confluent Omo et Godjeb, 1,050 mètres.)

ANNEXE H

CATALOGUE DES OBJETS RAPPORTÉS[1]

NUMÉROS.	*Panneau A.*	PROVENANCE.
1. 2.	} Bracelets en argent-filigrane.	Djimma.
3.	Bracelet en argent filigrane, formé de plaques séparées.	Id.
4.	Bracelet en argent, de forme allongée, appelé « bittoar ».	Id.
5.	Bracelet, même genre que le précédent.	Id.
6.	Calotte en perles de verre avec ornements d'argent (à l'usage des nouvelles mariées).	Id.
7.	Ceinture large en perles de verre et baguettes d'ivoire, pour femmes.	Id.
8.	Couteau monté sur argent.	Dankali.
9.	Couteau en forme de serpe ; manche en corne de buffle.	Djimma.
10.	Couteau de même forme que le précédent, extrémité du manche en argent.	Id.

Panneau B.

11.	Couteau à lame courbe surmontée de filets. Manche en rondelles alternées : argent, cuivre et corne de buffle. Boule en or, à l'extrémité du manche. Gaine en cuir noir, ornée d'une plaque d'or et terminée par une boule de même métal.	
	Ce couteau appartenait au roi de Djimma.	Id.
12.	Collier de femme, en argent, formé de trois chaînettes que maintiennent six anneaux plats, terminés par des plaques à dessins variés et des chaînettes auxquelles pendent de petits triangles d'argent.	
	Ce collier appartenait à la reine de Djimma.	Id.
13.	Collier formé de trois chaînes rondes en filigrane, maintenues par deux coulants en forme de losange.	
	A l'extrémité du collier pendent trois chaînettes (Au roi de Djimma).	Id.
14.	Collier en argent formé de petites chaînes retenues entre elles par quatre coulants ronds.	Id.

1. La collection de ces objets a été offerte à l'État par M. Jules Borelli. Voici la lettre d'acceptation du Ministre de l'Instruction publique et des Beaux-Arts :

« Paris, le 25 septembre 1889.

« Monsieur,

« M. le Conservateur du Musée d'Ethnographie vient de terminer le catalogue des diverses séries de spécimens « ethnographiques que vous avez recueillis au cours de votre mission en Éthiopie.

« M. Hamy me signale l'intérêt exceptionnel de ces précieuses collections, qui vont figurer, avec le nom du « donateur, dans les galeries du Palais du Trocadéro. Je vous suis infiniment reconnaissant d'avoir bien voulu les « offrir à l'État, et je suis heureux de saisir cette occasion pour vous féliciter de nouveau des résultats de votre « courageuse exploration,

« Recevez, Monsieur, l'assurance de ma considération la plus distinguée.

« Le Ministre de l'Instruction publique et des Beaux-Arts,

« A. FALLIÈRES. »

NUMÉROS.	Panneau B.	PROVENANCE.
15.	Collier formé de deux longues chaînes en argent.	Djimma.
16.	Pendants d'oreilles en argent, formés de petites chaînettes reliées entre elles à leur extrémité.	Id.
17.	Boucles d'oreilles rondes, en filigrane.	Id.
18. 19.	Anneaux d'argent pour les oreilles.	Id.
20.	Boucles d'oreilles en filigrane, rondes et terminées par des pointes.	Id.
21.	Boucles d'oreilles, argent filigrane.	Id.
22.	Pendants d'oreilles en argent, feuilles de trèfle.	Id.
23.	Bague d'argent, genre arabe. Cabochon en verre.	Id.
24.	Bague d'argent, formée de trois anneaux indépendants.	Id.

Panneau C.

25.	Couteau à lame courbe rayée, manche formé de rondelles alternées : argent cuivre et corne de buffle. Fourreau en cuir noir, orné d'une plaque et de fils d'argent, et terminé par une boule de même métal. (Au roi de Djimma.)	Id.
26.	Couteau ; même genre que le précédent, mais plus petit.	Id.
27.	Bracelet formé de plaques d'argent étroites, mobiles et décorées de filigrane. Ce bracelet, au roi de Djimma.	Id.
28.	Bracelet appelé bittoar. Brassard, en argent, orné de filigrane et de plaque d'or.	Id.
29.	Pendants d'oreilles, argent, filigrane.	Id.
30.	Boucles d'oreilles, argent, filigrane.	Id.
30 bis.	Collier. Huit chaînettes rondes, argent, filigrane, maintenues par des coulants plats en argent. Ce collier n'entoure pas complètement le cou ; les indigènes en relient les extrémités par un cordon.	Id.
31.	Collier à six chaînettes ; même genre que le précédent.	Id.
32.	Bracelet en filigrane.	Id.
33.	Bracelet ; même genre que le précédent, mais de plus petite dimension.	Id.
34.	Chapelet musulman (sebha), en tibia de buffle, 198 grains.	Id.
35.	Jambelet à deux rangées de perles rouges espacées, reliées par de petites demi-sphères en argent.	Id.
36. 37.	Pendants d'oreilles en argent.	Amhara.
38.	Collier en verroterie ; couleurs alternées, séparées par de petites boules en argent. Ce collier appartenait au roi de Djimma.	Djimma.
39.	Collier en verroterie. Cinq rangées de perles vertes très fines, reliées par trois boules en argent et terminées par un gland de perles vertes et jaunes.	Id.
40.	Collier en graines rouges.	Bilo-Nonno.
41. 42. 43.	Épingles à cheveux, en bois, terminées par six graines rouges.	Djimma.

44.
45. } Anneaux d'or fin.   Wellagha.

46. Boucles d'oreilles ; or fin.   Id.

Panneau C.

47.
48. } Cure-oreilles en argent.   Amhara.

49. Épingle à cheveux, argent filigrane.   Id.

49 *bis.* Croix abyssine, argent.   Id.

Panneau E.

50.
51.
52. } Bracelets ronds, cuivre jaune.   { Harrar
53.   { et pays oromo.

54.
55. } Bracelets, cuivre jaune, ouvragés.   Id.

56. Épingle à cheveux, cuivre.   Id.

57.
58. } Cure-oreilles, cuivre jaune.   Amhara.

59.
60.   } Spirales en étain (que les femmes portent suspendues sur la   { Harrar
60 bis.)   nuque).   { et pays oromo.

61.
62.
63.
64.   } Anneaux en étain (les femmes les portent sur la nuque avec les
65.   spirales mentionnées aux numéros précédents).   Id.
66.

67.
68. } Bracelets en étain, plats.   Id.

69.
70.
71. } Bracelets en étain.   Id.
72.

73.
74. } Épingles à cheveux en fer ; tête quadrangulaire ornée de trois
      petites chaînettes de même métal.   Id.
75. Épingle à cheveux en fer tête plate.   Id.

76.
77.
78. } Boucles d'oreilles en étain, ornées d'une plaque carrée, surmontées
79.   de neuf pointes de même métal.   Id.

80.
81. } Bracelets en fer, forme quadrangulaire, ornés de dessins gravés à
      la pointe.   Arroussi-Galla.

82.
83. } Bracelets en fer ornés de dessins.   { Harrar
      { et pays oromo.

84.
85.
86. } Bracelets en étain ; même genre que les précédents.   Id.
87.

88. ⎧ Martchoua ; morceau de fer forgé servant de monnaie dans les pays ⎫
     ⎪   Sidama.   ⎪
     ⎨   ⎬ Sidama.
89. ⎪ (Cent trente de ces morceaux valent un thalari Marie-Thérèse ;   ⎪
     ⎩   4 fr. 50 environ).   ⎭

90. Bracelet en fer tordu.   Oromo.

91. ⎫
92. ⎪
93. ⎬ Cinq anneaux ; corne d'antilope (amulettes).   Pays amhara.
94. ⎪
95. ⎭

96. ⎱ Pendants d'oreilles en argent, ornés d'une étoile en émail.   Id.
97. ⎰

98. Pince servant aux indigènes pour tirer les épines du pied   Oromo.
99. Pince ; même genre que la précédente.   Id.
100. Anneaux pour les doigts de pieds.   Id.

Panneau F.

101. ⎫
102. ⎪
103. ⎪   ⎰ Pays oromo
104. ⎬ Bracelets en ivoire, pour les guerriers.   ⎱   et sidama.
105. ⎪
106. ⎭

107. ⎫ Amulettes. Colliers et bracelets. Grains de bois non travaillés.
108. ⎪   (Au bracelet (n° 111) sont attachés un instrument pour enle-
109. ⎬   ver les épines et un petit morceau de corne creusée, servant à
110. ⎪   contenir de la civette.)
111. ⎭   Zingéro.

112. ⎰ Cuillers en bois sculpté.   Oromo.
113. ⎱

114. Collier en cuivre jaune.   Id.

115. ⎱ Colliers en fils de fer, entourés de fils de cuivre et ornés de perles
116. ⎰   de verre bleu.   Zingéro.

117. ⎱ Petit instrument avec gaine de cuir, contenant une pince en fer
118. ⎰   pour l'extraction des épines et un couteau pour les ongles.   Oromo.

Panneau G.

119. Chapelet (sebha), grains en bois noir.   Djimma.

120. ⎰ Bracelets en ivoire.   Oromo.
121. ⎱

122. ⎱ Bracelets, même genre que les précédents, mais de moindre épais-
123. ⎰   seur.   Id.

123 bis. Bracelet, même genre que les précédents, fait avec la corne du
         pied de l'éléphant.   Id.

Panneau G.

124.		
125.		
126.		
127.		
128.		
129.	Bracelets en fer tordu.	Pays oromo
130.		et sidama.
131.		
132.		
133.		
134.		
135.		
136.		
137.		
138.		
139.	Bracelets en étain.	Oromo.
140.		
141.		
142.		
143.		
144.		
145.	Bracelets en étain, forme triangulaire.	Id.
146.		
147.		
148.		
149.		
150.		
151.		
152.		
153.		
154.		
155.		
156.		
157.		
158.	Trente anneaux d'oreilles, en étain.	Id.
159.		
160.		
161.		
162.		
163.		
164.		
165.		
166.		
167.		
168.		

169.		
170.		
171.		
172.		
173.	Trente anneaux d'oreilles en étain.	Oromo.
174.		
175.		
176.		
177.		
178.	Bracelets faits avec des grains d'étain.	Id.
179.		
180.	Bracelet ovale, cuivre jaune.	Amhara.
180 bis.	Deux colliers en fer tordu.	Zingéro.

Panneau H.

Collier cuivre jaune.	Id.
29 bracelets ovales, cuivre jaune.	Amhara, Oromo
6 bracelets, cuivre jaune.	Oromo.
6 bracelets ronds, cuivre jaune.	Id.
1 bracelet en fer orné de 4 petites boules dorées.	Id.
24 anneaux d'oreilles, cuivre.	Id.
24 anneaux d'oreilles, cuivre.	Id.
4 pendants d'oreilles, cuivre jaune.	Id.
6 bagues en cuivre jaune.	Id.
4 anneaux en cuivre jaune pour doigts de pieds.	Id.

Panneau I.

181.	Deux couteaux somali, manches en corne de buffle, ornements en étain.	Somali.
182.	Huit flèches sans leur armature, en fer.	Id.
183.	Dix flèches empoisonnées, avec leur pointe en fer.	Id.
184.	Deux arcs.	Id.
185.	Trois carquois, en bois recouvert de cuir.	Id.

Panneau J.

186.	Deux javelines, lames en fer, larges.	Id.
187.	Seize flèches sans leur armature en fer.	Arra.
188.	Dix flèches empoisonnées avec pointes en fer.	Id.
189.	Trois carquois en bois recouvert de cuir.	Somali.
190.	Arc.	Id.

Panneau K.

191.	Couteau en forme de faucille, poignée corne de buffle avec anneaux de cuivre.	Djimma (pays de Kadjelo).

NUMÉROS.	*Panneau K.*	PROVENANCE.
192. 193.	Couteau, même genre que le précédent.	Djimma (pays de Kadjelo).
194. 195. 196.	Couteaux, même forme que les précédents, poignée en corne marquée de deux losanges en cuivre jaune.	Oromo. (Léka).
197.	Couteau à lame large et courte, manche *garni* en cuivre.	Dankali.
198.	Couteau à lame recourbée, poignée en corne avec pommette cuivre et argent.	Gouma.
199.	Fer de lance garni de fils de cuivre.	Somali.
200.	Couteau à lame courbe, manche en corne avec anneaux de cuivre rouge.	Gomma.
201.	Couteau, lame courte et large avec poignée en bois uni.	Zingéro.
202. 203.	Deux couteaux, lames larges fortement courbées à leur extrémité, pointes arrondies, tranchantes dans l'intérieur de la courbe; manches en bois dur avec armature en fer.	Sidama. Tambaro. Hadia. Corbo et Denta.
204.	Couteau à lame droite, large et pointue; manche en bois uni, surmonté d'une fleur en cuivre.	Zingéro.
205.	Couteau, même genre que le précédent, poignée en ivoire.	Id.
206.	Couteau, même genre que le précédent, poignée en ivoire.	Id.
207.	Couteau, même genre que les précédents.	Id.

Panneau L.

Gaines des couteaux du panneau K.

Panneau M.

209. 210. 211. 212.	Tchentcha, sabre recourbé, poignée corne de buffle et ivoire.	Gamo.
213. 214. 215.	Couteau à lame recourbée et large poignée en corne, pommette en cuivre.	Koullo.
216.	Couteau, même genre que les précédents, manche orné d'anneaux en cuivre rouge.	Gouma.
217.	Couteau, lame recourbée, poignée en bois avec ornements de cuivre jaune.	Id.
218.	Couteau, lame recourbée, poignée en corne avec pommette en cuivre jaune.	Djimma.
219.	Couteau à lame large et fortement recourbée, à l'extrémité, pointe arrondie, armature en fer.	Arroussi-Galla.
220.	Petit poignard que les indigènes portent suspendu au bras, gaine en cuir garnie de peau de serpent.	Soudan.

221.   Couteau long, lame large, manche en corne surmonté d'une pom-
        mette en fer.   Ghéra.

222.   Couteau à lame large et courte, avec ornements en étain sur le   ⎰ Somali des envi-
        manche.   ⎱ rons du Harrar.

223.   Couteau à lame longue, large et recourbée; manche uni en corne
        de buffle, pommette en cuivre jaune.   Wallamo.

224.   Amulette : collier formé de bandes d'étain et de quelques verro-
        teries.   Djimma.

Panneau N.

Gaines des couteaux du panneau M.

Panneau O.

225.   Collier de cheval, cuir entouré d'une frange en poils de sanglier.   Gouma.
226.   Collier de mule, cuir noir, ornements en cuivre jaune, lanières de
        cuir noir pendantes.   Id.
227.   Housse de cheval en cuir.   Djimma.
228.   Fouet et chasse-mouches.   Id.
229.   Chasse-mouches, baguette en bois doublée de cuir.   Id.
230. ⎱
231. ⎰ Chasse-mouches, crins de cheval.   Id.

Panneau P.

232.   Collier de cheval, cuir d'hippopotame, franges en soies de sanglier.   Gouma.
233.   Collier semblable au précédent, avec clous en cuivre jaune.   Id.
234.   Collier de mule, cuir noir avec ornements en cuivre et grelots.   Id.
235. ⎱ Chasse-mouches et fouet, manche en ivoire, lanières de peau
236. ⎰   d'hippopotame.   Djimma.
237.   Fouet, manche en corne de bœuf très recourbée, lanières en cuir
        d'hippopotame.   Id.
238.   Chasse-mouches du roi de Djimma, manche surmonté d'un
        anneau en bois, crins de cheval.   Id.

Panneau Q.

Harnachement de cheval, cuir noir avec ornements d'argent. Les
    seigneurs abyssins n'en font usage qu'en temps de guerre et
    les jours de parade.   Amhara.

Panneau R.

Harnachement de cheval, cuir noir, ornements de cuivre jaune.   ⎰ Djimma.
                                                 ⎱ Kaffa, etc., etc.

Panneau S.

Harnachement de mule, cuir orné de dessins en peau verte et
    rouge.   Amhara.

NUMÉROS.	*Panneau S.*	PROVENANCE.
241.	Deux colliers de mule avec grelots en fer.	Djimma.
242.	Collier de cheval.	Id.
243.	Long collier que portent les femmes en guise d'amulette pour chasser les mauvais esprits. Ce collier est terminé par un ornement en cuivre composé d'une tige à laquelle pendent quatre clochettes.	Kambatta et Wallamo.

Panneau T.

	Harnachement de parade pour mule, cuir recouvert de peau rouge avec ornements en peau verte.	Schoa.
	Collier que les indigènes appellent albo ; il est orné de plaques d'argent. C'est une distinction honorifique qu'accorde le roi du Schoa. Ce collier avait été donné au roi de Djimma.	Id.

Panneau U.

	Harnachement de cheval en cuir d'hippopotame.	Djimma.
	Cravache (alangha) en cuir d'hippopotame.	Id.
	Un collier en cuir de buffle.	Id.
	Fouet, cuir d'hippopotame, larges lanières, ornements en étain.	Somali et Oromo de l'est.

Panneau V.

	Croupière pour cheval, cuir jaune avec ornements pendants en cuir.	Djimma et pays oromo du sud.
	Collier formé de petites boules en cuivre jaune.	Wollo-Galla.
	Collier, cuir noir orné de cuivre jaune, grelots en fer et en cuivre.	Djimma.
	Collier, même genre que le précédent.	Id.
	Collier en lanières de cuir noir, ornements de cuivre.	Id.
	Collier de mule en cuir d'hippopotame, orné de petites lanières de cuir de buffle.	Id.

Panneau X.

244.	Koutscha, filasse servant de serviette aux femmes de Djimma. Le Koutscha est tiré du musa-inseta.	Djimma et pays Sidama.
245.	Cordes de tabac à fumer.	Djimma.
246.	Torches en cire (bambou ouvert).	Id.
247.	Filasse provenant des feuilles du musa-inseta. Elle sert à faire des perruques, des nattes, des sacs, des cordes, etc., etc.	Djimma et pays Sidama.
248.	Bambou renfermant une torche.	Djimma.
249.	Sacs faits avec la filasse du musa-inseta.	Zingéro.

Panneau Y.

	Ustensiles divers en bois.	Djimma.
250.	Cruche en bois (massakoula) servant aux ablutions.	Id.

NUMÉROS.	*Panneau Y.*	PROVENANCE.

251.		
252.	Bouteilles en bois.	Djimma.
253.		
254.	Chevet en bois.	Id.
255.	Chevet en bois, orné de verroteries.	Id.
256.	Pot à beurre parfumé, bois orné de verroteries. (Les indigènes oignent leur tête avec ce beurre.)	Id.
257.	Sandales en bois dur, massif, ayant appartenu au roi de Djimma.	Id.
258.	Autre pot à beurre parfumé.	Id.
259.	Petit panier recouvert de cuir, servant à porter les objets en voyage.	Id.
260.	Wintcha, verre en corne de buffle renfermé dans une gaine de cuir.	Id.
261.	Corne de buffle pour renfermer l'hydromel en voyage.	Djimma, Gouma et Ghéra.
262.		
263.	Wintcha en corne de bœuf.	
264.		
265.	Six wintcha en corne de buffle (dont l'un avec son couvercle).	
266.	Deux wintcha en bois.	Djimma. Gouma.
267.	Petit flacon en corne.	Ghéra.

Panneau Z.

268.	Cornes de buffle.	Djimma.
269.	Wintcha en corne.	Id.
270.	Narghileh (pays de Gaya), calebasse recouverte de cuir.	Gouma.
271.	Narghileh avec ses accessoires, même genre que le précédent.	Djimma.
272.	Narghileh, ornements d'ivoire.	Koullo.
273.	Narghileh.	Djimma.
274.	Narghileh en corne.	Id.
275.	Tablette — pour apprendre à lire l'arabe — provenant de l'école de Djimma.	Id.

LANCES DIVERSES.

N^os	PROVENANCE.	N^os	PROVENANCE.	N^os	PROVENANCE.	N^os	PROVENANCE.
1. 2.	} Arra-Malé.	12. 13. 3.	} Djimma.	21. 22. 23. 24. 25. 26. 27. 28. 29. 30.	} Koullo.	33. 34. 35. 36.	} Wallamo, Koutscha, Gofa.
4. 5. 6.	} Corbo et Chakaï.	14. 15.	} Gouma.			37. 38. 39.	} Wellagha.
		16.	Golda-Doko-Dimé.			40. 41. 42.	} Zingéro.
7. 8. 9. 10. 11.	} Contab.	17. 18. 19. 20.	} Kaffa.	31. 32.	} Léka.	43. 44.	} Bâtons du roi de Djimma.

BOUCLIERS.

NUMÉROS.		PROVENANCE.
1.	Bouclier, cuir de buffle, ornements d'argent dont quelques-uns anciennement dorés. Donné par le roi de Djimma. Ce bouclier paraît être de provenance abyssine.	
2.	Bouclier, même genre que le précédent. Donné par le roi de Djimma.	
3.	Bouclier en cuir de buffle avec ornements de cuivre jaune.	Djimma.
4. 5.	} Grands boucliers en cuir de buffle avec queue de cheval attenant à l'un des côtés.	Koullo.
6. 7. 8	} Boucliers en peau de buffle sans ornements.	Oromo.

PELLETERIE.

1. 2. 3. 4.	} Peaux de bœuf tannées, servant de tapis de prière.	} Djimma-Gouma et Ghéra.
5. 6.	} Peaux de bœuf, avec poils, pour se coucher.	Djimma.
7. 8.	} Jupes en peaux de bœuf tannées, connues sous le nom de « wallou ».	Id.
9. 10.	} Peaux de bœuf servant aux femmes à se couvrir le haut du corps.	Id.
11.	Tablier en peau de chèvre, que portent les femmes de Djimma quand elles servent le café chez un seigneur.	Id.

NUMÉROS.	*Pelleterie.*	PROVENANCE.
12.		
13.	Lambd ou manteau de guerrier en peau de veau et de chèvre.	Couraghé.
14.		
15.	Peau de loutre (tuée dans le pays de Garo).	Garo.
16.	Peau de lion.	Wallamo.
17.	Lambd, manteau de guerrier en peau de léopard.	Oromo.
18.	Peau de léopard.	Djimma.
19.	Bonnet en peau de chèvre.	Djimma et Kaffa.
20.	Peau de chevreau tannée.	Djimma.

ÉTOFFES — TISSUS — VÊTEMENTS

Les pièces blanches sont tissées par les indigènes avec du coton récolté dans le pays. — Les pièces de couleur et les fils teints sont apportés de la côte. — Seuls, les Tambaro et les Zingéro fabriquent des teintures, les premiers, noires ; les seconds, roses. — Les fils rouges sont ordinairement en laine ; les autres, en coton. — Les indigènes défilent souvent les tissus qui leur arrivent de la côte pour confectionner ou broder leurs étoffes de couleur.

1.	A. B. C. D. E.	Cinq pantalons à l'usage des hommes riches et des guerriers. Au Koullo, on désigne ces pantalons sous le nom de koutouma, et chez les Oromo sous celui de chankako.	Contab, Gofa, Koutscha, Koscha, Koullo et Wallamo.
2.	Pantalon.		
3.	Pantalons.		Corbo, Amzoulla, Denta, Hadia, Tambaro.
4.	A. B. C. D.	Jupes connues dans le pays sous le nom de « dosseh ». — Elles sont fabriquées avec l'ortie (dobi) et teintes par les indigènes avec la graine oléagineuse appelée *souff*.	Zingéro.
5.	Ceinture à bandes alternées blanches, bleues et rouges. Les Oromo l'appellent sabbata ; les indigènes du Koullo, dantchoua.		Sidama.
6.	Toge tissée dans le Zingéro, à l'usage des hommes riches du pays.		Zingéro.
7.	Toge tissée dans le Zingéro. La partie tissée en couleurs provient de Djimma.		
8.	A. B.	Toges nommées Coutah, tissées au Schoa.	Schoa.

NUMÉROS. *Étoffes — Tissus — Vêtements.* PROVENANCE.

NUMÉROS.	*Étoffes — Tissus — Vêtements.*	PROVENANCE.
8 bis. { C. D. E. F. }	Djano, toges d'hommes riches.	Schoa.
9. { A. B. }	Toges tissées à Djimma.	Djimma.
10.	Toge tissée à Gouma, ayant appartenu au roi de ce pays.	Gouma.
11.	Tissu multicolore fait à Djimma et doublé d'une étoffe tissée au Zingéro.	
12.	Katcha, bande d'étoffe servant de coiffure aux hommes.	Koullou,Contab
13.	Vêtements du Zingéro.	
14. { A. B. }	Vêtements de femmes riches.	Djimma.
15.	Taub du Zingéro, orné à Djimma de bandes d'indienne et de dessins variés.	Zingéro. et Djimma.
16.	Sac, coton, broderie, etc.	Zingéro.
17.	Tapis tissés à Kaffa.	Kaffa.
18.	Katcha.	Contab.
19.	Katcha ayant appartenu au roi du Contab.	Contab.
20. 21. }	Katcha.	
22.	Taub du Contab.	Contab.
23.	Kallé, vêtement de guerre du roi de Djimma. Drap de diverses couleurs. Ornements d'argent.	Djimma.
24.	Tapis tissé à Djimma.	Djimma.
25.	Taub tissé à Djimma.	Djimma.

ANTHROPOLOGIE. — CRANES.

Un Koullo. Un Zingéro. }	Sidama.	Un Itou. Un Oborrah. }	Oromo.

MINÉRALOGIE.

1. *Géode de silice.* On le trouve en plusieurs points du territoire dankali.

2. *Spath,* sulfate de chaux. On le trouve à fleur de terre, dans le pays dankali; recueilli à Douddoubous.

3. *Grès lustré,* englobant du quartz blanc. Il se trouve en abondance à certains endroits du territoire dankali. Recueilli à Douddoubous et à Allouli.

4. *Argile compacte, ferrugineuse.* On la trouve en plusieurs points du territoire dankali.

5. *Argile teintée* probablement par du cinabre. On la trouve en abondance
au sommet du May-Goudo.

6. ?

7. Argile grossière renfermant des traces de peroxyde de fer. On la trouve
en abondance sur le versant est du mont Kaffarsa.

8. Sommet de filon. Argile teintée de peroxyde de fer, infiltré d'un métal,
probablement du fer, du manganèse et X... X... à trouver par l'ana-
lyse. Trouvé sur le versant est du mont May-Goudo.

9. Fragment de roche de turquoises, silicate de cuivre et de cobalt, territoire dankali.

10. Fer préparé par les indigènes du mont May-Goudo (voir numéro 7).

11. Scories de fer.

12. Minerai, probablement du silicate de magnésie. Il enveloppe des cristaux
et provient de Douddoubous, territoire dankali.

NOTA BENE

Pour faciliter les recherches du lecteur, on a réuni dans cet Index — avec renvoi aux dates où il en est fait mention — les noms propres, les appellations locales usitées dans le cours de l'ouvrage et les mots qui se réfèrent aux mœurs et coutumes des régions parcourues.

INDEX ALPHABÉTIQUE

A

B

C

D

H

I

J

K

L

M

W

Y

Z

TABLE DES ILLUSTRATIONS

TOUTES LES ILLUSTRATIONS DE L'OUVRAGE SONT REPRODUITES
D'APRÈS DES PHOTOGRAPHIES

PREMIÈRE PARTIE

DEUXIÈME PARTIE

TROISIÈME PARTIE

QUATRIÈME PARTIE

CARTES, PROFILS DE NIVELLEMENTS ET TOURS D'HORIZON

LES TOURS D'HORIZON SONT EXTRAITS D'UN OUVRAGE SCIENTIFIQUE COMPLÉMENTAIRE EN PRÉPARATION; ILS SONT ÉTABLIS SANS AUCUNS RELÈVEMENTS, MAIS SIMPLEMENT POUR DONNER UNE IDÉE DU RELIEF DE CES CONTRÉES.

TABLE DES MATIÈRES

www.ingramcontent.com/pod-product-compliance
Lightning Source LLC
Chambersburg PA
CBHW070355030726
47504CB00001B/194